단 체 법

Organization

민법상 사단을
중심으로

宋 五 植 著

전남대학교출판부

머리말

인간은 사회적 동물로서 가족·마을·국가와 같은 공동체의 일원이 되기 마련이다. 사람이 무엇인가 하는 문제는 사람과 사람과의 결합에 의하여 결정된다고 할 수 있다. 인간은 각자 사람의 자격을 연결시키는 구성을 통하여, 과거 세대와 후속 세대를 연결시키는 가능성을 가지며, 이러한 가능성은 단체를 설립과 연계되고, 단체를 통한 인간의 활동들이 역사발전에 기여하게 되는 것이다.

고속교통기관과 정보통신의 발달로 인한 지구촌의 등장은, 기르케가 먼 장래 언젠가 모든 인간이 유일한 공동체적 제도에 통합되어서 인류전체의 단일체로서 발전할 것이라고 한 예상이 현실이 될 수도 있겠다는 생각을 하게 한다.

현대 시민사회의 형성은 정치영역 뿐만 아니라 사회, 경제, 문화, 환경 등 다양한 영역에서 시민들의 단체 형성의 욕구가 분출되고 있고 시민단체들의 사회기여도 증대하고 있다. 이처럼 근래 단체의 새로운 유형들이 등장하고 분화현상이 두드러지고 있다. 사회현상으로서의 단체를 규율하기 위하여 각국에서는 법체계에 따라 단체를 규율하는 법률을 제정하였는데, 우리 법에서 단체 일반에 관한 정의 규정을 찾기는 어렵다.

모든 법에서는 단체를 규율하고 있다. 즉 헌법, 상법, 노동법, 민법, 형법 등 각 법영역에서 각각 단체를 규율하고 있는데, 그 규율원리는 각 법의 목적과 기능에 따라 다르다. 예컨대 상법에서는 영리단체인 회사에 대하여 규율하는 반면에 민법에서는 비영리단체를 대상으로 하여 규율하고 있다. 영리단체인 회사법에 대하여는 현실적 수요를 감안하여 그 때 그 때 개정이 행해졌으나 비영리단체에 대하여는 다양한 현실적 욕구와 필요성이 있음에도 불구하고 단체에 대한 금압정책의 일환인 '허가주의'의 입법정책이 여전히 고수되고 있는 실정이어서, 상당수의 비영리단체들은 법인 아닌 사단에 머무르고 있다. 이는 우리나라에서 단체에 관한 종래의 관심이 주로 회사와 같은 영리단체에 쏠려 있었고, 비영리단체나 전통적 협동단체에 대한 관심은 상대적으로 적었고, 이는 근대국가의, 수립과정에서 외국입법의 계수에 의존함으로써 우리나라의 고유한 단체에 관한 이론을 정립하지 못한 감이 있고, 오히려 이런 단체에 대한 관습이나 사실조사 조차 현재까지 면밀하게 이루어지지 않고 있는 실정이다.

본서에서는 주로 민법상의 사단을 중심으로 다루었다. 비영리법인에 대한 현행 민법이 취하고 있는 입법정책으로서 '허가주의'에 대한 비판과 아울러 민법개정안을 소개하고 공익법인법을 소개하였다. 또한 법인 아닌 사단을 관습상의 사단, 목적적 사단, 설립중의 법인으로 분류하고 다시 관습상의 사단을 혈연공동체, 지연공동체로 구분하였다. 목적적 사단에 대해서는 다시 종교적 단체, 협동적 비영리단체, 영리사단으로 구분하여 설명하였다. 특히 최근에 교회나 문중을 둘러싸고 법적 분규가 빈번함에도 우리 민법이 그에 관한 규정이 미비한 상태에서 판례에 의하여 분쟁해결이 모색되는 결과, 통일된 법원칙이나 사단법리 보다는 그 때 그 때 단편적 문제해결에 머무르는 경향이 짙었다. 그러한 점을 감안하여 그 동안 선행된 연구결과와 판례를 바탕으로, 법인 아닌 사단에 대한 현실적 진단과 문제해결을 위한 방안을 모색하고자 노력하였다.

여전히 사단과 조합에 대한 구별은 그 동안의 성과에도 불구하고 더 연구되어야 할 과제이다.

단체이론은 법제사적 측면에서도 많은 연구가 필요하다. 하지만 시간적 제약과 개인적 능력의 한계로 인하여 단체이론의 역사에 대하여 주마간산격으로 간단하게 설명하는데 그쳤다. 법인의 본질론에 대해서는 오늘날 그 의미가 많이 퇴색한 감이 있어서 장황하게 설명하는 것을 지양하였다. 다양한 법에 흩어져 있는 단체법의 통일된 원리를 도출해 낸다는 것은 불가능한 작업이다. 따라서 본서에서는 주로 민법상의 사단을 중심으로 다루었다. 본서에서 부족한 부분은 전적으로 필자의 능력부족에서 비롯된 것이다. 향후 독자제현의 질정(叱正)과 심도있는 연구를 통하여 부족한 부분에 대해서는 보완해 나갈 예정이다.

본서가 완성되어 출간되기까지 많은 분들의 수고와 도움이 있었다. 대학원에 단체법강의를 통하여 대학원생들과 함께 공부하면서 단체법체계와 단체법원리에 대하여 고민하고 공유한 결실들이 여기에 응축되어 있다.

참고문헌의 정리와 꼼꼼한 원고 교정으로 내용의 충실도를 높여준 법학전문대학원에 재학 중인 나광엽군에게 감사의 마음을 전한다. 법학전문대학원 동아리인 미디어콘텐츠법학회장을 맡아 지도교수와 동아리 회장으로 인연을 맺어 본서의 출간까지 도움을 주었다. 또한 변호사시험을 마치고 휴식시간을 가질 틈도 없이 원고의 교정을 도와준 법학전문대학원 4기 지도학생인 이창선군에게도 아울러 감사를 드린다.

또한 본서가 출간하기까지 마지막까지 포기하지 않도록 원고집필을 독려하고 전과정을 세심히 배려해 주신 전남대학교출판부의 송미숙 과장님, 표지디자인을 멋지게 해주신 배광현님께도 심심한 감사를 드린다.

2015년 1월

저자 씀

목차

제 1 장
단체법의 의의

제1장 단체법의 의의

제1절 단체의 의의와 역사

Ⅰ. 단체의 의의

통상 사람 개개인은 가족·마을·국가와 같은 공동체의 일원으로서 공동체에 속해 있기 마련이다. 예컨대 로마에 살고 있는 사람은 자신을 로마시민으로, 이탈리아 국민으로, 카톨릭교회 신자로, 유럽인(EU공동체)으로, 서구라는 공동체의 일원(공법단체 구성원)으로 생각한다. 또 한국 사람으로서 어떤 사람은 자신이 마을의 일원 아니면 아파트입주자로서 아파트단지의 일원, 주식회사의 주주이며 시민단체의 회원, 직장 노동조합의 조합원, 출신학교의 동창회원, 종중이나 문중의 중종원이나 문중원, 교회의 신도(사법단체 구성원) 라고 생각한다.

이처럼 사람이 무엇인가 하는 문제는 사람과 사람의 결합에 의하여 결정된다[1)]고 할 수 있다. 인간은 그들 각자의 사람의 자격을 연결시키는 구성을 통하여, 과거의 세대를 후속하는 세대와 연결시키는 가능성을 가지며, 이러한 가능성을 통하여 단체를 설립할 수 있고, 또한 인간은 단체설립의 가능성을 통하여 사회와 역사발전에 기여하게 되는 것이다.

Gierke는 먼 장래의 언젠가는 모든 인간이 하나의 유일한 공동체적 제도에 통합되어서 인류전체의 단일체로서 전체, 인류를 포함하는 것으로 발전할 것으로까지 상정하나 오늘날 그것에 가장 근사치로서 유럽연합과 ASEAN 등 각각 지역공동체가 존재하고, 심지어 UN이라는 세계의 모든 국가를 아우르는 단체가 존재하지만 오직 유일한 단체는 아니고 여전히 국가라는 단체는 그 의의를 가지고 있기도 하다.

어떻든 이러한 공동체는 자연적으로 생성되기도 하지만 의식적으로 조직되

---

1) Gierke, deutsche Genosse Recht. Bd. Ⅰ, S.1. 기이르케는 태고부터 개인생활의 불가결의 결합형태인 혼인이 생겼고, 이로부터 가족, 가문(Geschlechter), 가족과 민족(Stamme u. Völkerschfat), 마을공동체(Gemeinde, 촌락), 국가(Staat)와 국가연맹(Staats Verband) 등의 다양한 단체로 발전하여 왔다고 한다.

기도 한다. 일정한 목적과 조직을 가지고 의식적으로 이루어진 공동체를 단체라고 부르며 사람으로 이루어진 단체도 있지만 일정한 재산에 의하여 이루어진 단체도 존재한다.

단체의 사전적 의의는 '같은 목적을 달성하기 위하여 모인 사람들의 일정한 조직체' 또는 '공동의 목적을 달성하기 위하여 의식적으로 결합한 두 사람 이상의 집단'이다. 여기서 단체(사단)로 인정되기 위한 최소의 요건으로서 ① 공동의 목적, ② 의식적 결합, ③ 두 사람 이상의 조직체를 들 수 있다. 앞의 것은 사람의 단체에 대한 정의이며 오늘날에는 자본단체도 존재하기 때문에 양자에 적용하기에는 부적합하다.

단체의 의미를 가진 라틴어는 아주 다양하다. corpŏrátĭo, commúnĭtas, assŏcĭátĭo, sodalícĭum, cœtŭs 등이 그것인데, 각각 나름대로 고유한 특성을 가진 단체관련 명사이다. 예컨대 corpŏrátĭo는 오늘날 조합과 사단법인에 대응하며, commúnĭtas는 공동체 또는 공동사회, assŏcĭátĭo는 회나 협회, sodalícĭum는 클럽 또는 협회, cœtŭs는 연합의 의미를 가진 단체이다.

단체에는 국가나 지방자치단체와 같은 공법상의 단체와 사법상의 단체가 있으며 노동조합과 같은 사회법상의 단체도 존재한다. 형법 제114조에서는 범죄를 목적으로 하는 '단체' 또는 '집단'을 조직하는 경우에 처벌규정을 두고 있다.[2] 이처럼 사회현상으로서의 단체를 규율하기 위하여 각국에서는 법체계에 따라 단체를 규율하는 법률을 제정하였는데, 우리 법에서 단체 일반에 관한 정의 규정을 찾기는 어렵다.

독일법에서는 사법상의 단체(Gesellschaft im weiteren Sinne: 광의의 단체)의 정의가 존재한다. 즉, 사법상의 단체는 특정의 공동목적의 달성을 위해, 법률행위에 의해 설립된 사법상의 인적 결합체(Personnenvereinigung)를 말한다. 즉, 사람의 공동단체(Gesellschaft)를 대상으로 하는 법영역을 상정하고, 거기에 민법상의 조합 및

2) 범죄단체란 공동목적을 가진 특정 다수인의 계속적인 결합체를 말한다. 따라서, 공동목적을 위하여 통일된 의사로써 행동한다고 볼 수 있는 정도의 최소한도의 조직체계 및 통솔체계를 갖추고 있어야 한다고 한다(대판 1977.5.24, 77도 1015). 다만, 범죄단체는 합리적이고 명시적인 규약 내지는 정관에 의하여 조직되고, 구성원의 직책이 대외적으로 명확히 드러나는 합법적 단체와는 엄연히 구분된다고 할 것이므로 각 구성원의 임무나 직책이 명확히 구분되지 않고, 명백한 지휘체계 또는 통솔체계를 갖추지 않았더라도 조직으로서의 위험성을 표출할만한 계속성과 최소한도의 통솔체계를 갖추었다면 그것만으로 범죄단체 또는 범죄 집단 구성죄가 성립한다고 한다(대판 1990.2.23, 89도2367).

등기를 갖춘 사단(사단법인)부터 합명회사 및 주식회사까지를 포함한다.

Ⅱ. 단체와 법인

단체 중에서도 법인격을 취득한 것을 법인이라고 한다. 종전에는 법인이란, 자연인 이외의 것으로서 권리·의무의 주체가 되는 것이라고 정의하였다. 이 정의는 법인의 실체를 적극적으로 표현하는 것이 아니고, 법인의 권리능력 측면에서 바라본 것이어서 법인의 구성요소인 단체 혹은 조직에 대한 언급은 없다. 그러나 오늘날에는 비법인사단의 경우에도 비록 법인격은 없지만 특별한 경우가 아닌 한 권리능력이 인정되는 경우가 많아 법인과 비법인사단을 구분할 때 권리능력 측면으로 한정하지 않고 있다.

근대 민법전 제정 이전에는 국가는 자신과 개인 사이에 어떠한 단체도 개인에게 영향력을 행사하는 것을 허용하지 않았다. 이는 개인 이외에 법인격을 부여하는 것을 개인주의·자유주의에 역행하는 것으로 보아 인정하지 않았으나,[3] 민법 제정 이전에 이미 존재하여 왔던 단체들은 독일학자 퇴니스(F. Tönnis)의 분류에 의하면 공동단체(Gemeinschaft)와 이익(목적)단체(Gesellschaft)로 구분되었고, 그들 중의 공동단체의 대부분은 민법의 제정 이전에 이미 민법적 의미에서의 주체성도 인정받았다. 그들 중 가장 대표적인 공동단체로서 지연적 공동체가 있는데, 독일의 예로서 마을공동체(Dorfgemeinde), 자유시(Kreisfreie Stadt), 지역군(Landedkreis)과 주(Land)들은 민법 이전에 이미 독립된 법인으로서 인정되어 왔다. 또한 교회와 같은 종교적 공동체나 대학, 학교 및 학회와 같은 학술적·교육적 공동체, 그리고 직업적 협력단체 등이 새로운 민법의 판단에 인하여 해체될 것은 아니었다.

단체에 대한 법인 인정의 필요성은 경제영역에서 단체의 활동영역이 증대하면서 요구되었다. 초기에는 특별히 국가가 인정하는 단체에 대하여만 법인격을 부여하였으나, 일정한 요건을 갖춘 경우에 법인격을 인정하거나 행정관청의 허가에 의하여 법인격을 취득하도록 하였고, 심지어 스위스(스위스민법 제60조)와 같이 자유롭게 단체결성의 자유를 인정하고 '법인성'을 부여하는 국가도 등장하였다.

우리나라에서도 단체의 조직에 대한 분석은 존재한다. 사단법인·주식회사

3) 프랑스에서도 다른 국가와 마찬가지로 단체 내지 법인의 역사는 국가와의 투쟁의 역사라고 한다. 남효순, 프랑스법에서의 법인의 역사 – 법인론 및 법인에 관한 판례와 입법의 발달사, 법학 40권 3호, 2000, 154면 이하.

등의 사단(Körperschaft, Verein)과 민법상의 조합이라고 하는 단체의 조직적 분류가 있다. 그러나 이 구별은 통상 비법인사단의 법리의 이론적 기초로서 사용되고 있는 것에 지나지 않는다. 사단과 조합의 구별 및 '권리능력 없는 사단의 법리'는 Gierke의 학설이 일본을 거쳐 우리나라에 받아들여진 것이다. 그 외에도 재산관련 법적 분쟁이 야기되는 단체로서 혈연단체로서 문중과 종중, 지연단체로서 마을, 어촌계, 산림계, 종교단체로서 사찰과 교회 등에 관한 연구와 판례평석 등이 존재한다.

그러나 우리나라에서 사법상의 단체 전반에 관해 통일적인 고찰은 보이지 않는다. 물론 사단과 조합, 혹은 인적 회사와 물적 회사라는 단체、회사의 분류가 행해지고 있지만, 그것은 한정적이거나 혹은 분류를 위한 분류이다. 대개의 관심은 실용주의적인 이유에서 오직 개개의 단체·회사, 특히 그 중에서도 주식회사의 제규정에 있다. 최근에는 다양한 단체의 분화현상에 따라 그것을 규율하기 위한 입법작업의 준비단계로서 연구가 행해지고 있다.

Ⅲ. 헌법상 결사의 자유

우리 헌법 제21조는 「모든 국민은 언론·출판의 자유와 집회·결사의 자유를 가진다」고 하여 결사의 자유를 규정하고 있다.[4] 결사의 자유는 국민이 다수의 자연인 또는 법인이 공동의 목적을 위하여 '단체'를 조직하는 자유를 말하며 '단체' 활동의 자유도 포함한다.[5] 결사의 자유는 자연인과 법인에 대한 개인적 자유권으로서, 개인에게는 사단과 조합을 결성하고, 이에 가입하고 활동하는 권리를 보장하는 기본권이다. 헌법에서 말하는 결사란, 다수인이 일정한 공통된 목적을 위하여 계속적인 단체를 형성하는 것을 말한다. 그 목적 여하는 불문하지만, 그 가입의 자유와 탈퇴의 자유가 인정되는 자발적인 단체를 말한다고 한다.[6] 따라서 결사란 단체를 동태적 측면에서 바라보는 것이라고 할 수 있다.

헌법재판소는 동규정의 '결사'란 자연인 또는 법인의 다수가 상당한 기간 동안 공동의 목적을 위하여 자유의사에 기하고 결합하고 조직화된 의사형성이

---

4) 사법상의 단체와 헌법과의 관계에 대해서는, 윤진수, 사법상의 단체와 헌법, 비교사법 제16권 4호(통권 43호), 1면 이하 참조.

5) 김철수, 헌법학신론(제21전정신판), 박영사, 2013, 896면.

6) 김철수, 위의 책, 897면.

가능한 단체를 말하는 것으로서, 공법상의 결사는 이에 포함되지 아니한다고 한다.[7] 이러한 결사 내지 단체에 해당하는 것으로는 대체로 사단법인, 법인 아닌 사단 및 조합 등이 있다. 주로 문제되는 것은 앞의 두 개다. 그러므로 재단은 여기서 말하는 단체에는 해당하지 않는다. 헌법적인 관점에서는 사단과 재단은 구별된다. 가령 사단의 결성은 제1차적으로 결사의 자유에 의하여 보호되지만, 재단의 설립은 결사의 자유에 의하여 보호되는 것이 아니고, 헌법 제10조가 규정하고 있는 행복추구권의 일환인 일반적 행동의 자유에 의하여 보장된다.[8] 결사의 자유의 대상이 되는 것은 사법상의 단체에 한하고 공법상의 단체에는 해당하지 않는다.[9]

결사의 자유가 인간의 권리인지의 여부에 대하여 다수설은 국민의 권리로 보고 있다. 따라서 원칙적으로 외국인에게는 인정되지 않는다고 한다. 다만 외국인의 법적 지위는 헌법 제6조 제2항의 범위 내에서 인정되기 때문에 결사의 권리도 외국인에 대해서 상호주의하에서 인정된다고 한다. 또 국내의 사법인도 결사의 자유권을 향유하나 외국의 법인은 결사의 자유권을 향유할 수 없으나, 국제법과 국내법에 근거하여 호혜평등의 대우를 받는다.

일반결사의 자유와 달리 좀 더 헌법상 보장되는 특별결사로서 정당이 있다. 헌법 제8조 제1항 전단은 정당설립의 자유를 규정하고 있는데, 일반결사와 구분되는 특별단체로서 정당설립의 자유는 정당설립의 자유만이 아니라 누구나 국가의 간섭을 받지 아니하고 자유롭게 정당에 가입하고 정당으로부터 탈퇴할 수 있는 자유를 함께 보장한다.[10]

---

7) 헌재 1996.4.25, 92헌바47; 헌재 2002.9.19, 2000헌바84.

8) 헌재 2001.1.18, 99헌바63; 대판(전) 2007.5.17, 2006다19054 등은 사립학교를 설립하고 운영할 자유는 헌법 제10조에서 보장되는 행복추구권의 한 내용을 이루는 일반적인 행동의 자유권과 모든 국민의 능력에 따라 균등하게 교육을 받을 권리를 규정하고 있는 헌법 제31조 제1항 그리고 교육의 자주성·전문성·정치적 중립성 및 대학의 자율성을 규정하고 있는 헌법 제31조 제3항에 의하여 인정되는 기본권이라고 한다.

9) 정종섭, 헌법학원론 제3판, 2008, 533면; 그러나 함인선, 공법인·사법인의 구별에 대한 관견, 헌법논총 제11집, 2000, 471면 이하는 당해 법주체가 공법인인지 사법인지를 사전에 결정하여 놓고 연혁적으로 법관계의 성격이나 법원리를 적용 또는 유추적용하고자 하는 시도는 개별적·구체적 법률관계의 해석·적용과 관련하여 부당한 또는 무의미한 것으로 되는 경우가 발생하므로 법인의 기본권주체성 및 그 인정범위의 문제는 당해 법인이 공법인이냐 사법인이냐에 의해서 결정될 것이 아니라 문제되는 개별기본권의 성질과 내용에 따라 결정되어야 한다고 주장한다.

10) 헌재결 2006.3.30, 2004헌마246.

제2절 단체이론의 연혁

Ⅰ. 고전적 단체이론의 전개

전통적 단체이론의 시작은 플라톤의 국가론에서부터 시작되었다고 볼 수 있다.[11] 그러나 그의 국가론은 인간의 본질에 대한 문제를 바탕으로 국가론과 정체론을 모두 포함한 이상국가론을 전개하는 것이어서 단체이론이라기보다는 정치사상적 측면이 강한 이론이었다. 본격적으로는 근대적 단체이론은 사비니와 기이르케 등 독일의 법인 논쟁에서 시작되었다고 보아야 하며, 이하에서는 단체이론의 역사를 간략하게 살펴보기로 한다.[12] 본서는 최대한 간략하게 단체이론을 소개하는 것으로 그치고자 한다.

1. 로마법

로마법상 사적 단체, 특히 사단체에 대한 문헌은 소수의 사료뿐이며,[13] 고전 법률가들의 고시주해 등과 같이 단체 관련 사료로서 로마법대전에 전하는 것들은 주로 국가나 도시 등과 같은 공적 단체에 관한 것들이다. 아직 추상적인 형태의 법인격 개념은 알려져 있지 않았지만, 단체의 법률관계의 다양한 문제점들을 실무적 차원에서 다루었기에 후대에 단체법을 발전시키는 데에 적어도 단초를 제공할 수는 있었다. 로마국가의 단체성에 대해서는, 그 법인격성과 더불어 일찍이 명백한 형태로 인지하고 인정했던 로마인들이었지만,[14] 사법적

---

11) 우리나라에서 플라톤의 저서 πολιτεία(그리이스어로 '폴리테이아'이고 영문으로는 The Republic)는 국가론으로 번역되었지만 엄밀히 말하면 국가론과 정체론 모두 포함하고 있다. 그의 저서는 철학과 정치이론에서 광범위한 영향력을 가진다.

12) 이에 대해서는, 최병조, 사법상 단체에 관한 일반론 －단체법론의 역사적 발전과정을 중심으로－, 민사판례연구 제19집, 민사판례연구회, 1997, 524면 이하 참조.

13) 특히 C. G. Bruns/O. Gradenwitz, Fontes Iuris Romani Antiqui Ⅰ, 7.ed. 1909, 388ff.

14) 로마국가는 처음부터 공법상 권리주체였다. 그리하여 국유재산(ager publicus, aerarium, res publicae)은 불융통물이었고, 집정관이나 호구총감에 의한 계약에는 일반 사법과는 다른 특별법리가 적용되었으며, 제정기 이래 사법이 적용되었던 황제의 금고(fiscus)도 제부서(stationes fisci)에도 불구하고 단일주체로 파악되고 다양한 특권(D.49.14, C.10.1, C.7.73)이 인정되었다. 대표적인 특권으로는 다음과 같은 것을 들 수 있다. ① 이자지급 면제(D.22.1.17.5) ② 담보특권(D.49.14.46.3) ③ 자력항상의 인정[담보제공의무 면제](D.36.3.1.18) ④ 시효특권: 국유물의 시효취득 불가(D.41.3.18), 국유 청구권의 최장기 40년 소멸시효기간, 조세청구권의 시효소멸 부인 등이다(C.7.39.6). 최병조, 앞의 논문 각주 11) 참조.

단체의 경우에는 시대에 따라 다른 양상을 보였다. 자발적 결사에 기한 고전기의 단체법은 로마후기로 오면서 전혀 유형을 달리하는 강제적 단체법으로 변화하였다. 후기에 단체법을 주도한 이념은 국가의 필수적 수용에 충당하기 위한 용역과 물자의 확보에 초점을 맞추었다. 이러한 관점에서 특히 중요한 세 직업단체로서 아프리카와 이집트에서 곡물을 수송해 오는 해운업자(CTh. 13.5), 제빵업자(CTh. 14.3) 및 정육업자(CTh. 14.4) 단체였다.[15]

결사단체를 지칭하는 용어로는 corpus, collegium, universitas 등이 사용되었는데,[16] 원래 자유설립(내지는 법질서의 무관심 내지 방임에 의한 자유의 여지)이 인정되었다. 그러나 공화정 말기에 정치적 혼란의 한 원인으로 여겨져 금압의 대상으로 되면서, 이러한 정책방향은 이후 서양의 단체법을 관통하는 기조로 작용하였다.[17] 그 사료적 근거였던 제정초의 법률(lex Iulia de collegiis)[18]은 원칙적으로 금지를 전제로 한 상태에서 금지를 해제하는 형태의 원로원의 인가를 규정했는데, 후에는 황제의 인가로 대체되었다(D.3.4.1.pr). 이후 불허단체의 금지가 법의 원칙적인 모습이 되었다(collegium illicitum)(D.44.22).[19]

사단을 구성하기 위해서는 일반적으로 3인 이상의 구성원이 필요한 것으로 인식되었으나,[20] 기존의 단체는 성원이 1인이 되어도 존속하는 것으로 인정되었다(D.3.4.7.2). 기관을 통한 행위능력은 원칙적으로 조직법적으로 정해진 기관이 있는 사단(universitas ordinata)의 경우 인정되었으며, 기관이 없는 단체(universitas inordinata)의 경우에는 총회만이 단체를 대표하였다. 단체의 의사결정에는 다수결 원리가 통용되었다.[21] 사료상 나타나는 단체의 종류에는 각종의 직업단체 외에 사교, 친목, 부조 등을 위한 비영리사단체(sodalitates, collegia sodalicia)가 있었는데, 후자의 경우 특히 소시민들의 장의단체(collegia funeraticia)가 대표적인 예였

15) Gaudemet, op. cit., 709ff.; 동, "Constantin et le recrutement des corporations"(1951) = tudes de droit romain Ⅲ(1979), 445ff. 최병조, 앞의 논문, 각주 12) 참조.

16) 최병조 교수는 universitas를 단체, collegium를 사단체, corpus를 결사체로 번역한다.

17) 최병조, 위의 논문, 528면.

18) CIL VI 4416(Bruns, op. cit., No. 174, p.388): quibus senatus coire convocari cogipermisit e lege lulia ex auctoritate Augusti; G. Rotondi, Leges Publicae Populi Romani(1922/ND 1962), 442f. 최병조, 위의 논문 각주 14) 참조.

19) 최병조, 위의 논문, 각주 15) 참조.

20) D.50.16.85: tres faciunt collegium.

21) Ulp. D.50.17.160.1: Refertur ad universos, quod publice fit per maiorem partem.

다. 사단은 성원이 없어지거나 (자발적 또는 강제적) 해산을 통해 소멸하였다.

그 당시 공·사법상의 단체로서 신관단 및 도점관단(collegium pontificum et augurum), 제분·제빵업자단체(corpora pistorum), 선박업자단체(corpora naviculariorum), 서기단체(decuriae scribarum), 징세수급업자단체(societates publicanorum) 등을 들 수 있다.[22] 로마인들의 단체법의 발전과정상의 한 특징은 Caesar의 개혁조치로 말미암아 원래 공적 단체인 res publica의 일부였던 지방시(municipia)의 법적 지위가 시민체(corpus civitatis)로 전환되면서 공적 성격을 지닌 일부 온존한 사적 단체가 되었고, 이로 인해 규율상의 복잡성을 띠게 되었으며, 이러한 사정이 현전하는 사료의 이해를 매우 어렵게 만들고 있다는 점이다.[23]

그러나 분명한 것은 로마인들은 개별성원들(singuli)과 구별되는 단체를, 법인격 개념이 결여되었던 결과 일동 전원, 즉 성원 총원(universi)이라 표현하였고, 총원의 의사결정 및 행위를 위한 대표기관의 필요성을 인식하고 있었으며, 이러한 기본적 인식하에 개별적인 법률문제들을 당시 주어진 법리의 틀 내에서 해결하고자 노력했다는 사실이다.

이미 그들은 단체의 채무와 구성원의 채무를 구분하여 단체에 채무 부담되는 것이 있는 경우 구성원 각자는 단체의 채무를 부담하지 않는다고 하였다. 계약에 대해서는 도시공사담당관에 선임된 자의 명으로 도시의 노예와 법률행위가 체결된 경우에는 폼포니우스에 의하면 그 담당관을 상대로 소구할 수 있다고 하였다.[24] 불법행위책임(악의소권의 인정)을 부담하는 지에 대하여는 불분명하다고 한다. 당사자능력은 부여된 것으로 보인다.[25] 또한 소송대리도 허용되는데, 사단체, 조합체 또는 이들 중의 어떤 하나의 명목으로 결사체를 가지는 것이 허용된 자들에게는 도시의 모범을 따라서 공유재산, 공동금고 및 도시에 있어서처럼 공동으로 소송상, 소송 외로 수행되어야 하는 것을 소송상 소송외로 수행하는 소송대리인 또는 변호인을 가지는 것이 인정되었다.[26]

---

22) 로마단체법에 관한 문헌소개는 현승종·조규창, 로마법, 1996, 390 Fn.214; Juan Iglesias, Derecho Romano, Historia e Instituciones(Und cima edici n 1994), 144 Fn. 205.

23) 최병조, 앞의 논문, 530면.

24) D. 15, 4, 4 Ulp. 10 ad ed.

25) D. 3, 4, 2 Ulp. 8 ad ed; 자치도시시민단 또는 어떤 단체가 소송을 위하여 소송대리인을 선정하는 경우에는 다수인에 의해서 선정된 것으로 간주된다고 말해서는 안될 것이다. 이 자는 도시 또는 단체를 위하여 개입하는 것이고 성원각인들을 위하여 개입하는 것이 아니기 때문이다.

사단체는 불허단체인 경우에는 칙훈, 칙령, 원로원의결에 의하여 해산된다. 그러나 해산되는 경우 그들에게는 공유재화가 있는 경우 그것을 분할하여 그들 사이에 분배하는 것이 허용된다.

이처럼 단체현상과 관련하여 오늘날 제기되는 제반문제는 대부분 인식되었고 논의되었다. 다만 그에 대한 해답만큼은 오늘날의 관점에서 보면 경우에 따라서는 통일성을 결여했거나 일관되지 못했고, 경우에 따라서는 불충분한 것으로 평가될 수밖에 없는 한계를 노정했을 뿐이었다. 그러나 로마 단체법론의 이러한 한계에도 불구하고 중세 이후의 착종된 단체현상을 이론적으로 정서하는 데에 로마적 관념들이 동원되어 수행했던 역사적 공도 기억해야만 할 것이다.[27)]

2. 게르만법

게르만법상 단체의 존재 형태는 19세기 Otto von Gierke의 연구성과가 보여 주듯이[28)] 단체법론에 관한 한 자연발생적 단체결성으로부터 인위적 공적 지역단체에 이르기까지 매우 다종다양하였고, 많은 경우 관습법에 의해 규율된 이러한 단체들의 다양성은 오히려 법적 윤곽을 개념화하는 데에 많은 어려움을 야기하였다. 기이르케가 Genossenschaft(동료단체, 협동공동체)라는 총괄 개념하에 포섭시켰던 이들 단체들의 법적 실질과 형식은 단체의 참여공동체적 성격을 시사하는 동 용어의 사용에도 불구하고 개념적·교의학적으로 명쾌하게 포착될 수 없었다.[29)]

중세 게르만법을 일별하여 보면, 정치적으로 국가 확립전의 봉건지배 아래 있었던 중세 독일에서는 로마법과 같이 국가와 개인이라는 두 개의 의사주체에 의한 절대적 인격개념이 형성될 수가 없었다. 오히려 고대로부터 정치·경제적 사정에 따른 다양한 형태의 단체가 생성·발달해 온 게르만 사회에서는 공동체 내에서의 개별생활과 공동생활이 내적으로 교차되면서 밀접한 상호작용 하에 놓여있는 것이 원칙이었다. 그러므로 인격개념에는 공동체 질서에 의해 제

---

26) 최병조, 위의 논문, 535면.

27) 최병조, 앞의 논문, 530면.

28) Otto von Gierke, Das deutsche Genossenschaftsrecht, Ⅰ: Rechtsgeschichte der deutschen Genossenschaft(1868); Ⅱ: Geschichte des deutschen Körperschaftsbegriffs(1873); Ⅲ: Die Staats-und Korporationslehre des Alterthums und des Mittelalters und ihre Aufnahme in Deutschland(1881); Ⅳ: Die Staats-und Korporationslehre der Neuzeit(1913).

29) 최병조, 위의 논문, 535면.

약된 의사, 즉 전체와 부분, 개별과 종합을 동시에 포괄하는 통일의사가 포함되어야만 하였다. 이러한 의미에서 게르만법의 인격개념은 전체의사(Gesamtwille)와 개인의사가 상호 제약적으로 존재하는 상대적 인격개념이었다.

이 같은 인격개념의 상대성은 다수주체의 인적결합에도 반영되어 전체로서의 다수주체의 공동의사영역이 성립하고 각 개인은 개별영역을 보유하지만, 이 단체의사에 구속되는 형식을 취하였다. 이 같이 개별영역과 구별되는 공동의사영역이 존재함으로써 인적결합 그 자체가 주체가 되어 법인이 아닌 인적결합, 즉 합수가 권리를 취득하고 의무를 부합할 수 있다는 게르만법 상의 합수사상이 나오게 된다.[30)]

즉, 중앙권력에 의한 실효적 통제가 가능했던 로마와 달리 게르만의 법은 지배권력의 분권화에 비례하여 수많은 단체의 형성을 가져왔으며, 시원기의 동료단체들은 후에 사단과 합수적 단체로 분화·발달하게 되었다.[31)]

3. 중세

중세의 단체법론은 로마법에서 받아들인 universitas 개념을 중심으로 전개되었으나, 이것은 아직 단순한 취합개념에 불과했고, 엄밀한 의미에서 법기술적 개념은 아니었다.[32)] 단체이론에서 주목할만한 성과는 보이지 않는다. 어쨌든 universitas personarum(사단체)와 universitas bonorum(재단체)를 구별했던 중세의 법학은 universitas를 전일체("corpus unum"), 개념체·무형상체(nomen intellectuale et res incorporabilis), 인격체("persona") 등으로 표현함으로써 단체, 특히 법인격을 갖춘 단체의 구조적 특성을 드러내고자 했다. 단체는 중세사회에 있어서 공생활의 중요기능의 담당자로서 언제나 삶의 중심부에 위치하고 있었고, 법적 논의 역시 이에 비례하여 지속적으로 이루어졌다.

중세 봉건제 사회구조에서는 지배와 봉사의 관계가 국가법적 관계를 구성하는 유일한 원리였으나 봉건제 속에서 성립된 상하상호간에 배치되는 단체관계의 위치에서 고유한 국가관념에 대하여 시대적 인식이 이루어졌고, 봉건적 군주제와 전면적 위계질서에 관한 생각을 뛰어 넘어 협동단체의 필요성을 인

---

30) Gierke, Deutsches Privatrecht, Bd. Ⅰ, 1895, S.269.

31) 상세는 현승종·조규창, 게르만법, 증보판, 1989, 148면 이하.

32) 중세로마법에 대해서는 Savigny, Geschichte des Römischen Rechtes im Mittelater Bd. Ⅰ, 1815.

식하기에 이르렀다. 실제 이 시기에 다양한 협동단체가 존재하였다.

한편 전반적으로 로마법의 전통적 유산을 수용하는 데에 그쳤던 시민법학자들과 달리, 특히 12세기의 교회법학자들은 로마법, 기독교, 게르만법의 요소들을 조화시킨 위에 새로운 체계를 발전시켰는데, 이러한 이론적 탐구는 교황혁명 후의 법적 분쟁의 해결을 위한 실천적 목적에서 나온 것이었다. 교회법학자들의 단체법론은 단체 성원의 의사결정과정에의 참여를 창조함으로써, 이후 교회 및 세속의 지배자에 대한 권력제약이론으로 발전하였음도 특기할 만한 사항이다.

Ⅱ. 근대의 단체이론[33)]

사회계약적 시민사회관을 바탕으로 인권의 신장을 위해 노력했던 근세의 자연법론은 아직 법외적 결사로 간주되었던 시민계층이 구성했던 이념적 목적의 단체들을 배경으로, 자연인에게 적용되었던 "도덕인"(persona moralis)의 관념을 법인에도 적용함으로써 인격으로서의 인간의 자연적 자유권을 단체에 확장하는 데에 관심을 기울였으나,[34)] 법인의 경우 인격으로 의제하는 근거의 문제 등을 비롯하여 그 본질을 규명하는 데에는 아직 미흡했다.

법인론에 관한 오늘날의 인식의 출발점은 독일의 역사법학파인 Savigny에게서 비롯되었다고 보고 있다.[35)] 그는 법인[36)]의 본질에 관하여 처음으로 법인을 인정하는 방법으로 칸트적인, 다분히 철학적인 인간관에 따라서 게르마니스텐(게르만법학자)들이 주장하는 법인의 실재성을 부인하고 의제설에 따라서 적극적인 법규의 의제의 효과로서 법인이 인정된다고 주장하였고,[37)] 이로부터 100

33) 프랑스에 대해서는, 남효순, 프랑스법에서의 법인의 역사 - 법인론 및 법인에 관한 판례와 입법의 발달사, 법학 40권 3호, 2000, 154면 이하.

34) 최병조, 앞의 논문, 539면.

35) Rittner, Die werdende juristische Person-Untersuchungen zum Gesellschafts-und Unternehmensrecht, Tubingen, 1973, 180ff.

36) 법인(juristische Person)이라는 용어가 맨 처음 사용된 것은 Hugo(Hugo, Lehrbuch des Naturrechts als einer Philosophie des positiven Rechts, Glashutten, 1798, 45)에 의해서였으나, 이때에는 자연법론에 의거하여 Pufendorf에 의하여 받아들여졌던 '도덕인'(moralische Person)과는 그 표상을 전연 달리하고 있었다. 독일 법학교과서에서 맨 처음 이 법인이라는 개념을 사용한 사람은 '법률행위'(Rechtsgeschaft)라는 개념을 맨 먼저 사용하였던 Heise이다.

37) Savigny, System des heutigen Römische Rechts, Bd. Ⅱ, S.180ff.

년 이상의 논란을 거듭하면서 드디어 기르케에 의한 자연적인 생존자로서 단체의 실재성으로 인정되기에 이르렀다.

1. 사비니의 법인론

사비니는 개개의 자연인만이 생래적 권리능력자라는 전제에서 출발하여 자연인이 아닌 '단체인'의 경우 논리 필연적으로 '법인의제설'을 취하였다. 그는 권리를 인간의 도덕적인 자유를 실현하기 위한 의사의 지배로 보고, 권리를 향유할 수 있는 주체, 즉 권리주체에 관해서 「원래의 인(人) 내지 권리주체의 개념은 인간의 개념과 일치하게 된다」고 하면서, 누구나 개개인은, 그리고 오직 그 개개의 사람들만이 권리능력이 있다고 한다.[38)39)] 즉 그에 의하면 진정한 권리주체의 개념은 인간(menschliche Person)의 개념과 일치하게 된다. 그러나 각각의 개인의 이익을 넘어서 자연적 권리주체들이 모여 하나의 다수로서 특정한 목적을 실현할 필요도 있기 때문에, 실정법은 특정한 집합체에게 거래에 참여할 수 있도록 하기 위하여 고유한 권리능력을 부여하였다. 즉 원래 권리능력이란 자연인의 개념과 연결되어야 하지만, 의제에 의해서 인정된 인공적인 주체에도 권리능력을 확장하게 되는데, 즉 권리관계에서 자연인 이외에 이러한 주체를 법인이라고 하며, 법인은 순전히 법률적인 목적 때문에 인정된 인(Person)이라는 것이다.

이처럼 자연인 이외에 법이 인정한 또 다른 권리주체인 법인의 본질이 무엇인가에 대한 법인본질론을 둘러싸고 19세기 독일에서는 이른바 법인본질논쟁이라 하여 사법학에서 큰 관심의 대상이 되었다. 역사법학파인 사비니와 기르케의 법인론이 있으며, 독일의 법학자 기르케는 단체를 논의적 유기체의 형상으로 파악하였다.

사비니는 법인을 자연적 또는 필수적 존재로서의 법인과 인공적 또는 임의적 존재로서의 법인의 두 종류로 나눈다.[40)] 전자에는 마을공동체(Gemeinde), 도시, 마을 등이, 후자에는 재단 및 회사 등이 해당한다고 한다. 또한 사비니는 법인을 구성원의 존재 여부에 따라 사단(Korporation)과 재단(Stiftung)으로 나눈다.

---

38) Savigny, a.a.O., S.2.

39) 사비니와 기르케의 법인이론과 그 현대적 의미에 대해서는 송호영, 고전적 법인논쟁이 현대의 단체법론에 주는 의미와 영향-Savigny와 Gierke의 이론을 중심으로-, 현대 민사법학의 과제(관원 정조근교수 화갑기념), 2001, 25면 이하.

40) Savigny, a.a.O., S.242.

사단에는 마을공동체(Gemeinde), 수공업조합(Innungen) 그리고 회사(Gesellschaft) 등이 이에 속한다. 사단과 구성원의 관계에 관해서 사비니는 '모든 단체의 본질은 권리의 주체가 각 구성원에게 존재하는 것이 아니라 관념적 총체에 존재한다는 점에 있다'라고 설명한다. 따라서 구성원의 교체는 사단의 본질과 단일성에 전혀 영향을 미치지 않는다고 한다.[41)]

사비니는 또한 촌락공동체처럼 국가 이전에 존재하였던 단체의 경우에는 그 설립에 국가의 승인이 요구되지 않는 것은 당연하였고, 마찬가지로 국고(Fiskus) 또한 그 설립의 방법에 문제되지 않지만, 그 외의 법인에서는 법인 설립시에 국가의 승인이 요구된다고 보았다. 다음으로 법인의 권리능력의 내용을 사법관계의 범위 내로 국한시킨다. 법인이 누리는 권리능력의 내용은 재산능력으로 제한하였다.[42)]

2. 기이르케의 법인론

기이르케는 그의 독일단체법론 서두에서 '사람이 무엇인가 하는 문제는 사람과 사람과의 결합에 의하여 결정된다'는 말로 시작한다. 인간은 그들 각자의 사람의 자격을 연결시키는 구성을 통하여, 과거의 세대를 후속하는 세대와 연결시키는 가능성을 가지고 있고, 이러한 가능성을 통하여 단체를 설립할 수 있고, 인간은 단체설립의 가능성을 통하여 사회와 역사발전의 가능성이 부여된다고 한다.[43)]

법인의 본질에 관하여 사비니가 법인의 실재성을 부인하고 의제설에 따라서 적극적인 법규의 의제의 효과로서 법인이 인정된다고 주장한 반면에 기르케는 자연적 생존자로서 단체의 실재성을 가진 법인실재설을 주장하였다. 기르케의 독일단체법론 4권은 전편을 통하여 독일의 협동적 단체의 역사적 실재성을 규명하고자 하는데 그 핵심이 있었다. 그리고 이러한 학문적 성과의 결과 독일민법제정과정에서 법인실재설이 입법에 반영되었다고 볼 수 있다.

그는 법인은 가공된 것이 아니라 실재로 존재하는 본질체라는 입장을 취하였고, 단체인은 개별인과 마찬가지로 실재하는 완전한 인인데, 다만 개별인과

---

41) Savigny, a.a.O., S.244.

42) Savigny, a.a.O., S.238.

43) Gierke, Deutsches Genossenschaftsrecht Bd. Ⅰ, S.1.

는 달리 하나의 합성된 인(eine zusammengesetzte Person)이라는 것이다. 이 단체의 실재성은 우리의 외적 경험과 내적 경험을 통하여 증명이 가능한데, 외적 경험을 통하여 민족이나 공동체가 세계를 형성하고 문화를 창조해 나가며, 이 공동체에는 단순한 구성원의 집합을 넘어서는 여러 요소가 존재하는데, 그 예로 법, 도덕, 경제, 언어 등을 들 수 있다. 결국 이 공동체는 개개인의 단순한 총합이 아니라 그 자체가 하나의 초개인적인 생명체[44]이고, 이러한 공동체의 실재성은 우리의 내적 경험을 통해서도 확인될 수 있다. 즉 인간은 민족, 국가, 신앙공동체, 교회, 직업단체, 가족 그리고 기타 단체 등에 소속감을 가지게 되는데, 이는 이들 단체가 우리 개개인 외에 또 다른 하나의 생명력을 가지고 실재함을 의미한다.

기르케는 단체는 초개인성을 특징으로 하기 때문에, 단체에는 개인주의적인 법이 아닌 사회법의 원리가 적용되어야 한다고 주장한다.[45] 특이한 것은 기르케는 권리주체를 설명함에 있어서 법인이라는 표현을 의식적으로 피하고 단체인이라는 표현을 사용한다는 점이다.[46]

기르케는 단체의 종류를 사단적 단체와 재단적 단체로 나누고, 재단적 단체는 공법상의 영조물과 사법상의 재단을 포함하는 개념이다. 그는 단체인을 마치 자연인처럼 비유하여 설명하는데, 즉 사단적 단체는 단체 스스로 자생적으로 유래한 인격체인데, 사단적 단체의 정신은 통일화된 공동의 의사이고, 그 육체는 사단의 조직이라고 한다. 그에 반해 재단적 단체는 외부로부터 이식된 인격을 가진 단체로, 그 영혼은 단일화된 기부의사이고, 그 육체는 기부의사를 지속적으로 수행해 나갈 수 있는 기관적 조직이다. 단체인에는 양자의 성질을 모두 갖춘 중간형태도 존재할 수 있다고 한다.[47] 그 예로 대학이나 국가를 든다.

기르케는 단체인격의 취득을 위해서는 법의 승인이 필요하며 여기에서

---

44) Gierke, Das Wesen der menschlichen Verbände, S.6.

45) 대표적인 예가 단체의 설립행위의 법적 성질을 계약으로 보지 않고 사회법적 원리가 작용하는 편면적인 합동행위로 본다. Gierke, Genossenschaftstheorie, S.133f.

46) 이에 대하여 기르케가 표현한 단체인이 내용상 법인과 별 차이가 없음에도 구태여 '단체인'이라는 표현을 쓴 이유에 대하여, 사비니 이래로 기존의 판덱텐법학자들이 법인이라는 표현을 쓰면서 그 본질을 가공의 또는 허구의 인이라는 것에 대한 반발로 기르케가 의식적으로 단체인으로 표현함으로써 용어상 차별을 둔 것으로 보는 견해가 있다. 송호영, 법인론, 신론사, 2013, 23면.

47) Gierke, Deutsches Privatrecht Ⅰ, S.474.

'법'이란 관습법을 포함한다. 만약 단체가 금지법규에 위반한 경우에는 단체의 법적 승인은 인정될 수 없다. 그는 단체인격의 승인방법을 세 가지로 나누는데, 첫째, 단체의 존재로 말미암아 인격을 취득하는 경우이다. 이는 마치 자연인의 경우에 출생과 함께 당연히 법인격이 인정되듯이, 법규정이 단체의 존재 자체를 전제로 하여 설정된 경우를 말한다. 마을이나 대부분의 공공사단이 여기에 속한다. 둘째, 특별한 공시를 통하여 단체인격을 취득하는 경우이다. 이것은 법이 특정한 종류의 단체에 대하여 공적인 장부에 등록을 하게 함으로써 단체의 존재를 공시하는 경우이다. 당시의 제국법에 의하면 주식회사, 유한회사 및 영리협동조합 등이 이 경우에 해당한다. 셋째, 허가를 통하여 단체인격을 취득하는 경우이다. 이는 허가라는 국가의 포고를 통하여 법이 단체를 인으로 승인하는 것을 말한다. 당시의 제국법에서는 수공업단체 및 식민회사가 여기에 해당한다.[48)]

3. 법인본질론의 입법에의 영향

법인실재설의 이론은 1870년대부터 시작되는 독일민법의 제정을 위한 장기간의 논의과정에서 첫째로 독일민법의 프랑스민법과 다른 특색을 강조함으로써 독일민법의 이론적 우수성을 과시해 보려는 강한 의지와, 둘째로 후발적인 산업혁명으로 인하여 급증하는 독일의 자본단체와 사회적 협동단체 등을 적극적으로 육성하려는 의도에 의하여 적극적으로 수용되기 시작하였고, 종래의 각주들의 단체에 대한 허가주의들이 독일민법 속에서 극복되어서 법인설립에 관하여 비영리법인(idealer Verein)에 관하여서는 준칙주의를 채택하기에 이르렀고(독일민법 제21조), 영리법인에 대하여는 특별한 규정이 없으면 허가주의에 의하도록 하였다(독일민법제22조). 그리고 독일 상법전은 1861년에 제정되면서 회사설립에 관하여 특허주의와 허가주의를 취하였으나 1870년에 준칙주의로 개정되었고, 1897년에는 민법전과 관련하여 다시 수정되었다. 이는 민법의 입법과정에서 크게 대입된 로마법(Romanisten)과 게르만법학자(Germanisten)의 논쟁에서 게르만법학자가 승리한 결과라고 볼 수 있을 것이다.

독일의 법인 이론은 게르만법학자들의 마르크공동체(Markgenossenschaft)의 연구에서 연유되어 왔는데, 그들의 마을공동체는 오늘날도 공법상의 지연적 자치

---

48) Gierke, Deutsches Privatrecht Ⅰ, SS.488-490.

단체로서 그 자치적 권리가 헌법상의 제도보장으로서 규정되고 있다.[49] 이러한 민주적 자치단체의 전통은 이차대전 후 독일연방의 부흥과정에서 중요한 역할을 하였다. 나치정부와 주정부가 해체되어버린 상황 하에서 대표를 통한 정치적 조직과 의사를 형성하는 최초의 단위로서 마을공동체(Gemeinde)가 그 회의와 대표를 통하여 주정부를 대체하는 정치적 교섭을 점령군과 공식적인 권한을 가지고 수행하기도 하였다.

여기에서 마을공동체(Gemeinde)는 대표를 선출하는 공통적 단위로서 작용할 수 있었고, 이러한 통일된 대표의 단위에 의하여 비로소 의사가 분열된 경우에 다수결의 결의기능이 실효성을 발휘할 수 있었던 점을 볼 수 있다. 이들의 마을단위의 단체적 협동의 전통은 또한 마을단위의 신용협동적 조합조직과의 통합을 통하여 경제적 협력 체제를 발전시켰고, 모든 사회의 단체적 생활에 있어서 구성원의 의사형성에의 참가를 보장하는 민주적 의사형성의 전통을 발전시켰으며 이것이 오늘날 이른바 독일식의 노사협력체제의 기본원리인 공동결정법(mitbestimmungsgesetz)으로 결실되었고, 나아가서 모든 여타의 사회단체에 있어서의 「공동결정의 원리」로 확대되기에 이르고 있다.[50]

Ⅲ. 현대적 단체이론

오늘날 19세기 중반부터 독일에서 시작된 법인본질론에 관한 논쟁은 20세기에 접어들어서는 종식되었지만, 종결된 것이 아니고 포기된 것으로 보는 것[51]은 아직까지도 법인본질에 관해서 규명되기 어려운 요소들이 많음을 간접적으로 시사하고 있다. 자연인과 대비되는 추상적인 개념으로서의 법인 개념을 상정하고, 법인이 권리능력을 갖는 것을 설명하기 위한 법인본질론은 이제 법인의 사회적 실체성에 대한 의심이 사라지면서 사법학에서 주목을 받지 못하고 있다.

역사법학파가 독일민법의 제정과정에서 미친 중요한 영향중의 하나는 법의 규범적 가치를 역사성과 민족의 법의식에서 찾는 것이었다. 이에 따라 특히 단

---

49) Art. 28. Ⅱ. GG.

50) 정환담, 마을공동체의 관습법상의 법인성에 관한 연구, 전남대 사회과학논총 9집, 1981, 298-299면.

51) Coing, Europäsches Privatrecht, Band Ⅱ, München, 1989, S.343.

체의 근거에 관하여 관습법의 법원성을 강조하여 왔다. 그에 따라서 첫째 법규범의 가치근거를 사회적 도덕성에서 찾고, 둘째로 단체의 법주체적 기능의 실제성을 인정하여 법인입법의 준칙주의를 채택하게 하고, 셋째로 단체, 즉 법인의 재산소유에 관하여 대외적 단독소유성을 인정하고, 넷째로 단체의 공공적 법주체기능에 따른 단체관계의 공·사법의 혼합성을 주장하며, 다섯째로 법목적의 사회목적과의 일치성 등의 법관념을 민법의 입법에 반영하였다는 것이다.[52] 이러한 점들은 특히 우리 단체의 법리에 관한 기초와 방향성을 제공해 주고 있다.[53]

특히 독일 민법 제1초안에 대하여 역사법학파 게르만학자에 의해 의견이 제기되었는데, 그 중 대표적인 학자인 기이르케는, 역사법학파의 밑바닥에 흐르는 기본적 정신으로서 독일의 역사적 공동체의 인적 결합체로서의 Genossenschaft를 들고, 협동적 정신과 여러 단체에서의 단체적 연관성을 전제로 한 이른바 단체적 인(통합인: Gesamt Person)의 특성을 통한 역사적 단체·공동체의 이론을 강조하고, 역사적 공동체의 법의식의 기초 위에서 민법의식과 법가치에 적합한 법이어야 한다고 주장하였다.

단체의 법률상 지위의 확립은 독일 민법전이 프랑스 민법전보다 우위에 있다고 말할 수 있다. 독일 민법은 '권리능력'이라는 개념을 통하여 프랑스 민법의 '인격'을 대체하여 '사람'이라는 생물학적 존재를 법률관계의 주체로 포섭하였을 뿐만 아니라, 단체로서의 법인을 인정하는 이론적 기초를 마련하여 자연인과 법인의 상위개념으로 민법상 양자 모두 '인'으로 규정하였다.

법인의 본질론을 둘러싼 독일에서의 논란은 한편으로 로마법의 계수 이전에는 단체 이론이 부존재 했기 때문에 불가피한 측면이 있다. 그러나 다른 한편으로 현대의 법학 및 실정법의 사단형태는 대단히 복잡하다는 점을 고려할 때, 현대적 단체법론의 전개는 어차피 본질론적인 차원보다는 합목적적 기능적 관점에서 접근하는 것이 시대정신에 보다 더 부합하다고 여겨지기도 한다. 특히 법질서의 근원적 단체인 국가의 문제 등에서 드러나는 바와 같이, 단체법론이 갖는 사법적 차원을 뛰어넘는 포괄적 의미맥락은 단순한 기능적 고찰의 한

52) Gierke, Deutsches Genossenschaftsrecht Bd. Ⅰ, SS.5-7; Gierke, Deutsches Privatrecht Bd. Ⅰ, S.54.

53) 종중과 문중, 사찰, 산림계, 어촌계, 향교 등의 단체에서 사단법리가 아닌 관습법리의 규명은 대단히 중요하다.

계를 벗어나는 이념적, 본질론적 논의의 필요성을 여전히 확인시키기는 하지만, 적어도 사법적 단체의 경우에는 기능적 접근에 친화적인 것만은 사실이기 때문이다.[54] 이러한 사정은 법인격 개념을 중심으로 단체법론을 전개하는 경우 봉착하게 되는 난점을 생각해 보면 더욱 더 절실하게 부각된다.

오늘날에는 법인본질론을 법인이 허구적·의제적 존재인가 아니면 사회적으로 실재하는 조직체인가에 대한 다툼으로 보는 것은 전혀 의미가 없다. 현대사회에는 영리를 목적으로 하는 수많은 회사나 기업이 존재하고, 그러한 조직체는 유한한 자연인에 비교가 되지 않을 만큼 지속성을 가지면서 월등한 규모로 경제활동 및 각종의 사회활동을 영위하는 실재체이기 때문이다. 사회가 복잡 다단해지면서 이제 논의는 국가로부터 시작하여 다양하게 존재하는 단체들을 규율하기 위하여 형이상학적인 법인본질론으로부터 눈을 돌려 먼저 현실세계에 존재하는 단체들의 특색과 유형을 법사회학적 측면에서 연구할 필요성이 있다.

우리나라에서 단체에 관한 종래의 관심은 주로 회사와 같은 영리적 자본단체에 쏠려 있었고, 비영리적 단체나 전통적 협동단체에 대한 관심은 상대적으로 적었다. 이는 근대국가의 수립과정에서 외국입법의 계수에 의존함으로써 우리나라의 고유한 단체에 관한 이론을 정립하지 못하였고, 오히려 이런 단체에 대한 관습이나 사실조사는 현재까지도 면밀하게 이루어지지 않고 일제 강점기의 일본학자의 연구를 통한 문헌에 의존하고 있는 실정이다. 또한 체계적인 입법에까지 이르지 못하고 있으며,[55] 법률관계의 분쟁을 방지하기 위하여 일부 법률조항에서 규율하고 있을 뿐이다.[56]

대개의 단체들은 실정법 내에서 유형별로 규율되고 있는 실정이다. 즉 영

---

54) 그러나 일반국가학에 있어서도 논변의 주제가 국가의 본질 → 국가의 목적 → 국가의 과제로 점차 '탈형이상학화'하며 구체적이고 세부적인 문제에 천착하는 동일한 실용적·기능적 경향을 확인할 수 있는 것 또한 사실이다. 종래의 국가학 문헌들 및 Hans Peter Bull, Die Staatsaufgaben nach dem Grundgesetz 2. Aufl., 1977. 참조. 최병조, 사법상 단체에 관한 일반론−단체법론의 역사적 발전과정을 중심으로−, 민사판례연구 제19집, 민사판례연구회, 1997, 각주 6)참조.

55) 그러한 단체로는 문중, 종중, 계, 향교, 사찰, 마을(자연부락), 어촌계, 산림계 등이 있고, 근대 이후의 교회를 들 수 있다. 이러한 단체에 대해서는 아직까지 규율하는 입법이 마련되어 있지 않고 판례에 의존하고 있는 실정이다.

56) 대표적인 법률로는 부동산등기법 제26조, 민사소송법 제52조에 법인 아닌 사단이나 문중을 언급하고 있으며, 국세기본법이나 부동산실권리자명의등기에 관한 법률 등에서 규정을 두고 있다.

리사단법인에 대해서는 회사법에서, 비영리사단법인이나 비영리재단법인에 대해서는 민법에서, 공익을 목적으로 하는 단체에 대해서는 공익법인법이, 그 외에도 나라에 따라 종교법인법이나 중간법인법을 제정하기도 하고 더 나아가 특수한 단체에 대하여는 특별법으로 규율함으로써 단체이론들이 실정법과 조우하게 되었다. 다원화된 세계에서 다양한 조직체들을 규율하기 위한 유형론적 고찰방법이 필요하게 되었다.

제3절 단체법의 법원

개인은 유사 이래로 가, 부족, 종족, 국가 등 언제나 단체 속의 한 구성원으로 존재한다. 그러나 이러한 자연적·사회적 소여를 고려할 때 법이 단체에 대해 기울인 노력은 아직까지도 매우 미흡한 것이었음이 또한 사실이다.[57)]

각종 형태의 단체를 법적으로 명확히 포착하는 과제는 독립된 자존체로서의 개인에 유비해서만 단체현상을 파악할 수 있는 인간의 인식능력상의 한계로 인하여 인류의 긴 역사와 동일하게 긴 단체의 역사에도 불구하고 여전히 미완의 과제로 남아 있다.

우리나라에서 독일 일본과 마찬가지로 통일적인 단체법전은 존재하지 않는다. 단체도 공법상의 단체, 사법상의 단체로 구분할 수 있지만, 종래 공법상의 단체법의 중요한 법원은, 국가에 대한 헌법이 있으며, 지방자치단체에 대한 지방자치법이 있다. 사법상의 단체법의 주요한 법원은, 비영리법인(사단법인·재단법인)·'민법상의 조합'에 대한 민법, 합명회사·합자회사·유한책임회사·주식회사·유한회사 등 영리법인에 관한 상법이 있다. 사회법상의 단체법으로는 노동조합법이 있다. 특별법으로 공익법인법이 있다. 우리나라의 이러한 단체·회사 등의 법형식은 독일·프랑스로부터 계수된 것이다.

57) 단체 일반의 이해에는 Max Weber의 Verband 개념규정이 여전히 유용하다. Max Weber, Wirtschaft und Gesellschaft: Grundriss der verstehenden Soziologie, 5. revidierte Aufl. 1976, 26ff.

Ⅰ. 헌법

헌법을 국민의 기본권을 보장하는 최고규범으로서 뿐만 아니라 국가의 통치조직과 통치작용에 관한 법이라고 이해한다면, 공법인으로서의 국가나 지방자치단체가 기본권의 주체로서 기본권을 향유할 수 있느냐는 별론하고, 국가나 지방자치단체에 대한 법원(法源)으로서의 기능을 한다고 말할 수 있다. 헌법은 공법상의 단체인 국가에 대해서는 구성원인 국민(헌법 제2조), 주권(제1조 제2항), 영토(제3조) 및 통치조직(제3장·제4장·제5장·제6장)에 대하여 각각 규정하고, 지방자치단체 대하여는 2개의 규정을 두고 있다(헌법 제117조, 제118조). 즉 헌법 제117조 제2항에서 지방자치단체의 종류에 대한 법정주의를 규정하고 있고, 지방의회와 지방의회의 조직·권한·의원선거와 지방자치단체의 장의 선임방법 기타 지방자치단체의 조직과 운영에 관한 법정주의를 규정하고 있다.

또한 헌법은 단체결성의 자유[58](헌법 제21조)를 인정함으로서 어떠한 법률이 이러한 헌법적 가치인 단체결성의 자유를 과도하게 제한한 수 없음을 선언하고 있다. 프랑스 헌법위원회는 결사의 자유는 헌법적 가치를 갖는 원리이므로 단체결성의 유효성에 관하여서는 어떠한 형태의 사전적 통제도 인정될 수 없다[59]고 하며 독일연방헌법재판소도 결사의 자유는 자유로이 단체를 결성할 수 있는 개인의 권리뿐만 아니라 형성된 결사의 존속과 활동에 관한 단체 자체의 권리도 보장한다[60]고 하고 있는 것으로 보아, 헌법은 단체법의 최고의 법원이라는 것을 알 수 있다.

따라서 단체를 규율하는 모든 법은 단체결성의 자유를 최대한 보장하도록 하는 헌법적 가치에 반하지 않아야 한다. 이러한 점에서 비영리법인에 대하여 허가주의를 취하고 있는 민법의 입법적 타당성에 대하여 헌법적 가치에 반한다는 반론이 제기되어 왔다.[61] 그러한 논거로 제시하는 것은, 첫째 허가는 일반적 금지를 전제로 하고 예외적으로 금지를 해제하여 주는 제도이므로 집회나 결사를 금지하는 민법의 규정은 위헌의 소지가 크고, 둘째 헌법 제37조 제2항은「국민의 모든 자유와 권리는 국가의 안전보장, 질서유지 또는 공공복리를

58) 정당설립의 자유와 비교하여 일반결사의 자유라고 한다.
59) 프랑스 헌법위원회 1971.7.16: 1986.7.29. 결정.
60) BVerfGE 84, 372(378)-1991.10.9.
61) 정환담·송오식, 민법총칙, 형설출판사, 2009, 182-183면.

위하여 필요한 경우에 한하여 법률로써 제한할 수 있으며, 제한하는 경우에도 자유와 권리의 본질적 내용은 침해할 수 없다」고 규정하고 있는 바, 민법 제32조의 일반적 금지와 예외적 허가가 헌법 제37조의 필요한 경우인가가 입증되지 않으면 민법 제32조의 허가주의는 헌법 제37조에 위반한다고 볼 수 있고, 셋째 민법 제32조의 비영리법인은 그 구성원들을 위한 비영리적 법인이다. 이는 영리를 목적으로 하는 사단인 상사법인(회사)과 다르게 구성되어 있다. 민법은 민사법인을 허가주의(일반적 금지와 예외적 허가)로 묶어두면서 상사법인은 회사법에 의하여 모두가 준칙주의로 하여 설립이 민법상의 비영리법인보다 자유로운데, 이는 사원 상호간의 협동을 목적으로 하는 민사적 사단에 대해서는 '허가주의'를 취함으로서 그 설립을 엄격히 제한하면서 오히려 타인을 상대로 영리를 추구하는 상사법인에 대하여 '준칙주의'를 취함으로서 설립을 용이하게 한 것은 헌법 제11조 제1항의 평등의 원칙에 위반한 것이라는 것이다.

단체 중에서도 종교단체(제20조), 노동조합(제33조), 정당(제8조), 대학 등 교육단체(제22조), 예술단체(제22조) 등은 헌법에 의하여 설립 등이 특별히 보장되고 있다. 특별히 정당은 헌법 제8조 제1항에서 「정당의 설립은 자유이며, 복수정당제는 보장된다」고 하고 있으며, 동조 제2항은 정당은 법률이 정하는 바에 의하여 국가의 보호를 받으며, 국가는 법률이 정하는 바에 의하여 정당운영에 필요한 자금을 보조할 수 있도록 하여, 일반결사(단체)에 비하여 더욱 설립 및 활동을 보장하고 있다.

Ⅱ. 단체에 관한 기본법으로서 민법

1. 민법의 단체법상 지위

현대사회에서 존재하는 수많은 단체, 그 중에서도 법인을 규율하기 위한 특별법들이 다수 존재한다. 예컨대 법인 중에서 영리법인은 상법(특히 회사편)에서 규율하고, 영리법인 중에서도 특히 은행에 대해서는 '은행법', 보험회사에 대해서는 '보험업법'이 적용된다. 그런데 이러한 다수의 특별법들은 대개 해당 법인에만 적용되는 특수한 설립요건이나 운영에 관한 규정 등을 제외하고는 민법의 법인규정을 준용하고 있다. 뿐만 아니라, 비록 법인은 아니지만 사회적 활동을 하는 단체들에 대해서도 민사관계에 있어서는 민법의 법인규정이 준용된다.

이러한 점에서 민법은 법인을 포함한 기타 단체에 일반적으로 적용되는 기본법의 성격을 가진다. 대개 다른 법률들에 규정이 되어 있지 않은 경우 공법관계에서도 민법의 규정이 준용되는 결과 민법의 기본법적 성격은 도처에서 발견된다. 특히 민법총칙의 만법총칙적 성격과 함께 민법상 법인의 총칙규정은 매우 중요한 의미를 가지는데, 특히 단체의 기본법적 성격을 밝혀준다는 의미에서 법인성립법정주의를 선언하는 민법 제31조 및 영리법인과의 관계를 밝혀주는 민법 제39조는 매우 중요한 규정들이다.

따라서 민법의 법인규정을 단순히 특수법인과 공익법인을 제외한 비영리법인에만 적용되는 소극적인 단체규범으로만 볼 것이 아니라, 공법인과 사법인을 불문하고 모든 종류의 법인 및 법인 아닌 단체에도 적용되는 적극적인 규범으로 이해해야 할 것이다.[62] 비법인사단이나 재단에 대하여 일반규정이 없는 만큼 등기를 요하는 사항이 아닌 한 민법의 법인편 규정은 비법인사단이나 재단에도 유추적용되고 있다. 이러한 점에서 민법은 단체에 관한 한 기본법으로서의 지위를 가지고 있다고 할 수 있다.

2. 민법상 단체 규율

우리 민법은 사람이 결합하여 공동목적을 달성하려고 할 때 인정하는 것으로 사단법인과 조합에 대하여 규정하고 있고, 일정한 경우 재산의 실질에 대하여 법인성을 인정하기도 한다.

제1편 제3장 법인편 제31조부터 제97조까지 비영리법인에 대하여 규율하고 있다. 제31조에서 '법인 성립의 준칙'을 선언하지만 민법상의 법인은 비영리법인으로서 정관의 작성과 주무관청의 허가와 설립등기를 통해서 성립한다.

문제는 비영리법인에는 비영리공익법인과 동창회, 종중, 교회와 같은 비영리비공익법인이 존재하는데, 양자 모두 우리 민법상 허가주의를 취하고 있기 때문에 주무관청의 허가가 없으면 법인격을 취득하지 못한다는 점이다. 이에 대하여 중간법인법의 입법을 주장하는 견해도 있다. 그 외에도 일본처럼 종교법인법의 제정을 주장하는 견해도 존재한다.

조합에 대해서는 제703조 이하에서 규정하고 있다. 비법인사단에 대해서는

---

62) 송호영, 법인론, 신론사, 2013, 408면 이하.

규정을 두고 있지 않고 단지 그 재산관계에 대해서 민법 제275조부터 277조까지 총유의 형태로 한다는 규정을 두고 있을 뿐이다. 비법인사단에 대해서는 부동산등기법 제26조, 민사소송법 제52조에서 각각 등기능력과 당사자능력을 인정하고 있다.

Ⅲ. 상법

1. 상법에서 회사 개념의 변화

사법상 영리사단법인을 규율하는 대표적인 법으로서 상법이 존재한다. 상법에서는 제3편에 회사에 대하여 규정하고 있는데, 종전에는 「회사는 상행위 기타 영리를 목적으로 하는 사단법인」이라고 개념정의 되었고(개정전 상법 제169조, 171조), 이에 따라 회사의 개념을 영리성·사단성·법인성이라고 하는 3가지 특성을 지닌 단체로 보았다.[63] 즉 개정전 상법은 '회사라 함은 상행위 기타 영리를 목적으로 하여 설립한 사단을 이른다(제상법 169조)'고 하고, '회사는 법인으로 한다(상법 제171조 제1항)'는 규정에 근거하여 회사를 '영리사단법인'으로 보았던 것이다. 그런데 회사법의 개정으로 이러한 회사의 정의에 변화의 가능성을 보이고 있다.[64]

회사법의 개정으로 개정상법은 주식회사(상법 제288조 이하), 유한회사(상법 제543조 이하), 유한책임회사(제287조의 2 이하), 합자회사(제268조 이하), 합명회사(제178조 이하) 등의 5가지 유형의 회사를 규정하고 있다. 특히 2011.4.14.에 회사의 한 형태로 유한책임회사에 대한 규정을 신설하였다.[65]

유한책임회사는 지분양도에 제한이 있고(상법 287조의7 및 287조의9), 합명회사에 관한 규정을 준용한다(상법 287조의18)는 점에서 조합적 요소가 있으면서도, 사원의 책임이 출자금액을 한도로 제한된다는(상법 287조의7) 점에서 주식회사적인 요소를 담고 있는 혼합형 회사형태라고 할 수 있다.

---

63) 이철송, 회사법강의, 2011, 37면; 정동윤, 회사법, 2001, 10면.

64) 이에 대해서는 김병연, 새로운 기업형태의 도입에 따른 향후 전망과 과제, 비교사법 제17권 2호(통권49호), 2010.6, 477면 이하 참조.

65) 공동기업의 형태로서는 연혁적으로 민법상의 조합과 상법상의 익명조합을 비롯하여 합명회사·합자회사·주식회사·유한회사의 상법상 4가지 회사형태가 있었는데, 2011년 4월 상법개정으로 인하여 공동기업의 새로운 유형으로 '합자조합'과 '유한책임회사'의 형태가 새로 도입되었고, 상법상 공동기업의 형태가 모두 7개이며, 회사의 종류는 5가지가 존재하게 되었다.

종전의 회사제도는 자본에 중심을 맞추고 있는 규제형태라고 할 수 있는데, 2011년 상법개정은 최근 서비스업, 콘텐츠 제작업, 다양한 벤처기업 등 아이디어 산업군 등에서는 자본구성보다는 인적 자산이 중시됨에도 불구하고 이러한 측면을 고려한 공동기업형태가 부족했다는 점에서, 그리고 기업지배적 측면에서 사원간의 사적자치가 존중되면서도 특히 세제적인 혜택을 준다던지 하는 공동기업형태의 다양한 선택지를 요구하여 온 기존의 수요를 제대로 충족시키지 못한 입법이라는 비판에서 비롯된 것으로 보인다.[66]

그런데 2011년 4월 상법개정으로 인하여 새로운 회사형태로서 유한책임회사를 도입하면서, 회사의 개념정의에서 '사단성'의 개념을 명시적으로 배제하였다. 즉 제169조를 "이 법에서 회사란 상행위나 그 밖의 영리를 목적으로 하여 설립한 법인을 말한다"로 수정한 다음, '회사는 법인으로 한다'고 규정하던 제171조 제1항을 삭제하여 제169조에 편입하는 형태를 취함으로써 회사의 개념을 '영리성'과 '법인성'의 두 가지 측면에서만 규정하고 있다. 여기서 고려할 점은, 이러한 상법상의 변화가 과거 회사 설립에서 2인 이상이라는 복수인의 개념을 요구하던 것이 2001년 상법개정으로 주식회사(상법 제288조)와 유한회사(상법 제543조)의 경우 사원이 1인으로 설립하는 경우도 사실상 인정하게 되면서 회사에서 전통적인 '사단성'의 개념을 수정하여야 한다는 의견[67]을 반영한 것인가라는 점이다.

비록 2001년 개정으로 종전 주식회사의 성립에는 원래 '3인 이상'의 발기인이 요구되었고(개정전 상법 제288조, 제293조),[68] 유한회사에는 '2인 이상'의 사원과 그들의 출자가 회사성립의 요건이었지만(개정전 상법 제543조 제1항, 제609조 제1항 1호, 제227조 3호), 개정 후 주식회사와 유한회사에서 사실상 사원이 1인으로 설립하는 경우도 인정하게 되어 '사단성'에 관한 기존의 논의의 중요성은 일정 부분 퇴색되었다고 볼 수도 있다.

즉 상법의 명문규정으로서 주식회사나 유한회사의 설립에 있어서 법조문의 표현상 복수인이 반드시 요구되지 않게 된 것인데, 주식회사의 경우 종전의 판

66) 안경봉, 합자조합(LP), 유한책임회사(LLC)의 도입과 법적 문제점, 상사법연구 제25권 4호(2007), 151면.

67) 김재형, 1인회사의 사단성과 1인주주의 유한책임에 관한 검토, 기업법연구 제13집, 2003, 69면.

68) 1995.12.29. 개정 이전에는 7인 이상의 발기인이 요구되었다.

례나 학설의 입장을 수용한 것이라고 볼 수 있으며,[69] 또한 사실상 1인이 주도하여 회사가 설립되는 현실을 반영한 것이기도 하다. 회사존속 중에도 원래부터 주식회사의 경우는 '사원이 1인으로 된 때(상법 517조)'에는 주식회사의 해산사유가 되지 않았고, 유한회사의 경우 사원이 1인이 된 때에 원래 해산사유였으나 2001년 상법개정으로 인하여 더 이상 해산사유가 되지 않게 되었다(상법 제609조 제1항 1호 참조).

하지만 여전히 합명회사와 합자회사에서는 복수인의 결합체라고 하는 전통적인 사단성의 개념이 지켜지고 있기 때문에 회사개념과 관련된 사단성 논의는 여전히 유효할 수 있다.[70]

2. 회사의 사단성

회사의 개념을 논함에 있어서 '사단'은 '조합'에 대립되는 개념으로 파악하는 것이 일반적인 견해이다.[71] 즉 사단과 조합은 모두 공동의 목적을 위해 결합한 단체라고 보지만, 전자는 단체법적인 조직원리에 의해 규율되고 후자는 구성원들의 계약관계일 뿐이라고 구별하여 보기도 하고, 사단은 단체와 사원관계를 통해 결합되고 구성원 상호간에는 직접 계약관계가 없는 반면, 조합은 구성원이 상호계약관계에 의하여 직접 결합된 법인격 없는 단체라고 보기도 한다.[72] 우선 조합은 민법에서 전형계약의 한 유형으로서 '2인 이상이 상호 출자하여 공동사업을 하는 약정'(민법 703조)으로 정의하고 있기 때문에 2인 이상 복수인의 결합체라고 보는 것에 의문의 여지가 없다.

그렇다면 2011년 4월 개정되기 전 상법 제169조에서 규정된 '사단성'은

---

69) 종래 1인 주식회사에 대한 인정근거로서는, ① 주주가 1인으로 된 것이 해산사유로 되어 있지 않다는 점(상법 제517, 제227조), ② 주식회사의 기초는 재산이라는 점, ③ 주식의 양도로 인하여 다시 사원이 복수로 될 가능성이 있다는 점, ④ 채권자보호가 되는 한 부정할 이유가 없다는 점, ⑤ 기업유지의 이념상 인정할 필요가 있다는 점과 대판 1966.9.20, 66다1187; 대판 1987.2.28, 63다981 등이었다.

70) 물론 합명회사와 합자회사의 본질은 법인이 아닌 조합이라고 하는 점에서 상법 규정에서 2인이라는 숫자를 요구하는 것은 예외적인 것으로 보고, 회사의 개념에서 사단성을 제외하는 것이 적절하다고 볼 것인가 하는 문제에 대하여 답하기는 쉽지 않다고 한다. 김병연, 위의 논문, 478면.

71) 정환담·송오식, 앞의 책, 212면 이하; 이철송, 앞의 책, 38면; 정동윤, 앞의 책, 12면; 최기원, 상법학신론(상), 2009, 489면.

72) 최기원, 앞의 책, 489-490면.

어떤 의미일까? 사단에 대하여는 좁은 의미에서 2인 이상의 단체라고 하면서 단체에 속한 사람의 수에 의미를 부여하기도 하고,[73] 더 나아가 상법 제169조의 '사단'의 의미에 대하여 '조합'도 '사단'도 포괄하는 '광의의 인적 결합 또는 단체'라고 보기도 한다.[74] 후자의 견해는 통상적으로 주식회사는 사단이고 합명회사는 조합이지만 상법에서 모든 회사를 사단이라고 하고 있으므로 상법 제169조의 사단은 통상적인 사단과 조합의 개념을 포괄하는 상위 개념으로서의 단체를 의미한다고 보고 있는 견해이다.[75] 또한 주식회사와 유한회사의 경우 '사람의 단체'라는 의미에서의 사단성은 그 본질적인 속성을 상실하였고, 다만 재단과 달리 '구성원을 갖는 단체'라는 형식적 의미에서의 사단성을 가질 뿐이라고 해석하기도 한다.[76]

그렇다면 2011년 개정으로 '사단'이라는 표현이 삭제된 지금 상법상 사단의 개념을 어떻게 파악하여야 할까?[77] 여전히 회사의 개념에서 사단의 개념을 포기하였다고 보기는 어렵다는 견해가 있다.[78] 즉 유한회사의 경우에도 여전히 지분의 구분이 있고 2011년 개정으로 지분의 양도도 주식회사의 경우처럼 자유로워졌다는 점 등을 생각해 본다면 주식회사와 마찬가지로 사단성이 살아 있다고 볼 수 있다는 것이다. 새로 도입되는 유한책임회사의 경우 그 설립은 사원이 법에서 정하고 있는 일정한 기재사항을 기재한 정관을 작성하고(상법 287조의2) 기명날인하거나 서명함으로써(상법 287조의3) 이루어진다. 그리고 회사 설립 시 정관을 작성할 때 합명·합자회사(상법 178조, 268조)처럼 사원의 수를 2

73) 정동윤, 위의 책, 12면; 최기원, 위의 책, 490면.

74) 다수의 견해로서, 정동윤, 위의 책, 12면; 김재형, 앞의 논문, 57면.

75) 정동윤, 위의 책, 12면; 김재형, 위의 논문, 58면.

76) 이철송, 위의 책, 42면.

77) 안성포 교수는 회사의 개념이 수정된 것이 아니라 독일법상 원래 회사의 개념으로 되돌아간 것이라고 보고 있다. 즉 독일에서는 조합에 대비되는 것으로 법인을 보고 있는데, 사단과 조합의 분류체계는 로마법체계이며, 결국 사단이 삭제된 것은 그 동안의 혼란을 없애고 법인성을 지닌 것으로 회사를 본다는 이야기이며 이는 입법정책적인 문제라고 보고 있다. 김병연, 앞의 논문, 각주 36) 참조.

78) 즉 기존 주식회사나 유한회사의 경우에 1인 설립과 존속이 가능하다는 점에서 복수인의 결합체라고 하는 사단의 의미가 흔들린다고 볼 여지가 있기는 하지만, 주식회사의 경우 자본의 결집이라는 점과 1인 주식회사의 인정근거 등에서 사단의 의미가 여전히 있다고 볼 수 있고, 유한회사의 경우에도 여전히 지분의 구분이 있고 2011년 개정으로 지분의 양도도 주식회사의 경우처럼 자유로워졌다는 점 등을 생각해 본다면 주식회사와 마찬가지로 사단성이 살아 있다고 볼 수 있다고 한다. 김병연, 위의 논문, 481면.

명으로 제한하지 않았고, 사원이 1인으로 되더라도 해산원인에 해당되지 않는다는(상법 287조의38) 점에서 유한책임회사도 설립이나 존속 중 해산원인과 관련된 '복수'의 의미는 동일하다고 한다. 결국 유한책임회사의 경우에도 주식회사와 유한회사의 경우처럼 '복수'의 의미를 지니는 사단성의 개념이 수정되었다고 볼 수도 있겠지만, 만약 사단성의 개념을 조합까지 포함하는 광의의 개념으로 본다면 여전히 상법상 회사의 개념에서 '사단성'의 개념은 지켜지고 있다고 보아야 한다.79)

Ⅳ. 공익법인의 설립 · 운영에 관한 법률

비영리법인은 다시 공익비영리법인과 비공익영리법인으로 나눌 수 있고, 공익법인도 공익을 어떻게 이해하느냐에 따라 그 범위가 달라진다. 널리 사회 일반의 이익을 위한 것을 공익이라고 하는 경우 공익의 범위는 넓어진다. 이런 의미에서 공익법인을 다시 '넓은 의미의 공익법인'과 '좁은 의미의 공익법인'으로 나눌 수 있는데, 공익법인법의 규율대상이 되는 공익법인을 좁은 의미의 공익법인이라고 할 수 있다. 비영리법인 중 좁은 의미의 공익법인에 해당되는 경우 공익법인의 설립·운영에 관한 법률(이하 '공익법인법'이라 한다)에 의해 규율된다.

동법은 1975년 12월 31일 제정되었고, 1976년 4월 1일 시행되었다. 동법의 제정목적은 공익법인에 대하여 국가의 면세조치, 공과금 면제 등 여러 가지 혜택이 주어지므로 설립자가 이를 사적 목적에 이용함으로써 공익법인을 통한 각종 탈법행위가 이루어져 도리어 사회에 폐해를 끼치는 사례도 없지 않은 바, 민법상의 공익법인의 설립허가제, 감독관청에 의한 검사, 감독권, 설립허가의 취소 등의 규제만으로서는 새로운 양상의 공익법인의 공익성을 유지시키기가 극히 어려운 실정이어서 공익법인에 관하여 민법에 관한 특례규정을 마련함으로써 사법자치의 원칙 아래 공익성을 보장하여 그 본래의 목적사업에 충실하게 하려는 것이라고 한다. 제정 이후 5차례의 부분적인 개정이 이루어졌다.

공익법인법상 공익법인은 사회 일반의 이익에 이바지하기 위하여 학자금·장학금 또는 연구비의 보조자 지급, 학술, 자선에 관한 사업을 목적으로 하는

---

79) 김병연, 앞의 논문, 482면.

재단이나 사단은 주무관청의 허가를 받아 공익법인이 된다. 대법원은 공익법인의 의미에 대해 「공익법인의 설립·운영에 관한 법률이 규제대상으로 하는 위 법 제2조 소정의 공익법인은 민법 제32조 소정의 비영리법인 중 순수한 학술, 자선 등 공익법인의 설립·운영에 관한 법률 시행령 제2조 제1항 각호 소정 사업을 목적으로 하는 법인이거나 주로 위와 같은 학술, 자선 등의 사업을 목적으로 하면서 그와 함께 부수적으로 그 이외의 사업을 함께 수행하는 법인만을 말하는 것이」[80]라고 하여 좁게 해석하고 있다.

비영리법인 중 공익법인을 따로 인정하는 이유는 결국 면세혜택, 공과금면제 등을 통해서 공익활동을 장려하고 적절한 규제를 통해서 공익성의 유지를 돕기 위함이다. 동법에 대해서는 여전히 학술 및 자선이라는 공익목적의 적용범위가 협소하고, 여전히 해당주무관청의 자유재량적 허가를 얻어야 한다는 점에서 공익법인의 설립 및 활동을 장려, 유인하기 위해서는 법률의 개선이 필요하다는 지적이 있다.[81]

Ⅴ. 특별법

국가, 지방자치단체, 공공단체 기타 영조물법인은 공법인에 해당하고, 민법이나 상법에 의한 사단법인·재단법인 혹은 각종의 회사는 사법인에 해당한다고 일반적으로 말하는데, 또한 사단법인과 재단법인 양자의 색채를 지닌 법인도 존재하는 등 현실에서는 실제로 아주 다양한 형태의 법인이나 단체가 존재한다.

예컨대 공법인으로서 공공단체가 있다. 공공단체란 일정한 행정목적을 수행하기 위하여 국가에 의해 설립된 법인을 말한다. 행정의 시원적 주체는 국가이나 국가는 국가로부터 분리된 법인격을 향유하는 공법인을 설립하여 국가의 간접행정기관으로 활용하고 있는데, 국가의 간접행정기관인 공법인을 공공단체라고 한다.

공공단체는 지방자치단체, 공공조합, 공법상의 영조물법인, 공법상의 재단 등으로 다시 구별된다. 지방자치단체는 일정한 지역과 주민을 구성요소로 하는

80) 대판 2010.9.30, 2010다43580.

81) 고상현, 공익법인의 설립, 공익법인의 제문제, 2014년 한국민사법학회 동계학술대회 자료집, 9면.

공공단체로서, 보통지방자치단체(특별시·광역시·도, 시·군·자치구)와 특별지방자치단체(지방자치단체조합)가 있다. 지방자치단체를 규율하는 법으로는 '지방자치법'이 있다.

공공조합이란, 특정한 목적(공행정)을 수행하기 위하여 일정한 조합원 또는 사원을 구성요소로 한 인적 단체로서, '공사단'이라고도 한다. 예컨대, 중소기업협동조합, 수산업협동조합, 농업협동조합, 산림조합, 상공회의소, 변호사회, 의사회, 약사회, 재향군인회 등을 들 수 있다. 각각 특별법에서 각 단체를 규율하는 특별법이 존재한다. 중소기업협동조합법, 수산업협동조합법, 농업협동조합법, 산림조합법, 상공회의소법, 변호사법, 의료법, 약사법, 대한민국재향군인회법 등이 그것이다.

영조물법인이란, 일정한 행정목적을 달성하기 위하여 설립된 인적·물적 시설의 종합체로서 독립한 법인격을 취득한 것을 말한다. 현행법상 영조물법인에 해당하는 것으로는 한국은행, 한국산업은행, 한국마사회, 한국주택토지공사 한국방송공사, 서울대학교병원, 대한적십자사, 한국과학기술원, 한국기술검정공단 등이 있다. 특히 국립대학이나 국립도서관 등은 교육부산하의 기관으로서 독립한 법인격을 가지고 있지 않으므로 영조물이지만 영조물법인은 아님에 유의하여야 한다. 각각 한국은행법, 한국산업은행법, 한국마사회법, 한국주택토지공사법, 한국방송공사법, 서울대학교병원 설치법, 대한적십자사조직법, 한국과학기술원법, 한국기술검정공단법 등이 있다.

공법상의 재단(공재단)이란, 재단설립자에 의하여 출연된 재산을 관리하기 위하여 설립된 물적 결합체로서, 직원 및 수혜자는 있으나 구성원은 없는 것이 특징이다. 현행법상 한국연구재단, 한국학중앙연구원 등이 이에 해당한다. 각각 한국연구재단법, 한국학중앙연구원육성법이 있다.

그 외에도 정당에 관한 정당법, 노동조합 및 노동관계조정법, 재개발조합의 법인성을 규정한 도시 및 주거환경정비법(제18조),[82] 협동조합을 법인으로 인정한 협동조합기본법(제4조) 등이 있다.

소비자단체에 관해서는 소비자기본법 제2조 3호, 제5장에서 규율하고 있고 사업자단체에 관해서는 소비자기본법 제2조 4호와 독점규제 및 공정거래에 관

82) 동법의 제정으로 재건축조합이 법인으로 되었지만 동법 제정 전에는 판례에 의하여 재건축조합이 법인 아닌 사단으로 인정되었다.

한 법률 제2조 4호에서 규정을 두고 있다.[83] 또한 동법 제70조 이하에서 소비자단체소송에 대하여 규정하고 있다.

Ⅵ. 비법인사단 내지 비법인재단 규정 특별법

법인 아닌 사단과 재단에 대해서 민법에는 근거규정을 두고 있지 않지만 특별법에서 규정을 두고 있다.[84] 즉 법인 아닌 사단 내지 법인 아닌 재단에게 등기능력을 인정한 부동산등기법(제26조), 소송상 당사자능력을 인정한 민사소송법(제52조)과 행정소송법 제8조 제2항, 행정심판법 제14조에서도 당사자능력을 인정하고 있다. 또한 법인등기가 되어 있지 않은 사단이나 재단이라도 일정한 경우 '법인으로 보는 단체'에 관한 규정을 두어 세제혜택을 인정한 국세기본법(제13조 제1항 1호·2호,제13조 제2항), 법인세법 제1조, 부가가치세법 제2조와 특허법 제4조, 디자인보호법 제4조의 2, 상표법 제5조의 2 등에서 법인 아닌 사단에 대하여 규정하고 있고, 채무자 회생 및 파산에 관한 법률 제297조에서 파산능력을 인정하고 있다.

제4절 단체법의 구성원리

Ⅰ. 단체 구성원리의 기초

법을 비롯한 규범은 개별적으로 존재하는 것이 아니라 하나의 체계(System), 질서(Ordnung)를 이루며 존재한다. 단체를 규율하는 모든 법들도 하나의 체계를 이루며 그 구성원리를 가지고 있다. 그러나 여기에서 모든 단체 규율 법들의 구성원리를 기술하는 것은 불가능하고 윤곽만 파악하는 선에서 살펴보는 것으로 한다.

---

83) 소비자단체라 함은 소비자의 권익을 증진하기 위하여 소비자가 조직한 단체이고, 사업자단체라 함은 2 이상의 사업자가 공동의 이익을 증진할 목적으로 조직한 결합체 또는 그 연합체를 말한다.

84) 민법개정시안 제39조의 2에서는 법인 아닌 사단과 재단에 대한 근거규정을 두고 있다. 개정시단에서는「법인 아닌 사단과 재단에 대하여는 주무관청의 인가 또는 등기를 전제로 한 규정 및 제97조에 따른 벌칙을 제외하고는 이 장의 규정을 준용한다'라고 하고 있다.

오늘날 현실적으로 법을 비롯한 규범들이 하나의 통일적인 규범체계를 구성하지 않고 있으며, 특히 고도로 발전된 현대산업사회에서 법질서가 다양한 분야로 분기되고 새로운 규범이 양산됨에 따라 규범체계의 통일성이 더 희박해졌다는 점에 대해서는 논란이 있을 수 없다.[85] 이는 단체법 영역에서도 동일하게 타당하며 이제 통일적인 단체법 구성원리나 체계를 정립한다는 것은 어렵거나 불가능하기 때문에 오늘날에는 기능적으로 단체를 규율하려는 경향이 있다.

단체법은 개인 내지 자본의 결합으로 성립된 단체의 조직과 운영을 규율하는 규범으로서의 '법'이다. 단체에 대한 법률은 개인에 대한 법률과는 다른 원리를 따르게 되며, 결합의 관념에 있어서 개인중심적 견해와 단체중심적 견해가 대립된다. 공법단체 구성원리로는 국가론, 지방자치단체론, 공기업론이 있으며, 사법단체 구성원리로는 자본론, 법인론이 있으며, 사회법단체 구성원리로는 노동조합론이 있다. 사법단체는 임의적 단체로서 원칙적으로 외부의 강요나 법에 의하여 성립하는 것이 아니므로 '합의체'에 의한 '다수결원리'가 기본원칙인 것이므로 성립과 해산에 있어서 단체의사가 중요하게 된다.

단체는 그 단체 혹은 단체 구성원의 이익을 최대화하는 것이 목적이기 때문에 이것이 직접적으로 사회적 이익이나 가치와 연결되는 것은 아니다. 물론 공익법인과 같은 경우에는 사회적 이익이나 가치와 연결되기도 한다. 오늘날 이러한 공익단체의 역할은 과거에 비하여 중요해지고 있고 시민단체의 활동은 과거에 비하여 국가감시기능을 수행하기도 한다.

근대 민법이 개인주의, 자유주의를 사상적 기반으로 성립하였음은 주지의 사실이다. 그 후 단체에 대한 각국의 상황을 반영한 입법정책에 따라 자연인과 같은 법적 지위를 부여하는데 주저하거나 혹은 동일하게 취급하거나 더 나아가 단체보호를 통하여 단체목적을 실현하고자 하였다.

사법은 개인(자연인)에서 출발하여 단체본위로 변화하고 있는 추세이지만 이는 법적 가치의 표현형식의 변화일 뿐이다. 오늘날 거래의 주체는 자연인보다는 단체가 압도적으로 많으며, 기업의 출현으로 거래의 다양성도 함께 나타나고 있다.[86] 민법에서는 법인론을 중심으로 단체이론이 전개되었으며 민법의

---

85) Schmidt, Karsten, Einheit der Rechtsordnung-Realitat? Aufgabe? Illusion?, Vielfalt des Rechts - Einheit der Rechtsordnung?, Berlin: Duncker & Humblot, 1994, 9-29면

법인편에서 비영리법인으로서 사단법인과 재단법인을 각각 구별하여 규정되어 있다. 단체, 단체법현상은 이미 현대 사법체계에 포섭되는 과정에 있으며, 전통적인 사법의 주요 역할에 변화를 가져오고 있다.

Ⅱ. 영리단체로서 회사의 구성원리(본질론)

회사는 현대 사회에서 가장 중요한 단체의 형태이며, 다른 단체와의 공통성을 갖는다. 즉 대부분의 경우 영리단체와 비영리단체 모두 구성원이 공통의 목적을 위하여 결합한 조직이라는 점에서 공통점을 갖는다. 영리단체로서 회사에 대해서는 회사법에서 규율하고 있다.

회사법의 본질론에 대하여 먼저 '주주지상주의'가 있다. 주주지상주의는 과거 미국에서 전통적 견해로 지지를 받았고, 회사법의 근간을 이루었다.[87] 오늘날에는 입지가 많이 좁아지고 있다. 이 이론은 회사의 존재이유를 주주이익의 극대화에 있다고 보기 때문에 이사는 주주이익의 극대화를 꾀할 의무를 부담하며, 회사와 주주는 대체가능한 것으로 본다. 이 이론의 핵심적인 주장은 '회사는 실제 존재하는 것이 아니며, 회사는 주주가 지명하는 자에 의하여 주주이익의 극대화를 위하여 운영되어야 한다'로서, 회사의 실질적 존재를 부정하여 '주주의 사적 결합체'로 이해하고, 재산의 분배에 대한 외부의 개입을 반대한다. 그 주요한 근거로서는 첫째, 회사는 주주의 소유재산이다. 둘째, 주주만이 잔여이익청구권자로서 회사이익의 창출에 관심이 있다. 셋째, 주주에 대한 보호책이 다른 이해관계자에 비하여 약하다. 다른 이해관계자들은 명시적인 계약에 의하여 직접의 청구권을 가지고 있음에 반하여 주주는 그러하지 아니하다. 넷째, 대리인비용을 줄이기 위한 가장 효과적인 이론이 주주지상주의라는 것이다.

다음으로 이해관계자주의가 있다. 이 이론은 회사는 기부행위 등을 통하여

---

86) 매매만 하더라도 기업 내지 사업자가 하는 매매의 형태는 할부매매, 방문판매, 다단계판매, 전자상거래, 소셜커머스 등이 있으며, 컨설팅, 팩토링, 리스, 프렌차이스 등 다양한 거래유형이 기업을 통해서 창출되고 있다.

87) Lisa M. Fairfax, The Rhetoric of Corporate Law: The Impact of Stakeholder Rhetoric On Corporate Norms, 31 J. Corp. L. 675, 676 (2006); Ronald Chen & Jon Hanson, The Illusion of Law: The Legitimating Schemas of Modem Policy and Corporate Law, 103 Mich. L. Rev. 1, 37 (2004); Jill E. Fisch, Measuring Efficiency In Corporate Law: The Role Of Shareholder Primacy, 3 J. Corp. L. 637, 649 (2006); 장덕조, 기업의 사회적 책임: 회사본질론을 중심으로, 상사법연구, 제29권 2호(통권 67호), 2010, 각주 50) 참조.

공동체의 이익에 참가하여야 하고 이해관계자의 이익을 고려하여야 한다고 본다. 회사에 제공되는 금융자본, 노동자본, 지적자본, 사회자본, 환경자본 등 대단히 많은 자본 중에서, 주주들은 하나의 자본유형만을 제공하고 있으며 다른 이해당사자들도 관련 자본을 제공하고 있기 때문에, 회사지배구조가 주주이익의 극대화가 아니라 이해관계자를 위한 것이어야 하고 그 이익의 조정이라고 본다. 주주지상주의와 구별되게 회사의 독립된 법인격(Independent Entity)을 강조하고, 회사결정에 영향 받는 이해관계자들의 의견이 반영될 수 있는 회사지배구조를 갖추도록 한다는 것이다.[88]

오늘날 회사의 사회적 책임이 강조되면서 회사의 본질론에 관하여 주주지상주의는 입지가 많이 좁아지고 있으며 기업경영의 투명성 등이 강조되고 있다. 따라서 회사법 구성원리에 이러한 견해들이 반영되고 있는 실정이다.

Ⅲ. 고유한 전통적 단체와 현대적 단체의 구성원리의 필요성

우리나라의 근대 입법과정을 보면 서구의 근대입법을 계수한 일본을 통하여 수용한 결과 우리 고유의 단체에 대한 법사회학적 연구가 깊이 이루어진 상태에서 제정되었기 때문에 전통적인 단체들은 법인격을 취득하지 못한 상태에서 민법상 법인 아닌 사단으로 전락하여 판례에 의하여 그 때 그 때 규율되고 있는 실정이다. 예컨대 그러한 단체로서는 문중과 종중, 마을, 향약, 계, 종교단체로서 사찰이 있다.

특히 종중과 문중은 한국사회에서 특유한 자연발생적 혈연단체로서 남계혈족 중심의 단체로서 분묘수호와 봉제사에 초점을 맞추어 설립된 단체이지만, 근래에는 친목도모 및 여러 가지 사업을 병행하면서 '사단이론'으로만 규율하기에는 문제점을 드러내고 있다.

한편으로는 현대사회에서 다양한 단체가 등장함으로 말미암아 종전의 단체법 이론으로 규율하는데 한계가 있게 되자 새로운 단체법의 구성원리도 요구되고 있다. 민법은 비영리법인에 대해서만 규정하고 있지만 비영리법인에도 공익·비영리와 비공익·비영리 법인 양자가 존재하며 이 양자를 동일한 원리로 규율할 수 없다.

---

88) 장덕조, 위의 글, 102-103면.

비공익·비영리 단체에 대해서는 자주적·임의적·자율적 단체로서 최대한 단체의사를 반영하여 단체의 활동이 선량한 풍속 기타 사회질서에 반하지 않거나 강행법규에 반하지 않는 한, 단체로서의 실질을 갖추도록 하고 사법의 대원칙인 단체자치에 맡겨야 할 것이다. 그러나 공익·비영리 단체는 그 존립 목적이 단체의 구성원이나 단체의 이익이 아닌 공익이 목적이기 때문에 공익성이 훼손되지 않도록 단체의 활동이나 조직 및 구성에 있어서 외부의 감독이 필요하다 할 것이다.

제 2 장
법 인

제1절 법인의 의의와 존재이유

제2절 법인 정책 규정

제3절 우리나라 법인설립의 태양

제4절 법인에 대한 각국 입법 내용과 우리나라 허가주의 검토

제5절 법인의 종류

제2장 법 인

제1절 법인의 의의와 존재이유

Ⅰ. 법인의 의의

사회에 존재하는 다양한 모든 단체가 법인격을 취득하여 법인이 되는 것은 아니다. 단체 중에서도 법률의 규정에 따라 법인격을 취득하는 단체가 법인이다. 법이 어떤 단체에게 어떠한 요건을 갖추었을 때 법인격을 부여할 것인가는 입법정책의 문제이며, 어떤 단체가 만약 법인이 되고자 한다면 법이 요구하는 바에 따라 조직되어야 하고 그에 따른 절차를 완비하여야 한다.[1] 그러한 점에서 법인이란 법이 사회적·경제적 현실을 감안하여 일정한 목적을 가진 단체에게 법인격을 부여한 조직체라고 정의할 수 있다.[2] 따라서 어떤 형태의 단체를 법인으로 할 것이냐는 각 나라마다 차이를 나타내게 된다.[3] 원칙적으로 사단으로서의 단체가 인정되려면 2인 이상이어야 하지만 상법에서는 1인 회사에 대해서, 부동산투자회사법에서는 이른바 명목회사의 경우도 법인으로 인정되는데, 이는 전형적으로 법이 필요에 따라 특수한 목적을 위해서 기술적인 개념으로서 법인성을 인정한 대표적인 예이다.[4]

단체가 법인격자라고 하는 의미는 첫째, 권리·재산의 귀속주체임을 의미한다. 권리는 단체 자체에 귀속하고, 구성원(사원)·관리권자(이사) 개인에게는 귀속되지 않는다. 따라서 소유부동산에 관해서 사단·재단 명의로 등기할 수 있다. 둘째, 의무·책임의 부담주체임을 의미한다. 사단·재단의 의무는 모두 사단·재단에만 귀속되고, 법률행위를 한 대표자나 구성원은 의무를 지지 않는다. 셋째, 법률행위·거래·소송의 주체가 됨을 의미한다.

---

1) 민법 제31조 및 민법 제32조 참조.

2) Larenz/Wolf, Allgemeiner Teil des Bürgerlichen Recht, 9.Aufl., München 2004, S.147.

3) 단체의 성질이 조합인 합명회사나 합자회사의 경우 독일법에서는 법인이 아니지만 우리나라, 일본 및 프랑스법에서는 법인으로 인정된다.

4) 송호영, 법인론, 신론사, 2013, 7면.

Ⅱ. 법인의 존재이유

그렇다면 법인의 존재이유는 무엇일까. 법인의 존재이유는 크게 보아 법률관계의 단순화와 개인책임의 제한에 있고, 이를 법제도적 측면과 법기술적 측면에서 말할 수 있다.

첫째, 법제도적 측면이다. 인간의 생명과 재산은 유한성을 띠고 있기 때문에 다수인의 결합체나 독립재산에 의해서만 가능한 경우가 있고, 현실적으로도 단체·독립재산의 존재가 마치 자연인과 마찬가지로 하나의 사회적 주체로서 활동하고 있기 때문에 독립된 법률상의 주체로 승인할 필요성이 있는 것이다.

둘째, 법기술적 측면이다. 법인제도는 다수당사자의 법률관계를 단순화할 수 있다. 사회에는 동창회·학술단체·노동조합·회사 등 다양한 단체가 사회활동을 하고 있다. 그러나 자연인만이 권리능력의 주체가 될 수 있다고 한다면, 예컨대, 어느 단체가 부동산을 구입하는 경우에 전구성원의 이름으로 계약을 체결하고, 상대방이 이행을 하지 않는 때에는 전구성원의 이름으로 상대방에 대하여 소송을 제기하고, 부동산을 취득한 때에도 전구성원의 이름으로 등기하여야만 하므로 대단히 불편하다. 만일 단체를 자연인과 동일한 권리·의무의 주체로 취급한다면 단체의 이름으로 직접 계약을 취급하고, 소송을 하거나 받을 수 있고 또한 부동산등기를 할 수 있다. 그러므로 법인제도는 단체나 상대방에게 대단히 편리하고, 단체를 둘러싼 법률관계를 단순화하는 법기술로 활용된다.

다음으로 어떤 사람이 자기의 건물을 법인사무소로 사용하기 위하여 출연한 경우에, 출연된 건물은 더 이상 출연자의 개인재산이 아니며 법인재산이 된다. 만일 법인재산으로 등기된 경우는 구성원 개인에 대한 채권자는 법인의 재산을 압류할 수 없고, 또한 법인의 채권자에 대해 그 구성원의 개인재산이 분별된다. 이처럼 법인제도는 재산관계 분별의 기술로서 활용된다.

요컨대, 법인의 가장 중요한 기능이란 구성원의 재산으로부터 기술적으로 분리된 단체의 특별재산에 대해서 독립성을 인정함으로써 책임을 제한하는 것이라고 할 수 있으며, 법인은 그 본질에 관한 논란을 차치하더라도 법기술적인 성격을 가진 존재임은 분명하다.[5] 다만 법인의 존재이유에 관한 위의 설명은 원칙론일 뿐, 실제로는 이와 다른 경우가 있음을 주의하여야 한다. 예컨대 법

---

5) MünchKomm BGB-Reuter, Vor §21 Rz.2.

인 아닌 사단 혹은 재단은 비록 법인은 아니지만, 단체 명의로 부동산등기를 하거나(부동산등기법 제26조), 민사소송에서 당사자능력이 인정된다(민사소송법 제52조). 또한 법인의 재산과 구성원의 재산은 엄격히 구분되는 것이 원칙이지만, 법인제도가 악용된 경우에는 법인의 재산 이외에도 법인의 배후에 존재하는 사원의 재산에 대해서도 책임을 묻는 경우가 있다.[6)]

제2절 법인 정책 규정

우리 법상 권리주체에는 자연인과 법인이 있다. 자연인은 다양한 영역에 걸쳐 삶을 영위하는데, 그 중 일부 영역에서의 삶을 영위하기 위한 목적으로 타인과 단체(사단)를 구성하거나 재산을 출연하여 그 목적을 실현하기도 한다. 이러한 사단과 재단의 활동을 자연인 자신의 영역과 분리하여 다루지 않는 한, 그 목적의 지속적 실현은 매우 어려울 것이다. 이를 제도적으로 보장하는 수단의 하나가 바로 이들 단체 또는 재산집단에 법인격을 부여하는 것이다. 사단법인 또는 재단법인에 법인격을 부여한다는 것의 이상적인 모습은, 공동목적 또는 특정목적을 위해 보유하거나 출연한 재산, 그 후 취득한 채무를 그 구성원 및 출연자 개인의 채무가 아니라 그 법인의 채무로 취급하여 법인재산으로 책임지도록 하는 것이다. 이런 법적 장치가 마련되면, 자연인은 손쉽게 특정 목적의 지속적 실현을 위해 타인과 결합하거나 재산을 출연할 수 있다. 그러나 이러한 단체에 대하여 국가는 연혁적으로 국가 이외의 단체에 대하여는 단체성을 인정하려 하지 않았고, 특별히 국가가 일정한 단체에 법인격을 부여한 경우에만 인정하려 하였다. 그러다가 단체의 성격에 따라 각각 단체에 대한 정책을 달리하여 일정한 법적 기준을 갖춘 경우에는 법인격을 부여하기도 하고 공익성이 뚜렷한 단체에 대하여는 허가주의나 인가주의로 하여 법인격을 부여하게 되었다.

---

6) 이러한 분리의 원칙을 예외적으로 제한하는 논리가 이른바 법인격부인의 법리이다.

Ⅰ. 법인정책규정과 전통단체

법인은 자연인 이외에 법률관계의 주체적 능력을 가지고 법질서 속에서 법률관계를 형성하고 권리를 행사하며 의무를 수행하여 온 법주체이다. 법인이 법에 의하여 비로소 그 성립이 인정되는 존재인가 또는 법 이전에 이미 그 존재성이 인정되는 것인가에 대하여는 다소의 견해 차이가 있다. 그러나 그러한 법인본질론이 상당부분 퇴색하였음은 앞에서 기술하였다.

대륙법계 국가들은 예컨대, 독일민법이나 스위스민법은 법인의 설립에 대하여 그 절차만을 규정(독일민법 제21조, 스위스민법 제52조 제2항)하고 있으나 반면 일본민법과 대만민법 및 우리 민법은 법인의 설립에 관하여 「법인은 법률의 규정에 의하지 아니하면 성립하지 못한다」라고 규정하고 있다(민법 제31조, 일본민법 제33조, 대만민법 제25조). 대륙법계 국가들이 법인설립의 근거에 관하여 일반조항을 두지 않고 설립절차의 규정을 바로 두고 있는 것은 법인조항이 바로 새로운 법인을 설립하고자 하는 입법의 취지를 표명한 것이며, 이에 의하면 이러한 법인설립주의의 입법 이전에 존속하여 왔던 법인적 성격의 단체를 반드시 새로운 법인규정으로 속박하고자 하는 것이 아님을 분명히 이해하여야 한다.[7]

대륙법계 국가들에 있어서 근대 초기 프랑스 혁명 이후에는 봉건적 체제를 해체하고자 하는 반단체법 의식이 지배하였으므로 그 때에는 법인론은 별 문제가 아니었다. 그러나 독일민법과 스위스민법의 제정이 논의되었던 당시의 입법가에게는 민법이 입법되기 이전에 존속하여 왔던 단체들의 법적 지위나 법주체성은 근본적으로 적극적인 규제와 제한의 대상이 아니었다.

민법의 제정 이전에 이미 존재하여 왔던 단체들은 퇴니스(F. Tönnis)의 분류에 의하면 공동단체(Gemeinschaft)와 이익(목적)단체(Gesellschaft)로 구분되었고 그들 중의 공동단체의 대부분은 민법의 제정 이전에 이미 민법적 의미에서의 주체성도 인정받아 왔었다. 그들 중 가장 대표적인 공동단체로서 지연적 공동체가 있는데, 그 예로서 마을공동체, 자유시, 지역군과 주들은 민법 이전에 이미 독립된 법인으로서 인정되어 왔었다. 또한 혈연적 공동체로서 가정, 씨족공동체 및 부족사회들은 민법의 제정 이전에 법적 주체성을 인정받았다.

또한 교회와 같은 종교적 공동체나 대학, 학교 및 학회와 같은 학술적·교

---

7) 정환담·송오식, 민법총칙, 형설출판사, 2009, 161면.

육적 공동체, 그리고 직업적 협력단체 등이 새로운 민법의 판정으로 인하여 해체될 것은 아니었다.[8)]

Ⅱ. 법인설립 근본규정의 성격

우리 민법상 법인설립 근본규정의 성격을 알아보기 위해서는 민법의 연혁을 고찰할 필요가 있다. 일본이 전국을 통일한 다음 명치유신으로 중앙집권적 근대전제군주국가를 이루기 위하여 그들의 정치적 필요에 의하여 서구식 입헌군주국가를 성취하고자 하였던 일본정부로서는 지방의 영주와 토호 등의 분권적 단체를 금압하고 이들을 중앙정부에 순종하는 단체로 길들이고자 하는 정책적 필요에서 단체금압적 허가주의를 과감하게 채용하였고 이러한 정책으로 20세기 초 일본의 정치적 영향권 속으로 개편되어 왔던 국가와 지역에서는 엄격한 단체허가주의의 입법을 계수하게 되었고 한국 민법도 예외는 아니었다.

어떠한 사회적 존재에 법인격을 부여할 것인가는 바로 국가가 어떠한 단체에 법인격을 부여함이 적합한가를 판단하는 정책의 문제로 귀결한다. 하지만 오늘날 단체 자유설립주의와 준칙주의에서도 법인설립에 관한 최소한도의 법규정의 근거를 부인하는 것은 아니다. 스위스민법 제52조 제3항이 「반도덕적이거나 위법한 것을 목적으로 하는 사단이나 재단은 인격권을 얻을 수 없다」라는 규정을 두고 있는 것은 그 방증의 예이다.

우리 민법 제31조가 갖는 특별한 의미는 우리나라에서도 민법 이전부터 존속하여 왔던 단체들을 법인설립의 절차를 밟거나 특별법적 근거를 갖지 않으면 법인이 될 수 없도록 하는 것임을 규정(선언)하는 것이며, 이 점에서 바로 우리가 계수한 대륙법계 국가들의 입법의도와는 명백하게 다른 입법의사의 표현임을 알 수 있다.[9)]

Ⅲ. 민법 제31조의 입법론적 평가

민법 제31조는 민법 제32조의 법인설립에 대한 허가주의의 원칙과 함께 그 입법론적 재평가가 요구된다. 민법 제31조는 「법인은 법률의 규정에 의함이

8) 정환담·송오식, 앞의 책, 161-162면.
9) 정환담·송오식, 위의 책, 162면.

아니면 성립하지 못한다」고 규정하고 있어, 단체에 관해서도 일반법인 민법에 단체의 설립에는 법률에 근거가 있어야 함을 밝히고 있다. 이는 헌법 제11조 제1항이 규정하고 있는 '평등의 원칙'에 반할 뿐만 아니라, 제21조 제1항에 의하여 보장된 집회결사의 자유의 보장과 그 사전의 허가를 금지하는 기본권보장의 정신에 반하며, 현대 여러 나라의 단체 입법의 경향에 반하고, 시대에 뒤떨어진 이른바 일제입법의 잔재 내지 맹목적 계수의 결과로서 개정되어야 할 조항으로 비판을 받아왔다.[10)]

민법상의 비영리적 자생적 단체의 자유스러운 보장 없이 민주주의의 기초인 언론, 출판, 집회, 결사의 자유스러운 성장과 훈련은 기대할 수 없다. 민법은 일반 국민의 기초적 생활관계를 규율하는 법이기 때문에 민법상의 민주적이고 협동적이며 자생적인 단체의 질서야말로 국가의 민주적 역량배양의 기초라고 볼 수 있기 때문이다.[11)]

위와 같은 비판이 제기되자 법인설립에 대한 검토 작업이 이루어졌고 2004년 민법개정안에서 이미 인가주의로의 전환을 제시한 바 있다.[12)] 민법개정안은 '허가주의'를 '인가주의'로 전환하면서 3개의 항에서 설립인가요건을 상세히 규정하고 있다.[13)] '준칙주의'로의 전환도 검토되었으나 독일민법이나 일본의 「일반사단법인법」과 같이 비영리법인의 설립에서 준칙주의를 채택하게 되면 기존의 행정관청의 관여가 완전히 배제되기 때문에 '과격한 개혁'이라는 반대여론에 부딪힐 가능성이 크다는 이유로 '인가주의'로의 전환에 의견이 일치되었다.

인가에 관한 구체적인 규정은 민법개정안 제32조 제3항에 두고 있는데, 「주무관청은 법인을 설립하고자 하는 자가 제1항 또는 제2항의 요건을 갖추어 인가를 신청한 때에는 법인의 정관으로 정한 사항이 선량한 풍속 기타 사회질서

10) 정환담, 민사법인설립제도에 관한 비교법적 고찰, 비교사법 제5권 제1호(통권 8호), 한국비교사법학회, 1998.6, 95면; 강태성, 법인에 관한 민법개정방향, 법조 제538호, 법조협회, 2001.7, 182면 이하; 김진우, 비영리법인의 설립에 있어 허가주의에 관한 연혁적 고찰, 인권과 정의 제383호, 대한변호사협회, 2008.7, 112면은 우리나라에서는 법인에 대하여 성악설적 법인관으로 표현할 수 있을 만큼 비영리법인에 대한 부정적 이미지가 널리 유포되었고 그를 통해 허가주의를 정당시하는 경우가 적지 않았다고 비판하고 있다.

11) 정환담·송오식, 앞의 책, 163면.

12) 법무부, 2004년 법무부 민법 개정안 총칙·물권편(민법개정총서 3), 70면 이하 참고; 2004년 개정안에 대한 자세한 내용은 윤진수, 법인에 관한 민법개정안의 고찰, 법학 제46권 제1호, 서울대학교 법학연구소, 2005, 66면 이하 참고.

13) 이에 대한 상세는, 송호영, 법인론, 신론사, 2013, 368면 이하.

에 반하지 않으면 인가하여야 한다」고 하고 있다. 이는 행정관청의 인가여부의 결정이 엄격한 기속행위임을 명확히 한 것이다.

여기서 지적하고 넘어가야 할 것은 법인의 기존의 기본유형이나 입법정책을 절대적 기준으로 삼음으로써 새롭게 발생하는 단체에 대해 폐쇄적인 태도를 취하는 것은 바람직한 법정책은 아니라는 점이다.

제3절 우리나라 법인설립의 태양

법인에는 영리성 유무에 따라 영리법인과 비영리법인이 있는데, 민법은 비영리법인에 대해서 규율하고 있다(민법 제32조). 비영리법인에는 비영리사단법인과 비영리재단법인이 있다. 민법은 비영리법인의 설립에 관해 허가주의를 취하고 있다. 한편 영리법인에 관해서는 상법의 회사편에 규정된 여러 형태의 회사와 민법 제39조에 의한 영리법인(민사회사)이 있는데 설립에 관해서는 민법 제31조에 의해 준칙주의를 취하고 있다. 이 민·상법에 의한 비영리법인·회사 등이 법인의 주축을 이루나, 특별법에 의해 법인격이 부여될 수 있다. 그것에는 국가, 지방자치단체, 리, 동 등 법률상 당연히 법인격이 부여되는 법인 이외에 다음과 같이 특허주의, 허가주의, 인가주의, 준칙주의 등의 여러 입법주의에 의해서 설립되는 법인이 존재한다.

Ⅰ. 특허주의

사적 자치의 원칙에 따라 단체의 결성의 자유가 인정되기는 하지만 법질서에 중요한 영향이 있기 때문에 특별법을 제정하여 법인을 설립하게 하는 경우로서 국가가 자본을 출자하여 형식상 특별법에 따라 독립된 법인을 설립하게 한다. 그 예로서 한국은행, 한국산업은행, 한국수출입은행, 중소기업은행, 대한석탄공사, 대한토지주택공사, 한국조폐공사, 한국마사회, 한국과학기술원, 한국과학재단, 한국방송공사 등이 여기에 해당된다.

Ⅱ. 허가주의

법인설립의 허가여부는 주무관청의 자유재량에 의한다. 민법은 비영리법인에 관하여 민법 제32조에 의해 허가주의를 취하고 있다. 예를 들어 학교법인, 의료법인, 의사회, 치과의사회, 한의사회, 조산사회, 간호사회 및 수의사회 등이 여기에 속하는데, 이러한 허가주의는 비영리법인이 난립하거나 부당한 행위가 자행되는 것을 방지하려는 데 그 목적이 있다.

한편 주무관청의 설립허가의 자유재량에 대해 비판이 있는데, 즉, 비영리 목적의 사단·재단의 활동에 대한 감독이나 국가적 보호 등은 그 실체 또는 구체적인 문제에 따라서 공정하게 행해져야 함에도 불구하고 허가주의에 의함으로써 결사의 자유와 재산처분의 자유를 승인하는 현행 법체계상의 기본적인 원칙과 조화되지 않는다고 한다.

이러한 주무관청의 자유재량에 의한 비영리법인에 대한 감독은 법인격의 인정여부에 의해서가 아니라 그 사업활동에 대한 행정감독에 의하여 행해져야 할 것이다. 그래서 일본은 관련법규에 의해 종교법인의 설립은 종교법인법으로 학교법인의 설립은 사립학교법에 의하여 각각 인가주의로 개정하였다.

Ⅲ. 인가주의

법인의 인가주의는 그의 설립에 관하여 주무관청의 심사에 의해서 해당 법률이 정한 일정한 요건을 갖추면 반드시 인가하는 주의이다. 이러한 의미에서 실질적으로 준칙주의와 큰 차이는 없으나, 요건 해당여부의 판단이 행정관청에 위임되어 있다는 데 차이가 있다. 한편 認可와 許可의 구별에 대해 허가는 완전한 자유재량으로서 그 여부에 대해 소송을 할 수 없음에 반하여, 인가는 소송으로 다툴 수가 있다는 견해가 있다.

인가주의는 변호사회, 상공회의소, 농업협동조합, 수산업협동조합, 중소기업협동조합, 자동차운송사업조합, 한국해운조합, 사회복지법인, 토지구획정리조합, 산림계, 산림조합 등이 채택하고 있다. 이들 중 상공회의소와 자동차운수사업조합은 주무관청의 인가와 동시에 법인이 성립되나, 농업협동조합, 수산업협동조합, 토지구획정리조합 등은 설립등기를 함으로써 법인이 성립한다고 규정되어 있다.

Ⅳ. 준칙주의

법인의 준칙주의는 법인설립에 관한 요건을 미리 정해 놓고 그의 설립요건을 갖춘 때에 당연히 성립하는 주의이다. 이 준칙주의는 법인설립에 대한 주무관청의 간섭을 배제할 수 있으나, 그 성립 여부가 외부에 잘 알려지지 않아서 일반거래의 안전을 해칠 염려가 있다. 그러므로 그 조직, 내용의 공시를 위해 등기를 성립요건으로 한다. 민법에 의한 영리법인, 상법상의 회사, 노동조합, 상호신용금고 등이 이른바 준칙주의에 의한 법인이다. 이들 법인은 모두 등기를 성립요건으로 하고, 법인 성립 후 업무개시시 영업허가를 받도록 규정하기도 한다.

Ⅴ. 강제주의

국가정책적 입장에서 법인의 설립이 법률상 강제되는 것으로 변호사회, 변리사회, 공인회계사회, 약사회, 수의사회, 대한상공회의소 등이 여기에 속한다. 강제주의는 개인의 자유를 심히 제한하므로, 사회공익을 위하여 필요한 경우에만 인정해야 한다. 그러나 이러한 강제는 법인설립의 강제라기 보다는 실질적으로는 단체결성의 강제라고 보아야 한다. 변호사회나 상공회의소는 강제주의이면서 인가주의의 예이다.

Ⅵ. 자유설립주의

자유설립주의는 단체가 법인격을 취득하는데 아무런 제한을 받지 않고 설립할 수 있는 입법정책이다. 스위스민법의 비영리법인(스위스민법 제60조)인 경우에 인정하고 있으나, 여타 입법례는 거의 없다.

제4절 법인에 대한 각국 입법 내용과 우리나라 허가주의 검토

Ⅰ. 각국 입법례

1. 만주민법

일제 강점기에 일본에 의하여 설립된 만주국의 만주민법은 그 당시 일본의 통설과 판례를 반영하여 제정된 입법으로 우리 민법에 상당한 영향을 주었다 동법 제31조는 비영리법인에 관하여, 「학술, 종교, 자선, 기예, 사교, 그 밖의 비영리사업을 목적으로 하는 사단 또는 재단은 주무관청의 허가를 얻어 이를 법인으로 할 수 있다」고 규정한다. 이처럼 만주 민법 제31조는 우리 민법 제32조와 거의 같다.

2. 일본

(1) 민법

민법 제33조 제1항은 「법인은 이 법률 그 밖의 다른 법률에 의하지 아니하고는 성립하지 않는다」라고 규정하고 있고, 동조 제2항은 「학술, 기예, 자선, 제사, 종교 그 밖의 공익을 목적으로 하는 법인, 영리사업을 영위함을 목적으로 하는 법인, 그 밖의 법인의 설립, 조직, 운영 및 관리에 관하여는 이 법률 그 밖의 법률이 규정하는 바에 의한다.」고 규정하고 있다.

공익법인제도에 대한 발본적인 개정 과정에서 나온 일본의 「일반사단법인 및 일반재단법인에 관한 법률」 및 「공익사단법인 및 공익재단법인의 인정 등에 관한 법률」의 시행에 따라 입법과도기를 해소하기 위해 제정된 「공익사단법인 및 공익재단법인의 인정 등에 관한 법률의 시행에 따르는 관계법률의 정비 등에 관한 법률」(이하 「정비법」이라고 한다)은 일본민법의 공익법인에 관한 규정을 5개 조문을 제외하고 제38조부터 제84조까지 법인규정 모두 삭제하였다.[14]

---

14) 일본민법에 남아있는 법인관련 규정은 제33조 외에 다음과 같다.
제34조(법인의 능력) 법인은 법률의 규정에 좇아 정관 기타의 기본약관으로 정한 목적의 범위 내에서 권리를 가지고 의무를 진다.

(2) 일반법인법

일본에서는 민법에서 규정하고 있는 공익법인제도를 근본적으로 개정하여 새로운 비영리법인제도를 두는 세 개의 법률을 2006년 5월 26일에 제정하여 6월 2일에 공포하여, 2008년 12월 1일부터 시행하고 있다. 세 법률이라 함은 「일반사단법인 및 일반재단법인에 관한 법률」(이하 「일반법인법」이라고 한다), 「공익사단법인 및 공익재단법인의 인정 등에 관한 법률」(이하 「공익인정법」이라고 한다) 및 「정비법」이다.

「일반법인법」은 잉여금의 분배를 목적으로 하지 않는 사단·재단에 대하여, 법인격의 취득과 공익성의 판단을 분리하여 사업의 공익성 유무에 관계없이 준칙주의에 의하여 간편하게 법인격을 취득할 수 있도록 일반적인 법인제도를 설치하는 법률이다. 일반법인법에는 설립의 허가나 인가에 관한 규정이 없는데, 이는 준칙주의를 취하는 것으로 해석된다.

제35조 (외국법인) ① 외국법인은 국가, 국가의 행정구획 및 외국회사를 제외하고 그 성립을 인허하지 않는다. 단 법률 또는 조약의 규정에 의하여 인허된 외국법인은 그러하지 아니하다. ② 전항의 규정에 의하여 인허된 외국법인은 일본에서 성립한 동종 법인과 통일한 사권을 가진다. 그러나 외국인이 향유할 수 없는 권리 및 법률 또는 조약 중에 특별 규정이 있는 권리에 대하여는 그러하지 아니하다.

제36조 (등기) 법인 및 외국법인은 이 법률 기타 법령이 정한 바에 의하여 등기를 하는 것으로 한다.

제37조 (외국법인의 등기) ① 외국법인(제35조 제1항 단서에 규정한 외국법인에 한한다. 이하 이 조문에서 같다)이 일본에 사무소를 둔 때에는 3주간이내에 그 사무소의 소재지에서 다음의 사항을 등기하지 않으면 안된다. 1. 외국법인설립의 준거법, 2. 목적, 3. 명칭, 4. 사무소의 소재장소, 5. 존속기간을 정한 때에는 그 정함, 6. 대표자의 성명 및 주소

② 전항 각 호에 든 사항에 변경이 발생한 때에는 3주간 이내에 변경등기를 하지 않으면 안된다. 이 경우에 등기 전에는 그 변경을 가지고 제3자에게 대항할 수 없다.

③ 대표자의 직무집행을 정지하거나 또는 그 직무를 대행하는 자를 선임하는 가처분명령 또는 그 가처분명령을 변경하거나, 또는 취소하는 결정이 된 때에는 그 등기를 하지 않으면 안된다. 이 경우에는 전항 후단의 규정을 준용한다.

④ 전 2항의 규정에 의하여 등기하여야 할 사항이 외국에서 발생한 때에는 등기기간은 그 통지가 도달한 날로부터 기산한다.

⑤ 외국법인이 처음으로 일본에 사무소를 둔 때에는 그 사무소 소재지에서 등기할 때까지 제3자는 그 법인의 성립을 부인할 수 있다.

⑥ 외국법인이 사무소를 이전한 때에는 구소재지에서는 3주간 이내에 이전 등기를 하고, 신소재지에서는 4주간 이내에 제1항 각호에 든 사항을 등기하지 않으면 안된다.

⑦ 동일 등기소의 관할구역 내에서 사무소를 이전한 때에는 그 이전을 등기하면 족하다.

⑧ 외국법인의 대표자가 이 조에 규정하는 등기를 게을리 한 때에는 50만엔 이하의 과태료에 처한다.

「공익인정법」은 공익법인의 설립허가감독을 주무관청의 재량에 따라 행하는 현행제도를 바꾸어, 공익사단법인 및 공익재단법인으로서의 인정 및 그 감독을 독립된 위원회의 관여 하에 내각총리대신 또는 도도부현 지사가 행하는 제도를 마련하는 법률이다.

이 두 법률에 의하여 비영리의 사단 또는 재단은 등기만으로 일반사단법인 또는 일반재단법인이 될 수 있고, 그 중 공익목적사업을 수행하는 것은 내각총리대신 등의 인정을 받으면 공익사단법인 또는 공익재단법인이 될 수 있다. 이 두 법이 새로운 비영리법인제도의 기본이 되는데, 그 시행과 더불어 「정비법」은 민법의 개정, 중간법인법의 폐지 등 관련 법률의 정비를 하고 또한 현재 있는 공익법인을 새로운 제도로 이행하는 등의 경과조치에 대하여 규정한다. 상법은 영리법인(공익여부는 불문, 제52조)을 규정한다.

3. 중국

중국은 통일적인 민법전을 가지고 있지 않으며, 연혁적으로 중국 경제발전을 위하여 경제법이 민법보다 먼저 제정되고 발전되었다. 1987년도에 제정된 민법통칙에서 기업법인은 주관기관의 허가를 등기한 후에 법인자격을 취득한다고 규정한다(제41조 참조).

4. 대만

대만 민법 제46조에서 공익을 목적으로 하는 사단은 등기 전에 주관기관의 허가를 얻어야 한다고 규정하고 있으며, 민법 제59조에서 재단은 등기 전에 주관기관의 허가를 얻어야 한다고 규정하고 있다.

5. 독일

독일 민법 제21조는 '비영리사단'이라는 제목 하에 「영리사업을 목적으로 하지 않는 사단은 관할 구법원의 사단등기부에 등기함으로써 권리능력을 취득한다」고 규정한다. 또한 민법 제22조는 '영리사단'이라는 제목 하에 「영리사업을 목적으로 하는 사단은 연방법률에 특별한 규정이 없는 경우에는 공적인 허가를 얻음으로써 권리능력을 취득한다. 허가는 사단이 주소를 가지는 주의 권한에 속한다」라고 규정한다. 민법 제80조는 '권리능력 있는 재단의 성립'이라는 제목 하에 제1항에서, 「권리능력 있는 재단의 성립에는, 설립행위 및 재단이 주소를 두는 주의 관할관청의 인가를 요한다」고 규정하고 제2항에서는 「설립행위가 제81조 제1항(설립행위의 요건)의 요건을 충족하고, 재단의 목적이 계속해서 항구적으로 실현될 수 있다고 보여지며, 또 그 목적이 공공복리를 위태롭게 하지 아니하는 경우에는, 재단은 권리능력 있는 것으로 승인된다」고 하며, 제3항에서 「종교재단에 관한 주법의 규정은 영향을 받지 아니한다. 이는 주법에 의하여 종교재단과 동시되는 재단에도 준용된다」고 규정하고 있다.

독일민법은 비영리사단과 영리사단을 영리사업을 목적으로 하는가의 여부에 의하여 구별한다. 또한 사단법인의 설립과 재단법인의 설립에 관하여 별개의 조문에서 규정하며, 재단법인에 있어서는 「영리사업을 목적으로 하지 않는」이라는 수식어가 없다는 점이 특색이다.

6. 스위스

민법 제60조 제1항은 「정치적, 종교적, 학술적, 기예적, 자선적, 사교적이거나 그 밖의 비경제적 목적을 가지는 사단은 단체로서 존립하려는 의사가 정관에 표현된 때부터 인격을 취득한다」고 규정한다. 또한 민법 제59조 제2항은 경제적 목적을 추구하는 인적 결합체에 대하여는 회사와 조합에 관한 규정을 준용한다고 규정한다. 재단법인의 설립에 관하여는, 사단법인과는 별개의 조문인 제80조 이하에서 규정한다. 그런데, 민법 제80조 제1항은 '재단의 설립에는 …'라고 규정한다. 즉, 재단에 있어서, 「영리사업을 목적으로 하지 않는」 이라는 수식어가 없다.

Ⅱ. 우리나라

1. 민법의 태도

민법 제32조에 '비영리법인의 설립과 허가'라는 제목 하에 학술, 종교, 자선, 기예, 사교 기타 영리 아닌 사업을 목적으로 하는 사단 또는 재단은 주무관청의 허가를 얻어 이를 법인으로 할 수 있다고 규정하고 있다. 우리나라에서는 비영리법인을 '영리 아닌 사업(경제적 이익을 도모하는 것이 아닌 사업)을 목적으로 하는 법인'이라고 정의한다. 이는 영리사업설에 따른 정의이다.

2. 법인설립에 대한 주무관청 허가의 타당성 검토

(1) 허가에 대한 판례 검토

비영리법인의 설립을 위해서는 주무관청의 허가가 있어야 한다. 이렇게 허가주의를 채택한 이유는 비영리 내지 공익사업을 표방하면서 법인제도를 악용하는 사례가 많다는 점을 제시하고 있다. 이러한 허가 여부는 주무관청에 의해서 단체의 목적 혹은 조직이 명백히 공익에 반하는 경우를 제외하고는 반드시 허가되어야 한다는 기속재량이라는 견해와 행정관청의 자유재량이라는 견해로 나눠나 후자의 견해가 다수설로 허가를 얻지 못하더라도 행정소송의 대상이 되지 못한다.

판례도 대법원 1975.12.26. 선고, 79누248 판결에서 문화공보부장관에 대한 재단법인 시천교 유지재단 소송대리인의 상고이유를 판단하면서 비영리재단법인의 설립이나 정관 변경에 관하여 허가주의 하에서는 비영리재단법인의 설립이나 정관변경에 관한 주무관청의 자유재량에 속하는 행위로서 이 사건의 불허가처분은 행정소송의 대상이 되는 행정처분이 아니라고 본 원판결 판단을 옳게 시인하면서 거기에 비영리 재단법인의 정관 변경에 대한 주무관청의 허가나 자유재량에 관한 법리오해가 없다고 하면서 허가 여부는 다툴 수 없으므로 그에 대한 불허가처분은 행정소송의 대상이 되지 아니한다고 했다. 그러나 일단 허가된 뒤 정당한 이유 없이 허가를 취소한 때에는 법원에 제소하여 다툴 수 있을 것이다. 법인의 명칭이 기존의 법인으로 오인될 명칭 또는 부적당한 명칭을 사용하는 때에는 허가되지 않을 수 있다.

법인이 목적으로 하는 사업을 주관하는 주무관청으로는 학술에 대해서는 교육부장관 또는 도지사, 서울특별시장, 각 광역시장이 되며, 종교예술에 관해서는 문화체육관광부장관이 되고, 자선 보건위생 등에 관하여는 보건복지부장관이 된다. 그런데 법인의 목적이 두 개 이상의 행정관청의 소관 사항인 때에는 그들 행정관청 모두 주무관청이며, 그 중의 어느 하나의 허가를 얻지 못하면 법인은 설립되지 못한다. 이처럼 양 주무관청의 허가를 받아야 법인이 설립한다는 복수설과 그 중의 하나의 허가만 있으면 충분하다고 주장하는 소수설인 단수설이 있으나, 후자의 견해에 의하면 주된 사업과 종된 사업의 두 목적을 가진 법인을 설립하려고 할 때에 종된 사업을 주관하는 관청의 허가만 있으면 된다는 것이 되어 부당하다.

판례는 더 나아가 정관변경에 대한 주무관청의 허가에 대해서도 대법원 1985.8.20. 선고 84누509 판결에서 「비영리재단법인의 설립이나 정관변경에 관하여 허가주의를 채용하고 있는 제도 아래에서는 비영리재단법인의 설립이나 정관변경에 관한 주무관청의 허가는 그 본질상 주무관청의 자유재량에 속하는 행위로서 그 허가여부에 대하여 다툴 수 없는 법리이므로 비영리재단법인의 정관변경을 불허가한 처분은 행정소송의 대상이 되는 행정처분이 아니다」고 하고 있다(재단법인 정관변경 불허부분 폐기).

그 뒤의 판결[15]에서도 민법은 제31조에서 "법인은 법률의 규정에 의함이 아니면 성립하지 못한다"고 규정하여 법인의 자유설립을 부정하고 있고, 제32조에서 "학술, 종교, 자선, 기예, 사교 기타 영리 아닌 사업을 목적으로 하는 사단 또는 재단은 주무관청의 허가를 얻어 이를 법인으로 할 수 있다"고 규정하여 비영리법인의 설립에 관하여 허가주의를 채용하고 있으며, 현행 법령상 비영리법인의 설립허가에 관한 구체적인 기준이 정하여져 있지 아니하므로, 비영리법인의 설립허가를 할 것인지 여부는 주무관청의 정책적 판단에 따른 재량에 맡겨져 있다. 따라서 주무관청의 법인설립 불허가처분에 사실의 기초를 결여하였다든지 또는 사회관념상 현저하게 타당성을 잃었다는 등의 사유가 있지 아니하고, 주무관청이 그와 같은 결론에 이르게 된 판단과정에 일응의 합리성이 있음을 부정할 수 없는 경우에는, 다른 특별한 사정이 없는 한 그 불허가처분에 재량권을 일탈·남용한 위법이 있다고 할 수 없다.

그러나 판례(대법원 1996.5.16. 선고 95누4810 전원합의체 판결)는 재단법인의 정관변경에 대해서는 「민법 제45조와 제46조에서 말하는 재단법인의 정관변경 "허가"는 법률상의 표현이 허가로 되어 있기는 하나, 그 성질에 있어 법률행위의 효력을 보충해 주는 것이지 일반적 금지를 해제하는 것이 아니므로, 그 법적 성격은 인가라고 보아야 한다」라고 하여 종전의 판례[16]부분 중 재단법인의 정관변경에 대해서는 법적 성격을 허가로 보는 부분을 폐기하고 인가로 변경하였다.

이어서 대법원은 「인가는 기본행위인 재단법인의 정관변경에 대한 법률상의 효력을 완성시키는 보충행위로서, 그 기본이 되는 정관변경 결의에 하자가

15) 대판 1996.9.10, 95누18437.

16) 대판 1975.12.26, 79누248; 대판 1985.8.20, 84누509.

있을 때에는 그에 대한 인가가 있었다 하여도 기본행위인 정관변경 결의가 유효한 것으로 될 수 없으므로 기본행위인 정관변경 결의가 적법 유효하고 보충행위인 인가처분 자체에만 하자가 있다면 그 인가처분의 무효나 취소를 주장할 수 있지만, 인가처분에 하자가 없다면 기본행위에 하자가 있다 하더라도 따로 그 기본행위의 하자를 다투는 것은 별론으로 하고 기본행위의 무효를 내세워 바로 그에 대한 행정청의 인가처분의 취소 또는 무효확인을 소구할 법률상의 이익이 없다」고 하였다.

(2) 허가의 법적 성격

민법 제32조의 허가에 관하여 그 법적 성질에 대한 의문이 있다. 행정법이론에 의하면 허가는 이른바 권력적 행정행위로서 일반적 금지에 대한 개별적 해제를 의미한다. 사인은 허가를 받아서 비로소 일정한 법적 행위를 할 수 있다. 단체를 설립하기로 하는 다수인의 사단설립행위는 다수설에 의하면 참여자의 합동행위가 된다. 그리고 합동행위에 의하여 이루어진 것은 사단법인의 설립을 위하여 나아가는 사단(단체)창설행위이다. 사단창설행위는 허가 없이도 이미 이루어져서 법인격없는 사단이 창설된다. 이미 성립된 사단창설적 합동행위가 주무관청의 허가(제32조의 규정내용)를 얻으면 법인을 설립등기 할 수 있는 설립중의 법인의 자격을 갖게 된다.

그러므로 민법 제32조의 허가는 어떠한 금지의 해제가 아니고 법인을 설립할 수 있도록 주무관청이 법인격 없는 사단에 대하여 일정한 능력이나 자격을 부여하는 행정청의 행위로서 이는 어떠한 권력적 행정행위가 아니고 형성적, 보충적 행정행위가 된다. 그러므로 민법 제32조의 허가는 학문적으로는 보충행위인 '인가'로 보아야 한다.

3. 허가주의에 대한 비판(위헌성)

민법 제32조의 허가주의에 관하여 그 입법의 타당성에는 많은 의문이 제기되고 있다. 첫째로는 민법 제32조의 법인허가주의와 헌법 제21조와의 관계이다. 헌법 제21조 제2항은 「언론, 출판에 관한 허가나 검열과 집회, 결사에 대한 허가를 인정하지 아니한다」고 규정하고 있다. 앞에서 설명한 바와 같이 허가는 일반적 금지를 전제로 하고 예외적으로 금지를 해제하여 주는 제도이므로 집회나 결사를 금지하는 민법의 규정은 위헌의 소지가 크다.

둘째로, 헌법 제37조 제2항은 「국민의 모든 자유와 권리는 국가의 안전보장, 질서유지 또는 공공복리를 위하여 필요한 경우에 한하여 법률로써 제한할 수 있으며, 제한하는 경우에도 자유와 권리의 본질적 내용은 침해할 수 없다」고 규정하고 있는 바, 민법 제32조의 일반적 금지와 예외적 허가가 왜 헌법 제37조의 필요한 경우인가가 입증되지 않으면 민법 제32조의 허가주의는 헌법 제37조에 위반한다고 볼 수 있다.

셋째로 민법 제32조의 비영리법인은 그 구성원들을 위한 비영리적 법인이다. 이는 영리를 목적으로 하는 사단인 상사법인(회사)과 다르게 구성되어 있다. 민법은 민사법인을 허가주의(일반적 금지와 예외적 허가)로 묶어두면서 상사법인은 회사법에 의하여 모두가 준칙주의가 적용됨으로서 넓게 개방이 허용되고 있다. 사원 상호간의 협동을 목적으로 하는 민사법인은 일반적으로는 금압(禁壓)하면서 타인을 상대로 하여 영리를 얻어내는 상사법인에 대하여서는 준칙주의를 채택한 것은 헌법 제11조 제1항의 「정치적, 경제적, 사회적, 문화적 생활의 모든 영역에 있어서 차별을 받지 않는다」는 평등의 원칙에 위반한 것이다. 독일 민법이 영리법인을 허가주의로 규정하고 비영리법인을 준칙주의로 규정한 것과는 대조적이다.

넷째로, 비교법적으로 고찰할 때에 근대 및 현대의 대부분의 국가들은 비영리법인에 준칙주의 내지 자유설립주의를 취하고 있는바 우리 민법이 일제의 잔재인 허가주의를 그대로 고수하고 있는 것은 입법상의 낙후성을 나타내고 있는 것이다.

다섯째로, 현실적으로 법인 아닌 사단재단도 자유롭게 인정되고 있으며 오늘날의 통설인 법인실재설에 의하면 법인 아닌 사단·재단도 원칙적으로 권리능력을 가지므로, 굳이 비영리법인의 설립에 허가를 요건으로 할 실익이 없다.

끝으로 우리 민법의 입법적 배경과 관련하여 유념할 필요가 있다고 생각되는 점이 있다. 우리 민법과 상법의 제정논의가 구체화되기 시작한 것은 6·25동란 후의 1953년 휴전과 1954년 경제헌법조항의 개정의 시점이었던 것으로 생각된다. 1954년 제2차 개헌으로 헌법의 경제질서는 독일 바이마르(Weimar)식의 민족공동체 경제원칙으로부터 개인주의적 자본주의의 미국식 시장경제로 대변혁을 가져왔었다. 동란 후의 경제부흥을 위하여서는 외자(해외저축)를 도입하여야 하였다. 이에 따라서 국민경제를 재구성하여야할 두 개의 큰 기둥인 민법과 상법의 제정이 논의되었고 1957년에 두 법이 거의 확정되었다. 그러나 민법은 1957년 확정된 안대로 1958년에 공포되고 1960년에 시행되었으나 상법은 공포를 연기하여 1962년부터 시행되면서 민법의 단체(법인)는 허가주의로 확정되면서 상법상의 회사는 준칙주의로 별도로 공포 시행되었다.

자본의 지배영역인 상사법인은 근대화를 표방하는 정치권력과 결합하여, 국가경영의 양대 세력으로 구성되어 왔으며, 그 체질과 상황을 조정할 수 있는 국민적 의사의 기초가 되는 제3의 요소라 할 수 있는 민사적 단체의 발육부진이 오늘날 우리사회 기능의 불균형과 파행성의 결과를 야기하였던 바 그 근본에는 민사적 법인 즉 전국민적 법인설립권을 허가주의로 금압(禁壓)하고, 제한된 자본계층의 회사 창설의 개방체제에 그 파탄의 요인이 잠재하여 있었음을 깊이 반성할 필요가 있다고 생각된다.

입법론으로는 비영리법인에 관하여는 허가주의를 채용하지 말고 그것이 공익사업을 영위할 때에만 인가주의를 채용함이 바람직하다는 견해도 있다. 일본의 경우에는 종교법인의 설립은 종교법인법에 의하여 학교법인의 설립은 사립학교법에 의하여 인가주의로 개정되었다.

4. 허가주의에 대한 입법론적 평가

위에서 언급한 것처럼 민법 제31조는 다음에 설명하는 민법 제32조의 법인설립에 대한 허가주의의 원칙과 함께 그 입법론적 재평가가 요구된다. 이는 현행 헌법상의 제21조가 집회결사의 자유의 보장과 그 사전의 허가를 금지하는 기본권보장의 정신에 반할 뿐 아니라, 현대 여러 나라의 단체입법의 경향에 반하며 시대에 뒤떨어진 이른바 일제입법의 잔재 내지 맹목적 계수의 결과로서 개정되어야 할 문제의 조항이라 아니할 수 없다.

민법상의 비영리적 자생적 단체의 자유스러운 보장 없이 민주주의의 기초인 언론, 출판, 집회, 결사의 자유스러운 성장과 훈련은 기대할 수 없다. 요컨대, 민법상의 민주적이고 협동적이며 자생적인 단체의 질서야말로 국가의 민주적 역량배양의 기초라고 볼 수 있기 때문이다.

(1) 허가주의에 대한 민법 개정안 논의

민법 개정안 중 법인의 설립요건을 허가주의에서 인가주의로의 전환하는 데에는 견해가 일치되어서 민법개정시안에 반영된 상태이다. 준칙주의로의 전환까지도 검토되었으나 아직 시기상조라는 의견이 다수이다. 민법개정위원회 토론과정에서 나온 의견을 보면, ① 허가주의의 남용으로 법인이 위축되어 있으므로 인가주의나 준칙주의로 가야한다. 단 재단법인의 경우에는 탈세 등의 폐해를 방지하기 위하여 인가 취소 또는 사후적 감독을 제한할 필요가 있다는 견해, ② 사단법인과 재단법인의 기능과 역할의 차이로 인하여 접합점이 될 수 있는 인가주의가 타당하며 민법 제32조가 비영리의 예시로서 든 '학술, 종교, 자선, 기예, 사교'의 내용은 불필요한 예시이므로 삭제할 필요가 있다는 견해 등의 개진이 있었고 마지막 개정시안에서 예시가 삭제되었다.

(2) 인가주의로 전환하는 경우 보완할 사항

가. 인가요건의 구체화·적정화

인가주의로 전환하는 경우에는 인가요건을 구체화할 필요가 있음은 물론 인가요건을 적정하게 설정할 필요가 있다. 이를 위하여 교육청, 보건복지부 등 비영리법인의 허가업무를 관장하고 있는 실무행정관청에서 실제로 사용하는 허가요건에 관한 실증적 연구를 토대로 구체화할 필요가 있는데, 사단법인에서 최소사원의 수, 재단법인에서 최소한의 재산 등이 그 예가 될 것이다.

나. 존속이나 폐지에 관한 엄격한 감독의 필요

인가주의를 재단법인에도 동일하게 적용해야 할 것이며, 만약 사단과 재단 모두 인가주의를 통해 법인에의 진입을 보다 수월하게 한다면, 반드시 그 존속이나 폐지에 관하여는 보다 엄격한 감독이 뒤따라야 할 것이다.

5. 민법개정안

민법개정안에서 헌법상 결사의 자유를 보장하고 법인 운영의 자유를 증진시키며 법인 아닌 사단과 재단에 대한 규율을 명확히 하기 위하여 법인의 설립을 허가주의에서 인가주의로 변경하고, 합병·분할제도를 신설하며 법인 아닌 사단과 재단에 관하여 법인에 관한 규정을 준용하도록 하였다.

즉 비영리법인의 설립에 관한 현행 '허가주의'는 법인 설립에 대해서 주무관청이 과도하게 개입하여 헌법상 기본권인 결사의 자유를 필요 이상으로 제한하는 문제점의 지적을 받아들여 '인가주의'를 채택하였다. 인가요건을 명확하게 규정한 후 그 요건을 갖추어 신청하면 특별한 사정이 없는 한 주무관청이 설립인가를 하도록 하려는 취지이다.

현행 민법	2009년 개정시안
제32조 (비영리법인의 설립과 허가) 학술, 종교, 자선, 기예, 사교 기타 영리 아닌 사업을 목적으로 하는 사단 또는 재단은 주무관청의 허가를 얻어 이를 법인으로 할 수 있다.	제32조 (비영리법인의 설립과 인가) ① 영리를 목적으로 하지 않는 사단법인을 설립하려는 자는 다음 각호의 요건을 갖추어 주무관청에 인가를 신청하여야 한다. 1. 5인 이상의 사원이 있을 것 2. 제40조에 따라 작성된 정관이 있을 것 3. 다른 법인과 동일한 명칭이 아닐 것 4. 그 밖에 법인 설립에 관련된 규정을 준수하였을 것 ② 재단법인을 설립하려는 자는 다음 각 호의 요건을 갖추어 주무관청에 인가를 신청하여야 한다. 1. 제43조에 따라 작성된 정관이 있을 것 2. 재단법인의 목적 달성에 필요한 최소한의 재산을 출연할 것 3. 제1항 제3호 및 제4호의 요건을 갖출 것 ③ 주무관청은 법인을 설립하고자 하는 자가 제1항 또는 제2항의 요건을 갖추어 인가를 신청하는 때에는 법인의 정관에서 정한 사항이 선량한 풍속 그 밖의 사회질서에 반하지 않으면 인가하여야 한다.
제33조(법인설립의 등기) 법인은 그 주된 사무호의 소재지에서 설립등기를 함으로써 성립한다.	제33조(법인의 성립시기) 법인은 그 주된 사무소의 소재지에서 설립등기를 함으로써 성립한다.

제5절 법인의 종류

Ⅰ. 공법인 · 사법인

1. 구별기준

법인의 종류를 공법인과 사법인으로 나누는 것은 가장 기본적인 분류 중의 하나이다. 실정법상 ‘공법인’이라는 용어는 상법 제2조에서 공법인의 상행위에 대해서는 법령에 다른 규정이 없는 경우에 한하여 상법이 적용된다는 규정에서 찾을 수 있다. 그런데 법률에서는 공법인과 사법인을 구별하는 기준에 대하여 규정되어 있지 않으므로 구별은 전적으로 학설에 맡겨져 있다.

국가, 지방자치단체, 공공단체 기타 영조물법인은 공법인에 해당하고, 민법이나 상법에 의한 사단법인·재단법인 혹은 각종의 회사는 사법인에 해당한다. 공법인과 사법인의 구별에 대하여는, 공법과 사법의 구별이 곤란한 것과 마찬가지로, 공법인과 사법인의 구별에 대하여도 여러 기준이 존재한다.

그러한 기준에 관한 견해로는, ① 법인 설립의 준거법이 공법인지 사법인지에 따라 공법이면 공법인, 사법이면 사법인으로 보는 견해, ② 법인의 성립방법이 강제적이면 공법인, 임의적이면 사법인으로 보는 견해, ③ 법인이 향유하는 권리가 공익이면 공법인, 사익이면 사법인으로 보는 견해, ④ 국가와 지방자치단체·특정의 행정목적을 위하여 설립된 공공조합과 같이 법인의 작용이 국가적 사무 혹은 통치작용이면 공법인, 사적 자치에 의하여 규율되는 사무이면 사법인으로 보는 견해,[17] ⑤ 법인의 임원을 국가가 임명하거나 임원이 국가공무원이면 공법인, 자율적으로 선정되거나 사인이면 사법인으로 보는 견해, ⑥ 법인의 설립이나 관리에 국가의 공권력이 관여하면 공법인, 사적 자치가 인정되면 사법인으로 보는 견해[18], 특정한 기준에 따라 공법인과 사법인을 구별하지 않고 종합적으로 판단하여야 한다는 견해[19]가 있다. 심지어 공법인·사법인의 구별은 불필요하며 부적당하다는 견해도 나오게 되었다.[20] 다수의 견해는 어느 한 기준에 의하지 않고, 여러 견해를 고려하여 종합적으로 판단하여야 한다고 한다.

오늘날 위와 같은 구별의 기준은 일면 타당한 측면도 있지만 모든 법인을 그러한 기준으로 구별하는 것이 불가능하게 되었다. 바꾸어 말하면, 위와 같은 획일적 기준을 가지고 공법인·사법인을 구별하는 것이 타당하지 않게 되었다는 의미이다. 왜냐하면 이들의 어느 쪽에도 속하지 않은 다양한 중간 단계의 법인들이 나타나고 있기 때문이다. 즉 오늘날에는 사법에 의하여 설립되는 공익법인이나 공기업이 민영화되는 과정의 법인과 같은 중간법인이 많이 생기고

---

17) 김주수·김상용, 민법총칙, 189면.
18) 고상룡, 민법총칙(제3판), 법문사, 2003, 177면; 김용한, 민법총칙론, 151면.
19) 곽윤직·김재형, 민법총칙(제8판), 153면; 김증한·김학동, 민법총칙(제10판), 2013, 180면.
20) 김증한·안이준 편저, 신민법총칙, 한일문화사, 1959, 161-162면.

있다. 예컨대 헌법재판소는 축협중앙회를 공법인과 사법인의 성격을 겸유한 특수법인이라고 한다.[21]

2. 구별실익

공법인과 사법인의 구별하는 실익은 무엇일까. 일반적으로 다음과 같은 것을 든다. 첫째, 공법과 사법 구별의 실익처럼 공법인에 관한 소송은 행정소송, 사법인에 대한 소송은 민사소송으로 진행된다. 둘째, 법인으로부터 각종의 부담을 징수할 때 공법인의 세법상의 강제징수절차에 의하고 사법인은 민사집행법상 강제집행절차에 의한다. 셋째, 법인의 불법행위책임에 대하여 공법인은 국가배상책임을 지고, 사법인은 민법상의 불법행위책임을 진다. 넷째, 구성원의 범죄에 관하여, 공법인의 경우에는 직무에 관한 죄가 성립하고, 사법인의 경우에는 일반범죄가 성립한다. 다섯째, 문서위조의 경우에도 공법인의 경우에는 공문서위조죄, 사법인의 경우에는 사문서위조죄가 성립한다. 여섯째, 공법인과 사법인이 기본권의 주체가 될 수 있는지가 문제될 수 있는데, 기본적으로 헌법상 결사의 자유는 사법인에 국한해서 인정된다.[22]

국가나 지방자치단체, 공공기관의 경우처럼 분명하게 공법인적 성격을 띠거나 회사처럼 확실하게 사법인적 성격을 지닌 경우에 구별의 실익은 분명히 존재한다. 그러나 오늘날 양자의 성격을 모두 지닌 법인이 존재하게 마련이고 이러한 경우 양자의 법적 성격을 명확히 구분한다는 것은 용이한 일이 아니다.

오늘날 국가는 경제정책·사회정책·복지정책을 실행하기 위하여 많은 단체(법인)의 설립을 조장하거나 강제하고, 국가기관이 관여를 하게 되어, 다수의 법인이 그의 운영·관리 또는 조직에 관하여 정도의 차이는 있어도 공권력의 관여를 받는 '중간적 법인'이 등장하고 있다. 특별법에 의하여 설립된 한국은행·한국토지주택공사·농업협동조합 등은 그 좋은 예이다. 이러한 중간적 법인에 대하여 일률적으로 공법인 혹은 사법인으로 보아 규율하기 보다는 그 법인에 관하여 문제가 되는 법률관계를 검토하여, 그것이 공법관계인지 사법관계인지를 결정하는 것이 타당하다고 보아야 한다.[23]

---

21) 이러한 논거하에 기본권의 주체성이 인정된다고 한다. 헌재 2000.6.1, 99 헌마 553.
22) 윤진수, 사법상의 단체와 헌법, 비교사법 제15권 제4호, 한국비교사법학회, 2008.12, 4면.
23) 곽윤직·김재형, 앞의 책, 153면; 김증한·김학동, 앞의 책, 180면.

Ⅱ. 영리법인 · 비영리법인

1. 양자의 구별실익

법인의 존립목적이 영리추구이냐의 여부에 따라 영리법인과 비영리법인으로 나눌 수 있다. 과거 구민법(일본민법) 제34조는 법인을 공익법인과 영리법인으로 나누었기 때문에, 비영리이면서 비공익을 목적으로 하는 단체(예, 동창회, 친목단체)는 법인이 될 수 없고 법인 아닌 사단 혹은 재단으로 남을 수밖에 없는 문제가 있었다. 민법은 제정 당시 독일민법(제21조·제22조)과 스위스민법(제60조)의 규정을 고려하여 비영리법인(제32조)과 영리법인(제39조)으로 나눔으로써, 위와 같은 문제는 입법적으로 해결되었다.

영리법인과 비영리법인의 구별실익은 세법상의 이유도 있지만(법인세법 제1조 2호 및 제3조 참조), 민법상 영리법인과 비영리법인의 법인격취득과정이 다르다는 데에 있다. 비영리법인의 경우에는 법인으로 성립하기 위하여는 주무관청의 허가를 얻어야 하는데 반하여(민법 제32조), 영리법인의 경우에는 상법상 회사설립의 조건에 좇아 본점 소재지에 설립등기를 함으로써 법인이 성립한다(민법 제39조·상법 제72조). 또한 민법상의 영리법인인 민사회사에는 상법이 적용된다(상법 제169조 참조).

단체가 비영리를 추구하면서 법인격을 취득하기 위하여는 민법상 사단법인 혹은 재단법인의 형태를 취하고, 영리를 추구할 경우에는 상법상 다섯 가지 회사형태(합명·합자·유한책임·유한·주식회사) 중의 하나만이 인정될 뿐, 다른 형태의 변칙적인 법인설립은 인정되지 않는다. 이것은 법이 법인으로 되려는 단체에게 일정한 법적 형태를 강제함으로써, 각각의 법인형태에 따라 법인내부의 사원관계와 법인외부의 책임관계를 규격화하여 법적 안정성을 확보하려는 것이다.[24)]

민법상 영리·비영리의 구별실익이 가장 크며, 민법상 법인에는 비영리사단법인과 비영리재단법인이 가능하며, 영리사단법인은 가능하지만(민법 제39조), 영리재단법인은 성립할 수 없다. 영리를 목적으로 하는 사단은 상사회사설립의 조건에 좇아 법인으로 할 수 있는 만큼 상법상 인정된 다섯 가지 회사 중의 한 형태의 법인으로 하여야 한다. 다만 비영리법인 중 일정한 공익적 사업을 목적으로 하는 법인은 「공익법인의 설립·운영에 관한 법률」의 적용을 받게 된다.

---

24) 송호영, 앞의 책, 44면; Karsten Schmidt, Gesellschaft, §5 Ⅱ 1 b).

2. 양자의 구별기준

민법이 영리법인과 비영리법인의 구별기준에 관한 언급이 없는 관계로 구별기준에 대하여 논란이 되고 있다. 다만 민법은 제32조에서 '학술, 종교, 자선, 기예, 사교 기타 영리 아닌 사업을 목적으로 하는 사단 또는 재단'을 비영리법인으로 하는, 비영리의 예시규정만을 두고 있을 뿐이다.

(1) 구별 학설

독일에서의 이른바 주관설 내지 목적설(subjektive Theorie 또는 Zwecktheorie)은 사단이 실제로 행하는 사업 활동보다는, 그 사단이 결국 추구하고자 하는 궁극적 목적(Endzweck)이 무엇인가에 더 의미를 둔다.[25] 즉 외견상으로는 사단이 지속적으로 영리활동을 하는 것처럼 보일지라도, 그 사단이 추구하는 목적이 순수하다면(ideell) 그 사단은 비영리사단으로 분류되어 독일민법 제21조에 따라 준칙주의에 의거하여 법인격을 취득할 수 있다는 것이다.

이른바 객관설(die objektive Theorie)은 사단이 추구하는 목적과 관계 없이 영리행위의 존재 여부로써 양 사단을 구별하려는 학설이다.[26] 즉 이 학설에 의하면 사단이 이익을 목적으로 하였는가의 여부는 전혀 중요하지 않고, 그 사단활동이 외부적으로 영리행위로 보여지면 영리사단으로 취급되어 독일민법 제21조가 아니라 제22조에 따라 국가의 허가를 얻어야만 비로소 법인격을 취득하게 된다는 것이다.

독일판례는 1970년대까지만 하여도 위 양 학설의 요소를 모두 고려하는 이른바 절충설(die gemischte Theorie)의 입장을 취하고 있었다.[27] 절충설에 의하면 사단이 영리활동을 통하여 영리의 주된 목적(Hauptzweck)을 추구할 때 비로소 영리사단으로 간주된다고 한다. 그러나 이 학설은 주목적과 부수목적은 어떻게

25) 주관설은 Holder (Uber das Wesen des eintragungsfahigen Vereins, DJT 1900, 241면 이하) 등 독일민법시행직후인 1900년대 당시의 학자들이 주장한 낡은 이론이다. 현재 이 이론을 지지하는 학자는 없다. 다만 1970년에 Stuttgart 고등법원이 이 학설을 따랐다는 것이 특이할 따름이다(OLG Stuttgart, OLGZ 1970, 416, 417). 송호영, 법인론과 관련한 독일 사법학계의 최근동향, 비교사법 제4권 2호, 한국비교사법학회, 1997, 각주96) 참조.

26) Planck, Komm. zum BGB, 2. Aufl., Bd. Ⅰ, 1898, § 21 Anm. 2); Flume, Juristische Person, S.105. 비교적 최근까지 계속 주장되어 온 유력한 학설이다.

27) RGZ 83, 231, 233, 236, 88, 332; 133, 170; 154, 343, 351; BGHZ 15, 315, 319; 45, 395, 397; BayOBLGZ 1973, 303, 304; OLG Oldenburg Rpfleger 97, 11, 12 등 참조.

구분되는지를 설명하지 않아 새로운 구분의 문제를 야기하여 문제해결을 더욱 복잡하게 만들어 버렸다는 비판을 받고 있다.

(2) 우리나라의 견해

우리나라의 통설은 법인사업에서 발생한 이익을 구성원에게 분배함을 목적으로 하느냐의 여부에 따라 영리법인과 비영리법인으로 나눈다.[28] 이른바 '이익분배목적설'이다. 따라서 교통·통신·보도·출판 등의 공공사업을 목적으로 하더라도 구성원의 이익을 목적으로 하는 것은 영리법인이 되고, 반대로 법인의 경제활동을 통하여 발생한 이익을 구성원에 대한 이익분배를 목적으로 하지 않는다면 비영리법인이 된다. 비영리재단법인의 경우에는 이익이 발생하더라도 이익을 분배할 구성원이 없으므로 영리법인이 될 수 없다. 비영리법인이 비영리사업이라는 주된 사업목적을 달성하는데 필요하며 그의 본질에 반하지 않는 정도의 영리행위를 하는 것은 상관이 없을 것이다(입장료를 받고 음악회를 개최하는 경우). 문제는 어떤 기준에 따라 비영리법인에게 부수목적의 특전을 허용할 수 있는가 하는 점이다. 이에 대해서는 부수목적의 특전은 단순히 비영리법인의 주된 활동과 부수적 활동의 단순한 양적 비교에 의할 것이 아니라 목적과 수단의 관계에 따라 그 부수적 활동이 주된 활동에 기능적으로 종속될 때에 한해서 허용된다고 할 것이다.[29]

3. 구체적인 분류

(1) 영리법인

이익분배목적설에 의할 때 주로 구성원의 이익을 꾀하기 위하여 영리를 목적으로 하고, 법인의 영리행위에 의하여 생긴 이익을 구성원에게 분배할 것을 목적으로 하는 사단법인이다.

가. 상사회사

상행위를 목적으로 하는 영리사단법인으로서 상법 제46조에는 22가지의 기본적 상행위를 열거하고 있다. 상사회사로는 주식회사(상법 제288조 이하), 유

---

28) 곽윤직·김재형, 앞의 책, 160면; 김증한·김학동, 앞의 책, 161면; 고상룡, 앞의 책, 179면.

29) 송호영, 앞의 책, 46면; Karsten Schmidt, Verbandszweck und Rechtsfähigkeit im Vereinsrecht, Heidelberg 1984, S. 189ff.

한회사(상법 제543조 이하), 유한책임회사(제287조의 2 이하), 합자회사(제268조 이하), 합명회사(제178조 이하) 등이 있다.

나. 민사회사

상행위 이외의 영리행위를 목적으로 하는 사단법인이다. 민법상의 영리법인인 민사회사에는 상법이 적용된다(민법 제39조·상법 제169조 참조).

(2) 비영리법인

영리 아닌 사업(경제적 이익을 도모하는 것이 아닌 사업), 예컨대 학술·종교·자선·기예·사교 등을 목적으로 하는 사단법인 혹은 재단법인을 말한다(민법 제32조). 우리 민법은 비영리법인인지의 기준에 관하여 영리사업설에 따르고 있다. 비영리법인도 목적을 달성하기 위하여 본질에 반하지 않는 정도의 영리행위는 할 수 있다. 재단법인은 항상 비영리법인이며, 사단법인은 영리법인, 비영리법인 모두 될 수 있다.

우리 민법상 비영리법인은 반드시 공익을 목적으로 할 필요는 없다. 즉 비공익·비영리를 목적으로 하는 비영리법인도 인정된다. 현행 민법은 법인을 영리법인·비영리법인으로만 나누고 있으나, 비영리법인 가운데 공익법인에 대한 규율의 필요성이 제기되었고, 그 일환으로 「공익법인의 설립·운영에 관한 법률」(이하 '공익법인법'이라 한다)이 제정되어 시행되고 있다.

가. 공익 비영리법인

시민사회의 형성으로 오늘날 다양한 공익단체가 등장하였다. 우리 민법이 비영리로 예시하고 있는 학술, 종교, 자선, 기예 등은 공익에 해당하지만 사교는 공익성을 충족하지 못한다고 보아야 한다.

공익의 의미를 어떻게 이해할 것인가. 여기서 공익은 '사회전반의 이익, 또는 불특정다수인의 이익'을 의미한다고 할 수 있으나, 어떠한 목적이 공익에 해당하는지는 일률적으로 평가하기가 쉽지 않다. 일본민법 제34조에서는 제사, 종교, 자선, 학술, 기예 기타 '공익'에 관한 사단 또는 재단으로서 영리를 목적으로 하지 않는 단체는 주무관청의 허가를 얻어 공익법인이 될 수 있도록 하고 있다. 공익의 범주에 관하여는 제사, 종교, 자선, 학술 및 기예의 다섯 항목이 예시되고 있을 뿐이고, 그 구체적 판단은 주무관청의 재량에 맡겨져 있다. 따라서 구민법하에서는 영리를 목적으로 하지 않으면서 공익을 목적으로도 하지 않는 비영리·비공익의 단체는 법인으로 될 수 없었다.

우리 민법의 비영리사업 중에서 특히 공익을 목적으로 하는 경우에는 공익법인으로 인정될 수 있다. 즉 공익은 비영리의 개념에 포함되는데, 법인의 사업이 공익을 목적으로 하는 경우에는 민법상 비영리법인의 설립으로도 가능하지만, 「공익법인의 설립·운영에 관한 법률」에 의한 공익법인의 설립으로도 가능하다. 그런데 공익법인법에 따르면 공익법인은 사회 일반의 이익에 이바지하기 위하여 학자금·장학금 또는 연구비의 보조나 지급, 학술, 자선에 관한 사업을 목적으로 하는 재단법인이나 사단법인이라고 한다(공익법인법 제2조). 동법시행령 제2조 제1항에 따르면, 공익법인의 사업 목적을 보다 구체적으로 명시하고 있는데, ① 장학 목적의 금전 지급 기타 대체급부의 제공, ② 학술 목적의 금전의 지급 기타 대체 급부의 제공, ③ 학술 목적 사업 및 도서관 등의 시설 설치 운영, ④ 자활할 수 없는 자를 돕기 위한 자선사업, ⑤ 위의 각 사업의 유공자에 대한 시상을 행하는 사업을 목적으로 한다고 하여 제한적으로 열거하고 있다.

동법 시행령 제2조 제3항에 따르면, 공익법인에는 상기 열거된 사업과 '그 외의 사업을 함께 수행하는 법인을 포함한다'고 한다. 동법 시행령 제2조 제2항의 의미는 법문으로만 볼 때, 공익사업과 그 외의 사업을 병행적으로 수행하는 법인도 공익법인에 포함될 수 있다고 해석될 수 있으나, 대법원은 「이 법 시행령 제2조는 제1항과 제2항에서 법 제2조의 공익법인의 범위를 구체적으로 한정하고 있는 바, 위 각 법률의 규정에 의하면 공익법인의 설립·운영에 관한 법률이 규제대상으로 하는 위 법 제2조 소정의 공익법인은 민법 제32조 소정의 비영리법인 중 순수한 학술, 자선 등 공익법인의 설립·운영에 관한 법률 시행령 제2조 제1항 각호 소정 사업을 목적으로 하는 법인이나 주로 위와 같은 학술, 자선 등의 사업을 목적으로 하면서 그와 함께 부수적으로 그 이외의 사업을 함께 수행하는 법인만을 말하는 것」이라 하면서 의료기관을 설치 운영하고 보건의료에 관한 연구 개발 등을 하는 의료재단에 관하여 공익법인이 아닌, 의료기관의 설치 운영을 목적으로 하면서 그 목적 등을 위하여 부수적으로 보건의료에 관한 연구개발을 하는 비영리법인이라고 판시하였다.[30] 향후 공익과 비영리 내지 영리의 경계에 대한 명확한 규준 설정이 필요하다 할 것이다.[31]

---

30) 대판 2010.9.30, 2010다43580.

나. 비공익 비영리법인(중간법인)

민법은 법인을 영리법인·비영리법인으로 나눌 뿐이고, 별도로 공익법인에 대한 규정은 없다. 다만 특별법으로 공익법인에 대해서는 「공익법인의 설립·운영에 관한 법률」에서 규정하고 있다. 비공익·비영리법인에 대한 규율은 현재로서는 민법에 의하여 규율될 뿐이다. 예컨대, 동창회, 친목단체, 산악회, 동호회, 업계단체, 상조회 등은 구성원(이하 '사원'이라고 한다)에 공통된 이익을 도모함을 목적으로 하는 한편, 그 목적은 공익적인 성격은 없는 단체이다.

이러한 동창회, 동우회 등 구성원 상호의 친목 등을 주된 목적으로 하는 것, 특정단체에 소속하는 자나 특정직역의 자만을 대상으로 한 복리후생이나 상호구제를 목적으로 하는 것, 혹은 후원회와 같은 특정인의 지원을 목적으로 하는 것은 공익법인으로서 적당치 못한 것으로 설명되고 있다.[32]

다. 비영리법인과 공익법인의 관계

공익의 의미가 '사회전반의 이익, 또는 불특정다수인의 이익'라고 한다면, 비영리의 의미는 단체의 활동을 통하여 얻는 이익을 구성원들에게 나누어주지 않는 것이라고 하였음은 앞에서 언급하였다. 현대사회에서는 비영리영역의 중요성이 대두되고 있는데, 그 중에서도 문화, 예술, 학술, 의료 등의 분야에서 사인이나 시민단체의 활동을 장려하여 공공의 이익에 기여하도록 하기 위한 제도로서 공익법인제도와 공익신탁제도가 활용되고 있다.[33] 대륙법계에서는 공익법인제도가 발전한 반면 영미에서는 상대적으로 공익신탁제도의 이용이 활발한데 우리나라에서도 공익법인제도를 중심으로 운용되고 있다.[34]

현재까지 비영리법인 중 특히 공익을 목적으로 하는 경우에는 공익법인으로 인정될 수 있다고 하여 공익을 비영리의 개념에 포함하는 것으로 보고 있다. 공익법인법에 따라 설립된 법인은 공익법인법 제15조에서 공익법인에 출연

---

31) 고상현, 공익법인의 설립, 공익법인의 제문제, 2014년 한국민사법학회 동계학술대회 자료집, 11면.

32) 新版 注釋民法(2), 1991, 187면 (林); 星野英一, 民法概論 I(序論・總論), 1971, 123-124면; 我妻榮, 新訂 民法總則, 1965, 136면.

33) 송호영, 앞의 책, 47면.

34) 공익신탁에 관한 문헌으로는, 이중기, 공익신탁과 공익재단의 특징과 규제, 삼우사, 2014; 임채웅, 공익신탁에 관한 연구, 공익법인의 제문제, 2014 한국민사법학회 동계학술대회 자료집, 103면 이하; 이준성, 공익신탁에 관한 연구, 동국대학교 논문집 제7권, 동국대학교, 1988, 99-100면.

하거나 기부한 재산에 대한 상속세·증여세·소득세·법인세 및 지방세는 「조세특례제한법」으로 정하는 바에 따라 감면할 수 있도록 하고 있어서, 민법상 비영리법인에 비해 각종 세제상의 혜택을 받게 된다.

4. 중간법인

(1) 의의

우리 사회에는 영리를 목적으로 하는 단체보다도 영리를 목적으로 하지 않은 단체의 수가 헤아릴 수 없을 정도로 더 많다. 한 사람이 취미나 종교, 학술 등의 여러 개의 단체에 속해 있을 수 있고, 이러한 많은 단체들이 대외적으로 거래를 하는 등의 법인격을 취득하기 위해서는 민법 제32조에 의하여 주무관청의 허가와 설립등기를 갖추어야만 법인격 부여가 된다. 하지만 민법 제32조에서 규정한 대로 주무관청의 허가를 통해 법인격을 부여받기란 현실적으로 어려운 일이다.

중간법인이라는 용어는 종래 두 가지 의미로 사용되고 있다. 첫째로 사단법인과 재단법인으로 구별되지 않는(구별할 필요가 없는) 특별법상의 법인, 둘째로 비영리·비공익의 법인이 그것인데, 여기에서는 후자의 의미로 중간법인을 사용하고자 한다. 일본의 종전 중간법인법에서도 후자의 용어법을 채택한 것이다.

이와 관련해 비영리 비공익법인에 대하여 허가주의가 아닌 '준칙주의(등기주의)'를 통해 법인격을 부여하는 일본의 '중간법인법'은 비록 2006년 「정비법」의 시행으로 폐지되었지만 우리에게 시사점을 주고 있기 때문에 이하에서 소개하기로 한다.

(2) 일본의 중간법인법[35]

가. 중간법인법의 제정배경 및 구조

일본의 법인제도도 일본민법 제33조에 의해 법정주의를 취하고 있지만 공

35) 일본의 중간법인법은 2006년의 발본적인 법인 개혁으로 정비법에 의하여 폐지되었고, 현재 중간법인은 일반법인법에 의하여 규율되고 있다. 일본의 중간법인에 대한 소개는, 권철, 일본의 새로운 비영리법인제도에 관한 소고: 최근 10년간의 동향과 신법의 소개, 비교사법 14권 4호(통권 39호), 한국비교사법학회, 2007.12, 118면 이하 참조; 김진우, 일본의 중간법인제도에 관한 고찰, 인권과 정의 326호, 2003년, 63면 이하.

익법인에 대해서는 2006년의 발본적인 개정이 이루어지기 전에는 '허가주의'를 채택하고 있었다. 우리의 경우에는 비영리법인 설립시 공익 여부를 불문하지만 일본민법은 '공익성'을 요건으로 하였기 때문에, 개별법에서 특별한 규정이 없는 한 비영리·비공익법인은 설립자체가 불가능하였다. 이러한 민법의 입법적 흠결에 대하여 그 중간에 있는 비영리단체에 대한 법인화는 이를 모두 특별법에 맡기는 규율방식에 대하여 일찍부터 민사법인제도의 구조적 결함이라는 지적이 있어왔고,[36] 그러한 중간적인 단체의 법인격 필요성을 절감한 나머지 '중간법인법'[37]은 2001년에 공포되어 2002년 4월 1일부터 시행되었다. 동법은 총 6장 163개의 조문으로 된 본칙과 8개의 조문으로 된 부칙으로 이루어진 비교적 상세한 단행법이었다.[38]

동법은 제2조 1호에서 중간법인은 동창회, 친목단체, 동호회, 업계단체, 상조회 등의 구성원(이하 '사원'이라고 한다)에 공통된 이익을 도모함을 목적으로 하는 한편, 잉여금을 사원에게 분배하는 것을 목적으로 하지 않는 사단이라고 정의하고 있다. 사원의 공통된 이익을 도모함을 목적으로 하는 점에서 불특정다수인의 이익증진을 본래적 목적으로 하는 공익법인과는 다르다. 하지만 공익을 목적으로 하지 아니할 것을 요건으로 하지 않기 때문에 후원회 등의 사회의 이익을 도모하는 것이어도 무방하다.[39]

중간법인은 잉여금을 사원에게 분배하는 것을 목적으로 하지 않는 점에서 비영리법인의 일종이다. 다만, 중간법인이 수익활동을 하더라도 중간법인의 성격과 모순되지 않고, 그 수익을 사원에게 분배하지 아니하고 중간법인의 활동경비 등에 충당하는 데에는 상관없다.[40] 동법의 제1장(제1조-제9조)에서는 중

36) 이를테면 我妻榮, 新訂 民法總則, 1965, 139면; 谷口知平, 民法論 第1卷, 1988, 84면; 新版 注釋民法(2), 1991, 11면, 17~18면, 182~183면, 187면 등.

37) 본법에 대한 명칭을 "중간법인법"으로 한 것은, 이 법인제도가 공익법인제도와 영리법인제도와의 중간적 영역에 위치하고 있고, "중간법인"이라고 하는 명칭이 이와 같은 위치를 가진 법인 내지 법인제도를 나타내는 것으로 종래부터 관용적으로 사용되어 온 점에 따른 것이다. 相澤哲 外, 中間法人法の概要(3), NBL No. 718, 62면.

38) 조문수가 이처럼 많은 이유는, 법인설립에 관하여 준칙주의를 취한 까닭도 있지만, 주무관청과 같은 감독기관을 예정하지 않았고 또 중간법인을 둘러싼 다양한 권리의무관계의 적절한 조정을 위하여 그 조직·운영에 관하여 구체적인 기준을 마련할 필요가 있었기 때문이다. 相澤哲, 中間法人法, ジュリスト No. 1210, 116면; 同, 法律のひろば 2001.11, 8면; 相澤哲 外, 中間法人法の概要(3), NBL No. 718, 62면.

39) 이영호, 일본의 중간법인법, 법제, 2002.1, 54면.

간법인에 관한 총칙적 사항으로서, 본법상의 용어의 정의, 법인격, 주소, 능력의 제한, 성립의 시기, 등기, 명칭 및 민법 등의 준용에 관한 규정을 두고 있다.

나. 유한책임중간법인·무한책임중간법인

중간법인에는 유한책임중간법인(법 2조 2호, 제2장)과 무한책임중간법인(법 2조 3호, 제3장)의 두 가지 유형으로 나뉜다. 즉 설립 및 운영에 관하여 상세한 규율을 갖춘 유한책임중간법인과, 간이한 설립 및 운영이 가능한 무한책임중간법인을 마련하였다.[41] 둘 중 어느 것을 택할 건지는 당사자의 선택에 의한다. 유한책임중간법인의 설립, 사원, 관리(사원총회, 이사, 감사 및 계산), 정관의 변경, 해산 및 청산에 관하여 유한회사에 준한 규정을 두고(제10조-제92조), 무한책임중간법인의 설립, 사원, 관리, 정관의 변경, 해산 및 청산에 관하여 합명회사에 준한 규정을 두고 있다(제93조-제121조).

유한책임중간법인의 사원은 법인의 채무에 대하여 대외적 책임을 지지 않는다. 그러나 채권자보호 및 유한책임제도의 남용방지라는 견지에서, 법인에 일정한 재산적 기초를 확보하기 위해 기금제도를 도입하였고, 채권자의 계산서류 및 사원명부의 열람청구권(동법 제68조·제69조) 등을 보장하였다. 이 유형의 법인은 사원수도 많고 규모도 큰 사단을 예정한 것이어서 사원총회, 이사 및 감사로 기관을 분화하였다. 또한 그 의사결정에 사원의 전원일치를 요구하는 것은 사원간의 합리적인 이익조정을 현저히 곤란하게 만들거나, 사단의 운영이 원활히 되지 못할 우려가 있어, 그 의사결정에 관하여 다수결원리를 도입하였다.[42]

그 외에 유한책임중간법인과 유한책임중간법인과의 합병, 무한책임중간법인과 무한책임중간법인의 합병 및 유한책임중간법인과 무한책임중간법인의 합병에 관한 규정을 두고 있다(제122조-제149조).

유한책임중간법인의 경우에는 법인채권자 보호를 위하여 기금제도를 두고 있다. 즉, 사원이 법인의 채무에 대하여 책임을 지지 않는 유한책임중간법인의 경우 사원은 유한책임의 이익을 누릴 수 있지만, 법인의 재산을 유일한 책임재산으로 하는 법인채권자의 지위는 상대적으로 열악한 것이다. 그래서 본법은 법인채권자를 보호하기 위하여 유한책임중간법인의 설립시에는 상당한 재산을 확보

40) 이영호, 앞의 논문, 54면.
41) 相澤哲 外, NBL No. 717, 33면.
42) 권철, 위의 논문, 72면.

토록 하는 제도를 마련하였는데, 이것이 바로 기금제도이다. 유한회사법은 사원의 유한책임과의 균형을 위하여 '자본금제도'를 채택하여 채권자보호를 꾀하고 있는바, 기금제도는 이와 비견되는 것이다. 다만 영리법인이 아닌 유한책임중간법인에 대하여 자본금이라는 용어를 사용하는 것은 적절치 않다는 이유에서 그에 갈음하여 상호회사에서의 기금제도와 마찬가지로 기금으로 칭하였다.[43)]

다. 중간법인의 설립

유한책임중간법인법의 정관은 법인의 조직, 활동을 정하는 근본규칙을 기재한 서면으로서 정관의 필요적 기재사항이 하나라도 빠지면 무효가 되어 공증인의 인증을 받을 수 없다(법 제10조). 명칭 중에는 반드시 '유한책임중간법인'이라는 문자가 들어가야 하며, 사업목적이 같으면 같은 시·군·구에서는 등기되어 있는 다른 중간법인과 동일 또는 유사한 명칭을 사용할 수 없다(법 제8조). 그 설립은 등기에 의하고 인증을 필요로 하지 않는다(법 6조). 즉 회사와 마찬가지로 준칙주의가 채용된 것이다. 그 반면 공익법인과 다르게 조세우대조치를 받지 못하는 것은 물론 사원의 유한책임도 무제한으로 인정되는 것은 아니다(유한책임중간법인에는 300만원의 최저기금총액이 정해져 있다. 동법 제12조). 법인의 설립에 대하여 준칙주의(등기주의)라는 손쉬운 법인격취득 방법을 채용하는 반면, 세제면의 취급은 영리법인과 동일하게 되어있다. 즉 중간법인의 활동에서 발생하는 수익은 원칙적으로 전부 법인세가 과세되어 회비나 기부금 수입도 과세대상이 된다.[44)]

유한책임중간법인은 주사무소 소재지에서 설립등기를 함으로서 성립하고, 설립등기는 현물출자 등의 조사와 설립절차 조사 절차가 종료한 날로부터 주사무소에서는 2주일, 분사무소에서는 3주일이내에 한다(법 제6조, 제7조). 기금은 유한책임중간법인에 출자된 금전, 기타 재산으로서 그 유한책임중간법인이 출

---

43) 권철, 앞의 논문,

44) 일본에서 중간법인의 이용률은 매우 저조하다. 2007년 7월 현재 3984여 법인에 머무르고 있다. 게다가 그 중에는 중간법인의 이용방법으로 당초 상정되지 않았던 자산유동화의 도구로 이용되는 것이 상당수 포함되어 있다. 중간법인법은 당초 기대하였던 기능을 충분히 발휘하지 못하고 있다는 것을 알 수 있다. 이와 관련하여, 민법상의 공익법인은 2005년 10월 1일 현재 2만 5263법인이고 1998년부터 줄어드는 경향이다. 이것은 공익법인으로서 적합하지 않은 법인을 퇴출시킨 영향도 있지만, 공익법인제도의 근본적 문제가 해결되지 않았다는 것을 보여주고 있다고 할 수 있다. 권철, 위의 논문, 각주 41) 참조.

자자에 대하여 반환의무를 지는 것을 말한다(법 제2조 제4호). 반환채무로 본다면 기금출자는 기부가 아닌 일종의 대여금과 같다. 현물출자는 금전 이외의 재산을 출자하는 것으로서 현물의 가치를 부당하게 높게 평가하는 문제가 있기 때문에 변태설립사항으로 하고 있다(법 제11조 제1항 제1호). 절차로서는 현물출자 하는 자의 성명 또는 명칭, 현물출자 재산과 그 가격을 정관에 기재하여야 한다.

무한책임중간법인은 원시사원이 정관을 작성, 서명하여 주사무소 소재지에서 설립등기를 함으로서 성립한다. 무한책임중간법인의 설립 절차는 유한책임중간법인과 비교하여 간단하게 되어있는 데 그 이유는 법인 채무자에 대하여 무한 책임을 지기 때문에 법인재산을 충실히 유지하는 제도인 기금제도가 없어 기금모집 절차가 불필요하고, 원칙적으로 각 사원이 업무집행 권한을 가짐에 따라 이사와 감사제도가 없기 때문이다.

정관은 사원으로 될 자가 공동으로 작성하여 각자 서명하여야 한다. 원시사원이 2명 이상 필요한 것은 유한책임중간법인과 같으나 법인은 무한책임중간법인의 사원으로 될 수 없다. 정관은 인증이 필요치 않으며, 정관의 필요적 기재사항 중 분사무소 소재지를 기재하는 외에는 유한책임중간법인과 같다. 법인은 주사무소 소재지에서 설립등기를 함으로써 성립한다(법 제93조, 제94조, 제96조).

라. 사원과 사원총회

유한책임중간법인의 경우 사원총회 의결권은 원칙적으로 사원이 각 1개의 의결권을 가지지만 정관규정으로 달리 정할 수 있다(법 제33조). 자익권으로서 구성원 자격으로 법인의 활동에 자유롭게 참가할 수 있으며, 감독수정권으로서 이사의 업무 집행이나 사원총회의 결의에 의하더라도 법인 운영에 관한 잘못이 있으면 각 사원이 단독으로 행사할 수 있는 해산명령, 설립 무효의 소, 설립 취소의 소 등과 총 사원 의결권의 1/10이상이 되는 경우에 행사 가능한 사원총회 소집 청구권, 이사와 감사의 해임청구권 등이 있다. 의무로서는 법인은 수익 사업을 하지 않으므로 모든 활동 경비는 각 사원이 정관 규정에 따라 부담하여야 한다(법 제23조).

사원총회는 사원들로 구성된 법인의 최고 의사 결정 기관이다. 소집은 법률에 특별히 규정된 경우를 제외하고 이사가 소집하며, 매년 1회 일정한 시기에 개최하는 정기사원총회와 필요한 경우에 개최하는 임시 사원총회가 있다(법

제29조, 제36조 제1항). 사원총회의 의장은 정관 규정이 없는 경우에는 각 사원총회에서 선임된다. 총회의 의결권은 원칙적으로 1사원이 1개지만 정관에 달리 정할 수 있으며, 보통결의는 총사원 의결권의 과반수 출석과 출석사원의 과반수로 결정한다.

무한책임중간법인에서는 비영리법인이므로 사원에게 배당청구권, 지분반환청구권과 잔여재산 분배청구권이 없다. 사원은 각자가 법인 업무집행에 관여할 권리와 대표권 등을 가지며, 설립 무효와 설립 취소의 소, 해산을 구하는 소와 합병무효의 소를 제기할 수 있다(법 제95조, 제110조, 제125조). 책임으로서는 법인 채권자에 대하여 연대, 직접, 무한책임을 지지만 법인에게 자력이 있고 또 강제집행이 용이한 것을 증명한 때에는 그 책임을 면한다.

사원은 각자 법인을 대표하고 법인의 사업에 관한 일체의 재판상 또는 재판외의 행위를 할 권한을 가지며, 대표권을 제한하더라도 선의의 제3자에게 대항할 수 없다. 사원이 여러 명 있을 때에는 정관 또는 총사원의 동의에 의하여 대표사원이나 공동대표 사원을 정할 수 있다. 사업의 전부 양도는 유한책임중간법인의 사업양도와 같으며, 총사원의 동의가 있어야 한다. 정관으로 사업양도에 대한 총사원의 동의요건을 완화하더라도 1/2을 넘어야 한다(법 제104조). 업무 집행은 원칙적으로 각 사원이 하지만 정관으로 업무 집행 사원을 정하는 것이 가능하다. 정관에 업무 집행 사원을 정한 경우에는 각 사원은 정당한 사유가 없으면 사임할 수 없고 해임될 수도 없으며, 사임 또는 해임에는 다른 사원 전원의 동의가 필요하다(법 제102조 제6항, 일본 민법 제672조).

마. 이사

유한책임중간법인에서 최초 이사와 감사는 원시사원이 결정하여 원시정관에 기재한다. 그러나 정관에 이사 또는 감사의 정함이 없을 때에는 법인성립 전에 사원총회를 개최하여 이사, 감사를 선임하여야 한다. 이 사원총회는 총회를 소집할 이사가 없기 때문에 각 사원에게 소집권한이 있다(법 제13조). 이사는 청약자에게 출자액을 배당하되 청약한 기금출자액을 감액하거나 배당하지 않을 수 있다(법 제15조).

이사가 2주 이상 기일을 정하고 그 기일까지 납입하지 않은 때에 출자자는 당연히 기금출자 권리를 상실한다. 실권한 기금은 다시 출자자를 모집할 수 있다(법 제21조). 이사와 감사는 정관기재 가격의 적정 여부, 검사인의 선임요건, 변호사 또는 변호사법인의 증명관계, 출자자 확정, 기금 납입과 현물출자 재산의 이행이 완료되었는지 여부 등을 조사할 의무가 있다. 조사결과 법령 혹은 정관에 위반하거나 부당한 사항이 있다고 인정될 때에는 사원 전원에게 그 내용을 통지하여야 한다(법 제18조).

업무집행기관인 이사는 1명 이상을 두어야하며, 사원총회에서 선임하지만 법인성립시의 이사는 정관에 따로 규정할 수 있다(법 제13조, 제39조, 제40조). 법인과 이사의 관계는 민법의 위임에 관한 규정이 적용되므로 이사는 법인을 위하여 선량한 관리자의 주의의무가 있다(법 제43조 제1항, 일본 민법 제643조 이하). 보고의무로서 법인에게 현저한 손해를 미칠 염려가 있는 사실을 발견한 때에는 즉시 감사에게 보고하여 권한을 행사케 하여야 한다(법 제50조 제2항).

이사가 업무집행과 관련하여 악의 또는 중대한 과실로 제3자에게 손해를 끼친 경우 이사는 그 제3자에게 손해배상 책임을 진다. 이사가 기금 청약용지 혹은 계산서류와 부속명세서에 기재할 중요한 사항에 대하여, 허위 기재나 허위 등기, 공고를 함에 따라 제3자에게 손해를 끼친 경우에도 같다. 단 그 기재, 등기, 공고에 대하여 주의를 태만히 하지 않았음을 증명한 때에는 책임을 면한다. 한편 이사의 행위에 동의한 다른 이사도 같은 행위를 한 것으로 본다(법 제47조, 제48조).

납입담보책임으로서 원시사원과 이사는 기금출자자가 확정되었으나 기금 납입을 하지 않은 때에는 연대하여 기금을 납입하여야 한다. 이 경우 대신 납입하더라도 처음 기금출자자로 확정된 자가 법인에 대한 기금반환에 관한 권리를 취득하며 변제한 원시사원들은 구상권을 취득하게 된다. 인수담보책임으로서 현물출자 또는 재산인수 목적물의 가격이 정관에 기재된 가격보다 현저하게 부족하게 된 때에도 같다. 단 현물출자와 재산인수에 대하여 검사인의 조사를 받은 경우에는 현물출자 내지 재산인수 당사자가 아닌 원시 사원과 이사는 책임을 면한다(법 제20조).

유사이사의 책임으로서 법인의 이사 아닌 자가 기금출자 청약용지나 기금모집 광고문서에 자기의 성명과 그 법인설립을 찬성하는 내용을 기재 할 것을 승인한 때에는 외관법리에 의하여 이사와 동일한 책임을 지며(법 제21조), 재산가격 증명 등을 한 자는 현물출자 또는 재산인수 가격이 정관에 기재된 가격보다 현저하게 부족하게 된 때에는 그 부족액을 연대하여 변제하여야 한다. 허위 증명 또는 감정평가를 한 자도 손해배상 책임이 있으나 그 증명을 함에 있어서 주의를 태만히 하지 않았음을 증명한 때에는 책임을 면한다(법 제20조의 2).

바. 감사

유한책임중간법인에서 법인의 활동의 적정성을 확보하고, 사원의 이익을 보호하기 위해서는 감사의 역할이 중요하다. 특히 중간법인에 대하여는 공익법인과는 달리 행정관청에 의한 감독제도를 채택하지 않았기 때문에 그 중요성은 한층 더한 것으로 인식되었다.[45] 그 때문에 민법 제58조에 나온 공익법인과는 달리 감사를 필수기관으로 하였다. 감사는 법인의 업무집행 및 회계의 감사를 행하며, 이사와 마찬가지로 사원총회에서 선임된다. 유한책임중간법인에는 최소 1인 이상의 감사를 두어야 한다(법 51조).

사. 계산

유한책임중간법인의 계산에 대하여는 기본적으로 상법총칙상의 상업장부에 관한 규정이 준용된다(법 9조 4항). 즉, 재산의 증감계산을 주로 하는 공익법인회계기준이 아니라, 손익계산을 기준으로 하는 기업회계기준이 채택되었다. 이것은, 특히 사원이 법인채권자에 대하여 책임을 지지 않는 경우에, 중간법인의 계산이 적정하게 행하여지고 또 그 내용이 정확하게 개시되어야만 채권자를 적절히 보호할 수 있을 것이라는 고려에 기한 것이다.[46]

아. 정관변경과 합병

상법상의 회사처럼, 중간법인과 중간법인 사이의 자유로운 합병을 인정하고, 이에 관한 비교적 상세한 규정을 두었다(법 제4장 제122조~제149조).

무한책임중간법인에서 정관변경의 절차는 원칙적으로 총사원의 동의를 요하지만 정관 규정으로 그 요건을 완화할 수 있으며, 그렇더라도 그 한도는 총사원의 1/2을 넘는 사원의 동의로 한다(법 제107조).

자. 해산과 청산

해산사유[47]중 합병의 경우를 제외하고 해산에 의하여 곧장 법인격이 소멸

45) 法人制度硏究會, 法人制度硏究會報告書, 1999, 第56 (3).

46) 法人制度硏究會, 法人制度硏究會報告書, 1999, 第57.

하는 것이 아니라 해산 후의 청산이나 파산절차 종료로 소멸한다(법 제81조). 해산으로 간주된 경우에도 그 법인은 3년 이내에 한하여 사원총회 특별 결의에 의하여 법인의 계속을 할 수 있다(법 제84조). 합병 또는 파산으로 해산하는 경우 외에는 법인이 해산하는 때에는 청산을 하여야 하며, 청산의 목적 범위 내에서 아직 존속하는 것으로 본다(법 제90조). 잔여재산은 정관규정에 따르고, 규정이 없을 때에는 사원총회의 결의에 의하며, 귀속을 정하지 않은 경우에는 국고에 귀속한다(법 제86조).

무한책임중간법인의 해산 사유 등은 총 사원의 동의 외에는 모두 유한책임중간법인과 같다. 해산의 등기와 법인의 계속도 유한책임중간법인의 경우와 같다(법 제111조, 제132조, 일본 상법 제96조).

차. 중간법인법의 폐지

중간법인법의 폐지로 중간법인법에 의하여 설립된 중간법인에 대해서는 정비법에서 규정을 두고 있다. 즉 구 유한책임중간법인은 일반법인법의 시행 후에는 일반사단법인으로서 존속한다(정비법 제2조 제1항). 구 무한책임중간법인은 특례무한책임중간법인(특수한 일반사단법인)으로서 존속하고(정비법 제24조·제25조), 구 중간법인법의 무한책임중간 법인에 관한 규율을 전과 같이 받는데, 일반법인법의 시행일로부터 1년의 기간 내에 통상의 일반사단법인으로 이행할 수 있다(정비법 제30조).

(3) 일본 중간법인법에 대한 평가

현재 우리나라의 경우 영리법인은 상법에 관한 규정을 통해, 비영리사단법인은 민법상 주무관청의 허가를 받아 설립하도록 되어 있으므로 외견상으로는 일본이 중간법인법을 설립하기 전의 상태와 같은 입법적 사각지대는 없다. 하지만 비영리법인에 대하여 비공익비영리법인 경우에는 주무관청의 허가를 얻도록 하고 있으므로 실질적으로는 비공익비영리법인이 법인격을 취득할 가능성은 그리 크지 않다.

우리의 경우 비영리법인이면 공익여부를 떠나 허가주의를 취하고 있지만 일본의 중간법인법은 준칙주의(등기주의)를 취하고 있다는 점에서 법인격설립에

---

47) 해산 사유로서 정관에 관한 사유의 발생, 사원총회의 결의, 합병, 사원이 1인으로 된 때, 파산, 해산을 명하는 재판이 있다.

긍정적인 역할을 하고 있다고 판단된다. 특히 자본단체인 주식회사에 대해서는 준칙주의를 취하여 법인설립이 보다 용이한 반면에 비영리사단에 대하여 허가주의를 취하고 있는 것은 단체의 설립에 대한 입법정책에서 불균형을 이루고 있다.

공익법인인 경우에는 세제상의 혜택이 따르고 다수의 불특정인의 이익과 관련되므로 일응 허가주의가 타당한 측면이 있겠으나 그렇지 않은 경우까지 모두 허가주의로 일관하여 법인격 취득을 제한하는 것은 문제가 있다고 본다.[48) 실제 일본에서 중간법인법 제정 이후 중간법인 활성화의 취지가 무색하게 법인격을 취득한 단체가 그리 많지 않은 것은 설립과 존속, 해산과 청산 등에 있어서 영리법인에 관한 규정을 거의 준용하고 있기 때문에 쉽지가 않음을 유추할 수 있다.

현재 민법 개정안에서는 비영리법인에 대하여 인가주의를 예상하고 있는데, 비공익비영리법인인 중간법인에 대하여는 준칙주의냐 아니면 민법 개정안에 따라 통일적으로 인가주의로 나가느냐의 문제가 있다. 만약 준칙주의로 나간다면 공익여부에 따라 허가주의냐 준칙주의냐를 결정할 수 있도록 해야 할 새로운 기준이 필요할 것이고, 민간단체의 활발한 법인격 부여는 결국 거래의 안전을 꾀할 수 있으며 구성원 내부관계나 법인과 구성원 관계에 있어서도 책임관계를 명확하게 할 수 있는 효과를 가져온다는 면에서 규제보다는 단체의사의 자율성을 강조한 입법이 필요하다 할 것이다.

Ⅲ. 사단법인 · 재단법인

법인의 조직 내지 구성요소에 의한 분류로서 사단법인과 재단법인이 있다. 민법은 사단법인과 재단법인에 대하여 구별하여 별도의 규정을 두어 규율하고 있다(제32조, 제40조, 제43조 등 참조). 현재 민법은 허가주의를 취하고 있으나 개정안에서는 인가주의로 전환하여 법인의 정관에서 정한 사항이 선량한 풍속 그 밖의 사회질서에 반하지 않으면 인가하여야 한다(개정안 제32조 제3항).

48) 일본의 경우 또한 중간법인법이 제정되기 전에 무분별하게 공익법인으로서 허가를 내줘서 '공익법인에서 중간법인으로의 조직변경'이라는 제도를 제안하기도 하였듯이, 공익법인에 관한 엄격한 절차는 필요한 측면이 있다.

1. 사단법인

사단법인이란 일정한 목적 아래 결합한 사람의 집합체가 실체를 이루고 있는 법인을 말한다. 이에는 다시 비영리사단법인과 영리사단법인으로 구분 가능하며 전자는 민법상의 사단법인이 해당하며 영리사단법인에는 상행위 이외(농업·어업·광업 등)의 영리행위를 하는 민법상의 민사회사(제39조)와 상법상에 규정된 상사회사가 있다.

개정안 제32조 제1항에서는 구체적인 인가요건으로 사단법인은 ① 5인 이상의 사원이 있을 것, ② 제40조에 따라 작성된 정관이 있을 것, ③ 다른 법인과 동일한 명칭이 아닐 것, ④ 기타 법인 설립에 관련된 규정을 준수하였을 것을 들고 있다.

2. 재단법인

일정한 목적(공익목적)을 위하여 바쳐진 재산, 즉 재단이 실체를 이루고 있는 법인을 말한다. 재단법인은 비영리법인만 존재한다. 사단법인이 사원총회에 의하여 그 의사를 자율적으로 결정하여 활동하는데 반하여, 재단법인은 설립자의 의사에 구속되어 타율적으로 활동하게 된다.

개정안 제32조 제2항에서는 재단법인의 설립의 인가요건으로 ① 제43조에 따라 작성된 정관이 있을 것, ② 재단법인의 목적 달성에 필요한 최소한의 재산을 출연할 것, ③ 다른 법인과 동일한 명칭이 아닐 것을 들고 있다.

사단법인과 재단법인의 본질적인 차이는 '사원 및 사원총회의 유무'에 있다. 사단법인의 경우에는 성질상 사단을 구성하는 사원이 반드시 존재하여야 하나, 재단법인의 경우에는 사원이 존재하지 않고 다만 재단의 활동을 수행하는 기관이 존재할 뿐이다. 이러한 차이점은 특히 법인격부인의 법리에서 두드러지는데, 사단법인의 경우에는 '법인의 배후에 존재하는 사원'에 대한 책임추궁이 가능한 구조이지만, 재단법인의 경우에는 배후에 존재하는 사원이 없으므로 실체파악법리가 적용되지 않는다.[49] 따라서 사단법인의 경우에는 단체의사에 기하여 단체의 설립, 법인의 형태, 조직의 구성 및 정관의 작성 등 자율적

---

49) 법인과 사원의 구별에 관한 분리의 원칙은 재단법인과 설립자 운영자 사이에서도 적용될 수 있으므로, 그러한 범위 내에서 재단법인에 대해서도 법인격부인의 법리가 적용될 수 있다는 견해로는, 송호영, 앞의 책, 41면 각주 141) 참조.

으로 활동하는 데 반하여 재단법인은 재산관계가 설립자의 의사에 의하여 타율적으로 구속되어 활동한다는 데 있다. 이러한 차이로부터 사단법인은 설립행위·목적·정관의 변경·의사결정기관·해산사유 등에서 차이를 나타낸다.

3. 양자의 혼합형

법인 중에는 양자의 요소나 특징인 인적 요소와 물적 요소를 모두 가지고 있는 것들이 있다. 공법상에서는 이를 '영조물'이라고 하여 사단법인 및 재단법인 이외의 제3종의 법인유형으로 분류되지만,[50] 사법상으로는 그러한 개념은 인정되지 않고, 다만 강학상으로 이를 중간법인이라고 부르기도 하지만,[51] 오히려 '혼합형법인'이란 용어가 알맞다 할 것이다. 실제로 종교법인·학교법인·의료법인 등은 인적요소와 물적 요소를 겸비한 조직체라고 할 수 있다. 예컨대 사찰은 물적 요소를 기반으로 하고 인적 요소를 포함하고 있어서 사단과 재단의 혼합형인 대표적이 경우이다. 그러나 민법상으로는 이러한 중간법인의 형태를 인정하지 않기 때문에, 사단법인 혹은 재단법인 중의 어느 하나의 형태로 설립되어야 하고 중간적 법인은 인정되지 않는다.

양자의 요소를 모두 구비한 법인이 존재하는 경우 양자에 대한 판별을 어떻게 할 것인가. 어느 법인이 외부로 드러난 형태로는 사단과 재단의 요소가 혼재해 있더라도 어떠한 법인에 속하는지의 판별은 결국 그 법인이 사원의 존재를 존립기반으로 하느냐 그렇지 않느냐가 결정적인 기준이 될 수밖에 없다(민법 제40조 6호 참조).[52]

다른 한편으로 전형적으로 사단법인으로 분류되는 것에도 재단적인 요소가 있을 수 있으며, 그 반대로 전형적인 재단법인의 경우에도 사단적인 요소가 있을 수 있는데, 이 경우에도 사원의 존재 유무가 법인의 성격을 결정짓는 중요

---

50) 공법상 영조물은 물적 기반시설에 이를 관리하는 인력이 결합된 형태인데, 이들 관리인력이 조직체의 사원이 아니라는 점에서 사단법인과 구별되고, 재단법인에도 출연된 재산에 대한 관리 및 운영조직은 존재하므로, 공법상 영조물은 성격상 재단법인에 가깝다. 송호영, 앞의 책, 각주 143) 참조.

51) 고상룡, 민법총칙, 179면; 김주수·김상용, 민법총칙, 170면; 김상용, 민법총칙(전정증보판), 221면은 이를 '중간적 특수법인'이라고 한다. 그러나 중간법인이란 용어는 비영리·비공익인 경우에도 사용되는 말이어서 오히려 중간법인이란 용어보다는 혼합형법인이란 용어가 알맞다고 하겠다.

52) 송호영, 위의 책, 42면.

한 판단기준이 된다.

Ⅳ. 내국법인 · 외국법인

1. 양자의 구별기준

오늘날 '그린피스'와 같이 국제적인 활동을 하는 NPO(Non-Profit Organization) 등의 단체가 활발하게 설립되어 활동하는 만큼, 이러한 단체들이 비영리법인인 경우 내국법인인지의 여부가 문제가 될 수 있다.

자연인은 국민인지의 여부를 '국적법'에 의하여 결정할 수 있는 데 반하여, 법인이 내국법인인지의 구별에 대해서는 법률에 규정이 없다. 그런 까닭에 내국법인과 외국법인의 구별표준에 대해서는 학설이 대립되고 있다. 구체적으로는, ① 법인설립의 준거법에 따른 방법이다. 준거법이 한국법인 경우에는 내국법인으로 보자는 견해, ② 법인의 주된 영업소의 소재지에 따른 주소지설, ③ 설립자가 내국인인가 외국인가에 의하여 구별하는 설립자국적표준설, ④ 준거법설과 주소지법설의 합일주의를 취하는 절충설 등이 주장되었다.

그러나 2001년 개정된 국제사법 제16조 전단은 법인 또는 단체는 그 설립의 준거법에 의한다고 하여 '설립준거법설'을 명문으로 채택함으로써, 종래의 학설대립은 종식되게 되었다. 따라서 내국법인과 외국법인은 법인설립의 준거법을 가지고서 결정하게 된다. 다만 국제사법 제16조 후단은 설립준거법설을 따를 경우 발생할 수 있는 내국거래의 불안정을 예방하기 위하여 외국법에 의해 설립된 법인 또는 단체라도 대한민국에 주된 사무소를 두거나 대한민국에서 주된 사업을 하는 경우에는 설립준거법이 아니라 대한민국법에 의하도록 하는 예외를 인정하고 있다.

2. 외국법인의 지위와 능력

민법은 외국법인의 지위나 능력에 대하여 규정을 두고 있지 않다. 상법은 제3편 회사 제6장을 외국법인이란 제목하에 제614조부터 제621조까지 외국법인에 대한 규정을 두고 있다. 외국회사가 대한민국에서 영업을 하려면 대한민국에서의 대표자를 정하고 대한민국 내에 영업소를 설치하거나 대표자 중 1명 이상이 대한민국에 그 주소를 두어야 하며(상법 제614조 제1항), 대한민국에서 설립되는 동종의 회사 또는 가장 유사한 회사의 지점과 동일한 등기를 하여야 하고(동조 제2항), 그 등기에서 설립회사의 준거법과 대한민국에서의 대표자의 성명과 그 주소를 등기하여야 한다(동조 제3항). 외국회사의 지위에 대하여는 다른 법률의 적용에 있어서는 법률에 다른 규정이 있는 경우 외에는 대한민국에서 성립된 동종 또는 가장 유사한 회사로 본다(제621조).

그렇다면 민사상 외국법인의 지위나 능력을 어떻게 보아야 할 것인가. 자연인인 경우 원칙적으로 내외국인 평등주의가 인정되는 것과 마찬가지로 법인의 경우도 원칙적으로 '내외국인 평등주의'(예컨대 광업법 제10조의 2)가 인정된다고 할 것이다. 다만 예외적으로 특별법에 의하여 자연인인 외국인에 대하여 권리능력이 제한되는 경우가 있듯이, 외국법인의 권리능력도 법률 또는 조약에 의하여 제한될 수 있다.[53)]

---

53) 곽윤직·김재형, 앞의 책, 210면; 김주수·김상용, 민법총칙, 192면; 김상용, 민법총칙, 법문사, 2001, 222면.

제 3 장
공익법인

제3장 공익법인

제1절 공익법인의 의의

현대국가에서 국민의 복지와 공익실현을 위한 서비스의 수요는 폭발적으로 증대하고 있다. 그러나 국가는 이러한 국민의 수요를 모두 감당하기에는 한계가 있고, 이러한 점에서 국가는 국가가 스스로 담당해야 하는 공익사업이나 국가의 간섭이 배제되는 부문에 대해서는 민간 활동 영역에 그 역할을 분배하는 경향을 보이고 있다. 이 점에서 오늘날 공익법인의 역할의 증대와 의의가 있다.

특히 공공의 이익과 관련되어 있는 분야에서 국가가 관여하는 것이 바람직하지 못하거나 관여할 필요가 없는 분야가 점차 확대되고 있다. 예컨대 문화, 예술, 학술, 의료 등에서 시민이나 시민단체 및 기업들의 출연에 의한 활동이 두드러지고 있다. 사실 이러한 분야는 국가나 지방자치단체가 직접적으로 통제하거나 관여하는 것보다는 국가나 지방자치단체에서는 지원이나 장려하고 시민들이 공익법인을 주도적으로 운영하는 것이 바람직할 것이다.[1)]

공익법인이라 함은 일반적으로 비영리법인 중에서 공공의 복리와 사회일반의 이익에 공여하고 학술, 자선, 장학, 교육, 사교 등 공익사업을 목적으로 하여 주무관청의 허가를 받아 설립된 일체의 사단법인, 재단법인을 말한다. 공익법인법에서는 학자금·장학금 또는 연구비의 보조나 지급, 학술, 자선에 관한 사업으로 제한적 열거주의를 채택하고 있다(공익법인법 제2조). 비영리법인 중에서도 목적이 공익성을 지닌 단체만이 주무관청의 허가를 받아 공익법인이 되고, 민법이 아닌 공익법인법의 적용을 받게 된다.

결국 비영리법인을 객관적으로 일반 비영리법인과 공익법인으로 구분하는 기준은 민법의 적용을 받느냐 아니면 공익법인법의 적용을 받느냐 하는 점에 의하게 된다. 민법의 적용을 받는 일반 비영리법인과 공익법인법의 적용을 받는 공익법인의 차이는 특히 상속세법상 출연재산에 대한 면제요건 등에서 나

---

1) 윤철홍, 공익법인에 대한 소고, 법학논총 10집, 숭실대 법학연구소, 1997, 130면.

타난다. 비영리법인에 대해 재산출연시 증여세가 면제되지 않는다면 출연재산의 상당부분이 납세재원으로 사용될 것이므로 출연의 의미가 크게 감소될 것이며, 출연자 또는 그 친족의 임원취임이 완전히 배제된다면 재산출연자가 자신의 출연재산으로 사회공익을 위한 사업을 직접 수행하거나 자신이 원하는 방향으로 운영하게 할 수가 없게 되어 공익법인의 설립을 회피하게 될 것이다. 이러한 이유 때문에 공익법인의 설립이나 운영을 과도하게 제한해서는 안되는 것이다.[2)]

제2절 공익법인의 본질(목적)

Ⅰ. 공익성

1. 공익성의 의의

공익법인을 설립하기 위해서는 법인설립의 목적이 '공익'이어야 한다. 공익법인이 공익을 목적으로 한다는 것은 사회일반의 이익이나 불특정 다수의 이익과 관련되는 것으로서 공익서비스를 적극적으로 제공하지 않고 이익을 축적하거나 정당한 사유 없이 분배를 미루는 것은 원칙적으로 허용될 수 없다. 또한 공익법인은 그의 존립목적을 설립자나 사원, 기타 구성원의 이익추구의 수단으로 해서는 안된다. 즉 공익법인에서 수익자는 일반사회 또는 불특정다수인이 되어야 한다. 물론 특정학교의 재학생에의 장학금 지급과 같이 그 대상이 특정 다수인 경우도 있을 수 있다. 그러나 그와 달리 장기적으로는 불특정이고 또 불특정 다수인을 위함이라는 것은 일반사회나 전체사회의 구성원에 개방된 다수를 의미한다.

공익서비스의 내용은 시대나 장소 또는 사회적 상황에 따라 변동하고 공익에 대한 가치관도 변동하는 것이므로, 공익에 대하여 실정법이 그 유형을 지정하고 있다 하더라도 공익의 의미가 일반적으로 정의되거나 범위가 획정될 수 있는 성질의 것은 더더욱 아니다. 하지만 공익법인법에도 예시되어 있듯이 교

2) 윤철홍, 앞의 논문, 137면.

육, 연구, 학술, 자선, 예술 등에 관계되는 사업을 목적으로 하는 것이라면 공익사업에 해당한다고 할 수 있다.

공익법인법의 적용을 받는 공익 목적은 '사회일반의 이익'을 위한 학술 및 자선에 관한 목적에 한정된다. 비록 '사회일반의 이익'과 관련되더라도 동법에 열거하지 않은 다른 공익 목적은 동법의 적용을 받지 않는다. 이 점은 공익신탁법 제2조 제1항이 14개의 사업을 공익범위에 포함시키고 있는 것과 비교해 볼 때, 공익사업의 범위가 매우 협소하다. 좀 더 적극적인 사회 일반의 이익을 위한 공익법인의 활성화를 장려하기 위해서도 공익법인법의 '공익성'의 범위를 확장할 필요가 있다.[3)]

2. 공익성 인정기준의 통일 필요성

그렇다면 공익성의 인정범위와 관련하여, 한정식 열거주의와 추상적 일반주의를 취할 것인가? 한정식 열거주의의 장점은 법의 해석의 혼란을 덜어주고 동법의 적용을 간명하게 하는 장점이 있지만, 시대의 변화에 따른 공익목적의 탄력성 있는 적용을 할 수 없게 된다는 단점이 있다. 반대로 추상적 일반주의를 취하는 경우에는 공익법인의 활성화라는 장점은 있지만 여전히 공익법인의 설립과 운용에 있어서 변칙적인 설립과 운용으로 말미암아 그 '공익성'에 의구심을 갖는 경우가 많아 행정청에 의한 감독이 강화되어야 하고 그 부작용의 폐해가 커질 가능성이 높아진다. 현재의 입법이 한정식 열거주의를 취하여 공익법인에로의 진입제한을 하고 있는 것도 이러한 세태를 반영한 입법일 것이다.

다른 하나의 방안은 공익사업을 구체적으로 열거하여, 공익사업의 내용을 명시적으로 제시하되, '그 밖의 공익의 증진을 목적으로 하는 사업'이라는 내용을 포함하여 시대의 변화에 따르는 공익목적에 탄력성을 부여하는 방법도 생각할 수 있다.[4)] 이러한 입법에서는 해석에 의하여 '공익성'의 범위를 넓힐 수 있는 장점이 있는 반면에 그 설립에 있어 '허가주의'를 취하는 한 공익성 심사에서 행정기관의 재량이 개입할 여지가 많다. 따라서 주무관청과는 별도의 공익성 검증기관을 설치할 필요가 있다는 주장이 제기되기도 한다.[5)]

---

3) 동지, 최성경, 일본의 공익법인제도 개혁, 민사법학 제41호, 2008, 567면 이하; 공익범위는 광의로 정의하는 것이 타당하므로 공익신탁법의 범위를 기준으로 통합하자는 의견은, 이중기, 앞의 논문, 409면.

4) 고상현, 앞의 논문, 17면.

생각건대, 공익법인법의 입법취지를 살린다면 '공익성'의 범위를 제한하기 보다는 국민의 복지와 공익실현을 위한 서비스의 수요에 대응하여 열거적 한정주의보다는 추상적 일반주의에로의 전환을 장기적으로는 검토할만하다. 그러나 공익법인제도의 편법적 운용은 주로 공익사단법인보다는 공익재단법인에서 이루어지고 공익법인법에서 5인 이상 15인 이하의 이사와 2인의 감사를 두도록 하고 있지만(공익법인법 제5조 제1항), 재단법인의 특성상 재단설립자의 의사가 반영될 확률이 높다. 이러한 실정에서는 열거적 한정주의의 타당성을 인정할 수가 있고 공익성 있는 사업을 법률에서 개별적으로 규정하기 보다는 시행령에 위임하여 시행령에서 공익성 있는 사업을 규정하는 것도 하나의 방안이 될 것이다.

Ⅱ. 비영리성

공익법인은 영리를 목적으로 해서는 안 된다. 즉, 공익법인 자신도 영리를 목적으로 해서는 안 되고, 공익법인의 설립자나 그 연고자도 영리를 목적으로 해서는 안 된다. 단 설립자 등은 자치규정에 따라 수익자로서 불특정 다수인의 입장에서 당해 공익법인의 일반적 수익자와 같은 정도의 공익서비스를 받는 것은 관계 없다.[6] 비영리성이라는 것은 원칙적으로 수익을 공익사단법인 구성원에게 분배하지 않는다는 의미이다. 따라서 학술이나 교육의 사업의 목적이라 할지라도 이러한 사업을 통하여 구성원들에게 이익이 분배된다면 비영리법인이 아니라 영리법인이 된다.

공익법인의 비영리성이 항상 공익법인의 수익사업과 모순되는 것은 아니다. 그러나 이러한 수익사업의 수익은 궁극적인 목적이 아니라 공익목적 달성

---

5) 공익성 인정기준의 통일과 함께 주무관청과 과세관청 기타 외부기관이 검증할 경우, 각각 관점과 이해를 달리하므로, 미국의 면세단체인증이나 일본의 공익법인 인증제도와 유사한 독립적 검증기관을 설치하자는 주장으로는, 김진수·김태훈, 공익법인에 대한 공익성 검증제도의 개선방안에 관한 연구, 세무학연구 제28권 제4호, 2011, 267면 이하; 이중기, 앞의 논문, 410면; 영국의 공익위원회와 같은 통일적이고 전문적인 독립기구의 신설에 대해서는, 김진우, 앞의 논문, 108면; 일본의 공익인정등 위원회가 우리의 공익법인제도가 공익법인법 규정의 간략함이나 불명확함으로 인하여 발생할 수 있는 권위적, 자의적 판단의 오류를 감소시킬 하나의 제안이 될 수 있다고 한다. 최성경, 앞의 논문, 566면.

6) 최현태, 공익법인의 본질 재고를 통한 활성화에 대한 일고찰, 사회과학연구 제15권 제2호, 순천향대학교 사회과학연구소, 2009, 449면.

의 보조적 수단에 그쳐야 한다. 따라서 공익법인에서도 수익사업은 공익의 목적달성을 위한 보조적 범위 내로 한정되어야한다. 즉 공익법인의 부수목적인 수익사업은 주목적인 공익사업수행을 위한 수입을 얻기 위해서만 가능하다.

따라서 공익법인이 주목적인 공익사업을 폐지하면 당해 법인에게는 해산사유가 되나 부수목적인 수익사업을 폐지한다고 하더라도 공익법인의 해산사유는 되지 않는다는 점이다. 이러한 공익법인이 부수적으로 수익사업을 하는 경우에도 일정한 제한은 있게 마련이다. 예컨대는 수익사업을 하는 경우에도 공익사업비의 부족분을 보충하는 한도 내이어야 하고, 만약 부족분이 없는데도 수익사업을 하는 때에는 설치목적에 위배되는 것으로 보아야 하고, 또한 수익은 회원 상호간의 친목을 위한 사업비 등 비공익사업을 위하여 사용하여서는 안된다.[7] 수익사업의 수익은 가급적 단기간 내에 공익을 위하여 사용되어야 하겠지만 장래의 공익서비스의 양과 질을 높이기 위해 축적 또는 재투자하는 것은 그것이 공익목적에 반하지 않는 한 허용되어야 할 것이다.[8]

공익법인은 비영리성이 속성상 본질적인 것이므로 수익성의 추구는 부수적인 것에 머물러야 하는 것은 당연하고 예산이나 조직인원·시설·설비 등에서도 항상 '공익성'과 '비영리성'을 염두에 두면서 운영해야 한다. 예컨대 공익사업과 모순되는 수익사업으로서 부동산투기, 과대한 사업규모, 명의대여에 의한 경영, 기타 미풍양속에 반하는 수익사업을 경영하여서는 안된다.[9]

제3절 공익법인의 설립

Ⅰ. 공익법인의 설립요건

(1) 설립행위

공익법인이 설립되기 위해서는 설립행위가 있어야 한다. 우리 민법은 사단법인과 재단법인을 달리 규율하고 있는데, 설립행위에 있어서도 공익법인법에

7) 최현태, 앞의 논문, 450면.
8) 이재운, 공익법인의특성과 범위의 비교법적 고찰, 월간조세, 조세통람사, 1994, 113면.
9) 최현태, 위의 논문, 450면.

서 특별한 규정을 두고 있지 않는 한 민법의 규정과 이론이 적용되어야 한다. 사단법인의 설립행위는 2인 이상의 설립자가 정관을 서면에 작성하는 요식행위로서 사단에 법인격취득의 효과를 인정하는 법률행위이다. 사단법인의 설립행위의 법적 성질에 대하여는 계약설, 합동행위설, 특수한 계약설 등이 있으나 우리나라에서는 합동행위설이 다수설이다. 재단법인의 설립행위의 법적 성질에 대해서는 단독행위설이 다수설이다.[10]

따라서 공익법인이 사단법인인 경우에는 2인 이상의 설립자(내지 사원)의 존재가 전제가 되고, 재단법인인 경우에는 재산의 존재를 그 기초로 하게 된다. 요컨대 공익법인설립행위는 공익의 목적을 가진 사람들의 결합체나 공익의 목적을 위해 출연된 재산에 대하여 독립적 법인격을 갖춘 조직을 창출하겠다는 법률행위라고 할 수 있다.

(2) 재산의 출연

가. 출연의 의의 및 시기

공익법인이 설립되기 위해서는 일차적으로 재원이 필요하다. 그러나 이러한 재원의 확보방법에는 사단법인과 재단법인이 서로 다르다. 공익재단법인은 출연재산의 수입, 사단법인은 회비·기부금 등으로 조성되는 재원의 수입으로 목적사업을 원활히 수행할 수 있어야 한다(공익법인법 제4조 제1항). 그러한 출연재산 또는 재원을 기본재산이라고 한다. 공익재단법인의 경우에는 설립자의 재산의 출연에 의하는데, 출연이라 함은 자신의 재산을 감소시켜 타인의 재산을 증가시키는 기부행위이다. 공익법인의 출연시기가 공익법인법에는 규정되어 있지 않다. 따라서 일반 재단법인의 출연시기를 규정하고 있는 민법 제48조를 유추적용할 수 있을 것이다.[11]

즉 민법 제48조에 의하면 먼저 생전의 재산출연으로 법인이 설립되는 경우에는 법인의 설립등기를 한 때로부터 법인에게 귀속되는 것이며(동조 1항), 유언으로 법인을 설립하는 경우에는 유언자가 사망한 시점에 출연된 것으로 본다(동조 2항). 그러나 이 민법 제48조의 재단법인의 출연재산에 대한 귀속 시기에 대해 의사주의와 형식주의를 각각 취하는 학설이 대립되고 있으며, 판례는 대

---

10) 2인 이상이 재단법인을 설립하는 경우에는 단독행위의 경합으로 본다.
11) 윤철홍, 앞의 논문, 138면.

내적으로는 의사주의를 취하여, 즉 출연자와 법인과의 사이에는 등기 없이도 출연부동산은 법인설립과 동시에 법인에게 귀속되지만, 제3자가 있는 경우에는 제3자에게 대항하려면 제186조의 원칙에 따라 등기를 요한다고 한다.[12)]

이미 설립되어 있는 공익법인에 재산을 출연하는 경우에는 부동산등기나 등록이 필요한 자산의 경우에는 공익법인명의로 소유권이전등기나 등록한 시점에 귀속되고, 일반 동산의 경우에는 인도시에 귀속된다. 실제로 재산출연으로 증여세를 면제받기 위해서는 증여일이나 상속개시일로부터 6개월 이내로 정해져 있는 신고기한 내에 공익법인에 출연하여야 한다.

나. 출연재산에 의한 사업목적달성

재단법인에서는 출연재산의 수입, 사단법인에서는 회비, 기부금 등으로 조성되는 재원의 수입(기본재산)으로 목적사업을 원활히 달성할 수 있어야만 한다(공익법인법 제4조 제1항). 특히 거의 모든 공익법인이 재단법인의 형태를 취하고 있기 때문에 출연된 재산에서 창출되는 과실로 사업의 목적을 달성할 수 있어야 허가를 취득할 수 있기 때문에 사업의 목적과 함께 중요한 설립요건이 된다.[13)]

다. 출연재산의 제한

「상속세법 및 증여세법」에서의 제한이 있는데 동법 제49조 제1항에 의해 공익법인이 지주회사가 되는 것을 방지하기 위하여 주식출연이 제한된다. 즉 공익법인 등이 1996년 12월 31일 현재 발행주식 총수 등의 100분의 5를 초과하는 동일한 내국법인의 주식 등을 보유하고 있는 경우에는 동법 제49조 제1항 1, 2호[14)]에 해당하는 기간 이내에 당해 발행 주식 총수 등의 100분의 5를 초과하여 보유하지 아니하도록 하여야 한다. 그러나 직접 공익목적사업에의 사용실적 기타 당해 공익법인 등의 공익기여도 등을 감안하여 대통령령이 정하는 기준에 해당하는 공익법인 등과 국가·지방자치단체가 출연하여 설립한 법

---

12) 대판(전) 1979.12.11, 78다481·482.

13) 윤철홍, 공익법인의 설립·운영에 관한 법률의 주요내용과 문제점, 동서연구 제8권, 연세대학교 동서문제연구원, 1996, 29면.

14) 1호의 내용은 그 공익법인 등이 보유하고 있는 주식등의 지분율이 발행주식 총수등의 100분의 5를 초과하고 100분의 20 이하인 경우: 1999년 12월 31일까지이고 2호의내용은, 그 공익법인등이 보유하고 있는 주식 등의 지분율이 발행주식총수 등의 100분의 20을 초과하는 경우: 2001년 12월 31일까지이다.

인 등에는 예외가 인정되고 있다. 만약 이러한 제한을 초과하여 출연한 경우에는 상속세 및 증여세의 면제대상에서 제외될 것이다.

라. 기본재산의 처분의 제한

공익법인은 기본재산을 매도나 증여, 임대 또는 용도를 변경하거나, 담보로 제공하거나, 일정액 이상을 장기 차입하고자 할 때에는 주무관청의 허가를 받아야 한다(공익법인법 제11조 제3항).[15] 다만, 「상속세 및 증여세법」 제16조 제2항에 따른 성실공익법인이 기본재산의 100분의 20 범위 이내에서 기본재산의 증식을 목적으로 하는 매도·교환 또는 용도변경 등 대통령령으로 정하는 경우에는 주무관청에 대한 신고로 갈음할 수 있다(동조 제3항 단서).

(3) 정관의 작성

정관은 단체를 규율하는 자치규범으로서 모든 법인은 정관을 작성하여야 하듯이 공익법인의 설립자도 법인의 정관을 작성하여야 한다. 법인의 정관에는 법인의 목적, 명칭, 사무소의 소재지, 설립 당시의 자산의 종류, 상태 및 평가액, 자산의 관리방법과 회계에 관한 사항, 이사 및 감사의 정수, 임기 및 그 임면에 관한 사항, 이사의 결의권 행사 및 대표권에 관한 사항, 정관의 변경에 관한 사항, 공고 및 그 방법에 관한 사항, 존립시기와 해산사유를 정한 때에는 그 시기와 사유 및 잔여재산의 처리방법, 업무와 회계감사에 관한 사항을 필수적 기재사항으로 당연히 정관에 기재되어야 한다(공익법인법 제3조 1항). 이밖에도 구체적으로 명확하게 정한 사업에 관한 사항, 사단법인의 경우에는 사원 및 사원총회에 관한 사항, 기타 공익법인의 운영에 관한 기본적 사항(동법시행령 제3조) 등도 기재되어야 한다.

(4) 주무관청의 허가

가. 설립허가 신청

공익법인의 설립허가를 받고자 하는 자, 즉 설립발기인은 법인설립 허가신청서와 함께 다음의 서류를 주무관청에 제출하여야 한다(공익법인법 제4조). ①

---

15) 이 규정의 법적 성질에 대해 대법원은 「공익법인의 기본재산의 처분제한에 관한 공익법인의 설립·운영에관한법률 제11조 제3항의 규정은 같은 법 제1조의 입법목적에 비추어 강행규정이라 할 것이고 이는 기본재산을 임의처분하는 경우 뿐만 아니라 강제경매에 의한 처분의 경우도 포함된다 할 것이다」라고 판시하였다. 대판 1984.12.1, 84마591.

설립발기인의 성명·주소·약력(설립발기인이 법인인 경우에는 그 명칭, 주된 사무소의 소재지, 대표자의 성명, 주소, 정관 및 최근의 사업활동)을 기재한 서류, ② 설립취지서, ③ 사업목적, 명칭, 사무소의 소재지, 출연자산의 종류 및 평가액, 재산의 관리·회계에 관한 사항, 이사·감사의 수와 임기·임면에 관한 사항 등을 정하고 있는 정관, 재단법인인 경우에는 ④ 출연재산의 종류·수량·금액 및 권리관계를 명확하게 기재한 재산목록 및 기부신청서, 사단법인인 경우에는 회비징수, 예정명세서 또는 기부신청서, ⑤ 부동산, 예금, 유가증권 등 주된 재산에 관한 등기소·금융기관 등의 증명서, ⑥ 사업개시 예정일 및 사업개시 이후 그 사업연도분의 사업계획서 및 수지예산서, ⑦ 사단법인인 경우에는 창립총회 회의록 및 사원이 될 자의 성명 및 주소를 기재한 사원명부 등이다.

실무적으로 실제 허가신청시에는 주무관청에 따라 위의 요구서류 이외에도 추가적인 서류의 제출이 요구될 수도 있을 것이다.

나. 설립허가의 기준

위의 서류를 제출받은 주무관청은 관계 사실을 조사하여 재단법인에 있어서는 출연재산의 수입, 사단법인에 있어서는 회비, 기부금 등으로 조성되는 재원의 수입으로 목적사업을 원활히 달성될 수 있다고 인정되는 경우에 한하여 설립허가를 한다(공익법인법 제4조 제1항)고 아주 추상적으로 허가기준을 규정하고 있다. 또한 주무관청은 공익법인의 설립허가를 할 때 대통령령으로 정하는 바에 따라 회비 징수, 수혜대상에 관한 사항, 그 밖에 필요한 조건을 붙일 수 있고(동조 제2항), 공익법인은 목적 달성을 위하여 수익사업을 하려면 정관으로 정하는 바에 따라 사업마다 주무관청의 승인을 받아야 한다. 이를 변경하려는 경우에도 또한 같다(동조 제3항).

동 규정은 우선, 목적 사업의 원활한 실현을 위한 재정적 기초의 확보가능성을 심사하고 있다. 그러나 목적 사업의 원활한 달성이라는 모호한 허가기준은 주무관청에 의한 허가주의를 취하면서 동시에 그 기준이 추상적이어서 주무관청의 자의가 개입할 여지가 크다는 문제점이 지적되고 있다.[16] 동법 시행령 제5조 제1항은 설립허가의 기준을 정하고 있는데 ① 목적사업이 구체적이며 실현가능하다고 인정되는 경우, ② 재단법인에 있어서는 출연재산의 수입,

---

16) 송호영, 앞의 책, 50면.

사단법인에 있어서는 회비·기부금 등으로 조성하는 재원의 수입으로 목적사업을 원활히 달성할 수 있다고 인정되는 경우, ③ 목적사업이 적극적으로 공익을 유지·증진하는 것이라고 인정되는 경우에 한하여 주무관청의 허가를 얻을 수 있다고 한다.

이와 같은 규정의 취지는 목적 사업의 구체성과 실현가능성, 목적 달성을 위한 재산 및 재원의 수입, 목적의 공익성과 같이 공익법인의 설립허가의 기준에서는 무엇보다도 설립의 목적이 중심적 요소이기 때문일 것이다.[17]

또한 주무관청은 일정한 경우 회비징수나 수혜대상 등에 대해 필요한 조건을 붙여 허가할 수도 있다. 즉 ① 사단법인의 경우에 회비에 의하여 경비에 충당할 비율과 회비징수방법 기타 회비징수에 관하여 필요한 사항, ② 수혜자의 출생지·출신학교·직업·근무처 기타 사회적 지위나 당해 법인과의 특수 관계 등에 의하여 수혜자의 범위를 제한할 수 없다는 뜻, ③ 목적사업의 무상성 기타 목적사업의 운영에 관한 사항, ④ 기타 목적사업의 원활한 달성을 위하여 필요한 사항에 대해서 조건을 붙일 수 있다(동법 시행령 제6조 제1항). 특히 동조 제1항 2호의 조건은 설립허가시에 반드시 붙이되, 주무관청이 수혜자의 범위를 특히 한정할 필요가 있다고 인정되는 때에는 그 한정할 범위에 관하여 미리 기획재정부장관과 합의하여야 한다(동조 제2항).[18]

다. 설립허가

공익법인의 설립허가를 받고자 하는 경우, 그 신청일로부터 실제로 허가를 받을 때까지 일정한 시일이 소요된다. 설립허가가 되면 관보에 공고되고 당사자에게 '설립허가서' 문서가 교부된다. 교육부 소관 비영리법인의 설립 및 감독에 관한 규칙 제4조 제2항에 의하면 주무관청은 법인설립허가신청을 받은 때에는 특별한 사유가 없는 한 14일 이내에 이를 심사하여 허가 또는 불허가의 처분을 하고, 그 처분 내용을 서면으로 신청인에게 통지하고 법인설립허가증을 교부하여야 한다. 또한 법인설립허가의 심사를 위하여 필요하다고 인정할

---

17) 서울시교육청은 기본재산 출연기준에 관하여 비영리사단법인은 1년 이상의 사업실적, 재단법인은 5억원 이상, 공익법인이 사단법인인 경우, 3억원 이상, 재단법인의 경우 5억원이상이라고 한다. 서울시교육청, 공익법인 업무편람, 2009, 15면.

18) 이를 법인의 '공중성' 요건의 실현이란 측면에서 접근하는 견해도 있다. 이중기, 공익단체의 공익성 인정기준 등의 다양성과 통합필요성, 홍익법학 제15권 제2호, 2014 앞의 논문, 398면.

때에는 허가신청인에게 기간을 정하여 필요한 자료를 제출하거나 설명을 요할 수 있다. 이 경우 그에 소요되는 기간은 앞서 언급한 기간에 산입하지 않는다(동조 제3항).

공익법인도 비영리법인과 마찬가지로 목적 달성을 위한 수익사업을 할 수 있는데, 이 경우 주무관청의 허가를 받도록 하고 있다.

(5) 공익법인 설립 등기 및 설립 후의 절차

가. 설립등기

법인설립등기는 법인의 성립요건이다(민법 제33조). 법인설립의 허가를 받은 때에는 3주 내에 주된 사무소 소재지에서 설립등기를 하여야 한다(민법 제49조 제1항). 등기사항은 1. 목적 2. 명칭 3. 사무소 4. 설립허가의 연월일 5. 존립시기나 해산이유를 정한 때에는 그 시기 또는 사유 6. 자산의 총액 7. 출자의 방법을 정한 때에는 그 방법 8. 이사의 성명, 주소 9. 이사의 대표권을 제한한 때에는 그 제한이다(동조 제2항). 법인설립등기를 한 공익법인은 등기를 완료한 날로부터 7일 이내에 등기보고서에 등기부등본 1부를 주무관청에 제출하여야 한다(공익법인법 시행령 제9조).

민사법인의 등기는 비송사건절차법 제2편 제1장과 제5장에서 각각 법인과 법인의 등기를 다루고 있다. 동법 제63조는 법인설립의 등기는 법인을 대표할 사람이 신청하고(동조 제1항), 등기신청서에는 다음 각호의 서류를 첨부하여야 한다(동조 제2항). 첨부서류에는 1. 법인의 정관 2. 이사의 자격을 증명하는 서면 3. 주무관청의 허가서 또는 그 인증이 있는 등본 4. 재산목록에 관한 서류이다. 비송사건절차법에서 위임된 사항과 그 시행에 필요한 사항에 대해서는 민법법인 및 특수법인 등기규칙(대법원등기규칙 제2560호)에 의한다.

나. 재산이전의 보고

공익법인의 대표자는 각각 재산이전의 보고와 설립등기의 보고를 하여야 한다. 즉 공익재단법인의 설립허가를 받은 자는 그 허가를 받은 후 지체 없이 출연재산을 법인에 이전하고 3월 내에 재산이전을 증명하는 등기부등본 또는 금융기관의 증명서를 첨부하여 재산이전보고서(전자문서 보고서 포함)를 주무관청에 제출하여야 한다(공익법인법 시행령 제8조). 이 경우 주무관청은 행정정보의 공동이용을 통하여 부동산등기부 등본을 확인하여야 한다(전자정부법 제36조 제1항).

다. 조세의 감면

일반 비영리법인과는 달리 공익법인법에 의해 설립되는 공익법인의 경우에는 재산의 출연시에 증여세가 면제된다.[19] 즉 공익법인에 출연하거나 기부한 재산에 대한 상속세·증여세·소득세·법인세 및 지방세는 조세특례제한법으로 정하는 바에 따라 감면할 수 있다. 상속세 및 증여세법 제16조 제1항에서 상속재산 중 피상속인이나 상속인이 종교·자선·학술 또는 그 밖의 공익을 목적으로 하는 사업을 하는 자(공익법인등)에게 출연한 재산의 가액으로서 제67조에 따른 신고기한(상속받은 재산을 출연하여 공익법인등을 설립하는 경우로서 부득이한 사유가 있는 경우에는 그 사유가 없어진 날이 속하는 달의 말일부터 6개월까지를 말한다) 이내에 출연한 재산의 가액은 상속세 과세가액에 산입하지 아니한다고 규정하고 있다.

또한 공익법인이 그 법인의 고유목적사업 또는 지정기부금에 지출하기 위하여 고유목적사업준비금을 손금으로 계상한 경우에는 일정한 범위 내에서 당해 사업연도의 소득금액 계산상 손금에 산입할 수 있다(법인세법 제29조 및 조세특례제한법 제74조). 공익법인이 그 고유의 사업목적을 위하여 공급하는 재화 및 용역에 대하여는 부가가치세가 면제된다(부가가치세법 제12조 제1항과 동법시행령 제37조).

라. 수익사업의 승인신청

위와 같이 조세감면의 혜택 때문에 공익법인법 제15조에 따라 설립허가를 받기 위하여 설립신청자들은 사업계획서, 수지예산서 등의 신청시 첨부서류들을 세밀하고 객관적으로 실현가능성이 있다고 인정될 수 있도록 작성하여야 하고, 또한 공익에 현저히 기여할 수 있는 목적사업을 선정해야만 한다.

또한 공익법인이 수익사업경영의 승인을 신청하는 경우에는 수익사업신청서에 ① 사업계획서, ② 추정손익계산서 및 부속명세서 ③ 사업에 종사할 임원 명부, ④ 행정관청의 허가를 요하는 사업인 경우에는 당해 사업에 대하여 허가를 받은 사실을 증명하는 서류 등을 첨부하여 주무관청에 제출하여 승인신청을 하여야 한다(공익법인법 시행령 제11조).

---

19) 이러한 이유 때문에 이를 악용하여 상속·증여세를 면하려는 경우가 자주 나타났다. 따라서 이러한 탈세를 방지하기 위하여 주무관청에서는 공익법인 설립허가를 엄격하게 적용하고 있다.

마. 정관의 변경

원칙적으로 사단법인의 정관변경은 정관에 다른 특별한 규정이 없는 한 총사원 3분의 2 이상의 동의가 있는 때에 한하여 이를 변경할 수 있다(민법 제42조 제1항). 또한 재단법인의 정관은 정관에 그 변경방법을 정한 때에 한하여 이를 변경할 수 있다(민법 제45조 제1항). 그러나 재단법인의 목적달성이나 재산의 보전을 위하여 필요한 경우에는 정관에 그 변경방법이 정해져 있지 않다고 하더라도 그 명칭 또는 사무소의 소재지를 변경할 수 있다(민법 제45조 제2항). 더 나아가 재단법인의 목적을 달성할 수 없는 경우에는 설립자나 이사는 주무관청의 허가를 얻어 설립취지를 참작하여 그 정관을 변경할 수 있다(민법 제46조). 공익법인에서도 사단법인과 재단법인의 이러한 정관변경에 관한 원칙들을 원용하고 있다(공익법인법시행령 제10조). 정관변경의 허가를 받고자 할 때에는 정관변경의 허가신청서에 정관변경이유서 1부, 정관개정안 1부, 정관변경에 관한 총회 또는 이사회회의록, 정관변경의 원인이 되는 사실을 증명할 수 있는 서류들을 제출하여야 한다.

바. 설립허가의 취소

민법에서도 법인이 목적 이외의 사업을 하거나 설립허가의 조건에 위반하거나 기타 공익을 해하는 행위를 한 때에는 주무관청은 그 허가를 취소할 수 있다고 규정한다(민법 제38조). 그런데 공익법인의 설립요건을 엄격하게 정한 공익법인법은 허가를 취소할 수 있는 사유에 대하여도 설립허가를 한 주무관청에 광범위한 취소권한을 부여하고 있다.

즉 주무관청은 ① 거짓이나 그 밖의 부정한 방법으로 설립허가를 받은 경우, ② 설립허가 조건을 위반한 경우, ③ 목적달성이 불가능하게 된 경우, ④ 목적사업 외의 사업을 한 경우, ⑤ 공익법인법 또는 그에 따른 명령이나 정관을 위반한 경우, ⑥ 공익을 해치는 행위를 한 경우, ⑦ 정당한 사유 없이 설립허가를 받은 날부터 6개월 이내에 목적사업을 시작하지 아니하거나 1년 이상 사업실적이 없을 때에 설립허가를 취소할 수 있다(공익법인법 제16조 제1항). 다만 위 사유에 의한 설립허가의 취소에서는 다른 방법으로는 감독목적을 달성할 수 없거나 감독청이 시정을 명령한 후 1년이 지나도 이에 응하지 않은 경우에 한다(동조 제2항). 주무관청이 설립허가를 취소하고자 하는 경우, 청문을 하도록 하고 있다(동법 제16조의 2).

공익법인의 목적사업이 2개 이상인 경우에 그 일부분에 위와 같은 사유가 발생한 때에도 그 설립허가를 취소할 수 있다(동조 제1항 단서).

사. 해산과 재산귀속

원칙적으로 법인은 존립시기의 만료, 법인의 목적의 달성 또는 달성의 불능 기타 정관에 정한 해산사유의 발생, 파산 또는 설립허가의 취소로 해산한다(민법 제77조 제1항). 사단법인은 사원이 없게 되거나 총회의 결의로도 해산한다(민법 제77조 제2항). 사단법인의 해산결의는 정관에 다른 규정이 없으면 총사원의 4분의 3 이상의 동의에 의하여 해산을 결의할 수 있다(민법 제78조).

해산한 공익법인의 남은 재산은 정관으로 정하는 바에 따라 국가나 지방자치단체에 귀속된다(공익법인법 제13조 제1항). 제1항에 따라 국가나 지방자치단체에 귀속된 재산은 공익사업에 사용하거나 이를 유사한 목적을 가진 공익법인에 증여하거나 무상대부한다(동조 제2항).

(6) 임원의 구성

공익법인의 경우에는 민법상 비영리법인과 달리 임원의 구성에서 엄격한 요건을 규정하고 있다. 즉 이사와 감사는 필수적 기관으로서, 5명 이상 15명 이하의 이사와 2명의 감사를 두어야 하고, 주무관청의 승인을 받아 그 수를 증감할 수 있다(공익법인법 제5조 제1항). 임원은 주무관청의 승인을 받아 취임한다(동조 제2항). 이사와 감사의 임기는 정관으로 정하되, 이사는 4년, 감사는 2년을 초과할 수 없다. 다만, 연임할 수 있다(동조 제3항). 이사의 과반수는 대한민국 국민이어야 한다(동조 제4항). 그러나 이사회를 구성할 때 대통령령으로 정하는 '특별한 관계가 있는 자'의 수는 이사 현원의 5분의 1을 초과할 수 없다(동조 제5항). '특별한 관계가 있는 자'란 출연자, 출연자 또는 이사의 일정 범위 내의 친족, 출연자 또는 이사의 사용인 기타 고용관계에 있는 자, 출연자 또는 이사의 금전 기타의 재산에 의하여 생계를 유지하는 자와 생계를 함께 하는 자, 당해 출연자가 재산을 출연한 다른 공익사업을 영위하는 법인의 이사 등을 말한다(동법시행령 제12조 제1항).

임원의 자격에 대해서는 미성년자, 제한능력자, 파산선고를 받은 자로서 복권되지 아니한 자, 금고 이상의 형을 받고 집행이 종료되거나 집행을 받지 아니하기로 확정된 후 3년이 지나지 아니한 자, 임원 취임승인이 취소된 후 2년이 지나지 아니한 자 등은 임원이 될 수 없도록 하고 있다(동조 제6항). 이사나 감사 중에 결원이 생기면 2개월 내에 보충하여야 한다(동조 제7항). 감사는 이사와 제5항에 따른 특별한 관계가 있는 자가 아니어야 하며 그 중 1명은 대통령령으로 정하는 바에 따라 법률과 회계에 관한 지식과 경험이 있는 자 중에서 주무관청이 추천할 수 있다(동조 제8항). 공익법인은 주무관청의 승인을 받아 상근임직원의 수를 정하고 상근임직원에게는 보수를 지급한다(동조 제9항).

(7) 합병이나 조직변경에 관한 규정의 필요성[20]

가. 합병이나 분할에 대한 근거규정 부존재

공익법인을 운영하다보면 다른 법인과의 합병은 물론 조직변경이 불가피한 경우가 많을 것이다. 그러나 비영리법인을 규율하고 있는 민법이나 공익법인법에는 합병과 조직변경에 관한 규정을 두지 않고 있다. 현행법 중 법인의 합병·분할을 인정하는 규정은 여러 법률에 산재되어 있다. 합병·분할의 대상이 되는 법인에는 영리법인 뿐만 아니라 비영리법인도 해당된다. 법인의 합병·분할에 관하여 가장 상세한 규정을 두고 있는 법률은 상법이다. 영리단체로서의 회사는 영리의 추구를 목적으로 하기 때문에 다른 법인형태보다도 가장 활발한 합병·분할이 이루어지고 있다.

영리법인인 회사에서 합병제도가 많이 활용되는 이유는 사업의 확장과 영업비의 절약 등 기업경영의 합리화를 꾀할 수 있는 이익 이외에도 해산하는 회사의 청산절차를 생략함으로 인해 재산이전에 따른 세금을 줄일 수가 있으며, 기존회사의 영업권이 상실되는 것을 방지할 수 있는 등의 경제적·법률적 이점이 있기 때문이다.[21] 이에 반하여 분할은 합병에 비해 상대적으로 늦게 인정된 제도인데,[22] 복합적인 사업을 경영하는 대기업에서 특정사업부분의 기능별 전

---

20) 공익법인의 합병과 분할에 관한 상세는, 송호영, 공익법인의 합병과 분할에 관한 일고, 한국민사법학회 동계학술대회 자료집, 2014.12, 47면 이하; 동인, 비영리법인의 합병·분할에 관한 입법론적 연구, 민사법학 제47호, 2009.12, 589면 이하; 이중기, 공익단체 구조조정법제의 개혁, 저스티스 통권 제143호, 2014.8, 114-115면; 동인, 공익신탁과 공익재단의 특징과 규제, 삼우사, 2014, 430-432면 참조.

21) 정찬형, 상법상의(상)(제17판), 박영사, 2014, 487면.

22) 회사의 분할은 1966년의 프랑스 상사회사법이 분할에 관한 규정을 둔 것이 입법의 효시라고 본다. 우리 상법은 1988년에 개정된 상법에서 분할제도를 수용하였다.

문화, 부진사업이나 적자사업의 분리를 통한 경영의 효율화, 이익분산에 의한 절세, 주주들간의 이익조정 및 기타 국민경제적 목적 등 다양한 이유에서 분할 제도가 활용되고 있다.

나. 합병·분할의 필요성

비교법적으로 볼 때, 일본에서는 2006년 제정된 「일반사단법인 및 일반재단법인에 관한 법률」[23]에서 법인의 합병을 인정하면서, 합병의 종류로 흡수합병과 신설합병을 두고 이에 관한 상세한 규정을 하고 있다.[24] 따라서 일본의 공익법인은 당연히 동 법률에 의해 합병이 인정되고, 공익인정법은 공익법인의 합병에 있어서 절차적인 보완사항에 대하여 부가적인 규정을 두고 있다. 뿐만 아니라 NPO법이라고도 하는 「특정비영리활동촉진법」에서도 NPO법인의 합병에 관하여 비교적 상세한 규정을 두고 있었다(동법 제33조-제39조). 또한 민법과 상법이 일원화된 대표적인 법률로 알려진 네덜란드민법전 제2편에서는 법인에 관하여 규율하고 있는데, 제7장에서는 법인의 합병에 관하여 상세한 규정을 두고 있다(제308조-제334조). 동법 제308조 제1항은 법인의 합병이 적용되는 대상으로 사단과 재단을 포함시키고 있다. 따라서 공익법인에 관한 특별법이 없는 실정에서 당연히 공익법인도 민법에 따라 합병이 인정되게 된다.

또한 우리나라에서도 넓은 의미에서 '공익적' 기능을 수행하는 사회복지법인, 학교법인 또는 법무법인에 대해서는 각각의 해당법률이 법인의 합병을 인정하고 있는 것도 이들 법인에 대한 합병의 수요를 인정하고 있기 때문이다.[25]

따라서 비영리법인에 대한 합병·분할에 관한 민법개정안[26]이 시행된다면

---

23) 일본에서는 법인관련 법률의 개혁에 따라 종전 민법에서 규율하던 '공익법인'은 삭제되고 대신 2006년 「일반사단법인 및 일반재단법인에 관한 법률」의 제정에 따라 종전 공익법인은 일단 '일반법인법의' 규율로 흡수되었다가 다시 「공익사단법인 및 공익재단법인의 인정에 관한 법률」의 제정으로 소정의 공익성인정요건을 갖춘 경우에 한해 '공익법인'으로 인정되고 있다. 그러한 점에서 종전의 민법상 '공익법인'이 자동적으로 새로운 공익인정법상의 공익법인으로 인정되는 것은 아니고, 공익성인정 요건을 충족하지 못한 경우에는 '일반법인'으로 머물게 된다. 최성경, 일본의 법인정비법, 한양법학 제20권 제2집, 2009.5, 216면.

24) 동법 제2조에서는 흡수합병과 신설합병의 정의를 하고 있고, 동법 제5장 합병에 관한 장에서 합병절차와 합병효과에 관하여 상세히 규정하고 있다.

25) 송호영, 공익법인의 합병과 분할에 관한 일고, 한국민사법학회 동계학술대회 자료집, 2014.12, 62면.

26) 비영리법인의 합병·분할에 대한 상세한 민법개정안에 대하여, 우리나라에서 민법상 비영리법인의 합병과 분할이 빈번히 일어나지 않을뿐더러, 비교법적으로 비영리법인의 합병·분할

합병·분할에 관한 규정을 두고 있지 않는 공익법인법에서도 민법의 규정을 준용함으로써 공익법인의 합병·분할이 가능하게 될 것이다.

다. 합병 및 분할의 허용범위

공익법인의 합병·분할의 필요성이 인정된다면 어느 범위에서 허용해야 할 것인지의 문제가 있다. 법인의 합병이나 분할은 모두 법인의 경영합리화를 실현하기 위한 조직재편제도라는 점에서 공통적이지만, 합병은 '규모의 경제'를 통해서 그리고 분할은 '사업의 특성화'를 통해 경영합리화를 꾀한다는 점에서 차이가 있다. 이러한 합병·분할은 아무래도 영리법인에게 친한 제도이다. 영리법인을 규율하고 있는 상법은 다양한 형태의 합병·분할을 규정하고 있다.[27)]

그에 반해 특별법상 특수법인의 합병·분할의 모습은 제한적이다. 특수법인 중에서 협동조합은 합병과 분할을 모두 인정한다. 그 이유는 협동조합은 1인 1표제를 채택하고 있다는 점을 제외하고는 기본적으로 사업을 통해 벌어들인 이익을 조합원에게 분배하는 구조라는 점에서 영리법인의 속성을 가지고 있으므로 합병과 분할을 인정할 필요가 있기 때문이다.[28)] 그러나 사회복지법공익법인은 민법상 비영리법인에 관한 규정이 준용되기도 하지만, 그 외에도 공익법인법이 요구하는 엄격한 추가적인 요건도 충족하여야만 한다. 따라서 공익법인에 대해서도 합병·분할을 인정할 것인가에 대한 판단도 공익법인의 특성을 전제로 하여 검토하어야 한다. 예컨대 공익법인의 이사회는 민법에는 규정되지 아니한 필수적 기관이므로 합병·분할의 절차에서 반드시 이를 고려하여야 한다.

에 관하여 민법전에 명문규정을 둔 나라의 예를 찾아 볼 수 없다는 이유 등으로, 현행 우리 민법전의 기본적인 태도가 필요최소한의 규정을 두는 것이라고 파악할 수 있다고 한다면, 현실적인 필요성이 많지 않고 선행연구도 거의 없는 상황에서 민법전에 수십 개의 조문을 신설한다는 것은 전체적인 균형을 생각하면 무리가 있어 보인다는 주장도 있다. 권철, 민법의 관점에서 바라본 민법 개정안의 법인제도 -비영리단체·법인 제도의 바람직한 상에 대한 각서-, 비교사법 제17권 4호(통권51호), 2010.12, 67-68면.

27) 상법상 합병에 대해서는 제3편 회사편 제4장 주식회사 규정 중 제10절 '합병', 제11절, '회사의 분할'이란 제목 하에 규정하고 있다. 합병에는 '흡수합병(상법 제523조)'과 '신설합병(상법 제524조)'의 두 가지 종류가 있다. 분할에는 '단순분할'(상법 제530조의 2 제1항)과 '분할합병'(상법 제530조의 2 제2항), '신설 및 분할합병'(상법 제530조의 2 제3항) 등이 있다. 단순분할에는 다시 분할회사가 소멸하는 '소멸분할'과 소멸하지 않는 '존속분할'로 나뉜다. '분할합병'은 다시 '소멸분할합병', '존속분할합병', '흡수분할합병', '신설분할합병' 및 이들의 혼합된 형태 등 다양하게 나타날 수 있다.

28) 송호영, 위의 논문, 62면.

그에 반하여 특수법인 중에서 사회복지법인, 학교법인, 법무법인은 합병만을 규정하고 있을 뿐, 분할은 인정하지 않는다. 노동조합에 대해서는 합병과 분할을 모두 인정하고 있다는 점에 특색이 있다(노동조합 및 노동관계조정법 제28조).

공익법인에 대해서도 공익목적의 달성을 위한 경영합리화라는 측면에서 본다면, 기본적으로 공익법인에 대해서도 합병과 분할을 모두 인정할 수 있다. 다만 공익법인이 사단법인이냐 재단법인이냐에 따라 합병이나 분할의 실행가능성은 달리 취급하여야 한다. 공익사단법인의 경우에는 '사단자치의 원리'에 따라 사원의 결의에 따라 정관변경이 가능하므로 - 주무관청의 허가는 별론으로 하고- 합병이나 분할도 가능할 것이지만, 공익재단법인의 경우에는 설립자의 재산출연취지에 좇아 정관이 작성되기 때문에 정관의 변경이 용이하지 않으므로 합병이나 분할도 원칙적으로 허용되지 않는다고 보아야 한다.[29]

합병과 분할을 분리해서 합병은 인정하되 분할은 인정하기 어렵다는 생각도 가능하다. 그것은 2014년 제정된 「공익신탁법」(제정 2014.03.18. 시행 2015.03.19.)에서 신탁의 분할 및 분할합병을 인정하는 신탁법 제94조에도 불구하고 공익신탁은 '분할' 또는 '분할합병'할 수 없다(공익신탁법 제21조)고 하여 공익신탁의 분할을 명시적으로 부인하고 있기 때문이다. 그런데 협동조합기본법에서 '사회적협동조합'은 지역주민들의 권익·복리 증진과 관련된 사업을 수행하거나 취약계층에게 사회서비스 또는 일자리를 제공하는 등 영리를 목적으로 하지 아니하는 협동조합이라고 정의하고 있는데, 동법에서는 그와 같은 비영리사업을 목적으로 하는 사회적협동조합에 대해서도 합병뿐만 아니라 분할을 인정하고 있다(협동조합기본법 제56조).

공익법인법의 분할에 대해서도 사회적협동조합에서 분할이 인정되고 있는 것처럼 분할을 인정할 수도 있고, 신탁재산의 분할을 인정하지 않는 공익신탁법의 입장에 따른다면 공익법인의 분할을 인정하지 않게 될 것이다.

공익재단법인은 출연재산이 중심이 된다는 점에서 공익신탁과 유사한 성질

---

29) 2009년의 민법개정위원회가 제시한 비영리법인의 합병·분할에 관한 시안에서도 사단법인 외에 재단법인의 합병과 분할을 인정하되, 재단법인의 경우에는 민법 제45조 제1항 또는 제46조에서 정한 때에만 정관변경을 허용하고 있는데, 이 취지대로 정관에서 합병·분할을 예정하고 있거나 종전 법인의 형태로는 재단법인의 목적을 달성하기가 어려운 때에 한하여 재단법인의 합병·분할을 인정하도록 하였는데 공익재단법인의 경우에도 그러한 범위 내에서 합병·분할을 인정하자고 한다. 송호영, 앞의 논문, 63면.

이 있지만, 공익사단법인의 경우에는 공익신탁과는 구조적으로 완전히 별개의 제도이다. 따라서 공익신탁과는 무관하게 공익법인에 대해서 분할·합병을 인정하여야 할 것이다.

공익법인은 민법상 비영리법인에 관한 규정이 준용되기도 하지만, 그 외에도 공익법인법이 요구하는 엄격한 추가적인 요건도 충족하여야만 한다. 따라서 공익법인에 대해서도 합병·분할을 인정할 것인가에 대한 판단도 공익법인의 특수성을 전제로 하여 검토하여야 한다. 예컨대 공익법인의 이사회는 민법에는 규정되지 아니한 필수적 기관이므로 합병·분할의 절차에서 반드시 이를 고려하여야 한다.

라. 합병·분할의 종류

공익법인에 대해서 합병·분할을 인정한다면, 어떤 종류의 합병 및 분할을 인정할 수 있는지가 문제된다. 합병·분할에 대해 가장 상세한 규정을 둔 상법을 보면, 합병에 관해서는 흡수합병(상법 제523조)과 신설합병(제524조)의 두 가지 종류를 기본으로 하고, 그 밖의 특수한 합병으로 간이합병(상법 제527조의 2)과 소규모합병(상법 제527조의 3)도 인정한다. 분할에 대해서는 단순분할(상법 제530조의 2 제1항), 분할합병(상법 제530조의 2 제2항), 신설 및 분할합병(제530조의 2 제3항) 등이 있다. 단순분할에는 다시 분할회사가 소멸하는 「소멸분할」과 소멸하지 않는 「존속분할」로 나뉜다. 분할합병에는 다시 「소멸분할합병」, 「존속분할합병」, 「흡수분할합병」, 「신설분할합병」 및 이들의 결합형태 등 다양하게 나타날 수 있다.

상법상 회사에서 이렇게 다양한 분할·합병의 형태를 인정하는 이유는 무엇일까. 먼저 그 필요성에 있을 것이다. 영리법인으로서 회사는 자신이 가진 자산이나 조직을 최대한 활용하여 이윤추구에 초점을 맞추고 있고, 환경변화에 맞추어 최적화된 자본구조와 조직구조를 갖추지 못한다면 시장에서 도태되는 사태를 초래할 수 있다. 그러나 공익법인의 합병·분할은 현실적으로도 그렇게 활용되고 있지 않고 그 필요성도 많아 보이지 않는다. 그렇다면 공익법인에 대해서는 회사와 같이 그렇게 다양한 합병·분할의 형태를 인정할 실익은 크지 않고 또한 주무관청의 허가절차를 거쳐야 하므로, 기본적이고 보편적인 유형으로 한정할 필요가 있다. 즉 합병에서는 흡수합병과 신설합병 두 가지를, 분할에서

는 단순분할만을 전제로 하여 소멸분할과 존속분할을 인정하는 선에서 그쳐야 할 것이다.[30)]

마. 합병·분할의 주체 및 절차와 효과

민법이나 공익법인법에서 합병과 분할에 대해서 규정하고 있지 않은 결과, 그 절차에 대해서도 민법개정안의 비영리법인의 합병과 분할절차규정과 상법 회사편 합병 분할의 규정들을 가지고 공익법인의 특수성을 고려하여 상정해야 할 것이다.

공익법인의 합병·분할의 절차는 대개 다음과 같이 진행된다. ① 합병계약서/분할계약서의 작성, ② 합병·분할(안)에 대한 승인, ③ 주무관청의 합병·분할의 허가, ④ 채권자보호를 위한 합병·분할 대차대조표 등의 공시·이의절차공고·통지, ⑤ 합병·분할에 따른 법인설립·소멸(해산) 등기, ⑥ 합병·분할에 대하여 이의가 있을 때 합병·분할 무효의 소를 통한 분쟁의 해결 등의 순서가 될 것이다.

합병·분할의 절차에서 고려할 사항은 다음과 같다. 첫째, 공익법인의 합병·분할을 위하여 작성된 합병계약서·분할계약서를 주식회사의 경우에는 주주총회의 승인을 얻도록 하고 있는데(상법 제530조의 3 제1항), 공익법인법에서는 누가 어떻게 승인할 것인가 하는 점이다. 공익법인법에서는 '이사회'가 필수적 기관이다(공익법인법 제6조 제1항). 주식·회사의 경우에는 합병·분할의 주체가 '주주총회'라는 점에 비추어 보면 공익사단법인에서는 주체가 최고의 합의체기관인 '사원총회'가 주체이며, 이사회의 심의·의결을 거친 후 사원총회의 승인이 필요하다고 보는 데에는 이론이 있을 수 없다.

문제는 사원이 존재하지 않는 공익재단법인의 경우이다. 따라서 공익법인법에서는 이사회가 합병·분할의 주체로서 합병계획서·분할계획서를 승인하여야 한다. 공익법인법 제7조 제1항 제2호는 '정관의 변경에 관한 사항'은 이사회가 심의·결정한다고 하고 있는데, 합병·분할에 있어서도 필연적으로 정관변경을 가져오게 되므로 이사회가 합병계획서·분할계획서를 승인하여야 한다. 분할·합병에 대한 사원총회와 이사회의 의결정족수는 어떻게 될 것인가. 정관의 변경이나 우리 대법원이 교회의 분열을 인정하는데 필요한 숫자인 2/3가 필요한 것인

30) 송호영, 앞의 논문, 64면.

지 아니면 그보다 더 높은 해산에 필요한 정족수인 3/4으로 할 것인지, 아니면 분할과 합병의 정족수를 달리 할 것인지의 여부는 입법정책의 문제이다.[31)]

다음으로 공익법인의 합병·분할에 대한 주무관청의 허가의 문제이다. 주무관청은 공익법인의 설립허가와 설립허가의 취소 및 감독 등 공익법인의 모든 사무에 대하여 깊숙이 관여하도록 되어 있다. 따라서 공익법인의 합병·분할에 대한 최종적인 허가도 주무관청의 몫이다. 문제는 분할이나 합병이 두 개 이상의 공익법인이 관여하기 때문에 주무관청이 상이한 문제가 발생한다는 점이다. 원칙적으로 합병·분할에 관여된 공익법인의 주무관청과 신설공익법인의 주무관청의 허가가 필요하다 할 것이다. 다만 공익법인법 시행령은 공익법인의 사업이 2 이상의 주무관청의 소관에 속한 경우에는 그 주된 사업을 주관하는 주무관청에 법인설립허가를 신청하도록 규정하고 있으므로(동시행령 제4조 제2항), 서로 다른 목적사업을 추구하는 2개 이상의 공익법인이 합병하여 하나의 공익법인으로 성립할 경우에, 합병법인에 대한 허가는 주된 목적을 관장하는 주무관청의 허가로 족하다고 할 것이다.[32)]

합병·분할을 인정하는 경우 합병·분할의 법적 효과는 어떻게 될 것인가. 이 문제는 결국 종전 공익법인의 채권자를 위해 합병·분할로 등장한 신설법인 또는 존속법인에 대해 어떠한 책임을 부여할 것인가의 문제이기도 하다. 이 문제도 원칙적으로 다른 영리법인이나 특수법인에서 합병·분할의 효과와 다르지 않다고 보아야 한다. 즉 합병에서는 소멸되는 법인의 권리·의무는 합병에 의해 존속하는 법인(흡수합병의 경우) 또는 신설되는 법인(신설합병의 경우)에 포괄승계 된다.

공익법인의 분할에서는 종전 공익법인의 권리·의무가 분할로 인하여 신설된 법인(소멸분할의 경우) 또는 존속하는 법인(존속분할의 경우)에 어떻게 분속·승계되는지의 여부는 원칙적으로 분할계획서에 따라 정해진다. 그렇지만 분할의 경우에는 종전법인의 채권자를 위하여 특히 신설법인 또는 존속법인으로 하여금 분할 이전에 공익법인이 부담하던 채무에 대해 연대책임을 지도록 하여야 한다.[33)]

---

31) 참고로 2009년 민법개정시안에서는 합병계약서·분할계약서의 승인을 위해 사단법인의 경우 총사원 4분의 3 이상 그리고 재단법인의 경우 이사 정수의 4분의 3 이상의 승인 동의를 요구하였었다(개정시안 제96조의 3 제2항).

32) 송호영, 앞의 논문, 68면.

33) 송호영, 위의 논문, 68면.

제 4 장
단체의 능력

제4장 단체의 능력

제1절 서 언

자연인이 아닌 단체에 대해서도 기본권의 주체성과 권리의 주체성을 인정할 수 있을 것인가. 자연인은 근대 법치국가의 성립 이래로 천부인권으로서 기본권의 주체가 될 뿐만 아니라 사법관계에서도 권리능력평등의 원칙하에 모든 자연인은 권리의 주체로 인정되었다(민법 제3조). 헌법의 기본권 보장 대상으로서 자연인은 헌법상 모든 기본권의 향유주체가 되는 것에는 의심의 여지가 없고, 사법상의 모든 권리 및 의무의 주체가 된다는 점이다. 또한 행위능력, 불법행위능력(책임능력), 소송당사자능력, 등기능력 등의 개념은 모두 자연인을 상정한 법개념이라는 것이다.

그런데 문제는 단체로서 법인은 법에 의하여 의제된 '권리의 주체'이지만 향유할 수 있는 기본권이나 권리가 자연인과 같은 수 없고 일정한 제한이 있다는 점이다. 단체의 능력에 대해서도 권리능력뿐만 행위능력, 불법행위능력, 소송에서 당사자능력, 등기능력 등이 검토되어야 한다. 이하에서는 차례대로 단체의 능력에 대해서 검토하기로 한다.

제2절 단체의 기본권 주체성

Ⅰ. 단체의 기본권 주체성의 인정여부[1)]

단체는 자연인의 사회적 거래에 참여하는 방식이자 수단이고, 그 자체에 법인격을 부여하는 것은 법적 거래에서의 안전을 도모하기 위한 것이다. 사단

1) 법인의 기본권 주체성 인정여부에 대해서는, 정종섭, 법인의 기본권에 관한 연구 서설, 헌법논총 제2집, 헌법재판소, 1991, 394면 이하; 김철수, 헌법학신론(제21전정신판), 2013, 박영사, 334면 이하.

과 재단이 단체로서 등기를 갖추고 법인격을 취득하면 단체의 목적, 대외적 거래에서의 대표가 누구인지, 대표에게는 어떤 제한이 있는지 등을 공시하게 되고, 그 법인과 거래하고자 하는 상대방은 이로써 자신이 부담할 위험을 예측할 수 있게 된다. 이 점을 제외한다면 사단 및 재단은 자연인의 사회생활의 한 방법이기 때문에 그 성질에 반하지 않는 한 기본권의 주체가 된다는 것은 자연인과 전혀 다를 것이 없다.

따라서 법인도 기본권의 주체가 된다. 독일은 기본법 제19조 제3항에 의해 "내국법인은 그 본질상 이에 적용될 수 있는 한에서 독일 헌법상의 기본권이 효력이 있다"고 규정하여 법인에게도 그의 기본권 주체로서 지위를 보장하고 있다. 따라서 법인의 기본권이 침해되면 독일 기본법상에 법인의 기본권 침해에 대한 권리 구제수단과 헌법적 항소 등에 의해 보장된다. 우리나라에서도 법인의 기본권의 주체성을 인정하고 침해된 경우에 헌법재판소법 제68조에 의해 헌법소원심판 등을 청구해서 구제될 수 있다. 또한 기본권의 주체로서 결사의 자유, 공권력에 대한 권리구제 수단, 일반적인 소송상의 기본권 등이 보장된다.

법인의 본질에 관하여 사비니는 법인의 실재성을 부인하고 법인의제설에 따라서 적극적인 법규의 의제의 효과로서 법인이 인정된다고 주장했으나, 그로부터 백여년의 논란 끝에 기르케에 의해 법인의 실재성이 인정되기에 이르렀다. 그의 견해는 독일민법제정과정에 반영되게 되었다. 오늘날 독일에서는 발전을 거듭하여 법규가 법인에게 권리능력을 준다는 '목적구속적 조직체설'이 통설이다.

기본권의 주체로서 법인의 설립은 단체자치의 원칙에 따라 법의 범위 내에서 허용된다. 그러나 최소한 법률의 승인이 있어야 성립할 수 있다. 민법 제31조는 법인설립에 관한 자유설립주의를 포함할 것인지 의문이 있을 수 있으나, 거래의 안정과 법인의 이익과 노력부담 및 주무관청의 입장을 고려하여 자유설립주의를 부정하고 준칙주의에 의한다.

이러한 법인설립에 대한 통제로 민법은 비영리법인의 설립의 경우, 여러 법인설립의 태양 중 허가를 얻어야 설립된다는 허가주의를 취하게 되었다. 주무관청의 허가는 법인설립의 절차적 요건의 하나로 허가를 얻지 못하거나, 허가를 얻지 못하는 동안 혹은 법적 규제를 받기 싫어서 허가를 받지 않는 사단 내지 재단은 권리능력 없는 사단재단으로서 존재하게 된다. 따라서 법률에 근거규정이 없는 '법인 아닌 사단 내지 재단'의 기본권주체성 여부도 문제된다.

지금까지 대개 법인 중심으로 기본권 주체성 문제를 다루어 왔지만 이하에서는 구체적으로 단체의 기본권 주체성 인정여부에 대하여 살펴보기로 한다.

1. 인정여부에 관한 견해

자연인에게 헌법상의 기본권이 인정되는 것은 자명한 사실이지만 법인 내지 단체에게도 헌법상의 기본권이 인정될 수 있을 것인가. 독일은 이미 앞에서 언급한 것처럼 기본법 제19조 제3항에서 「기본권이 그 성질상 내국법인에 적용될 수 있는 때에는 내국법인에게도 적용된다」라고 하여 명문으로 법인의 기본권주체성을 인정하고 있다.

미국 헌법에는 법인의 기본권주체성을 명문화시켜 놓은 규정은 없다. 그러나 연방대법원(Supreme Court)은 1886년 Santa Clara v. Southern Pac.R.R. 사건 이후로 헌법의 수정 제14조 제1절의 평등보호(equal protection)조항에 관하여 그 조항의 'person' 가운데는 자연인(natural person)이외에 인위적인 법기술적 사람(artificial person)에 해당하는 법인(corporation)도 포함된다고 하는 판례가 확립되었고, 동조항의 적법절차(due process of law)조항에 관하여도 그에 관한 자유(liberty)의 보장은 자연인에 한정되지만,[2] 재산권의 보장에 관한 한은 사법인(private corporation)도 수정 제5조, 제14조에서 규정하고 있는 person에 해당되어 보호를 받는다고 해석되어져 왔다.[3]

---

2) 이는 초기 판례의 일관된 입장이었다. 그 예로 Northwestern National Life Insurance Co.v. Riggs, 203 U.S. 243(1906); Pierce v. Society of the Sisters of the Holy Names, 268 U.S. 510(1925) 등을 들 수 있다.

3) 평등보호조항이 적용된 것으로는, Santa Clara Country v. Southern Pacific Railroad, 118 U.S. 394(1886); Grosjean v. American Press Co., 297 U.S. 233[80 L Ed 660, 56 S Ct. 444](1936); Louis K.Liggett Co. v. Lee, 288 U.S. 517[77 L Ed 929, 53 S Ct 481, 85 ALR 699](1933); Frost v. Corporation Com. of Oklahoma, 278 U.S. 515[73 L Ed 483, 49 S Ct 235](1929); Quaker City Cab Co. v. Pennsylvania, 277 U.S. 389 「72 L Ed 927, 48 S Ct 553」(1928) 등을 들 수 있고, 적법절차조항이 적용된 것으로는, First National Bank of Boston v. Bellotti, 435 U.S. 765, 778, [55 L Ed 2d 707, 718, 98 S Ct 1407](1978); Conneticut General Life Ins. Co. v. Johnson, 303 U.S. 77 「82 L Ed 673, 58 S Ct 436」(1938); 위 Grosjean v. American Press Co.; Pierce v. Society of Sisters, 268 U.S. 510[69 L Ed 1070, 45 S Ct 571, 39 ALR 468](1925); Kenturcky Finance Corp. v. Paramount Auto Exchange Corp., 262 U.S. 544[67 L Ed 1112, 43 S Ct 636](1923) 등을 들 수 있다. 정종섭, 위의 논문 각주 18) 참조.

우리 헌법은 그와 같은 규정을 두고 있지 않지만, 해석상 기본권의 성질에 따라 법인에게도 기본권주체성이 인정된다는 것에 대해서는 이견이 없다.

그 동안 학설의 전개과정을 보면, 기본권을 인간의 권리로 보아 기본권을 천부적이고 선국가적인 것으로 이해하는 입장에서는 기본권의 주체로서의 국민은 원칙적으로 자연인인 국민에 한한다고 보아 논리 필연적으로 법인의 '기본권주체성'은 부정될 수밖에 없다. 그러나 오늘날에는 기본권의 성격을 어떻게 보느냐와 관계없이 법인의 기본권을 완전히 부정하는 견해는 찾아보기 힘들고, 긍정론의 입장에 서되 어떤 종류의 기본권을 어느 정도에서 인정할 것이냐 하는 문제만을 두고 견해가 나누어져 있는 형편이다.

법인의 기본권을 인정하는 경우에도 기본권의 주체는 자연인이 원칙이므로 한정된 범위 내에서만 인정해야 할 것이라는 한정적 긍정론과 기본권의 성질상 법인에게 인정될 수 없는 경우를 제외하고는 원칙적으로 모든 개별적 기본권을 인정하여야 할 것이라고 하면서 가능한 한 그 인정의 범위를 확대하려는 견해로 나뉜다. 전자는 「현대의 복잡한 사회에 있어서는 비록 법인의 의사나 행동이 자연인에 의해서 행해지고 있다고 하더라도 개개의 자연인의 그것과는 독립하고 그것을 일체로 파악한 법인의 의사나 활동을 문제로 하는 실익이 충분히 있다」[4]고 하거나, 「법인도 법에 의하여 권리능력을 부여받고 있을 뿐 아니라, 법인의 활동은 궁극적으로 자연인의 이익을 목적으로 하는 것이므로 일정한 범위 내에서 법인을 기본권의 주체로 인정하는 것도 무방하다」[5]고 한다.

법인에 인정되는 기본권으로 열거하는 것으로는, 성질이 허용되는 범위에서의 평등권과 직업의 자유[6]와 함께 경제적·사회적 자유권, 청구권적 기본권을 든다. 또한 근로자 단체는 단체행동권을 가지며, 종교단체는 종교활동의 자유를 가지고, 대학은 교육의 자율권을 가지고 있다. 법인격의 자유로운 발현권, 언론·출판의 자유, 집회·결사의 자유, 직업선택의 자유, 거주·이전의 자유, 재산권의 보장, 재판청구권, 국가배상청구권, 재산적 손실보장청구권 등을 든다.

후자인 원칙적 긍정론의 입장은, 주로 기본권의 양면성(Doppelcharakter)을 강조하면서 기본권의 성질상 인정될 수 없는 것을 제외하고는 모두 인정될 수 있

---

4) 김철수, 앞의 책, 334면.
5) 권영성, 헌법학원론, 법문사, 1991, 259면.
6) 헌재 2008.4.24, 2006헌마990.

다고 하면서, 법인이 수행하는 기능은 다양하므로 법인이 그 주체가 될 수 있는 기본권의 종류를 획일적으로 열거하는 것은 무의미하고 불필요하다고 한다. 법인의 설립목적과 기능 등에 따라 개별적으로 판단해야 한다는 입장이다.[7)]

그 논거로서는 「법인의 기본권주체의 문제는 '결사의 자유'와 기본권의 '객관적 규범질서'로서의 성격을 염두에 두고, 더 나아가서는 19세기적인 개인주의적 사상으로부터 탈피해서 인간의 상호협동과 공동체이익을 중요시하는 현대생활의 '가치적인 당위성'의 측면 등을 거시적이고 종합적으로 검토하는 경우에만 비로소 그 합리적인 설명이 가능하다」고 전제하고, 그 근거를 결사의 자유와 기본권의 양면성에서 찾는다. 구체적으로 살펴보면, 법인이 누릴 수 있는 기본권의 종류에 대하여 양 견해가 크게 차이를 보이지 않는다.

헌법학에서 법인의 기본권주체성 인정 여부의 문제는 법인 그 자체의 기본권이 인정될 수 있느냐 하는 문제이다. 문제의 핵심이 여기에 있다면 법인의 본질론에 관한 초기의 학설 중 법인의제론과 법인실재론의 어느 것에 의하든 어느 하나의 견해(법인부인론 제외)를 취함에 따라 기본권 주체성 인정 여부 그 자체에 차이를 가져오는 것은 아니라는 점이다. 오히려 법인의 기본권 문제를 접근함에 있어서 고려되어야 할 중요한 요소는, 법인은 그 발생에서부터 사법적 개념으로 생겨난 것이고, 법적인 문제도 사법상의 권리와 의무의 주체로서 거래상 어떠한 권리와 책임을 지느냐에 초점이 있었고, 법인본질에 대한 논의 역시 이러한 범주내의 논의라는 점이다.

따라서 법인이 사법상의 권리와 의무의 주체라는 문제와 법인이 헌법상 기본권의 주체가 될 수 있느냐의 문제는 동일 평면에서 논할 성질의 것이 아니다. 헌법적 영역에서 법인의 기본권 주체성은 제일차적으로는 법인과 국가권력과의 관계의 문제이기 때문이다(물론 현대 사회에서는 법인에 있어서도 기본권의 제3자적 효력의 문제는 해당된다). 이점은 오늘날 법인의 기본권 문제가 법인의 성질에 비추어 보아 인정되느냐 아니냐의 문제에 비중을 두고 있는 것이 아니라, 법인에게 기본권이 인정되는 경우라 할지라도 그 기본권이 어떠한 범위 내에서 어느 정도로 인정되는 것이냐 하는데 논의의 핵심이 있다.

---

7) 허 영, 한국헌법론, 박영사, 1991, 246면.

2. 공법인의 기본권주체성

법인 중에서도 공법인과 사법인은 기본권 향유능력에서 차이를 가진다. 헌법재판소는 헌법상 기본권의 주체가 될 수 있는 법인은 원칙적으로 사법인에 한하는 것이고 공법인은 헌법의 수범자이지 기본권의 주체가 될 수 없다고 하여 사법인에 한해 기본권주체성을 인정하고 있음을 분명히 하고 있다.[8)]

그런데 법인의 기본권은 법인의 사법상 권리와는 그 성질을 달리한다. 원칙적으로 기본권은 자연인이 국가에 대하여 갖는 권리이므로, 법인에게 기본권이 인정된다고 하더라도 자연인의 그것과는 다르다. 또한 사단법인에서처럼 법인을 구성하는 자연인이 집단적인 조직활동을 통하여 그들의 기본권을 신장시키려는 것으로 나아가게 된다. 그러므로 법인에게 인정되는 기본권의 종류나 범위는 통일적으로 파악할 수 없고 각각의 법인의 기능이나 목적에 따라 개별적으로 판단할 수밖에 없다.[9)] 예컨대 종교법인의 경우에는 종교의 자유가, 방송국이나 신문사의 경우에는 언론·출판의 자유가, 학교법인의 경우에는 학문·예술 교육에 관한 자유가, 회사인 경우에는 재산권의 보장에 관한 기본권이 중요한 의미를 가지게 된다.

공법상 법인은 기본권의 주체라기보다는 국민의 기본권을 보호하고 실현해야 하는 책임과 의무를 가지고 있으므로 기본권주체성을 인정할 수 없음이 원칙이다.[10)] 그러나 공법상 법인이라 할지라도 기본권에 의하여 보호되는 국민의 생활영역에 속해 있는 경우[11)]에는 예외적으로 기본권주체성을 인정할 수 있다.[12)]

헌법재판소의 구체적 결정례를 보면 국회의원의 구성원인 국회의원,[13)] 국회상임위원회,[14)] 교육의원,[15)] 그리고 지방자치단체의 장, 지방자치단체, 농지개

8) 헌재 2000.6.1, 99헌마553.

9) 송호영, 앞의 책, 106면.

10) 헌재 1994.12.29, 93헌마120; 헌재1995.9.28, 92헌마23, 86; 헌재 1998.3.26, 96헌마345.

11) 법인을 구성하는 것은 자연인이며 법인의 기본권보장은 간접적으로 자연인의 기본권을 보장하는 것과 연관이 있기 때문에 법인의 기본권을 인정하여야 한다는 논리는 잘못된 것이며 이러한 논리는 한편으로 구성원이 없는 법인의 경우에 그 기본권을 설명할 수도 없으므로 잘못된 것이라고 한다. 허 영, 앞의 책, 244면 이하

12) BVerfGE 45, 63, 78; 61, 82 = NJW 1982, 2173; BVerfG WM 1987, 801.

13) 헌재 1995.2.23, 90헌마125.

14) 헌재 1994.12.29, 93헌마120. 이 결정의 다수 견해는, 「기본권의 보장에 관한 각 헌법규정의 해석상 국민 또는 국민과 유사한 지위에 있는 외국인과 사법인만이 기본권의 주체라 할 것이고, 국가나 국가기관 또는 국가조직의 일부나 공법인은 기본권의 '수범자(Adressat)'이지

량조합의 기본권주체성을 원칙적으로 부인하고 있다. 따라서 이들은 헌법소원을 제기할 수 없다고 하여 각하결정을 받았다. 그러나 예외적으로 기본권에 의하여 보장될 생활영역에 속하는 법인체들, 예를 들면 대학교나 전문대학의 학문연구의 자유권 등은 인정된다고 하는데, 대학의 자율성을 대학의 기본권으로 보아 이 점에서 대학의 기본권주체성을 인정하고 있다.[16]

헌법재판소는 축협중앙회를 공법인과 사법인의 성격을 겸유한 특수한 법인으로서 기본권의 주체성이 인정된다고 한다.[17]

3. 비법인사단 내지 재단의 기본권주체성

비법인사단이나 비법인재단에 대해서도 기본권주체성이 인정될 수 있는가. 법인격을 취득하지 못한 단체라도 오늘날 사회에서 다양한 활동을 하고 조직체로서 기능을 수행하고 있다. 결사의 자유는 자유로이 단체를 결성할 수 있는 개인의 권리뿐만 아니라 형성된 결사의 존속과 활동에 관한 단체 자체의 권리를 보장하는 이중적 의미를 지니고 있는 것[18]으로 보거나, 아니면 법인의 기본권을 인정하는 것은 자연인의 기본권을 더 두텁게 보장하기 위해서나 법인의 구성원인 자연인의 기본권이 보장[19]되기 때문이 아니라 법인 그 자체의 기본권을 인정하여야 할 이유가 있기 때문이라는 견해에 의해서 얼마든지 법인 아닌 단체라 할지라도 기본권주체성을 인정할 수 있을 것이다.[20] 이러한 논리의 연장선상에서 법인 아닌 사단뿐만 아니라 법인 아닌 재단에 대해서도 기본권주체성을 인정하게 되는 논거로서 더 적절하다 할 것이다.

기본권의 주체로서 그 '소지자(Trager)'가 아니고 오히려 국민의 기본권을 보호 내지 실현해야 할 '책임'과 '의무'를 지니고 있는 지위에 있을 뿐이므로, 국가기관인 국회의 일부조직인 국회의 노동위원회는 기본권의 주체가 될 수 없고, 따라서 헌법소원을 제기할 수 있는 적격이 없다」고 한다.

15) 헌재 1995.9.28, 92헌마23·86.

16) 헌재 1992.10.1, 92헌마68·76.

17) 헌재 2000.6.1, 99헌마553.

18) BVerfGE 84, 372(378)-1991.10.9.

19) 이 입장에서 법인 아닌 사단이나 재단의 기본권주체성을 인정하고자 하는 견해로는, 송호영, 앞의 책, 106면.

20) 헌재 1991.6.3, 90헌마56은 「법인 아닌 사단·재단이라고 하더라도 대표자의 정함이 있고 독립된 사회적 조직체로서 활동하는 때에는 성질상 법인이 누릴 수 있는 기본권을 침해당하게 되면 그의 이름으로 헌법소원심판을 청구할 수 있다」고 하여 '헌법소원심판청구능력'을 인정하고 있다.

헌법재판소는 법인 아닌 사단·재단이라고 하더라도 대표자의 정함이 있고 독립된 사회적 조직체로서 활동하는 때에는 성질상 법인이 누릴 수 있는 기본권을 침해당하게 되면 그의 이름으로 헌법소원심판을 청구할 수 있고, 다만 단체 자체가 아닌 단체에 소속하는 분과위는 그의 이름으로 헌법소원심판을 청구할 수 없다고 한다.[21)]

정당은 권리능력 없는 단체이므로 성질상 자연인에게만 인정되는 기본권의 행사에 있어 주체가 될 수 없다[22)]고 한다.

Ⅱ. 단체에게 인정되는 기본권의 유형

1. 인격의 자유로운 발현권

헌법 제10조 제1항은 모든 국민은 인간으로서의 존엄과 가치를 가지며, 행복을 추구할 권리를 가진다고 규정하고 있다. 동 조항은 모든 기본권 보장의 종국적 목적(기본이념)이라 할 수 있는 인간의 본질이며 고유한 가치인 개인의 인격권과 행복추구권을 보장하고 있다. '인격의 자유로운 발현권'은 독일 헌법 제2조 제1항의 '일반적 인격권'(allgemeines Perso nlichkeitsrecht)을 의미하는데, 원래 자연인만이 누릴 수 있는 기본권이다. 이러한 사실은 동조 제2항에서 「국가는 '개인'이 가지는 불가침의 기본적 인권을 확인하고 이를 보장할 의무를 진다」라고 규정하고 있는데, '개인'이 가지는 권리라는 점을 명시하고 있다.

헌법상 자연인이 누리는 다른 기본권의 시작은 모두 제10조 조항의 '인간으로서 존엄과 가치'로부터 시작한다. 심지어 사권으로서 인격권에 대한 민법상 근거조항이 없기 때문에 그 법적 근거를 헌법 제10조에서 이끌어내기도 한다.

그렇다면 법인은 헌법상의 인격권의 주체가 될 수가 없는 것일까. 인정된다면 그 법적 근거는 어디에 있는 것일까. 인격권을 '일반적 인격권'과 '개별적 인격권'으로 나누어 일반적 인격권이란 권리주체와 분리할 수 없는 그 인격에 전속하는 자유·명예·신체 등의 인격적 이익의 총체를 말하며, 이들 인격적 이익의 총체를 생명권·자유권·명예권·신체권·정조권·성명권·초상권·프라이버시권 등으로 분류한 그 각각의 인격권을 개별적인 인격권이라고 한다.

21) 헌재 1991.6.3, 90헌마56; 헌재 1995.7.21, 92헌마177·179.
22) 헌재 2008.4.24, 2006헌마990.

학설에 따라 우리 헌법의 경우에는 제10조 제1문 인간의 존엄과 가치의 규정에서 인격권이 인정되는 것이지만 법인의 경우에도 성질상 허용되는 경우 즉, 명예권, 상호권 등의 경우에는 인정된다고 한다. 다만 이 경우 그 근거는 제10조 전문의 인간의 존엄과 가치의 규정에서는 찾을 수 없고(이는 자연인에게만 적용되는 것이기 때문이다), 후문의 국가의 기본권 보장의무에서 구할 수 있을 것으로 본다.[23] 따라서 법인은 생명권이나 신체의 자유, 건강권, 프라이버시,[24] 정조권과 같은 자연인만이 가지는 권리의 주체가 될 수 없다. 그러나 성명권·사회적 신용·명예 등의 기본권의 주체가 될 수 있다.

헌법재판소는 인간의 존엄과 가치를 인격권이라고 부르거나 인간의 존엄성에서 유래하는 일반적 인격권이라는 표현을 사용하면서, 법인에게 일정한 제한하에 인격권을 인정하고 있다. 즉, 「법인도 법인의 목적과 사회적 기능에 비추어 볼 때 그 성질에 반하지 않는 범위 내에서 인격권의 한 내용인 사회적 신용이나 명예 등의 주체가 될 수 있고 법인이 이러한 사회적 신용이나 명예 유지 내지 법인격의 자유로운 발현을 위하여 의사결정이나 행동을 어떻게 할 것인지를 자율적으로 결정하는 것도 법인의 인격권의 한 내용을 이룬다고 할 것이다」고 전제하면서, 방송통신위원회가 방송내용을 문제 삼아 방송사에 대해 '시청자에 대한 사과'의 제재조치를 내린 것이 방송사업자인 법인의 인격권을 침해하는 것[25] 이라고 결정한 바 있다.

헌법재판소는 또 다른 사건에서, 민법 제764조의 "적당한 처분"에 사죄광고를 명하는 법원의 처분이 포함될 수 있느냐가 쟁점이 된 사안에서, 「사죄광

---

23) 우리 학자들은 문헌에 그 법적 근거를 적시하지 아니하는데, 그에 관한 질의에 대하여 김철수 교수의 회신에서의 답변이다. 다만 그 인정근거를 헌법 제37조 제1항에서 구하지 아니하고 제10조 후문 에서 구하는 것은 김철수 교수의 기본권이론의 체계에 근거를 두고 있는 것으로 보인다. 김철수 교수는 제10조와 제37조 제1항의 관계에 대하여 '헌법 제10조에 의하여 확인·선언된 천부인권의 포괄성을 제37조1항에서 주의적으로 규정한 것'으로 본다. 정종섭, 위의 논문, 각주 45) 참조.

24) PRIVACY의 권리는 그 개념이나 범위가 사용하는 사람에 따라 구구하고 헌법이론상 아직 확정되지 아니한 상태(특히 비교법적인 측면에서는 더욱 그러하다)에 있기 때문에 그에 대한 규정이나 견해의 차이에 따라 논의도 다양하게 될 것으로 보인다. 권영성 교수는 '사생활의 비밀과 자유는 인간의 존엄성존중과 인간의 인격적 제가치를 보호하려는 것이므로 법인은 원칙적으로 이 자유의 주체가 될 수 없다. 다만 법인의 명칭·상호 등이 타인에 의하여 영리의 목적으로 이용당하는 경우에는 논의의 대상이 될 수 있다.라고 한다. 권영성, 앞의 책, 366면

25) 헌재(전원재판부) 2012.8.23, 2009헌가27.

고과정에서는 자연인이든 법인이든 인격의 자유로운 발현을 위해 보호받아야 할 인격권이 무시되고 국가에 의한 인격의 외형적 변형이 초래되어 인격형성에 분열이 필연적으로 수반되게 된다. 이러한 의미에서 사죄광고제도는 헌법에서 보장된 인간의 존엄과 가치 및 그를 바탕으로 하는 인격권에 큰 위해도 된다고 볼 것이다」[26]라고 하였다.

행복추구권의 경우에도 인정할 수 있을 것인가. 그 적용영역은 비록 한정될지라도 전적으로 부정하는 것은 타당하지 아니하다고 하거나, 행복추구권이란 그 자체 일정한 구체적인 내용이 확정된 것이 아니라 포괄적 권리이므로 다양한 내용을 포섭할 수 있는 만큼 그 내용 여하에 따라서는 법인에게도 인정할 수 있는 여지가 있을 수 있다고 한다. 그 한 예로 명예권이나 프라이버시권, 환경권 같은 것을 든다. 행복추구권의 구체적 내용이 무엇이냐는 일률적으로 말할 수 없는 어려움이 있다. 헌법기초자의 의도는 자연인을 상정하고 행복추구권의 개념을 사용하였을 것이다. 위에서 열거한 권리가 법인에게 인정된다고 하여 그것이 행복추구권에 포섭되는 권리라고 말할 수는 없다.[27]

2. 평등권

헌법 제11조 제1항은 「모든 국민은 법 앞에 평등하다. 누구든지 성별·종교 또는 사회적 신분에 의하여 정치적·경제적·사회적·문화적 생활의 모든 영역에 있어서 차별을 받지 아니한다」고 규정하여 평등권의 근본규정 성격을 나타내고 있다. 평등권이 법인에게도 인정되는 기본권이라는 사실은 의심의 여지가 없다. 따라서 성별이나 사회적 신분과 같이 자연인에게만 인정되는 차별금지 외에는 '법 앞의 평등'도 법인에게 인정된다고 보아야 한다.[28] 평등권을 기본권보장의 방법적 기초로 보게되면 일단 법인에게 인정되는 어떤 기본권이 있을 경우 그 기본권의 보장에는 평등권 보장도 함께 인정되지 않으면 안될 것이다.[29]

---

26) 헌재, 1991.4.1, 선고, 89헌마160. 다만, 헌법재판소의 이 판례에서는 법인의 경우 인격권이 인정될 수 있는 헌법상의 근거와 법인이 가지는 인격권의 의의와 내용이 무엇인지는 밝혀져 있지 아니하다.

27) 동지, 김철수, 앞의 책, 338면.

28) 법인에게 그 성질이 허용하는 범위 안에서 평등권의 주체가 될 수 있다는 것은 동일한 맥락이다. 김철수, 위의 책, 337면.

29) 정종섭, 앞의 논문, 427면.

3. 자유권적 기본권

법인에게도 영업의 자유가 인정되며, 직업선택의 자유도 인정된다.[30] 직업선택의 자유는 자연인뿐만 아니라 법인에게도 보장된다고 할 것이다. 논거로서 법인도 결국 그 실질적 기초가 자연인이므로 자연인이 향유하는 자유를 가진다고 할 수 있고, 특히 법인의 설립, 예컨대 사단법인의 설립 그 자체가 간접적으로 직업선택의 한 방법으로 그 성질이 허용하는 범위 안에서 법인에게도 인정된다고 한다. 그러나 사법인이 아닌 공공단체, 지방자치단체와 같은 특별한 공법인에는 직업선택의 자유가 인정되지 아니한다.[31]

법인에게도 거주·이전의 자유가 인정된다. 회사의 경우에는 영업을 위하여 영업소를 선정하고 이전하는 자유가 이에 해당하는데, 이것은 어디까지나 직업선택의 자유나 영업의 자유와 결부된 경제적 기본권의 측면이므로 그러한 한도에서 인정되고 거주·이전의 자유가 가지는 인격형성과 정신활동의 자유와 직결되는 정신적 기본권으로서의 측면은 법인에게는 인정되지 아니한다고 보아야 할 것이다.

주거의 불가침, 통신의 비밀은 법인에게도 인정된다고 한다.[32] 사생활의 비밀과 자유는 원칙적으로 자연인에게만 인정된다.[33] 공익법인은 그 설립의 목적에 따른 기본권이 인정되므로 종교단체에는 종교활동·행사의 자유가 인정된다. 물론 종교의 자유 중 신앙의 자유는 인간의 내심의 자유이므로 법인에게는 인정되지 아니하여 배제된다.

집회의 자유가 법인에게 인정되느냐에 대하여는 견해가 대립된다. 부정설에 의하면 다수인이 일정한 공간에 집합하고 그에 참가하는 것은 논리적으로

---

30) 영업의 자유를 직업의 자유에 포함되는 것으로 이해하는 경우 법인에게 인정되는 직업의 자유는 자연인의 그것과 구별되어 이해되어져야 하며, 즉 법인에 있어서 직업의 자유는 영업의 자유 그 자체라고 한다, 허 영, 앞의 책, 444면 이하 참조.

31) 김철수, 앞의 책, 338면.

32) 권영성, 앞의 책, 259면.

33) 미국의 경우에는 법인이나 단체의 경우에 privacy권을 인정하고 있는데, 영장없이 영업사무실에 들어가 수색, 압수를 하는 경우를 문제 삼아 이러한 행위는 헌법 수정 제4조에서 보장하고 있는 privacy권의 침해로써 위헌이라고 한다. 대표적인 판례로는 G.M.Leasing Corp. v. United States, 429 US 338[50 L Ed 2d 530,97 S Ct 619](1977)를 들 수 있다. 우리 헌법해석과 관련하여 보면 이 경우는 '주거의 자유'에 해당하므로 미국의 이러한 판례를 들어 바로 privacy권도 법인에게 인정된다고 하는 것은 타당하지 않다. 정종섭, 앞의 논문, 각주 62) 참조.

자연인에만 인정되는 것이라고 한다. 그리고 법인을 대표하는 자연인이 법인을 위하여 행동하면 충분하므로 법인에게 집회의 자유를 인정할 필요도 없다고 한다.[34] 이와 달리 집회의 참가는 성질상 법인에게 인정되지 아니하지만 준비단계의 집회활동이 문제되는 경우에는 인정될 수 있다는 견해가 있다. 이에 대하여 긍정설은 집회의 준비·개최 및 참가에 대하여 법인이 그의 기관을 통하여 사실상 집회의 자유를 행사하는 때에는 그 법적 효력이 '법인' 그 자체에 미치므로 그 경우 법인도 그 주체가 된다는 견해[35]를 취한다.

그 외에도 언론·출판의 자유, 방송국의 방송의 자유, 학교재단의 교육의 자유, 재산권의 보장 등 법인은 법인의 목적과 관련하여 그에 상응한 권리를 가진다고 할 수 있다.[36]

4. 사회권적 기본권

노동3권 중 단결권이 법인에게도 인정되느냐의 문제는 그 단결권이 근로자 이외에 노동조합 그 자체에게도 인정되느냐 하는 문제로 논의되는 것이다. 이에 대한 긍정설은, 노동조합이 향유하는 단결권은 노동조합 자체의 존립에 관한 권리와 활동에 관한 권리가 포함되는데, 전자는 노동조합의 설립·운영·발전 등 일반적으로 단결체의 존립 자체를 위하여 필요한 보호를 의미하고, 후자는 단체 교섭권보다는 넓은 단결체로서의 활동을 보호하는 것이라고 하는 견해,[37] 후자는 전자가 행사되고 있다는 사실의 표현에 불과하다고 하고 근로자의 단결권 침해는 동시에 단결체의 단결권 침해라고 하는 견해[38] 등으로 나누어져 있다.

환경권은 본질상 인간의 존엄권 내지 생존권에 속하는 것이기 때문에 법인에게는 인정되지 아니한다는 부정설이 있는 반면, 환경권도 일부의 법인(학교법인 또는 의료법인)에는 적용될 가능성이 있다는 견해도 있다.

---

34) 독일 Hamann/Lenz의 견해이다. I.v.Münch(hrsg.), Grundgesetz-Kommentar, 1.Bd.3.Aufl. (München: C.H.Beck, 1985), S.417

35) I.v.Münch, a.a.O., S.417f.

36) 언론·출판의 자유는 그 성질상 법인이나 권리능력 없는 사단도 누릴 수 있는 권리라고 한다. 헌재 1995.7.21. 선고, 92헌마 177·199(병합).

37) 김형배, 노동법, 박영사, 1988, 150면 이하.

38) 김치선, 노동법강의, 박영사, 1988, 150면 이하.

5. 청구권적 기본권

청구권적 기본권도 원칙적으로 법인에게 인정된다. 청원권, 재판청구권, 국가배상청구권, 재산적 손실보상청구권 등이다. 헌법상 재산권을 보장하고 그 재산권을 법인에게도 인정하는 이상은 재산권제한에 따르는 보상이 법인에게 부정될 수는 없다. 다만 보상이 따르는 헌법 제23조 제3항의 공용침해(Enteignung)와 보상이 필요 없는 이른바 '사회적 기속'(Sozialbindung)의 경계선을 어느 정도에서 획정할 것인가에 관하여는 그 수인가능성을 판단함에 있어서 자연인의 경우와 법인의 경우에 차이가 있게 될 여지는 있다.[39]

6. 참정권

헌법재판소는 정당 아닌 단체의 선거권·공무담임권을 부인하고 있다.[40] 즉 우리 헌법은 주권재민의 원칙을 선언하고 그 주권자인 국민은 법률이 정하는 바에 의하여 선거권과 공무담임권을 가진다고 규정하면서도 그 국민들의 결합체인 단체 그 자체에 대하여는 이러한 기본권을 인정하지 않고 있다고 한다. 또 법인의 정치자금헌금은 금지되어 있다(정치자금법 제31조). 이 밖에도 선거권, 피선거권, 정당활동권 등은 인정되지 않는다.

이상에서 법인에게 인정된다고 하는 기본권에 대한 논의를 개별적으로 열거하면서 살펴보았는데 이러한 논의에 있어서 특히 유의할 점은 법인의 기본권 문제가 가지는 특수한 역사성이다. 각 나라마다 어떠한 기본권이 법인에게 인정된다고 했을 때는 그 사회의 발전단계에 따른 역사적, 사회적 상황에 기초한 논리구조가 이를 뒷받침하고 있기 때문이다(법인본질론에 대한 각 논의가 생겨난 역사적, 사회적 배경도 함께 생각해보라). 따라서 법인의 기본권의 인정여부, 범위, 정도에 대한 외국의 논의나 상황을 이해할 때는 보다 세심한 비교방법론적인 주의가 요구된다.[41]

---

39) 정종섭, 앞의 논문, 436면.

40) 헌재 1995.5.25, 95헌마105.

41) 정종섭, 위의 논문, 438면.

제3절 단체의 권리능력

Ⅰ. 법인의 권리능력

1. 권리능력의 의의와 부분적·상대적 권리능력론

(1) 법인에서 권리능력이 가지는 의미

권리능력이란 권리와 의무의 주체가 될 수 있는 법적 지위 또는 자격으로서 권리능력을 가진 자만이 권리와 의무의 귀속주체가 될 수 있다. 근대민법에서 모든 자연인과 법인에게 인정된다. 보다 구체적으로 표현하면, 권리능력이란 이를 가진 자로 하여금 자기의 이름으로 권리를 취득하고 의무를 부담하며, 이를 자기의 이름으로 행사할 수 있고, 그 권리와 의무의 강제적 실현을 위하여 자기의 이름으로 제소하거나 제소 당할 수 있도록 만들어 주는 법적 자격이라고 할 수 있다.

모든 자연인이 근대민법에서 권리능력을 가지게 되었지만, 법인의 능력의 문제는 법인에 대한 입법정책·법인본질론과 밀접한 관련이 있다. 법인학설이 의제설·부인설의 입장에서 실재설로 변화하는 한편, 법인에 대한 입법주의가 제한적 태도에서 긍정적 태도로 변천하는 추이에 따라서 법인의 권리능력이 확장되고 있다.[42)]

그런데, 오늘날에는 단체로서 실체가 인정되는 경우에는 권리능력이 인정되는 결과, 법인이 아니더라도 권리능력이 인정되는 단체를 종전에 권리능력 없는 사단 내지 재단이라는 명칭 대신에 '법인 아닌 사단' 내지 '법인 아닌 재단'이라고 부른다.

민법 제34조는 「법인은 법률의 규정에 좇아 정관으로 정한 목적의 범위 내에서 권리와 의무의 주체가 된다」고 규정한다. 통설은 이를 법인의 권리능력을 규정한 것으로 이해한다. 그리고 이 문언에 따라 권리능력은 법률의 규정 및 법인의 목적에 의하여 제한된다고 한다. 그리고 그 외에 법인은 자연인과 달리 육체를 가지고 있지 않기 때문에 자연적 성질에 의하여 일정한 권리는 향유할 수 없고, 따라서 자연적 성질에 의하여 제한된다고 한다.[43)]

---

42) 곽윤직·김재형, 민법총칙(제8판), 박영사, 173면.

이에 반해서 스위스 민법 제53조는 「법인은 성·연령 또는 친족관계와 같이 사람의 자연적 성질을 필수불가결한 요건으로 하지 아니하는 모든 권리능력과 의무능력을 가진다」고 규정하고 있다. 이와 같은 규정을 가지고 있지 아니한 독일에서는 권리능력은 상대적으로 이해되어야 하고, 그 내용은 개별적·구체적으로 파악될 수 있다는 이른바 권리능력의 상대성 내지 부분적 권리능력론이 주장된다.[44)]

또한 민법 제34조는 영미법계에서 발전한 ultra vires이론을 수용한 것으로 이해되기도 한다.[45)] ultra vires이론이란 법인의 능력은 정관에 기재된 목적의 범위 내에서만 인정되며(intra vires), 만약 법인이 그러한 목적범위 밖의 행위를 하게 되면 그러한 행위는 능력 외의 행위이므로(ultra vires) 그 행위는 법인의 행위로 인정될 수 없기에 '절대무효'라고 하는 판례법상 형성된 법원칙이다.[46)] 문제는 ultra vires를 판례법으로 형성해낸 영미법계에서는 오늘날 판례의 변경으로 이 원칙을 폐기하는 현상이 확산되고 있다는 점이다.[47)]

(2) 부분적·상대적 권리능력론

일반적으로 권리능력이란 본질상 제한되지 않고 모든 자연인이나 법인에게 동일하게 적용되는 포괄적인 법적 능력으로 개념정의 되는데, 독일에서 Fabricius는 이러한 개념정의는 단지 권리능력을 추상적·포괄적으로 파악한 것에 불과하기 때문에, 그러한 추상적인 권리능력개념의 빈 공간(Leerstellen)은 구체적이고 개별적인 권리능력의 개념으로 채워지고 또한 표현되어져야 한다고

43) 김증한·김학동, 앞의 책, 203면 이하; 곽윤직·김재형, 앞의 책, 173-174면.

44) 상대적 내지 부분적 권리능력론에 대한 상세는, 송호영, 법인론, 112면-115면. 이 견해는 독일학자 Fabricius에 의하여 주장되었는데, 현행법이 단체에 대하여 취하는 이분론을 극복하기 위한 전제로서 이론을 전개하였으며, 권리능력이란 단계화된 귀속능력이라고한다. 이 견해에 따르면 태아나 권리공동체(Rechtsgemeinschafen) 등이 부분적 권리능력을 가진 권리주체로 인정될 수 있을 것이라고 한다.

45) 김상용, 위의 책, 236면; 고상룡, 민법총칙, 202면; 김용한, 민법총칙론, 173면; 장경학, 민법총칙, 318면; 정동윤, 회사법, 49면; 우리와 유사한 법문을 가지고 있는 일본민법 제43조와 관련하여 일본에서는 이 조문이 법인의제설의 입장에서 영미법의 ultra vires이론에 따라 기초되었다는 점에 대해서는 다툼이 없다고 한다. 고상룡, 민법총칙, 201면.

46) 이에 대한 상세는, 이중기, 영국법상의 '능력외 이론'과 우리법상 목적에 따른 능력제한에 대하여, 법학 제36권 제1호(통권 97호), 서울대학교 법학연구소, 1995.5, 181면 이하 참조; 송호영, 앞의 책, 124-126면.

47) 거래안전의 측면에서 입법론상 민법 제34조의 폐지를 주장하기도 한다. 송호영, 앞의 책, 127면.

주장한다.[48] 권리능력의 내용을 설명하기 위하여 권리능력의 개념요소로서 권리주체의 행위가능성을 제시하면서 권리능력이란 '권리주체의 법적인 활동능력', 즉 '권리행사능력'이라고 한다. 이러한 논리에 의하면 법인의 권리능력은 결국 대리가능한 행위의 범위내로 제한될 수밖에 없게 된다.

부분적 권리능력은 특정한 법률관계에서의 귀속주체가 될 수 있는 능력을, 일반적 권리능력은 모든 법률관계에서의 귀속주체가 될 수 있는 능력으로 이해하면 되지만, 부분적 ·상대적 권리능력론이 법인의 경우 가족법영역에서는 권리능력을 가질 수 없다는 이유로 권리능력의 내용이 상대화되거나 개별화되어야 한다고 주장하는데, 법인의 권리능력이 가족법영역에서 제한될 수 있음은 권리능력의 상대성을 말하기 이전에 법인본질에 이미 내재한 당연한 명제라고 한다.[49]

또한 상대적 권리능력론은 권리능력을 행위능력과 결부된 권리행사능력이라고 보고 있지만, 독일 민법이나 우리 민법은 근본적으로 양자가 서로 결부된 것이 아니라 각각 독자적이면서 각기 고유한 성질을 지닌 별개의 제도로 규율하고 있으며, 법인의 권리능력이란 각각의 법인이 실제로 권리를 행사할 수 있는 '구체적' 능력을 의미하는 것이 아니라, 법인이라는 권리주체가 일반적으로 행사할 수 있는 '추상적'인 능력을 의미한다고 보아야 한다는 것이다.[50]

생각건대 권리능력이란 개념이 인(Person)에 대한 개념과 결부된 것은 분명하고 따라서 권리능력이란 포괄적인 성격을 지닌 것에 기초를 두고 있다는 지적은 정확하다고 본다.[51] 민법 제3조는 「사람은 생존하는 동안 '권리와 의무의 주체'가 된다」고 규정하고 있으며, 민법 제34조는 법인의 권리능력이란 제목하에, 「법인은 법률의 규정에 좇아 정관으로 정한 목적의 범위 내에서 '권리와 의무의 주체'가 된다」고 규정하고 있다. 양 조문에서 말하는 '권리와 의무의 주체'란 권리능력자를 의미한다. 다시 말하면 권리와 의무의 귀속자를 일컫는 것이지 권리능력과 함께 행위능력까지 결부된 권리의 행사능력까지 확대할 필요는 없다고 본다. 권리의 귀속과 권리의 행사는 별개의 문제이기 때문이다.

---

48) Fabricius, Relativität der Rechtsfähigkeit, S. 50. 송호영, 앞의 책, 각주36) 재인용.

49) 송호영, 앞의 책, 120면.

50) 송호영, 위의 책, 118-121면.

51) Flume, Personnengesellschaft, S.90.

2. 민법 제34조와 권리능력의 제한

그러나 민법 제34조가 폐지되지 않고 엄연히 존재하는 한, 실정조문의 취지를 존중하면서도 현실적인 거래계의 실정을 감안하여 합리적인 해석을 하여야 할 것이다.

(1) 성질에 의한 제한

법인이 성질상 자연인만이 가질 수 있는 권리를 향유할 수 없음은 당연하다. 따라서 사권으로서 인격권인 생명권·신체상의 자유권·초상권·프라이버시권·정조권과 함께 친권·주거권 등을 향유할 수 없다. 그러나 성질상 자연인만이 가질 수 있는 것이 아닌 재산권·명예권·성명권·신용권·정신적 자유권 등은 향유할 수 있다. 또한 상속권은 없으나(제1000조 내지 제1994조 참조), 법인을 수증자로 하는 유증은 인정되므로 포괄적 유증을 받음으로써 상속과 동일한 효과를 거둘 수 있다.[52)]

(2) 법률에 의한 제한

우리 민법이 법인을 법률의 규정에 의하여 성립되는 권리주체로 규정하고 있으므로(민법 제31조), 법인의 권리능력도 법률의 규정에 의하여 제한될 수 있다고 해석하는 것이 통설이다. 그런데 법인의 권리능력을 일반적으로 제한하는 법률은 없으나, 민법 제81조, 상법 제173조와 같이 특별이유에 의한 개별적 제한규정이 있다. 즉 상법 제173조는 회사는 다른 회사의 무한책임사원이 되지 못한다고 규정하고 있다. 따라서 상법상 회사는 다른 회사의 무한책임사원으로서 권리와 의무를 향유하지 못한다. 민법 제81조에 따라 해산한 법인은 청산의 목적범위 내에서만 권리가 있고 의무를 부담한다.[53)]

그 외에도 특별법에서 일정한 법률행위를 제한 또는 금지하거나 일정한 행위를 할 때 일정한 절차를 요구하는 경우가 있다. 예컨대 사립학교법 제16조 및 제28조는 학교법인이 재산을 차입하거나 법인재산을 처분하려면 이사회의 결의와 관할청의 허가를 받도록 하고 있고, 상호신용금고법 제7조는 상호신용

---

52) 우리 민법상 법인에게 재산상속권이 부인되는 것은 입법정책상의 고려일 뿐이므로 법인의 성질에 의한 제한이라기보다는 법률에 의한 권리능력의 제한으로 보기도 한다. 송호영, 위의 책, 122면.

53) 이 경우에 법률에 의한 제한이 아니라 목적에 의한 제한이라는 주장이 있다. 이호정, 법인의 권리능력, 고시계 제27권 제9호, 고시계사, 1982.9, 14면.

금고의 출자자나 금고의 임직원에게는 대출을 금지하고, 보험업법 제9조는 보험사업자는 원칙적으로 보험사업 이외의 다른 사업을 영위하지 못하도록 하고 있다. 이에 대해서는 권리능력의 제한으로 보는 견해[54]와 권리능력 자체가 아니라 개별적인 강행규정에 위반하여 이루어진 법인의 법률행위의 효력이 부인되는 사유로 보아야 한다는 견해[55]로 나뉜다.

생각건대 이는 권리능력 자체가 제한되는 것이 아니라 개별적인 강행규정에 위반하여 이루어진 법인의 법률행위의 효력이 부인되는 사유로 보아야 한다. 이는 마치 자연인이 강행법규를 위반하여 법률행위를 하였다고 하더라도 권리능력자체가 제한되는 것이 아니라, 다만 특정한 법률행위의 효력이 무효로 되는 논리와 같기 때문이다.[56]

(3) 목적에 의한 제한

법인은 일정한 목적을 위하여 설립된 조직체로서 그 목적을 중심으로 활동한다. 그러므로 지배적인 견해는 법인은 법률의 규정에 좇아 정관으로 정한 '목적의 범위' 내에서 권리와 의무의 주체가 된다고 한다. 독일민법과 스위스민법은 법인실재설의 이론에 근거하여 목적의 범위 내에서뿐만 아니라, 모든 분야에서 권리·의무를 향유할 수 있는 능력을 인정한다. 이에 반해 영미법에서는 법인의제설에 근거한 'ultra vires'의 원칙에 따라 권리능력을 그 고정된 목적하에 제한한다.

대다수의 견해는 '목적의 범위 내'를 법인의 목적으로서 정관에 열거된 사항에 한정해서 보지는 않지만, 그 포섭 범위에 관하여 시각을 달리한다. 즉 '정관으로 정한 목적의 범위 내'의 의미에 대하여 다수설은 소극적으로 목적에 위반하지 않는 범위 내라고 해석하며,[57] 소수설은 적극적으로 목적을 달성하기 위하여 필요한 범위 내라고 해석한다.[58] 전자의 견해는 법인과 거래하는 상대방을 더 보호하고자 하는 것이며, 후자의 견해는 거래상대방보다는 구성원의

54) 최기원, 신회사법론, 박영사, 2005, 79-80면.

55) 김증한·김학동, 앞의 책, 204면; 정동윤, 회사법, 48면; 이철송, 앞의 책, 68면.

56) 동지, 송호영, 위의 책, 123면.

57) 곽윤직·김재형, 앞의 책, 174면; 장경학, 민법총칙(2판), 319면; 김용한, 민법총칙론(재전정판), 박영사, 1993, 173면; 김상용, 민법총칙(전정판), 법문사, 2001, 230면; 김증한·김학동, 위의 책, 205면.

58) 이태재, 민법총칙, 법문사, 1981, 146면.

이익을 더 보호하려는 취지라고 할 수 있다.[59] 양자의 차이점이 구체적으로 드러나는 사례가 없기 때문에 구별실익에 대한 의문을 제기하기도 한다.

판례는 소수설과 같은 입장에서 '정관에서 열거된 목적과 그 외에 법인의 목적을 달성함에 필요한 행위'가 법인의 목적범위 내의 행위라고 판시하고 있다.[60] 그리고 판례에서 문제된 사건은 모두 회사의 목적을 넘은 행위를 한 경우이므로, 제34조는 상법상의 영리법인에도 적용된다는 것이 판례의 입장이다.

생각건대 오늘날 단체의 활동영역은 과거에 비하여 훨씬 넓어지고 있고, 그로 말미암아 단체와 거래하는 상대방을 보호해야 필요성이 커지고 있다. 따라서 양설의 실제 적용상의 차이는 별론하고, 민법의 대원칙인 거래안전을 위한다는 점, 비교법적으로 ultra vires원칙의 원류인 영미법계에서는 오늘날 판례의 변경으로 이 원칙을 폐기하는 현상이 확산되고 있는 점 등을 고려하여 다수설과 같이 소극적으로 목적에 위반하지 않는 범위 내라고 해석하는 것이 타당하다 할 것이다.

Ⅱ. 법인 아닌 사단 · 재단의 권리능력

1. 권리능력 인정의 필요성

일정한 목적을 위하여 결합된 인적 결합체 혹은 일정한 목적하에 바쳐진 재산이 그 구성원 혹은 설립자의 의사와는 별개의 의사를 가지고 사회에서 독립한 주체로서 활동하고 있으나 주무관청의 허가나 설립등기를 갖추지 못한 경우 법인격을 취득하지 못한다. 법인 아닌 사단인 교회가 교회건축을 위하여 건축업자와 도급계약을 체결한다든가 교회의 운용자금을 차입하기 위하여 은행과 대부계약을 체결하거나 교회비품을 구입하는 경우 교회가 계약당사자로서 계약내용에 따른 채권자나 채무자로서 인정될 수 있는가의 문제이다. 더 나아가 교회 명의로 부동산을 매수하여 등기할 수 있는지, 교회 자신의 명의로

59) 김상용, 위의 책, 237면.

60) 대판 1968.5.21, 68다461 ; 대판 1974.11.26, 74다310; 그 뒤의 판결에서도 「그 목적범위내의 행위라 함은 정관에 명시된 목적자체에 국한되는 것이 아니라 그 목적을 수행하는데 있어 직접 또는 간접으로 필요한 행위는 모두 포함되고 목적수행에 필요한지의 여부도 행위의 객관적 성질에 따라 추상적으로 판단할 것이지 행위자의 주관적, 구체적 의사에 따라 판단할 것이 아니다.」고 하여 동일한 입장이다. 대판 1987.12.8, 86다카1230.

소송을 제기할 수 있는지도 문제된다.

이처럼 법인 아닌 사단이나 재단이 법인격을 취득하지는 못하였으나 단체로서의 실질을 갖추었을 경우, 특히 법인 아닌 사단이 성립되어 있을 때 권리능력을 인정할 수 있을 것인가. 종전에 이러한 단체를 권리능력 없는 사단 내지 권리능력 없는 재단이라고 부를 때에는 당연히 권리능력이 인정되지 않는다는 전제하에 서 있었다. 법인에 대해서는 입법자가 민법 제34조에서 권리능력을 명시하고 있기 때문에 의문의 여지가 없지만, 비법인단체에 대하여는 민법 물권편에서 재산소유형태로서 총유규정만을 두고 있어서 야기되는 문제이다.

2. 등기능력 및 당사자능력의 인정

그 외 특별법에서 법인 아닌 사단과 재단에 대해 등기능력과 당사자능력을 인정하고 있다. 즉 부동산등기법 제26조는 「종중, 문중, 그 밖에 대표자나 관리인이 있는 법인 아닌 사단이나 재단에 속하는 부동산의 등기에 관하여는 그 사단이나 재단을 등기권리자 또는 등기의무자로 한다」라고 규정한다. 따라서 대표자가 있는 법인 아닌 사단은 자신의 이름으로 등기할 수 있는 지위·자격, 즉 등기능력을 가진다.

민사소송법 제52조는 「법인이 아닌 사단이나 재단은 대표자 또는 관리인이 있는 경우에는 그 사단이나 재단의 이름으로 당사자가 될 수 있다」라고 규정한다. 따라서 대표자가 있는 비법인사단은 소송에서 사단명의로 당사자가 될 수 있는 지위·자격, 즉 당사자능력은 가진다.

3. 사단법인 규정의 준용

이처럼 아무런 규정을 두고 있지 않기 때문에 그 법률처리가 문제된다. 현재 이에 대해서는 법인 아닌 사단의 경우 민법의 사단법인에 관한 규정 가운데서 법인격을 전제로 하는 규정을 제외한 나머지 규정은 사단이라는 실체를 전제로 하는 것이므로, 법인 아닌 사단에는 그러한 규정을 유추적용하는 것이 타당하다는 데 대하여 이론이 없다. 그러한 것으로서 중요한 것은 정관에 관한 규정, 능력에 관한 규정, 기관에 관한 규정이다.[61)]

비법인사단에도 사단법인 규정이 준용되는 결과, 비법인사단에게도 당사자

---

61) 김증한·김학동, 앞의 책, 253면.

능력과 등기능력 뿐만 아니라 여러 가지 권리가 인정되는바, 이런 점에서 비법인사단도 부분적으로 권리능력을 가진다고 할 수 있는가. 이는 독일에서 주창된 상대적 내지 부분적 권리능력론과 연계되는 문제이다.

우리나라에서도 이러한 논의와 관련하여 비법인사단이 부분적으로 권리능력을 가진다고 하는 것은 권리능력의 개념과 모순된다고 하는 견해가 있다. 즉 개별적으로 검토하더라도, 등기능력이나 당사자능력은 등기절차 혹은 소송절차에서의 개념이나, 권리능력은 실체법상의 개념이라고 한다. 전자가 인정된다는 이유로 부분적으로 권리능력이 인정된다고 하는 것은 양자를 혼동하는 것이며, 비법인사단도 일정한 권리를 가진다고 하는 것은, 비법인사단이 그러한 권리에 대하여 스스로 권리의 주체가 된다는 의미는 아니라고 한다. 이는 마치 사자도 명예권을 인정해야 한다는 주장이 사자도 그러한 권리에 관해 권리능력을 가진다는 의미가 아닌 것과 같다는 것이다. 만약 그렇게 이해한다면 권리능력은 개개의 권리마다 별개로 그 유무가 결정된다고 해야 할 것이고 이 점에서 비법인사단이 부분적으로 권리능력을 가진다는 설명은 부적절하다고 한다.[62)]

사단의 권리능력·행위능력·대표기관의 불법행위로 인한 사단의 배상책임(불법행위능력)·대표기관의 권한과 그 대표의 형식 등에 관해서는 모두 사단법인에 관한 규정을 적용하여야 한다. 다만 법인 아닌 사단에 대해서는 대표자의 대표권 제한에 관하여 등기할 방법이 없다. 따라서 제60조가 준용되지 않는다.[63)] 법인 아닌 사단의 정관에서 대표자의 대표권을 제한한 경우에 이를 위반한 행위의 효력이 문제된다. 판례는 거래상대방이 그와 같은 대표권 제한 및 그 위반 사실을 알았거나 과실로 인하여 이를 알지 못한 때에는 그 거래행위가 무효로 된다고 한다.[64)]

Ⅲ. 단체의 행위능력

1. 의 의

단체가 그 권리능력의 범위에 속하는 권리를 현실로 취득하거나 혹은 이미 취득한 권리를 관리·처분하기 위해서는 현실로 행위를 할 필요가 있다. 권리능

62) 김증한·김학동, 앞의 책, 257면.
63) 대판 2003.7.22, 2002다64780.
64) 대판(전) 2007.4.19, 2004다60072·60089.

력의 개념과 같이 행위능력의 개념도 자연인의 능력을 상정하여 정립된 것이다. 그런데 관념적 존재에 지나지 않은 단체가 자연인과 같이 자유로운 의사활동에 의한 법률행위를 할 수 있는가의 문제가 있다. 단체는 자연인을 통하여 행위할 수밖에 없기 때문이다.

행위능력에 관한 문제는 누가 행위제한능력자이고 행위제한능력자가 한 법률행위의 효력은 어떻게 되느냐가 주된 논점이다. 그런데 이러한 문제는 연령이나 정신적 판단능력 등을 고려한 자연인에 한정되고 단체에게는 행위제한능력이 문제되지 않는다. 즉 단체에게는 권리능력이 인정되는 범위 내에서 행위능력을 가진다. 더욱이 법이 자연인 이외의 단체에게 권리능력을 부여하여 법인격을 인정하였다는 것은 논리필연적으로 그 단체가 이미 독자적으로 의사를 형성할 수 있고(의사결정기관의 존재), 스스로 행위를 할 수 있음(업무집행기관의 존재)을 전제로 하는 것이다.[65] 따라서 단체에게는 행위능력의 개념이나 행위제한능력자제도 등은 현실적으로 특별한 의미가 없다.

한편 단체의 행위능력을 법인본질론과 관련하여 설명하기도 한다. 즉 법인의제설에 의하면 법인의 행위능력을 부정하게 되어 법인은 그와 별개의 독립의 인격인 이사의 대리행위에 의해 권리·의무를 취득하게 된다고 한다. 반면에 법인실재설에 의하면 법인은 단체의사를 갖기 때문에 조직적 의사를 가지고 이 의사에 의해 행위를 하게 되므로 행위능력이 있다고 한다. 그러나 법인본질론을 통한 대립적인 설명은 오늘날 큰 의미가 없으며, 실무적으로도 별 도움이 되지 않는다. 다만 단체의 인격은 그의 실체를 이룬 사단 또는 재단이 하나의 사회적 활동단위이기 때문에 인정되는 것이므로, 단체 자신이 행위를 한다고 보는 것이 타당할 것이다.[66]

판례는 법인실재설에 입각하여 기관의 행위는 각 법인 자체의 행위가 된다고 한다. 즉, 재단법인설립허가 취소사건에서 「법인은 기관에 의하여 독자의 행위를 할 수 있는 실재체이므로 기관의 행위는 각 법인 자체의 행위가 되고 다만 법인의 기관은 법인의 목적범위 내의 행위이어야 하나 그 목적수행의 과정에서 행하여진 행위가 적법이냐 위법이냐는 문제가 안되므로, 원고 법인의 이사장, 이사들이 목사, 전도사의 자격으로 그 소속 신도들로부터 금품을 갈취

65) 송호영, 앞의 책, 139면.
66) 곽윤직·김재형, 앞의 책, 178면.

한 행위를 원고 법인의 행위로 인정한 점에 위법이 없고 따라서 원고법인이 공익을 해하는 행위를 함으로써 그 설립허가조건에 위배한 것으로 보아 그 법인 설립허가를 취소하였음은 적법하다」[67]고 한다.

따라서, 단체의 행위능력에서는 자연인의 행위를 단체에게 귀속시키기 위해서는 '누가' 단체의 행위를 담당하는가 하는 점이 문제되고, 그의 '어떠한 행위'가 단체의 행위로 되는가 하는 점이 문제된다. 이것이 단체의 행위능력에서 문제이다.

2. 단체의 행위

(1) 행위능력의 범위

민법은 자연인과 달리 법인에 대해서는 적극적으로 법인의 행위능력을 규정하지도 않을 뿐만 아니라 행위능력을 제한하는 규정을 두고 있지 않지만, 단체의 행위능력의 범위는 단체의 권리능력의 범위와 일치한다고 보아야 한다. 따라서 단체는 성질 혹은 법률에 의하여 제한되는 권리를 제외한 모든 권리를 취득할 수 있다. 그러므로 대표기관은 이러한 권리를 취득하기 위하여 필요한 모든 행위를 할 수 있다. 그리고 이와 같이 단체가 할 수 있는 행위의 범위를 「행위능력의 범위」라고 하는 것이다.

단체의 행위능력의 범위와 구별할 것은 대표기관의 대표권의 범위이다. 대표권은 원칙적으로 단체가 할 수 있는 행위 전반에 미치므로(민법 제59조), 통상적으로는 행위능력의 범위와 대표권의 범위는 일치한다. 그러나 대표권은 제한될 수 있기 때문에(민법 제41조), 이 때에는 양자의 범위는 달라진다.

(2) 행위의 담당자

단체의 행위를 현실로 담당하는 자는 대표기관이다. 즉 대표기관이 행한 행위가 단체의 행위로 된다. 누가 단체의 대표기관이냐는 정관에 의하여 정해진다.[68] 일반적으로는 이사 및 임시이사·특별대리인·청산인·직무대행자 등이 대표기관이 된다.

---

67) 대판 1978.2.28, 77누155.

68) 법인의 내부조직에 의해서 정해진다는 것도 동일한 의미이다. 곽윤직·김재형, 앞의 책, 179면.

(3) 행위의 형식(대표)

단체의 행위로 되는 것은, 대표기관이 단체를 대표하여 행한 것에 한한다. 즉 대표기관이 단체의 행위로서 행한 것만이 단체의 행위로 된다. 자연인에게 법정대리를 제외하고는 대리가 반드시 필요한 것은 아니지만, 법인에게는 구조적으로 대표기관이 반드시 필요하다. 또한 대리에서 대리인은 본인과는 별개의 인격체로서 본인을 대신해서 그의 행위를 행하는 것임에 대하여, 단체의 대표기관은 단체의 한 구성부분으로서 단체의 행위를 대신 행하는 것이 아니라 단체의 행위 자체를 행한다는 것이다.

그러므로 대표기관이 법인을 대표하여 행위하는 중에 타인에게 손해를 가하는 불법행위를 행하였거나 혹은 단순한 사실행위를 한 경우에, 그것은 곧 법인 자신의 불법행위·사실행위로 되는 것이다. 즉 대리는 법률행위에 관해서만 인정되고 불법행위나 사실행위에 대해서는 인정되지 않음에 반하여 대표는 불법행위·사실행위에 관하여도 인정된다.

그러나 대리와 대표는 모두 본인(단체)을 위해서 다른 누군가의 행위가 필요하고 그 행위의 결과가 본인(단체)에게 귀속된다는 점에서는 공통점이 있다. 즉 사실상 행위자와 그 행위의 효과가 귀속되는 자가 다르다는 점에서 그 실질을 같이 한다. 그러므로 대표에 관해서는 대리에 관한 규정이 준용된다(제59조 제2항). 따라서 그 형식·요건 모두 대리에 관한 규정에 의한다. 따라서 대표행위에서도 대리행위와 마찬가지로 단체를 위하여 하는 것임을 표시해야 한다(제114조). 보통 A회사 대표이사 갑, 혹은 B법인 대표자 을이라고 표시할 것이다. 또 대표권 없는 행위에 관해서는 무권대리에 관한 규정이 준용되고, 표현대리에 관한 규정도 마찬가지이다.

Ⅳ. 단체의 불법행위능력

1. 서

현대에 들어와 단체의 권리능력, 행위능력의 문제보다 불법행위능력의 문제가 더 중요하게 되었다.[69] 권리능력, 행위능력의 문제보다는 단체의 활동영

---

69) 법인의 불법행위책임에 관한 문헌으로는, 한웅길, 동아법학 제2호, 동아대 법학연구소, 1986, 354면 이하; 최문기, 법인의 불법행위책임에 관한 소고, 경성법학 제12호, 경성대학교 법학

역의 증가에 따른 제3자에 대한 법익침해가 빈번하게 발생하고 있고, 과실책임과 개인책임의 원칙을 기반으로 하는 불법행위법에서 개인이 아닌 단체에 대하여 책임을 귀속시켜야 손해의 전보와 손실의 분산이 이루어질 가능성이 높아졌기 때문이다.

법인은 불법행위를 할 수 있는가, 위법(불법)책임을 지는가에 대해 법인의 본질론과 관련하여 학설이 대립하고 있다. 오늘날에는 법인의 불법행위능력의 인정여부에 대한 학설의 대립은 연혁적인 의미를 갖는데 불과하며, 그 적용범위에서 미세하나마 차이를 나타낼 수는 있다.

부정설은 법인의제설의 입장에서 법인을 적법적 조직체로 보아 법인의 불법행위를 인정하지 않는다. 따라서 민법 제35조 1항을 법인의 책임창설(특별)규정으로 보고 책임의 실질은 이사 기타 타인의 법인대위(대위책임론)라고 한다.[70]

긍정설은 법인실재설의 입장에서 법인을 실재적 조직체로 보아 법인의 불법행위를 인정하고, 제35조 1항은 당연(확인·선언)규정이라고 한다. 법인이 책임을 지는 것은 대외관계에 있어서 자기책임이며, 이사 기타 기관의 책임은 내부적 직무책임이라고 한다.

생각건대, 법인의 사회적 작용의 확대로 말미암아 법인의 책임을 확대하여야 한다는 입장(기업책임의 성격)에서 긍정설에 찬성한다. 앞으로 법인책임의 방향은 법인의 채무불이행책임(의무위반) 뿐만 아니라 불법행위능력을 인정(제750조·제756조·제760조·특별법상의 불법행위)하여야 할 것이다.

법인구성원의 불법행위에 대한 법인의 책임은 현행민법상 두 가지 방향에서 논하여질 수 있는데, 첫째 법인의 대표기관의 불법행위에 대해 법인이 직접 책임을 진다고 하는 민법 제35조의 해석을 통해서이고, 둘째 그 밖의 피용자의 불법행위에 대하여 사용자인 법인이 책임을 져야 한다는 민법 제756조의 사용자책임을 통해서이다. 물론 사용자책임의 경우 법인 이외에도 널리 사실상의 지배복종관계가 인정되는 모든 사용관계(예컨대 가사사용관계도 포함)를 의미하므로 법인의 경우에 국한되어지는 것은 아니지만 법인 이 사용자의 지위에 서는 경우 민법 제756조의 적용은 당연한 것이다.

연구소, 2003.10, 44면 이하; 송호영, 법인의 불법행위책임에 관한 소고-민법 제35조의 해석론을 중심으로-, 법학논총 제25권 제4호, 한양대 법학연구소, 2008.12, 209면 이하.

70) 이영준, 민법총칙, 947면.

우리 민법 제35조는 법인의 불법행위능력이란 표제하에 제1항 전단에서는 이사 기타 대표자가 그 직무에 관하여 타인에게 가한 손해에 대해서 법인에게 배상책임을 지도록 하는 한편, 후단에서는 그러한 가해행위를 한 이사 기타 대표자 개인도 손해배상책임을 부담하도록 규정하고 있다.

법인의 불법행위능력에서 논의되는 점은, ① 불법행위능력(책임능력)이란 무엇인가, ② 법인에게 불법행위능력을 인정할 수 있을 것인가, ③ 어떤 요건 하에서 법인책임이 인정되는가, ④ 법인과 개인측면에서 어떠한 효과가 발생하는가이다.

2. 불법행위능력의 의의

불법행위능력이란 과실책임의 원칙 아래서 자기의 행위의 결과를 판별할 수 있는 정신적 능력, 자기와 관련된 행위 및 상태에서 발생한 불법한(위법한) 결과의 책임을 부담할 능력으로서 확대된 책임원칙하의 능력(의무능력) 개념이다. 따라서 자연인에게 있어서 불법행위능력이란 곧 책임능력을 의미하는 것이기 때문에, 자연인에게 불법행위능력이 있느냐 없느냐 하는 문제는 결국 위법한 행위에 대한 비난가능성을 인식할 수 있는 개개인의 정신능력의 유무에 귀착된다.

대부분의 학자들은 고의·과실의 전제요건으로서 책임능력을 들고 있는데(과실전제설), 이 능력이 있는 경우에 불법행위책임을 지울 수 있다고 한다. 통설과 같이 책임능력을 고의·과실의 전제요건으로 보는 것에 대하여 유력설은 고의·과실의 전제로서 행위자의 가해행위에 대하여 배상책임을 부과하는 것이 사회적으로 타당한가라는 규범적 판단의 기준을 책임능력으로 이해하기도 한다. 따라서 책임능력은 행위자에 대한 손해배상책임귀속의 전제가 된다(책임귀속설),[71] 또 다른 설은 책임무능력을 과실책임주의의 전제로서 고려할 필요는 없고, 약자보호를 위한 정책적인 면책제도에 지나지 않는 것으로 이해한다(정책적 규정설 또는 행위자보호요건설).[72] 그 논거로서 오늘날 과실을 심리상태와는 무관한 객관적 행위의무위반으로 파악하는 견해에 의하면, 책임개념은 이와 같은

71) 이은영, 채권각론, 박영사, 2007, 809면.

72) 前田達明, 不法行爲歸責論, 創文社, 1978, 65면; 平井義雄, 損害賠償法の理論, 東京大學出版部, 1971, 91면.

과실개념(결과예견·회피에 대한 판단능력)과는 다른 성질의 것으로서 법적 가치판단능력이라고 한다.

그런데 법인에게는 조직상 불법행위에 대한 비난가능성을 충분히 인식할 수 있는 대표기관의 행위가 매개되므로 자연인과 달리 책임능력이라는 것이 문제되지 않는다. 다만 제35조의 해석상 대표기관 개인에게는 불법행위가 성립하기 위한 일반요건을 갖출 것을 요구하므로, 대표기관 개인의 책임능력의 문제만이 남는다.

3. 불법행위이론의 확대경향

불법행위이론의 역사는 불법행위 성립요건 완화의 역사라 할 만큼 불법행위이론은 피해자보호를 위하여 끊임없이 확장되는 경향이 있다. 특히 자연인 개인이 아닌 기업과 같은 법인이나 단체가 관여되는 손해발생의 경우에는 개인을 상정하고 전개된 불법행위이론들이 대폭 수정되고 있다. 가장 대표적인 것이 과실책임주의에서 무과실책임주의(위험책임론 · 보상책임론)로 공동사회내의 채권관계에 있어서의 의무와 책임의 확대경향의 표현이다.

민법 제35조는 법인의 불법행위능력을 인정하고 있지만 학설과 판례는 법인뿐만 아니라 '법인 아닌 사단'에 대하여도 '법인 아닌 사단'의 대표자가 그 직무에 관하여 타인에게 손해를 가한 경우에는 민법 제35조를 유추적용하여야 한다고 하여 적용범위를 확대하고 있다.[73] 그 뿐만 아니라 '직무에 관하여'라는 직무견련성에 대해서도 좀 더 넓게 해석하여 피해자의 구제에 초점을 맞추어 해석하기도 한다.

4. 법인불법행위의 적용범위 확대

(1) 민법 제35조의 적용범위

현대사회에 있어서의 법인 내지 기업의 사회적 활동영역의 확대에 따라 법인책임은 확대되는 경향이 있다. 이 문제는 결국 민법 제35조의 적용범위의 문제로 귀착된다. 독일민법에서는 우리 민법 제35조에 대응하는 독일 민법 제31조의 적용범위에 대하여 독일 민법 제89조 제1항에서 명문으로 국고와 공법상 법인, 공법상 사단, 재단, 영조물에도 적용됨을 규정하고 있다. 나머지 단체에

73) 대판 2003.7.25, 2002다27088.

대해서도 학설과 판례는 영리법인[74]과 등록협동조합(eG),[75] 법인격 없는 사단, 설립중인 회사 등에까지 확대 적용한다.[76] 민법상 조합에 대해서 학설은 대체로 이를 긍정하지만,[77] 판례는 이를 부정한다.[78]

우리 민법 제35조는 민법상의 법인 이외에 어느 단체에까지 적용할 수 있는가. 독일민법과 달리 적용범위에 대한 근거규정을 두고 있지 않기 때문에 적용범위가 문제된다. 영리법인인 회사에 관하여는 유사한 취지의 특별규정이 마련되어 있다. 즉 상법 제210조에는 합명회사를 대표하는 사원이 그 업무집행으로 인하여 타인에게 손해를 가한 때에 회사가 그 사원과 연대하여 손해배상책임이 있다고 하고, 합자회사(상법 제269조), 주식회사(상법 제389조 제3항), 유한회사(상법 제567조)에도 각각 특별규정을 두고 있다.

이와 같이 별도의 특별규정이 없는 한, 민법 제35조의 규정은 단체의 일반법인 민법의 법인법 규정이 다른 단체에도 적용되는 결과 모든 종류의 법인과 단체에 적용된다고 보아야 한다.[79] 따라서 민법상 법인을 포함한 사법상 법인은 물론 공법상 법인(사단, 재단, 영조물), 특별법상 법인에 대해서도 적용되며, 법인 아닌 단체의 대표자가 가한 손해에 대해서도 동규정이 유추적용된다고 보는 것이 통설과 판례의 입장이다. 판례에서는 비법인사단인 종중[80]과 주택조합,[81] 설립중인 회사[82]와 노동조합[83] 등에 민법 제35조를 유추적용하고 있다.

(2) 이른바 기업책임론

법인의 불법행위책임과 관련하여 일본에서 이른바 기업책임론이 주장되었다. 만약 제35조 제1항의 적용범위를 제한해석하는 경우에는 그 밖의 단체의 불법행위책임은 불법행위의 일반원칙에 의해 해결해야 하며, 이를 위해 기업책임론이 주장되었다.[84]

---

74) 주식회사, 주식합자회사, 유한회사 등에 적용된다는 데 대하여 학설과 판례가 일치하고 있다.
75) RGZ 110, 145, 147; BGH WM 1959, 78, 80.
76) 송호영, 앞의 책, 144면 참조.
77) MünchKomm BGB-Ulmer, §705 Rz. 218 이하.
78) BGHZ 45, 311, 312=NJW 1966, 1807.
79) 동지, 송호영, 앞의 책, 145면.
80) 대판 1994.4.12, 92다49300; 대판 2008.1.18, 2005다34711.
81) 대판 2003.7.25, 2002다27088.
82) 대판 2000.1.28, 99다35737.
83) 대판 1994.3.25, 93다32828, 32835.

기업책임론의 출발은 오늘날 기업이 기업시설이 크고 고도의 기술을 필요로 할 뿐만 아니라 위험성이 대단히 높기 때문에 거기에 종사하는 자가 조금만 부주의해도 막대한 피해를 발생시킬 수 있다는 것에 있고, 또 기업에 의해 만들어지는 제품은 고도의 과학기술의 결정으로서 그것에 대한 위험을 예측하기 어렵고, 위험성이 예측되어도 그 효용성과 경제성 측면에서 제품의 생산·판매를 단행하는 경우도 있다는 점과 그 인적 조직이 피라미드형으로 구성되어 있어서 이를 구성하는 일개인은 전체조직의 하부구조에 불과하여 자기의 의사나 능력에 관계 없이 업무에 종사할 수밖에 없는 구조로 인하여 기업이 종전의 불법행위책임의 요건을 완화한 책임을 부담하여야 한다는 주장이다.

이 주장에서의 기업책임의 핵심은 자본적 계산에 기해 계획적·계속적인 영리활동을 하는 독립의 조직체인 기업이 지는 법률적·대외적 책임을 의미하며, 그 특징은 단체책임·무과실책임이다. 이의 주장은 첫째, 민법 제35조 및 제756조에 있어 대표기관 기타 피용자의 주관적 요건은 입증하기 곤란하므로 이를 구제하는 해석론으로 대표기관 기타 피용자의 귀책성과는 별개의 객관화된 기업책임을 인정한다.[85] 둘째 대표기관 기타 피용자에 대한 법인의 구상권[86] 및 피해자의 직접배상청구를 제한하려는 것이다.

이러한 기업책임론의 근거로 이론적 근거와 실정적 근거로 나누어 볼 수 있는데, 이론적 근거는 위험책임 및 보상책임론이고 실정적 근거에 관하여는 견해가 나뉘고 있다. 특히 기업에 의한 환경오염의 경우, 폐수의 방류는 기업활동 그 자체이고, 법인의 대표기관이 그 직무를 행함에 있어 타인에게 손해를 가하거나(민법 제35조), 또는 피용자가 사용자의 사업의 집행에 관하여 제삼자에게 손해를 가하거나 한 때와 같이 특정의 사람의 불법행위에 대하여 법인이 책임을 지는 경우(민법 제756조)와는 본래 본질이 다르다고 한다. 따라서 기업은 민법 제750조에 의해 손해배상책임이 발생한다는 것이다. 즉 인적 조직이 유기적으로 손해의 발생 원인을 제공한 경우 기업 자신에 의한 불법행위책임을 인정하자는 이론이다.

이 이론 구성의 어려운 점은 개인주의, 과실주의를 근간으로 하는 민법 제

---

84) 기업책임론에 대한 상세는, 한웅길, 앞의 논문, 384면 이하 참조.

85) 加藤一郎, 企業責任の法理, ジュリスト 578호 45면.

86) 加藤一郎, 위의 논문, 42면.

750조의 불법행위책임의 이론을 기업책임에 귀책시키기 위해서는 과실의 개념에 대한 코페루니코스적인 전환이 필요하다는 점이다. 과실의 개념을 비난가능성이라는 주관적 심리요소가 아니라 행위의무위반이라는 객관적 행위요소로 보거나 아예 과실을 요건으로 하지 않아야 한다는 것이다.

또 하나의 이론으로는 기관 개인 기타 피용자의 고의·과실 없는 가해행위로 인하여 손해가 발생한 경우 피해자의 구제를 위해 기업의 인적 하자로서 무과실책임규정인 민법 제758조를 주장할 수 있다[87]는 기교적인 이론구성을 한다.

기업책임론에 대한 가장 큰 비판은 대기업과 중소기업의 책임론을 이원화하여 중소기업의 책임론에 대한 입론을 대기업과 달리 시도한다는 점일 것이다. 즉 불법행위를 의사책임적 불법행위와 행위책임적 불법행위로 나누고, 다시 후자를 면책여부에 따라 객관책임적 불법행위와 결과책임적 불법행위로 구별하며,[88] 법인의 불법행위책임은 조직체의 행위라는 특수성 때문에 특수한 객관책임적 불법행위 내지 특수한 결과책임적 불법행위(대기업)를 지게 되는데, 이 책임의 근거로 일응 보이는 제750조, 제756조는 입법자의 의사에 따르면 의사책임적 불법행위에 관한 조문이므로 그 실정적 근거가 되지 못하고, 조리에 따라 법인의 불법행위책임을 위와 같이 구성한다고 한다.

그러나 위의 주장은 대기업과 중소기업을 구별하는 기준의 제시가 없다는 점과 성문법국가에서 특별법규정이 없는 한, 과실책임을 불법행위책임의 기본원칙으로 하고 있는데, 과실이 없더라도 책임이 발생할 수 있는 근거를 '조리' 만으로 이끌어 내는 것은 피해자 구제라는 취지에는 찬성하지만 이론적 한계가 있다고 보여진다.

5. 민법상 단체 관련 특별한 불법행위책임

(1) 감독자인 법인의 책임

민법 제755조는 감독자의 책임이란 제목하에 「다른 자에게 손해를 가한 사람이 제753조 또는 제754조에 따라 책임이 없는 경우에는 그를 감독할 법정의무가 있는 자가 그의 손해를 배상할 책임이 있으며, 다만 감독의무를 게을리하지 아니한 경우에는 그러하지 아니하다」고 규정하여 감독자에게 중간책임을

87) 我妻榮, 事務管理·不當利得·不法行爲, 日本評論社, 1940, 181·182면.

88) 石田穰, 損害賠償法の再構成, 東京大出版會, 1977, 9·10면.

인정하고 있다.

여기에서 보호시설에 있는 미성년자인 경우에는 그 보호시설의 장이 후견인으로서 감독의무자가 된다.[89] 국가 또는 지방자치단체 외의 자가 설치·운영하는 보호시설에 있는 미성년자에 대하여는 대통령령이 정하는 바에 따라 그 보호시설의 소재지를 관할하는 시장·군수·구청장이 지정하는 후견인이 법정감독자가 된다(동법 제3조 제2항). 민법 제755조 제2항은 감독의무자를 갈음하여 대리감독자에게도 손해배상책임을 인정하고 있는데 그러한 자로는 탁아소의 보모, 보육원의 직원, 유치원과 초등학교의 원장이나 교장과 교사, 정신병원의 의사, 소년원의 직원 등을 들 수 있다.

그러나 위의 경우 손해가 발생한 경우에 피해자는 시설단체의 감독의무자나 대리감독자와 함께 시설단체를 공동피고로 하여 감독자에 대하여는 민법 제755조 제1항과 제2항에 따른 감독자의 책임을 묻고, 시설단체에 대하여는 민법 제756조의 사용자책임을 묻게 될 것이다. 이 경우 단체의 그 자에 대한 구상권 여부는 별론하고 단체가 실제 감독자로서 책임을 부담하게 된다.

(2) 피용자의 행위에 대한 법인인 사용자의 책임

민법 제756조는 타인을 사용하여 어느 사무에 종사하게 한 자는 피용자가 그 사무집행에 관하여 제3자에게 가한 손해에 대하여 그 피용자의 선임 및 사무감독을 게을리 하지 않았음을 입증하지 못하는 경우 사용자로서 손해를 배상할 책임에 대하여 규정하고 있다.

오늘날 사용자책임에서 대개의 사용자는 기업이나 단체이기 때문에 사용자책임의 핵심은 기업책임이라고 할 수 있다.[90] 민법 제35조의 법인의 불법행위책임은 법인의 대표자의 불법행위에 대한 법인 자신의 불법행위에 대한 책임인데 반하여, 사용자책임은 자기책임에 대한 예외로서 타인을 사용하는 자에게 그 자의 불법행위에 대하여 책임을 부과함으로써 피해자를 두텁게 보호하는 기능을 발휘하게 된다.[91] 법인의 불법행위책임에서는 법인에게 면책가능성이

89) 보호시설에 있는 미성년자의 직무후견에 관한 법률 제3조 제1항.

90) 공무원에 의한 불법행위는 민법 제756조에 의한 사용자책임의 문제가 아니라 국가배상법 제2조에 의한 국가배상책임의 문제이다. 이도 엄밀히 말하면 공법인인 국가의 피용자에 의한 불법행위이고 그에 대한 책임을 국가가 지는 것이라고 할 수 있다.

91) 예컨대 판례는 종중의 총무는 종중의 대표자라고 할 수 없다고 하면서 종중에 대하여 제35조를 적용하지 않고 제756조의 사용자책임을 적용한다. 대판 2001.1.19, 99다67598.

부여되지 않지만 사용자책임에서는 법인에게 면책가능성이 인정된다(민법 제756조 제1항 단서).[92)]

더구나 사용자책임의 법적 성질을 무과실책임으로 이론구성하면,[93)] 특히 사용자가 기업인 경우에는 피용자보다는 기업에게 책임을 추궁함으로써 피해자로서는 피해구제의 가능성을 높이게 되는 것이다. 실무에서도 사용자측의 면책주장을 거의 받아들이지 않음으로써 사용자책임을 거의 무과실책임의 성격을 갖는 것으로 운용함으로써 손해의 전보 및 손실의 분산기능도 담당하게 하고 있다.

법인의 불법행위책임과 사용자책임은 요건 등에서 별개이지만, 실제로는 경합하는 경우가 있다. 즉 법인의 이사는 법인조직상으로는 대표기관의 구성원이면서도 법인과의 개별적 관계에서는 피용자이기도 하다. 따라서 법인의 이사가 사무를 집행하면서 타인에게 손해를 가하는 때에는 법인은 민법 제35조 혹은 민법 제756조에 의해서 배상책임을 지게 된다. 판례도 법인의 대표기관이 한 불법행위에 대해서는 민법 제35조와 민법 제756조를 특별히 구분하지 않고 적용하는 것으로 보인다.[94)]

주의하여야 할 것은 사용자책임에서는 법인의 불법행위책임인 제35조 제2항에서의 연대책임 규정이 존재하지 않는다는 사실이다. 따라서 피용자는 자신의 불법행위에 대한 자기책임으로서 민법 제750조의 책임을 부담하고, 사용자는 민법 제756조의 사용자책임을 부담하되 양자는 부진정연대채무관계라고 해석하여야 한다.

(3) 법인의 소유 또는 점유 공작물에 관한 책임

현대사회를 위험사회라고 하는 것은 인간의 편의를 위하여 지상과 지중 및 공중에 수많은 공작물들을 설치하고 있고 그러한 공작물의 위험성 때문에 피해가 발생할 가능성이 상존하고 있기 때문이다. 대개의 공작물의 점유자와 소

92) 독일의 실무에서는 법인의 면책가능성을 봉쇄하여 배상책임을 묻기 위하여 대표기관의 범위를 넓게 해석하는 경향이 있다. 송호영, 위의 책, 148면.

93) 중간책임이라고 하는 것이 다수설이나, 제756조 제1항의 단서규정은 사용자의 책임발생의 요건이 아니고 단순히 면책요건이며, 사용자의 과실은 피용자의 선임·감독상의 과실이지 가해행위에 관한 과실이 아니라는 것 등을 들어 이론상 무과실책임이라고 한다. 김현태, 불법행위법의 특수문제, 취송 김현태박사 팔순기념논문집, 법문사, 1997, 285면.

94) 대판 1974.5.28, 73다2014.

유자는 법인 내지 기업이기 때문에 민법 제758조의 공작물의 점유자와 소유자의 책임 규정도 법인에 대한 책임규정으로서 의미를 가진다.

실제 공작물에 해당하는 것을 들어보면 예컨대, 토지의 공작물은 지상 또는 지하에 설치된 시설물로서 건물, 도로, 교량, 제방, 수도설비, 가스관, 고압선, 광고탑, 우물, 담, 놀이기구 등이 이에 해당하고, 건물 내의 공작물은 건물의 일부를 이루는 건물내부로서 천장, 계단, 엘리베이터, 에스컬레이터 등이 이에 속하며, 기업설비는 기계, 기구, 발전기 등인데 그 점유자나 소유자는 대개 법인 내지 기업이라는 점이다.

특히 공작물의 점유자책임은 무과실책임이기 때문에 피해자 구제에 더 확실하다. 또한 동조의 공작물을 넓게 인정하여 공작물 뿐만 아니라 기계, 기구, 철도, 자동차, 항공기, 고속교통기관, 전기, 가스 등의 '동적 위험시설'에도 공작물책임을 유추적용[95]하게 된다.

(4) 법인의 공동불법행위책임

민법 제760조의 공동불법행위책임은 자연인에 의한 공동불법행위보다 하나의 손해발생에 여러 기업시설이 관여하였으나 어느 기업시설에 의하여 손해가 발생하였는지 알 수 없을 때 그에 대한 입증책임이 기업 측에게 전환됨으로서 피해자 구제에 실익이 있게 된다. 예컨대 환경오염과 관련하여 환경오염원을 특정할 수 없을지라도 기업의 공동불법행위책임을 추궁할 수 있게 되어 피해자의 입장에서는 입증책임의 부담없이 손해배상을 청구할 수 있게 된다.

오늘날 공동불법행위의 형태는 여러 가지의 모습으로 나타나고 있으며, 우리 판례는 「수인이 공동하여 타인에게 손해를 가하는 민법 제760조 제1항의 공동불법행위가 성립하려면 각 행위가 독립하여 불법행위의 요건을 갖추고 있으면서 객관적으로 관련되고 공동하여 위법하게 피해자에게 손해를 가한 것으로 인정하여야 한다[96]고 하고, 「사용자를 각각 달리하는 피용자들의 공동과실로 제3자에게 손해를 준 경우에는 그들 피용자들의 사용자들은 공동불법행위로서 책임이 있다」[97]고 한다.

특히 다수설·판례는 객관적 공동설에 입각하여 행위의 공동만이 있으면 민

95) 곽윤직, 채권각론(제6판), 박영사, 2005, 423면.
96) 대판 1998.2.13, 96다7854.
97) 대판 1968.1.28, 68다2245.

법 제760조 제1항의 협의의 공동불법행위의 성립을 인정하므로, 협의의 공동불법행위는 수인이 고의와 고의, 고의와 과실, 과실과 과실, 고의 또는 과실과 무과실책임에 의한 행위의 결합에 의해서 뿐만 아니라, 수인의 행위가 각각 독립한 불법행위를 구성하거나 그 손해발생이 동일한 때도 성립될 수 있어서,[98] 다수의 단체가 관여한 경우 공동불법행위책임을 지우는데 문제가 없다.

6. 특별법상 법인의 불법행위책임

특별법에 의해 기업에게 입증책임이 전환되어 있거나 무과실책임을 지우는 경우가 있다. 위험원을 운영하거나 기업의 운용으로 이익을 얻는 기업에게 손해배상책임을 묻는 특별법이 증가하고 있다.

(1) 환경정책기본법상의 환경오염책임

환경정책기본법 제44조는 제1항에서 환경오염 또는 환경훼손으로 피해가 발생한 경우에는 해당 환경오염 또는 환경훼손의 원인자가 그 피해를 배상하도록 하고 있고, 제2항에서 원인자가 둘 이상인 경우에 어느 원인자에 의하여 제1항에 따른 피해가 발생한 것인지를 알 수 없을 때에는 각 원인자가 연대하여 배상하도록 규정하고 있는데, 여기서 '원인자'는 기업이 될 가능성이 크고, 무과실책임이라는 면에서 불법행위법의 특별규정이라고 할 수 있다. 그 밖의 특별법으로는 토양환경보전법 제10조의 3은 토양오염으로 인한 손해에 대하여 오염원인자에게 무과실책임을, 광업법 제75조는 광해로 인한 배상책임에 대해 무과실책임을, 수산업법 제82조는 수질이 오염되어 면허받은 어업에 피해가 발생하게 되는 경우 그 오염발생시설의 경영자에게 무과실책임을, 원자력손해배상법 제3조 제1항은 원자로의 운전 등으로 인하여 원자력손해가 생긴 때에 원자력사업자에게 무과실책임을, 유류오염손해배상보장법 제5조 제1항은 유류오염손해가 발생한 경우 사고 당시의 선박소유자에게 무과실책임을 지도록 하고 있는데, 각 특별법에서 규정하고 있는 형태의 환경침해에 대해서는 위의 법률들은 민법 제750조에 앞서 적용되므로 환경침해자의 고의 또는 과실이 없는 경우에도 손해배상책임이 인정된다는 것과 원인제공자는 대부분 기업일 가능성이 농후하므로 기업책임적 성격의 특별법이라고 할 수 있다.

---

98) 곽윤직, 앞의 책, 429면.

(2) 자동차손해배상보장법상 자동차운행자의 책임

자동차손해배상보장법 제3조에 의하면 책임의 주체로서 자기를 위하여 자동차를 운행하는 자를 들고 있는데, 자동차운행자는 자동차의 보유자 및 운전자보다 넓은 개념으로 사용된다. 이러한 자동차운행자는 개인뿐만 아니라 기업인 경우도 해당되기 때문에 동법에 의하여 손해배상책임을 지게 된다.

자배법 제3조는 책임발생 근거규정으로 '자기를 위하여 자동차를 운행하는 자가 그 운행으로 인하여 다른 사람을 사망하게 하거나 부상하게 한 때에는 그 손해를 배상'하도록 규정하고 있다 이는 민법 제756조에서 사용자를 '자기를 위하여 자동차를 운행하는 자'라는 개념으로 대체하여 손해배상의무자를 확장하였을 뿐만 아니라, 입증책임을 전환하여 피용자의 과실이 입증되지 않아도 운행자가 면책사유를 주장·입증하지 않는 한 책임을 부담시키는 사실상의 무과실책임으로서,[99] 민법상 사용자책임에 대한 특별규정이므로, 민법의 불법행위규정에 우선하여 적용된다.

(3) 제조물책임법상 제조물책임

제조물책임이라 함은 제조물이 소비자 또는 이용자에게 판매된 경우에, 그 물건의 결함으로 야기된 생명·신체·재산권의 침해로 인한 손해에 대하여 침해를 가한 결함있는 제조물의 제조자 및 공급자가 지는 손해배상책임을 말한다. 기업의 활동으로 인한 대량생산·대량유통·대량소비시대에서 소비자들은 제조물로 인한 신체나 재산상의 손해를 입는 사례가 증대하였고, 종전의 불법행위법에 의한 피해구제가 미흡하게 되면서 과실책임에서 무과실책임으로 전환한 입법이 '제조물책임법'이다. 제조물책임은 대표적인 기업책임이다.

제조물책임의 법적 성격은 주관적 귀책사유로서 과실을 요하지 않는 무과실책임이며 동법은 불법행위법의 특별법이라고 할 수 있다. 제조물책임의 주체는 원칙적으로 제조업자이다(동법 제3조 제1항). 다만 제조물책임법 제3조 제2항은 예외적으로 제조물의 공급자가 제조물책임의 주체가 될 수 있는 경우에 대한 규정을 두고 있으므로 제조물의 공급자도 동법에서 인정하고 있는 예외적인 경우에 한하여 위 책임의 주체가 될 수 있다. 그리고 동일한 손해에 대하여 배상할 책임이 있는 자가 2인 이상인 경우에는 연대하여 그 손해를 배상할 책

---

99) 곽윤직, 앞의 책, 431면.

임이 있다(동법 제5조).

제조물책임을 지는 자로서는 제조업자 및 가공업자·수입업자와 표시제조업자와 오인표시제조업자 표시제조자인 공급자, 상표권자, 설계업자 및 정보제공자 등이 될 것이며 이들은 대개 영업활동의 일환으로 제조물을 유통시키는 기업이다.

(4) 개인정보보호법상 개인정보침해책임

개인정보침해가 종전에는 주로 국가 및 지방자치단체 등 공권력에 의해 이루어졌으나, 정보의 중요성이 인식되기 시작하면서부터는 대기업, 신용조사기관, 광고물우편물업자, 정보통신서비스업자, 쇼핑몰운영업자 등 민간부문에 의한 개인정보의 습득 및 오용사례가 부쩍 늘고 있다. 정보통신기술이 발달하면 할수록 개인정보침해도 갈수록 대형화·지능화·다양화되고 있다.

특히 오늘날 그 거래량이 기하급수적으로 증가하고 있는 전자거래에서는 숍운영자, 몰관리자, 네트워크서비스제공자, 통신사업자, 인증기관, 결제업자(카드사 또는 전자화폐발행·관리업자) 등 다수의 관계자가 관여하기 때문에 개인정보의 노출기회가 그만큼 많다. 더구나 SNS의 등장으로 기업이 이를 개인정보의 수집에 적극 활용하면서 개인정보침해 가능성은 더욱 커졌으며, 소셜커머스의 등장은 이제 기업으로부터의 개인정보보호가 중요한 과제임을 인식시키고 있다.

이러한 시대적 상황에 따라 개인정보보호법 제정에 대한 사회적 요구가 높아졌고, 2011년 9월에 동법이 시행되기에 이르렀다. 동법에서는 개인정보 보호기준을 준수해야 할 대상을 공공기관과 정보통신서비스 제공자뿐만 아니라 모든 민간사업자와 단체로까지 확대했다. 또 다수의 정보주체가 피해를 입거나 피해를 입을 가능성이 높은 경우 소비자단체나 비영리단체를 통해 '단체소송'을 제기할 수 있도록 길을 열어주고 있는 것도 특징이다.

이제 개인정보보호는 국가 및 지방자치단체로부터 오히려 개인정보를 많이 축적하고 활용하고 있는 사업자인 기업에 대한 소비자보호의 문제로 그 무게중심이 이동하고 있다. 따라서 소비자보호의 관점에서 기업에 의한 개인정보의 침해뿐만 아니라 개인정보의 유출과 기술적 문제로 인한 해킹까지 염두에 두고 법적 차원에서 보호수준을 높여야 하는 과제가 주어져 있다고 할 수 있다.[100)]

---

100) 송오식, 소비자법, 전남대학교출판부, 2013, 360-361면.

개인정보보호법의 제정으로 이제 공공기관뿐만 아니라 비영리단체 등 업무상 개인정보파일을 운용하기 위하여 개인정보를 처리하는 자는 모두 동법에 따른 개인정보 보호규정을 준수하여야 하고, 정보통신망을 이용하지 않는 순수한 오프라인 사업자와 협회, 동창회 등 비영리단체 등도 법 적용대상에 들어오게 되었다는 점이 특징이다.

동법 제39조 제1항 본문은 「정보주체는 개인정보처리자가 이 법을 위반한 행위로 손해를 입으면 개인정보처리자에게 손해배상을 청구할 수 있다.」고 하고, 다시 단서에서 「이 경우 그 개인정보처리자는 고의 또는 과실이 없음을 입증하지 아니하면 책임을 면할 수 없다」 고 하여, 주관적 귀책사유의 입증책임을 전환시킴으로서 정보 주체의 손해배상을 용이하게 하도록 하였다.

7. 법인의 불법행위의 성립요건

(1) 대표기관에 의한 일반적 불법행위

가. 대표기관의 행위일 것

법인이 손해배상책임을 지는 것은 「이사 기타 대표자」의 불법행위에 대하여서이다(민법 제35조 제1항 전문). 여기서 기타 대표자라는 것은 법인의 '대표기관'을 의미한다.[101] 법인의 대표기관에는 이사, 임시이사(민법 제63조), 특별대리인(민법 제64조), 직무대행자(민법 제52조의 2, 제60조의 2), 청산인(민법 제82조, 제83조) 등이 있다. 판례는, 여기서의 법인의 대표자에는 그 명칭이나 직위 여하 또는 대표자로 등기되었는지 여부를 불문하고 당해 법인을 실질적으로 운영하면서 법인을 사실상 대표하여 법인의 사무를 집행하는 사람이 포함된다고 한다.[102] 또한 명칭에 관계없이 실질적으로 법인이나 단체를 대표하는 직책에 있는 자이면 이에 해당한다. 예컨대 교회재단법인의 대표기관을 구성하는 목사 또는 전도사 등이 종교활동을 빙자하여 행한 불법행위는 법인의 행위로 볼 수 있다고 한다.[103]

---

101) 민법 제35조에서 말하는 '이사 기타 대표자'는 법인의 '대표기관을' 의미하는 것이고 대표권이 없는 이사는 법인의 기관이기는 하지만 대표기관은 아니기 때문에 그들의 행위로 인하여 법인의 불법행위가 성립하지 않는다. 대판 2005.12.23, 2003다30159.

102) 대판 2011.4.28, 2008다15438. 그리고 이러한 법리는 주택조합과 같은 비법인사단에도 마찬가지로 적용된다고 한다.

103) 대판 1976.7.13, 75누254.

이와 같은 대표기관이 아닌 기관, 예컨대, 사원총회와 감사의 행위로 법인의 불법행위는 성립하지 않는다. 그러나 이에 대하여 법인의 대표기관의 행위가 아니라 하더라도, 경우에 따라서는 법인의 불법행위책임을 인정하여야 한다고 하는 주장이 있다.[104] 예컨대, 사원총회의 결의의 형식으로 타인의 명예를 훼손하는 성명을 외부에 공표하는 경우에는, 법인에게 불법행위책임을 지워야 한다는 것이다.

대표기관이나 다른 기관이 아닌 이사의 대리인(민법 제62조), 예컨대, 이사에 의하여 선임되어 대리권이 주어지는 지배인, 개개의 행위의 임의대리인의 행위에 의하여 법인의 불법행위가 성립하는가? 이 때에도 민법 제35조 제1항을 유추적용하여 법인의 불법행위책임을 인정하여야 한다는 견해[105]가 있으나, 이 때에는 법인은 단지 사용자로서 배상책임(제756조)을 지면 될 것이다.[106]

나. 대표기관의 일반 불법행위가 있을 것

민법 제35조 제1항은 일반불법행위에 관한 제750조의 특별규정이므로 제750조가 요구하는 일반불법행위의 요건이 갖추어져야 한다. 그렇다면 제750조에서 요구하는 일반불법행위의 성립요건을 모두 갖추어야 하는가.

일반불법행위의 성립요건은 주관적 요건으로서 책임능력, 고의·과실, 객관적 요건으로서 위법성, 인과관계, 손해의 발생을 드는 것이 일반적이다. 객관적 요건으로서 위법성, 인과관계, 손해의 발생을 요한다는 것에는 다툼이 없다. 주관적 요건으로서 과실을 요한다는 데에 대해서도 이견이 없다. 다만 법인의 불법행위책임을 규정한 민법 제35조의 취지에 비추어 대표기관의 책임능력의 유무와 관계없이 법인의 불법행위책임을 인정하자는 주장이 있다.[107]

대표기관의 책임능력이 필요한가를 따지기 위해서는 과실과 책임능력의 관계를 비롯한 책임능력의 성질에 대한 고찰을 필요로 한다. 종전 과실을 심리상태로 보는 견해에 의하면 불법행위책임의 성립요건으로서 고의 또는 과실의 전제로서 책임능력이 있을 것을 요구하였다(과실전제설). 법적 평가의 대상으로

104) 고상룡, 앞의 책, 209면; 김용한, 민법총칙(재전정판), 박영사, 1993, 178면.

105) 이영준, 민법총칙(개정증보판), 박영사, 2007, 948면; 김용한, 위의 책, 178면.

106) 곽윤직, 민법총칙(제8판), 180면; 고상룡, 위의 책, 209면; 장경학, 앞의 책, 325면; 김주수·김상용, 231; 김상용, 앞의 책, 법문사, 240면.

107) 이영준, 앞의 책, 951면; 이은영, 민법총칙, 289면.

서 의사활동을 문제삼기 위해서는 행위자가 최소한 일정한 지능 내지 판단능력을 가질 것이 필요하다.

그런데 통설과 달리 유력설은 책임능력을 고의·과실의 전제요건으로 보지 않고 고의·과실의 전제로서 행위자의 가해행위에 대하여 배상책임을 부과하는 것이 사회적으로 타당한가라는 규범적 판단의 기준을 책임능력으로 이해하기도 한다. 따라서 책임능력은 행위자에 대한 손해배상책임 귀속의 전제가 된다(책임전제설).[108] 다른 견해는 책임무능력을 과실책임주의의 전제로서 고려할 필요는 없고, 약자보호를 위한 정책적인 면책제도에 지나지 않는 것으로 이해한다.[109] 그 논거로서 오늘날 과실을 심리상태와는 무관한 객관적 행위의무위반으로 파악하는 견해에 의하면, 책임개념은 이와 같은 과실개념과는 다른 성질의 것으로서 법적 가치판단능력이라고 한다. 즉 과실을 객관화하여 본인을 기준으로 하지 않고 보통인·평균인을 기준으로 예견가능성을 기초로 한 행위의 무위반이라고 하면, 본인의 개인적 판단능력은 문제되지 않는다고 하고, 이러한 책임능력은 개인적 판단능력에 따라서 그 유무가 결정되는 것이 아니고 가해행위의 종류와 태양에 따라, 행위자의 요보호성 유무에 따라 판단되어야 한다고 한다.[110]

오늘날 학설과 판례는 일치하여 과실개념을 객관적으로 구성한다. 과실개념을 객관적으로 구성하는 한, 유책성으로서 과실과 책임능력을 들면서 책임능력을 과실의 전제요건으로 보는 것은 이론적으로 맞지 않게 되었다. 과실을 행위의무위반으로 보게 되면 책임능력은 과실과는 별개의 불법행위성립요건으로서 가치판단능력으로 보아야 한다.[111]

법인의 불법행위책임이 성립하기 위해서는 대표기관의 불법행위가 전제되어야 하는데, 이 때 대표기관이 하는 불법행위의 태양에는 제한이 없다. 즉 대표기관의 불법행위는 강제집행의 방해행위[112]나 불법쟁의행위[113]와 같은 사실

---

108) 이은영, 채권각론, 박영사, 2007, 809면.

109) 前田達明, 不法行爲歸責論, 創文社, 1978, 65면; 平井義雄, 損害賠償法の理論, 東京大學出版部, 1971, 91면.

110) 이러한 경향은 제755조 감독자의 책임에서도 잘 드러난다.

111) 판례는 8세인 미성년자라 하여도 특별한 사정이 없는 한 책임능력은 없어도 사리를 변식할 능력, 즉 과실능력은 있다고 하여 책임능력과 과실을 구별하고 있다. 대판 1968.8.30., 68다1224.

112) 대판 1959.8.27, 4291민상395.

행위적 불법행위일 수도 있고, 사립학교법을 위반한 금원의 차용행위[114]나 조합원총회의 결의를 거치지 아니하여 무효로 된 연대보증행위[115]와 같은 거래적 불법행위일 수도 있으며, 또한 재판외의 행위뿐만 아니라, 타인을 허위로 고소하는 등의 재판상 행위에 대해서도 불법행위가 성립한다.

(2) 직무에 관한 행위

대표기관이 '직무에 관하여' 한 행위만이 법인의 행위가 되므로, 대표기관이 '직무에 관하여' 타인에게 손해를 가한 때에만 법인의 불법행위가 성립하게 된다. 그러므로 대표기관의 행위라 할지라도 「직무에 관한 행위」가 아닌 때에는 대표기관 개인의 불법행위일 뿐이고 법인의 불법행위로 되지 않는다.

가. 직무가 목적범위 내에 한정되는지 여부

다수설은 여기에서의 '직무'는 '목적범위 내'를 뜻한다고 한다. 왜냐하면 목적은 권리능력을 제한하므로, 목적을 넘은 행위는 법인의 (불법)행위가 될 수 없기 때문이다.[116] 그리고 이러한 점은 제35조 제2항이 '목적범위 외의 행위'에 관하여 법인의 불법행위책임을 부인하는 점에서도 나타난다고 한다.[117]

그러나 이에 달리 목적이 권리능력을 제한하지 않는다는 입장에서는, 목적범위를 넘은 행위도 법인의 (불법)행위가 되므로, 직무를 목적범위 내로 한정할 이유가 없다고 한다.[118] 더 나아가 제1항과 제2항을 대표자의 행위가 목적범위 내인 경우와 목적범위 외인 경우를 규율하는 것으로 보게 되면, 후자의 경우에 피해자는 자력 있는 법인에게는 불법행위책임을 물을 수 없게 되어 피해자 구제가 불충분하게 되는 부당성이 생기기 때문에 동조항의 '직무'는 목적범위 내인지 여부를 불문하고, 법인의 업무로서 행해진 경우를 포괄하는 것이 타당하다고 한다.

생각건대, 일반적으로 학설에서 '직무'와 '직무에 관하여'를 엄격히 구분하

---

113) 대판 1994.3.25, 93다32828·32835.
114) 대판 1987.4.28, 86다카2534.
115) 대판 2004.2.27, 2003다1809·5280.
116) 법인의 행위능력의 범위 내의 행위에 관한 대표기관의 불법행위가 법인의 불법행위로 된다는 표현도 같은 의미이다. 곽윤직·김재형, 앞의 책, 181면.
117) 따라서 제35조 제1항과 제2항의 구별은 목적이 권리능력을 제한한다는 법적 근거라고 한다.
118) 김증한·김학동, 앞의 책, 211면.

여 해석하고 있지는 않은 것 같다. 대개는 '직무에 관하여'의 해석을 시도하고 있고, 기본적으로 직무행위의 범위 내에서만 법인을 대표하기 때문에 직무행위 범위를 벗어나면, 그 행위는 기관의 행위가 되지 않으며, 따라서 법인의 행위가 아니게 된다. 따라서 대표기관의 직무와 법인의 목적은 구별되어야 할 것이며, 민법 제35조에서의 해석에서는 '직무에 관하여'의 해석이 주가 될 것이며, 그것은 직무범위 내인가 그렇지 않으면 직무범위와의 견련성까지 확대할 것인가의 문제로 보아야 할 것이다.

나. '직무에 관하여'에 대한 이른바 외형이론

'직무에 관하여'라 함은 직무행위 자체는 물론 행위의 외형상 대표기관의 직무수행행위라고 볼 수 있는 행위 및 직무행위와 사회관념상 견련성을 가지는 행위를 포함한다. '직무에 관하여'의 해석에서 학설과 판례는 이른바 외형이론에 의한 법인의 불법행위책임의 확대를 시도하였다. 이른바 외형이론은 민법 제35조 제1항의 해석뿐만 아니라 민법 제756조 제1항 사용자책임에서 '사무집행에 관하여'의 해석에서도 동일하게 적용되는 이론이다.

직무행위에 관한 행위인지의 판단기준 및 판례에 관하여 좀 더 살펴보면 다음과 같다.

첫째, 행위의 외형상 대표기관의 직무행위라고 인정될 수 있는 것은, 비록 그 행위가 부당하게 행하여져도 '직무에 관하여'에 해당한다. 판례도 이와 같이 해석하고 있다. 예컨대, 대표이사가 회사재산에 대한 압류를 불능케 하여 채권자에게 손해를 가한 것은 '직무에 관하여' 행한 행위로 판시하고 있다.[119] 또한 학교법인의 이사장의 이사회의 결의나 주무관청의 허가 없는 차금행위(借金行爲)를 외형상 직무집행행위로 인정하여 학교법인의 책임을 인정하였다.[120] 그 밖에 회사의 대표이사가 회사 소유의 자동차에 대한 집달관의 강제집행을 방해하여 압류 불능케 하고 이로 말미암아 채권자에게 손해를 입힌 경우,[121] 농지개량조합의 조합장이 어음을 발행함에 있어서 소정절차를 밟지 아니하여 조합의 채무로 성립되지 아니함에도 금전을 차입하여 채권자에게 손해를 끼친

119) 대판 1959.8.27, 4291민상365.

120) 대판 1975.2.25, 74다2023; 대판 1975.5.27, 75다718; 대판 1975.8.19, 75다666; 대판 1978.3.14, 78다1342.

121) 대판 1959.8.27, 4291민상395.

경우,[122] 토지구획정리조합의 대표자가 구획정리사업 시공회사의 원활한 자금 운용 등을 위하여 시공회사의 채무를 연대보증하였으나 조합원총회 등의 결의를 거치지 아니함으로써 연대보증행위가 무효로 된 경우[123] 등이 모두 직무에 관한 행위로 인정된다.

둘째, 직무행위와 사회관념상 견련관계에 있는 행위도 직무에 포함된다. 즉 행위 자체로는 본래 직무행위에 속하지 않으나, 직무행위와 상당한 인과관계가 있는 행위도 '직무에 관하여'에 해당한다고 보아야 한다. 예컨대, 회사의 대표이사가 그 회사의 운영자금을 마련하기 위하여, 자기가 전무이사로 있는 다른 회사명의의 수표를 위조하여 담보로 제공하고 금전을 차용한 경우에, 이 행위는 직무행위와 견련관계가 있으므로 '직무에 관하여'에 해당한다.[124] 이 점에서 민법 제35조의 「직무집행에 관하여」는 민법 제756조의 사용자책임에서의 「사무집행에 관하여」와 대체로 같은 뜻으로 해석된다.

셋째, 법인의 대표기관이 사리(私利)를 도모할 목적으로 권한을 남용하여 부정행위를 한 경우에도, 판례는 법인의 불법행위책임을 인정하고 있다. 그리하여 행위의 외형상 법인의 대표자의 직무행위라고 인정될 수 있는 것이라면, 설사 그것이 대표자 개인의 사리를 도모하기 위한 것이었거나, 혹은 법령의 규정에 위배된 것이었다 하더라도, 직무에 관한 행위에 해당한다고 판시하고 있다.[125] 대표권 남용의 문제로서 이하에서 기술하도록 한다.

이러한 외형이론이 직무견련성을 확대함으로써 피해자 구제에는 적절하나 지나친 확대는 법인에게 불측의 손해를 가할 가능성이 있다. 피해자가 대표기관이 한 행위가 직무에 관한 행위가 아니라는 것을 이미 알고 있었거나 조금만 주의를 기울였더라도 알 수 있었던 경우까지 법인에게 손해에 대한 책임을 지우는 것은 불공평하게 된다.

판례는 「법인의 대표자의 행위가 직무에 관한 행위에 해당하지 아니함을 피해자 자신이 알았거나 또는 중대한 과실로 인하여 알지 못한 경우에는 법인에게 손해배상책임을 물을 수 없다고 할 것이고, 여기서 중대한 과실이라 함은

122) 대판 1974.6.25, 74다71.
123) 대판 2004.2.27, 2003다15280.
124) 대판 1974.5.28, 73다2014.
125) 대판 1969.8.26, 68다2320; 대판 2004.2.27, 2003다15280.

거래의 상대방이 조금만 주의를 기울였더라면 대표자의 행위가 그 직무권한 내에서 적법하게 행하여진 것이 아니라는 사정을 알 수 있었음에도 만연히 이를 직무권한 내의 행위라고 믿음으로써 일반인에게 요구되는 주의의무에 현저히 위반하는 것으로 거의 고의에 가까운 정도의 주의를 결여하고, 공평의 관점에서 상대방을 구태여 보호할 필요가 없다고 봄이 상당하다고 인정되는 상태를 말한다」[126]고 하여 외형이론의 제한을 받아들이고 있다. 여기서 주의해야 할 점은 외형이론의 제한은 대표기관의 거래적 불법행위에 한정된다는 점이다.

다. 대표권 남용의 문제

법인의 대표기관이 부정한 대표행위를 한 경우(그 대표적인 예가 대표권남용의 경우이다)에 제35조 제1항을 적용할 수 있는가의 문제가 있다.

대표권의 남용이란, 법인의 대표기관이 외형적·형식적으로 대표권의 범위 내에서, 그러나 실질적으로는 자기 또는 제3자의 이익을 위하여 대표행위를 하는 것을 말한다. 법인의 대표가 사리를 도모할 목적으로 권한을 남용하여 부정한 대표행위를 한 경우에 어떻게 처리할 것인가. 이 문제는 대표기관의 행위가 불법행위에 해당하면 당연히 민법 제35조 제1항이 적용되기 때문에, 결국 대표기관의 법률행위(부정한 대표행위)에 대해서도 법인의 불법행위책임(제35조) 내지 다른 책임을 물을 수 있는가의 문제이다. 이에 대해서 민법은 규정을 하고 있지 않으므로 해석에 의하여 문제를 해결해야 한다.

학설은 이에 관하여, 민법 제35조에 의하여 법인의 불법행위책임, 즉 손해배상책임을 인정할 것이 아니라, 먼저 민법 제126조에 의한 표현대리의 법리를 우선 적용하여 법인에게 이행책임을 부담시키고, 그 적용요건이 부정되는 경우에 불법행위책임을 인정하는 견해[127]와 이에 대해서 표현대리를 인정하게 되면, 불법행위에 의한 손해배상책임보다도 엄격한 이행책임을 법인에게 인정되는 결과가 되어 균형이 맞지 않아 타당치 못하다는 반론을 제기하면서, 대표권의 남용의 경우에도 민법 제35조를 적용하여야 한다는 견해,[128] 상대방(즉, 피해자)의 선택에 따라 법인에게 제35조에 의한 손해배상책임과 제126조에 의한 행위책임을 묻게 하자는 견해,[129] 제35조 제1항은 상대방 보호를 위하여 대표기

126) 대판 2004.3.26, 2003다34045.
127) 고상룡, 앞의 책, 214-215면; 곽윤직·김재형, 앞의 책, 181면; 김증한·김학동, 앞의 책, 203면.
128) 이영준, 앞의 책, 947면; 백태승, 민법총칙(제2판), 법문사, 2006, 243면.

관이 채무불이행이거나 불법행위이거나를 불문하고 제3자에게 야기한 손해배상책임을 규정한 것이기 때문에 대표권남용의 경우에도 제35조 제1항을 적용하여야 한다는 견해[130], 판례와 같이 비진의표시에 관한 규정을 유추적용하여 상대방이 악의인 경우에는 무효로 보자는 견해[131], 악의의 상대방이 법인에게 대표권남용행위의 효과를 주장하는 것은 신의칙 혹은 권리남용이라는 견해[132]도 있다.

생각건대, 대표기관의 부정한 대표행위는 외형적·형식적으로는 대표권의 범위 내에서 행해졌기 때문에 대표기관이 한 법률행위 효과는 법인에게 귀속되어야 한다. 법인과 대표기관 사이에는 대표권이 존재하기 때문에 제3자로서는 그러한 외관을 신뢰하고 거래하는 경우가 많다. 따라서 상대방 보호를 위해서는 거래상대방이 의도한 이행을 담보해주어야 한다. 이 점에서 제126조의 표현대리의 법리에 따라 법인은 이행책임을 져야 한다. 물론 그에 대한 손해에 대해서는 내부적으로 법인이 대표기관에게 책임을 물을 수 있을 것이다. 그러나 그러한 사실을 상대방이 알았거나 알 수 있었을 때까지 법인에게 책임을 묻는다는 것은 가혹하기 때문에 이 경우에는 법인의 책임을 부정하여야 할 것이다.

민법 제35조 제1항의 불법행위책임을 인정하면 법인의 손해배상책임, 과실상계, 대표자 개인의 책임 등이 인정됨에 반하여, 제126조 표현대리에 의한다면 대표자의 법률행위에 대하여 법인에게 이행책임을 부과할 수 있지만 대표자 개인에게는 원칙적으로 그 책임을 인정할 수 없는 점에서 양 견해의 효과면에서 차이가 있다.

대표권남용에 대한 논의는 대리권남용에서의 이론과 유사하다. 다만 판례는 대리권남용에 관하여 판례가 일관되게 민법 제107조 1항 단서를 유추적용하고 있지만,[133] 대표권남용에서는 신의칙설을 따른 것도 있다. 즉「주식회사의 대표이사가 그 대표권의 범위 내에서 한 행위는 설사 대표이사가 회사의 영리목적과 관계없이 자기 또는 제3자의 이익을 도모할 목적으로 그 권한을 남

129) 황적인, 현대민법론Ⅰ, 박영사, 1985, 119면.

130) 김상용, 앞의 책, 641면.

131) 최기원, 신회사법론, 619면.

132) 정동윤, 회사법, 416면; 이철송, 회사법강의, 599면.

133) 대판 1975.3.25, 74다1452; 대판 1997.8.29, 97다18059; 대판 2008.5.15, 2007다23807; 대판 2013.7.11, 2013다16473.

용한 것이라 할지라도 일응 회사의 행위로서 유효하고 다만 그 행위의 상대방이 그와 같은 정을 알았던 경우에는 그로 인하여 취득한 권리를 회사에 대하여 주장하는 것이 신의칙에 반하므로 회사는 상대방의 악의를 입증하여 그 행위의 효과를 부인할 수 있을 뿐이다」고 한다.[134)]

판례는 행위의 외형상 법인의 대표자의 직무행위라고 인정될 수 있는 것이라면, 설사 그것이 대표자 개인의 사리를 도모하기 위한 것이었거나 혹은 법령의 규정에 위배된 것이었다 하더라도 직무에 관한 행위에 해당한다고 판시[135)]하여 표현대리의 법리에 의하지 않고, 법인의 불법행위책임을 인정하기도 하나, 농업협동조합지소장이 그의 개인적인 사업자금조달을 위하여 농업협동조합 명의로 자금을 차입하는 행위를 조합 자체의 불법행위로 인정하지 않은 경우도 있다.[136)]

판례는 대표권남용행위의 효력에 대하여, 「대표이사의 대표권한 범위를 벗어난 행위라 하더라도 그것이 회사의 권리능력의 범위 내에 속한 행위이기만 하면 대표권의 제한을 알지 못하는 제3자가 그 행위를 회사의 대표행위라고 믿은 신뢰는 보호되어야 하고, 대표이사가 대표권의 범위 내에서 한 행위는 설사 대표이사가 회사의 영리목적과 관계없이 자기 또는 제3자의 이익을 도모할 목적으로 그 권한을 남용한 것이라 할지라도 일단 회사의 행위로서 유효하고, 다만 그 행위의 상대방이 대표이사의 진의를 알았거나 알 수 있었을 때에는 회사에 대하여 무효가 되는 것이며, 이는 민법상 법인의 대표자가 대표권한을 남용한 경우에도 마찬가지이다」[137)]라고 한다.

또한 비법인사단의 대표권남용에 대해서도 동일한 법리를 적용한다. 즉, 「비법인사단의 대표자가 직무에 관하여 타인에게 손해를 가한 경우 그 사단은 민법 제35조 제1항의 유추적용에 의하여 그 손해를 배상할 책임이 있고, 비법인사단의 대표자의 행위가 대표자 개인의 사리를 도모하기 위한 것이었거나 혹은 법령의 규정에 위배된 것이었다 하더라도 외관상, 객관적으로 직무에 관한 행위라고 인정할 수 있다면 민법 제35조 제1항의 직무에 관한 행위에 해당한

134) 대판 1987.10.13, 86다카1522; 대판 2008.1.18, 2005다34711.

135) 대판 1969.8.26, 68다2320.

136) 대판 1964.12.29, 64다1321.

137) 대판 2004.3.26, 2003다34045.

다 할 것이나, 한편 그 대표자의 행위가 직무에 관한 행위에 해당하지 아니함을 피해자 자신이 알았거나 또는 중대한 과실로 인하여 알지 못한 경우에는 비법인사단에게 손해배상책임을 물을 수 없다」[138]고 한다.

라. 대표권의 유월

대표권의 남용과 구별하여 대표권의 유월 개념을 이끌어내기도 한다.[139] 즉 대표권 유월이란 법인의 대표자가 비록 법인의 목적범위 내이기는 하지만 자신에게 부여된 대표권의 범위를 넘어서서 대표행위를 한 경우를 말한다고 한다. 학설은 대표권의 남용과 대표권의 유월을 구분하지 않고 있는 것으로 보인다. 예컨대 학교재산에 대하여 저당권을 설정하여 금원을 차용할 권한이 없는 학교법인의 대표자가 차금행위를 한 경우가 이에 해당한다.

대표권이 유월되어 행사됨으로써 상대방이 피해를 입은 경우에 법인에게 어떠한 책임이 인정되느냐에 관하여, 학설은 이 경우에도 민법 제35조를 적용하여 법인의 불법행위책임을 인정하려는 견해, 무권대리로서 민법 제126조의 표현대리의 규정을 적용하려는 견해 및 민법 제35조의 불법행위책임과 민법 제126조의 표현대리의 규정을 당사자가 선택해서 적용할 수 있다는 견해로 나뉜다. 판례는 「법인의 대표자의 행위가 직무에 관한 행위에 해당하지 아니함을 피해자 자신이 알았거나 또는 중대한 과실로 인하여 알지 못한 경우에는 법인에게 손해배상책임을 물을 수 없다고 할 것이고, …」라고 하고 있는 것으로 보면, 기본적으로 대표권이 유월된 경우에도 민법 제35조의 불법행위책임이 성립될 수 있다고 판단하고 있는 것으로 보인다.[140]

그러나 동 판례에서, 「대표이사의 대표권한 범위를 벗어난 행위라 하더라도 그것이 회사의 권리능력의 범위 내에 속한 행위이기만 하면 대표권의 제한을 알지 못하는 제3자가 그 행위를 회사의 대표행위라고 믿은 신뢰는 보호되어야 하고, 대표이사가 대표권의 범위 내에서 한 행위는 설사 대표이사가 회사의 영리목적과 관계없이 자기 또는 제3자의 이익을 도모할 목적으로 그 권한을 남용한 것이라 할지라도 일단 회사의 행위로서 유효하고, 다만 그 행위의 상대방이 대표이사의 진의를 알았거나 알 수 있었을 때에는 회사에 대하여 무

138) 대판 2008.1.18, 2005다34711.

139) 송호영, 앞의 책, 154-155면.

140) 대판 2004.3.26, 2003다34045; 대판 2008.5.15, 2007다23807.

효가 되는 것이다」라고 하고 있어서, 민법 제35조의 손해배상의 문제로 보지 않고 민법 제107조 제1항에 의한 해결을 시도하고 있는 것을 알 수 있다.[141)]

생각건대 대표권의 남용이든 대표권의 유월이든 민법 제35조가 적용되려면 성립요건상 대표기관의 불법행위가 있어야 하는데, 제126조나 제107조 제1항 단서의 유추적용을 위해서는 대표기관의 거래적 불법행위가 전제된다. 만약 대표자가 법인의 목적범위 외의 행위로 인하여 타인에게 손해를 가한 때에는 법인은 손해배상책임을 지지 않으므로(민법 제35조 제2항), 목적범위 내에서 한 대표권한을 넘어선 '거래적 불법행위'에 대한 처리가 문제된다.

민법 제35조는 불법행위책임에 따른 손해배상 책임귀속의 문제이고 제126조나 제107조 제1항 단서는 법률행위에 따른 이행책임 귀속의 문제이다. 제107조 제1항 단서와 제126조를 적용하여 법인에게 이행책임을 묻고자 하는 경우에는 상대방의 선의·무과실이 요구되고, 제35조를 적용시에는 원칙적으로 상대방의 선의·무과실을 요건으로 하지 않으나, 법인 측에서 손해배상책임을 면하기 위해서는 대표기관의 권한 외의 행위라는 상대방의 악의·중과실을 입증하여 면책될 수 있는 점에서 차이가 난다.

대표권의 남용에서 언급했던 것처럼 민법 제35조 제1항의 불법행위책임을 인정하면 법인의 손해배상책임, 과실상계, 대표자 개인의 책임 등이 인정됨에 반하여, 제126조 표현대리에 의한다면 대표자의 법률행위에 대하여 법인에게 이행책임을 부과할 수 있지만 대표자 개인에게는 원칙적으로 그 책임을 인정할 수 없는 점에서 양 견해의 효과면에서 차이가 있다.

이처럼 양자는 그 성립요건이나 효과가 다르므로, 그 중 어느 하나만이 적용되어야 하는 관계는 아니다. 따라서 상대방은 법인을 상대로 민법 제126조의 표현대리에 따른 이행책임 혹은 민법 제35조 소정의 불법행위에 따른 손해배상책임을 선택적으로 주장할 수 있다고 보아야 한다.[142)] 단체에게 권리능력과 행위능력을 인정하고 더 나아가 불법행위능력을 인정하고 있는 것은 법인으로 하여금 거래의 주체로서 활동하는 것뿐만 아니라 그에 부수하여 발생하는 손해에 대하여도 책임의 주체로서 인정하는 것이다. 피해자 구제라는 측면에서 대표권의 남용과 대표권의 유월의 경우에 피해자로서는 요건면이나 효과면에

141) 대판 2004.3.26. 선고 2003다34045 판결; 대법원 2005.7.28. 선고 2005다3649 판결 등 참조)
142) 동지, 송호영, 앞의 책, 155면.

서 유리한 주장을 할 수 있도록 선택적 주장의 가능성을 열어 둘 필요가 있다.

(3) 타인에게 가한 손해

다음의 요건으로 '타인'에게 가한 손해여야 한다. 여기서 타인이란 원칙적으로 법인의 구성원이 아닌 제3자를 의미한다. 그러나 경우에 따라서는 법인의 대표기관이 직무와 관련하여 법인의 구성원인 사원이나 다른 기관인에 대해서 손해를 끼쳤다면 이들 사원이나 기관인도 '타인'에 해당되어 법인을 상대로 손해배상을 청구할 수 있다. 예컨대 법인의 대표이사가 직무상 알게 된 다른 이사나 사원의 개인정보를 유출한 경우에 이로 인해 피해를 입은 이사나 사원은 법인을 상대로 민법 제35조의 손해배상책임을 물을 수 있다. 또한 판례는 도시재개발법에 의하여 설립된 재개발조합의 조합원이 조합의 이사 기타 조합장 등 대표기관의 직무상의 불법행위로 인하여 직접 손해를 입은 경우에는 도시재개발법 제21조, 민법 제35조에 의하여 재개발조합에 대하여 그 손해배상을 청구할 수 있다고 판시하고 있다.[143)]

(4) 손해의 발생

손해가 발생하여야 한다. 손해라 함은 신체·재산 그 밖의 법익에 관하여 받은 불이익을 말한다. 대개 법인의 불법행위에서는 대표기관의 사실적 불법행위보다는 거래적 불법행위에 의한 손해가 문제되는 경우가 많다. 손해의 개념에 대해서는 '차액설'이 주류를 이루고 있는데, 민법 제35조의 손해개념에 이른바 '간접손해'는 포함되지 않는다는 것이 판례의 태도이다. 즉 도시재개발조합의 대표기관의 직무상 불법행위로 조합에게 과다한 채무를 부담하게 함으로써 재개발조합이 손해를 입고 결과적으로 조합원의 경제적 이익이 침해되는 손해와 같은 간접적인 손해는 민법 제35조에서 말하는 손해의 개념에 포함되지 아니하므로 이에 대하여는 본조에 기한 손해배상을 청구할 수 없다고 한다.[144)]

8. 법인의 불법행위책임의 효과

(1) 법인의 책임

법인은 위의 요건을 충족하면 발생한 손해를 배상할 책임이 있다. 피해자

143) 대판 1999.7.27, 99다19384.
144) 대판 1999.7.27, 99다19384.

를 두텁게 보호하기 위하여 법인의 책임과 동시에 행위를 한 기관도 자기의 손해배상책임을 면하지 못하도록 하고 있는데(제35조 제1항 후단), 양자는 부진정연대배상책임을 진다. 그런데 법인의 불법행위책임과 병존적으로 대표기관의 불법행위에 대해서 법인은 사용자배상책임도 부담한다는 주장이 있다.[145] 요건면에서 차이가 있으므로 그와 같이 해석할 것이 아니라, 법인은 제35조 제1항 전문에 의하여 법인 자신의 불법행위책임만을 진다고 하여야 할 것이다.

오늘날 대형화되고 치명적 폐해를 일으키는 대형적 산업책임에 대하여서는 법인의 불법행위책임에서도 예방적 보호청구권이나 안전조치청구권과 같은 사전예방, 사전권리보호청구권의 인정이 필요하다.

(2) 법인기관 개인의 책임

가. 법인책임의 성립의 경우

법인의 불법행위가 성립하는 경우 법인기관 개인은 법인과 함께 부진정연대책임을 진다(제35조 제1항 후문).[146] 이와 같이 법인의 손해배상책임과 경합적으로 기관 개인의 책임을 인정하는 것은, 입법정책적으로 피해자의 보호와 함께 대표기관으로 하여금 직무와 관련하여 불법행위를 하지 않도록 하는 예방적 목적에서 규정한 것으로 이해할 수 있다.[147] 그런데 법인의 불법행위책임과 기관 개인의 책임을 경합적으로 인정한 것은 대표기관의 행위는 한편으로는 법인의 행위이지만 또 다른 한편으로는 기관 개인의 행위로서의 성질을 갖기 때문이다.[148] 따라서 피해자는 그가 받은 손해를 배상받을 때까지 법인 또는 대표기관의 어느 쪽에 대해서도 배상을 청구할 수 있다.[149]

만일 법인이 피해자에게 배상하였다면 법인은 기관 개인에 대하여 구상권을 행사할 수 있는가. 사용자책임 규정인 민법 제756조에서는 동조 제3항에서

---

145) 이영준, 앞의 책, 951면.

146) 김증한·김학동, 앞의 책, 215면; 정환담·송오식, 앞의 책, 197면.

147) 김상용, 앞의 책, 243면.

148) 곽윤직·김재형, 앞의 책, 182면; 김용한, 앞의 책, 180면; 김증한·김학동, 위의 책, 215면; 법인실재설의 입장에서 인정할 수 없다는 견해로는, 김상용, 위의 책, 244면.

149) 대판 1994.3.25, 93다32828 노동조합사건에서 노동조합의 불법쟁의에서 이를 주도한 조합 간부들의 행위는 노동조합 단체로서의 행위라는 면 외에 개인의 행위라는 면도 아울러 지니고 있다고 하여, 노동조합 이외에 조합 간부들 개인에 대하여도 손해배상책임을 지우고 있다.

사용자 또는 감독자가 피용자에 대하여 구상권을 행사할 수 있음을 규정하고 있으나, 법인의 불법행위책임규정에서는 이러한 규정을 두고 있지 않기 때문에 문제가 된다. 만약 구상권을 인정할 수 있다면 그 이론적 근거는 어떻게 될 것인가.

법인과 기관의 내부관계에서 기관은 선량한 관리자의 주의로 그 직무를 수행할 의무가 있다(민법 제61조).[150] 따라서 대표기관이 그의 직무에 관하여 타인에게 손해를 입혀 법인으로 하여금 배상책임을 부담하게 하는 것은 선량한 관리자의 주의를 다한 것이라고 할 수 없어서 법인은 기관 개인에 대하여 구상권을 행사할 수 있다(제65조).

이와 반대로 기관개인배상의 경우에 법인에 대하여 구상권을 행사할 수 있을 것인가. 만약 기관개인의 자기책임 초과부담부분까지 손해배상을 하였다면 초과부담부분을 법인에게 구상할 수 있다고 할 것이나 그러한 경우는 별로 없을 것이다.

나. 법인책임의 불성립의 경우

대표기관의 가해행위가 법인의 목적범위를 벗어난 것이어서 법인의 불법행위로 인정되지 않는 경우에는 법인은 그것에 대하여 책임을 지지 아니한다. 민법 제35조 제2항의 '목적범위 외의 행위'라고 하는 것은 민법 제35조 제1항의 '대표기관의 직무집행행위'라고 볼 수 없는 것을 말한다. 법인의 불법행위가 되지 않는 경우에 제35조 제2항에 의하여 그 사항의 의결에 찬성하거나 그 의결을 집행한 사원, 이사 및 기타 대표자 등이 개인적 책임을 부담하게 된다.

이러한 통설적 견해에 대하여 대표자가 목적범위를 넘어 행위를 한 경우에 상대방은 자력 있는 법인에게는 손해배상책임을 물을 수 없게 되어 충분한 손해배상을 받지 못하는 부당성이 생기고, 더욱이 대표자가 목적범위를 넘은 행위를 한 경우에는 그 잘못이 더 큼에도 오히려 그러한 행위에 대하여 법인의 행위가 아니라고 하여 법인의 불법행위책임을 배제하는 것은 불법행위제도의 취지에 맞지 않는다고 하면서, 대표자의 행위가 목적범위를 넘었느냐의 여부를 불문하고 제1항에 의하여 법인의 불법행위는 성립하고, 제2항은 그 중에서도

---

150) 동조는 특히 이사에 관해서만 규정하고 이를 청산인에게 준용하고 있으나(제96조), 그 밖의 대표자 즉 특별대리인과 임시이사에게도 적용되는 것으로 보아야 한다. 곽윤직·김재형, 앞의 책, 183면.

특히 목적범위를 넘은 경우에 법인 이외에 관련자에게도 개인적 책임을 부과하는 것이 타당하다는 견해[151]가 있다.

생각건대 개인책임을 원칙으로 하고 있는 불법행위법에서 타인의 행위에 대하여 책임을 지우기 위해서는 법적·이론적 근거가 필요하다. 법인의 대표기관의 행위에 대하여 법인이 손해배상책임을 부담하여야 하는지 문제되는 경우는 대개 대표기관의 '거래적 불법행위'일 것이다. 따라서 대표기관의 행위가 법인의 목적범위 외의 행위로서 '거래적 불법행위'에 해당하는 경우까지 법인에게 책임을 부담하여야 할 법리적 이유는 없다고 본다.

위와 같은 경우 이외에도 기관간의 공동불법행위도 가능하며, 제756조에 의한 기관개인의 행위에 대한 법인책임 발생여지가 있다. 전자의 경우에는 기관간에는 민법 제760조의 공동불법행위에 따른 책임이, 기관 중에 대표기관이 포함되어 있다면 제35조가 경합하게 될 것이다. 이 경우에는 부진정연대채무관계이다.

판례도 법인의 대표자가 그 직무에 관하여 타인에게 손해를 가함으로써 법인에게 손해배상책임이 인정되는 경우에, 그 대표자와 함께 사원도 공동으로 불법행위를 저질렀거나 이에 가담하였다고 볼 만한 사정이 있으면, 피해자에 대하여 사원도 대표자와 연대하여 손해배상책임을 진다. 그렇지만 법인이 이사회, 대의원총회 및 사원총회 등의 의결이 타인의 권리를 침해하는 결과를 가져왔다고 하여, 그러한 의결에 참여한 구성원이 당연히 불법행위책임을 부담해야 하는 것은 아니다.[152]

Ⅴ. 법인격의 남용 · 부인론

1. 의 의

(1) 법인격부인론의 개념

어느 단체에 법인격을 부여함으로써 법률관계의 주체로서 활동하는 것을 인정하는 것은 여러모로 실익이 있다. 실제로 법인과 그 구성원인 사원을 분리하여 별개의 인격체로 취급함으로써, 사람들은 더욱 다양하고 활발하게 활동을

151) 김증한·김학동, 앞의 책, 216면.
152) 대판 2009.1.30, 2006다37465.

할 수 있게 되었다. 그리고 법인, 특히 주식회사에서는 유한책임의 원칙을 채택하고 있으므로, 사원은 원칙적으로 법인의 행위나 채무에 대해서 법인의 재산만으로 책임을 진다. 따라서 법인격은 단체뿐만 아니라 개인에게도 행동의 자유를 실질적으로 보장하는 기능을 갖고 있다. 하지만 주식회사를 포함하는 법인과 그 구성원인 사원은 구분되어 각각 독자적인 권리주체로서 인정될 뿐만 아니라, 법인 명의의 재산과 구성원이 소유하는 재산은 엄격히 구분되어 각각의 재산범위 내에서 책임을 부담하게 되고, 이러한 법인의 지위를 이용하여 배후의 구성원들이 악용할 가능성은 상존한다.

이처럼 어떤 단체에 법인격을 부여함으로써 발생하는 효과가 경우에 따라서는 실제에 있어서 부당 또는 불법한 결과를 초래하여 오히려 법인을 설립한 취지에 반하는 경우가 있을 수 있다. 예컨대, 사단법인인 회사는 충분한 반대사유가 없는 한, 일상적인 거래에 관하여 이를 법인격을 가진 존재로 간주하는 것이 일반원칙이나 채권자를 사해하거나, 의무를 회피하거나, 제정법을 잠탈하거나, 독점을 달성·영속화하기 위하여 또는 범죄와 비행을 비호하기 위하여 회사를 이용하는 경우, 공법인인 경우에는 세금포탈이나 재산은닉의 수단으로 법인을 활용하는 경우, 법은 그 의제를 무시하고, 그 배후에 숨은 자연인 및 그 사실을 파악하게 된다는 것이다.[153] 이러한 경우에 단체의 법인으로서 존재는 인정하면서 부당·불법한 목적에 관련된 특정의 법률관계에 한하여 그 독립된 법인격을 부정하고 그 배후에 있는 실체를 파악하여 거기에 따라 법적 처리를 하는 것을 말한다.

즉 '법인격부인의 법리'[154]란 어떤 법인의 법인격을 인정하여 형식적인 법

153) Wormser, I.M., Piercing the Veil of Corporate Entity, 12 Colum. L. Rev. 517(1912).

154) 법인격 부인론이라는 용어 자체가 적절치 못하다는 지적이 있다 즉 법인격 부인론이라는 용어는 법인격 자체를 부인하는 이론이라는 인상을 주고, 이것이 법인격 부인 또는 남용을 쉽게 인정하지 못하게 하는 중요한 요인일 수 있다는 것과, 미국에서 'disregard of the corporate entity(법인격의 무시)' 또는 "piercing the corporate veil(회사의 장막을 꿰뚫는 것) 혹은 lifting the veil of corporate entity(실체의 장막을 걷어 올림)"이라는 용어를 사용을 하는데, 이는 회사가 법인격이 있더라도 이를 무시하고 그 뒤에 있는 배후자에게 책임을 추궁한다는 의미로서, 법인이 법인격을 완전히 상실하는 것은 아니고, 법인격 부인 또는 남용의 법리가 적용되면 유한책임의 원칙이 배제되어 회사와 그 배후자는 실질적 동일체로 간주될 뿐이다. 이에 따라 회사의 채권자는 직접 사원, 주주, 배후자에게 책임을 추궁할 수도 있고, 사원 등에 대한 채권자는 회사에게 직접 책임을 추궁할 수 있다는 내용이어서, 이 법리의 실제 내용을 반영하는 용어의 사용이 필요하다는 견해가 있다. 김재형, 법인

률상의 독립성을 일관하는 것이 법인격을 인정하는 법의 목적에 비추어 정의·형평에 반한다고 평가되는 경우에, 법인으로서의 독립성 그 자체는 인정하면서 부당한 목적에 관계된 특정한 사실에 관해서만 법인격의 기능을 일시 부정하여(상대적 부정), 법인과 그 배후에서 실체를 이루는 개인 또는 다른 법인을 동일시함으로써 법인에 대한 법률관계를 실질상 개인 또는 다른 법인에게도 귀속시키는 법리이다.[155)]

법인격부인의 법리의 용어에 대하여 독일에서는 'Durchgriff'라는 용어를 사용하는데, 의미에 대하여는 영미에서의 용어와 같은 의미인 '법인격의 무시' 내지 '법인격의 실체파악'으로 이해하고 있다.[156)]

우리 실무에서 법인격 부인 또는 남용을 인정하는 경우는 매우 드물다고 하더라도 이 주제는 법인에 관하여 근본적인 의문을 제기하는 중요한 문제이다. 또한 회사 기타 법인이 회사가 채무초과상태에 있거나 파산절차 등 도산절차가 개시된 경우에 그 배후자에게 책임을 추궁할 수 있는지 여부가 실질적으로 중요한 쟁점으로 등장하는데, 도산절차가 활발하게 이용되면서 점차 이 쟁점이 실제 사건에서도 중요하게 될 것이다.[157)]

(2) 법인격부인론의 전개

법인격부인의 법리는 미국에서 19세기 후반부터 판례와 학설로서 널리 인정되고 있으며, 독일에서는 1930년대에 수입되어, 세릭(Serik)에 의하여 정립·체계화하여 '실체파악론(Durchgrifslehre)'[158)]으로 발전되었다. 영국은 Salomon 사건 사례[159)] 이후 1948년 6월 30일 개정 회사법에서 회사와 사원의 분리원칙의 적

격, 그 인정과 부정 : 법인격 부인 또는 남용에 관한 판례의 전개를 중심으로, 민사법학 44호, 2009.3, 58-59면; 구체적으로 법인격부인론이란 용어 대신에 '법인에 있어서의 인적 책임범위확대'론이라는 용어를 사용하는 것이 법률관계를 정확하게 나타낸다는 견해로는, 강태성, 민법(학)에 있어서의 용어와 개념들의 당부, 민사법이론과 실무 6집, 2003.5, 민사법의 이론과 실무학회, 4면.

155) 백태승, 민법총칙(제2판), 법문사, 2006, 217면 이하.

156) Werner Flume, Allgemeiner Teil des burgerlichen Rechts, Bd. 1. Teil 2. Die juristische Person, 1983, §3 I, S. 64.

157) 김재형, 법인격, 그 인정과 부정 : 법인격 부인 또는 남용에 관한 판례의 전개를 중심으로, 민사법학 44호, 2009.3, 34면.

158) Durchgrifslehre를 투시이론으로 번역하기도 한다. 백태승, 위의 책, 217면.

159) Salomon & co. Ltd.(1987) A.C. 22 House of Lords[Andrew Hicks & S. H. Goo, Cases & Materials on Company Law, Blackstone Press, Ltd., 1997, pp. 81~86.

용을 배제하고자 적극적인 입법을 시도하였다. 다만, 영국에서 입법화를 통하여 해결하고자 하였다는 점은 미국의 경우와 다소 차이가 있다고 할 수 있다.

가. 미국[160)]

미국에서 법인격부인의 법리는 19세기 후반부터 판례를 중심으로 하여 생성·발전된 것으로 가장 일반적으로 인용되는 것은 Sanborn, J. in United States v. Milaukee Refrigerator Transit Co.사건[161)]의 판결이다. 이 판결에서, 법인격이 「공익의 편익을 해하거나 위법을 정당화하거나, 사기를 비호하거나, 범죄를 옹호하기 위하여」(to defeat public convenience, justify wrong, protect fraud or defend crime) 이용되었을 경우에는 그 회사의 법인격을 부인하고 복수인의 조합으로 본다고 판시하고 있다. 이러한 법인격부인의 법리는 판례법상의 원칙으로 법원에서 많이 다루어지고 있다.

지금까지 논의되고 있는 대표적인 이론으로 대리이론(agency theory), 도구이론(instrumentality theory), 동일체이론(identity theory) 또는 분신이론(alter ego theory)을 들 수 있는 바, 이들 이론에 대하여만 간단히 살펴보기로 한다.[162)]

먼저, '대리이론'이란 회사는 지배주주의 대리인에 불과하므로 그 주주는 회사의 채무에 대하여 본인으로서 책임을 져야 한다는 이론이며, '도구이론'이란 회사는 지배주주의 단순한 도구이므로 그 배후의 이용자인 그 주주가 책임을 져야 한다는 이론이며, 마지막으로 '동일체이론' 내지 '분신이론'이라 함은 회사와 지배주주는 실질적으로 동일체이므로 주주는 회사의 채무에 대하여 자기의 채무와 마찬가지의 책임을 져야 한다는 이론이다.

이러한 미국의 판례이론은 제1기인 1800년대에서 1910년까지는 주로 「법인격남용론」에 의하여, 제2기인 1910년대에서 1930년대 말까지는 「법인격형해

---

160) 미국에 대한 상세는 손창일, 미국 회사법상의 법인격부인론 연구, 한국경영법률학회 22권 1호, 2011, 23-60면.

161) 142 F. 2d 247, 255(C.C.E.D. Wis. 1905); 당시 판례로 인용되는 또 다른 대표적인 것은 F. C. Trebin에 대한 사건인데, 이는 다액의 채무를 진 Trebin이 그의 처, 딸, 사위와 함께 회사를 설립하여 그의 재산을 모두 회사에 양도한데 대하여, Trebin의 채권자들의 청구에 따라, 법원이 이 회사의 법인격을 부인하고, 채권자들로 하여금 이 회사의 재산에까지 추급할 수 있도록 한 사건이다. First Natl. Bank of Chicago v. F.C. Trebin Co.(1898), 59 Ohio St. 316.

162) 이에 대한 상세는, 고재종, 법인격부인의 법리에 관한 고찰, 외법논집 11집, 한국외국어대학교 법학연구소, 2001.12, 237면 이하 참조.

화론」에 의하여 그리고 제3기인 1939년 이후에는 도구이론을 중심으로 한 형식적 형해화이론에서 「불평등」(injustice)의 요소를 검토하는 방향으로 나아가고, 다른 일반 법리에 의한 구제와의 관련 속에서 법인격부인의 법리에 대한 실질적인 검토가 이루어지고 있는 실정이다.

미국의 판례에 나타난 법인격부인이론의 적용요건은 객관적 요건으로, ① 특정 주주나 모회사가 회사에 대하여 실질적인 지배력을 가질 것, ② 주주와 회사간 사무와 사업이 명확히 구별되지 아니하고 혼용되어 있을 것, ③ 주식회사의 자본액이 그 회사의 업무의 성질 및 규모에 비추어 현저하게 부족하다고 판단될 것이 요구되고, 주관적 요건으로, ① 회사와 주주간에 사무와 재산의 상호혼용 등의 이유로 회사의 상대방이 회사의 자본이 충분하다고 신뢰할 것, ② 주주가 사해, 탈법, 기타 부당한 목적을 위하여 회사를 이용할 것을 요구하고 있다고 한다.

나. 독일[163)]

독일에서는 책임실체파악이론(Durchgriffslehre)이라는 이름으로 주로 1인 회사에 대한 법률관계의 문제로서 1920년대부터 발전되어 왔는데, 구체적 문제해결에 있어서는 미국과 유사한 결론에 도달하고 있다.

독일의 실체파악이론은, ① 법인 형태의 이용이 법질서가 예정한 목적을 벗어나 의도적으로 부당한 목적을 위하여 남용된 예외적인 경우에 법인격을 부인하여야 한다는 '주관적 남용설',[164)] ② 법질서 및 경제질서에 매몰된 제도로서의 법인의 내재적 한계를 발견하고 이와 같은 한계에 대한 위반, 즉 법질서에 반하는 법제도의 이용을 제도남용으로 보고, 남용 여부의 판단에서 남용할 의도나 목적은 불필요한 것으로 보고 객관적인 기준에 의하여 결정하여야 한다는 '객관적 남용설',[165)] ③ 법인을 법질서의 창조물로 보며, 법질서는 이를

---

163) 독일의 법인격부인론에 대한 상세는, 송호영, 앞의 책, 163-185면 이하 참조.

164) Serik, Rechtsform und Realität juristischer Personen, Ein rechtsvergleichender Beitrag zur Frage des Durchgriffs auf die Personen oder Gegenstände hinter der juristischen Personen, Berlin 1955, S.3f. 법인의 존재여부를 평가함에 있어서 일반적인 법률목적의 위반만으로는 법인의 법적 형태를 무시할 수는 없고, 법인이라는 법적 형태가 부정한 목적으로 남용을 경우에 한해서 예외적으로 무시될 수 있다고 한다.

165) Erlinghagen, Haftungsfragen bei einer unterkapitalisterten GmbH, GmbHR, 1962, S.176f; Ott, Recht und Realitat der Untemmehmenskorporation, Tübingen 1977, S.49f.

적용하는 것이 현행법에 의하여 정당하다고 인정되는 한도에서만 존중될 수 있다는 '규범 적용설',[166] ④ 원칙적으로 법인격의 무시에 반대하고 법인에 충실하여야 한다는 견해로서 실체파악이론에 의하여 다루어지는 문제는 사원의 법인에 대한 법률관계로 해결할 것, 즉 오히려 분리의 원칙은 철저히 지켜져야 한다고 주장하는 '분리설'[167]로 나누어지는데, 독일연방대법원은 객관적 남용설을 취하고 있다고 한다.

독일의 실체파악이론의 적용요건은, 객관적 요건으로서, ① 회사의 법인격이 부인되기 위해서는 단독주주나 모회사가 주식소유에 따른 의결권을 행사하여 회사의 중요정책을 결정하고, 이사 또는 임원을 선출함으로써 회사를 지배하는 정도로는 부족하고, 회사가 법인으로서의 의사 또는 존재를 상실하여 주주 혹은 모회사에 의하여 운영되는 정도의 실질적인 지배가 있어야 하고, ② 회사 및 주주간의 사무와 재산의 상호혼용, ③ 사업의 규모와 성질에 비추어 불충분한 자본이 요구되고 있다고 한다.[168]

2. 우리나라 학설

법인격부인의 법리는 다른 제도와는 달리 실정법상 직접 규율하는 법규정이 없기 때문에 이를 인정하는 것이 용이하지 않았고, 실무상의 문제해결을 위해서 구성된 이론이라는 데 그 특징이 있다. 이러한 점 때문에 법인격부인론에 대한 설명은 학설에 크게 의존할 수밖에 없다. 우리나라에서는 법인격부인의 법리가 1960년대에 처음 소개되었으나,[169] 이후 주로 상법학자들에 의해서 이론의 도입가능성 여부에 관한 논의가 이루어져왔지만 민법학계에서도 이에 관한 관심이 높아졌고, 1980년대 들어와 편의치적과 관련하여 법인격부인의 법리를 다룬 것으로 평가받은 대법원 판례가 나온 이후 이 판례에 대한 판례평석

---

166) Müller-Freienfels, Zur Lehre vom sogenannten 'Durchgriff' bei juristischen Personnen im Privatrecht, Acp 156(1957), S.522f.

167) Willhelm, Rechtsform und Haftung bei der juristischen Person, Köln u.a. 1981, S.12ff.

168) 이 외에도 법인격부인의 법리를 적용하기 위한 요건으로 주주의 회사에 대한 완전한 지배나 주주의 회사와의 사이의 재산과 업무의 상호혼융과 회사의 자본불충분을 들고 있으며, 주관적 요건으로 주주에게 회사를 부정한 목적으로 이용하려는 의도도 필요하다는 판례도 상당수 존재한다.

169) 홍신희, 회사제도의 남용과 법인격부인의 이론, 법학논고 제5집, 청주대학교 법학회, 1961; 김표진, 회사법인격부인의 법리, 법정 1965.12; 정진세, 회사형태의 남용과 그 대책, 서울대학교 석사학위논문, 1967.

이 다수 나옴으로써, 법인격부인의 법리가 학계 및 실무계의 관심을 끌게 되었고,[170] 이후 법인격부인 관련 판례들이 나오면서 꾸준히 연구되고 있으나, 아직도 여전히 법인격부인의 법리가 이론적으로 확고하게 정립되었다고는 볼 수 없기 때문에 구체적 사건에서 현실적으로 어떠한 요건하에 적용할 것인가는 여전히 어려운 문제라고 하지 않을 수 없다.

한편 법인격부인론은 회사의 지배가 용이한 1인 회사 내지 폐쇄회사의 경우에 적용여부에 대하여 문제가 되어왔는데, 2001년 개정 상법에서 1인의 발기인만으로도 회사의 설립이 가능하게 됨으로써(상법 제288조 및 제543조 제1항 참조), 회사의 설립이 용이하게 됨과 동시에 회사의 남설로 인해 주주의 유한책임제도가 남용될 위험성도 그만큼 커지게 되었다. 따라서 앞으로 법인격부인법리의 기능과 효용성에 대한 관심은 더욱 커질 것으로 예상된다.[171]

대개의 학자들은 법인격부인의 법리를 인정하는 입장에서 그 법적 근거를 권리남용의 금지의 법리에서 근거를 구하는 견해, 신의성실의 원칙에서 찾는 견해, 회사에 대하여 법인격을 부여한 입법취지와 권리남용금지에 관한 민법 제2조 제2항의 유추적용을 근거로 보는 견해 등이 주장되고 있다.

(1) 법인격부인설을 부정하는 견해

법인격부인의 법리가 주로 인정되는 추세 속에서도 여전히 법인의 법인격을 부정하고 그 배후에 있는 사원, 대표자 또는 다른 법인에게 책임을 묻는 것은 법인격분리의 원칙에 어긋난다며 법인격부인설을 부정하는 견해가 있다.[172] 부정설에서는, 학설·판례가 법인격무시(법인격부인)의 법리의 적용사례로 삼은 사건을, ① 계약상의 의무위반·탈법행위, ② 채권자사해행위, ③ 과소자본 내지

---

170) 김교창, 법인격부인의 법리, 회사법의 제문제, 육법사, 1982, 197-203면; 정찬형, 회사의 법인격부인론, 고시계 46권 7호(533호), 2001.07, 49-63면; 고재종 법인격부인의 법리에 관한 고찰, 외법논집 11집, 2001.12, 233-264면; 함석천 법인격 부인에 관한 판례 연구, 실무연구 II, 2002.10, 91-104면; 강민성 실제와 부합하지 않는 명의내지 형식에 의하여 발생하는 몇가지 문제점들에 대한 고찰, 대전지방변호사회지 2호, 2002.12, 190-209면; 안택식 1인 주식회사와 법인격부인의 법리, 법조 52권 3호(통권558호), 2003.03, 83-110면; 김준호, 법인격부인론의 요건 및 효과, 법률저널 제143호, 2001.5.1, 5면;

171) 송호영, 앞의 책, 186면.

172) 정기남, 회사법인격무시의 법리, 현대법학의 제문제(무애 서돈각박사화갑기념), 1981, 321면 이하; 고평석, 법인격부인론의 부인, 상사법의 현대적 과제(춘강 손주찬박사화갑기념), 박영사, 1984, 73면 이하.

저자본화로 인한 대외적 책임 부족상태의 유발, ④ 사원의 인식·성질·태도를 회사로 귀속시키는 것, ⑤ 회사와 사원을 동일시할 수 있는 상태의 법률관계, ⑥ 지배회사와 종속회사의 동일시 등으로 유형화한 다음, 이러한 것들은 각각 해당 민·상법상의 관련 조문을 적용하면 충분히 규율할 수 있기 때문에 구태여 법인격부인의 법리를 적용할 필요가 없다고 주장한다.

즉 법인격무시의 법리가 적용된 사례를 보면 해당법규나 계약의 해석의 문제일 뿐 실질적으로 법인격 무시가 문제되지 않는다[173]고 하거나, 기존의 법인격부인론이 적용되는 구체적 사례들은 사법상의 개별규정이나 신의칙과 같은 총칙규정의 적용으로도 충분히 해결이 가능하기 때문에 구태여 법인격부인론을 수용할 필요가 없다고 한다.[174] 이러한 설명은 독일의 규범적용설의 기본입장과 유사하다.[175]

또한 부정설에서는 법인의 법인격은 설립등기에 의하여 형식적·확정적으로 취득되기 때문에 자연인으로부터 법인격에서 분리·독립되는 것으로 인정하여야 하며, 법인격부인의 적용사례에서 문제되고 있는 사안의 경우 회사의 법인격이 남용되었다고 볼 것이 아니라 사원(또는 기관이나 다른 법인)의 해당 행위를 제3자에 대한 손해의 직접적 원인으로 보아 해당 법규를 적용하면 된다는, 즉 어디까지나 자연인 또는 다른 법인의 독립된 행위에 불과하기 때문에 이에 대하여 그 행위자인 개인(사원 또는 기관)이나 다른 법인이 당연히 책임을 져야 한다는 것이다.[176]

(2) 법인격부인설을 긍정하는 견해

우리나라 학설의 주류는 법인격부인설의 도입에 찬성하는 편이다. 특히 우리나라에서는 회사의 책임에 대하여 주주(사원) 특히 과점주주나 직접 행위자인 기관 개인이나 책임회피를 위해 설립된 다른 법인에게 책임을 묻기 위한 이론으로 주장되었다. 우리나라에서는 법인격부인의 논거나 적용방법이 다양하게 주장되지 않고 비교법적 관점에서의 소개나 판례의 타당성 검토 중심으로 이루어져왔고, 법인격부인론을 긍정하는 입장에서도, 소극적으로 우리나라와 같

173) 정기남, 위의 논문, 323면.
174) 고평석, 위의 논문, 99면.
175) 송호영, 앞의 책, 188면.
176) 고평석, 위의 논문, 82면 이하.

은 성문법국가에서 법인격부인론을 적용함에 있어서는 종래의 법이론으로 해결할 수 없는 극히 예외적인 법률관계에 한해 적용해야 한다거나,[177] 구체적인 사안에 대해 법인격부인과 관계없이 회사와 사원의 실질관계를 고려한 사실인정, 법규의 합목적적 해석 등 기존의 법기술에 의한 해결이 곤란한 경우에 한하여 보충적으로 적용되어야 한다는 견해,[178] 종전의 사법이론과 아울러 법인격부인론을 활용할 수 있다는 적극적인 견해[179]도 있다.

긍정설의 입장에서 법인격부인의 법리적 또는 실정법적 근거에 관해서, 다수의 견해는 민사법의 제왕규정인 민법 제2조 제1항의 신의성실의 원칙 위반[180] 또는 동조 제2항의 권리남용금지의 원칙[181]에서 찾고 있는데 반하여, 회사의 법인성을 규정한 상법 제171조 제1항(현재 제169조)을 근거로 법인격개념에 내재한 법질서적 목적에서 찾아야 한다는 주장[182]도 있다. 상법 회사의 법인성을 인정한 제169조에서 찾아야 하는 이유로는 법인격의 개념에 내재하는 한계에 주목하여, 주식회사의 경우 법인격을 부인하는 근거를 민법상 매우 포괄적이고 추상적인 규정인 민법 제2조 제2항이나 제2조 제1항에서 찾을 것이 아니라 상법 제169조에서 구하는 것이 더 합리적이라고 본다는 것이다. 다시 말하면 상법 제169조에서 모든 회사를 법인으로 하여 사원(주주)과는 독립된 인격을 갖도록 하는 것은 그것이 합법적인 목적을 위하여 사용되는 것을 조건으로 부여된 하나의 특권으로, 그 특권은 법에 의하여 정당화되지 않는 목적을 위하여 악용되어서는 아니되고 법인격이 이에 반하여 악용되는 경우에는 법인격의 존재근거를 상실하게 되어 법인격을 부여한 법이 다시 개입하여 그 특권을 박탈시킬 수 있다는 것이다.[183]

대개의 판례는 법인격부인의 실정법적 근거로 민법 제2조 신의성실의 원칙을 언급하나 대판 2001.1.19, 97다21604처럼 참조조문에 민법 제2조와 함께

---

177) 이철송, 회사법강의, 49면.

178) 최기원, 신회사법론(제12개정판), 박영사, 2005, 58면.

179) 이균성, 회사법인격부인의 법리, 고시계 제28권 제5호, 고시계사, 1983.5, 50면; 정찬형, 법인격부인론, 현대민상법의 연구(위정 이재철박사화갑기념), 1984, 402면.

180) 이철송, 위의 책, 48면.

181) 정동윤, 회사법(제6판), 법문사, 2000, 32면.

182) 손주찬, 상법(상), 제14정판, 박영사, 2003, 436면; 정찬형, 회사의 법인격부인론, 고시계 46권 7호, 2001, 54면.

183) 정찬형, 앞의 논문, 54-55면.

상법 제171조 제1항(개정후 제169조)을 명기하는 경우도 있다.

생각건대 실재하는 단체에 대하여 별도의 법인격을 인정하여 개인의 재산과 분리하여 책임을 귀속시키고자 하는 법인격제도의 근본적 취지를 잠탈하는 행위에 대해서까지 법인격 분리의 원칙을 고수하는 것은 맞지 않다고 본다. 다만 우리의 학설들은 독일의 학설과 달리 실체파악을 통한 책임의 '근거'를 보다 구체적으로 설명하고 밝히는 것보다는 여전히 이론도입의 '가부'에 문제의 초점이 맞추어져 있다는 지적은 일응 타당한 측면이 있다.[184]

우리 민법이 제2조에서 신의성실의 원칙과 권리남용 금지의 원칙을 규정하고 있는 한, 법인격부인의 실정법적 근거를 민법 제2조에서 도출하는 것을 무어라 할 수는 없다. 그러나 책임의 귀속을 법인이 아닌 법인 배후의 실체에게 돌리는 법인격부인의 법리를 바로 민법 제2조에서 도출해 내는 것은 일반조항으로의 도피라는 비난을 받을 가능성이 있다.

법인제도를 남용하는 것은 제도의 남용의 일종으로 파악할 수 있다. 물론 단체법에서 신의성실의 원칙이나 권리남용금지의 원칙이라는 일반조항이 적용되는 경우는 많지 않다. 그런데도 신의칙 위반이나 권리남용금지를 끌어들여 사원이나 주주 등의 책임을 인정한다면 법적 불확실성이 커질 위험이 있다. 따라서 신의칙 위반이나 법인격 남용을 이유로 법인의 사원이나 주주 또는 배후자의 책임을 인정하는 것은 그 근거와 타당성이 확보되는 경우에만 극히 예외적으로 인정해야 할 것이다.[185]

그러므로 법인격부인의 법리가 명문 규정이 없다거나 분리의 원칙에 반한다는 이유로 법인격 부인 또는 남용의 법리를 부정해서는 안 된다. 개별적인 경우에 형평에 맞는 결과를 도출하기 위하여 법인격 남용의 법리를 적용하여야 한다. 물론 판단기준이 명확하지 못하고, 입증을 하는 것이 쉽지 않다는 문제는 여전히 남아 있으나 그러한 문제는 판례를 통해 판단기준에 대한 일관된 집적과 입법을 통하여 규율하여야 할 문제이다.[186]

---

184) 송호영, 앞의 책, 188면

185) 김재형, 법인격, 그 인정과 부정 : 법인격 부인 또는 남용에 관한 판례의 전개를 중심으로, 민사법학 44호, 2009, 2009.3, 60면.

186) 이 점에서 우리나라의 소수설(법인격부인 적용부정설)이 비록 완전하지는 않지만 여러 사례유형을 제시하면서 철저한 실정법규의 적용을 시도한 것은 대단히 의미 있는 작업이라는 지적이 있다. 송호영, 위의 책, 189-190면.

3. 적용범위

(1) 법인격의 형해화와 법인격의 남용

우리나라에서도 법인격부인의 법리를 최초로 적용한 판례로는 대판 1977.9.13, 74다954[187]을 들 수 있는데, 법인격의 형해화와 법인격의 남용의 경우로 구분하여 적용하고 있다. 이는 1969년 2월 27일 일본 최고재판소의 판결[188]과 같은 취지이다.

이러한 법인격부인의 법리를 일본의 최고재판소에서는 법인격의 형해화와 법인격의 남용의 경우로 구분하여 적용하였다.[189] 우리 대법원에서도 대판 2008.9.11, 2007다90982에서 법인격 형해화와 남용을 구분하여 판단한다. 즉 ① 회사가 그 법인격의 배후에 있는 타인의 개인기업에 불과하다고 보려면, 원칙적으로 문제가 되고 있는 법률행위나 사실행위를 한 시점을 기준으로 하여, 회사와 배후자 사이에 재산과 업무가 구분이 어려울 정도로 혼용되었는지 여부, 주주총회나 이사회를 개최하지 않는 등 법률이나 정관에 규정된 의사결정절차를 밟지 않았는지 여부, 회사자본의 부실 정도, 영업의 규모 및 직원의 수 등에 비추어 볼 때, 회사가 이름뿐이고 실질적으로는 개인영업에 지나지 않는 상태로 될 정도로 형해화 되어야 한다. ② 또한 위와 같이 법인격이 형해화 될 정도에 이르지 않더라도 회사의 배후에 있는 자가 회사의 법인격을 남용한 경우, 회사는 물론 그 배후자인 타인에 대하여도 회사의 행위에 관한 책임을 물을 수 있으나, 이 경우 채무면탈 등의 남용행위를 한 시점을 기준으로 하여, 회사의 배후에 있는 자가 회사를 자기 마음대로 이용할 수 있는 지배적 지위에 있고, 그와 같은 지위를 이용하여 법인제도를 남용하는 행위를 할 것이 요구되며, 위와 같은 배후자가 법인 제도를 남용하였는지 여부는 앞서 본 법인격 형해화의 정도 및 거래상대방의 인식이나 신뢰 등 제반사정을 종합적으로 고려하여 개별적으로 판단하여야 한다고 한다.

요컨대, 법인격의 형해화란 법인격은 명목뿐이며 실질적으로는 개인기업으

187) 서울고법 1974.5.8, 72나2582가 원심으로 대법원에서 파기환송되었다.

188) 최고재판소 1969.2.27, 민집 23권 2호, 511면; 법인격남용을 통해 법인격부인을 인정한 것은 최고재판소 1973.10.26, 민집 27권 9호, 1240면.

189) 이에 대한 상세는, 이성웅, 익명조합과 법인격부인의 법리 - 일본의 법인격 형해화론의 비판을 중심으로 -, 법학연구 제22권 제1호, 2014.1, 382면 이하 참조.

로서 운영되는 것이며, 법인격의 남용은 회사에 대한 지배적 지위를 이용하여 법인격을 위법한 목적에 사용하는 것을 말한다.[190] 일반적으로 법인격 형해화의 인정조건으로서 회사재산과 사원재산의 혼동, 회사 업무 또는 거래의 혼동, 회계구분의 결여, 회사법 규정의 무시 등을 들고 있고, 법인격 남용의 요건으로는 회사를 자기 뜻대로 도구로서 이용하는 것이 가능한 지배적 지위에 있을 것(지배요건)과 이러한 지배적 지위를 기초로 하여 회사를 위법 또는 부당한 목적으로 회사형태를 이용할 것(목적요건)을 요구하고 있다.

그렇다면 우리 대법원이 위의 판결처럼 법인격 형해화와 법인격남용을 엄격히 구분하여 유형화하고 있는 것일까. 이하에서 살펴보겠지만, 대법원 판결에서 법인격 부인 또는 남용을 인정한 사례는 크게 편의치적의 경우, 회사가 개인기업적 성격이 큰 경우, 회사가 법률적용을 회피하기 위한 수단으로 이용되는 경우가 있다. 편의치적의 경우와 회사가 개인기업적 성격이 큰 경우를 법인격 형해화로 볼 수 있고, 회사가 법률적용을 회피하기 위한 수단으로 이용되는 경우를 법인격 남용으로 볼 수 있다. 그러나 대법원 판례는 이 두 유형을 엄밀하게 구분하고 있지는 않는 것 같다.[191]

위 대법원 2008.9.11. 판결은 두 경우를 구분하여 판단요소를 설명하고 있으나, 두 유형에서 판단요소가 대부분 중복되어 있고, 법인격 남용의 경우에는 법인격 형해화의 정도 및 거래상대방의 인식이나 신뢰 등 제반사정을 고려하여 판단하여야 한다고 한다. 이 표현에 따르면 두 유형 사이의 차이는 '거래상대방의 인식이나 신뢰'를 고려할 것인지 여부라고 할 수 있으나,[192] 법인격 형해화를 판단할 경우에 이 점이 배제될 것인지는 불분명하다.[193]

---

190) 이성웅, 위의 논문, 각주 11) 高瀨保守, 法人格否認 法理 - その現狀と課題, 判例タイムズ 1179號, 2005.7.15. 100項.

191) 법인격의 형해화와 범인격의 남용을 구분하고 있으나, 법인격의 형해화도 법인격을 남용하는 결과로 생기는 현상이라고 하는 견해가 있다. 최기원, 신회사법론, 박영사, 2005, 57면.

192) 한편, 회사의 자본이 불충분한 경우 계약의 경우에는 불법행위의 경우와는 달리 법인과 계약을 체결한 상대방이 자본이 충분하지 않다는 점을 알고 계약을 체결하였는지 여부를 고려하여야 하는지 문제된다. 이에 관해서는 논란이 있으나, 우리나라 판례는 이에 관한 구분을 하지 않고 있다. 정찬형, 법입격부인론, 고려법학 제37권, 2001, 306면.

193) 이 판결에서는 두 유형 사이에 가장 큰 차이라고 할 수 있는 주관적 요소를 언급하고 있지 않고 있어서 이 판결에 따르면 두 유형 사이에 판단요소가 크게 다르지 않다고 한다. 따라서 법인격 형해화와 법인격 남용이라는 두 유형으로 구분하는 것은 의미가 없는 것은 아니지만, 이 두 유형은 법인격이 남용되는 정도에 따른 구분에 불과하고, 오히려 법인격 남

위의 판결에서 법인격 형해화와 법인격 남용을 구분하여 설시하고 있지만 실제로 양자를 구분하는 것은 매우 어렵고, 그 차이는 매우 미세한 차이에 불과할 수 있다. 또한 이 두 유형 사이에 판단기준을 완전히 다르게 보는 것은 그 근거를 찾기 어렵다. 따라서 위 두 유형론이 법인격 부인이나 남용에 관한 판례를 인식하는 데 도움이 될 수 있지만, 그 한계를 분명하게 인식할 필요가 있다.

(2) 법인격 형해화 인정여부 최초 판결

위의 대판 1977.9.13, 74다954에서의 사건개요는, 실질적으로 1인 주주이자 대표이사인 피고가 회사명의로 원고에게 발행한 당좌수표가 부도가 나고 회사가 발행한 약속어음 또한 결제가 되지 않아, 원고가 피고 개인을 상대로 수표대금 및 약속어음금청구를 한 사안이다. 원심[194]은 원고의 청구를 받아들여 「회사의 법인격을 부인하고 그 회사의 원고에 대한 채무는 그 회사라는 법률형태의 배후에 실존하는 기업주인 피고의 채무로 간주」하였다. 이 판결은 법인격부인법리를 도입하여 회사채무에 대한 주주의 개인책임을 인정한 첫 사례로 꼽힌다.

그러나 위의 원심에서 입론한 법인형해론과 요건충족이라는 판단에 대하여, 대법원에서 '법인형해'의 요건불비라는 이유로 파기환송되었다. 대법원의 이러한 태도에 대하여 대법원이 법인격부인의 법리를 채택하지 않은 것으로 보는 견해[195]가 있으나, 대법원이 동 법리의 수용자체를 배척한 것이 아니라 원심이 제시한 '형해화'의 요건 불충족 때문에 법인격을 부인할 수 없는 것으로 판단했다는 것이 다수의 견해이고,[196] 그러한 견해에 찬동한다.

(3) 법인격 남용의 판결

가. 편의치적 사례

법인격 남용의 최초 판결로 편의치적(便宜置籍)[197]에 관한 사례[198]를 든다.

용이라는 틀 속에서 이보다 더 많은 유형으로 세분화할 수도 있다는 견해로는, 김재형, 앞의 논문, 46면.

194) 서울고법 1974.5.8, 72나2582.

195) 정찬형, 법인격부인론, 현대민상법의 연구(위정 이재철박사화갑기념), 1984, 409면.

196) 손주찬, 상법(상), 434면; 최기원, 신회사법론, 61면; 송호영, 앞의 책, 191면.

197) 편의치적에 관해서는, 김인유, 편의치적선의 법적지위, 해사법연구 20권 3호, 111-152면.

선박소유자나 기업이 자신의 국가와는 별도의 국가인 파나마, 리베리아 등에 편의를 위하여 형식적으로 개인명의 또는 회사를 설립하여 그 명의로 선박의 적을 두는 경우가 있다. 이를 '편의치적'이라고 한다. 이 판결은 법인격 남용을 긍정하였다. 즉, 「원고 및 토우체스트 쉽핑 리미티드와 칩스테드 리미티드는 외형상 별개의 회사로 되어 있으나 원고 및 토우체스트 쉽핑 리미티드는 이건 선박의 실제상 소유자인 칩스테드 리미티드가 편의치적을 위하여 설립한 회사들로서 실제로는 사무실과 경영진 등이 동일하므로 이러한 지위에 있는 원고가 법률의 적용을 회피하기 위하여 별개의 법인격을 가지는 회사라는 주장을 내세우는 것은 '신의성실의 원칙에 위반'하거나 '법인격을 남용'하는 것으로서 허용되어서는 아니된다」[199]고 하였다.[200]

대법원에서 편의치적에 관한 위 판결에서 법인격 남용을 인정한 후, 일반회사에 관한 사건에서도 법인격의 남용이 문제된 판결들이 나왔다.[201] 우리나라에서 법인격 남용의 법리가 확고하게 뿌리를 내린 판결은 2000년대에 나오기 시작하였다.

나. 회사가 개인기업에 불과한 경우

대판 2001.1.19. 97다21604는 학설에서 인정된 법인격부인론을 정식 수용하면서, 법인격의 남용에 관하여 중요한 기준을 제시하고 있다. 사건의 개요는, 주식회사 삼진은 오피스텔을 분양하는 시행사로서 원고와 오피스텔 및 상가분양계약을 체결하였는데, 건물의 분양이 제대로 되지 않아 피고 회사가 자금난

---

198) 대판 1988.11.22, 87다카1671.

199) 동지, 대판 1989.9.12, 89다카678.

200) 문제된 회사가 서류상의 회사(paper company)에 해당하기 때문에, 법인격이 형해화되었다고 볼 수도 있다고 하면서, 그러나 편의치적에 관한 사건인데도 법인격 부인이라는 표현을 사용하지 않고 신의성실의 원칙 위반 또는 법인격 남용이라고 판단하고 있다는 점을 주목할 필요가 있다고 한다. 김재형, 앞의 논문, 37면.

201) 가령 대판 1995.5.12, 93다44531은 법인격 남용에 관하여 언급하고 있는데, 법인격 남용이 인정되는 경우에도 한 회사에 대한 판결의 기판력과 집행력의 범위가 다른 회사에까지 확장되지 않는다고 하였다. 즉, 피고 회사와 B회사는 기업의 형태·내용이 실질적으로 동일하고, 피고 회사는 B회사의 채무를 면탈할 목적으로 설립된 것으로서 피고 회사가 B회사의 채권자에 대하여 B회사와는 별개의 법인격을 가지는 회사라는 주장을 하는 것이 신의성실의 원칙에 반하거나 법인격을 남용하는 것으로 인정되는 경우에도 권리관계의 공권적인 확정 및 그 신속·확실한 실현을 도모하기 위하여 절차의 명확·안정을 중시하는 소송절차 및 강제집행절차에 있어서는 그 절차의 성격상 B회사에 대한 판결의 기판력 및 집행력의 범위를 피고 회사에까지 확장하는 것은 허용되지 않는다고 판결하였다.

을 겪음으로써 공사가 지지부진하자 원고는 피고 회사 및 회사의 사실상의 지배주주인 대표이사를 피고로 하여 분양계약의 해제 및 원상회복을 청구하였다. 여기에서 대법원은 「회사는 그 구성원인 사원과는 별개의 법인격을 가지는 것이고, 이는 이른바 1인회사라 하여도 마찬가지이다. 그러나 회사가 외형상으로는 법인의 형식을 갖추고 있으나 이는 법인의 형태를 빌리고 있는 것에 지나지 아니하고 그 실질에 있어서는 완전히 그 법인격의 배후에 있는 타인의 개인기업에 불과하거나 그것이 배후자에 대한 법률적용을 회피하기 위한 수단으로 함부로 쓰여지는 경우에는 비록 외견상으로는 회사의 행위라 할지라도 회사와 그 배후자가 별개의 인격체임을 내세워 회사에게만 그로 인한 법적 효과가 귀속됨을 주장하면서 배후자의 책임을 부정하는 것은 신의성실의 원칙에 위반되는 법인격의 남용으로서 심히 정의와 형평에 반하여 허용될 수 없다 할 것이고, 따라서 회사는 물론 그 배후자인 타인에 대하여도 회사의 행위에 관한 책임을 물을 수 있다고 보아야 할 것이다」고 한다.

대법원이 법인격의 남용을 인정한 사실관계의 요약을 보면 다음과 같다. ① 피고 A(사실상의 지배주주)가 종전부터 여러 회사를 사실상 지배하면서 이들 회사를 내세워 그 회사 명의로 또는 자신의 개인 명의로 빌딩 또는 오피스텔 등의 분양사업을 하여 왔고, 이러한 사업의 일환으로 피고 회사의 주식을 양수한 다음 자신이 피고 회사의 대표이사로 취임하였다. ② 피고 회사 주식은 실질적으로는 피고 A가 위 주식의 대부분을 소유하고 있고, 주주총회나 이사회의 결의 역시 외관상 회사로서의 명목을 갖추기 위한 것일 뿐 실질적으로는 이러한 법적 절차가 지켜지지 아니한 채 피고 A 개인의 의사대로 회사 운영에 관한 일체의 결정이 이루어져 왔다. ③ 피고 회사 사무실은 현재 폐쇄되어 그 곳에 근무하는 직원은 없고, 피고 회사의 재산과 피고 A의 개인 재산이 제대로 구분되어 있지도 않다. ④ 피고 회사가 시행하는 이 사건 공사는 공사 발주금액만도 166억원 가량에 이르는 대규모 공사이고 이 사건 건물의 분양대금도 수백억 원에 이르는 데에 반하여 피고 회사의 자본금은 5,000만 원에 불과할 뿐만 아니라 이마저도 명목상의 것에 불과하고 위 분양대금으로 매수한 이 사건 대지는 피고 A 개인 명의로 소유권이전등기가 경료되어 있고 나머지 분양대금 역시 그 용도가 명확히 밝혀지지 아니한 채 모두 사용되어 버려 피고 회사의 실제 자산은 사실상 전혀 없다시피 하다.

「이와 같은 피고 A의 피고 회사 주식양수 경위, 피고 A의 피고 회사에 대한 지배의 형태와 정도, 피고 A와 피고 회사의 업무와 재산에 있어서의 혼융 정도, 피고 회사의 업무실태와 지급받은 분양대금의 용도, 피고 회사의 오피스텔 신축 및 분양사업의 규모와 그 자산 및 지급능력에 관한 상황 등 제반 사정에 비추어 보면 피고 회사는 형식상은 주식회사의 형태를 갖추고 있으나 이는 회사의 형식을 빌리고 있는 것에 지나지 아니하고 그 실질은 배후에 있는 피고 A의 개인기업이라 할 것이고 따라서 피고 회사가 분양사업자로 내세워져 수분양자들에게 이 사건 건물을 분양하는 형식을 취하였다 할지라도 이는 외형에 불과할 뿐이고 실질적으로는 위 분양사업이 완전히 피고 A의 개인사업과 마찬가지라고 할 것이다. 그런데 피고 A는 아무런 자력이 없는 피고 회사가 자기와는 별개의 독립한 법인격을 가지고 있음을 내세워 이 사건 분양사업과 관련한 모든 책임을 피고 회사에게만 돌리고 비교적 자력이 있는 자신의 책임을 부정하고 있음이 기록상 명백한바, 이는 '신의성실의 원칙에 위반되는 법인격의 남용'으로서 심히 정의와 형평에 반하여 허용될 수 없다 할 것이고, 따라서 피고 회사로부터 이 사건 오피스텔을 분양받은 원고로서는 피고 회사는 물론 피고 회사의 실질적 지배자로서 그 배후에 있는 피고 A에 대하여도 위 분양계약의 해제로 인한 매매대금의 반환을 구할 수 있다」고 한다.

이 판결은 피고 회사로부터 분양을 받은 원고가 피고 회사와 피고 A를 상대로 분양계약의 해제로 인한 매매대금의 반환을 청구한 사안에서, 피고 회사의 법인격 남용을 인정하고 피고 회사는 물론 그 배후자인 피고 A에 대하여도 회사의 행위에 관한 책임을 물을 수 있다고 판단하였다. 신의성실의 원칙이나 법인격 남용은 이미 '편의치적'에 관한 위 1988년 판결에서 인정되었는데, 이것이 편의치적이 아닌 일반회사에 관한 사건에서도 인정되었다는 점에 선례로서 중요한 의미가 있다.[202)]

동 판결은 피고 회사의 법인격을 부인하여 그 배후의 대표이사인 피고에게만 책임을 물은 것이 아니라, 피고회사는 물론 지배주주인 피고 양자에게 책임을 물었다는 점에 착안하여, 피고가 회사에 대하여 행한 일정한 행위로부터 피고의 병존적 채무인수의 의사를 추단할 수 있고, 따라서 피고가 채무인수로 추단되는 자신의 행위에 대해서 책임을 회피하고자 회사와 사원의 법인격은 분

202) 김재형, 앞의 논문, 39면.

리되어야 한다는 '이의'를 주장하게 되면, 이는 이른바 모순된 이의를 저지할 수 있는 근거가 바로 민법 제2조 신의성실에서 찾을 수 있다는 이론적 보완을 제시하는 견해[203]가 있다.[204]

동 판례의 의의는 법인격 남용의 요건과 효과를 판시했다는 점인데 형식과 실질을 대비시킨다는 점에 주목할 필요가 있다.[205] 즉 첫째, 법인격 남용을 인정하면서 명시적으로 외형(또는 형식)과 실질을 대비하고 있다. 즉, 외형상 법인의 형식을 갖추고 있으나, 실질적으로는 완전히 법인격의 배후에 있는 타인의 개인기업에 불과하거나 그것이 배후자에 대한 법률적용을 회피하기 위한 수단으로 함부로 쓰이고 있다는 점이다. 둘째, '형식에 대한 실질의 우위'를 인정하고 있다. 법인이라는 형식보다는 그 실질인 법인격의 배후에 존재하는 실체인 '개인'에 대한 책임을 인정한다는 점, 셋째, 형식과 실질의 차이를 해소하기 위하여 '신의성실의 원칙에 위반되는 법인격의 남용'을 인정할 뿐만 아니라 신의칙의 다른 표현인 '정의'와 '형평'을 끄집어내고 있다. 즉 동판결은 법인격남용의 법적 근거를 민법 제2조에서 끄집어내고 있다고 볼 수 있다. 법인격 부인의 법리는 영국과 미국의 판례에서 형평법상의 구제수단으로 인정되었는데, 이 판결에서 정의와 형평이라는 표현을 사용한 것은 그 영향을 받은 것으로 볼 수도 있을 것이다.[206]

그 후의 판결 대판 2008.9.11, 2007다90982에서는 여기에서 더 나아가 구체적인 형해화의 인정조건을 제시한다. 즉「여기서 회사가 그 법인격의 배후에 있는 타인의 개인기업에 불과하다고 보려면, 원칙적으로 문제가 되고 있는 법률행위나 사실행위를 한 시점을 기준으로 하여, 회사와 배후자 사이에 재산과 업무가 구분이 어려울 정도로 혼용되었는지 여부, 주주총회나 이사회를 개최하지 않는 등 법률이나 정관에 규정된 의사결정절차를 밟지 않았는지 여부, 회사 자본의 부실 정도, 영업의 규모 및 직원의 수 등에 비추어 볼 때, 회사가 이름

203) 송호영, 앞의 책, 189-190면.

204) 신의성실의 원칙의 파생원칙인 금반언의 원칙을 염두에 둔 주장이나 병존적 채무인수의 의사를 추단하고 소송과정에서 회사와 사원의 법인격은 분리되어야 한다는 '이의'가 있는 경우 모순된 이의로서 신의성실의 원칙상 금반언에 반하여 허용되지 않는다는 논리이나, 선행행위만으로 병존적 채무인수의 의사를 추단할 수 있는지는 의문이다.

205) 이 점에 대해서는 김재형, 앞의 논문, 40면 참조.

206) 김재형, 위의 논문, 40면.

뿐이고 실질적으로는 개인 영업에 지나지 않는 상태로 될 정도로 형해화되어야 한다. 또한, 위와 같이 법인격이 형해화될 정도에 이르지 않더라도 회사의 배후에 있는 자가 회사의 법인격을 남용한 경우 회사는 물론 그 배후자인 타인에 대하여도 회사의 행위에 관한 책임을 물을 수 있으나, 이 경우 채무면탈 등의 남용행위를 한 시점을 기준으로 하여, 회사의 배후에 있는 자가 회사를 자기 마음대로 이용할 수 있는 지배적 지위에 있고 그와 같은 지위를 이용하여 법인제도를 남용하는 행위를 할 것이 요구되며, 위와 같이 배후자가 법인제도를 남용하였는지 여부는 앞서 본 법인격 형해화의 정도 및 거래 상대방의 인식이나 신뢰 등 제반 사정을 종합적으로 고려하여 개별적으로 판단하여야 한다」고 한다.[207)]

다. 채무면탈 목적의 회사 설립(주관적 목적의 필요성 문제)

기존회사가 채무를 면탈하기 위해서 기업의 형태·내용이 실질적으로 동일한 신설회사를 설립하는 경우가 있다. 이와 같은 경우에 위 두 회사를 실질적으로 동일한 회사로 보아야 하는지, 회사의 배후자가 법인격을 남용하고 있는 것인지 문제되었던 사안에서, 대법원은 채무면탈 등의 주관적 목적이 필요하다고 보고 있다.

대판 2004.11.12, 2002다66892[208)][209)]에서 대법원은 「기존회사가 채무를 면탈할 목적으로 기업의 형태·내용이 실질적으로 동일한 신설회사를 설립하였다면, 신설회사의 설립은 기존회사의 채무면탈이라는 위법한 목적달성을 위하여 회사제도를 남용한 것이므로, 기존회사의 채권자에 대하여 위 두 회사가 별개의 법인격을 갖고 있음을 주장하는 것은 신의성실의 원칙상 허용될 수 없다

207) 동지 판례, 대판 2010.2.25, 2008다82490.

208) 김종기, 법인격의 남용, 판례연구(부산판례연구회), 제17집, 2006, 523면 이하: 대판 2006.7.13, 2004다36130.

209) 원심은 피고 회사가 A 회사에 비해 직원 수 등 그 규모는 줄어들었으나 A회사와 실질적으로 동일한 회사로서 A회사의 채무를 면탈할 목적으로 A회사와 별개의 새로운 회사를 설립하는 형식만 갖춘 것이라 할 것이어서 피고 회사가 원고들에 대하여 A회사와 별개의 법인격임을 내세워 그 책임을 부정하는 것은 신의성실의 원칙에 반하거나 법인격을 남용하는 것으로서 허용될 수 없으므로, 원고들은 A회사뿐만 아니라 피고 회사에 대하여도 임대차보증금의 지급을 청구할 수 있다고 판단하였다. 이에 대하여 피고가 상고하였으나, 대법원은 A회사가 채무를 면탈할 목적으로 기업의 형태·내용이 실질적으로 동일한 피고 회사를 설립한 것으로 인정하기에 부족함이 없다는 이유로 상고를 기각하였다.

할 것이어서 기존회사의 채권자는 위 두 회사 어느 쪽에 대하여서도 채무의 이행을 청구할 수 있다」고 하고, 그 법적 근거로서 「기존회사의 채무면탈을 목적으로 기업의 형태와 내용이 실질적으로 동일하게 설립된 신설회사가 기존회사와 별개의 법인격임을 내세워 그 책임을 부정하는 것은 신의성실에 반하거나 법인격을 남용하는 것으로서 허용될 수 없다」고 하여 민법 제2조를 들고 있다.[210)]

이후의 판결에서 기존회사의 채무를 면탈할 의도로 신설회사를 설립한 것인지 여부를 기존회사의 폐업 당시 경영상태나 자산상황, 신설회사의 설립시점, 기존회사에서 신설회사로 유용된 자산의 유무와 그 정도, 기존회사에서 신설회사로 이전된 자신이 있는 경우 그 정당한 대가가 지급되었는지 여부 등 제반 사정을 종합적으로 고려하여 판단하여야 한다[211)]고 판시하고 있다.

대판 2002다66892 판결은 기존회사가 채무를 면탈할 목적으로 기업의 형태·내용이 실질적으로 동일한 신설회사를 설립한 경우에 '채무면탈이라는 위법한 목적달성을 위하여 회사제도를 남용'한 것으로 보아, 기존회사의 채권자는 위 두 회사에 대하여 채무의 이행을 청구할 수 있다고 판단하였는데,[212)] 대법원이 법인격부인론을 원용한 전형적인 사례로 평가하고 있다.[213)]

이 판결에서는 대법원 2001년 판결과는 달리 채무면탈의 목적을 중시하고 있는데, 이것이 회사제도의 남용을 인정하기 위해서는 주관적 목적이 필요하다는 의미인지 문제된다. 이 판결에서는 기존회사가 채무를 면탈할 목적으로 기업의 형태·내용이 실질적으로 동일한 신설회사를 설립한 경우에 회사제도의

210) 이 판결은 참조판결로 대판 1995.5.12, 93다44531; 대판 2001.1.19, 97다21604를 들고 있으나, 이들 판결과는 다른 새로운 표현을 사용하고 있다.

211) 대판 2008.8.21, 2006다24438.

212) 이 판결에서 고려한 사항은 다음과 같다. ① 피고 회사는 A회사와 상호, 상징, 영업 목적, 주소, 해외제휴업체 등이 동일하거나 비슷하다. ② A회사와 일부 다른 피고 회사의 주요 이사진이나 주주 대부분이 A회사의 지배주주로서 대표이사였던 B의 친·인척이거나 A회사에서 B의 직원이었던 점, 피고 회사는 대외적으로 영업 등을 하면서 A회사와 동일한 회사인 것처럼 홍보하였으며, B와 피고 회사의 대표이사인 C도 A회사에서의 직책대로 활동하였다. ③ 그에 따라 피고 회사가 외부에서 A회사와 동일한 회사로 인식된 채로 공사 등을 수주하였다. ④ 피고 회사 내부적으로도 여전히 B가 회장으로서 역할을 수행하고 있는 것으로 보인다. ⑤ 이 사건 제1심판결로 피고 회사가 A회사의 채무를 부담하게 되는 상황이 되자 이번에는 B의 아들 등이 D회사를 설립하여 피고 회사와 관련된 공사를 수주하였다.

213) 이철송, 회사법강의, 57면; 김종기, 법인격의 남용, 판례연구 제17집, 부산판례연구회, 2006.2, 523-567면; 김재형, 앞의 논문, 41면.

남용을 인정한 것에 불과하기 때문에 이 판결을 채무면탈의 목적 등 주관적 목적이 없으면 회사제도의 남용 또는 법인격 남용을 인정할 수 없다는 의미로 확장해석해서는 안 된다는 견해[214)]가 있으나 뒤에 소개하는 판결처럼 법인격 남용의 경우에는 입증은 별론하고 통상 회사의 배후에 있는 자의 회사 법인격 이용이라는 사실(지배의 요건)과 위법 또는 부당한 목적(목적 요건)이라고 하는 두 가지 사실이 법률상 중요한 의미를 가진다고 보아야 할 것이다.

이후 대판 2006.8.25, 2004다26119에서 위 대판 2001.1.19, 97다21604의 법리를 그대로 인용한 다음, 위에서 본 대판 2004.11.12, 2002다66892판결과 마찬가지로 법인격 남용을 인정하는데 주관적 요건이 필요하다고 보고 있다.

즉 「이 사건과 같은 친자회사 사이에 있어서는 상호간에 상당 정도의 인적· 자본적 결합관계가 존재하는 것이 당연하므로, 자회사의 임·직원이 모회사의 임·직원 신분을 겸유하고 있었다는 사정이나, 모회사가 자회사의 전 주식을 소유하여 그에 따른 주주권의 행사로서 이사 및 임원 선임권을 지닌 결과 자회사에 대해 강한 지배력을 가진 사정, 그 밖에 자회사의 사업 규모가 확장되었으나 자본금의 규모가 그에 상응하여 증가되지 아니한 사정 등만으로는 모회사가 자회사의 독자적인 법인격을 주장하는 것이 자회사의 채권자에 대한 관계에서 법인격의 남용에 해당한다고 보기에 부족하다」고 한다.

그러면서 「적어도 자회사가 그 자체의 독자적인 의사 또는 존재를 상실하고 모회사가 자신의 사업의 일부로서 자회사를 운영한다고 할 수 있을 정도로 완전한 지배력을 행사하고 있을 것이 요구되며, 구체적으로는 모회사와 자회사 간의 재산과 업무 및 대외적인 기업거래활동 등이 명확히 구분되어 있지 않고 양자가 서로 혼용되어 있다는 등의 객관적 징표가 있어야 할 것이며, 무엇보다 여기에 더하여 자회사의 법인격이 모회사에 대한 법률 적용을 회피하기 위한 수단으로 함부로 사용되거나 채무면탈이라는 위법한 목적 달성을 위하여 회사제도를 남용하는 등의 주관적 의도 또는 목적이 인정되어야 할 것이다」고 하여 주관적 의도 내지 주관적 목적이 법인격부인을 하기 위해 필요하다고 한다.[215)]

---

214) 김재형, 위의 논문, 41-42면.

215) 이 사건에서 대법원은 피고와 KTPI가 그 조직, 재산, 회계 및 업무 내용에 있어 확연히 구분되어 있어, 법인격 부인에 요구되는 객관적 징표에 해당하지 않고, 원고와 KTPI 사이의

이 판결은 모자회사의 경우에 법인격 남용을 인정하기 위한 요건을 두 가지로 구분하고 있다. 첫째, 객관적 요소로서 모회사가 자회사에 대하여 완전한 지배력을 행사하고 있어야 한다. 구체적으로는 모회사와 자회사 간의 재산과 업무, 대외적인 기업거래활동 등이 명확히 구분되어 있지 않고 양자가 서로 혼용되어 있다는 등의 객관적 징표가 있어야 한다. 둘째, 주관적 요소로서 자회사의 법인격이 모회사에 대한 법률 적용을 회피하기 위한 수단으로 함부로 사용되거나 채무면탈이라는 위법한 목적 달성을 위하여 회사제도를 남용하는 등의 주관적 의도가 있어야 한다. 모자회사의 경우에 위 두 요소 중 한 가지 요소만으로는 법인격 남용을 인정할 수 없고, 위 두 요소를 모두 갖춘 경우에 회사제도의 남용을 인정할 수 있다는 것이다.

(4) 법인격부인론의 역적용의 문제

법인격부인론이 회사의 배후자인 지배주주(사원)에게 책임을 묻는 것인데 대하여 반대로 법인에게 그 책임을 물을 수 있는가. 이른바 법인격부인론의 역적용 인정여부의 문제이다.[216]

대판 2010.1.28, 2009다73400[217]에서 문제되었는데, 재단법인 중남미문화원의 설립자이자 실질적인 운영자인 원장은 납품계약을 맺은 원고에게 약속어음을 지급하였으나, 이중 8억 3천만원이 지급거절되었다. 이에 원고는 원장을 상대로 어음금청구소송을 제기해 승소판결을 받았으나, 원장이 재산을 모두 재단법인 명의로 이전하여 채무를 회피하자 원고가 재단법인을 상대로 소송을 제기하였다.

이 사건에서 피고 재단은 무상으로 부동산을 취득하는 이익을 얻었으며, 원고는 피고 재단으로의 부동산이 이전됨으로써 채권을 변제받지 못하는 손해를 당하였다. 피고 재단을 지배하고 있는 원장은 이전된 부동산 등 자산의 운용과 관련하여 피고 재단에게 영향력을 행사하는 것이 가능하므로, 자신의 채

이 사건 계약에서 피고가 불법 또는 부정한 목적을 위하여 현지법인인 KTPI를 이용한 경우라고 볼 수는 없다고 판단하였다.

216) reverse veil-piercing이란 용어의 우리말 번역으로는, '법인격의 역부인'(김정호, 법인격의 역부인, 경영법률, 제16집 제2호, 2006, 235면), 법인격부인론의 역적용(이철송, 회사법강의, 51면), 역법인격부인론(송호영, 앞의 책, 201면)등이 사용된다.

217) 이에 대한 문헌으로는, 이훈종, 법인격의 남용과 역적용에 관한 판례평석. 재산법연구 28권 1호, 2011.5, 131-155면; 송호영, 앞의 책, 201-202면.

권자에게 변제하지 아니하고, 피고 재단에게 무상으로 부동산을 이전한 것이다.

이 사건에서는 배후자의 개인 채무에 대한 법인의 책임을 추궁하기 위하여 법인격의 남용 여부를 검토하게 되었다. 원심법원은 이 사건에서 법인제도가 남용되었다고 볼 여지가 충분하다고 판단하여 결과적으로 역적용을 인정하였지만,[218] 대법원은 원장이 이미 설립되어 있던 피고 재단에게 채무를 면탈할 목적으로 자신의 재산을 이전하였다는 것 자체가 재단법인의 법인격을 부정할 만한 남용행위라고 단정할 수 없고 -그것이 사해행위가 되느냐는 별개의 문제로 봄[219]- 또한 원장과 피고 재단 사이의 업무 및 재산혼용의 정도, 법인격 형해화에 대한 거래상대방인 원고의 인식이나 신뢰유무 등을 고려하여 볼 때 원장이 자신에 대한 법적 책임을 회피하기 위한 수단으로 법인제도가 남용되었다고 보기는 어렵다고 판단하여 원심판결을 파기·환송하였다.

대법원이 기존회사가 채무를 면탈하기 위해서 기업의 형태·내용이 실질적으로 동일한 신설회사를 설립하는 경우와 달리 판단한 것은 사실관계에서 동 사안에서는 이미 설립되어 있는 재단법인에로의 재산의 이전이 이루어졌다는 점에 주목한 것 같고, 요건으로 법인격 형해화에 대한 거래 상대방인 원고의 인식이나 신뢰유무[220] 등을 들고 있는 점이 특색이다.

동 판결은 첫째, 재단법인과 설립자 혹은 운영자와의 관계에서 사단과 달리 소속사원이 없는 재단법인에 대해서도 법인격부인론이 적용될 수 있는지의 여부와, 둘째, 재단법인의 법인격을 부인해서 설립자에게 책임을 묻는 것이 아니라, 반대로 설립자의 채무에 대해 재단법인에게 책임을 추궁하는 것이다. 대법원은 동 판결에서 법인격부인론의 역적용을 명시적으로 부정하지는 않고, 요건이 충족된다면 사안에 따라 역적용이 가능한 것으로 판시하고 있다.

그렇다면 법인격부인론의 역적용을 허용해야 하는 것일까. 우선 법인격부

---

218) 서울고법 2009.9.3, 2008나116609.

219) 법인격부인을 역적용하는 경우에는 채무자의 사해행위를 이유로 채권자취소권을 행사하는 것보다 간명하게 채권의 변제를 받을 수 있게 된다. 채권자취소권을 행사하더라도 재산이 채무자에게 복귀하게 되어 이는 모든 채권자의 이익이 되지만 법인격부인을 인정하게 되면 채권자는 바로 재산에 대하여 강제집행할 수 있기 때문이다.

220) 원고의 인식이나 신뢰의 유무 개념 불명확성에 대한 비판이 제기되고 있다. 이훈종, 앞의 논문, 142-145면.

인론의 역적용이 법인채권자로 하여금 예측하지 못한 이익의 침해를 가져올 가능성이 크므로 부정하는 견해[221]와, 반면에 구체적 타당성의 실현면에서,[222] 사해행위취소소송의 문제점 면에서,[223] 법인재산 보호의 필요성과 채권자 보호의 필요성을 비교형량하여[224] 인정할 수 있다고 하는 긍정 견해가 있다.

생각건대, 재단법인제도는 재산의 집합에 대하여 법인격을 인정하여 재산의 제공자로부터 독립하여 고유한 목적을 달성할 수 있게 하는 제도이다. 그러나 그러한 제도의 취지가 몰각될 정도로 그 제도가 운용되는 경우까지 보장되는 것은 아니라고 본다. 법인재산 보호의 필요성과 채권자 보호의 필요성의 이익에 대한 비교형량을 통한 형평칙 확보는 명문의 규정이 없더라도 그 제도 자체의 내재적 한계의 문제이기도 하다.

재단법인이 추구하는 목적은 대부분 종교, 자선, 복지, 교육, 의료 등 공익적 목적이다. 비영리를 목적으로 하는 재단법인은 법인의 재산이 목적을 달성할 수 있는 한 유출되지 않고 보존·활용되기 때문에 존재가치가 크다. 그러나 현실적으로 우리 사회에서 비영리법인의 폐해가 문제가 되고 있다. 즉 세금포탈이나 재산은닉 등의 수단으로 법인제도가 악용되는 경우 이에 대한 엄격한 규제가 필요하다.[225] 따라서 영리법인은 물론 비영리법인의 경우에도 법인제도의 남용을 규제할 필요성이 있다고 본다.

(5) 법인격의 남용의 구체적 적용요건

그렇다면 구체적으로 어떠한 경우에 법인격을 부인하거나 그 남용을 인정할 수 있을 것인가. 이는 법인격을 인정하는 제도적 취지인 분리의 원칙이라든가 이해당사자인 법인의 채권자와 법인, 법인의 사원 등 배후자와 관련하여 중요한 문제이다.

우리 판례도 외견상 일본최고재판소와 같이 법인격 형해화와 법인격 남용을 구분하여 그 요건을 설시하고 있으나, 실제 적용에 있어서는 엄격히 구분하

---

221) 이철송, 앞의 책, 49면; 송호영, 앞의 책, 202면.

222) 김정호, 법인격의 역부인, 경영법률 제16집 2호, 한국경영법률학회, 2006, 251면.

223) 김원기, 법인격부인론의 역적용-대판 2008.8.21, 2006다62829 판결을 중심으로-, 기업법연구 제24권 2호, 한국기업법학회, 2010, 165면.

224) 이훈종, 위의 논문, 149-150면.

225) 김기진, 공익재단법인의 설립자와 공익재단법인과의 관계, 고려법학 제51호, 고려대학교 법학연구원, 2008, 368면.

고 있는 것으로는 보이지 않는다. 다만 지금까지 살펴본 주요 판례가 법인격 남용을 판단할 경우에 일반적으로 들고 있는 요소는, ① 회사의 배후에 있는 자의 회사에 대한 지배적 지위 여부, ② 회사와 배후자 사이에 재산과 업무의 혼용 정도 여부, ③ 법인과 배후자 사이에 사무실을 공동으로 사용하거나 임직원이 공통인지의 여부, ④ 회사자본의 부실 정도, ⑤ 주주총회나 이사회 개최 등 법률이나 정관에 규정된 의사결정절차를 거쳤는지 여부, ⑥ 거래상대방이 법인과 그 배후자를 동일한 존재로 인식하거나 그와 같이 신뢰하였는지 여부, ⑦ 법인격을 법률 적용을 회피하기 위한 수단으로 함부로 사용하거나 채무면탈이라는 위법한 목적 달성을 위하여 회사제도를 남용하는 등의 주관적 의도가 있었는지 여부 등을 들고 있다.[226]

또한 기존의 회사를 폐업하고 회사를 신설한 경우에는 폐업당시 경영상태나 자산상황, 신설회사의 설립시점, 기존회사에서 신설회사로 유용된 자산의 유무와 그 정도, 기존회사에서 신설회사로 이전된 자산이있는 경우에는 그 정당한 대가가 지급되었는지 여부를 고려하고 있다.[227]

학설에서도 법인격부인의 적용요건에 대하여 다양한 학설이 있다. 법인격이 형해화된 경우와 법인격이 남용된 경우 법인격을 부인할 수 있다는 학설,[228] 법인격이 형해화된 경우 법인격부인론이 적용되지 않고 법인격이 남용되는 경우에만 법인격을 부인할 수 있다는 학설,[229] 회사와 사원간에 이해와 소유의 일치가 있으며(지배요건), 문제된 행위가 회사의 행위로 인정되면 형평에 어긋나는 결과가 발생하는 경우(공정요건) 법인격을 부인할 수 있다는 학설[230] 및 지배주주가 회사를 완전히 지배하고, 재산 등이 혼융된 경우 법인격을 부인하여 지배주주에게 책임을 추궁할 수 있다는 학설[231] 등이 있다.[232]

뿐만 아니라 자본의 불충분성을 요건으로 들기도 하고,[233] 보충적으로 법

---

226) 대판 2008.9.11, 2007다90982.

227) 대판 2008.8.21, 2006다24438.

228) 강희갑, 법인격 부인 법리, 사회과학논총 제21집, 명지대학교 사회과학연구소, 2004, 15면.

229) 강위두, 법인격부인의 법리의 적용범위와 적용요건, 상사판례연구 제3집, 한국상사판례학회, 1989, 18면.

230) 정찬형, 법인격부인론-대판 2001.1.19, 97다21604, 고려법학 제37호, 고려대학교 법학연구원, 2001, 299면.

231) 이철송, 회사법강의, 51면.

232) 학설의 소개에 대하여는 이훈종, 앞의 논문, 138-139면 참조.

인격부인론이 적용되어야 한다는 견해[234]와 병존적으로 적용될 수 있다는 견해[235] 등으로 나뉘어진다. 법인제도를 두고 있는 이상, 되도록 법인의 재산은 유지할 필요가 있다. 따라서 사법규정이나 사법의 원리에 의하여 해결하기 어려운 경우에만 법인격부인론은 보충적으로 적용되어야 할 것이다.

4. 법인격 부인의 효과

(1) 실체법상의 효력

회사의 법인격이 부인되면 그 법인격이 남용된 특정한 경우에 한하여 그 회사의 독립된 법인격이 부인되어 그 회사와 사원(주주)은 동일한 실체로 취급된다. 따라서 그 회사의 행위로 인한 책임은 사원(주주)이 부담하여야 하고, 사원(주주)의 행위로 인한 책임에 대하여 회사가 독립된 인격을 갖고 있다고 주장할 수 없다. 만약 그러한 행위가 계약이라면 계약에 따른 급부청구를 할 수 있으며, 계약의 해제와 원상회복의 청구[236]도 인정되게 된다. 대개의 경우 법인에 대한 채권의 행사를 배후의 사원에게 행할 수 있게 된다.

이 때 회사의 행위로 인한 책임을 사원(주주)이 부담하는 것이므로 사원(주주)이 아닌 그 밖의 회사의 경영자인 이사 등이 그 책임을 부담하는 것이 아니다. 또한 법인격이 부인되는 경우에 사원(주주) 또는 회사가 부담하는 책임은 무한책임이다.

(2) 소송법상의 효력

회사의 법인격이 부인되면 실체법상 그 회사와 사원(주주)은 동일하게 취급된다는 것이므로, 이를 전제로 하여 회사에 대한 판결의 기판력 및 집행력이

233) 긍정하는 견해로는 정찬형, 앞의 논문, 299면; 부정하는 견해로는 정영철, 판례를 통하여 본 법인격부인론, 상사판례연구 제22집 2권, 한국상사판례학회, 2009, 59면.

234) 한정적이나마 법인격의 존재를 무시한다는 것은 법질서의 근간을 이루는 법인의 독립성을 제약하는 것이므로, 본 이론은 기존의 다른 법규정 또는 법리를 적용함으로써 해결될 수 있는 경우에는 가급적 적용이 유보되어야 한다는 견해가 있다. 나현, 법인격무시의 법리를 재론함- 실체 법과 절차법의 연결적 이해를 중심으로-, 한국민사소송법학회지 제10권 2호, 한국민사소송법학회, 2006, 22면.

235) 일반 사법이론만으로 해결하기 어려운 경우에만 법인격부인론이 적용되는 것은 법인격부인론 자체를 부정하게 될 가능성이 많다고 한다. 강선준, 개인이 채무면탈을 위해 새로운 회사설립하는 경우에 법인격 부인론의 적용 - 대상판결: 대구지방법원 2006.5.3. 선고, 2005 가 합13817 판결 -, 상사판례연구 제20집 1권, 한국상사판례학회, 2007. 226면.

236) 대판 2001.1.19, 97다21604.

사원(주주)에게까지 확장되는 것은 아니다.[237] 따라서 회사의 '채권자가 사원(주주)의 재산에 대하여 강제집행을 하고자 하면 회사의 법인격을 부인하여 사원(주주)에 대하여 먼저 집행권원을 얻어야 하며, 회사에 대한 집행권원을 가지고 사원(주주)의 재산에 대하여 강제집행을 할 수는 없다.[238]

대법원은 「갑회사와 을회사가 기업의 형태·내용이 실질적으로 동일하고 갑회사는 을회사의 채무를 면탈할 목적으로 설립된 것으로서 갑회사가 을회사의 채권자에 대하여 을회사와는 별개의 법인격을 가지는 회사라는 주장을 하는 것이 신의성실의 원칙에 반하거나 법인격을 남용하는 것으로 인정되는 경우라도, 권리관계의 공권적 확정 및 그 신속·확실한 실현을 도모하기 위하여 절차의 명확·안정을 중시하는 소송절차 및 강제집행절차에 있어서는 그 절차의 성격상 乙회사에 대한 판결의 기판력 및 집행력의 범위를 甲회사에까지 확장하는 것은 허용되지 아니한다」[239]고 한다.

---

237) 정찬형, 앞의 논문, 55면.

238) 이에 반하여 회사와 사원 개인이 완전히 동일한 실체법상의 지위에 있으면 배후인인 사원에게 독자적인 절차권을 인정할 필요가 없는 점에서 이 때에는 회사에 대한 판결의 기판력 및 집행력이 사원에게 미친다고 보는 견해도 있다. 정동윤, 앞의 책, 34-35면.

239) 대판 1995.5.12, 93다44531.

제 5 장

법인 아닌 사단의 법적 지위와 규율

제5장 법인 아닌 사단의 법적 지위와 규율

제1절 서 언

자연인으로서의 개인은 유한한 존재로서 그 활동범위나 지속성에서 한계가 있기 때문에 오래 전부터 단체를 구성하여 그 단체를 통하여 여러 가지 활동들을 수행하여 왔다. 하지만 우리 민법은 법인에 대해서만 규정을 두고 법인 아닌 사단에 대하여는 침묵할 뿐만 아니라 그 재산관계에 대하여는 사단법인과 달리 총유의 개념을 도입하여 규정하고 있어서 그 해석을 둘러싸고 논란이 되어 왔다.

또한 민법의 규율영역인 비영리사단에 대하여 우리 민법이 허가주의를 취한 결과 많은 사단들이 법인 아닌 사단으로서 활동하고,[1] 그에 따른 여러 법적 분쟁들이 발생하게 되었지만 법인 아닌 사단에 관한 민법 규정이 존재하지 않음으로 말미암아 그에 대한 해결은 전적으로 판례와 학설에 맡겨졌다. 대법원은 법인 아닌 사단들에서 발생하는 법적 분규에 대하여 주로 통일적인 법원리에 의하여 해결하기보다는 당해 문제에서 구체적 타당성에 입각한 판결을 내려왔다.

하지만 법인 아닌 사단이 거래계의 실재체로서 존재하는 경우, 그 성립과정과 유형은 실로 다양하여 모든 법인 아닌 사단을 하나의 통일적인 원리에 기하여 그 법률관계를 논한다는 것은 어려울 수밖에 없다. 본고에서는 이러한 점에 착안하여 현재 우리 사회에 존재하는 법인 아닌 사단을 유형별로 고찰하여 유형별로 그 특징과 거기에 내재하는 특징들을 찾아내어 유형별로 법적 분쟁의 해결책을 모색하고자 하였다.

또한 민법은 물권편에서 법인 아닌 사단의 공동소유형태를 총유로 규정하

1) 곽윤직 교수는 사단이 법인격을 취득하는 것은 현행법상으로는 그렇게 어려운 것이 아니라고 하나(곽윤직·김재형, 앞의 책, 156면), 종교단체의 예를 들어보면, 지교회나 사찰의 경우는 총회나 유지재단 정도만 법인으로 활동하고 나머지 수많은 종교단체들은 법인 아닌 사단에 머물고 있다.

여 관리·처분과 사용·수익의 이분체계로 구성하고 있다. 즉 관리·처분에는 사원총회의 결의를 요하고 사용·수익에는 사원이 각자가 할 수 있다고 규정하고 있는데, 우리 민법만이 가지고 있는 이러한 이분화의 필요성과 그 기능에 주목하여 사단법인과 달리 일정부분 이분화의 필요성이 있다는 점과 그 기능에 대하여 논증하고자 한다.

제2절 법인 아닌 사단의 의의

Ⅰ. 법인 아닌 사단의 단체성과 단일성

자연인으로서의 개인은 태어나면서부터 자신의 의사와 상관없이 일정한 공동체의 일원이 되기도 하고, 또는 자신의 의사에 의하여 공동체의 구성원이 되기도 한다. 자연인으로서의 개인은 유한한 존재인 반면에 단체는 영속성을 가지며 일정한 목적을 수행해 가는데, 특히 사단은 단체의 구성원의 변동과 상관없이 단체의 존속이 가능하다는 점에서 그 존재 의의가 크다고 할 수 있다.

근대 민법 제정 당시부터 거래사회에서 다양한 단체가 조직되면서 이 단체가 구성원과 분리되어 독립된 활동체로서 등장하였고, 이에 대한 법률적 처리 문제가 대두되었다. 그 중에서도 사단으로서의 실질을 가지고 있으면서도 민법이 정하는 법인의 자격을 취득하지 못한 단체인 법인 아닌 사단이 사회경제적 필요에 따라 여러 유형으로 등장하였다.

법인 아닌 사단이란 법인으로서의 실질은 갖추고 있으나 사단법인으로서의 형식을 갖추지 못한 단체를 말한다. '인격 없는 사단' 또는 '권리능력 없는 사단'[2)]이라고도 한다. 이러한 단체에는 일정한 조직이나 정관은 확정되어 있으나

2) 이제 더 이상 권리능력 없는 사단이란 용어는 법령상이나 학술논문에서 사용되지 않는 듯하다. 권리능력(법인격) 없는 사단이라는 용어를 사용하는데 대한 비판으로는 강태성, 법인본질론에 입각한 법인 아닌 사단의 민법상 취급, 재산법연구 제17권 1호, 2000, 18면; 또 다른 견해로는 현실적으로 권리주체로 인정받고 있음에도 비법인사단으로 호칭하는 것은 부적절하며 '준사단법인'이라고 부르자고 하는 견해로는 김교창, 권리주체로서의 주민공동체(자연부락), 판례연구 22집, 2008.8, 서울지방변호사회, 94면; 사단의 실질을 갖추었으나 등기만을 갖추지 않았기 때문에 미등기사단이라고 칭하자고 하는 견해로는 남기윤, 사법상 법인개념의 새로운 구성-새로운 법인이론의 제안-, 저스티스 70호, 한국법학원, 2002.12, 201면.

단지 주무관청의 허가를 받지 않았거나 설립등기를 하지 않고 있는 경우까지 포함한다. 법인 아닌 사단은 단지 법인격을 취득하지 못했을 뿐 사단법인과 같이 단체로서의 단일성이 강하게 나타나며, 이 점에서 입법자가 법인 아닌 사단의 법적 규율에 대하여 침묵하고 있지만, 사단과 사단법인의 대등성 측면에서 임의규정성을 가지는 조합에 관한 규정보다는 사단법인에 관한 규정이 준용되어야 한다는데 학설이 일치하고 있다.

다만 어떠한 시각에서 '단일성'을 볼 것이냐가 문제인데, 결국 사단이라는 것은 법률적인 측면에서 단일로 다루어야 한다는 의미가 될 것이며,[3] 우리 민법은 이러한 단일체에 일정한 법률효과를 귀속시키려고 하고 있으며, 그러한 법률효과를 귀속시키는 데에는 일정한 요건을 갖출 것을 요구하고 있다.

판례는 일정한 목적 하에 이루어진 다수인의 결합체로서 그 결합체의 의사를 결정하고 목적달성을 위한 업무를 집행할 기관들에 관한 정함이 있으며, 외부에 대하여 그 결합체를 대표할 대표자 또는 관리인의 정함이 있는 법인 아닌 단체라고 정의하고 있다.[4]

Ⅱ. 사단과 조합의 구별

1. 사람의 단체로서 두 유형

사람이 결합하여 공동목적을 달성하려고 하는 인적 결합체로서 사단과 조합의 두 유형이 있는데, 민법이 인정하는 것으로는 사단법인과 조합[5]이 있다. 사단법인의 법률관계는 독자적으로 조직된 활동단일체인 법인 자체의 법률관계이다. 그러나 법인 아닌 사단 또는 조합의 법률관계는 사원 또는 조합원과 관련되지만, 사원 또는 조합원이 개별적으로 관련하는 것이 아니고, 집단으로서 관련하는 것이다. 사단법인은 활동단일체로서의 법인으로, 법인 아닌 사단 또는 조합은 인적인 활동공동체 내지 인적 결합체로 파악함으로써 용어상 구

3) 고상룡, 민법총칙, 252면.

4) 대판 1967.1.31, 66다2334.

5) 여기에서의 조합은 조합계약에 의하여 창설된 단체로서의 조합으로서 2인 이상의 다수의 특정인이 출자하여 공동의 사업을 경영하기 위해 결성한 단체를 말한다. 민법안의견서에서는 인적 결합형태는 법인, 권리능력 없는 사단, 합수적 조합, 조합의 4유형으로 나누어진다고 한다. 『민법안의견서』, 일조각, 1957, 96면.

별할 수 있다.

오늘날 인적 결합체로서 법인 아닌 사단과 조합은 다양한 영역에서 다양한 형태의 조직체로서 활동을 하고 있고 이에 대한 법률적 처리문제가 대두되고 있다. 학설과 판례는 비법인사단에 대해서도 인정하며 비법인사단은 등기능력(부동산등기법 제26조)과 당사자능력(민사소송법 제52조·행정소송법 제8조 2항·행정심판법 제14조)을 갖는 등 오늘날 법률관계의 주체로서 거의 모든 영역에서 인정되고 있다.

오늘날 조합이라는 명칭으로 거래계에서 활동하는 인적 단체는 매우 다양하다. 순수한 민법상의 조합뿐만 아니라 실체에서는 조합이면서도 법인격이 주어지는 것이 있는가하면,[6] 조합이라는 명칭을 가지지만 특별법에 의하여 법인으로서의 성격이 부여되는 재건축조합(도시 및 주거환경정비법 제18조 제1항)이나 농업협동조합(농업협동조합법 제4조 제1항), 노동조합(노동조합 및 노동관계조정법 제6조 제1항)과 주택조합(주택법 제32조 제1항)과 상법상의 익명조합(상법 제78조)이 있고, 2012년 12월 1일에 시행된 협동조합기본법상의 협동조합 등 다양한 형태와 명칭의 특수조합이 존재한다.

2. 사단과 조합에 대한 규정

사단법인에 대해서는 우리 민법이 규정을 두고 있지만, '법인 아닌 사단'에 대해서는 민법은 규정을 두고 있지 않다. 그러나 독일 민법은 제54조에서 법인 아닌 사단에 대하여 조합에 관한 규정을 준용하도록 하고 있다. 그럼에도 불구하고 독일 통설[7]과 판례[8]는 '법인 아닌 사단'과 '조합'의 본질적 차이를 강조하여 사단에 적합하지 않은 조합에 관한 임의규정은 정관에 의하여 묵시적으로 배제되어 있다고 해석함으로써 독일 민법상 법인 아닌 사단은 실질적으로 사단법인과 마찬가지로 다루어지게 되었다.[9]

조합에 대해서는 우리 민법도 계약편에 규정(제703조)을 두고 있으며, 2인

---

6) 상법 제178조 이하의 합명회사가 대표적인 예이다.
7) Soergel Komm., S. 301 RdNr. 5 zu §54.
8) BGH NJW 1979, 2304, 2305.
9) 그러나 Flume 교수는 종래 법인 아닌 사단의 법리를 명문규정에 반하는 법형성으로 파악하는 방법을 반대하고 실정법에 근거하여 파악하려고 하였다. Werner Flume, Zeitschrift für das gesamte Handelsrecht und Wirtschaft(ZHR), 148, 503면 이하.

이상이 상호출자하여 공동사업을 경영할 것을 약정함으로써 그 효력이 생긴다고 하여 전형계약의 하나로 규정한다. 조합의 의미를 조합계약에 의하여 창설된 단체를 의미한다는 견해와 조합계약을 의미한다는 견해로 나뉘고 있지만, 조합이라는 개념 속에는 조합계약이라는 의미와 그 계약에 의하여 결성된 단체라는 의미를 포괄하고 있다고 보아야 할 것이다.

민법과 민법 이외의 법률에서 다양한 형태의 인적 단체를 인정하고 있는바, 어느 것을 선택할 것인가는 사업의 경영에 필요한 자본·노동력·기술, 부담할 책임의 정도, 경영에의 참여여부, 사업에 따르는 위험의 정도, 세금 등 여러 가지 요소를 종합하여 결정해야 할 것이다.

3. 사단과 조합의 구별기준

법인 아닌 사단과 민법상의 조합은 법인격이 인정되지 않는 인적 결합체라는 면에서 공통되지만, 양자는 단체성의 강약을 기준으로 구별된다. 우리나라의 종래 학설은 사단법인과 조합의 구별보다는 '법인 아닌 사단'과 조합 양자가 법인격이 인정되지 않는다는 공통점에 착안하여 양자의 구분에 초점을 맞추어 왔으며,[10] 양자의 구별기준으로서 단체성의 강약을 일반적으로 들고 있다.[11]

전형적 사단과 전형적 조합의 구체적인 차이점을 보면, 사단은 구성원의 대내적 총체성을 통한 대외적 '단일성'이 나타나는데 반하여, 조합은 조합원 전원이 '합수적 결합관계'[12]로서 계약적 결합관계를 이룬다.[13] 사단은 단체가 그 구성원의 개성을 초월한 존재가 되어, 구성원의 개개는 단체 속에 매몰되어 있는 것이다. 즉, 단체의 행동은 그의 기관에 의하여 행하여지고, 그 법률효과는 단체 자체에 귀속하며, 단체의 구성원에게 귀속하지 않는다. 구성원은 총회를 통하여 다수결의 원리에 따라 기관의 행동을 감독하고, 단체의 운영에 참여

10) Flume 교수는 인적 결합체들을 사단(Verein)과 조합(Gesellschaft)으로 구분하지 않고, 법인격의 유무에 따라 법인(Juristische-Person)과 합유공동체(Gesamthand Gemeinschaft)로 분류하기도 한다.

11) 곽윤직·김재형, 앞의 책, 155면.

12) 사단은 전일체 또는 조직적인 단일체(Einheit)로서 나타나고 그 구성원인 개인은 완전히 중요성을 상실하는 데 대하여 조합은 구성원의 개성이 강하고 구성원의 복수성(Mehrheit)이 그대로 표면에 나타나는 단체라고 한다. 고상용, 민법총칙, 261면.

13) 조합은 이중적 의미를 함유하고 있는데, 하나는 민법상 전형계약의 일유형으로서 조합계약이며 다른 하나는 조합계약에 의하여 창설된 단체를 의미한다. 송오식, 계약법, 전남대학교 출판부, 2011, 396면.

할 수 있을 뿐이다. 단체의 자산이나 부채도 모두 단체 자체에 귀속한다.

그러나 조합은 단체로서의 단일성보다는 구성원의 개성이 강하게 표면에 나타난다. 즉, 단체의 행동은 구성원 전원 또는 전원으로부터 대리권이 수여된 자에 의하여 행하여지고, 법률효과는 전원에게 귀속한다. 특히 조합의 이름으로 소송을 제기하거나 소송의 대상이 될 수 없다는 것이 통설과 판례[14]의 입장이다.

사단에서 단체의 행동은 그의 기관에 의하여 행하여지고, 사원의 변동에 관계없이 단체의 동일성을 유지하며, 그 법률효과는 단체 자체에 귀속하며, 단체의 구성원에게 귀속하지 않는 특징이 있다. 구성원은 총회를 통하여 다수결 원리에 따라 기관의 행동을 감독하고, 단체의 운영에 참여할 수 있을 뿐이다. 단체의 자산이나 부채도 모두 사단 자체에 귀속하게 된다. 사단의 부채에 대해서 사원은 회비의 범위에서만 책임을 부담하게 된다(유한책임). 이에 비하여 조합은 의사결정에서 합수성의 원리(전원일치의 원리)가 원칙이며, 재산은 모두 각 조합원의 소유이며, 단체적 구속을 받아야 하는 합유관계이다. 부채도 역시 각자의 부채이어서, 조합원으로서 소유하는 재산(조합재산) 이외에 각자의 개인재산을 가지고도 그 책임을 져야만 한다(무한책임).

사단과 조합은 일종의 이념형이라고도 할 수 있으며,[15] 사회에 현실로 존재하는 단체 중에는 전형적인 사단으로부터 전형적인 조합에 이르기까지 여러 가지가 있으므로, 결국 현행 실정법상 민법의 사단법인의 규정(민법 제31조 이하)과 동일한 내부규칙(정관)을 가진 단체가 사단이며, 조합의 규정(민법 제703조 이하)과 동일한 내부규약(조합규약)을 가진 단체를 조합이라고 할 수 밖에 없다는 견해가 있으며,[16] 그 단체가 사단법인에 관한 법률효과를 인정하기에 적합한 단체인가 조합에 관한 법률효과를 인정하는 데 적합한 단체인가를 판단하는 것이 선결문제라고 보는 견해[17]도 있다.

더 나아가 조합과 사단의 준별에 관한 통설의 입장을 긍정하면서도, 실제 존재하는 단체 가운데 사단으로서의 성격과 조합으로서의 성격을 함께 가지고

14) 대판 1967.8.29, 66다2200; 대판 1974.9.24, 74다573.

15) 고상용, 앞의 책, 253면.

16) 김용한, 민법총칙, 2003, 209면; 장경학, 민법총칙, 1985, 294면.

17) 이를 효과론적 방법론이라고 칭한다. 고상용, 위의 책, 262면.

있는 단체가 있을 수 있으므로 사단과 조합의 혼합형 단체의 가능성도 고려해야 한다는 견해[18]도 있다.

4. 양자에 대한 판례의 태도

판례도 양자의 구별에 대하여 기본적으로 단체성의 강약을 기준으로 판단한다. 즉 「일반적으로 그 단체성의 강약을 기준으로 판단하여야 하는 바, '조합'은 2인 이상이 상호간에 금전 기타 재산 또는 노무를 출자하여 공동사업을 경영하는 계약관계에 의하여 성립하므로 어느 정도 단체성에서 오는 제약을 받게 되는 것이지만 구성원의 개인성이 강하게 드러나는 인적 결합체인 데 비하여, '비법인사단'은 구성원의 개인성과는 별개로 권리·의무의 주체가 될 수 있는 독자적 존재로서의 단체적 조직을 가지는 특성이 있다 하겠는데, 민법상 조합의 명칭을 가지고 있는 단체라 하더라도 고유의 목적을 가지고 사단적 성격을 가지는 규약을 만들어 이에 근거하여 의사결정기관 및 집행기관인 대표자를 두는 등의 조직을 갖추고 있고, 기관의 의결이나 업무집행방법이 다수결의 원칙에 의하여 행해지며, 구성원의 가입, 탈퇴 등으로 인한 변경에 관계없이 단체 그 자체가 존속되고, 그 조직에 의하여 대표의 방법, 총회나 이사회 등의 운영, 자본의 구성, 재산의 관리 기타 단체로서의 주요사항이 확정되어 있는 경우에는 비법인사단으로서의 실체를 가진다고 할 것이다」라고 판시하여 동일한 입장이다.[19]

예컨대, 「'동백흥농계'의 규약 조항에 동계의 실체가 각 계원의 개성이 각기 뚜렷하게 계의 운영에 반영되게끔 되어 있고 사단의 경우처럼 그 사원의 개성이 그 사단에 몰입되고 각기 사원은 집합체의 겉에 현출되지 아니하게끔 되어 있지 아니하다면 이 '동백흥농계'는 비법인사단이 아니다」고 하여 조합으로

---

18) 사단에 관한 규정과 조합에 관한 규정은 모두 임의규정이므로, 양자의 혼합형의 단체를 만드는 일도 충분히 가능하고, 그러한 단체에는 사단법과 조합법이 모두 적용 가능하므로, 구체적인 법적용을 결정함에 있어서는 사단법과 조합법 중 어느 법규정을 적용하는 것이 그 영역에 보다 적합한가를 검토하지 않을 수 없으며, 그 때에는 어느 법을 적용하는 것이 구성원의 보호되어야 할 이익과 단체조직 자체에 최선인가를 우선적으로 고려하여야 한다고 한다. 김진현, 권리능력 없는 사단, 민사법학 11·12권, 1995, 517면.

19) 대판 1992.7.10, 92다2431; 대판 1999.4.23, 99다4504. 따라서 주택조합처럼 민법상 조합의 명칭을 가지고 있는 단체라 하더라도 사단의 실질을 갖추고 있는 경우에는 비법인사단으로 인정하기도 하였다. 대판 1994.4.26, 93다51591.

판시하여,[20] 비법인사단의 특징으로서 단체성이 강하여 사원의 개성이 그 사단에 몰입되는 것을 들고 있다.

또한 원호대상자 광주목공조합사건에서, 「동 조합은 구성원의 직업재활과 자립정착의 달성 등을 목적으로 하여 설립된 조합으로서 그 조합구성원은 10인으로 하여 위 조합에 가입하려면 전조합원의 동의를 얻어야 하고 탈퇴하려면 조합원 3분의2 이상의 동의를 얻어야 하며, 조합자산은 원칙적으로 균일지분에 의하여 조합원에게 합유적으로 귀속되어 조합원이 단독으로 그 분할청구를 하지 못하도록 되어 있는 사실과 한국원호복지공단법부칙 제8조가 같은 법 시행 전의 원호대상자직업재활법에 의하여 설립된 원호대상자정착직업재활조합은 해산되고 해산된 조합은 원호처장의 허가를 받아 민법에 의한 조합으로 설립할 수 있다고 규정한 취지에 비추어 보면 피고 조합은 민법상의 조합의 실체를 가지고 있다 하겠으므로 소송상 당사자능력이 없다」[21]고 하여, 조합의 목적, 조합의 가입과 탈퇴에서 구성원 전원의 동의와 2/3의 찬성, 조합자산의 균일지분과 조합재산의 합유관계를 들어 민법상의 조합으로 판단하고 있다.

판례를 보면 단체성의 강약뿐만 아니라 재산의 소유관계, 가입과 탈퇴시 구성원의 동의, 지분의 유무 등을 고려하여 사단과 조합을 구분함을 알 수 있다.

5. 사단과 조합의 차이

사단과 조합은 인적 결합체라는 점에서는 공통점이 있으나 여러 면에서 차이점이 있다.

(1) 설립행위의 법적 성질

사단의 설립행위의 법적 성질에 대해서는 합동행위가 통설이고 계약이라는 소수설[22]이 있다. 계약이라는 설에 의하면, 사단의 설립이라고 하는 법률효과의 발생을 의욕하는 수인의 의사표시의 합치에 의하여 성립하는 법률행위라고 한다. 다만 공동으로 단체를 창립하고 표의자는 스스로 그 단체의 구성원으로 되는 단체적 효과의 발생을 목적으로 하는 점에서, 통상적인 계약과는 다른 점

20) 대판 1974.9.24, 74다573.

21) 대판 1991.6.25, 88다카6358.

22) 김증한·김학동, 앞의 책, 189면; 장경학, 민법총칙, 1985, 306면.

이 있을 뿐이라고 한다(특수계약설). 조합의 법적 성질에 관하여 통설은 민법에서 전형계약으로 규정하고 있으므로 계약이라고 보고 있으나, 합동행위로서의 성질과 계약으로서의 성질을 모두 가지는 특수한 법률행위라는 견해가 있다.[23]

(2) 내부규칙

사단은 사단의 근본규칙인 정관에 규정하고 있으나, 조합은 계약관계(조합규약)에서 정해진다. 사단에서는 사후적으로 정관을 변경하거나 새로운 규율을 하려는 경우 다수결보다 엄격한 정관변경절차에 의하여 하게 되나(민법 제42조), 조합에서는 그러한 조합규약을 변경할 때 특별한 절차가 요구되지 않는다. 즉 필요한 경우에 통상의 조합계약에 의하여 조합규약을 변경할 수 있다.

(3) 조직과 업무집행

사단은 구성원의 변동과는 무관하게 장기간 존속하고 단체성이 강하다. 사단에서는 대표기관·의사결정기관·감독기관 등의 통일적인 조직과 기관을 가지고 있고, 그 기관에 의하여 행동하며, 기관의 행위는 단체 자신의 행위로 되기 때문에, 기관의 행위의 효과는 모두 단체 자체에 귀속한다. 즉 구성원의 개성은 사라지고 단체에 함몰되어 버린다. 사단의 업무집행은 사단의 기관인 대표자에 의하여 행해지며, 이사가 통상 대표자로서 대내적인 사무집행을 하게 된다.

이에 비하여 조합은 단기 존속하며, 조합원의 개성이 단체로서의 성격보다 강하기 때문에 단체성이 약하고 구성원으로부터 독립된 조직이라 볼 수 없다. 따라서 법률관계에서 조합원들이 드러나게 된다. 조합에서는 위와 같은 조직을 가지지 않는다. 조합에서의 업무집행은 구성원 전원으로부터 대리권을 수여받은 자(업무집행구성원)가 수행하게 된다. 업무집행에 있어서, 전조합원이 업무집행에 참여할 수 있으며, 의견의 일치를 보지 못할 때에는 다수결에 의하게 되지만(민법 제706조 제2항 전문), 조합에서는 합수성의 원리(전원일치의 원리)가 원칙이다.

(4) 구성원 수와 구성원의 개성 관철 범위

사단은 주식회사·동창회·문중 등과 같이 대부분 구성원이 비교적 많고 구성원의 개성은 단체 속에 함몰되어 버리나, 조합에서는 수인이 공동출자하여

---

23) 곽윤직, 채권각론, 296면.

공동사업을 하는 경우와 같이 구성원의 수는 일반적으로 적고 구성원의 개성이 인정되고 당사자의 개성을 중시한다. 그러나 구성원의 수에 의한 차이는 심지어 이제 1인회사의 설립이 가능해짐으로서 주식회사나 유한회사에서는 의미가 없어졌다. 즉 주식회사나 유한회사의 경우에 1인 설립과 존속이 가능하다는 점에서 복수인의 결합체라고 하는 사단의 의미가 흔들린다고 볼 여지까지 있다는 점에서 그렇다.[24)]

(5) 구성원의 가입·탈퇴

사단은 비교적 가입·탈퇴가 자유로운데 반하여, 조합은 가입·탈퇴가 비교적 어렵다. 대판 1991.6.25, 88다카6358에서 조합에 가입하려면 전 조합원의 동의를 얻어야 하고 탈퇴하려면 조합원 3분의 2 이상의 동의를 얻어야 한다는 것은 그 예이다.

(6) 대외적 거래의 주체

사단에서는 단일체인 사단 자체가 되나 조합에서는 개개의 조합구성원, 혹은 조합원 전원으로부터 대리권을 수여받은 자가 행하며, 그러한 행위의 법률효과는 구성원 스스로에게 귀속된다.

(7) 소유형태와 채무에 대한 구성원의 책임

사단에서는 사단 단일체의 단독소유 아니면 총유(민법 제275조-제277조)이다. 즉 사단의 재산은 실질적으로는 구성원이 아니라 사단 자체에 귀속되지만, 사단 자체는 법인격을 가지지 않으므로 이를 사단에게가 아니라 구성원 모두에게 전체적으로 귀속되는 것으로 할 수 밖에 없는데, 민법은 이를 총유로 규정한다. 사단의 채무는 사단 자체의 채무이므로 오직 사단의 재산만으로 책임을 지고 구성원은 개인적 책임을 지지 않는다(유한책임).

조합은 구성원과 별개의 존재를 가지지 않으므로 이의 재산은 조합원 전원에게 귀속되는데, 다만 각자는 그 재산을 처분 또는 변경할 수 없는 등 공동목

---

24) 주식회사의 경우 자본의 결집이라는 점과 1인 주식회사의 인정근거 등에서 사단의 의미가 여전히 있다고 볼 수 있고, 유한회사의 경우에도 여전히 지분의 구분이 있고 2011년 개정으로 지분의 양도도 주식회사의 경우처럼 자유로워졌다는 점 등을 생각해 본다면 주식회사와 마찬가지로 사단성이 살아 있다고 볼 수 있다고 한다. 김병연, 새로운 기업형태의 도입에 따른 향후 전망과 과제, 비교사법 제17권 2호(통권49호), 2010.6, 481면.

적을 위하여 제한을 받는데, 이를 민법은 합유로 규정하고 있다. 조합원이 조합을 위하여 부담한 채무는 실질적으로 각 구성원이 균분하여 각자의 전 재산으로 책임을 진다(무한책임, 제712조). 왜냐하면 조합과 거래한 자는 조합재산 자체를 신뢰한 것이 아니고 조합원 개인의 재산을 신뢰한 것이기 때문이다.

(8) 의사결정방법

사단에서는 그 구성원은, 총회라는 단체의 의사결정방법을 통하여 '다수결의 원칙'에 의하나(민법 제75조 제1항), 조합에서는 원칙적으로 합수성의 원리(전원의 합의)에 의한다(제272조 참조). 다만 제706조는 업무집행에 관하여 과반수로서 결정한다고 규정하는데, 이의 해석에 관해서는 견해가 대립된다.

(9) 등기능력 및 당사자능력

사단은 등기능력(부동산등기법 제52조)과 당사자능력이 인정되지만(민사소송법 제52조), 조합은 당사자능력이 없기 때문에 조합 자신의 이름으로 소송을 수행할 수 없다.[25] 즉 어떤 단체가 사단으로 인정되면 제3자가 단체를 상대로 소송을 제기하는 경우에 단체를 피고로 하면 되고, 단체가 소송을 제기하는 경우에도 사단이 원고가 되어 소송을 제기하는 것이 가능하지만, 조합으로 인정되면 조합원 전원이 소송당사자가 되어야 하는 고유필수적 공동소송으로 하는데,[26] 그에 따른 불편은 민사소송법 제53조의 선정당사자제도에 의하여 제거될 수 있다.

그러나 거래현실을 보면 소송에서 조합의 당사자능력 문제가 빈번히 등장하고 있는데, 조합의 당사자능력이 부정되는 경우 거래의 상대방은 소 제기시 누가 조합원인지 조사해야 하고, 그 전원을 피고로 해야 하는 불편이 있다. 또한 조합과 사단의 구별이 용이하지 않아 당사자가 잘못 판단하여 조합인 것을 사단으로 혼동하면 그것만으로 소각하가 되므로 이 또한 원고에게 가혹하다 할 것이다. 따라서 조합의 당사자능력을 인정하는 것도 고려할 만하다.[27]

---

25) 조합에 대표자가 정하여져 있더라도 민사소송법 제52조가 적용되지 않는다. 대판 1991.6.25, 88다카6358.

26) 대판 2010.4.29, 2008다50691.

27) 류승훈, 민법상 조합에 대한 권리주체성 및 당사자능력의 인정과 관련하여, 민사소송 11권 1호, 2006.5, 121면.

Ⅲ. 법인 아닌 사단의 요건

1. 서언

위와 같이 수 많이 존재하는 단체 중에서 조합과의 구별이라는 간접적인 방법을 통해서가 아니라, 직접적으로 사단의 개념은 어떻게 정의될 수 있을까. 이는 권리능력 없는 사단이 사단으로서의 실질을 가지고 있으면서도 일정한 절차를 밟지 않아 사단법인이 되지 못한 존재라고 했을 때의 그 '사단의 실질'을 어떻게 보느냐 또는 그 실질의 표지(Merkmal)를 무엇이라고 하여야 하는가의 문제이다. 이러한 표지가 갖추어져 있을 때 사단, 즉 권리능력 없는 사단은 존재하는 것이므로, 이 표지들을 권리능력 없는 사단의 성립요건이라고 할 수 있을 것이다.

우리와 같이 사단개념에 대한 정의를 내리지 않는 독일에서의 학설과 판례는 사단의 실질로서 첫째, 설립목적의 지속성, 둘째, 대내적·대외적 독립의 단일체로서 활동하기 위한 사단적 조직의 정관에의 확립, 셋째, 사원(구성원)의 변동이 사단의 존립에 영향을 주지 않을 것, 넷째, 법률상 거래에서 고유의 단체명을 가질 것 등이다. 이상의 네 가지 외에 의사결정에서의 다수결원칙을 들기도 하나 필수적인 것은 아니며,[28] 고유재산의 존재도 마찬가지로 필수적인 것은 아니라고 한다.[29]

우리 민법은 사단의 개념에 관한 어떠한 정의도 내린 바 없으며, 사단의 일정한 틀을 당연한 전제로 하여 법적 규율을 하고 있을 뿐이다. 따라서 그 개념의 규명은 학설·판례에 맡겨져 있다고 할 수 있다.[30]

2. 학설·판례

민법은 사단법인이 성립하기 위하여 정관의 작성과 주무관청의 허가 및 설립등기를 갖출 것을 요구하고 있다. 이를 형식적 요건이라고 한다면 법인 아닌 사단이 주무관청의 허가와 설립등기를 갖추지 않은 인적 구성체로서 법인격은 인정되지 않지만, 법인 유사의 보호를 주기 위하여 어떠한 실질적 요건을 구비

---

28) Münchener Komm., RdNr. 1 zu §§21, 22; Soergel Komm., RdNr. 45 zu Voe §21.

29) Reichert/Dannecker/Kühr, Handbuch des Vereinsrechts und Verbandsrechts, 3 Auflage, S. 2.

30) 김진현, 교회분열시의 재산귀속문제에 관한 연구(서울대학교 대학원 법학박사학위논문, 1988), 29면 이하 참조.

해야 하는지가 문제된다.

법인의 본질에 관하여 법인의제설과 법인실재설 중 어느 설을 취하느냐에 따라 법인의 능력범위에서 차이를 보이기도 하지만 오늘날에는 이러한 논의는 연혁적인 의미만을 갖게 되었다. 이제 어떠한 사단이 법인실재설에 입각하여 법인격을 취득하지 못하였지만 어느 정도의 실질을 갖추었을 때 법적으로 보호할 것이냐의 문제로 귀착되고 있다. 이는 그 실질의 표지(標識)를 무엇이라고 하여야 하는가의 문제이기도 하다.[31)]

우리 민법은 사단의 개념에 관한 어떠한 정의도 내린 바 없으며, 사단이 일정한 요건을 갖추어 법인격을 취득함을 당연한 전제로 하여 법적 규율을 하고 있을 뿐이다. 따라서 그 개념의 규명은 학설·판례에 맡겨져 있다. 다만 국세기본법 제13조는 사단과 재단 가리지 않고 법인 아닌 단체라도 ① 단체의 조직과 운영에 관한 규정(規定)을 가지고 대표자나 관리인을 선임하고 있을 것, ② 단체 자신의 계산과 명의로 수익과 재산을 독립적으로 소유、관리할 것, ③ 단체의 수익을 구성원에게 분배하지 아니할 것 등의 요건을 갖춘 경우에 법인과 동일시 함으로써, 단체 성립요건의 일면을 적시하고 있다.

위에서 살펴 본 것처럼 다양한 유형의 법인 아닌 사단을 인정할 수 있는데, 학설과 판례는 그 유형에 따라 약간의 차이를 보이기는 하지만, 일반적으로 그 요건을 추출하는 것은 어려운 작업이 아니다. 민법은 사단법인의 구성요소로서 '목적'의 비영리성(제32조), 정관(제40조), 구성원으로서의 '사원'(제40조 6호), 대표기관으로서 이사(제57조 이하), 사원총회(제68조 이하)를 규정하고 있으며, 감사는 임의적 기관으로 하고 있다(제66조).

(1) 학설

먼저 학설을 본다. 우리 학설은 주로 '법인 아닌 사단'의 성립요건을 설명하면서 사단의 표지를 들고 있는데, 다음의 두 가지 요건 내지 표지를 드는 데 거의 일치되어 있다.[32)] 첫째로, 단체로서의 조직을 갖출 것과, 둘째로, 대표의 방법·총회의 운영·재산의 관리 기타 사단으로서의 주요한 점이 정관에 의하여

31) 법인의 실질 내지 표지에 대하여는 김진현, "권리능력 없는 사단", 민사법학 11,12, 1995.2, 514-522면 참조.

32) 곽윤직·김재형, 앞의 책, 159면; 김증한·김학동, 앞의 책, 252면; 김증한. 주재황 편, 주석 민법총칙(상), 한국사법행정학회, 1983, 330면.

확정되어 있어야 할 것을 꼽고 있다. 전자는 단체가 이른바 '사단적 조직'을 갖추어야 한다는 의미로 보이며, 후자는 조직의 골격이 자치규범(정관)에 의하여 확립되어 있어야 한다는 뜻으로 볼 수 있다.[33)]

위의 두 가지 요건 내지 표지 이외에 다수결원칙이 행하여질 것과 구성원의 변동에도 불구하고 단체 그 자체가 존속할 것 등을 드는 견해[34)]도 있다.[35)]

(2) 판례

사단의 실질 내지 표지에 대하여 학설보다는 오히려 판례의 축적에 의하여 구체적으로 검토되었다. 판례는 비법인사단이라 함은 일정한 목적 하에 이루어진 다수인의 결합체로서 그 결합체의 의사를 결정하고 목적달성을 위한 업무를 집행할 기관들에 관한 정함이 있으며, 외부에 대하여 그 결합체를 대표할 대표자 또는 관리인의 정함이 있는 법인 아닌 단체를 이르는 것이라고 함이 종전부터의 견해라고 정의[36)]하여, 대체로 몇 가지의 표지만을 제시하고, 그것에 따라서 사단성 유무를 가리는 태도를 취하였다. 그 후 판례는 기관의 의결과 업무집행방법의 다수결원리, 구성원의 가입·탈퇴 여부와 관계없는 단체의 존속, 조직에 의한 대표의 방법·총회나 이사회 등의 운영·자본의 구성·재산의 관리 기타 단체로서의 주요사항의 확정 등을 실질의 표지로 추가하였다.[37)]

대법원은 부도난 회사의 채권자들이 조직한 채권단에 대해서 법인 아닌 사단성을 부인하면서, 조직에 있어서는 의사결정기관과 집행기관인 대표자를 두고 독자적인 활동을 하는 사회적 조직체가 존재하여야 한다고 한다.[38)] 즉 「어떤 단체가 고유의 목적을 가지고 사단적 성격을 가지는 규약을 만들어 이에 근거하여 의사결정기관 및 집행기관인 대표자를 두는 등의 조직을 갖추고 있고,

33) 김진현, 위의 논문, 514면.

34) 장경학, 전게총칙(1985), 295면. 이는 일본 판례의 영향을 받은 것으로 보인다. 일본 최고재판소 판결 1964.10.15. 민집 18.8. 1671 [주석 민법(2), 34면 소수] 참조.

35) 이념형으로서 권리능력 없는 사단의 요건으로서는 먼저 사단법인적인 실체를 구비해야 하는데 그 기본적 필요요소로서, ① 목적, ② 사단성=사원집합체성, ③ 사단재산의 확보, ④ 대표의 방법 및 관리체제의 확정, ⑤ 명칭 및 사무소(내지 주소)의 확정을 들기도 한다. 加藤雄信, 民法總則, 有斐閣, 146-147면.

36) 대판 1967.1.31, 66다2334.

37) 대판 1992.7.10, 92다2431. 자연부락의 경우에는 자연부락 구성원의 범위, 자연부락의 고유업무, 의사결정기관으로서 부락총회, 대표자, 조직과 운영에 관한 규약이나 관습을 들고 있다. 대판 2007.7.26, 2006다64573; 대판 2008.1.31, 2005다60871.

38) 대판 1999.4.23, 99다4504.

기관의 의결이나 업무집행방법이 다수결의 원칙에 의하여 행하여지며, 구성원의 가입, 탈퇴 등으로 인한 변경에 관계없이 단체 그 자체가 존속되고, 그 조직에 의하여 대표의 방법, 총회나 이사회 등의 운영, 자본의 구성, 재산의 관리 기타 단체로서의 주요사항이 확정되어 있는 경우에는 비법인사단으로서의 실체를 가진다고 할 것이다」 고 판시하고 있다.

다만, 판례에서는 종중에 유사한 비법인사단에서는 사단적 규약은 반드시 성문의 규약을 의미하는 것은 아니라고 한다.[39)] 즉 「종종에 유사한 비법인사단은 반드시 총회를 열어 성문화된 규약을 만들고 정식의 조직체계를 갖추어야만 비로소 단체로서 성립하는 것은 아니고, 실질적으로 공동목적을 달성하기 위하여 공동의 재산을 형성하고 일을 주도하는 사람을 중심으로 계속적으로 사회적인 활동을 하여온 경우에는, 이미 그 무렵부터 실체가 존재한다고 하여야 한다」고 판시하였다. 이는 자연발생적인 종중은 다른 단체와 달리 일정한 목적하의 인위적인 단체가 아니기 때문에 달리 보는 것이므로 다른 단체의 경우에는 사단으로서 인정받기 위해서는 일반적으로 규약이 필요하다고 할 것이다.

이제까지 판례에 나타난 사단성 인정을 위한 표지 내지 요건들을 정리해 보면 다음과 같다. ① 일정한 고유의 목적이 있을 것, 그 목적은 어느 정도 지속성이 있는 것이어야 한다. ② 독자적 존재성, 즉 그 조직 자체가 하나의 독립된 사회단위로서 독자적인 사회활동을 하고 있어야 한다. ③ 기관의 존재, 즉 의사결정기관과 업무집행기관 및 대표기관이 있어야 한다. ④ 규약 기타의 정관이 있을 것, 그러나 반드시 서면화한 성문의 규약이 있어야 하는 것은 아니다.[40)]

39) 대판 1996.3.12, 94다56401.

40) 독일민법도 사단개념에 대하여 이를 학설과 판례에 맡기고 있는데, 라이히법원(RG)의 판례와 이를 답습하고 있는 연방대법원(BGH)의 판례 및 이들과 거의 같은 입장에 있는 통설은 사단을 대체로 다음의 표지들을 충족시키는 조직으로 보고 있다. ① 설립목적의 지속성이이다. 어느 정도의 존속기간이면 지속성이 있다고 할 수 있는지는 일률적이지 않고, 그때그때 상황에 따라 다르다. ② 대내적·대외적으로 독립의 단일체로서 활동할 수 있기 위하여 사단적 조직이 정관상 확립되어 있고 실제로도 갖추어져 있어야 한다. 사단적 조직은 이사회와 사원총회 등이다. ③ 사원의 변동은 사단의 존립에 영향을 주지 아니 하여야 한다. 사원의 교체는 사단에 있어서 예외라기보다는 본질상 당연하며 오히려 필연적이라고 할 수 있다. 사단관계에 따른 직접적인 법적 구속력은 사단과 사원 사이에서만 생길 뿐이고, 사원 상호간에는 사단공동체의 일원이라는 한도내에서 간접적·우회적인 결속력만 생기기 때문이다.

3. 법인 아닌 사단의 실질(표지)

그렇다면 우리나라의 경우 현재 판례가 인정하는 여러 비법인사단을 고려해 보았을 때, 인적 결합체로서 최소한 사단으로서 인정되기 위한 실질은 무엇일까. 이하에서 살펴보겠지만 현재 판례에서 인정하는 비법인사단의 유형은 다양하다. 자연발생적인 종중과 문중, 종교단체인 교회와 사찰, 자연부락과 마을도 있으며, 그 외에 동창회나 친목단체 등 실로 다양하다. 이러한 법인 아닌 사단의 다양성에도 불구하고 기본적인 사단의 실질적 요소로서는 ① 자치규범(정관) ② 구성원의 확정 ③ 합의체 구성 ④ 기관구성(대표기관, 집행기관) 등을 들 수 있다. 고유재산의 존재는 사단에서는 필수적인 요소가 아니라고 보아야 한다.

(1) 자치규범(정관 내지 자치규약)

단체의 고유한 목적을 가진 사단적 성격을 가지는 자치규범(규약)이 필요하다. 즉 사단법인의 정관에 상응하는 규범이 존재할 것이 필요하다.[41] 명칭은 정관일 필요는 없지만, 사단법인의 정관에 상응하는 자치규약은 필요하다. 판례도 사단적 성격의 규약이 필수적임을 판시하고 있다.[42] 따라서 사단의 성립시기를 대체로 사단으로서 중요한 점이 정관에 의하여 확정된 때, 즉 단체적 실체 내지 조직을 갖춘 때 비법인사단이 성립한다고 한다.[43]

다만, 대개의 경우 규범은 성문의 형식을 갖춘 정관이 될 것이지만, 자연발생적인 관습상 종중의 경우에는 예외적으로 특별한 조직행위를 필요로 하거나 이를 규율화하기 위한 성문의 규약이 있어야 하는 것은 아니다.[44] 다만 자연발

---

④ 사단은 법률상 거래에서 고유의 단체명을 가지고 활동하여야 한다. 고유 명칭이 없으면 독자적 존재로서의 동일성을 식별할 수 없기 때문이다. 이상의 네 가지 표지 이외에 '의사결정에 있어서의 다수결원칙'을 들기도 하나 필수적인 것은 아니며, '고유재산의 존재'도 마찬가지로 필수적인 것은 아니라고 한다. 김진현, 앞의 논문, 521-522면.

41) 정관의 법적 성질에 관하여는, 독일에서는 오랫동안 계약설과 규범설의 대립이 있어 왔던바, 오늘날의 통설은 이른바 '수정된 규범설'이라고 한다. 이는 정관의 작성과정에 있어서는 설립자간의 계약으로 보지만, 일단 완성된 정관은 사단자치에 근거한 객관적 법률(objectives Gesetz)이라고 보는 견해이다. Munchener Kommentar zum Burgerlichen Gesetzbuch, Band 1, Allgemeiner Teil (§§1-240) (Munchen: C.H.Beck Verlag, 1978), RdNr. 5 zu §§25. 김진현, 앞의 논문, 각주 32) 참조.

42) 대판 1992.7.10, 92다2431; 대판 2007.7.26, 2006다64573.

43) 김증한·김학동, 앞의 책, 252면.

44) 대판 1985.10.22, 83다카2396·2397에서 종중이 성립하기 위하여서는 종중구성의 결의 등 특별한 조직행위를 필요로 하거나 이를 규율화하기 위한 성문의 규약이 있어야 하는 것은

생적인 단체가 아닌 인위적인 단체에서는 자치규범이 기본적이며 필수적인 요소라고 보아야 한다.

(2) 구성원의 확정

구성원이 확정되어야 한다. 구성원의 확정은 종중이나 문중처럼 일정한 혈연관계로 자연발생적으로 결정되거나 지역공동체의 경우처럼 일정한 지역 내의 주민으로서 입회한 자, 예컨대 종중의 경우에는 공동선조의 후손 중 그 공동선조의 후손은 그 의사와 관계없이 성년이 되면 당연히 그 구성원(종원)이 되는 것인데,[45] 특히 종중에서는 구성원의 확정뿐만 아니라 종중의 특정과 그 실체파악에서 공동선조가 누구냐가 중요하게 된다.[46] 동창회의 경우에는 졸업자, 교회나 사찰의 경우에는 등록교인이나 등록신도, 지연공동체인 마을이나 어촌계, 산림계 등은 일정한 마을, 어촌지역, 산촌지역 주민으로서 입회한 자 등으로 구성원이 결정된다.

기존의 사단에 대한 신규가입은 그 단체의 특성에 따라 차이가 있으나 통상적으로는 법인격의 존부에 불문하고 가입희망자의 신청과 사단측의 승낙에 의하여 성립하고 이 때 그 승낙은 사단의 의사결정기관이 이를 하여야 할 것인바, 어촌계는 그 가입이 강제되지 아니할 뿐만 아니라 어촌계의 계원은 그들의 총유에 속하는 재산을 정관 또는 기타의 규약에 좇아 사용·수익할 수 있는 권리가 있는 한편 출자의무나 노무제공의 의무 등도 부담하여야 하는 점에 비추어 볼 때, 수산업협동조합법 시행령 제6조가 '계의 구역 내에 거주하는 자로서 지구별 조합의 조합원은 계에 가입할 수 있다.'라고 규정하였다고 하여 가입요건을 갖춘 지구별 수산업협동조합의 조합원이 가입신청만으로 곧바로 그 계원의 지위를 취득한다고는 보기 어렵고, 다른 한편 어촌계의 정관에 계장이 신규가입의 신청서를 접수한 때에는 총회에 부의하여 계원으로서의 자격 유무를 심사하고 가입의 가부를 결정한 다음 승낙한 경우 서면으로 그 결과를 통지하고 계원 명부에 기재하도록 규정하고 있는 경우, 비록 가입신청자가 계원이 될 수 있는 실질적 요건을 갖추었다고 하더라도, 총회의 동의 및 계장의 승낙통지

아니고, 다만 그 목적인 공동선조의 분묘수호와 제사 및 종중원 상호간의 친목을 목적으로 하는 자연발생적인 종족집단체가 됨으로써 족하다고 한다.

45) 대판 2006.10.26, 2004다47024.

46) 대판 2010.5.13, 2009다101251.

라는 계원지위부여절차를 거치거나 그러한 절차를 거쳤다고 볼 만한 객관적 사정이 인정되지 아니하는 한, 어촌계의 계원의 지위를 취득하였다고 볼 수 없다[47]는 것이 판례의 태도이다.

(3) 의사결정기관

의사결정을 하는 합의체로서 총회 등의 기관이 필요하다. 총회는 구성원들 전원에 의하여 구성되는 사단의 '최고 의사결정기관'으로서 자율적 조직인 사단의 필수기관이다. 전구성원이 평등한 의결권을 가지는 총회라는 의사결정기관을 통해 다수결의 원리에 따라 정관을 변경하거나 조직을 결정한다.

(4) 최소한의 기관구성

최소한의 기관구성을 하여야 한다. 외부에 대하여 그 단체를 대표할 대표기관[48]이나 단체의 업무를 처리할 업무집행기관[49] 등이 구성되어야 한다.[50] 사단은 이러한 기관의 행위를 통하여 고유업무의 처리 및 대외활동을 하게 되고, 그에 따른 법률효과를 받게 된다.

Ⅳ. 법인 아닌 사단의 유형

1. 다양한 사단 유형의 존재

법인 아닌 사단의 유형은 영리의 여부나 목적 등 여러 가지 기준에 따라 구분이 가능하다. 영리사단의 사원은 자신들의 경제적 이익을 추구하므로, 사원의 자격은 재산적 내용을 가지게 되나, 비영리사단의 경우에는 그렇지 않다. 민법은 법인에 관해서 비영리사단만을 규율대상으로 하고 있는데, 법인 아닌 영리사단의 경우에는 민법상 법인의 규정을 준용하기는 어렵고 민법상 조합이

---

47) 대판 1998.8.21, 98다21045.

48) 대판 1957.12.5, 4290민상244; 대판 1960.2.25, 4291민상467; 대판 1967.1.31, 66다2334; 대판 1980.3.25, 80다156; 대판 1980.7.22, 80다871; 대판 1992.7.10, 92다2431; 대판 1999.9.23, 99다4504.

49) 대판 1967.1.31, 66다2334; 대판 1976.7.13, 74다1585; 대판 1974.8.30, 72다1439; 대판 1992.7.10, 92다2431; 대판 1999.9.23, 99다4504.

50) 부동산등기법 제26조와 민사소송법 제52조에서는 법인 아닌 사단에 대표자나 관리인이 있는 경우에는 각각 등기능력과 당사자능력을 인정하고 있다. 회중교회의 경우에는 대개 담임목사, 종중의 경우에는 도유사가 대표자가 된다.

나 상법의 합명회사에 관한 규정이 준용될 것이다.[51] 그러나 일응 법인 아닌 영리사단에 대해 조합규정을 적용한다고 하는 데에는 그러한 명문규정을 두고 있지 않은 우리 민법의 해석으로서는 조심스러운 측면이 있다.

비영리사단인 경우에도 세분하여 공익비영리사단과 비공익 비영리사단으로 구분이 가능하다. 양자를 구별하여 양자의 특색에 따라서 규율원리를 도출하는 것도 하나의 방법이고, 그 일환으로 중간법인법을 제정하여 제도권으로 끌어들이는 방법도 생각할 수 있다.[52] 경위야 어찌되었든 우리 민법은 제정과정에서 전통적으로 형성된 우리 고유의 관습적 사단에 대한 고려를 하지 않고,[53] 아무런 입법적 해결책을 제시하지 않음으로 말미암아 오랫동안 인정되어 온 사회적 실체들이 분쟁해결과정에서 왜곡되는 일도 적지 않았다. 종중이나 동·리(마을이나 자연부락)가 대표적인 예인데, 이러한 존재들은 다수의 판례이론의 축적으로 새로운 이론적 틀을 형성하였고, 간혹 입법으로 이어지기도 하였다. 근래에는 한국사회에서 교회가 급성장하면서 교회를 둘러싼 재산귀속문제와 교회분열이 쟁점화하면서 법인 아닌 사단이론에 대한 재검토가 새로이 이루어졌다. 법인 아닌 사단이 독특한 성격을 띠고 그 분쟁양상이 남다른 것도 이러한 연혁적 이유와 현실적 이유 때문이라 할 수 있다.[54]

2. 법인 아닌 사단의 유형

본고에서는 크게 전통적으로 인정되어 온 관습상의 사단과 목적적 사단[55], 설립 중의 법인으로 구분하여 기술하고 향후 다양하게 존재하는 법인 아닌 사단의 법적 규율에서의 합리성을 도출하기 위한 유형론적 입장에서 검토하기로 한다.

첫째, 관습상의 사단이다. 이는 조상 대대로 이어오면서 사회의 기초를 이

---

51) 상법 제195조는 합명회사의 내부관계에 관하여 정관이나 상법상 다른 규정이 없으면 조합에 관한 민법의 규정을 준용하도록 하고 있다.

52) 권철, 일본의 새로운 비영리법인제도에 관한 소고, 비교사법 14권 4호, 2007.12; 김진우, 일본의 중간법인제도에 관한 고찰, 인권과 정의 통권326호, 2003, 62면 이하.

53) 물권법에서 연혁적으로 게르만적 요소인 총유개념을 도입함으로써 관습적·전통적 공동체를 고려한 것으로 볼 수 있는데, 오히려 이것이 민법의 사단 관련 해석론을 어렵게 하고 있다.

54) 임상혁, "법인이 아닌 사단의 당사자능력과 권리능력", 민사법학 39-1호, 2007.12, 432면.

55) 분류방법으로서 목적적 사단이란 분류방법을 사용하는 데 대하여 모든 단체에는 목적이 없는 단체가 있을 수 없다는 비판이 가능하나, 여기에서는 혈연적 공동체와 달리 좀 더 단체의 존립에서 목적성이 강하게 부각되는 단체를 목적적 사단으로 구분하고자 하였다.

루어 온 단체이다. 단체법제 이전의 단체로서 민법은 이를 사실상 무관심으로 보고 있는 상태이고 판례에 의하여 문제해결되고 있다. 이는 다시 혈연공동체와 지연공동체로 구분할 수 있는데, 전자에는 가, 문중, 종중 등을 들 수있다. 호주제도의 폐지에 의하여 오늘날 '가'는 형식적·실질적으로 형해화 되었다. 문중과 종중에 대한 판례가 많이 축적되어 있는 편이다. 지연공동체로는 마을(자연부락), 계, 향약, 대동계 등을 들 수 있다.

둘째, 목적적 사단이다. 새로 제정된 단체법에 의하여 조직되어지고 있는 단체라고 할 수 있다. 이에는 다시 종교적 단체, 협동적 비영리단체, 영리사단으로 구분할 수 있고, 종교적 단체는 교회, 유도회, 사찰 등이 있다. 협동적 비영리단체에는 민사적 사단(동창회, 친목회, 협동조합, 계), 채권자로 이루어진 청산위원회, 비법인사단으로서 인정되었던 재건축조합[56] 등이 있다.

셋째, 설립 중의 법인이 있다. 단체의 실질을 완성하였으나 허가와 등기의 절차 중에 있는 과도적 단체를 말한다.

V. 법인 아닌 사단의 법적 규율

1. 법인규정의 적용 또는 유추적용 여부

(1) 민법의 태도와 특별법 규정

민법은 법인 아닌 사단에 관하여 민법총칙편인 법인편에서 아무런 규정을 두고 있지 않다. 다만 물권편에서 공동소유의 일종으로 총유재산의 소유 형태 및 관리 등을 규정하는 제275조 내지 제277조를 두고 있어서 조합의 규정이 적용되는 것이 아니라 법인격을 전제로 하는 것을 제외하고는 모두 사단법인에 관한 규정을 유추적용하여야 한다고 해석한다는 점에 대해서 학설과 판례[57]가 일치하고 있다.[58] 다만 영리를 목적으로 하는 비법인사단에서 이익의 분배에 관하여는 사단의 규정과 조합의 규정이 병존적으로 적용된다고 하는

---

56) 대판(전) 2007.4.19, 2004다60072·60089. 현재 「도시 및 주거환경정비법」 제18조에 의하여 재건축조합은 법인으로 입법적으로 해결되었다.

57) 대판 1992.10.9, 92다23087.

58) 독일민법처럼 조합에 관한 규정을 적용하는 것이 조합원이 조합재산에 대하여 책임을 지는 것이므로(민법 제712조) 제3자에게 유리하다는 견해(김증한·김학동, 앞의 책, 252면)가 있으나 일률적으로 제3자에게 유리하다고 말할 수 없다.

견해도 있다.[59)]

문제는 무엇이 '법인격을 전제로 하는 규정'인가 하는 점이다. 그 의미는 여전히 모호한 바, 사단법인과 법인 아닌 사단 사이의 근본적 차이점에 착안하여, 주무관청의 설립허가 및 이에 따른 각종의 감독관계에 관한 규정 그리고 설립등기 및 이에 따른 각종의 등기 또는 그 의무에 관한 규정을 의미한다고 설명하는 것이 적절할 것이다.[60)]

특별법에서는 법인 아닌 사단에 관하여 이전부터 부동산등기법에서 등기능력(동법 제26조)을 인정하며, 민사소송법 제52조, 행정소송법 제8조 제2항, 행정심판법 제14조에서 당사자능력을 인정하고 있다. 또한 국세기본법 제13조,[61)] 법인세법 제1조, 부가가치세법 제2조와 특허법 제4조, 디자인보호법 제4조의 2, 상표법 제5조의 2 등에서 법인 아닌 사단에 대하여 규정하고 있고, 채무자회생 및 파산에 관한 법률 제297조에서 파산능력을 인정하고 있다.

이처럼 민법에서 규정을 두고 있지 않지만 오늘날 많은 법률에서 법인 아닌 사단의 권리의무의 주체성을 인정하고 있으며 학설[62)]과 판례[63)]도 동일한 입장이다. 법인실재설의 입장[64)]에서 단체로서의 실질을 갖추어 이미 사회실재체로서 활동한다면, 이러한 법인 아닌 사단을 법률관계 속으로 끌어들여 규율

59) 김주수·김상용, 민법총칙, 198면.

60) 김진현, 전게논문, 501면.

61) 국세기본법 제13조는 법인이 아닌 사단, 재단, 그 밖의 단체 중 비영리법인인 경우에 주무관청의 허가 또는 인가를 받아 설립되거나 법령에 따라 주무관청에 등록한 사단, 재단, 그 밖의 단체로서 등기되지 아니한 것이나 사단의 실질을 갖추어 대표자나 관리인이 관할 세무서장에게 신청하여 승인을 받은 것도 법인으로 보아 동법과 세법을 적용하도록 하고 있다.

62) 민법 시행 초기에도 정관작성, (정관의) 기재사항, 사원총회, 해산, 청산, 사원의 입퇴사, 대표자의 권한, 사단의 능력(권리능력·행위능력·불법행위능력) 등에 관한 규정을 그 예로 열거하고 있다. 이영섭, 신민법총칙, 박영사, 175면; 현승종, 권리능력 없는 사단, 법정, 1963년 10월호, 13면.

63) 대판 1970.2.10, 69다2013은 문중 또는 종중과 같이 사실상 사회생활상의 하나의 단위를 이루는 경우에는 법률상 특수한 사회적 작용을 담당하는 독자적 존재가 될 수 있다고 할 것이므로, 이러한 법인 아닌 사단 내지 재단이 권리능력의 주체는 될 수 없다고 하여도 민사소송상의 당사자능력이나 등기능력은 있다고 하여 권리능력을 부정하는 것처럼 설시하였으나 법인 아닌 사단인 종중의 취득시효를 인정하여 소유권의 주체가 될 수 있음을 인정하고 있다.

64) 소송법에서 자기의 이름으로 소송을 하거나 소송을 당하는 능력이 인정된다면, 실체법상으로도 자신의 이름으로 권리를 취득하거나 의무를 부담하는 것 또한 인정될 수 있다는 논거를 제시하기도 한다.

하고자 하는 의도로 보인다.

(2) 준용 또는 유추적용이 가능한 규정

현재 법인에만 적용되어야 하는 규정이 아니라면 법인격 없는 사단 내지 재단에 대해서 법인규정을 유추적용하는 것에 대하여 동의하는 경향이다. 대법원에서는 민법 제정 이전에는 위와 같은 유추적용에 대하여 부정적인 태도를 취한바 있었으나,[65] 민법 시행 이후로는 통설과 같이 사단법인에 관한 민법 규정 가운데서 법인격을 전제로 하는 것을 제외하고는 이를 유추적용할 것이라고 판시하고 있는데,[66] 구체적으로는 주택조합 조합장의 임원 임명과 총회 권한의 운영위원회에의 위임 등에 대하여 사단법인의 정관에 관한 민법 제40조, 이사의 사무집행에 관한 제58조, 총회의 권한에 관한 제68조의 유추적용,[67] 재건축조합의 조합원총회에 대하여 총회의 소집 및 결의사항에 관한 제71조, 제72조의 유추적용,[68] 주택조합과 같은 비법인사단의 대표자가 직무에 관하여 타인에게 손해를 가한 경우에 그 사단은 법인의 불법행위능력에 관한 제35조 제1항의 유추적용에 의하여 손해배상책임이 있다고 한 예,[69] 비법인사단의 대표자가 행한 타인에 대한 업무의 포괄적 위임과 그에 따른 포괄적 수임인의 대행행위는 이사의 대리인 선임에 관한 제62조의 규정에 위반된 것이어서 비법인사단에 대하여는 그 효력이 미치지 아니한다고 한다.[70] 또한 교회의 교인이 존재하지 않게 된 경우에 청산인에 관한 제82조를 유추적용[71]하여 이제 학설과 같은 입장이다.

법무부가 2009년부터 착수하여 마련한 2013년 민법 개정시안에서는, 법인에 관한 장의 총칙 부분 마지막에 제39조의 2로서 '법인 아닌 사단과 재단'이란 제목하에, 「법인 아닌 사단과 재단에 대하여는 주무관청의 인가 또는 등기를 전제로 한 규정 및 제97조에 따른 벌칙을 제외하고는 이 장의 규정을 준용

65) 대결 1961.11.16. 자 4293민항431.

66) 대판 2003.11.14, 2001다32687; 대판(전) 2006.4.20, 2004다37775; 대판 2006.7.13, 2004다7408 등.

67) 대판 1997.1.24, 96다39721,39738.

68) 대판 2006.7.13, 2004다7408.

69) 대판 2003.7.25, 2002다27088.

70) 대판 1996.9.6, 94다18522.

71) 대판 2003.11.14, 2001다32687.

한다」라는 규정을 신설하고 있다.[72)]

구체적으로 법인의 규정 중 법인 아닌 사단에 유추적용할 수 있는 규정을 검토하기로 한다.

가. 권리능력·행위능력

법인 아닌 사단이 사단의 실질을 갖추고 있는 경우 민법 제34조에 따라 사단의 정관에서 정한 목적 범위 내에서 권리능력과 행위능력을 갖게 된다. 그러나 법인 아닌 사단에 대하여 권리능력을 인정하는 명시적 규정이 없는 한 어떠한 근거로 권리능력을 부여할 것인가가 문제된다.

권리능력 없는 사단에 권리주체성을 인정하여야 한다고 정면으로 주장하고 나선 것은 70년대에 문헌에 비로소 나타났지만,[73)] 연이어 찬성하는 주장들이 등장하였고,[74)] 이제 법인 아닌 사단의 권리능력을 부정하는 견해는 보이지 않는다. 그 동안 주장되었던 권리능력 긍정설이 내세우는 근거[75)]들을 보면, 첫째, 민법 이외에서 법인 아닌 사단규정을 두고 있는 민사소송법 제52조의 규정에서 법인 아닌 사단에 당사자능력을 인정하고 있다는 것이다. 절차법이 자기의 이름으로 제소하거나 제소 당할 수 있는 능력을 주었다면, 이는 실체법상으로도 자기의 이름으로 권리를 취득하고 의무를 부담할 수 있다는 것을 함의하는 것과 다를 바가 없다는 것이다.

위의 주장을 좀 더 살펴보면, 먼저 당사자능력은 공법상의 능력이지만 법인이 아닌 사단 또는 재단에 대하여 이러한 당사자능력이 인정되면 그 반사적 효과로서 사법상으로도 권리능력이 인정된 것으로 볼 수 있고, 민사소송법 제52조의 요건이 구비되어 소송법상 당사자능력이 인정된 '법인이 아닌 사단'이

---

72) 2013년 법무부 민법개정시안 총칙편, 법무부, 18면; 2004년 법무부가 마련한 민법 개정안은 제39조의 2의 내용이 「법인 아닌 사단과 재단에 대하여는 그 성질에 반하지 아니하는 한 본장의 규정을 준용한다.」라는 규정으로 되어 있었다. 법무자료 제260집 - 민법(재산편) 개정자료집, 법무부, 2004, 1195면.

73) 황적인, 권리능력 없는 사단, 고시계(1974.7), 16면.

74) 김용한, 민법총칙, 210면; 주석 민법총칙(한국사법행정학회, 1987), 336면 이하; 방순원, 민사소송법(상), 전정초판(보성문화사, 1974), 109-110면; 고상용, 민법총칙, 266면 이하; 조열래, 권리능력 없는 사단(판례연구), 법조(1981.7), 64면; 이호정, 우리 민법상의 공동소유제도에 대한 약간의 의문, 서울대학교 법학(제23권 2·3호, 1983.9), 113면; 황적인, 앞의 총칙, 95면 등.

75) 김진현, 앞의 논문, 524-527면.

나 재단은 권리능력이 인정된다는 것이다.[76] 이에 대하여 "민법이 권리능력을 인정하지 않은 사단·재단에 대하여 민사소송법은 그의 독자적인 필요에 따라 소송당사자능력을 인정하여 소송관계의 당사자로 한 것은 이론상으로 가능하며 또한 의문의 여지도 없다"고 하면서, 이 규정에 의하여서는 민사소송법상의 권리주체성만 한정적으로 인정하려고 하는 견해도 있다.

다음으로 부동산등기법을 근거로 드는 주장이 있다. 즉 부동산등기법 제26조의 규정에 의하여 권리능력 없는 사단의 재산을 사단 자체의 이름으로 등기할 수 있게 되었다는 점이다. 우리 부동산등기법 제26조 제1항의 표현 자체로 볼 때 법인 아닌 사단이나 재단에게 적어도 부동산등기에 있어서는 등기의 '권리자'와 '의무자'로 될 자격, 즉 권리능력 내지 권리주체성이 있음이 인정되어 있다고 한다. 이와 비슷한 관점에서 권리능력 없는 사단은 부동산에 관하여는 단독소유 할 수 있다고 보는 유력한 견해가 있다.[77]

뿐만 아니라, 세법을 포함한 각종의 특별법이 권리능력 없는 사단을 권리능력 있는 사단과 동등하게 취급하고 있다는 점이다.[78] 또 다른 주장은, 민법 제정시에 법인 아닌 사단에 대한 것은 입법의 흠결로서 문제가 있으며, 사단의 실질이 있으면 당연히 법인격을 부과해야 할 것이고, 현존하는 사단에 대하여 법인격, 즉 자기명의의 권리주체성을 인정하는데 국가권력이 이를 제한할 정당한 이유도 없고 헌법상의 기본권을 제한할 근거도 없으며, 마을이나 종중과 같이 실질법 이전에 이미 사실상의 단체의 실재가 확정되어 있었던 단체는, 총유

---

76) 자연인이 아니고 법률상의 인격이 인정된 것이 법인이라는 정의에 입각한다면 법인 아닌 사단도 정히 법인에 해당되는데, 법률이 이것을 법인 아닌 사단 또는 재단이라고 말한 것은 다만 민법 등의 실체법에 의하여 법인 설립절차를 거쳐 설립된 법인이 아니라는 비유적인 표현에 불과하다고 한다. 법인이 법률이 규정하는 설립절차에 의하지 않고도 그 사회의 실제적인 수요에 의하여 성립될 수 있는 법사회적 사실을 소송법이 인정한 것이라고 해석할 수 있는 것이라고 한다. 방순원, 민사소송법, 109-110면; 일본에서 일본 민사소송법 제29조(민법 제52조)가 권리능력 없는 사단, 재단의 소송당사자능력을 승인하고 있는데, 소송은 권리의무를 둘러싼 분쟁이기 때문에, 소송당사자능력이 인정되는 이상, 권리능력 없는 사단, 재단을 권리의무의 주체로서 판결도 행해지고 있고, 이러한 한 민사소송법 제29조가 권리능력 없는 사단과 재단에게 권리능력을 인정하는 실정법상의 근거가 된다고 하는 견해로는, 加藤雄信, 民法總則(제2판), 2005, 146면.

77) 이호정, 우리 민법상의 공동소유제도에 대한 약간의 의문, 서울대학교 법학 제23권 2·3호, 1983.9, 113면에서 이 점에서 권리능력 없는 사단은 사단법인과 권리능력이 전혀 없는 이념형적인 순수한 권리능력 없는 사단의 '중간적 존재'라고 규정지울 수밖에 없다라고 한다.

78) 국세기본법 제13조; 법인세법 제1조 2항; 소득세법 제1조 3항; 특허법 제4조 등.

규정을 통하여 사실상 사단적 소유를 가지고 있는 경우에는 사실상의 단체를 사실상의 법인으로 인정하여 권리와 의무의 주체성을 인정할 수 있다는 것이다.[79]

판례의 입장은, 60년대 초기에는 권리능력 없는 사단의 권리주체성에 대하여 부정적인 입장을 보이고 있는 것들이 있다. 즉 귀속재산처리법 제3조의 귀속재산매수자격자 가운데의 '법인'에는 권리능력 없는 사단 또는 재단은 포함되지 않는다고 하면서 「자연인 또는 법인이 아니면 권리능력이 없는 것이 우리 현행법제의 기본원리이므로…민사소송법에 의한 당사자능력 또는 부동산등기법에 의한 등기능력이 인정되어 있다 하여 법인격 없는 사단 또는 재단까지 (귀속재산처리법 제3조의 법인에) 포함된다고 확장 해석할 수 없다」고 하거나,[80] 비법인 사단 또는 재단에 당사자능력을 인정한 민사소송법 제48조의 입법취지가 구성원 전원이 공동소송인으로서 소송당사자가 되는 것을 배척하는 것은 아니라고 한 판결[81] 등이 그것이다.

그 후 입장의 변화를 보여서, 「문중 또는 종중과 같이 법인 아닌 사단 또는 재단에 있어서 대표자 또는 관리인이 있는 경우에 있어서 그러한 사단 내지 재단이 권리능력의 주체가 될 수 있다고는 할 수 없다 하여도 당사자 능력에 관하여는 민사소송법 제52조에 이를 긍정하는 규정이 있고 또 등기능력에 관하여서는 부동산등기법 제26조에 이를 긍정하는 규정이 있을 뿐 아니라 이 사건 원고 종중과 같이 재산이나 종중원을 중심으로 하여 사실상 사회생활의 하나의 단위를 이루는 경우에는 법률상 특수한 사회적 작용을 담당하는 하나의 독자적 존재가 될 수 있다」고 한 이후,[82] 문중 또는 종중과 같이 법인 아닌 사단 또는 재단도 취득시효 완성으로 인한 소유권을 취득할 수 있음을 판시하고 있으나 권리의 주체성까지는 적극적으로 고려하고 있지 않았다.[83]

---

79) 정환담, 독일단체법론의 연구 - Otto v. Gierke의 비영리 협동단체론을 중심으로 -, 원광대학교대학원, 1987, 78면 이하.

80) 대판 1960.10.6, 4291행상42.

81) 대판 1962.4.4, 4294민상1220, 72면. 그러면서도 비법인단체를 당사자로 하는 판결의 기판력은 그 구성원에게 미치지 않는다고 판시한 판결도 있다(조고판 33.8.25).

82) 대판 1964.6.2, 63다856.

83) 대판 1970.2.10, 69다2013. 이 대법원 판결에서 판결요지에서는 「문중 또는 종중과 같이 사실상 사회생활상의 하나의 단위를 이루는 경우에는 법률상 특수한 사회적 작용을 담당하는 독자적 존재가 될 수 있다고 할 것이므로, 이러한 법인 아닌 사단 내지 재단이 권리능력의

1990년대에 들어서서 비록 '법인 아닌 재단'의 경우이지만 독립한 '권리주체'라는 표현을 직접 사용한 판결이 등장하였다. 「전통사찰보존법에 따라 문화공보부에 전통사찰로 등록되어 있고 독립한 사찰로서의 실체도 갖추어 권리능력 없는 재단으로 인정되는 사찰의 경우, 그 사찰 명의로 등기된 재산은 독립한 '권리주체'인 사찰의 소유인 것이지 그 사찰의 창건 또는 재산관리에 있어서 신도들이 기여한 바가 크다 하더라도 그것이 신도들의 총유물로서 사찰에 명의신탁된 것이라는 법리는 성립할 수 없다」고 판시하였다.[84] 이어서, 「일반적으로 사설 사찰이 아닌 피고 종단에 등록을 마친 사찰은 독자적인 권리능력과 당사자능력을 가진 법인격 없는 사단이나 재단이라 할 것」[85]이라고 하여 이제 비록 법인격 없는 사단이나 재단이라 할지라도 권리능력을 보유한 것으로 보는 것이 판례의 태도이다.

따라서 사단법인과 같이 특별히 권리의 성질상 단체에게 인정될 수 없는 권리가 아닌 이상 법인격 없는 사단과 재단도 권리와 의무의 주체가 될 수 있다. 따라서 계약당사자로서의 법적 지위를 갖게 되며,[86] 물권[87]이나 채권, 무체재산권(특허법 제4조)과 인격권으로서 성명권,[88] 명예권[89] 등을 가진다는 점에서 법인과 큰 차이를 보이지 않는다. 권리능력 이외에도 등기능력과 당사자능력이 부동산등기법(동법 제26조)이나 민사소송법(동법 제52조)에서 인정하고 있음은 물론이다. 대표기관의 권한과 그 권한의 행사방법 등도 사단법인의 규정들이 유추적용되어야 한다.

주체는 될 수 없다고 하여도 민사소송상의 당사자능력이나 등기능력은 있다.」고 하고 판시사항에서는 문중 또는 종중과 같이 법인 아닌 사단 또는 재단에 있어서도 취득시효 완성으로 인한 소유권을 취득할 수 있다고 하고 있어서 법인 아닌 사단이 권리능력의 주체는 될 수 없는데 소유권은 취득할 수 있다고 하는 모순된 표현을 사용하고 있는 점이 흥미롭다.

84) 대판 1991.6.14, 91다9336.

85) 대판 1996.1.26, 선고 94다45562; 대판 2005.6.24, 2005다10388.

86) 따라서 법인 아닌 사단이 화해계약을 체결하였다면 그 계약의 구속력은 그 구성원에게는 미치지 않는다. 대판 2005.6.23, 2004다3864.

87) 위의 대판 1970.2.10, 69다2013.

88) 법인 아닌 사단은 그 구성원으로부터 독립된 존재로서, 다른 단체와 분리시킬 수 있는 표지를 가질 때에 구성원의 교체를 넘어서는 단일체로서 외부에 표시되기 때문에 인정되어야 한다는 것이다.

89) 대판 1990.2.27, 89다카12775에서 원고 종중의 선대가 소외 망인의 손자임에도 피고종중이 소외 망인을 시조로 하는 종중의 대동보를 발간함에 있어 원고 종중의 선대의 기재를 누락시킨 경우 명예훼손에 의한 불법행위가 성립한다고 한다.

법인 아닌 사단이 목적 범위 내에서 권리능력과 행위능력을 갖는 이상 대표기관이 법률행위를 통하여 법인 아닌 사단을 위하여 취득한 권리의무는 법인 아닌 사단에 귀속되며,[90] 계약의 효력이 직접 구성원들에게 미치는 것은 아니다. 법인 아닌 사단의 대표자가 화해조서를 작성한 경우에도 화해의 당사자 사이에만 효력을 갖는 것으로 재건축조합을 당사자로 하는 화해조서의 효력은 그 구성원인 조합원들에게 미치지 않으며, 재건축조합과 체결한 계약의 효력이 직접 조합원들을 구속하지 않게 된다.[91]

나. 불법행위능력

법인 아닌 사단의 대표자에 의하여 불법행위가 행해진 경우에 대표자 개인이 불법행위에 대한 손해배상책임을 부담할 뿐만 아니라 법인 아닌 사단에게도 손해배상책임을 추궁할 수 있다. 즉 법인 아닌 사단의 대표자가 직무에 관하여 타인에게 손해를 가한 경우 그 사단은 민법 제35조 제1항의 유추적용에 의하여 그 손해를 배상할 책임이 있으며, 심지어 법인 아닌 사단의 대표자의 행위가 대표자 개인의 사리를 도모하기 위한 것이었거나 혹은 법령의 규정에 위배된 것이었다 하더라도 외관상, 객관적으로 직무에 관한 행위라고 인정할 수 있는 것이라면 직무의 견련성을 인정하여 법인 아닌 사단에게 손해배상책임을 지울 수 있다.[92]

다. 주소

법인 아닌 사단의 주소도 민법 제36조의 법인의 주소 규정을 준용하여 주된 사무소가 있는 경우에는 그 주된 사무소의 소재지를 주소로 본다. 이는 재판관할 결정의 기준으로 사용된다.

라. 대내적 관계

법인 아닌 사단의 내부관계는 주로 조직과 활동에 관한 사항으로서 무엇보다도 사단의 내부규범인 정관에 따른다. 정관에 규정이 없는 경우에는 사단법

---

90) 대판 2008.2.28, 2007다38394·37400.

91) 대판 2005.6.23, 2004다3864. 재건축조합이 「도시및주거환경정비법」에 의하여 법인격을 취득하기 전의 판례이론인 법인 아닌 사단으로 보아 대표자의 화해조서의 효력이 재건축조합에만 미친다는 판결이다. 그 외에도 어음금의 지급책임을 인정한 판례로는 대판 1992.7.10, 92다2431.

92) 대판 1994.4.12, 92다49300; 대판 2003.7.25, 2002다27088.

인의 규정을 유추적용하게 된다. 법인 아닌 사단은 업무집행기관을 갖게 되며 업무집행기관을 통해서 법률행위를 하게 된다. 이와 관련된 규정으로는 기관으로서 대표자에 관한 이사의 규정(제57조-제59조)과 이사의 주의의무규정(제61조)을 들 수 있다. 민법 제62조의 규정인 이사의 대리인 선임에 있어서 특정한 행위를 대리하게 할 수 있다고 규정한 취지에 비추어 법인 아닌 사단의 대표자에게 대리인 선임에 대한 포괄적 위임이 금지되어 있다고 보아야 한다. 즉 법인 아닌 사단의 대표자는 정관 또는 총회의 결의로 금지하지 아니한 사항에 한하여 타인으로 하여금 특정한 행위를 대리하게 할 수 있을 뿐이므로 법인 아닌 사단의 제반 업무를 포괄적으로 위임하는 것은 금지되어 포괄적 수임인의 대행행위는 법인 아닌 사단에 대하여는 그 효력이 미치지 아니한다[93]고 보아야 한다.

이사의 선임에 관한 규정인 제63조에 대하여는, 특별규정이 있는 경우를 제외하고는 일반적으로 인격이 인정되지 아니한 결과 법인에 관한 규정을 준용할 수 없다는 것이 종전 판례[94]였으나, 민법 제63조는 법인의 조직과 활동에 관한 것으로서 법인격을 전제로 하는 조항이 아니고, 법인 아닌 사단이나 재단의 경우에도 이사가 없거나 결원이 생길 수 있으며, 통상의 절차에 따른 새로운 이사의 선임이 극히 곤란하고 종전 이사의 긴급처리권도 인정되지 아니하는 경우에는 사단이나 재단 또는 타인에게 손해가 생길 염려가 있을 수 있으므로, 민법 제63조는 법인 아닌 사단이나 재단에도 유추적용할 수 있다고 하여 종전 판례를 변경하였다.[95]

법인 아닌 사단은 총회를 최고 의사결정기관으로 하여 다수결 원리에 의하여 의사를 결정하여야 할 것이다. 따라서 총회와 관련된 규정인 사원총회의 권한(제68조)과 통상총회와 임시총회(제69조·제70조), 사원총회의 소집(제71조·제72조),[96] 사원의 결의권(제73조),[97] 사원총회의 결의방법(제75조 1항), 해산결의(제78조),[98] 파산신청(제79조), 청산법인(제81조), 청산인의 선임(제82조),[99] 청산에 의

93) 대판 1996.9.6, 94다18522.

94) 대판 1961.11.16, 4294민재항431.

95) 대판(전) 2009.11.19, 자 2008마699.

96) 대판 2006.7.13, 2004다7408.

97) 대판 2000.2.25, 99다20155에서 「종중총회의 결의방법에 있어 종중규약에 다른 규정이 없는 이상 종원은 서면이나 대리인으로 결의권을 행사할 수 있으므로 일부 종원이 총회에 직접 출석하지 아니하고 다른 출석 종원에 대한 위임장 제출방식에 의하여 종중의 대표자 선임 등에 관한 결의권을 행사하는 것도 허용된다」고 한다.

한 당사자능력 상실[100] 등을 들 수 있다. 또한 사단법인에 있어 사원 자격의 득실변경에 관한 사항은 정관의 기재사항이므로(민법 제40조 제6호), 어느 사단법인과 다른 사단법인이 동일한 것인지 여부는 그 구성원인 사원이 동일한지 여부에 따라 결정됨이 원칙인데, 다만 사원 자격의 득실변경에 관한 정관의 기재사항이 적법한 절차를 거쳐서 변경된 경우에는 구성원이 다르더라도 그 변경 전후의 사단법인은 동일성을 유지하면서 존속하는 것처럼 법인 아닌 사단에서도 동일하게 보아야 한다.[101]

마. 해산과 청산

앞에서 열거하였듯이 법인 아닌 사단의 청산 등에 관하여는 정관에 다른 정한 바가 없다면 원칙적으로 민법상 법인의 해산과 청산에 관한 규정이 유추적용된다고 할 것이다.[102]

민법에 규정된 법인의 해산사유는 ① 법인의 존립기간의 만료, ② 법인의 목적달성 또는 달성의 불능, ③ 정관에 정한 해산사유의 발생, ④ 파산, ⑤ 설립허가의 취소, ⑥ 사단법인의 경우 해산결의(민법 제77조·제78조) 등이고 그 외 법인은 「채무자 회생 및 파산에 관한 법률」 등 특별법에 의하여 해산하는 경우가 있다. 그렇다면 법인 아닌 사단의 해산사유는 어떻게 될까. 법인 아닌 사단도 원칙적으로 존립기간의 만료, 목적달성 또는 달성의 불능, 정관에 정한 해산사유의 발생, 총회의 해산결의로 해산하게 되는데, 해산결의는 소정의 절차에 따라 성립하여야 한다.[103] 동별 대표자회의에 의한 입주자대표회의에서는

---

98) 다만 관습상의 사단 중 혈연공동체인 종중이나 문중의 경우에는 사단의 본질상 해산이란 사유는 존재하지 않기 때문에 본규정은 적용되지 않는다고 보아야 한다.

99) 대판 2003.11.14, 2001다32687에서 「비법인사단인 교회의 교인이 존재하지 않게 된 경우 그 교회는 해산하여 청산절차에 들어가서 청산의 목적범위 내에서 권리·의무의 주체가 되며, 이 경우 해산 당시 그 비법인사단의 총회에서 향후 업무를 수행할 자를 선정하였다면 민법 제82조 1항을 유추적용하여 그 선임된 자가 청산인으로서 청산 중의 비법인사단을 대표하여 청산업무를 수행하게 된다」고 한다.

100) 대판 1992.10.9, 92다23087에서 「사단법인에서는 사원이 없게 된다고 하더라도 이는 해산사유가 될 뿐 막바로 권리능력이 소멸하는 것이 아니므로 법인 아닌 사단에 있어서도 구성원이 없게 되었다 하여 막바로 그 사단이 소멸하여 소송상의 당사자능력을 상실하였다고 할 수는 없고 청산사무가 완료되어야 비로소 그 당사자능력이 소멸하는 것이다」고 한다.

101) 대판 2008.9.25, 2006다37021.

102) 권성우, 주택조합에 관한 연구-주택조합의 해산에 따른 법률상 문제점, 창원지방법원 재판실무 제1집, 156면.

103) 대판 2008.2.14, 2007다62437.

정관으로 입주자대표회의 결의가 아닌 사원인 입주자의 결의에 의하여 해산할 수 있도록 정하는 경우가 있다.[104)]

법인 아닌 사단도 법인과 같이 파산능력이 있다고 보아야 하며, 따라서 법인 아닌 사단도 파산사유가 있으면 「채무자 회생 및 파산에 관한 법률」에 의하여 파산절차에 의한다.

구성원의 탈퇴 등으로 구성원이 1인으로 된 경우 법인 아닌 사단이 해산하게 되는가. 이에 대해서 학설은 대체로 1인의 법인 아닌 사단을 인정하지 않지만, 일단 법인 아닌 사단으로 성립하고 난 후에는 구성원이 1인으로 되어도 단체 독자의 재산이 있고 복수의 구성원이 가입할 가능성이 있으면 법인 아닌 사단으로 계속 존재할 수 있다고 해야 한다. 민법도 사단법인의 해산사유로 사원이 없게 되는 경우를 규정하고, 사원이 1인이 되는 경우에는 해산사유로 정하고 있지 않으므로 법인 아닌 사단에서도 사원이 1인도 없게 되는 경우에 해산사유로 인정해야 할 것이다.[105)]

(3) 준용할 수 없는 규정

가. 대표권 제한의 등기

법인 아닌 사단의 경우에는 대표자의 대표권 제한에 관하여 등기할 방법이 없어 대표권제한에 관한 대항요건으로서 등기규정인 민법 제60조의 규정을 준용할 수 없다.[106)] 판례도 이러한 연장선상에서 법인 아닌 사단의 대표자가 정관에서 사원총회의 결의를 거쳐야 하도록 규정한 대외적 거래행위에 관하여 이를 거치지 아니한 경우라도, 이와 같은 사원총회 결의사항은 비법인사단의 내부적 의사결정에 불과하다 할 것이므로, 그 거래 상대방이 그와 같은 대표권 제한 사실을 알았거나 알 수 있었을 경우가 아니라면 그 거래행위는 유효하다

---

104) 공동주택관리규약 제18조 제4항에서 입주자대표회의가 고의 또는 중과실에 의한 하자로 입주자 등에게 재산상의 손실 등을 끼친 때에는 입주자 등은 그 해산 및 개선을 입주자 등의 과반수 서면동의로 결정할 수 있으며, 해산이 결정된 경우의 효력은 입주자 등의 과반수의 서면동의 즉시 발효되므로 관리주체는 즉시 동 관리규약의 규정에 따라 선거절차를 진행하여야 한다.

105) 곽윤직·김재형, 201면.

106) 법인 아닌 사단에 유추적용 되어야 할 규정의 예는 구체적으로 열거되고 있으나, 법인격을 전제로 하는 규정 내지 형식적으로 법인이라는 점에 근거를 둔 규정의 구체적인 예를 들고 있는 기술은 찾아보기 어렵다.

고 보면서, 이 경우 거래의 상대방이 대표권 제한 사실을 알았거나 알 수 있었음은 이를 주장하는 비법인사단 측이 주장·입증하여야 한다[107]고 한다.

나. 주무관청과 법원의 감독

법인은 주무관청의 허가와 설립등기를 함으로써 법인격을 취득하게 되는데, 등기와 관련된 규정은 법인 아닌 사단에게는 적용할 수 없고, 법인 아닌 사단은 주무관청의 감독을 받고 해산한 경우에는 법원의 감독을 받도록 되어 있는데 그와 관련된 규정은 법인 아닌 사단에는 적용되지 않는다. 주무관청의 감독을 받지 않기 위하여 법인격 취득을 하지 않는 비법인 사단에게는 당연히 적용되지 않는다.

다. 해산등기 및 청산종결의 등기와 신고

법인 아닌 사단도 법인의 소멸과 마찬가지로 청산사무가 종료되어야 그 당사자능력이 소멸된다. 그러나 법인 아닌 사단은 설립등기가 없기 때문에 청산종결등기 및 주무관청에의 신고 규정은 적용되지 않는다.

(4) 양자에 적용되는 법리의 차이와 그 근거

법인 아닌 사단에도 단체성과 단일성이 인정되는 결과, 양자에 적용되는 민법규정은 등기에 관련된 규정 이외에는 거의 모든 규정이 법인 아닌 사단에도 적용이 되고, 적용 법리는 양자 사이에 그다지 큰 차이를 보이지 않는다. 위에서 살펴본 것처럼 양자는 권리능력, 행위능력, 등기능력, 당사자능력 등에서 차이를 보이지 않는다. 이하에서는 양자간에 차이를 보이고 있는 점에 대해 살펴본다.

가. 대표권의 제한과 거래안전 법리

양자 사이의 적용 법리는 대표권의 제한과 관련하여 차이를 보이고 있다. 영리사단법인인 회사의 경우에는 사원총회 또는 이사회에서 그 대표권을 제한하더라도 선의의 제3자에게 대항할 수 없다(상법 제209조, 제269조, 제389조, 제567조). 이에 반하여 민법상의 법인에서 대표권의 제한은 정관으로만 하도록 하고(제41조), 이를 등기하지 않으면 제3자에게 대항하지 못한다(제60조). 따라서 비영리사단법인의 대표권을 정관으로 제한하였다 하더라도 등기하지 않으면 악의

107) 대판 2003.7.22, 2002다64780.

의 제3자에 대하여도 그 제한으로써 대항할 수 없게 된다.[108] 법인 아닌 사단 역시 그 대표자의 대표권을 제한할 수 있고, 제41조의 규정을 준용한다면 대표권은 제한될 수 있는데, 법인 아닌 사단은 등기할 방법이 없으므로 제60조가 유추적용될 수 없고, 그 결과 대리에 관한 규정이 준용되고(제59조 제2항), 제126조가 유추적용되어야 할 것이다.

판례도 동일한 입장에서 비법인사단의 대표자가 정관에서 사원총회의 결의를 거쳐야 하도록 규정한 대외적 거래행위에 관하여 이를 거치지 아니한 경우라도, 이와 같은 사원총회 결의사항은 비법인사단의 내부적 의사결정에 불과하다 할 것이므로, 그 거래 상대방이 그와 같은 대표권 제한 사실을 알았거나 알 수 있었을 경우가 아니라면 그 거래행위는 유효하다고 하여 사단에게 그 책임을 지우고 있다.[109]

나. 대표자의 재산관련행위와 사원총회의 의결

사단법인은 물건에 대한 단독소유자로서 특별히 정관이나 규약이 존재하지 않는 경우에 대표자는 법인을 대표하여 사단재산에 대하여 관리와 처분을 할 수 있고, 법인에 속한 채권, 채무에 관한 소를 제기할 수 있다. 그런데 법인 아닌 사단과 관련해서 대법원은 일관하여 법인 아닌 사단이 보유하는 재산을 그 대표가 처분한 경우, 그것이 정관 또는 규약에 따르지 않은 처분이거나 사원총회의 결의 없이 한 처분인 경우에 그 처분행위는 무효가 되고, 토지를 전득하여 등기를 마친 자가 선의라 하더라도 마찬가지이며,[110] 그 결과 원인행위 역시 무효이며 여기에는 표현대리의 법리가 유추적용될 여지가 없다고 한다.[111]

또한 이러한 논리를 법인 아닌 사단의 대표가 그 대표명의로 소송을 제기하는 경우에도 동일하게 적용한다. 법인의 대표는 그 대표권에 별도의 유효한 제한이 없다면 당연히 법인을 대표하여 소송을 제기할 수 있는데, 법인 아닌

108) 이에 대해서는 양창수, 법인 이사의 대표권에 관한 약간의 문제, 민법연구 제1권, 111면 이하; 양창수, 민법 제60조에서 정하는 '제3자'의 범위, 민법연구 제3권, 342면 이하; 제철웅, 단체와 법인: 사회적 기능의 유사성과 적용법리의 상이의 합리적 조정을 위한 시론, 민사법학 제36권, 2007.5, 100면 이하 참조.

109) 대판 2003.7.22, 2002다64780. 다만 거래 상대방의 대표권 제한에 대한 사실의 악의나 과실에 관한 주장·입증책임은 비법인사단측에게 있다고 한다.

110) 대판 1989.3.14, 87다카1574; 대판 2001.5.29, 2000다10246.

111) 대판 2003.7.11, 2001다73626.

사단의 대표는 법인 아닌 사단의 총유에 속하는 채권, 채무에 관한 소를 제기하기 위해서는 사원총회의 결의가 있어야 한다는 것이다.[112)]

법인 아닌 사단은 그 구성원과 독립된 권리·의무의 주체라는 관점에서 보자면, 위의 판결들은 쉽게 납득되지 않는다. 대표권의 제한이 정관에 규정되지 않았다면 그 대표는 사원총회의 결의가 없더라도 유효하게 대표행위를 할 수 있어야 하는 것이고, 이 점은 소송의 경우라고 해서 다를 것이 없기 때문이다. 이 경우에 사원총회의 결의를 요한다고 한다면, 제58조와 제59조의 이사의 대표권에 관한 규정을 유추적용하는 취지가 몰각되기 때문이다.[113)]

이러한 양자의 차이는 어디에서 비롯된 것일까. 이하에서 살펴보겠지만 물건의 공동소유형태로서 우리 민법이 법인 아닌 사단법인에 총유개념을 도입하고 물건의 관리 및 처분을 사원총회의에 결의에 의하도록 하는 규정을 둠으로써 야기된 것인데, 이는 재산관련행위에서는 대표권에 대한 중대한 제한사유로 작용하게 된다. 이와 관련된 논의 및 타당성 검토는 재산귀속관계에서 보기로 한다.

2. 법인 아닌 사단의 재산귀속관계

(1) 단독소유인가 총유인가

민법은 물권편에서, 권리능력 없는 사단의 재산귀속에 관하여, '법인이 아닌 사단의 사원이 집합체로서 물건을 소유할 때에는 총유로 한다(민법 제275조 제1항)'고 함으로써 권리능력 없는 사단이 재산을 소유함에 있어서 사단 자체가 이를 단독소유하는 것이 아니라, 구성원 전원이 집합체로서 총유의 형태로 이를 공동소유한다고 규정하고 있다. 이는 권리주체성은 자연인 이외에는 법인만이 이를 가지므로, 법인법정주의(민법 제31조)에 따라 법률에 의하여 법인으로 성립되지 못한 권리능력 없는 사단에게는 이러한 권리주체성을 인정할 수 없다는 점을 선언한 것으로도 해석될 수 있을 것이다.[114)]

---

112) 대판 1999.12.10, 98다36344. 물론 사원총회의 결의 없이 소를 제기한 경우에는 민사소송법 제451조 제1항 제3호(구 민사소송법 제422조 제1항 3호)에 의한 재심사유이기는 하지만, 동법 제457조(구 민사소송법 제427조)의 적용대상은 아니라고 한다. 대판 1999.10.22, 98다46600.

113) 동지 제철웅, 앞의 논문, 101면.

114) 김진현, 앞의 논문, 536면.

그러나 법인격 없는 사단의 실질은 사단법인과 차이가 없고, 법인격 없는 사단에 대하여 권리주체성 내지 권리능력을 인정하게 되면, 재산권의 주체가 될 수 있다는 것을 의미하고, 재산을 단독으로 가질 수 있는 것이어서, 그 재산이 사원들의 공동소유 내지 준공동소유(총유 내지 준총유)라고 할 여지가 없게 된다.[115] 그렇다면 이러한 논리와 민법의 총유규정은 충돌하게 된다.[116]

한편 민법의 이러한 태도와는 달리 부동산등기법은 권리능력 없는 사단에 대하여 등기능력을 인정하고 있다(동법 제26조). 이하에서는 먼저 '총유'제도에 대하여 검토하고 총유의 이분화의 필요성 여부를 중심으로 논의를 전개하고자 한다.

(2) 총유의 의의 및 연혁

가. 총유의 의의

총유라 함은 법인이 아닌 사단의 사원이 집합체로서 물건을 소유하는 형태를 말한다(민법 제275조 제1항). 법인 아닌 사단은 구성원의 개별성보다도 단체로서의 단일성이 보다 뚜렷하게 전면에 나타난 인적 결합체이지만, 법인격이 없기 때문에 그 단체적 단일성이 아직 구성원의 개별성으로부터 완전히 분리·독립하여 별개의 존재를 가지지 못하는 점에서 입법자는 이러한 공동소유형태를 취하고 있다.

총유에서는 공유나 합유와 달리 지분이 없으며, 소유권의 내용이 관리·처분의 권능과 사용·수익의 권능으로 이분화되어 있어서, 전자는 구성원의 집합체에 속하고(제276조 제1항), 후자는 개별 구성원에게 귀속하는 점(동조 제2항)에서 공유나 합유와 구별된다.

총유의 개념[117]은 게르만법상의 단체의 인적 결합구조를 물권법상 반영

115) 물론 사단법인의 재산소유는 단독소유이고, 비법인사단은 권리능력이 없어 단독소유로 취급할 수는 없다 하더라도 가능한 한, 그에 준하여 취급하는 것이 당연한데, 이는 권리능력의 유무(법인이냐 비법인이냐)는 입법정책에 따른 소산이고 그 실질적 성격에는 차이가 없기 때문이라는 견해는, 김황식, 물권법의 개정방향, 민사판례연구 제7집, 1985, 310면.

116) 이러한 논리를 들어 총유에 관한 민법 제275조 내지 제277조를 삭제하는 것이 타당하다는 입법론을 제기한다. 강태성, 민법개정에 있어서의 수거권·총유·가등기에 관한 입법론, 비교사법 제7권 제2호(통권 13호), 한국비교사법학회, 2000.12, 434면 이하; 강태성, 이른바 총유에 관한 비판적 검토, 민사법연구 제15집 제1호, 대한민사법학회, 2007.6, 78면 이하.

117) 김진현, 앞의 학위논문, 146-147면; 김진현, 권리능력 없는 사단, 537-540면 참조.

한 것으로서, 단체의 일체로서의 '단일성'과 구성원 각원의 '다수성'이 항상 불가분리의 관계로 유착하고 있었던, 게르만의 씨족단체(Sippe), 마르크공동체(Markgenossenschaft)와 같은 단체(Genossenschaft)에서의 재산소유관계를 설명하기 위한 것이었다.[118] 그것은 하나의 소유권의 내용인 여러 권능이 두 군, 즉 관리·처분의 권능과 사용·수익의 권능으로 갈라져, 전자는 일체로서의 '단체' 또는 '구성원의 총합체'에, 후자는 각 구성원의 개별권(Sonderrecht)으로서 각 구성원에게 속하고, 이 양자가 단체의 규칙에 의하여 결합하여 하나의 소유권을 이루는 공동소유의 형태인 것이다.[119]

총유란 법인의 단독소유도 지분적 공유도 아니다. 법인의 단독소유에 있어서도, 성원이 그 성원권에 기하여 법인소유 재산을 이용할 수 있지만, 법인 재산에 대한 성원의 권리는 단지 타물권이거나 또는 채권에 불과한 것이며, 결코 법인소유권의 본질적 일부로서 법인소유권과 이용권이 결합하여 하나의 소유권을 이루는 것이 아니라는 것이다.[120]

바꾸어 말하면 총유개념은 단체재산에 대한 소유권의 귀속관계를 단체적 질서에 의한 단체 자체와 구성원들 사이의 소유공동(Eigentumsgemeinschaft)으로 보고,[121] 그 소유권의 내용도 2개의 권능영역으로 나누어 관리처분권은 '단일권'으로 집약되고, 사용수익권은 '개별권'으로서 각 구성원들에게 분할되는 것으로 파악하는 것이다. 결국 하나의 소유권이 단체의 결합구조의 특수성으로 말미암아 2개의 권능군으로 분할되고 그것들이 단체(전체)와 개별 구성원에게 각각 분속하는 것으로 요약된다.[122]

나. 총유의 입법 연혁

의용 민법인 구민법은 권리능력 없는 사단에 관하여 어떤 규정도 두고 있지 않았다. 그리고 공동소유의 형태에 관하여서도 '공유'에 관한 규정만을 두고 있을 뿐이었다.[123] 그럼에도 불구하고 당시 해석론으로서는 공동소유의 형

---

118) 김진현, 앞의 논문, 536면.
119) 김증한, 공동소유형태의 유형론, 민법론집, 진일사, 1978, 221-223, 225면; Otto Gierke, Deutsches Privatrecht, Zweiter Band(Sachenrecht), Leipzig: Verlag von Dunker & Humbolt, 1905, SS.382ff. 참조.
120) 김증한, 위의 논문, 226-227면.
121) Otto Gierke, a.a.O., S.383.
122) 곽윤직, 물권법, 박영사, 2001, 301면.

태로서 공유 이외에 합유와 총유를 인정하고 있었으며,[124] 권리능력 없는 사단과 입회권에 대해서는 공동소유형태를 총유로 보는 것이 다수설·판례의 입장이었다.[125] 이 시기의 경향이 구체적으로 반영된 산물이라 할 수 있는 만주국 민법전(1939년 공포)에는 총유규정이 들어가 있는데, 만주국 민법전에 그때까지 형성된 일본 민법학의 성과를 충실히 반영하였다. 때문에 당시 최신 법전인 만주국 민법전은 우리 민법 제정 시에도 주요한 자료가 되었다.[126]

민법 제정 당시 처음에는 민법초안에서는 합유는 신설하였으나 총유에 관한 규정을 두지 않았으나, 김증한 교수가 주도한 민사법연구회의 의견[127]에 따라 공동소유형태로서 공유뿐만 아니라 합유와 함께 법인 아닌 사단의 공동소유형태로서 총유를 규정하여야 한다는 의견이 개진되었다. 그렇다면 합유의 규정으로 규율하면 될 것을 굳이 총유개념을 도입하였을까. 이에 대하여 입법자는 총유를 합유와 구별하는 실익을 특히 재산을 처분하는 데서 찾고 있다. 즉 재산의 귀속형태를 합유로 하면 전원의 합의가 없으면 그 재산을 처분할 수 없다. 그러나 판례상 종중재산의 처분은 전구성원이 참여하여 전원의 합의에 의한 것이 아니라 과반수의 결의로 할 수 있다는 것이 인정되고 있기 때문에,[128] 법인 아

---

123) 일본은 총유 규정도 없을 뿐 아니라 법인이 아닌 사단의 등기능력도 인정되지 않는다. 다만 민사소송법에서 소송당사자능력만 인정하고 있을 뿐이다.

124) 법인 아닌 사단의 재산을 구성원의 총유로 보는 견해가 지배적이었지만, 이를 합유로 보는 견해, 당해 단체의 성격에 따라 총유 또는 합유로 된다는 견해, 총유나 합유를 권리능력 없는 사단에 대하여 일괄적으로 사용하지 말고 각종의 단체에 관하여 각개의 효과를 인정해야 한다는 견해, 공유를 기본으로 하고 구체적인 법률관계의 성질에 따라 그 차이를 검토하면 족하다는 견해 등이 주장되었다. 이에 대한 상세는, 김증한·이영준, 주석민법(상), 461면 참조.

125) 총유이론의 전개에 관하여는 石田文次郎, 土地總有權史, 岩波書店, 1927; 정종휴, 독일과 일본의 총유이론사, 법사학연구, 14, 1993; 김인섭, 총유에 관한 연구, 민법의 망, 경상대학교 법학연구소, 1995 등 참조; 곽윤직, 물권법(재전정판), 박영사, 1990, 327-328면.

126) 이의 기초에 가장 큰 역할을 수행한 학자가 와가쯔마 사카에(我妻榮)이며, 그는 자신의 식견과 함께 그 당시의 학설과 판례를 반영하여 만주 민법전을 기초하였다.

127) 민사법연구회, 민법안의견서, 96면 이하.

128) 하급심의 판결에서 「종중재산처분이나 기타 종중의 의사를 결정하는 결의는 종중규약에 따른 의사 및 의결정족수에 따라야 함은 물론이나 종중이 관습법상 인정된 종원의 집단으로 종중의 의사는 총회에서 다수결에 의하되 종중의 구성인원의 특수한 인적관계와 종중의 목적이 공동이해관계가 있는 분묘의 수호, 관리 종원간의 친목 등에 있고 사실상 어느 종중의 전 종중원을 하나도 빠짐없이 인원과 소재를 파악하여 종중총회에 참여시킨다는 것은 불가능할 뿐더러 종중원중 종중에 대한 참여나 관심의 정도에 차이가 있는 것이므로 종중의 의사결정은 별다른 사유가 없는 한 종중에서 주지된 다수의 종원들이 적당한 방법

닌 사단재산의 귀속형태를 총유로 한 것이라는 제안 설명을 하고 있다.[129)]

그런데 민법 초안에 이미 총유규정이 있었다는 주장이 있다. 민법초안 제262조가 제목을 합유라고 하였을 뿐 그 내용은 총유에 관한 것이라는 것이다.[130)] 즉 민법초안 제262조는 「어느 지역의 주민, 친족단체 기타 관습상 집합체로서 수인이 물건을 소유하는 때에는 합유로 한다. 합유물에 대한 권리의 득실변경 및 합유자의 권리, 의무에 관하여는 관습에 의하는 외에 이하 2조의 규정에 의한다」고 되어 있었고, 아직 합유와 총유개념이 정립되지 않은 상황에서 합유라는 제목을 붙였으며, 그 당시 참조하였던 만주민법 제252조[131)]는 민법초안 제262조와 유사한데 총유라는 제목을 달았다는 것, 민법안 의견서에서는 단지 이 개념을 명확히 구분하였을 뿐이라는 것이다.

이 규정의 신설에 결정적 역할을 한 김증한 교수는 「오늘날 무수히 많은 단체가 존재하며, 개인이 고립해서는 무력한 것이고 다수인이 결합하여 뭉친 힘을 배경으로 하여서만 능히 격심한 생존경쟁에 견디어 낼 수 있고 그 존립을 유지할 수 있다는 의식이 오늘날처럼 높았던 때가 없을 것이다. 이러한 단체들

으로 소집되어 결의를 하면 일부 종원에 대한 통지가 누락되거나 결의사항 등을 통지 아니하여도 유효한 종중의 의사결정이 된 것이라고 관습상 인정되어 온 점에 비추면 종중규약이 정한 의사나 의결정족수에 관한 해석도 형식에 구애 될 것이 아니라 합리적으로 해석하여야 할 것인즉, 이사건의 경우 당초 소송을 위한 결의시 종중에 애착을 가지고 종중재산 수호에 적극적인 관심과 열의를 가진 5인의 종중원이 종중규약을 만들고 결의를 함에 있어 나머지 6인의 종중원과 그 아들이 되는 종중원들은 총회에 참석하기를 기피하고 종중재산 회복에 소극적인 입장을 취하며 출석 종중원의 처분과 결의에 승복하겠다는 태도를 표명한 이상 위 결의는 종중원 전원의 의사에 부합하는 유효한 종중의 결의라 아니할 수 없으며 또한 승소 후의 종중재산 처분결의에 있어서도 소송에 비협조적이었던 위 6인의 종중원의 대표자에 입장에 있던 소외 13이 참여한 6인의 종중원이 결의를 하였고 불참 종중원은 종중의 결의에 따르기로 하였으니 위 결의도 종중규약에 부합하는 유효한 결의라 할 것이니 원고의 위 결의가 규약에 반한 무효인 것이라는 주장은 이유 없다.」고 한다. 서울고법 1977.04.28, 76나2556 제6민사부판결; 이후 대법원판결에서는 「종중소유의 재산은 종중원의 총유에 속하는 것이므로 그 관리 및 처분은 종중규약의 정하는 바에 따라야 하고 종중규약에서 별도로 정한 바가 없을 때에는 종중원총회의 결의에 따라야 하는 것이고, …」라고 한다. 대판 1989.2.14, 88다카3113.

129) 국회속기록 제47호 6면 하단 이하.

130) 임상혁, 법인이 아닌 사단의 민사법상 지위에 관한 고찰-총유 규정을 둘러싼 민법 개정 논의와 관련하여-, 법학 제54권 제3호, 서울대학교, 2013.9, 195-196면.

131) 만주 민법 제252조는 「어느 지방의 주민, 친족단체 기타 관습상 총합체로서 수인이 그 관계에 기인하여 일개의 물건을 소유하는 때에는 이를 총유로 한다. 총유자의 권리 및 의무에 관하여는 관습에 따르는 외 이하 2조의 규정을 적용한다」고 규정되어 있다.

은 모두가 사단법인인 것은 아니고, 그 법적 구조도 천차만층이지만, ……우리 민법이 공유 이외에 합유·총유의 두 형태를 규정한 것은 현대에 있어서의 무수히 많은 종류의 인적결합체에 있어서의 소유관계를 적절히 규율하기 위한 것이고, 현대의 수요에 가장 적합한 것이라 할 것이다.」[132]라고 하는데, 이를 통하여 조금이나마 입법자의견을 짐작할 수 있다.

이러한 의견이 받아들여져 현행민법에 총유 규정이 들어오게 되었는데, 그러한 예를 찾기 어려운 유일한 입법례이다.[133]

다. 총유제도에 대한 학계 평가

그렇다면 위와 같은 내용의 총유제도를 공동소유형태의 하나로서 입법적으로 도입한 우리 현행 민법의 태도는 어떻게 평가되어야 할 것인가?

학자들의 입장은 대립되어 있다. 먼저 이를 긍정적으로 평가하는 견해를 보면, 우리 민법이 공동소유의 3유형을 규정한 것은 간접적으로 인적 결합체의 유형을 규정한 것으로서 근세법의 폐단인 원자론적 구조의 결함을 시정하는 의미를 가졌으며, 또한 비록 총유 개념이 중세 게르만의 단체법의 연구를 통하여 밝혀진 것이기는 하나 현대에 있어서도 어느 나라에 있어서나 총유 또는 합유의 개념으로 파악되지 않으면 안 될 공동소유형태가 끊임없이 창조되고 있으므로 여전히 유용한 개념이라고 한다.[134]

또한 오늘날과 같이 고도로 발달된 경제사회에 있어서도 공동소유를 위한 인적 결합관계는 무수히 발생하고 있고 그러한 공동소유관계를 공유의 모습만으로써 규율하는 것은 불가능하며 또한 사적자치의 원칙상 총유나 합유의 법률관계의 성립도 자유롭게 인정되어야 한다는 이유에서 총유제도의 명문 채택을 긍정적으로 평가하거나,[135] 우리나라에는 총유의 소유형태가 상당히 광범

132) 김증한, 물권법강의, 1984, 박영사, 215면.

133) 심지어 독일민법이나 스위스민법에서도 게르만법에서 유래한 총유개념을 민법전에 도입하지 않고 공동소유형태로서 공유와 합유만을 규정하고 있다. 공유는 로마법적인 공동소유형태이고 합유와 총유는 게르만법적인 공동소유형태라고 할 수 있는데, 독일민법은 후자 중에서 합유만을 인정하고 있으며, 총유는 인정하고 있지 아니하다. 또한 총유제도의 설치를 요구하는 학자도 거의 없는 편이다. 이렇게 볼 때 공유와 합유 이외에 총유까지 명정하고 있는, 우리 민법은 독일민법보다 더 독일적이며 게르만적인 것이라 할 수 있다고 한다. 이호정, 우리 민법상의 공동소유제도에 대한 약간의 의문, 서울대학교 24권 2·3호(통권 54·55호), 1983, 103면.

134) 김증한, 위의 책, 214-216면.

위하게 실재하고 있고 그 결과 총유에 관한 판례가 많으므로 민법에 총유에 관한 원칙적 규정을 두어 일단 법적으로 다루는 기준을 마련해두었다는 점에서 이를 타당한 것으로 평가하기도 한다.[136]

이에 반하여 총유의 입법적 평가에 대하여는 부정설이 다수의 견해이며 폐지에 대한 개정안도 제안되고 있다. 먼저 법인 아닌 사단의 다양성에 비추어 규율의 실효성에 의문을 표하는 견해[137]가 있고, 총유개념이 단체주의에 입각한 공동소유형태로서 시의적절하지 않다는 견해,[138] 1개의 소유권의 내용이 분할되어서 그의 귀속주체를 달리한다고 하는 설명에는 납득이 가지 않으며, 총유개념이 근대 시민사회에는 맞지 않는 점을 지적한다.[139] 또한 현대의 권리능력 없는 사단의 소유관계를 게르만의 촌락단체의 공동소유형태인 총유로써 규율하는 데는 문제가 있으며, 또한 종중·문중과 같은 혈연단체의 소유관계를 지역단체의 공동소유형태인 총유로써 규율하는 데는 문제가 있으며, 오히려 경직적인 총유규정은 현대적인 권리능력 없는 사단이나 종중·문중과 같은 혈연단체의 실체에 즉응하여 적절히 규율하는 일에 장애가 된다고 한다.[140]

이 이외에도 공유 규정만으로는 공동소유형태를 적절히 규율할 수 없는 점과 총유에 관한 판례가 적지 않은 점을 들어 일단 총유제도의 의의를 평가하면서도, 총유로 인정된 판례를 검토해보면 민법상의 총유와는 상당한 차이가 있는 점에 비추어 민법상의 총유 규정만으로써는 실재하는 총유를 적절히 규율할 수 없으므로 입법적 보완이 필요하며, 특히 총유지분의 입법을 검토해야 한

135) 김용한, 물권법론(전정판), 박영사, 1985, 320-321면.

136) 황적인, 현대민법론Ⅱ (물권), 박영사, 1980, 140-141면.

137) 총유관계로서 규율되어야 할 법률관계에는 입회관계 즉 토지의 총유적 이용관계와 권리능력 없는 사단의 소유관계의 둘이 있으나, 전자는 점차로 없어져 가고 있으며 장차는 절멸할 운명의 것이고, 후자는 극히 다양성을 띠고 있어서 민법의 간단한 수개의 규정만에 의하여서는 충분히 규율할 수도 없는 예외적인 경우에 지나지 않는다.……민법의 총유는 권리능력 없는 사단의 소유관계를 규율하기에는 너무나 불명확한 법률구성을 가지고 있어서 과연 그 규율에 충분하다고 할 수 있을는지 대단히 의심스럽다고 한다. 심지어 장식물에 불과하다고 평가절하 한다. 곽윤직, 앞의 물권법,286-287면.

138) 총유는 단체주의에 입각하고 있는 공동소유형태로서 시대에 역행하는 것이라고 지적하면서, 총유는 법인의 소유로 하고, 합유는 공유·총유 중 어느 것에 포함시켜 단독소유로 함으로써 총유·합유를 정리함이 근대민법을 형성하는 길이라고 한다. 김기선, 한국물권법(개정판), 법문사, 1972, 281면.

139) 최식, 총유에 관한 문제, 법조(1965.2), 43면.

140) 이호정, 앞의 논문, 103-104면.

다는 견해,[141] 궁극적으로는 비법인사단의 총유는 수정된 공유 또는 합유에 의하여 포괄·흡수되어야 할 성질의 것이라고 보면서, 오늘날 사단과 조합의 구별기준이 애매하고, 비법인사단이라고 하더라도 구성원의 개별적 지분권의 보유, 그 양도를 인정하여야 할 경우가 많으므로, 이러한 실태에 맞추어 능동적으로 대처하기 위하여서는 오히려 총유 규정을 폐지하는 것이 마땅하고,[142] 학설과 판례에 일임하여, 그때그때 탄력성 있고 타당성 있는 법리를 개발토록 하여 규율하게 하는 것이 오히려 더 낫다고 한다.[143]

요컨대, 총유 규정에 대한 비판의 주요점은 비교법적으로 유래 없는 독일의 촌락공동체의 총유개념을 도입한 전근대적인 제도라는 점, 법인이 아닌 사단의 다양한 현실을 규율하지 못하기에 법인이 아닌 사단도 권리능력이 있다고 보아야 한다는 점, 민사소송법과 부동산등기법에서 당사자능력과 등기능력을 인정하므로 권리주체성을 갖는 것이고 따라서 현재 총유 규정은 민법의 체계에 맞지 않는다는 점이라고 할 수 있다.[144]

(3) 법인 아닌 사단의 소유에 대한 학설

가. 총유설

총유설은 현행 민법규정에 입각하여 법인 아닌 사단의 소유형태를 해석한다. 즉 설립등기 없는 사단은 본래 권리능력이 없기 때문에, 사단 자체가 소유권의 주체가 될 수 없고, 전구성원이 집합체로서 또는 구성원 전체가 권리주체가 될 수밖에 없다고 한다. 그러나 총유의 구체적인 의미에 대하여는 견해가 조금씩 다르다.

첫째, 단체와 구성원의 공동소유라고 보는 설이다. 총유의 구체적인 내용은, 소유권의 권능을 관리·처분의 권능과 사용·수익의 권능으로 분류하여, 전자는 단체 자체 또는 구성원의 총체에 속하고, 후자는 구성원 각자에 속하는 공

---

141) 김상용, 물권법, 법문사, 1993, 472면.

142) 김황식, 물권법의 개정방향, 민사판례연구 제7집, 경문사, 1985, 309-310면.

143) 김진현, 앞의 논문, 545면.

144) 정병호, 법인 아닌 사단의 재산계 규율 개선에 한 연구(2012년 법무부 연구용역 과제보고서). 24-30면에서는 총유제도 반대 학설들을 ① 총유 제도의 전근대성, ② 거래 현실과의 괴리, ③ 민법의 총유규정의 체계적 부정합, ④ 총유규정의 사문, ⑤ 종래의 해석론과 (법무부 개정 시안) 제39조의2 입법 제안과 관련한 총유 규정의 체계적 부정합으로 정리한 뒤, 기본적으로 폐지에 찬동한다는 입장에 선다.

동소유형태라고 한다.[145] 또한 이 입장에서 단독소유설에 대해 비판하기도 한다. 즉 실정법이 '법인 아닌 사단'에 소송능력과 등기능력을 인정하는 것은 '법인 아닌 사단'은 조합과 달리 단체성이 강하고 또 구성원의 가입·탈퇴에 관계없이 단체 자체가 존속하는 것이 원칙이라는 점을 근본으로 하여, 소송의 편의와 등기의 편의, 단체를 보호하기 위한 것이며, 예외적으로 소송능력과 등기능력이 인정된다고 해서, 모든 경우에 권리능력을 인정하는 것은 아니라는 것이다. 또한 「법인 아닌 사단」의 소유형태를 단독소유라고 한다면, 비영리법인의 경우와 마찬가지로 비영리의 「법인 아닌 사단」의 단독소유에 대하여 총회의 결의에 의하더라도 구성원에게 재산분할은 불가능하다고 한다. 이에 반하여 법인 아닌 사단의 소유형태를 총유라고 한다면, 영리·비영리법인에 관계없이 정관에 의해서든 총회의 결의에 의해서든, 구성원에게 재산분할이 가능하다고 한다.

둘째, 구성원의 공동소유설이 있다. 민법은 총유물의 관리·처분은 사원총회의 결의에 의하고 사용·수익은 정관 기타 규약이 정하는 바에 따라 사원이 개별적으로 할 수 있는 것으로 규정하고 있는데(민법 제276조), 이 규정은 관리·처분권능이 사단 자체에 있다는 것이 아니라 사원총회에서 결의된 내용은 찬성의견의 정도에 관계없이 전구성원의 통일적 의사로 간주하는 법적 기술에 불과하다고 한다. 요컨대 사단의 총유가 아니라, 사원의 총유가 성립하는 것이다. 다만, 부동산의 경우에는 법인 아닌 사단의 명의로 등기가 이루어지고 있는 한, 법인 아닌 사단의 권리능력이 인정된다고 한다.[146]

나. 단독소유설

단독소유설은 법인 아닌 사단 자체에 권리능력(권리주체성)을 인정하거나,[147] 또는 법인 아닌 사단에 민사소송법(제52조)이 당사자능력을 인정하고 있고 또 부동산등기법(제30조)이 등기능력을 인정하고 있는 것은 법인 아닌 사단에 권리주체성을 인정하는 것이 되어, 부동산 소유형태는 법인 아닌 사단 자체에 속하는 단독소유로 해석하는 것이 타당하다고 한다. 그 결과 민법상의 총유규정은 사문화되었거나 삭제하는 것이 타당하다고 한다.[148]

145) 김증한, 민법론집, 진일사, 1978, 221-223.
146) 박찬주, 법인아닌 사단 및 재단에 대한 새로운 이해, 부산대 학교 법학 제48권 1호, 851면.
147) 강태성, 이른바 총유에 대한 비판적 검토, 민사법연구 제15집 제1호, 2007, 83면.
148) 강태성, 민법총칙의 개정론, 대명출판사, 2008, 336-337면.

다. 특수단독소유권설

특수단독소유권설에 의하면, 민사소송법상 법인 아닌 사단의 당사자능력, 즉 권리주체성을 인정하고 있고, 부동산등기법상 법인 아닌 사단의 명의로 등기할 수 있음이 인정되고 있기 때문에, 재산의 귀속형태가 민법상 총유라고 할지라도 실질적으로는 특수한 단독소유라고 한다.[149] 그리고 법인 아닌 사단의 총유는 실질적으로 법인 아닌 사단·재단의 소유와 별로 다르지 않다고 하는 견해도 이와 유사하다고 할 것이다.

(4) 판례

법인 아닌 사단과 관련하여 주로 재산 관련 분쟁이 되는 예는 종중과 교회의 경우이다. 판례는 법인 아닌 사단의 재산소유형태를 총유로 보고 있다. 마을에 대하여 독립하여 재산을 소유할 수 없고 단지 주민전체의 총유를 인정한다. 즉, 「행정법상 동·리는 시, 읍, 면 내의 1행정구역이며 동리가 법률상 독립한 인격을 향유치 못하는 것이나, 그 지역 내에 조직된 동·리회는 그 지역 내에 거주하는 주민의 공동편익 및 공동복지를 위한 주민 전체의 공동체로서 주민 전부가 그 회원이 되는 것으로…… 동·리회는 비법인의 사단으로서 독립하여 재산을 소유할 수 없고 그 재산은 결국 주민전체의 총유에 귀하는 것이다」[150] 고 하고, 「일정한 지역 내에 조직된 동은 행정법상 행정구역인 동과 그 성질이 달라 그 지역 내에 거주하는 주민의 공동편익 및 복지를 위한 주민 전부의 공동체로서 주민 전부가 그 구성원이 됨은 물론 타지역으로부터 그 지역 내에 입주하는 자는 입주와 동시에 당연히 그 구성원이 되고 타지역에 주하는 자는 이주와 동시에 당연히 그 구성원의 자격을 상실하는 불특정 다수인으로서 조직된 영속적 단체이나 법률상 인격이 없으므로 실체법상 독립하여 재산을 소유할 수 없고 그 재산은 결국 주민 전체의 총유에 속한다 할 것이며…」[151]라고 한다.

또한 종중재산에 대하여, 「종중소유의 재산은 종중원의 총유에 속하는 것이므로 그 관리 및 처분은 종중규약의 정하는 바에 따라야 하고 종중규약에서 별도로 정한 바가 없을 때에는 종중원 총회의 결의에 따라야 하는 것」이라고

149) 고상룡, 민법총칙(전정판), 법문사, 1999, 258면.
150) 대판 1953.4.21, 4285민상162.
151) 대판 1958.2.6, 4289민상617.

한다.[152] 판례는 재건축조합을 비법인사단으로 보면서 총유관계를 인정한다. 즉, 「주택건설촉진법에 의하여 설립된 재건축조합은 민법상의 비법인사단에 해당하고, 재건축조합의 실체가 비법인사단이라면 재건축조합이 주체가 되어 신축 완공한 상가건물은 조합원 전원의 총유에 속하며, 총유물의 관리 및 처분에 관하여 재건축조합의 정관이나 규약에 정한 바가 있으면 이에 따라야 하고, 그에 관한 정관이나 규약이 없으면 조합원 총회의 결의에 의하여야 한다」[153]고 한다.

또한 교회의 수입으로 이루어진 재산의 소유형태도 총유로 본다. 즉, 「교회에서 교인들의 연보, 헌금 기타 교회의 수입으로 이루어진 재산은 특별한 사정이 없는 한 그 교회 소속 교인들의 총유에 속하는 것이므로 그 재산의 처분은 그 교회의 정관 기타 규약에 의하거나 그것이 없는 경우에는 그 교회소속 교인들에 의한 총회의 결의에 따라야 한다」[154]고 한다.

(5) 검 토

민법에서 다른 입법례에서는 유래가 없는 총유제도를 두고 있는 것에 대하여 찬반양론이 대립하고 있는데, 이 제도가 현대에 들어와서도 의의를 갖는 것일까.

실제 법인 아닌 사단이 판례에 등장하여 문제되는 유형은 한정적이다. 문중, 교회, 사찰, 자연부락(마을), 산림계, 어촌계, 향교 등이다. 독일에서도 총유개념을 게르만 촌락공동체인 씨족단체(Sippe), 마르크공동체(Markgenossenschaft)와 같은 단체(Genossenschaft)에서의 재산소유관계의 실증적 연구를 통하여 이끌어 낸 것처럼, 우리의 법인 아닌 사단의 실체와 재산관계 등을 먼저 충분히 살펴보고 입법이 이루어져야 하였으나, 그럴만한 시간적 여유를 갖지 못하였다. 실제로 중세 마르크공동체와 같은 자급자족적 촌락 공동체는 우리나라에 거의 존재하지 않으며, 법인 아닌 사단의 실례로서 판례상 주로 문제되어 온 '교회'와 '종중'은 각각 종교단체, 혈연단체로서 그 실태가 생활공동체이었던 중세의 마르크공동체와는 전혀 다르다.

또한 총유제도가 독일과 일본에서의 학설계수를 통하여 입법이 된 결과,

---

152) 대판 1989.2.14, 88다카3113; 대판 1994.09.30, 93다27703.

153) 대판 2001.5.29, 2000다10246.

154) 대판 1980.12.9, 선고 80다2045,2046; 대판 2009.2.12, 2006다23312.

총유개념을 둘러싸고 동 제도를 적용하기 위한 해석에서 혼란을 가져온 것이 사실이다. 또한 민법 개정작업 과정에서 위의 비판론적 의견들이 반영된 폐지의 목소리가 높아지고 있는 것이 사실이나, 현행 제도에 대한 올바른 파악과 진단이 무엇보다도 필요하다.

중요한 것은 총유 규정의 폐지는 총유규정 옹호론자가 적절하게 지적한 것처럼, 소유권 제도를 비롯한 우리 민법의 체계에 중대한 변화를 가져오는 문제라는 것이다. 공동소유의 한 형태가 헐리는 것을 비롯하여, 앞에서 살핀 대로 권리능력의 개념, 법인격 제도 등 이제까지 구성해 왔던 법 개념 체계의 재구성까지도 생각해야 할 사안이 된다.[155]

총유규정의 첫 번째 문제점은 민법의 총유에 관한 규정이 지나치게 간단하여 다양한 모습을 지니고 있는 권리능력 없는 사단의 법률관계를 적절히 규율하기 어렵다는 점이다. 대부분의 학자들은 총유제도의 이러한 점을 지적하고 있다.[156] 우리 민법의 총유 규정은, 단지 권능의 이분구조(제276조)·총유물에 관한 권리의무의 득상(제277조)·준총유(제278조)의 세 가지만을 규율하고 있을 뿐이다.

총유규정인 민법 제275조에 다시 눈을 돌려보도록 한다. 법인 아닌 사단의 사원이 집합체로서 물건을 소유할 때에는 총유로 한다는 것이다. 민법상 물건에는 부동산과 동산이 포함되어서 동 규정에 의하면 부동산이든 동산이든 모두 총유로 한다는 것이다. 그런데 부동산등기법은 부동산에 대하여는 법인 아닌 사단에 대하여 등기능력을 인정하기 때문에 외견상으로는 법인 아닌 사단명의로 등기부에 기재된다. 그러나 등기부에 법인 아닌 사단의 명의로 기재되어 있을지라도 부동산의 소유관계도 집합체로서 사단인 사원의 총유가 된다는 의미이다.

그런데 이미 학설에서 주장된 것처럼 총유개념은 일정한 지역을 기반으로 하는 자급자족적 촌락공동체로부터 도출한 개념이기 때문에, 우리나라의 경우 마을, 어촌계, 산림계와 같은 사단에 적용하는 데에는 무리가 없으나, 지연공동체가 아닌 혈연공동체인 종중이나 문중, 종교단체인 교회나 사찰의 경우에는 그대로 적용하기에는 무리가 있다. 아마 독일에서도 모든 사단에 이러한 총유

155) 임상혁, 앞의 논문, 204면.

156) 김용한, 물권법론(전정판), 박영사, 320면.

개념을 적용시키기 어렵다는 판단 하에 입법까지 나가지 않았을 것이다.

예컨대 총유재산의 관리·처분을 위해서는 사원총회의 결의가 있어야 한다고 하는데(민법 제276조 제1항), 생활공동체로서 함께 살고 함께 일하던 마르크공동체의 경우에는 그것이 가능하였겠지만, 지연공동체가 아닌 혈연공동체로서 문중이나 종중의 경우에 종중원에 의한 총회의 소집이 용이하지 않다는 점은 우리 판례에서 잘 나타나고 있다. 사원총회의 결의가 성립하려면, 우선 종원 재적 과반수의 총회 참석이 필요한데 그것이 용이하지 않을뿐더러 종중원의 특정 및 그들 모두에게 통지하는 것은 불가능에 가깝다. 따라서 판례에서는 총회의 요건을 완화하여 인정하는 것이다.[157)]

이와 같은 문제는 교회의 경우에도 마찬가지로 일어날 수 있다. 특히 신도수가 많은 대형교회에서는 재적 교인 과반수의 출석을 요하는 사원총회(=교인총회)의 운용은 불가능에 가깝다. 이들 교회들은 법인화를 원하지만, 교단별 유지재단법인 이외에는 허가를 해 주지 않는 단체 금압적 정책 때문에, 개교회(=지교회)는 법인 아닌 사단으로 남아 재산을 총유하거나, 재산 전부를 소속교단의 유지재단법인 명의로 하고 [158)] 부동산이 없는 비법인 사단으로 남을 수밖에 없는 실정이다.[159)] 다만 독립교단 교회의 경우에는 비록 법인 아닌 사단의 성격을 띤 교회라 할지라도 교회 명의로 등기를 할 수 있을 것이다(부동산등기법 제26조).

다음으로, 입법자는 총유를 두 가지 권능, 즉 관리·처분의 권능과 사용·수익의 권능으로 이분화하여 전자는 사원총회라는 집합체에 후자는 각 사원에게 권능을 귀속시키고 있다. 그런데 이러한 권능의 이분화가 현실적으로 가능하며 타당한가라는 의문이 든다.[160)][161)] 주로 문제가 되고 있는 교회와 종중의 경우

---

157) 「종중총회의 참석자가 전체 종원의 과반수에 미치지 못했다 하더라도 그 총회가 종중의 관례에 따라 결의한 것이 분명한 이상 그 총회의 소집결의는 적법하다」(대판 1978.7.25, 78다1045)고 하며, 그 밖에 「종중원이 매년 시제일에 묘소에 모여서 시제를 지내고 그 날 거기에 모인 종중원들의 다수결로 중요한 종중 일을 처리하는 것이 그 종중의 관례라면 그 종중회의의 소집통지나 결의사항 통지가 없었다고 하여 그 회의의결이 무효라 할 수 없다」(대판 1989.3.28, 88다카11602)는 판결도 있다.

158) 이 증여를 일종의 명의신탁으로 본 판결도 있다. 대판 1991.5.28, 90다8558.

159) 김진현, 앞의 논문, 542면.

160) 김진현, 앞의 논문, 543면.

161) 한 개의 소유권의 권능이 질적으로 두 부분으로 나뉘어 각각 다른 주체(단체 자체와 각 구성원)에 분속한다는 것은 근대적 소유권의 전면성·포괄성에 비추어 법이론상 문제가 있다

에서 보면 권능의 이분구조는 실제와 어울리지 않는다는 것이다. 이에 대해서는 후술하기로 한다.

또한 총유제도에 대한 비판점으로 총유의 규정을 임의규정으로 하고 있다는 점을 들 수 있다.[162] 즉 각개의 권리능력 없는 사단의 정관 기타의 규약이 그 사단의 소유관계에 관하여 민법의 총유 규정과 다르게 규정하고 있다면 이것이 우선하고 민법의 총유 규정은 그러한 규정이 없는 경우에 한하여 보충적으로 적용된다는 것이다(제275조 2항).[163] 강행규정으로 할 경우 다양한 법인 아닌 사단에 대한 탄력성 있고 적절한 규율의 어려움 때문에 임의규정으로 한 입법취지는 이해되지만, 권리능력 없는 사단이 그 정관 기타의 규약에 의하여 그 사단의 소유관계를 마음대로 규율할 수 있을 정도로 탄력성 있고 다양한 내용을 가진 소유형태라고 한다면 이는 이미 총유제도의 취지는 몰각되었다고 할 수 있다.[164] 한편 각 한 물권의 내용을 공시할 길도 없는 권리능력 없는 사단의 내부규약에 의하여 마음대로 달리 정할 수 있도록 허용하는 것은 우리 민법이 채택하고 있는 물권법정주의(민법 제185조)에도 어긋나는 것이라는 비판을 피할 길이 없을 것이다.[165]

총유규정이 임의규정으로서 법인 아닌 사단이 정관이나 규약에 재산관계에 대한 규정을 두고 있지 않은 경우에 보충적으로 적용된다지만, 실제 많은 경우에 법인 아닌 사단에서는 재산관계에 대한 규정이 정관이나 규약에 없기 때문에 민법의 총유규정이 그대로 적용되게 되는데, 모든 법인 아닌 사단에 그 적용이 타당하지는 않다는 점이다. 예컨대 법인 아닌 사단으로서 지교회는 정관(운영규정) 가운데 조직규정만 둘 뿐이고, 재산관계에 대해서는 대개 아무런 규정을 두고 있지 않다. 이 경우에 민법의 총유규정이 적용되게 되는데, 그 동안 판례의 변경 사례에서 보듯이 총유규정의 적용[166]만으로 그 규율이 용이하지

는 지적이 있다. 김상용, 앞의 물권법, 462면 참조.

162) 민법의 총유 규정은 임의규정이라는 것이 통설이다. 곽윤직, 앞의 책, 303면; 김증한, 앞의 물권법, 239면; 김용한, 앞의 물권법, 342면; 장경학, 물권법, 법문사, 1987, 523면 등.

163) 대판 1992.4.24, 91다18965; 대판 1994.9.30, 93다27703.

164) 이호정, 앞의 논문, 117면 참조.

165) 김진현, 앞의 학위논문, 148면.

166) 교단 헌법에 노회의 재산 규정에 노회의 재산은 노회가 조성한 재산과 지교회가 증여한 부동산 및 개인이나 단체가 헌납한 재산으로 한다는 규정 등 재산에 관한 규정을 두고 있지만 판례에서는 지교회의 상위규범인 교단의 헌법에 의하지 않고 지교회의 정관(운영규

않다.

이러한 문제점들은 비영리사단에 대하여 법인격을 취득하기 위해서는 주무관청의 허가를 요함으로써 사단의 실질을 갖추었지만 여전히 법인이 되지 못한 사단들이 현실적으로 다양한 양태로 존재하고 있고 그것들이 부동산을 포함한 재산의 소유와 재산관계를 형성하는 경우, 총유규정이 한계를 드러내기 때문이다. 따라서 위와 같이 법인 아닌 사단에 현실적으로 도움이 되지 않는 총유 규정을 명문으로 두는 것보다는 차라리 이를 폐지하고 학설과 판례에 일임하여, 그때그때 탄력성 있고 타당성 있는 법리를 개발토록 하여 규율하게 하는 것을 제안하는 견해까지 등장하게 되었다.[167]

(6) 법인 아닌 사단의 단독소유인 경우의 법률관계

만약 총유제도가 폐지된다면 법인 아닌 사단의 재산관계는 어떻게 규율할 것인가. 총유규정을 폐지한다면 법인 아닌 사단의 재산관계에 대한 공백이 생기는 것일까. 법인 아닌 사단에 대한 재산관계 규율의 하나의 방법은 사단법인과 같이 법인 아닌 사단의 단독소유로 규율하는 방안이 있고, 또 다른 하나는 독일 민법처럼 조합의 합유관계로 규율하는 방안이 있을 수 있다. 먼저 후자로 규율한다면 어떠할까. 우리의 종중 내지 문중이나 교회의 경우를 보면 구성원에게 지분의 관념이 인정되지 않는다. 또한 재산의 처분에 있어서도 구성원 전원의 합의를 요하지도 않는다. 특히 구성원의 확정이 어렵고 구성원의 수가 많은 법인 아닌 사단의 경우에 전원의 합의를 요한다는 것은 어려운 일이다. 독일에서도 독일 민법 제54조가 권리능력 없는 사단에 조합에 관한 규정을 적용하도록 규정하고 있지만, 독일의 학설과 판례가 해석을 통하여 그 규정이 묵시적으로 배제된 것으로 해석하여 그 불합리를 시정할 필요성이 있었던 것처럼,[168] 합유로 규율하는 데에는 한계가 있다.

우리가 주위에서 많이 경험하는 비법인사단들 그 중에서도 특히 비영리사단은 오히려 이른바 '합수성의 원리'에 의하여 전원의 합의에 의하여 운영되고 있다기보다는 구성원의 다수성이라는 것은 퇴색되어 구성원의 대다수는 사단의 운영에 거의 관여하지 않고 대표자 또는 대표기관(이사회)만에 의하여 움직

정)에 재산관계에 대한 규정이 없는 것으로 간주하여 총유규정을 적용하고 있다.

167) 김진현, 앞의 논문, 545면.

168) Reichert/Dannecker/Kuhr, a.a.O., S.540 RdNr.1785.

여지는 현상, 즉 단체로서의 단일성만을 보이는 경우가 많다는 점이다. 그리고 판례상 문제가 되는 비법인사단 가운데 '합수성의 원리'에 의하여 문제를 해결해야 타당하다고 생각되는 사례도 별로 없다. 그러한 점에서 과감히 사단법인의 법리에 따라 문제를 해결하는 접근법이 더 설득력이 있다.

법인 아닌 사단의 단독소유로 규율하는 경우에는 민법의 사단법인의 재산소유와 같을 것이다. 법인이 아닌 사단의 실질을 앞에서 규범, 구성원의 확정, 합의체 구성, 기관구성(대표기관, 집행기관)으로 보았기 때문에 재산관계에 있어서도 사단법인과 동일하게 규율하면 족하다고 본다.

3. 총유관계

(1) 총유의 이분화와 필요성 여부

우리 민법은 앞에서 살펴본 것처럼 제275조부터 제277조까지 법인 아닌 사단에 대하여 총유개념을 도입하고 있는데, 제275조에서는 법인 아닌 사단의 사원이 '집합체'로서 물건을 소유한 때는 총유로 한다는 선언을 하고, 제276조와 제277조 단 두 개의 조문에서 총유물의 의미나 내용에 대해 규정하고 있다.[169] 총유는 공유나 합유와 달리 구성원의 지분이 인정되지 않는데, 내용 중 가장 특색을 보이는 부분이 제276조로서 총유물의 관리·처분과 사용수익을 이분화하여, 총유물의 관리 및 처분은 사원총회의 결의에 의하도록 하고(제276조 제1항), 사용 및 수익은 각 사원이 사용·수익할 수 있다(제276조 제2항)고 규정하고 있다. 이 점에서 사단법인과 다른 구성을 하고 있다. 전자는 사원의 총체, 즉 법인 아닌 사단에 속하고 후자는 각 사원에게 분속하는 점에서 공유나 합유와 구별된다고 설명한다.[170]

그런데 총유개념의 입법에 기여한 김증한 교수도 법인 아닌 사단의 다양성에 비추어 총유의 모습도 그 기초인 법인 아닌 사단의 다양성에 응하여 극히 다양할 수 있다고 전제하면서, 총유는 제1차적으로 그 사단의 정관 기타 규약에 의하여 정하여지고, 정관 등에 특별한 정함이 없는 경우에 민법의 총유에

169) 과거 독일법에서도 사단법인을 그 구성원의 총합(Gesamtheit)과 동일시하면서, 사단법인과 그 소유 또는 보유재산의 관계를 그 구성원의 총합이 소유 또는 보유하는 것이라고 이해한 적이 있었다고 한다. Flume, Allgemeiner Teil des Bürgerlichen Rechts, 1. Bd., S, 31ff. 참조.

170) 김증한, 물권법강의, 박영사, 1984, 240면; 민일영, 민법주해 V, 박영사, 616면.

관한 규정이 적용되고, 다음으로 사단법인에 관한 규정이 준용된다고 한다.[171]

이러한 총유개념의 인정여부를 둘러싸고 일찍부터 논의가 있었고 그 비교법적인 이유를 들어 비판하기도 하고,[172] 연혁적인 이유를 들어 그 필요성을 부정하기도 하였다.[173] 법인 아닌 사단의 소유형태에 관하여 사단법인과 동일하게 단독소유로 보는 견해,[174] 조합형의 법인 아닌 사단에 대하여 합유로 보는 견해,[175] 법인 아닌 사단의 모습에 따라 이를 총유·합유·단독소유·신탁적 소유 등 다양한 소유형태를 인정하려는 견해 등이 존재한다.

생각건대, 앞에서 법인 아닌 사단의 다양한 여러 유형을 살펴보았듯이, 법인 아닌 사단의 단체성에만 주목하여 총유개념을 전면 부정하고 사단법인과 같이 법인 아닌 사단의 재산관계를 규율하는 데에는 구성원에게 부당하거나 불합리한 측면이 현실 속에서 존재하는 측면이 있다. 주무관청의 감독을 받으며 성문화된 정관과 등기를 갖추어서 확고한 단일성을 확보한 사단법인과 그러한 면을 갖추지 못한 법인 아닌 사단을 완전히 동일하게 취급한다면 구성원들에게 부당하게 될 가능성이 있다. 입법자도 그런 의미에서 사단의 소유관계에서만큼은 그 구성원이 단체 속에 완전히 함몰되어 버리는 것이 아니라 '집합체'의 의사결정기구인 사원총회를 통하여 관리·처분에 관여하도록 하고 있다고 해석할 수 있다.

다양한 유형으로 존재하는 법인 아닌 사단의 모습에 따라 목적적 사단으로서 단체의 단일성이 두드러진 경우에는 사단법인과 같이 단독소유를 인정할 수도 있고, 자연발생적 사단으로서 집합체로서의 성격이 강하면 총유 내지 신탁적 소유형태를 인정하고, 단체성이 약하고 구성원의 개성이 중시되는 경우에는 합유를 인정하는 유형론적 접근방법도 일응 타당한 측면이 있다. 따라서 총유개념이 폐지되지 않는 한, 총유개념은 우리의 실정에서 유용한 수단으로서

---

171) 김증한, 상게서, 239면.

172) 비교법적으로 보아 총유제도를 명문으로 규정하고 있는 입법례는 우리 민법과 만주국민법이 유일하다는 지적과 비판으로는 강태성, 이른바 총유에 대한 비판적 검토, 민사법연구 제15집 1호, 2007, 81-82면.

173) 민법의 총유는 법인 아닌 사단의 소유관계를 규율하기에는 너무나 불명확한 법률구성이어서, 그 규율에 충분치 않는 민법의 장식물에 지나지 않는다는 비판을 한다. 곽윤직, 물권법, 286-287면.

174) 고상룡, 민법총칙, 법문사, 2003, 258면.

175) 김주수·김상용, 삼영사, 199면.

작용하는 것으로 보아야 할 것이고 다양하게 존재하는 사단에 대한 유형론적 분석작업이 더 진행되어야 할 것이다.

(2) 총유의 이분화의 기능 및 타당성 검토

가. 총유의 이분화의 기능

앞에서 살펴보았듯이 민법은 제276조 제1항에서 총유물의 관리·처분과 사용·수익을 이분화하여 총유물의 관리 및 처분은 사원총회의 결의에 의하여 할 수 있다고 규정하고 있는데, 동 조항은 임의규정으로서 제275조 제2항과 관련해서 볼 때 정관이나 규약에 정한 바가 있으면, 그에 의하되 정관이나 규약에서 정한 바가 없으면 사원총회의 결의에 의한다.[176] 따라서 이러한 절차를 거치지 아니한 총유물의 관리·처분행위는 무효이다.[177]

민법은 공유나 합유에서는 관리행위를 보존행위와 이용·개량행위로 이분하여 법적 처리를 달리하고 있으나(제265조 단서, 제272조 단서), 총유물의 관리행위로서 보존행위에 대해서는 명언하지 않고 있다. 따라서 이용·개량행위 뿐만 아니라 보존행위도 공유물 또는 합유물의 보존행위와는 달리 법인 아닌 사단 구성원 각자가 단독으로 할 수 없고,[178] 역시 사원총회의 결의를 거쳐 법인 아닌 사단이 그 명의로 하거나 사단의 구성원 전원이 하여야 한다고 해석해야 할 것이다.[179] 따라서 총유개념을 인정하고, 그 법적 규율을 사단법인과 달리 사원총회의 의결을 필요로 한다고 하는 한, 법인 아닌 사단명의로 하는 어떠한 행위가 관리·처분행위인지의 여부는 결국 사원총회의 의결을 거쳐야 하느냐의 문제로 귀착된다.

문제는 관습상의 사단의 경우 성문의 규약이 존재하지 않기 때문에 대개는

---

176) 민일영, 민법주해V, 619면.

177) 대판 2001.5.29, 2000다10246; 대판 2012.4.13, 2011다104482,104499; 이와 같은 판례의 입장에 대하여 반대하며 사단법인과 동일하게 다루어 법인 아닌 사단의 사원총회의 결의가 없는 때에도 유효하다고 하는 견해로는, 강태성, 전게논문, 90-91면.

178) 이에 관하여 판례는 대판 1960.5.5, 4292민상191에서 합유 및 총유목적물의 보존행위를 사원 각자가 할 수 있는 것으로 판시하였으나 대판 1972.8.22, 72다882에서 총유관계에는 민법 제265조가 적용되지 아니하므로, 종중원 각자가 보존행위를 할 수 없다는 취지로 판시하였다. 다만 대판 1975.5.27, 73다47에서 총유규정의 임의성을 들어 사원총회의 결의가 있는 경우에는 대표자 또는 구성원 개인이 보존행위를 할 수 있다고 한다.

179) 대판(전) 2005.9.15, 2004다44971도 사단 구성원은 대표자라 할지라도 사원총회의 의결을 거쳐야 하거나 전원이 당사자가 되는 필수적 공동소송으로 해야 한다고 한다.

민법의 총유규정에 따라 관리행위와 처분행위시 사원총회의 의결을 거쳐야 하는데 사원총회의 의결을 위한 사원총회의 소집이 사단의 유형에 따라 용이하지 않다는 점이다.[180] 종전 판례는 법인 아닌 사단의 구성원들의 총유물의 보존행위에 공유물의 보존에 관한 제265조가 적용될 수 없지만, 특별한 사정이 없는 한 그 관리에 관한 제276조 제1항의 규정에 따라 사원총회의 결의를 거쳤다면 유효하다는 입장이었으나,[181] 전원합의체판결로 변경하였다. 즉 공유나 합유처럼 보존행위에 관한 별도의 규정을 두고 있지 아니한 것은 단체성이 강하고 구성원 개인들의 총유재산에 대한 지분권이 인정되지 아니하는 데에서 오는 당연한 귀결이어서 그 사단의 구성원은 설령 그가 사단의 대표자라거나 사원총회의 결의를 거쳤다 하더라도 그 소송의 당사자가 될 수 없다고 한다.[182]

일반적으로 관리행위는 물건 자체에 대한 보존·[183]이용·개량행위를 말하며, 처분행위란 법률적·사실적 처분행위를 의미한다. 처분행위는 의무(채무)부담행위와 구분되는 개념으로서 법률적 처분행위는 현존하는 권리의 변동을 직접 일으키는 법률행위를 말한다.[184] 그러한 법률적 처분행위에는 소유권의 이전(매매나 증여), 저당권이나 지역권·지상권의 설정 등과 같은 물권행위와 채권양도나 채무면제, 특허권·저작권 등 지식재산권의 양도, 광업권, 어업권 등의 양도와 같은 준물권행위를 들 수 있고 어업권의 소멸로 인한 손실보상금의 처분[185]도 이에 해당한다.

총유물의 관리·처분행위에 사원총회의 결의를 요하도록 하고, 그러한 절차를 거치지 않은 경우에 절대적 무효를 인정하는 것은 대표성이 다투어지는 경

180) 문중이나 종중의 경우에 구성원의 수가 많고 지역적으로 흩어져 있는 경우에 총회의 소집이 어려운 점이 있다.

181) 대판 1958.2.6, 4289민상617; 대판 1960.5.5, 4292민상191; 대판 1966.3.15, 65다2465; 대판 1975.5.27, 73다47; 대판 1977.3.8, 76다1029; 대판 1992.2.28, 91다41507; 대판 1994.4.26, 93다51591.

182) 대판(전) 2005.9.15, 2004다44971에서 법인 아닌 사단의 경우에는 사단의 대표자 개인 또는 구성원 일부가 총유재산의 보존을 위한 소를 제기할 수 있다고 한 종전의 판례(대판 1958.2.6, 4289민상617; 대판 1994.4.26, 93다51591)를 변경하여 사단명의나 구성원 전원의 명의로만 소를 제기할 수 있도록 하였다.

183) 원래 보존행위란 목적물의 멸실·훼손을 방지하고 적절하게 유지 보존하기 위한 행위로서 그 형태는 수선, 유지, 보관 등으로 나타나는데, 판례는 공유물에서 이보다 훨씬 넓게 보존행위의 필요성을 인정하고 있다. 예컨대, 대판(전) 1994.3.22, 93다9392.

184) 대판(전) 2007.4.19, 2004다60072·60089.

185) 대판 2003.6.27, 2002다68034.

우라든지, 비록 사단이라 할지라도 지역공동체와 같이 재산이 단체의 구성원들에게 중대한 이해관계가 있는 경우에 단체의 구성원의 이익보호의 작용을 하게 된다.

다만 오늘날 사단의 유형에 따라서 각자 사원에 대한 총유물에 대한 사용·수익의 권능이 제한되어 있는 경우가 많고, 관리·처분의 권능의 행사는 소수의 대표성을 띤 임원에게 위임되어 있는 경우가 많아서 제276조의 이분화의 규정은 현실과 괴리되어 있다고 볼 수 있다.[186)]

나. 채무부담행위 사례를 통해서 본 이분화의 타당성 검토

제276조의 적용에 있어서 근래 채무부담행위의 처분행위성을 둘러싸고 대법원이 종전의 입장인 처분행위에 해당한다는 판례[187)]를 변경한 전원합의체 판결을 내놓았다.[188)] 여기에서의 쟁점은 단순히 채무를 보증하는 경우에도 총유물의 관리·처분행위에 해당하는 행위로서 총회의 결의사항인지의 여부였다.

사안은 법인 아닌 사단으로서 재건축조합의 조합장이 조합규약에 규정되어 있는 임원회의의 결의 없이 하도급공사대금채무를 보증한 것으로, 대법원의 다수견해는 법인 아닌 사단이 타인간의 금전행위를 보증하는 행위는 총유물 그 자체의 관리·처분이 따르지 아니하는 단순한 채무부담행위에 불과하여 총유물의 관리·처분행위라고 볼 수 없고, 따라서 사원총회의 결의사항이 아니라는 것이다. 다수견해의 논거는 제276조의 총유물의 관리, 처분이라는 문구 자체의 문언에 충실한 해석을 하려 한 것으로 보이는데, 여기에서 말하는 '총유물'은 물권법상의 '물건'개념에 합치하여야 하는데, 채무는 여기에서의 '물건' 개념에 합치되지 않는 점, 민법 제278조의 준용규정도 소유권 이외의 재산권으로서의 권리에만 준용된다고 하고 있어, 채무는 여기에서 적용할 수 없는 점,[189)] 채권양도나 채무면제와 같이 확연히 처분행위가 아닌 채무부담행위에는 적용할 수 없다는 점을 들 수 있겠다.

이에 대하여 반대견해는, 법인 아닌 사단의 보증채무 부담행위는 결국 장

186) 김증한 교수도 이러한 점을 지적하고 있다. 김증한, 앞의 책, 박영사, 1984, 218면.

187) 대판 2001.12.14, 2001다56256.

188) 위 각주 전원합의체 판결.

189) 문준섭, "사원총회 결의 없는 비법인사단 금전채무 보증행위의 효력-대법원 2007.4.19. 선고 2004다60072,60089 전원합의체 판결-", 저스티스 99호, 한국법학원, 2007.8, 244면.

래의 총유물의 처분행위라고 한다. 그 이유로서는 첫째, 법인이 아닌 사단이 부담하는 보증채무가 자연채무가 아닌 한, 그러한 보증채무 부담행위는 그 채무 변제를 위한 책임재산과 별도로 생각할 수 없으며, 그 채무의 변제기가 도래하고 주채무자가 채무를 이행하지 않으면 법인 아닌 사단은 자신이 보유하고 있는 현금이나 총유물을 처분하여 그 채무를 만족시켜야 하므로 결국 보증채무 부담행위는 법인 아닌 사단의 총유물의 처분으로 연결될 수밖에 없어서 장래의 총유물의 처분행위와 같이 보아야 한다는 것이다. 둘째, 법인 아닌 사단이 채무로부터 벗어나기 위한 소송을 하기 위하여 사원총회의 결의를 요한다고 한다면 법인 아닌 사단이 채무를 부담하는 행위는 더욱 사원총회의 결의를 요할 필요성이 있다는 것이다.

대법원이 법인 아닌 사단의 총유재산의 관리·처분에 대하여 정관이나 규약에서 정한 바가 없으면 사원총회의 결의에 의하여야 하고, 이러한 절차를 거치지 아니한 총유물의 관리·처분행위는 무효라고 판단하면서, 유독 채무부담행위를 처분행위성에 포섭하지 않음으로써 사원총회의 결의가 없더라도 사단이 책임을 지도록 한 이유는 무엇일까. 거래안전을 고려한 것으로 보인다.[190)]

그런데 법인 아닌 사단의 법률관계에서 거래의 안전이 문제되는 것은 우리 민법이 법인 아닌 사단의 물건 소유관계를 총유로 규정하고 있는 데에 기인한 부득이한 결과이다. 법인 아닌 사단이 보증채무를 부담하여 소극재산의 증가를 초래하는 행위는 총유물을 처분하여 적극재산의 감소를 가져오는 행위와 실질적인 결과에서 동일하다는 점을 고려하면, 보증채무 부담행위를 형식논리적으로 총유물의 관리·처분에 해당하지 않는다고 해석하는 것은 거래의 안전에 지나치게 치우친 감이 있다. 또한 공유물의 보존의 해석에서 비록 제3자 보호가 관련되어 있지 않았지만, 문언에 구애받지 않고 보존을 목적물의 멸실·훼손을 방지하고 적절하게 유지 보존하기 위한 것에서 더 나아가 더 넓게 인정하고 있는 것과 궤를 같이 하고 있지 않다.[191)]

생각건대, 우리 민법이 총유의 이분화를 도모한 것이 우리의 현실거래계의 실태에 비추어 보면 어느 정도 타당한 면이 있다. 현실 거래계에서 다양한 유

---

190) 현재는 재건축조합은 법인으로 되었으므로 대표권의 제한을 하려면 등기를 하여야 하고, 그러한 제한이 없는 경우에는 대표자의 행위로 인한 권리·의무는 재건축조합에 귀속된다.

191) 대판(전) 1994.3.22, 93다9392.

형의 법인 아닌 사단이 존재함은 이미 살펴보았는데, 좀 더 조직적인 사단이 있는가 하면 그렇지 않은 사단도 존재하고, 위의 판례에서의 재건축조합처럼 영리는 아니라 할지라도 그 목적과 사업성이 뚜렷하며 사업목적을 위한 거래행위가 빈번한 사단이 있는가 하면 동창회나 친목단체처럼 비공익 비영리단체로서 거래가 빈번하게 이루어지지 않는 사단도 존재하며, 재산형성면에서 구성원이 동등하게 일정한 회비를 출연하는 대개의 일반사단이나 지역공동체로서 산림계나 어업계처럼 일정한 지역의 주민이면 동등하게 총유물에 대한 권리를 갖는 경우, 교회처럼 재산형성에 상당한 기여를 하는 신도와 그렇지 않은 신도가 혼재되어 있는 종교적 사단 등 천차만별이다.

따라서 이처럼 다양한 유형의 사단이 존재함에도 총유물의 관리 및 처분을 일률적으로 평등한 의결권을 가지고 있는 사원총회의 결의에 의하도록 하는 것은 구체적 타당성을 결여할 수도 있다. 또한 법인 아닌 사단의 구성원의 이익을 적절하게 보호할 수 있는 방안을 강구해야 하는데, 하나는 대표권 제한의 법리를 통해서 가능하다. 대법원에서도 이미 채용하고 있는 것처럼 거래 상대방이 대표권 제한 위반사실을 알았거나 알 수 있었을 경우에는 그 거래행위는 사단에 대하여 무효로 하는 것이다.[192] 다른 하나는 법인 아닌 사단을 유형화하여 외부에서 그 단체의 단일성이 확연히 드러나며 제3자보호의 필요성이 있는 경우에는 위 판례처럼 제276조 제1항의 축소해석 내지 적용의 배제를 통해서 해결하고, 외부관계에서 대표기관의 대표성이 다투어지거나 조합적 색채를 띤 사단의 경우에는 본조의 적용을 하여 사원총회의 결의에 의하도록 하는 것이다.

4. 채무와 책임의 귀속관계

민법 제278조는 소유권 이외의 재산권에 대하여도 총유규정을 준용하도록 하고 있는데, 소유권 이외의 재산권 가운데에는 적극재산 뿐만 아니라 소극재산 즉 채무도 포함되며, 대표기관이 법인 아닌 사단을 대표하여 체결한 채무부담행위로 말미암은 사단의 채무는 그 구성원에게 총유적으로 귀속하는 준총유라는 것이 통설이다.

법인 아닌 사단에 대하여 독일 민법 제54조에서 조합에 관한 규정을 적용하도록 규정하고 있는 독일의 통설·판례는 영리·비영리를 구별하여 해석을 통하

192) 대판 2003.7.22, 2002다64780.

여 비영리사단인 경우에는 조합법의 적용을 배제하는가 하면, 영리사단의 경우에는 조합법을 적용하기도 한다.[193] 따라서 필요한 경우에는 법인 아닌 사단의 채무에 대한 사원의 인적 책임 내지 무한책임을 인정하게 된다.

법인 아닌 사단에 대하여 독일과 같은 규정을 두지 않고 다만 준총유규정을 두고 있는 우리 민법에서 사단채무에 대한 구성원의 책임을 무한책임으로 인정하는 경우에는 사단의 설립이나 새로운 구성원의 가입의사에 반하거나 장애가 되기 때문에 적절히 제한하려는 견해가 다수이다. 따라서 원칙적으로 이러한 채무는 법인 아닌 사단의 재산에 의하여만 책임을 지우게 되고, 구성원은 회비 기타 부담금 외에 개인재산으로 이에 대한 책임을 지지 아니한다고 해야 할 것이다.

모든 법인 아닌 사단에 일률적으로 이러한 논리가 타당한 것일까. 한편으로는 총유재산의 관리, 처분은 정관에 별도의 규정이 없더라도 그 사원총회의 다수결에 의하지 않는 한 무효라고 하면서 다른 한편으로 법인 아닌 사단의 채무에 대해서 그 구성원이 어떤 개인적 책임도 지지 않는다고 하는 것은 불합리하다고 할 수 있다.[194]

앞에서 살펴보았듯이 법인 아닌 사단에도 실제 여러 유형이 존재한다.[195] 우리 학설과 판례에서는 영리·비영리를 구분하지 않고 동일한 법리에 따라 규율하지만 양자를 구분하여 다르게 취급하는 것이 가능하다. 즉 사단의 목적이 영리인 경우나 구성원이 탈퇴하는 경우에 지분반환이 인정되는 경우와 같이 사단의 수익활동의 결과로서 이익이 구성원에게 사실상 분배되는 요소가 강한 사단의 경우에는 무한책임을 지우는 것이 가능하며, 그러한 견해의 연장선상에서 비영리사단에서는 구성원이나 구성원에 대한 채권자가 대개 유한책임이 인정되는 것으로 예상하기 때문에 유한책임을 부담하며 그렇지 않은 경우에는 무한책임을 인정해야 할 것이다.[196]

---

193) 이에 대한 상세는 김진현, 앞의 논문, 560-562면.

194) 이를 得은 취하되 失은 분담하지 않을 수 있음을 법률로써 보장하는 것으로 권리에 따른 책임의 수반을 대전제로 삼고 있는 우리 법질서에 어긋난다는 견해로는 제철웅, 앞의 논문, 102면.

195) 일본의 중간법인법은 마을, 동창회 등 비공익, 비영리 목적단체를 대상으로 하여 제정되었는데 법인의 채권자에 대하여 사원이 책임을 지지 않는 대신 300만원 이상의 기금을 두어야 하는 유한책임 중간법인과 대외적으로 사원이 연대하여 책임을 지는 무한책임 중간법인 두 종류를 두어 거래 당사자를 보호하고 있다.

무한책임을 인정해야 하는 경우로서는 사단이 영리의 영역에서 활동을 할 것, 거래계에서 무한책임의 필요성이 있을 것, 구성원의 사단에의 가입동기가 영리에 있고 인적 책임에 대한 인식가능성, 무한책임 인정으로 인한 다른 채권자의 이익을 지나치게 침해하지 않을 것 등을 요건으로 꼽을 수 있다.

Ⅵ. 결어

근대 자본주의 초기의 입법자는 자연인과 법인에게 법인격을 부여하였고, 법인을 단순하게 영리법인과 비영리법인으로 구분하여 영리법인은 회사편에 비영리법인은 민법전에 규율하였다. 그러나 근대시민사회 이후 1980년대부터 사회 경제의 발전과 함께 제3섹터[197)]로서 비영리민간단체가 차지하는 비영리 공익활동의 영역은 증가하였으며, 그 역할 또한 대단히 중요해지고 있다.

우리 사회가 현대화되고 시민들의 사회정치참여가 활발해지면서 일반시민들도 정치·사회 뿐만 아니라 경제, 문화, 종교, 소비자, 환경, 생활스포츠 등 다양한 분야에서 여러 유형의 단체들이 생겨났고, 오늘날 인터넷과 SNS로 대변되는 정보통신수단의 발전으로 말미암아 정보시민사회가 형성되면서 기존에는 생각지도 못했던 다양한 형태의 단체가 동호회 등의 명칭으로 성립하고 있고, 이러한 단체의 활동영역은 갈수록 넓어져가고 있다.

이러한 단체들도 비영리단체들이 법인격을 취득하기 위하여는 주무관청의 허가와 설립등기를 마쳐야 한다. 비영리단체에 대해 허가주의의 입법정책은 단체조직 및 활동에 대한 금압으로 작용하기도 하고, 행정관청의 감독에 대한 우려 때문에 현실 속에서는 법인 아닌 사단으로 남아있는 단체들이 존재하게 되었다. 비영리단체에 대한 전근대적인 허가주의 입법정책에 대한 비판으로 인가주의 개정안이 나왔지만, 언제 개정이 될지 모르는 실정이다. 인가주의로 입법정책이 전환한다 하더라도 여러 가지 이유로 여전히 법인 아닌 사단은 존재하게 될 것이다.

문제는 단체성립의 실익은 법률관계에서 단체와 그 구성원의 구별이라는 점인데, 모든 인적 결합체가 법률적 의미에서 단체로 취급될 수 없다는 점이다.

---

196) 김용한, 민법총칙론, 박영사, 1993, 212면.

197) 제1섹터는 정부·자치단체(행정), 제2섹터는 기업, 제3섹터는 시민활동단체(NPO)를 일컫는다.

따라서 단체로서 법적 지위를 획득하기 위한 단체로서의 실질이 무엇인가라는 점이다. 본고에서는 ① 자치규범(정관) ② 구성원의 확정 ③ 합의체 구성 ④ 기관구성(대표기관, 집행기관)을 사단의 실질요소로 보았다.

법무부에서 2004년에 제출한 민법개정안은 법인총칙편인 제32조 다음에 제32조의 2를 신설하여 법인 아닌 사단과 재단에 대하여는 그 성질에 반하지 아니하는 한 사단법인의 규정을 준용하는 규정을 두고자 한다. 따라서 본장의 어떠한 규정이 법인 아닌 사단의 성질에 반하는 규정인가가 먼저 천착되어야 한다. 본서에서는 이미 앞에서 법인 아닌 사단에 적용 또는 유추적용될 수 있는 법인 규정에 대하여 살펴보았다.

본서에서는 단체에 대한 유형론적 접근을 통해 판례를 통해 논의되고 있는 법인 아닌 사단을 크게 자연발생적인 관습상의 사단과 목적적 사단으로 대별하고, 다시 전자를 혈연적 단체와 지연적 단체로 구분하였고, 목적적 사단은 종교적 단체, 협동적 비영리단체, 영리사단 등으로 구분하여 설명하였다. 분명히 현실 속에서는 단체성이 강한 사단으로부터 조합적 사단까지 다양한 유형의 사단이 존재하는 것은 사실이다.

법인 아닌 사단과 사단법인의 법률관계에서 현재 가장 큰 차이를 보이는 것은 재산권의 귀속관계이다. 사단법인과 달리 우리 민법은 총유의 이분화 구성을 통해 총유물의 관리·처분행위에 대해 사원총회의 결의에 의하도록 하고 있는데, 이러한 총유규정이 존재하는 한 그 규정에 대한 입법자의사를 탐구하여 대표권제한의 법리를 통해서 단체 구성원의 이익을 적절하게 보호할 수 있음을 살펴보았다.

현재 법인 아닌 사단에 대한 판례이론은 일반적인 사단유형이 아닌 관습적이며 혈연공동체인 종중·문중과 종교적 단체인 교회 중심의 특수한 사단유형 중심으로 전개되기 때문에 모든 법인 아닌 사단에 일반화하여 적용하는데 한계가 있다. 법인 아닌 사단에 대한 규정을 두지 않음으로서 나타나는 해석론과 입법론은 향후 판례의 축적을 통해서 더 정련되어지고, 법인 아닌 사단의 유형에 따른 법적 규율을 통해서 구체적 타당성이 확보될 것을 기대해 본다.

제 6 장

법인 아닌 사단의 구체적 유형과 법적 규율

제6장 법인 아닌 사단의 구체적 유형과 법적 규율

제1절 관습상의 사단

Ⅰ. 혈연공동체

혈연공동체의 가장 큰 특징은 자연발생적인 단체로서 선조가 사망한 경우 그 후손에 의하여 성립하며, 일정한 혈연관계만 인정되면 당연히 그 구성원이 된다고 보아야 하며,[1] 그 성질상 사단으로부터 탈퇴나 사단의 분열이 있을 수 없다는 점이다.

관습상의 사단으로서는 혈연공동체로서 가, 문중, 종중, 종중 유사 단체 등을 들 수 있다. 판례에서는 주로 종중과 관련하여 논의가 많이 되었는데, 원래 종중은 종법사상에 기초한 특유한 제도로서 조상에 대한 제사를 계속적으로 실천하면서 남계혈족 중심의 가의 유지와 계승을 위하여 종중원들 사이에 긴밀한 생활공동체를 달성하는 것을 주된 목적으로 성립되었으나, 시대의 변천에 따라 종중원의 자격에 대하여 판례는 변화를 보이고 있다.

1. 가(家)의 단체성 여부

호주제도가 폐지되면서 전통적인 '가(家)'는 형해화되었고 그 의미가 크게 퇴색된 것은 사실이다. 하지만 인간의 원초적인 공동적 생활양식이 부부공동체와 가족공동체였음은 자명한 사실이다.[2] 로마법에서도 초기 로마는 가족이 정치의 기본단위였으며, 개인은 가족에 흡수되어 있었고 법률관계의 주체는 가장이 전면에 나서게 되는 것이다. 농경사회에서 '가'는 가족원의 협력을 통하여 생산, 소비, 공격, 방어, 교육훈련, 문화 등을 공동으로 하는 생존의 공동운명체요, 그 자손을 보존·번영시키는 계승적 공동체로서 역할을 하였다.

1) 대판(전) 2005.7.21, 2002다1178.

2) Gierke, Deutsche Genossenschaftsrecht Bd. Ⅰ, S.12f.

호주의 개념은 민법에서 삭제되었지만 여전히 민법은 가족의 범위를 제779조 제1항과 제2항에서 배우자, 직계혈족 및 형제자매(제1항 1호)와 생계를 같이 하는 직계혈족의 배우자, 배우자의 직계혈족 및 배우자의 형제자매(제1항 2호·제2항)로 규정함으로써 부부공동체 중심의 '가족'을 상정하고 있고, 민법상 가족은 가의 최소단위로서 그 기능을 유지하고 있다고 보여진다.

그렇다면 이러한 현대형 '가'에 단체성을 인정할 수 있을 것인가. 단체의 성립요소로서 근본적 구성규범, 구성원, 회의(합의기구) 및 대표 등을 갖추어야 한다고 볼 때 일견 단체성을 띠고 있다고 말하기는 곤란하다. 물론 구성원, 대표, 회의 등의 형식적 요소를 갖출 수는 있을지라도 최소한 종중에서와 같은 (관습적) 규범을 갖추었다고 보기는 어렵다.

2. 종중[3)]

(1) 서

유교적 전통이 강하게 남아 있는 우리나라에서는 공동선조의 분묘수호와 봉제사를 중요하게 여기고 있으며, 이러한 것들을 수행하기 위하여 문중이나 종중 소유의 재산을 일구고 자손들이 종중재산을 바탕으로 분묘수호와 봉제사를 행해온 것이 사실이다.

종중이나 종중재산은 재판상·재판 외에서 많은 분쟁이 야기되어 왔고, 지금도 계속되고 있다. 특히 고도의 산업사회에서 인구의 도시집중에 수반하는 종중원의 변동과 이산은 불가피하게 되었고, 종래에 있어서 제사와 친목만을 전승, 유지하려는 '잠자는' 종중의 형태를 벗어나서 가문의 위세를 과시하는 종중으로 탈바꿈하고 다분히 복고적인 경향을 드러냄으로써 종중·문중의 정비

---

3) 종중에 관한 문헌으로는, 강신웅, 종중의 법적 성질과 종중재산 등기에 관한 고찰, 사회과학연구 3집, 조선대학교 사회과학연구소, 1980, 213면 이하; 윤진수, 변화하는 사회와 종중에 대한 관습, 사법 창간호, 2007.9, 2007, 사법연구지원재단, 4면 이하; 최창렬, 종중의 구성과 본질에 관한 법리 소고, 성균관법학 21권 3호, 2009.12, 364면 이하; 한삼인, 종중에 관한 판례분석, 인권과 정의 369호, 2007.5, 147면 이하; 정기웅, 종중에 관한 법적 고찰(상)(하), 사법행정 35권 7·8호, 1994; 송민경, 종중 법리의 딜레마 : 종중의 재산관계 소송을 중심으로, 저스티스 제137호, 2013.8, 126면 이하; 김상영, 종중 실체에 따른 종중재산의 법률관계, 법과 정책 제19집 1호,2013.2, 105면 이하; 배성호, 종중의 본질과 종중재산의 법리에 관한 판례분석, 인권과 정의 428호, 2012.9, 92면 이하; 이창현, 종중의 자율권과 그 한계, 가족법연구 제24권 제1호(통권 37호), 2010, 75면 이하; 박정화, 고유의미의 종중과 종중에 유사한 비법인 사단, 재판과 판례 제6집, 대구판례연구회, 1997.

운동, 족보편찬운동, 도선산의 정비, 입비(立碑) 등이 성행하게 되었다.[4)]

이에 따라 종중재산은 이른바 '거래계에 살아 움직이는 재산'이 되었으며, 국토의 종합적인 개발, 도시확장에 따라 경제거래계의 부동산 붐을 타고 일어난 지가변동은 종중재산에 대한 이해를 불러오게 되었고, 종중원의 자격, 종중총회의 적법성, 종중재산의 분배 등 많은 분쟁을 야기케 하고 있다. 분쟁은 대체로 종중에 관계있는 재산을 둘러싼 종중내의 분쟁과 종중과 종외인 사이에서 일어나는 분쟁으로 나누어 볼 수 있다.

재판상으로는 재산의 귀속을 다투는 것이 다수를 차지하고 종중 또는 문중의 존부 및 대표자의 자격을 다투는 것이 많다.[5)] 특히 종중의 법적 성격에 대해서는 법인 아닌 사단이라는 점에 대해서는 다툼이 없으나 종중의 성립 및 종중원의 자격을 둘러싸고 판례에 의하여 형성된 종중법리는 기존의 법인 아닌 사단의 법리와 상이점을 보이기 때문에 많은 논란의 대상이 되고 있다. 즉 대법원이 종중을 둘러싼 법률관계의 기초로 삼고 있는 '종중의 자연발생론'이라는 특수한 법리가 우리나라 고유의 재래의 관습과 일치하지 아니하며, 비법인 사단의 성립에 있어 구성원들 사이의 자발인 조직행위를 요구하는 단체 법리와의 관계에서도 모순을 야기한다는 것이다.

따라서 향후 종중에서 다양하게 나타나는 법적 분쟁의 해결을 위하여 보여준 법원의 구체적 타당성 확보를 위한 노력이 논리적 정합성을 유지하며 전개될지 귀추가 주목된다.

(2) 종중의 의의와 종중 구성원의 자격

가. 종중의 의의

종중[6)]은 우리 고유의 관습법에서 인정되는 혈연 중심의 단체로서, 일반적으로 종중이란 공동선조의 자손이 공동으로 묘지를 수호하고 제사를 봉행하며 종중원들 상호간에 친목 및 복리의 증진을 도모하기 위한 종족단체라고 한다.[7)]

---

4) 조병갑, 종중·종중재산의 법적성격(1), 사회과학논총, 전남대학교 사회과학 연구소, 사회과학논총, 제4집, 1979, 167면.

5) 허규·노종상·리태훈, 종중·종중재산에 관한 제고찰, 사법논집 제4집, 법원행정처, 1973, 10면.

6) 종중에서의 종은 종묘, 제사 종통, 종족 등의 뜻이고, 중은 바깥에 대한 안의 뜻을 가지는 것으로서 종중은 공동선조의 후손들로 구성되어 묘지수호, 제사봉행, 친목을 도모하는 종족단체를 의미한다.

종중에 관해서는 판례가 많이 축적되어 있는 편이다. 대법원은 종중의 개념에 대해서 '공동선조의 분묘수호 및 봉제사와 후손 상호간의 친목을 목적으로 형성되는 자연발생적인 종족단체로서, 선조의 사망과 동시에 후손에 의하여 성립된다'는 점에서는 변함이 없고, 종중의 규약이나 '관습'에 따라 선출된 대표자 등에 의하여 대표되는 정도로 조직을 갖추고 지속적인 활동을 하고 있다면 비법인사단으로서의 단체성을 인정하고 있다.[8)]

판례는 자연발생적 사단의 성격을 지니기 때문에 특정 지역 내에 거주하는 일부 종원만을 그 구성원으로 하는 단체는 '종중 유사의 단체(유사종중)'에 불과하고, 고유의 의미의 종중은 될 수 없다고 한다. 즉 고유한 의미의 종중이란 특별한 조직행위를 필요로 하는 것이 아니고, 공동선조의 후손 중 성년자는 당연히 그 구성원(종원)이 되는 것이며 그 중 일부를 임의로 그 구성원에서 배제할 수 없다고 한다[9)]고 하여 이른바 자연발생설을 취하고 있다.

종중을 표시할 때에는 관습상 대종중에 있어서는 본관 및 성씨로 표시하는 것이 통례이다. 예를 들면 전주이씨 종중, 안동김씨 종중이라고 한다. 지파종중을 표시할 때는 그 본관 및 성씨 외에 그 파조(派祖)인 자의 관직명, 봉호, 익호, 별호 또는 그의 거주지명 등에 휘(본명)를 첨가하여 표시하는 것이 통례이다.[10)] 예를 들면, 안동권씨 사련공파 종중, 풍산유씨 서애종중, 청주한씨 풍류산 종중과 같다.

문중과 종중은 같은 뜻으로도 사용되나 엄격히 구별하면 문중은 일족(一族)의 한 지파로 '소종중'[11)]을 가리킨다. 즉, 통제(通祭) 4대의 관습에 따라 일반서민의 제사 최고한(最高限)인 고조(高祖)를 공동시조로 하는 친척간을 말한다. 즉 종중은 공동조상에게 무한히 적용될 수 있는 것이나 이를 조금 제한하여 문중의 개념이 나왔다. 종중은 '오세즉천(五世則遷)의 원칙'에 따라 4대가 넘는 경우는 대체로 시제(時祭)의 형식을 취하고, 아직 천이(遷易)하지 않은 경우에는 실내에서 이른바 '방안제사'를 지내게 되는 바, 제사를 같이 지내는 친족관계는 종

---

7) 허규 등, 위의 논문, 10면.
8) 대판 1994.9.30, 93다27703; 대판 2008.10.9, 2005다30566.
9) 대판 2002.4.12, 2000다16800; 대판 1992.9.22, 92다15048.
10) 1944.2.20. 중추원서 기장관회답; 정광현, 한국가족법연구, 서울대학교출판부, 1967, 164면.
11) 소종은 기제사를 지내는 계고조 이하의 8촌내의 당내간에 형성되는 혈연적 제사공동체라는 개념으로 사용된다.

중보다 더 밀접한 관계가 되는 것이다.

현대사회에 들어오면서 종중의 재산을 둘러싼 법적 분쟁에서 종전 자연발생적 종중뿐만 아니라 조직적인 종중도 등장하게 되면서 대법원은 고유한 의미의 종중인지의 판단기준을 제시하고 있는데, 「첫째, 종중의 목적, 둘째, 그 성립과 조직의 경위, 셋째, 구성원의 범위와 자격 기준, 넷째, 종중규약의 내용 등을 종합적으로 판단해서 파악해야 한다」[12]고 한다.

나. 유사종중 또는 종중 유사단체

종중유사의 단체는 고유 의미의 종중과 구분되는데, 묘지의 수호와 제사의 봉행 및 친목도모를 목적으로 공동선조의 후손 중 특정한 지역의 거주자나 특정한 범위 내의 자들로만 구성되는 조직체를 고유한 의미의 종중과 구별하여 유사종중이라고 한다. 원래 종중은 고유한 의미의 종중을 의미하는 것이었으나, 1980년대 후반에 부동산가격의 상승으로 종중이 적극적 당사자가 되어 종중원을 상대로 명의신탁해지를 원인으로 하는 소유권이전등기소송을 제기하기 위하여 인위적으로 종중을 조직하였거나, 1991년 시행된 부동산소유권이전등기에 관한 특별조치법에 의한 등기를 하기 위해 인위적으로 종중을 급조하는 과정에서 일부 종중원들이 주동이 되어 성문의 규약을 제정하고 일정한 지역에 거주라는 자로 종중원의 자격을 제한한 경우에 이를 본래 의미의 종중과 구별하여 유사종중으로 인정하게 되었다.[13] 즉, 대법원은 특정지역의 거주자나 특정 범위내의 자들만으로 분묘수호와 제사 및 친목 도모를 위한 조직체를 구성하여 활동하고 있거나, 묘지의 수호와 제사의 봉행 및 친목도모를 목적으로 공동선조의 후손 중, 특정지역 내에 거주하는 일부 종중원이나 특정 항렬의 종중원만을 그 구성원으로 하는 단체[14]로서, 그 단체의 실체를 인정할 수 있는

12) 대판 1995.9.15, 94다49007; 본 대법원 판결에서 「원고는 점촌시 유곡동에 처음 입향한 선조인 맹련공을 공동선조로 한 후손들 사이에 이전부터 종중 재산을 보유하고 선조들의 분묘를 설치, 관리하며 제사와 시제를 지내오는 중 종중이 성립하여 있었으며 이 종중을 담양전씨 경은파 종중으로 불러왔는데, 종중의 부동산을 명의신탁 받은 피고가 그 반환을 거부하는 사태가 발생하여 이를 조직화할 필요성이 생겨 종중총회를 거쳐 명칭을 변경하고 성문의 규약을 제정한 것이 원고 종중이라고 주장한 바, 이에 의하면 원고 종중은 이전부터 내려오던 종중을 조직화한 고유 의미의 종중이라고 볼 여지가 있다」고 한다.

13) 박정화, 고유의미의 종중과 종중에 유사한 비법인 사단, 재판과 판례 제6집, 대구판례연구회, 1997. 43면.

14) 대판 2002.5.10, 2002다4863.

경우에는 본래 의미의 종중은 아니나 권리능력 없는 사단으로서의 단체성을 인정하거나,[15] 종중과 유사한 단체[16]로 판시하고 있다.

유사종중도 고유의미의 종중과 마찬가지로 공동선조의 분묘수호와 제사의 봉행 및 종중원 상호간의 친목도모를 목적으로 하는 점에 있어서는 마찬가지이나, 종중이 공동선조의 후손이면 당연히 종중원 자격을 인정하는 자연발생적 단체임에 대하여 유사종중은 특정범위내의 자들만으로 구성되고 가입탈퇴가 자유로우며 인위적인 조직행위를 필요로 한다는 점에서 차이가 있다.[17]

종중이 원고로 된 경우에 그 종중의 당사자능력 여부가 고유의 의미의 종중인가 아니면 종중 유사의 단체인가 하는 점에 따라 차이를 가져오는 경우에는 법원으로서는 직권으로 조사하여 그 종중의 실체를 파악하여 그에 따라 결정하여야 하고, 고유의 의미의 종중인 것으로 확정된 후 종중 유사의 단체라고 주장하는 것은 당사자를 변경하는 것으로 허용되지 않는다고 한다.[18] 고유한 의미의 종중에 해당하는지 유사종중인지의 여부는 종중의 목적, 그 성립과 조직의 경위, 구성원의 범위와 자격기준, 종중규약의 내용 등을 종합하여 판단하여야 한다.[19] 이와 같이 대법원은 고유 의미의 종중이 자연발생적인 단체로 별도의 조직행위를 필요로 하지 않는다는 전제 위에, 종중과 유사한 목적을 수행하는 인위적인 단체에 대하여 유사종중이라고 하는 별개의 법적 단체로 파악하고 있다.

다. 종중원의 자격

종중 구성원의 자격에 대하여 법원은 시대에 따라 태도에 변화를 보이고 있다. 즉 종전에는 종중에 대하여 공동선조의 후손 중 성년 이상의 남자를 구성원으로 보았다.[20] 즉 「관습상의 단체인 종중을 공동선조의 분묘수호와 제사 및 종원 상호간의 친목을 목적으로 하여 공동선조의 분묘수호와 제사 및 종원 상호간의 친목을 목적으로 하여 공동선조의 후손 중 '성년 남자'를 종원으로

---

15) 대판 1982.11.23, 81다372; 대판 1991.1.29, 90다카22537; 대판 1993.5.27, 92다34193.

16) 대판 1994.5.10, 93다10866.

17) 최창렬, 종중의 구성과 본질에 관한 법리 소고, 성균관법학, 21권 3호, 2009.12, 성균관대학교 비교법연구소, 368-369면.

18) 대판 1994.5.10, 93다53955.

19) 대판 1995.9.15, 94다49007; 대판 1996.2.13, 95다34842.

20) 대판 1985.10.22, 84다카2396·2397; 대판 2002.6.28, 2001다5296.

하여 구성되는 종중의 자연적 집단이라고 정의하면서, 종중은 공동선조의 사망과 동시에 그 자손에 의하여 성립되는 것으로서 종중의 성립을 위하여 특별한 조직행위를 필요로 하는 것이 아니므로, 반드시 특별하게 사용하는 명칭이나 서면화된 종중규약이 있어야 하거나 종중의 대표자가 선임되어 있는 등 조직을 갖추어야 하는 것은 아니라고 하였고, 종원은 자신의 의사와 관계없이 당연히 종중의 구성원이 되는 것이어서 종원 중 일부를 종원으로 취급하지 않거나 일부 종원에게 대하여 종원의 자격을 영원히 박탈하는 내용으로 규약을 개정하는 것은 종중의 본질에 반하는 것으로 보았으며, 혈족이 아닌 자나 '여성'은 종중의 구성원이 될 수 없다」고 하였다.

그러나 2005.3.31. 개정된 민법에 의해 호주제가 폐지되었고 이와 더불어 여성들도 남성들과 같이 종중원의 지위를 인정해 달라는 이른바 '딸들의 반란'에서 대법원 전원합의체 판결에서 다수견해는, 여성들의 주장을 받아들여 현재 성별 구별 없이 종중원의 자격을 인정하게 되었다.[21] 이러한 대법원의 입장 변경은 관습법의 변경으로 '공동선조와 동성동본인 성년의 여성'도 당연히 종중원(종회구성원)이 된다는 것이다.[22]

위 대법원의 논거는 「공동선조의 후손 중 성년 남자만을 종중의 구성원으로 하고 여성은 종중의 구성원이 될 수 없다는 종래의 관습은 변화된 우리의 전체 법질서에 부합하지 아니하여 정당성과 합리성이 있다고 할 수 없고, 따라서 종중 구성원의 자격을 성년 남자만으로 제한하는 종래의 관습법은 이제 더 이상 법적 효력을 가질 수 없게 되었다」고 하고, 민법 제1조는 민사에 관하여 법률에 규정이 없으면 관습법에 의하고 관습법이 없으면 조리에 의한다고 규정하고 있는바, 성문법이 아닌 관습법에 의하여 규율되어 왔던 종중에 있어서 그 구성원에 관한 종래 관습은 더 이상 법적 효력을 가질 수 없게 되었으므로, 종중 구성원의 자격은 민법 제1조가 정한 바에 따라 조리에 의하여 보충될 수

---

21) 대판(전) 2005.7.21, 2002다1178.

22) 그런데 이 사건의 발단은 원고들(여성들)이 종중원임을 밝혀 달라는 것이 아니라, 피고 종중(용인이씨 사맹공파 종중)의 종중재산분배에 대한 불만에서 시작되었다. 문제된 종중의 종중규약 제3조에 "본회는 용인 이씨 사맹공(이말손)의 후손으로서 성년이 되면 회원자격을 갖는다."고 규정되어 있었다. 일반적으로 종중 구성원은 성년남자로 제한되고 종전 대법원의 판례도 같은데, 이 사건 종중에서는 적어도 종중규약 문언상으로는 남녀의 차별이 없는 것처럼 되어 있었다는 점에 특성이 있었다.

밖에 없다. 종중이란 공동선조의 분묘수호와 제사 및 종원 상호간의 친목 등을 목적으로 하여 구성되는 자연발생적인 종족집단이므로, 종중의 이러한 목적과 본질에 비추어 볼 때 공동선조와 성과 본을 같이 하는 후손은 성별의 구별 없이 성년이 되면 당연히 그 구성원이 된다고 보는 것이 조리에 합당하다고 한다.[23)]

위의 대법원의 다수의견인 '성년이 되면 당연히 그 구성원이 되는 것이 조리'라는 주장에 대하여, 반대견해인 소수의견은 「일반적으로 어떤 사적 자치단체의 구성원의 자격을 인정함에 있어서 구성원으로 포괄되는 자의 신념이나 의사에 관계없이 인위적·강제적으로 구성원으로 편입되어야 한다는 조리는 존재할 수 없고 존재해서도 안된다」고 설시한 후, 종래의 종중 구성에 관한 관습법 중 문제가 되는 부분은 종중에 가입하려는 의사를 표명한 성년여자가 여자라는 이유만으로 종중 구성원에서 배제된 부분에 한정된다고 보았다.

대법원의 다수의견에 대하여 우려하는 목소리도 있다. 성년이면 남자이든 여자이든 별도의 가입 절차 없이 당연히 종중원이 된다고 하여 종중의 외연을 확대한 점에서는 의미가 있으나, 공동선조의 후손은 성년이 됨으로써 별도의 가입절차 없이 종중원이 된다고 하는 당연 가입론을 그대로 유지하는 한계를 갖고 있다. 이는 종래의 종중에 관한 다양한 분쟁의 해결에 도움이 되지 못하고 더 나아가 종중 일에 무관심하거나 가입할 의사가 없는 경우에 단체가입을 강제하는 것이어서 결사의 자유를 보장한 헌법 규정에 반하거나,[24)] 헌법상의 행복추구권이나 소극적 결사의 자유를 침해할 소지가 있다[25)]고 한다.

대법원의 별개의견에서는 이 문제가 민법 제103조에 의해 해결될 수 있다는 입장이다. 즉, 어떤 단체가 그 단체에 대하여 중대하거나 본질적인 이해관

---

23) 다만 위 사건 판결에서는 변경된 견해의 소급효를 제한하고 있다. 즉 종중 구성원의 자격에 관한 대법원의 견해의 변경은 관습상의 제도로서 대법원 판례에 의하여 법률관계가 규율되어 왔던 종중제도의 근간을 바꾸는 것인데, 이와 같이 변경된 견해를 소급하여 적용한다면 종래 대법원 판례를 신뢰하여 형성된 수많은 법률관계의 효력을 일시에 좌우하게 되어 법적 안정성과 법치주의의 원리에 반하게 된다고 보았다. 따라서 변경된 견해는 대상판결 선고 이후의 종중 구성원의 자격과 이와 관련하여 새로이 성립되는 법률관계에 대하여만 적용된다고 하고, 다만 이 사안에 대해서는 소급효를 인정하였다.

24) 김재형, 단체로서의 종중, 대법원 2005.7.21, 2002다1178 전원합의체 판결을 계기로, 한국법과 세계화: 2005 국제 심포지움, 2006, 243면; 이승우, 종중재산분배문제와 헌법상의 문제점, 인권과 정의 통권 제334호, 2004.6, 152-154면.

25) 최창렬, 종중의 구성과 본질에 관한 법리 소고, 성균관법학, 21권 3호, 2009.12, 365면.

계를 가지는 개인이 가입을 원하는 경우 합리적이고 정당한 이유 없이 가입을 거부함으로써 그 개인을 차별적으로 대우하거나 부당한 불이익을 주어서는 안 되는 것으로 해석할 수 있다는 것이다. 별개의견의 내용 중 중요한 것은, 종원자격과 종중재산의 분배의 문제는 전혀 별개의 문제로 본 점이다. 즉 종중재산을 처분하여 이를 개인에게 귀속시킴에 있어서는 신탁의 법리를 유추하여 후손 전원에게 합리적으로 분배하여야 하며, 종원에게만 분배하는 것은 허용될 수 없다고 한다.

이처럼 남녀를 구별하지 않는 것은 이제 헌법상 평등권을 굳이 들지 않더라도 인류 보편상의 가치가 되었다. 그러한 의미에서 관습법의 변화를 이유로 종원의 구성원에 여자를 포함시킨 대법원의 입장은 타당하다고 본다.

다만 위 대법원의 종중원지위 확인판결에서 판결의 소급효를 제한한다. 즉 「대법원이 이 판결에서 종중 구성원의 자격에 관하여 위와 같이 견해를 변경하는 것은 그 동안 종중 구성원에 대한 우리 사회 일반의 인식변화와 아울러 전체 법질서의 변화로 인하여 성년 남자만을 종중의 구성원으로 하는 종래의 관습법이 더 이상 우리 법질서가 지향하는 남녀평등의 이념에 부합하지 않게 됨으로써 그 법적 효력을 부정하게 된 데에 따른 것일 뿐만 아니라, 위와 같이 변경된 견해를 소급적용한다면, 최근에 이르기까지 수십년 동안 유지되어 왔던 종래 대법원 판례를 신뢰하여 형성된 수많은 법률관계의 효력을 일시에 좌우하게 되고, 이는 법적안정성과 신의성실의 원칙에 기초한 당사자의 신뢰보호를 내용으로 하는 법치주의의 원리에도 반하게 되는 것이므로, 위와 같이 변경된 대법원의 견해는 이 판결 선고 이후의 종중 구성원의 자격과 이와 관련하여 새로이 성립되는 법률관계에 대하여만 적용된다고 함이 상당하다」고 하고 있다.

이는 과거의 판례를 믿고 행동한 사람들의 신뢰보호를 위하여 판례의 소급효를 제한하여 장래적으로 판례를 변경할 필요가 있다는 미국법상의 논의 (prospective overruling)[26]를 고려한 것으로 보인다.

대판(전) 2005.7.21, 2002다1178은 여성의 종중원 지위 확인이 쟁점이 되었지만 처음에는 종중재산의 분배에서 출발하였다. 종중재산을 처분한 돈에 대하여 종중원들에게 분배하는 과정에서, 남녀 간에 차별을 둔 데에서 시작한 것이

26) 윤진수, "상속회복청구권의 소멸시효에 관한 관습법의 위헌여부 및 판례의 소급효" 민사판례의 제문제 13권 (2004) 106-109면. 참조.

다. 그러나 재판과정 중 여성인 원고들의 종회원으로서의 지위확인을 구하는 것으로 쟁점이 정리되었다.

그런데, 앞에서 살펴본 '소급효제한 법리'로 인하여 원고들이 종중재산분배에 관하여 남성들과 동등한 이익을 취하는 결과에 이르지는 못했다. 즉 동판결에서는 ① 종중재산의 불평등분배 결의는 재판대상이 아니므로 판단하지 않았고, ② 소급효를 제한하고 있으므로 과거에 이루어진 결의의 효력을 대상판결 후 다툴 수 없으며, ③ 소급효의 제한은 당해사건에는 미치지 않는다는 예외가 있기는 하지만, 이 소급효의 예외는 종중원의 지위확인 부분에 한하여 적용되는 것일 뿐 재판의 대상이 아니었던 종중재산 불평등분배부분에는 적용되지 않는 것이기 때문이다.[27]

라. 종중 구성원 자격 상실(할종) 문제

종중이 그 구성원인 종중원에 대하여 그 자격을 박탈하는 이른바 할종이라는 징계처분을 내릴 수 있는 것일까.

대법원은 종원은 자신의 의사와 관계없이 당연히 종중의 구성원이 되는 것이어서 종원 중 일부를 종원으로 취급하지 않거나 일부 종원에 대하여 종원의 자격을 영원히 박탈하는 내용으로 규약을 개정하는 것은 종중의 본질에 반하는 것으로 보았으며, 비록 그와 같은 관행이 있다고 하더라도 이는 공동선조의 후손으로서 혈연관계를 바탕으로 자연적으로 구성되는 종족단체인 종중의 본질에 반하는 것이므로 그러한 관행이나 징계처분은 위법·무효로서 피징계자의 종중원으로서의 신분이나 지위를 박탈하는 효력이 생긴다고 할 수 없다고 한다.[28] 종중이 종중원의 자격을 박탈하는 징계처분은 종중의 본질에 반하는 것으로 무효이며, 상위 종중이 한 징계처분으로서 하위 종중원의 신분 내지 자격이 박탈되는 효력이 생길 수 없다고 한다.[29]

또 종중의 규약상 종중원명부에 등록된 자만이 종중원이 될 수 있다고 하더라도 이를 근거로 삼아 종중원명부에 미등재된 자의 종중원 자격을 부정할

27) 결국 원고들은 남성들과 평등하게 종중원의 지위를 확인받았다는 점에서 명분에서는 승소하였지만, 남성 종중원들과 공평하게 재산을 분배받지 못했다는 점에서는 승소한 재판을 통해 아무런 실리를 얻지 못한 셈이 되었다.

28) 대판 1983.2.8, 80다1194.

29) 대판 1979.4.24, 77다1173.

수 없다고 한다.[30] 그리고 고유 의미의 종중에 관한 규약을 만들면서 일부 구성원의 자격을 임의로 배제할 수 없는 것이며, 특정 지역 내에 거주하는 일부 종중원에 한하여 의결권을 주고, 그 밖의 지역에 거주하는 종중원의 의결권을 박탈할 개연성이 많은 종중규약은 종중의 본질에 반하여 무효라고 한다.[31]

이와 같이 대법원이 다른 사단과 달리 종중의 할종을 허용하지 않는 것은 종중이 인위적인 단체가 아니라 자연발생적 단체라는 본질과 부합할 수 있다고 보기 때문일 것이다.

출계(出系)한 양자의 종중원 자격에 대하여 대법원은 「종중이 공동선조의 제사봉행을 주목적으로 하는 것과 종래의 양자제도의 목적 등에 비추어 보면 타가에 출계한 자와 그 자손은 친가의 생부를 공동선조로 하는 종중에는 속하지 않는다고 보는 것이 타당하다. 출계자의 자손들이 종중의 종중원들과 종중구성의 합의를 하였다거나 종산을 마련하고 사실상 종중 일에 계속 관여하였다 하더라도 그러한 사정으로 인하여 원래 종중원 아닌 그들이 새삼스레 종중원자격을 취득하게 되는 것은 아니다.」[32]고 하여 친가의 종중원 자격이 없음을 밝히고 있다.

(2) 종중의 본질과 성립요건

가. 종중의 본질

종중을 종래의 대표적인 혈연적 단체로 인정하여 왔음에도 불구하고 이것을 현대적 단체의 개념으로 파악하기에는 곤란한 점이 있다. 우선 종중이나 종법원리가 종손이나 종가를 중심으로 하는 계승체제에서 발전하여 왔고, 계급과 관직 및 '장유유서'적 질서원리 속에서 자연적으로 생성되고 종중원은 관직·재력·학식과 후손의 유무·다과·연령·행렬이 다르고 종지가 구분되어 단체성을 인정하기에는 무리가 있는 불균질성·불평등성 등을 가지고 있기 때문이다.[33]

오늘날 종중의 법적 성격에 대하여 법인 아닌 사단이라는 것에 대하여는

---

30) 대판 2002.5.10, 2002다4863.

31) 대판 1992.9.22, 92다15048.

32) 대판 1983.2.22, 81다584.

33) 강신웅, 종중의 법적 성질과 종중재산 등기에 관한 고찰, 사회과학연구(조선대), 1980, 220면 이하 참조.

학설과 판례 모두 일치하고 있다.[34] 종중의 본질에 관하여 1940년 조선총독부 중추원의 회시[35]에서 '자연발생적 종족단체'라고 한 이래, 광복 후 우리 대법원도 같은 입장을 일관하여 유지하고 있다.[36] 즉 대법원은 「대개의 경우 규범은 성문의 형식을 갖춘 정관이 될 것이지만, 자연발생적인 관습상 종중의 경우에는 예외적으로 특별한 조직행위를 필요로 하거나 이를 규율화하기 위한 성문의 규약이 있어야 하는 것은 아니고, 다만 그 목적인 공동선조의 분묘수호와 제사 및 종중원 상호간의 친목을 목적으로 하는 자연발생적인 종족집단체가 됨으로써 족하다.」[37]고 하는 종중법리를 도출해내고 있다. '자연발생적'이라는 의미는 공동선조가 사망하는 순간 특별한 조직행위 없이 성립한다는 것이다. 즉 대개의 사단들이 인위적인 단체임에 반하여 자연발생적인 단체의 성격을 갖기 때문에 특별한 조직행위를 필요로 하거나 이를 규율화하기 위한 성문의 규약이 필수적이 아니라는 것이다.

다음으로 종중의 법적 성격이 순수한 의미의 사단인가 하는 점을 생각할 수 있다. 종중이 사단으로서의 성격을 가지고 있는 것은 분명하지만, 이에 못지않게 재단으로서의 성격도 가지고 있기 때문이다. 종중의 가장 중요한 목적이 봉제사인 한, 제사의 대상이 되는 분묘와 이를 둘러싼 묘역과 임야 그리고 제사의 재원 마련을 위한 위토 등 부동산이 없는 종중은 예상할 수 없다. 특히 과거로부터 종산, 종중묘역, 기타 많은 종중재산이 조성되어 있는 종중의 경우에는 재단으로서의 성격을 무시할 수 없다. 오늘날 법적으로 문제가 되는 경우는 종중의 성립시기부터 상당한 종중재산이 있고, 이를 중심으로 그 혜택을 보는 후손들 중심으로 유지되는 경우가 대부분이다.[38]

종중이 사단의 성격만 강조한다면 종중이 자치적 의사판단에 따라 종중재

---

34) 종중의 법적 성질에 대하여는, 강신웅, 위의 논문, 213면 이하 참조; 최창렬, 앞의 논문, 364면 이하 참조.

35) 대구복심법원 민사3부(野村朝太郎 판사)의 1940.2.7. 조회에 대한 조선총독부 중추원의 회시(가법협회잡지 제18권 제11호(1939. 11), 992면.

36) 대판(전) 2005.7.21, 2002다1178에서도 자연발생단체설은 유지하고 있다.

37) 대판 1985.10.22, 83다카2396·2397에서 종중이 성립하기 위하여서는 종중구성의 결의 등 특별한 조직행위를 필요로 하거나 이를 규율화하기 위한 성문의 규약이 있어야 하는 것은 아니고, 다만 그 목적인 공동선조의 분묘수호와 제사 및 종중원 상호간의 친목을 목적으로 하는 자연발생적인 종족집단체가 됨으로써 족하다고 한다.

38) 이재성, 우리나라 구래의 관습에 의한 종중의 성립시기, 이재성 판례평석집, 245면.

산을 처분하여 당시의 종중원끼리 나누어 가지는 행위를 통제하기란 쉽지 않다. 그러나 종중을 재단으로 보거나 혹은 재단적 성격을 포함하고 있는 혼합적 성격의 특수단체라 본다면 종중재산을 처분하여 당시의 성년자들끼리 분배하는 행위는 당연히 무효일 것이다. 따라서 종중을 재단적 성격으로 파악하는 것도 의미 있다 할 것이다.

비법인단체는 사단성과 재단성의 양 성질을 모두 갖추는 것이 일반적이고 종중도 단순히 비법인사단으로서만 법적 성격을 파악할 수 없다는 주장[39]을 하기도 한다. 따라서 모든 면에서 비법인사단으로 인정하여서는 아니되고 비법인사단으로서의 요건을 갖춘 만큼만 법적 효과를 인정하자는 주장[40]이 있다.

실제 종중과 관련한 법적 분쟁의 대다수는 종중재산을 둘러싸고 발생한다. 종중의 가장 중요한 목적이 봉제사인 한, 제사의 대상이 되는 분묘와 이를 둘러싼 묘역 등 부동산이 없는 종중은 상상할 수 없고, 이 부동산의 관리 처분을 두고 분쟁이 발생하는 것이다. 특히 과거부터 종산, 종중묘역, 기타 많은 종중재산이 조성되어 있는 종중의 경우에는 재단으로서의 성격을 무시할 수 없다. 특정인의 자손들이 재산 없이도 자연적으로 종중을 형성할 가능성을 배제할 수는 없겠으나 대부분의 경우, 특히 법적으로 문제가 되는 경우는 종중 성립시기부터 상당한 종중재산이 있고, 이를 중심으로 그 혜택을 보는 후손들을 중심으로 유지되는 경우가 대부분이다.

종중에게 법인 아닌 사단성(권리주체성)이 인정되는 결과, 종중에게는 소송당사자능력과 등기능력이 인정되며, 다른 권리능력도 인정된다. 부동산등기법 제26조는 특별하게 법인 아닌 사단의 예시로 종중과 문중을 들고 있다. 판례는 분묘의 훼손행위에 대하여 종중도 손해배상청구권이 있다고 한다. 즉「선조의 분묘의 수호관리나 봉제사에 대한 권리는 관습상 종손이 행사하지만, 종중이 선조의 분묘를 수호·관리하여 왔고 타인에 의한 그 분묘 등의 훼손행위가 있었다면, 종중도 불법행위를 원인으로 한 손해배상의 청구를 할 수 있다.」.[41]

나. 종중의 성립요건과 종중법리

현행 민법은 법인 아닌 사단에 대하여 총유규정만을 두고 있을 뿐 별다른

39) 김제완, 단체 법리의 재조명 : 종중재산의 법적 성격, 인권과 정의 제355호, 2006, 154면.
40) 조병갑, 앞의 논문, 176면.
41) 대판 1992.3.13, 91다30491.

규정이 없기 때문에 꼭 법인격을 필요로 하는 규정이 아닌 한 사단법인의 규정을 유추적용할 수 있다고 보는 것이 통설이고, 이 경우 법인 아닌 사단의 실질의 표지를 앞에서 ① 자치규범(정관) ② 구성원의 확정 ③ 합의체 구성 ④ 기관구성(대표기관, 집행기관) 등을 들었다. 사단법리는 단체가 성립하기 위해서는, 사회적 실재체로서 존재해야 하고, 일정한 조직행위가 있어야 하며, 성문의 자치규범이 존재해야 하고, 구성원이 확정될 수 있어야 하며, 합의체가 구성되어 있어야 하고, 기관구성으로서 대표기관 등이 정해져 있어야 한다는 것이다. 그 기저에는 민법의 기본원리인 사적 자치의 원칙이 유지되기 때문에 사단의 조직과 구성 및 재산관계에서도 자율성을 최대한 보장하고자 한다.

그런데 일반적인 '법인 아닌 사단'과 달리 '관습'에 의하여 성립되고, 자연발생적 혈연단체인 종중은 실질면에서 이러한 사단법리에 의하여 엄격한 잣대로 평가하기 어려운 것이 현실이다. 따라서 판례는 종중에 관하여만 유독 다른 비법인사단과는 달리 조직행위를 필요로 하지 않고 성문의 규약도 필요하지 않으며 대표자가 반드시 선임되지 않아도 된다는 자연발생적 단체를 전제로 하여, 이러한 요건들을 완화한 '종중법리'[42]를 개발해 내었고, 확인되고 있다.

즉, 대법원의 종중 법리에 따르면 종중은 별도의 설립행위 없이 그 단체성이 인정되고, 공동 선조의 성년후손이기만 하면 종중원의 자격이 무조건 인정되므로 종중원을 확정하기가 쉽지 않다. 그리하여 소집된 종중총회의 의사정족수나 의결정족수에 관하여 다툼이 발생하게 되면 종중규약의 채택, 재산처분에 관한 결의, 대표자 선임의 효력 등에 관한 법적인 분쟁으로 발전되게 된다. 더욱이 부동산실명법 제8조에 의하여 종중의 명의신탁이 인정됨으로써 종중재산이 명의신탁된 경우에는 분쟁의 당사자 확정이나 명의신탁해지를 둘러싼 분쟁으로 발전하기 때문이다.

종중이 공동선조의 제사에 의하여 맺어진 자손의 일단이므로 그것은 자연

42) 대법원 판례에서 종중은 「종족의 자연발생적 집단으로서 선조의 사망과 동시에 자손에 의하여 성립하는 것이고 성립을 위하여 특별한 조직행위를 필요로 하는 것이 아니며, 다만 목적인 공동선조의 분묘수호, 제사봉행, 종원 상호간의 친목을 위한 활동을 규율하기 위하여 규약을 정하는 경우가 있고, 또 대외적인 행위를 할 때에는 대표자를 정할 필요가 있는 것에 지나지 아니하며, 반드시 특정한 명칭의 사용 및 서면화된 종중규약이 있어야 하거나 종중의 대표자가 계속하여 선임되어 있는 등 조직을 갖추어야 하는 것도 아니다」고 한다. 대판 1998.07.10, 96다488.

적이라 하겠지만, 그 일단의 종족의 의식으로써 구성되는 한, 그것은 또한 '인위적'이라는 견해도 존재한다.[43] 그리고 위와 같은 종중법리가 오늘날 대부분의 종중 분쟁의 단초를 제공한다 하여도 과언이 아니라고 한다.[44]

요컨대, 사단에서와 달리 종중에서만큼은 공동선조의 사망으로 특별한 조직행위 없이 당연히 성립한다고 보므로 결국 '종중의 자연발생'이라는 관습법은 비법인사단의 성립에 관하여 일정한 정도의 조직행위를 요구하는 원칙인 법리에 대하여 예외관계에 있다고 볼 수 있다. 위의 대법원 판례 '대판 1985.10.22, 83다카2396·2397'와 대판 1998.07.10, 96다488을 중심으로 법인 아닌 사단의 실질적 요건들이 종중에서 어떻게 변용 내지 완화되어서 적용되는지 차례로 검토해 보기로 한다.

먼저 자치규범으로서 종중에는 규약이 있다. 사단에서 성문에 의한 정관의 작성은 사단의 설립행위에서 중요한 요소이다. 그런데 자연발생적인 종중의 특성상 성문으로 된 자치규약보다는 관례에 따라 분묘수호와 제사를 위한 출연등을 해 오는 경우가 많다. 이 점을 고려하여 판례는 종중을 규율화하기 위한 성문의 규약이 있어야 하는 것은 아니라고 한다.

둘째, 구성원의 확정에 있어서 사단에서는 사단을 구성하는 결의와 같은 조직행위와 구성원의 의사에 의하여 가입이 되는 것이 일반적이다. 이에 반하여 대법원은 종중이 자연발생적 단체라는 전제하에 공동선조의 후손이면 사회적 신분, 거주 지역, 재산의 다과 등을 불문하고 당연히 종중의 구성원이 되는 것으로 한다. 다수설은 종중은 공동시조가 사망하면 종중구성의 결의 등 특별한 조직행위 없이도 당연히 성립하고, 종원은 자신의 의사와 관계없이 당연히 종중의 구성원이 된다고 보고 있다.[45] 이른바 종중의 자연발생설 내지 당연가입론이다.

이처럼 대법원 판례가 종중의 성립시기 및 그 구성원의 자격에 관하여 다른 비법인사단과 구별되는 특수한 단체라는 점을 인정해 오고 있는 것은, 선조의 봉제사 등을 위하여 출연된 종중재산이 구성원들 전체의 의사에 의하여 관

43) 김두헌, 한국가족제도연구, 서울대학교 출판부, 1969, 91면.

44) 이동명, 종중에 대한 법적 규율 - 관습에서 성문의 법률로! -, 민사판례연구 제19권, 1997, 민사판례연구회, 551면.

45) 다만 유사종중은 종중원의 자격이 일정한 지역에 거주하는 후손과 같은 형식으로 제한되고, 또 고유의 의미의 종중과는 달리 조직행위를 필요로 한다는 것을 인정한다.

리 또는 처분되도록 함으로써 일부 후손에 의하여 종중재산이 처분되어 일실되는 것을 방지하며, 이를 통하여 종중이 일부 후손들의 이익이 아니라 공동선조의 분묘수호와 봉제사 및 종중원 상호간의 친목도모라는 본래의 목적에 따라 유지·운영되도록 하는 긍정적인 역할과 기능을 해왔다는 점은 부인하기 어렵다고 하여 자연발생적 단체설을 긍정하기도 한다.[46]

셋째 합의체 구성에서 차이가 있다. 사단에서는 합의체로서 최고의 의사결정기관인 사원총회가 있다. 사원총회는 사단을 구성하는 사원 전원으로 구성되며, 반드시 두어야 하는 필수기관이다. 사원총회는 통상총회와 임시총회가 있으며 통상총회는 매년 1회 이상 일정한 시기에 이사가 소집하여야 하며, 소집시기는 정관에서 정하는 것이 보통이나, 정관의 규정이 없으면 총회의 결의로 정할 수 있고, 총회의 결정도 없는 경우에는 이사가 임의로 결정할 수 있다.

이에 비하여 종중에서는 종중총회가 최고의 의사결정기관이다.[47] 종중규약에 달리 정함이 없으면, 종중총회는 종원 중에서 항렬이 가장 높고, 나이가 많은 사람(年高行尊者)이 소집하여야 한다.[48] 또한 종중의 규약이나 관례가 없는 한, 일부 종원에 대한 소집통지를 결여한 채 개최된 종중총회의 결의는 효력이 없고,[49] 이 점은 그 결의가 통지 가능한 종원 중 과반수의 찬성을 얻은 것이라도 마찬가지이지만, 소집통지를 받지 않은 종원이 다른 방법에 의하여 이를 알게 되었지만 종중총회에 참석하지 않았다면, 종중총회의 결의를 무효라고 할 수 없다.[50]

넷째 기관구성에서 차이가 있다. 사단의 기관에는 의사결정기관, 업무집행기관, 감독기관이 있다. 사단에서는 일반적으로 이사가 대표기관·업무집행기관

46) 문영화, 종원의 자격을 성년남자로 제한하는 종래 관습법의 효력, 21세기사법의 전개(송민최종영대법원장재임기념), 박영사, 2005, 427면.

47) 관습을 보건데 종회에서 종장·문장과 일반성년종원간에 있어서의 발표된 의사가 평등하거나 동일한 가치를 가지고 다수결의 원칙에 의하여 결정되었다기 보다는 '전원일치의 원리'가 지배하여 왔던 것으로 보여진다. 의견이 귀일되지 아니하면 수일간의 토론과 논쟁을 통하여 만장일치를 추구하고 극단적인 상황에 있어서는 반대자를 이단으로 파문하는 방법을 동원하여서라도 표면상 전원일치를 추구하여 왔기 때문에 실제에 있어서는 종회는 종손이나 가장의 명분적 논거를 수단으로 하는 일종의 강제적 종족결합 내지 지배적 동원집단의 성격을 대유하는 일면도 있었다고 한다. 강신웅, 앞의 논문, 219면.

48) 대판 1992.12.11, 92다18146.

49) 대판 2007.3.29, 2006다74273; 대판 2007.9.6, 2007다34982.

50) 대판 1995.6.9, 94다42389.

으로서 이사의 임면은 정관에서 정하고, 이사의 임면방법은 정관의 필요적 기재사항이다. 종중은 대표자가 대외적으로 종중을 대표하며, 종중의 대표자는 종중총회에서 선임되는데, 종중규약에 달리 정함이 없으면, 관습에 의하여 가장 또는 문장이 그 종족 중의 성년 남자를 소집하여 출석자의 과반수의 결의로써 대표자를 선임하면 된다고 판시하고 있다.[51] 종중의 대표자에게는 민사소송법상 법정대리와 법정대리인에 관한 규정을 준용하고, 대표권이 있는 사실은 서면으로 증명하여야 하고, 종중대표자가 대표권을 잃은 때에는 소송절차는 중단된다.[52]

종중의 집행기관은 종장 또는 문장이 담당하였으며 대체로 종장은 종가의 자손인 경우가 많다. 법리상 종회의 선임에 의한 대표관계가 적용되어야 할 것이나 실제적으로는 종중원 중 연령이나 학식, 사회적 직위 등을 고려하여 자연적으로 결정된다. 대종중에 있어서는 종파의 대표들로 구성되는 다수의 대표도 있을 수 있으나 법률상으로는 단체법의 원리상 1인의 대표가 있을 뿐이다.[53] 종중에서는 「종중의 대표자가 계속하여 선임되어 있는 등 조직을 갖추어야 하는 것도 아니다」[54]라고 한다.

주목할 만할 점은 대법원이 종중이 공동선조의 사망으로 그 후손들에 의해 자연발생으로 성립한다고 보면서도 종중의 규약이나 관습에 따라 선출된 대표자 등에 의하여 대표되는 정도로 조직을 갖추고 지속적인 활동을 하고 있다면 비법인사단으로서의 단체성이 인정된다고 하여[55] 종중의 성립과 사단으로서의 단체성을 구분하고 있는 듯한 판시를 하고 있다는 점이다.

이와 같이 상반되는 것 같은 판례의 입장을 이해함에 있어 공동선조의 사망과 함께 곧바로 후손들로 자연발생인 종족단체가 성립하지만, 대표자 등 일정한 조직을 갖추고 지속적인 활동을 할 때 비로소 비법인사단을 구성한다는 견해[56]가 있는데, 이러한 논리는 비법인사단의 전단계인 종중과 비법인사단인

51) 대판 1973.7.10, 72다1918.
52) 대판 2008.4.10, 2007다34982.
53) 강신웅, 앞의 논문, 220면.
54) 대판 1998.07.10, 96다488.
55) 대판 1991.8.27, 91다16525; 대판 1994.9.30, 93다27703; 대판 1989.11.28, 89다카14127.
56) 김재형, 단체로서의 종중, 대법원 2005.7.21. 선고 2002다1178 대법원합의체결을 계기로, 한국법과 세계화 : 2005 국제 심포지움, 2006, 237면.

종중을 구분하는 것으로 발전할 수 있으며, 비법인사단의 전단계인 종중의 법적 성질을 어떻게 파악하여야 할 것인지 여부가 어려운 문제가 남게 된다.[57]

어찌되었건 대법원의 입장은 근대법에서 인정된 사단법리보다는 '영속적인 제사공동체'로서의 종중의 특성을 최대한 고려하여 다른 비법인사단에 비해 특수하고 예외적인 취급을 하고 있는 것임은 분명하다.[58]

다. 종중법리에 대한 비판과 검토

위와 같은 맥락에서 '종중의 자연발생'이라는 관습법을 기반으로 하는 종중법리가 과연 현행 단체법 체계와 조화를 이룰 수 있는지에 대하여 의문을 제기하는 다수의 견해들이 제기되었다. 즉, 종중이 근대법이 계수되기 전의 관습법상의 단체라고 하더라도 권리능력 없는 사단이라는 것은 근대법의 개념으로서 누가 종중원인가 하는 문제도 근대법적인 관점에서 재해석되어야 하므로 종중이 성립하기 위해서는 법적인 단체로서 인정되기 위한 최소한의 조직과 활동을 갖추어야 하는 것이고, 자연발생을 받아들이기 어렵다는 견해,[59] 종중이 공동선조의 후손들로 구성된 단체라는 점에서 혈연주의에 입각한 자연발생적인 측면이 있지만 이를 가지고 자연발생인 단체로 단정하는 것은 종중의 인위적 측면을 간과하는 것인데, 법적인 의미에서 종중이 성립하기 위해서는 최소한 1차적으로 시제라는 집단행위가 있어야 하고, 이를 조직으로 규율하기 위한 규약, 종중재산 등이 필요하다는 견해,[60] 공동선조의 사망과 동시에 종중이라는 관습법상의 법인 아닌 사단이 성립한다는 법원의 견해를 법인 아닌 사단

57) 이에 대한 반대의 견해는, 종중이라고 하더라도 민사소송법상 소송의 주체가 되기 위해서는 당사자능력이라는 소송요건을 갖추어야 하기 때문에 종중이 언제 성립되었느냐의 문제(자연발생인 성립)와 별개로 사실심 변론종결시를 기준으로 종중의 규약이나 관습에 따라 선출된 대표자 등에 의하여 대표되는 정도로 조직을 갖추고 지속인 활동을 함으로써 당사자능력을 갖추었는지를 따져보는 것이 필요함을 감안하면, 판례의 위와 같은 태도는 비법인사단이 아닌 종중의 존재를 인정하겠다는 것이 아니라, 종중의 성립시기와 종중의 당사자능력을 구별하는 논리 귀결에 불과하다고 본다. 구자헌, 고유의미의 종중이 종중 유사의 비법인사단으로 조직변경을 할 수 있는지에 대하여, 민사실무연구회, 민사재판의 제문제 제19권, 2010.12, 624면.

58) 이러한 자연발생적 단체설의 기능으로 ① 종중 존재입증의 용이성, ② 사원명부작성의무면제, ③ 참칭종중의 배제를 들기도 한다. 이우석, 종중의 자연발생적 단체설에 대한 소고, 재산법연구 제24권 제1호, 40-41면.

59) 윤진수, 변화하는 사회와 종중에 관한 관습, 사법 창간호, 2007.9, 29-31면.

60) 이창현, 종중의 자율권과 그 한계, 가족법연구 제24권 제1호, 2010, 79면.

은 사단법인과 그 실질이 동일하며 단체로서의 사회 실체를 가지고 독자적인 사회 작용을 하는 것이라는 단체법의 기본 원리에 반하므로 옳지 못하다는 견해,[61] 조직행위 없이 자연발생으로 비법인사단인 단체가 성립한다는 것은 그 자체로 모순이며, 출생이나 사망에 의하여 권리능력을 취득 상실하는 자연인과 달리 자연인들로 이루어진 단체인 사단은 단체를 조직하는 행위가 반드시 필요하다는 견해[62] 등은 종중의 자연발생을 인정하는 판례로서 관습법이 현대의 단체 법리와 조화를 이룰 수 없다고 보는 것이다.

위와 같은 종중법리에 대한 십자포화와 같은 비판적 견해에 대하여, 학계의 비판은 다소 성급한 면이 없지 않다는 옹호론[63]이 있다. 즉 이 견해에서는 사실명제의 문제와 규범명제의 문제를 구분하고, 진정한 문제는 이러한 규범명제 진술이 갖는 의미가 무엇인지, 과연 그것이 현행 법체계에서 타당한지 여부가 될 것이며, 이는 결국 종중 관습의 고유성과 근대법의 이상 사이의 딜레마의 문제라는 것이다. 그러면서 종중의 성립을 이중적인 의미로, 즉 자연발생적인 성립과 인위적인 비법인사단화의 단계로 나누어 생각한다면, 적어도 중중의 성립단계에서만큼은 단체 법리와 전통 관습 사이의 딜레마로 인한 긴장과 갈등이 상당부분 해소된다는 것이다. 종중의 성립과 비법인사단의 단체성을 구분하고 있는 듯한 법원의 판시는 종중이라는 동일한 실체를 두고 모순되는 법해석을 하고 있다고 평가할 것이 아니라, 오히려 비법인사단의 일반 법리와 조화를 꾀하는 법 체계 정합적인 해석을 기하고 있는 것이라고 볼 여지가 충분하다는 것이다.[64]

그렇다면 이러한 사단법리와 모순되는 듯한 종중법리를 어떻게 볼 것인가.

생각건대, 사단법리는 근대민법전의 입법 당시 일정한 단체에게 자연인과

---

61) 김시승, 종중의 법률적 성격, 부산판례연구회 판례연구 제4집, 1994, 352면; 이진기, 종중재산의 법리에 관한 판례이론의 검토, 가족법연구 제15권 제2호, 2001.12, 310면.

62) 최창렬, 앞의 논문, 383면.

63) 송민경, 종중 법리의 딜레마: 종중의 재산관계 소송을 중심으로, 저스티스 제137호, 2013.8, 137면에서 「영속적인 제사공동체로서 당연히 지녀야 할 본질과 이념을 강행의 관습법이라는 형식으로 파악하여 포착하는 규범정립의 문제와 직결된다는 점을 이해할 때 비로소 종중의 자연발생론으로부터 시발되는 종중 법리에 대한 온전하고도 근본적인 비판이 가능할 것으로 생각된다. 종중의 자연발생론에 대한 비판 자체가 부당한 것이 아니라, 종중의 자연발생론의 규범명제인 차원을 간과한 채 이루어지는 비판이 정당하지 못한 것이다. 이러한 차원에 대한 고려가 생략된 채 이루어지는 비판은 비판이 아닌 오해에 가깝다.」고 한다.

64) 송민경, 위의 논문, 136면.

같이 거래의 주체로서 권리능력을 부여하여 권리와 의무의 주체로서 인정하기 위한 요건을 상정하고 사단의 자율성을 강조하되, 당시 존재하던 관습적 공동체의 모습을 뛰어 넘는 보편타당한 법인격체로서의 규율법리라고 말할 수 있다. 즉 일정한 목적과 조직 및 자치규범, 사회적 실재 및 활동을 요건화하여 당위규범화한 것이다.

문제는 종중을 자연발생적이며 관습적인 사단으로 인정하기 위해서는 법사회학적인 관점에서 종중에 대한 고래(古來)의 관습이 충분히 조사되어야 하고, 근대법에서 정립된 사단법리를 깨트리는 관습법으로 작용하기 위해서는 국민의 '법적 확신'이 필요함에도 일제 강점기의 일본의 기관과 일본 학자에 의한 연구가 행해졌고,[65] 특히 문중과 종중에 대해서는 부동산등기법에 의하여 등기능력이 부여되기 전까지는 등기능력이 허용되지 않은 결과, 종중의 가장 중요한 재산인 분묘와 봉제사 수행을 위한 부동산이 개인명의로 명의신탁되면서, 종중재산을 둘러싼 법적 분쟁이 다양한 모습으로 야기되었다는 점이다.

대법원은 이러한 딜레마에 직면하여, 종중의 구성과 법적 운명에 대하여는 종중 관습의 고유성을 강하게 관철하는 한편, 종중의 일상적인 운용과 재산처분행위에 대하여는 단체의 자율성을 크게 존중하는 강온 양면전략 해석을 구사하고 있다고 평가할 수 있는데, 이러한 태도는 어느 한쪽의 논리나 요구에 치우치지 않은 채 구체적 타당성을 도모하며 사안을 해결하고자 하는 최고법원 특유의 유연함을 보이고 있다고도 볼 수 있겠지만,[66] 민법체계의 정합성 및 논리체계의 일관성 유지라는 측면에서 비판을 면하기는 어렵다고 본다.

그러나 한편으론 전통적으로 역사법학파들은 법을 국민의 전통적 정신 즉 민족정신(Volksgeist)의 표현으로 보고 있기 때문에 실정법 입법의 기초로서 관습법이나 법의식에 관한 중요성을 강조하였고, 그에 의하여 실정법의 내용을 결정하고자 하였다. 종중은 비법인사단으로서 우리 민법에 규정을 두고 있지 않고 더욱이 관습상 혈연단체로서의 성격을 지니고 있기 때문에 관습이 중요한 의미를 가진다. 관습은 자연법적 성격을 함유한 고정불변의 사회규범이 아니라

65) 朝鮮總督府 中樞院議長回答, 1940.3.30, 朝鮮司法協會雜誌 19卷 5號. 1940; 高橋隆二, 宗中財産を繞る法律關係に就て, 朝鮮司法協會雜誌 19卷 10號, 1940; 野村調太郎, 位土, 朝鮮司法協會雜誌 第18卷 10號, 1939; 野村調太郎, 朝鮮祭祀相續法論序說, 朝鮮總督府中樞院, 1939; 和田一郎, 朝鮮土地地税制度調査報告書, 1920.

66) 송민경, 앞의 논문, 136-137면.

시대에 따라 변동될 수 있는 것이다. 따라서 종중원의 자격에 관한 2005년의 대법원 판결이 변화를 수용한 것처럼 종중에 대해서는 다른 일반 사단과 달리 관습법이나 법의식에 기반한 규범의 창출도 가능하다 할 것이다.

(3) 종중의 대표기관과 종중총회

가. 종중의 대표기관

종중은 대표자가 대외적으로 종중을 대표하며, 종중의 대표자는 종중총회에서 선임되는데, 종중규약에 달리 정함이 없으면, 종중총회는 종원 중에서 항렬이 가장 높고 나이가 많은 사람(年高行尊者)이 소집하여야 한다.[67] 종중의 대표자에게는 민사소송법상 법정대리와 법정대리인에 관한 규정을 준용하고, 대표권이 있는 사실은 서면으로 증명하여야 하고, 종중대표자가 대표권을 잃을 때에는 소송절차는 중단된다.[68]

나. 종중총회

또한 종중의 규약이나 관례가 없는 한, 일부 종원에 대한 소집통지를 결여한 채 개최된 종중총회의 결의는 효력이 없고,[69] 이 점은 그 결의가 통지가능한 종원 중 과반수의 찬성을 얻은 것이라도 마찬가지이지만, 소집통지를 받지 않은 종원이 다른 방법에 의하여 이를 알게 되었지만 종중총회에 참석하지 않았다면 종중총회의 결의를 무효라고 할 수 없다.[70]

종중이란 공동선조의 봉제사를 그 주된 목적으로 하는 종족집단으로서 그 대표자를 선임함에 있어서는 종중규약이나 관례에 따르고 규약이나 종중관례가 없으면 일반관습에 의하되 종장(宗長) 또는 문장(門長)이 그 종족 중 성년 이상의 남자를 소집하여 출석자의 과반수 결의로 선출하는 것이 우리나라의 일반관습이기는 하나, 문장의 자격이 있는 자가 소집권한 없는 자의 종회소집에 동의하여 동인으로 하여금 소집케 하였다면 그와 같은 종회소집을 전혀 권한 없는 자의 소집이라고 볼 수는 없는 것이다.[71]

---

67) 대판 1992.12.11, 92다18146.

68) 대판 2008.4.10, 2007다28598.

69) 대판 2007.3.29, 2006다74273; 대판 2007.9.6, 2007다34982.

70) 대판 1995.6.9, 94다42389.

71) 대판 1983.2.8, 82다카834.

(4) 종중재산의 법률관계

가. 종중재산과 그 법적 성격[72)]

종중은 공동선조의 분묘수호 및 봉제사뿐만 아니라 유교적 혈연질서의 수립·유지를 위하여 종중재산을 소유하는 것이 보통인데, 이러한 점에서 종중은 일종의 목적재산을 형성하고, 일단 설정된 종중재산은 중중의 목적수행을 위해 유지·관리된다.

종중재산의 설정에는 여러 가지 방법이 있다. 즉 최초에 시조로 피제되는 자가 그 생전처분으로 또는 유언으로 소유 토지의 일부를 분할하여 영원히 묘산 또는 위토로 보유하게 할 것을 유명(遺命)하기도 하고, 공동출연에 의하는 방법으로서 계와 같은 것을 만들어 이를 이식(利息)하여 전지를 사서 이로써 공동시조의 제사를 위한 위토를 설정한 경우, 선조가 어떤 부동산을 '사부천토'라고 정하여 이를 일문(一門) 공유로 하고 동시에 유언으로 영구히 이의 매매 기타의 처분행위를 금하는 방법으로 설정하는 경우, 국가로부터 우수한 학자나 정신이 사여받은 제위토가 누대(累代)에 걸쳐 이루어진 것도 있다.[73)]

오늘날 주요한 종중재산으로는 매장, 제사의 용도에 제공되는 토지, 건물 또는 제사비용의 자원이 될 수 있는 전답 또는 임야를 들 수 있다. 이 중에서 협의의 종중재산이라 함은 그 수익으로 제사비용에 충당하기 위하여 특정의 제신에게 제공된 토지인 제토만을 말하며, 종중재산 가운데 가장 기본적인 것이다.[74)] 그런데 위토에 대한 현대적 변형이 이루어지는 종중이 등장하고 있다.

---

72) 이에 대해서는, 김선용, 종중재산의 법적 성격 및 그 소유권 귀속을 둘러싼 분쟁에 있어서의 판단기준에 관한 판례의 동향, 실무연구자료 7권, 2006, 31면 이하; 김상명, 종중의 실체에 따른 종중재산의 법률관계, 법과 정책 제19집 제1호, 2013,2, 105-128면; 김제완, 단체 법리의 재조명 : 종중재산의 법적 성격 : 대법원 2005.7.2 선고 2002다1178 전원합의체 판결 이후의 과제 ,민사법학 31호, 한국사법행정학회, 2006.3, 93-138면; 이진기, 종중재산의 법리에 관한 판례이론의 검토, 가족법연구 15권, 2001.12.

73) 허규 등, 앞의 논문, 65-68면.

74) 같은 맥락에서 종중재산을 기본재산과 보통재산으로 나눌 수 있고, 기본재산은 종중의 존립에 필수인 것으로 제실, 종산이나 위토 등의 부동산 등이라고 하고, 종산이나 위토로부터 생기는 수익은 보통재산이라고 할 수 있는데, 기본재산은 종중의 목적을 수행하기 하여 출연된 필요불가결한 재산을 말하고, 이는 원래 처분이 금지되어 있는 재산인데, 현재로서는 처분을 실질적으로 금지할 수 있는 방안이 없기 때문에, 종중의 기본재산의 보호에 어려움이 있다. 이우석, 앞의 논문, 11-12면; 특히 종중명의가 아닌 대표자 명의로 부동산이 명의신탁된 경우 이러한 문제점은 더욱 두드러진다.

즉 산업화와 도시화, 그리고 농촌인구의 고령화 등으로 인하여 위토의 관리와 수익면에서 어려움이 따르자,[75] 이로 인하여 위토를 처분하고 도시에 토지를 매입하고 건물을 지어 그 임대료로서 제사비용 등을 충당하는 종중이 늘어가고 있다. 일부 종중에서는 경제적 측면에서 일부 종중원들이 위토를 처분하고 도시의 건물을 이러한 용도의 건물로서 매수하려고 하나 종중의 원로들이 조상이 물려준 위토를 처분하는 것은 선조에 대한 예의가 아니라는 반대를 함으로써 효율적인 종중재산으로서의 전환에 어려움을 겪기도 한다. 그러나 향후 종중재산은 위토보다는 점점 건물이나 현금의 형태로 변화할 것으로 보인다.[76]

제위토는 관리사실의 유무를 불문하고 모든 자손이 평등한 지위에서 소유하는 공동재산으로 간주된다.[77] 주의하여야 할 것은, 위토대장에 등재되어 있다는 이유로 위토임을 인정하여서는 안되고, 실질적으로 위토에 해당하는지 가려야 할 것이다. 따라서 분묘수호를 위하여 필요한 토지를 지칭하는 것으로서, 비록 경작자로부터 소작료를 징수한다고 할지라도 그것이 분묘관리나 제수용에 충당되는 이상 위토에 해당한다.[78] 나아가 실질적으로 위토의 요건에 해당하면 농지개혁법 시행규칙에서 요구하는 위토 인정절차를 거치지 않더라도 정부의 매수 대상에서 제외되는 것이고, 또한 농지 소유자와 분묘 소유자가 다르다 하더라도 위토로 인정할 수 있는 것이다.[79]

대법원은 종중재산으로 인정하기 위한 전제조건으로 사정 또는 등기 당시 어느 정도의 유기적 조직을 가진 종중으로서 실체가 존재한 사실이 증명되어야 하는데,[80] 특히 종중재산이 부동산인 경우에 일제 강점기에 토지조사사업에 의해 현대적 등기제도가 등장하면서 자연인과 법인에 대해서만 등기능력을 인정하고 종중이나 문중에 대해서는 등기능력을 인정하지 않은 결과, 종중 소유의 부동산은 중중 명의로 등기가 되지 않고, 종손이나 수인에게 명의신탁을 하

---

75) 안동지방의 경우 위토를 가진 대부분의 종중들은 위토를 경작할 사람이 없어서 위토로부터 나온 수확물로 제사비용을 충당하기 어려운 실정이라고 한다. 이덕승, 권리능력 없는 사단에 관한 연구, 성균관대학교, 1995, 118면; 정기웅, 종중에 관한 법적 고찰(하), 사법행정, 1994.8, 33면.

76) 이덕승, 앞의 논문, 118면.

77) 배병일, 위토의 소유권을 둘러싼 법률관계, 가족법연구 제21권 제1호, 2007, 271-272면.

78) 대판 1993.9.24, 93다24568.

79) 대판 1997.12.23, 97다32918.

80) 대판 1994.10.25, 94다27982; 대판 1997.2.25, 96다9560; 대판 2000.7.6, 99다11397.

고 그 명의로 등기되어 왔다.

그 후 법인 아닌 사단이나 법인 아닌 재단 명의로 소유한 부동산을 등기할 수 있는 제도(부동산등기법 제26조)가 구비되었음에도 불구하고 여전히 종중재산이 종손이나 수탁인의 명의로 등기되어 있는 실정이어서, 이를 둘러싼 여러 문제들이 발생하고 있다.

따라서 대법원은 종중재산을 명의신탁한 것으로 인정하기 위한 요건으로「사정 당시 어느 정도의 유기적 조직을 가진 종중이 존재하였을 것과 사정 이전에 그 토지가 종중의 소유로 된 과정이나 내용이 증명되었거나 또는 여러 정황에 미루어 사정 이전부터 종중 소유로 인정할 수밖에 없는 많은 간접자료가 있을 때에 한하여 이를 인정할 수 있을 뿐이고, 그와 같은 자료들이 충분히 증명되지 아니하고 오히려 반대되는 사실의 자료가 많을 때에는 이를 인정하여서는 아니된다」[81]고 한다.

다만 대부분의 경우 종중재산의 경우 그 설정 경위나 권리주체를 입증할 서증을 명백히 갖추고 있는 경우가 매우 드물기 때문에, 이러한 점을 감안하여 종중재산의 설정경위에 관한 주장·입증의 방법과 정도에 대하여 대법원은「어느 재산이 종중재산임을 주장하는 당사자는 그 재산이 종중재산으로 설정된 경위에 관하여 주장·입증을 하여야 할 것이나, 이는 반드시 명시적임을 요하지 아니하며 어느 재산이 종중 재산이라는 주장·입증 속에 설정경위에 관한 사실이 포함되어 있다고 볼 수 있으면 되고, 설정경위의 입증은 간접사실 등을 주장·입증함으로써 요건사실을 추정할 수 있으면 족하다」[82] 고 하여 상당히 완화하고 있다.

그러나「어느 임야에 종중에 속한 분묘가 설치되어 있고 전답이 그에 인접해 있다고 하여, 그러한 사정만으로는 그 임야 및 전답이 종중 소유라고 단정할 수 없다.」[83]고 한다. 또한 종중이 부동산을 종원에게 명의를 신탁하여 사정받은 경우, 명의신탁 계약의 해지만으로 소유권을 취득하는지 여부에 대하여는,「일제시대의 임야조사령이나 토지조사령에 의하여 사정을 받은 사람은 소유권을 원시적· 창설적으로 취득하는 것이고, 종중이 그 소유였던 부동산을 종

81) 대판 1997.7.27, 99다9523; 대판 1998.9.8, 98다13686.
82) 대판 1992.12.11, 92다18146; 대결 1989.10.10, 89다카3353.
83) 대판 1997.2.25, 96다9560; 대판 1985.11.26, 85다카847; 대판 1984.3.13, 83도1726.

원에게 명의를 신탁하여 사정받았더라도 그 사정명의인이 소유권을 취득하고, 명의신탁자인 종중은 명의신탁 계약에 의한 신탁자의 지위에서 명의신탁을 해지하고 그 소유권 이전등기를 청구할 수 있을 뿐이며, 종중이 명의신탁 계약을 해지하였더라도 그 명의로 소유권이전등기를 경료하지 않은 이상 그 소유권을 취득할 수는 없다.」[84]고 한다.

나. 종중재산의 소유형태와 사용·수익 및 관리

민법은 법인 아닌 사단의 공동소유형태를 총유로 규정하고 있기 때문에(민법 제275조), 종중을 법인 아닌 사단으로 보는 한 종중의 재산은 종중원들의 총유로 될 것인가. 종중은 대개 종중재산을 소유하고 있는 것이 보통인데, 종중 소유의 재산은 종중원의 총유에 속한다고 보는 것이 통설이며 판례이다. 판례는 민법 시행 전에는 종중재산을 공유재산으로 보다가 이후 합유재산으로 본 적도 있었으나, 민법 시행 이후 합유로 보던 종전의 견해를 변경하여 총유로 인정한 후 일관하여 총유재산으로 보고,[85] 일종의 신탁관계에 있다고 하기도 한다.

다음으로 종중재산의 사용·수익의 문제가 있다. 종중재산의 공동소유관계를 '총유'로 보는 경우 총유물의 사용·수익 권능은 민법 제276조 제2항에 의거하여, 정관 기타의 규약에 좇아 법인 아닌 사단의 각 사원에게 귀속한다 할 것인바, 종규(宗規)가 있는 경우에는 종규에 따를 것이나 종규가 없는 경우에는 어떻게 할 것인가. 이 경우에도 각자에게 사용·수익권이 귀속되는 것이 아니라 관습에 의한다고 할 것인가. 만약 종중재산이 매장과 제사에 제공되거나 제사비용을 마련하기 위한 것이고, 종원의 편익을 위하여 보유하는 것이 아니기 때문에, 일반의 총유재산과 같은 사용·수익은 문제가 되지 않고, 관리·처분만 있을 뿐이라는 견해가 있다.[86]

대법원은 종중원은 총유자의 한 사람으로서 그 총유물인 종산을 사용·수익할 수 있다 하여도 그 종산에 대한 분묘설치행위는 단순한 사용수익에 불과한

---

84) 대판 1995.8.25, 94다20426, 20433.

85) 대판 1966.3.15, 65다2465; 대판 2000.10.27, 2000다22881.

86) 곽윤직, 물권법, 박영사, 2001, 302면; 이동명, 중중에 관한 법적 규율 : 관습에서 성문의 법률로, 민사판례연구 19권, 1997.2, 555면, 황기선, 종중이 당사자인 소송에 있어서의 몇 가지 문제점, 재판실무연구, 광주지방법원, 2000, 211면.

것이 아니고 관습에 의한 지상권 유사의 물권을 취득하게 되는 처분행위에 해당된다 할 것이므로 총유체인 종중의 결의가 필요하다고 판시한다.[87]

종중재산이 위토인 경우에는 종중규약이 없는 경우에 관습에 의해 사용·수익 여부 및 범위가 결정되겠지만 그 소유가 종원의 봉제사에 있는 것이어서 사용·수익이 문제될 여지는 적다. 다만 종중재산이 위토가 아닌 건물 등인 경우에 사용·수익의 문제가 발생한다. 종중규약에 의해 사용·수익에 대해 정함이 있는 경우에는 그에 따를 것이지만, 종중규약에 정함이 없는 경우에는 관습이 형성되어 있다고 볼 여지가 없으므로 민법 제276조 제2항에 따라 종중원 각자에게 사용·수익권이 있다 할 것이다. 문제는 종중총회의 결의에 따라 일정한 자에게만 사용·수익권을 인정한다든가 제한하는 결의를 할 수 있느냐이다. 종중총회를 사단의 실질을 가진 합의체로 본다면, 사단자치의 원칙에 따라 결의의 효력을 원칙적으로 인정해야 하겠지만, 그것이 사적 자치의 한계를 일탈하는 경우에는 비록 종중총회의 결의를 거쳤다 하더라도 무효라고 하여야 할 것이다.

다음으로 종중재산의 관리의 문제가 있다.

종중재산의 관리 즉 보존·이용·개량행위 등의 주체는 각 종중에 따라 대단히 다양하다. 예컨대, 종중이 소유 임야를 공동조림한다거나 공동이용하는 것은 종중이 공동으로 관리하고, 위토를 빈곤한 종중원에게 윤회 경작케 하여 그 수입으로 제사시향제 등의 비용에 충당하는 윤회관리를 하는 경우가 있으며, 문장·종손 등에게 전담 관리케 하거나, 종회에서 도유사·유사를 선임하여 관리하게 하는 등 여러 형태가 있다.[88] 민법은 법인 아닌 사단의 재산관리는 총회의 결의에 의하도록 규정하고 있으나(제276조 제1항), 이는 강행규정이 아니므로 종중의 규약이나 관행이 있으면 그에 따르면 될 것이다.[89]

주의할 점은 다른 공동소유형태에서는 관리행위 중 보존행위에 대하여는 공유와 합유에서 각각 별도의 규정을 두어 그 구성원 각자가 할 수 있도록 한다는 점이다(민법 제265조 단서·제272조). 그러나 총유에 대해서는 보존행위에 대하여 별도의 규정을 두지 아니한 바, 이는 법인 아닌 사단의 소유형태인 총유가 공유나 합유에 비하여 단체성이 강하고 구성원 개인들의 총유재산에 대한

87) 대판 1967.7.18, 66다1600.
88) 김선용, 앞의 논문, 38면.
89) 이덕승, 앞의 논문, 125면.

지분권이 인정되지 이나하는 데에서 나온 당연한 귀결이라 할 것이므로, 총유재산에 관한 소송은 보존행위로서 소를 제기하는 경우에도 법인 아닌 사단이 그 명의로 사원총회의 결의를 거쳐 하거나 또는 그 구성원 전원이 당사자가 되어 필수적 공동소송의 형태로 할 수 있을 뿐 그 사단의 구성원은 설령 그가 사단의 대표자라거나 사원총회의 결의를 거쳤다 하더라고 그 소송의 당사자가 될 수 없다.[90]

다. 종중재산의 처분과 분배 및 제한의 법리

종중은 대개 종중재산을 소유하고 있는 것이 보통인데, 종중 소유의 재산은 종중원의 총유에 속한다고 보는 것이 통설이며 판례임은 앞에서 살펴보았다. 따라서 종중재산은 종중의 목적에 맞게 관리, 처분되어야 하고, 종중재산을 처분하여 이를 개인에게 귀속시킬 때에는 신탁의 법리를 유추적용하여야 한다고 판시하고 있다.

따라서 종중규약에 달리 정한 바가 없으면, 종중재산의 관리 및 처분은 종중총회의 결의에 의하여야 하고, 그 결의가 없으면 무효이다.[91] 이는 종중원에게 명의신탁된 종중재산을 명의신탁자인 종중이 처분하는 경우에도 마찬가지이다.[92] 다만 종중재산이 명의신탁된 경우 종중과 명의수탁자의 내부관계에 있어서는 유효한 명의신탁으로서 종중의 재산이나(부동산 실권리자명의 등기에 관한 법률 제8조 1호), 외부관계에서는 명의수탁자의 단독소유이므로 위 수탁자가 종중재산을 제3자에게 처분한 때에는 종중원의 결의를 거치지 아니하였다 하더라도 종중은 그 재산을 회복할 수 없음은 명의신탁의 법리상 당연하다.[93]

그렇다면 종중재산의 처분은 어느 범위에서 허용되는 것일까. 종중재산은 그 재산이 갖는 목적상 분묘수호와 봉제사 및 종중원들의 친목도모 및 궁핍한 종원의 구제비용으로 지출되는 정도였고, 종중재산의 처분, 분할, 분배 등은 상상할 수 없었다. 즉 관습에서는 종중의 분묘수호와 친족간의 친목의 목적으로

---

90) 대판(전) 2005.9.15, 2004다44971에서 대법원은 과거 종중총회의 수권결의가 있는 경우 법인 아닌 사단의 대표자 또는 그 구성원이 총유재산의 보존을 위한 소를 제기할 수 있다고 판시한 판례들을 변경하였다.

91) 대판 2000.10.27, 2000다22881; 대판 1992.10.13, 92다27034; 대판 1994.9.30, 93다27703; 대판 1996.8.20, 96다18656.

92) 대판 1996.8.20, 96다18656.

93) 김선용, 앞의 논문, 39면.

이루어진 종중재산의 처분을 인정하지 아니하고 있는데, 대법원 판례도 영속적인 단체로서 종중의 존속을 전제로 하여, 종중의 존속에 필수불가결한 종중재산의 무한정한 처분이나 분배를 기본적으로 허용하지 않는 것으로 보인다. 다만 학설과 판례에서 종중재산이 불융통물이 아닌 한 처분할 수 있고, 종중의 결의로 종중원에게 분배할 수 있다고 보고 있다.[94)]

일제 강점기 판결도 종중재산이 되는 묘산이나 위토 등은 종중의 기본재산으로서 이를 보유하고 이를 처분하지 않는 것이 통상적이지만, 종회의 결의에 따라 양도나 담보제공을 할 수 있고, 나아가 선조가 어느 부동산을 종중재산으로서 설정하면서 처분 불가능한 '불천위토'로 정하여 매매 기타 처분을 금지하였다고 하여도 그 자손들인 총유자가 이를 처분할 수 없다는 '관습'이 없으므로 위와 같은 유언이 그 자손 전원을 구속하는 효력이 있는 것이 아니라고 한다.[95)]

그런데 오늘날 종산이나 종토 또는 위토의 토지수용 내지 개발로 인하여 처분되는 경우에는 종중재산의 처분이 불가피하게 된다. 오늘날 빈번하게 등장하는 종중원 지위의 확인이나 종중재산을 둘러싼 법적 분쟁의 이면에는 위와 같은 종중원들간의 종중재산 처분과 분배문제가 깔려 있다. 이제 일부 종중에서는 종토 또는 위토의 토지수용이나 처분으로 말미암아 위토의 변형물인 건물과 현금자산의 증가로 인하여 종중의 기본적 목적과 성격인 '제사공동체'에서 '재산공동체'적 성격이 점점 더 전면에 부상하고 중요성을 띠게 되었고, 법적 분쟁도 증가하고 있다. 이하에서는 종중재산의 처분과 그 대가의 분배를 둘러싼 문제에 관하여 생각해 봄으로써 종중재산이 가지는 법적 성격을 좀 더 분명히 하고자 한다.

먼저 종중재산의 처분 및 분배를 제한하는 법리는 법인 아닌 사단에 있어서 기본재산의 처분 및 잔여재산의 분배에 관한 법리를 유추할 수 있다. 민법 제276조의 규정은 총유물의 처분에 있어 사원총회의 결의가 필요함을 규정한 것인데 사단이 재산을 총유하고 단체가 해산하지 않는 한 기본재산은 처분할 수 없다고 보는 것이 단체의 본질상 타당하고, 다른 사정에 의하여 환가된 경우에도 재산이 조성된 본래의 목적에 부합하는 방식으로 사용되어야 할 것이다.

---

94) 이진기, 종중재산의 법리에 관한 판례이론의 검토. 가족법연구 15권, 2001.12, 322-323면.
95) 조선고등법원 1929.2.19. 판결

종중재산의 법적 성격을 지분이 없는 총유관계로 보는 것과 종중재산의 처분을 총유물의 처분으로서 종중의 최고의사결정기관이며 합의체인 종중총회의 결의를 요하도록 하는 것은 그 자체 종중재산 처분의 제한이 된다. 그런데 종중재산의 처분이 종중 고유의 목적을 위한 것이 아닐 경우, 더 나아가 처분한 재산의 분배를 위하여 종중총회의 결의가 이루어진 경우, 이것이 허용될 것인지가 문제된다. 종중재산의 처분에서 법인 아닌 사단과 달리 정관이나 총회의 결의가 있으면 어떠한 처분도 가능하므로 제사에 필요한 재산만 남겨두고 나머지를 종원들에게 나누어 주는 것이 가능할까. 법인 아닌 사단이 비영리인 경우에는 원칙적으로 구성원에게 재산분배청구권이나 이익분배청구권이 없다. 따라서 종중원에게는 종중재산 분배청구권이 없다고 보아야 하며, 종중의 총회의 결의에 의해서만 이를 처분할 수 있고, 그러한 결의가 없는 한 비록 종중의 종원이라 하더라도 직접 종중에 대하여 처분재산에 대한 분배를 구할 수는 없다고 보아야 한다.

만약 종중의 목적에 반하거나 결의의 내용이 관습이나 사회질서에 반하는 분배의 결의는 유효한 것일까. 설사 종중총회에서 결의하였다 하더라도 무효라고 하여야 할 것이다. 이에 대하여 이의를 제기하는 종중 구성원이 있을 경우 지금까지는 '총회의 결의가 있었으므로 유효하다'라고 판단하였지만, 종중재산의 처분 및 결의의 내용에 따라 이를 무효화 할 수 있어야 한다. 하나의 방안으로 2005년의 대법원 전원합의체 별개의견을 들 수 있다. 즉 종중이 소유하는 재산으로는 분묘수호 등에 쓰이는 종산과 제사봉행 등에 소요될 식량 및 그 비용의 조달 등을 위한 위토전답 그리고 제구 등이 주된 것이고, 이러한 재산은 주로 재력 있는 선조나 후손들의 증여는 종원들의 출연에 의하여 마련된 종중의 총유로서, 일단 종중의 소유로 귀속되면 그 재산을 종중에 증여한 사람이나 그의 상속인이라도 배타적인 권리를 주장할 수 없고, 오로지 종중의 목적에 합당하게 사용되어야 하며, 종중재산을 처분하여 이를 개인에게 귀속시킴에 있어서는 신탁의 법리를 유추하여 후손종원에게 합리적으로 분배하고, 종원에게만 분배하는 것은 허용될 수 없는 것이라고 한다.[96]

그 후 2010년 9월에 종중재산의 분배와 관련하여 대법원은 2개의 판결[97]

---

96) 대판(전) 2005.7.21, 2002다1178 별개의견.

97) 대판 2010.9.9, 2007다42310, 42327; 대판 2010.9.30, 2007다74775.

을 통하여 다음과 같이 종중재산의 분배에 관한 판단기준을 제시하고 있다.[98] 즉, ① 비법인사단인 종중의 토지 매각대금은 종원의 총유에 속하고, 그 매각대금의 분배는 총유물의 처분에 해당하므로,[99] 종중은 정관 기타 규약에 달리 정함이 없는 한 종중총회의 결의에 의하여 자율적으로 종중재산을 분배할 수 있다. 가령 종중총회의 결의로 종원이 아닌 미성년의 후손에게 재산을 분배하는 것도 허용된다. ② 종중재산의 분배에 관한 종중총회의 결의 내용이 현저하게 불공정하거나 선량한 풍속 기타 사회질서에 반하는 경우 또는 종원의 고유하고 기본적인 권리의 본질적인 내용을 침해하는 경우 그 결의는 무효이다. 종중재산의 분배에 관한 종중총회의 결의 내용이 현저하게 불공정한 것인지 여부를 판단할 때 '종중재산의 조성 경위, 종중재산의 유지·관리에 대한 기여도, 종중행사 참여도를 포함한 종중에 대한 기여도, 종중재산의 분배 경위, 전체 종원의 수와 구성, 분배 비율과 그 차등의 정도, 과거의 재산분배 선례 등 제반 사정'을 고려하여야 한다. ③ 단순히 남녀 성별의 구분에 따라 종중재산의 분배에 차이를 두는 것은 남녀평등의 원칙 등에 비추어 허용되지 않는다. ④ 종중재산의 분배에 관한 종중총회의 결의가 무효인 경우, 종원이 곧바로 종중을 상대로 하여 스스로 공정하다고 주장하는 분배금의 지급을 구할 수는 없고, 새로운 종중총회의 결의를 통해서만 종중재산을 분배받을 수 있다.

대법원은 종중재산의 분배에서 종중의 단체로서의 자율성 또는 독자성을 인정하면서도,[100] 종중재산의 분배에 대한 내용통제를 하고 있다. 대법원은 사단법리와 내용통제의 논리를 종중재산의 분배에도 적용한 것인데, 종중규약의 경우와 비교할 때 종중재산의 분배라는 성격에 비추어 현저한 불공정성 등으로 무효사유를 좀 더 넓게 설정하였다.

한편, 대법원은 종중재산의 분배에 대한 내용통제를 하는 근거의 하나로 종중이 공동선조의 후손을 구성원으로 하는 자연발생적 단체라는 점[101]을 들

98) 이에 대해서는 김재형, 2010년 민사판례의 동향, 민사재판의 제문제 20권, 2011.12, 13-14면.

99) 대판 1994.4.26, 93다32446 참조.

100) 대판 2008.10.9, 2005다30566에서 「종중에 대하여는 가급적 그 독자성과 자율성을 존중해 주는 것이 바람직하고, 따라서 원칙적으로 종중규약은 그것이 종원이 가지는 고유하고 기본적인 권리의 본질적인 내용을 침해하는 등 종중의 본질이나 설립 목적에 크게 위배되지 않는 한 그 유효성을 인정하여야 할 것」이라고 한다.

101) 종중은 공동선조의 분묘수호와 제사 및 종원 상호간의 친목 등을 목적으로 하여 구성되는

고 있다.

종중재산의 처분이 종중규약에 따라 이뤄졌다거나 종중총회의 결의가 있었다는 점에 대한 입증의 방법에 대하여, 「종중재산의 증여는 종중재산의 처분행위에 해당하고, 종중재산의 처분에 관하여 종중규약에 정한 바가 있으면 그에 따라야 하며, 그러한 규약이 없다면 이에 관한 적법한 종중총회의 결의가 있어야 하는 것이지만, 종중재산의 처분이 종중규약에 따라 이뤄졌다거나 이에 관한 적법한 종중총회의 결의가 있었다는 점에 대한 입증은 반드시 종중총회결의서 등 그러한 사실을 실질적으로 증명할 수 있는 증거에 의하여야만 할 수 있는 것은 아니고, 그러한 종중총회의 결의가 있었다는 점 등을 추인할 수 있는 간접사실의 입증을 통하여도 할 수 있다.」[102)]

대법원은 종중의 성립과 구성원에 대한 법리와 종중 재산 처분의 법리를 이원적으로 판단하고 있다. 종중의 성립과 구성원에 대해서는 사단의 법리가 아닌 종중의 법리로서 예외적으로 관습을 폭넓게 인정하나 종중재산의 처분에 있어서는, 「사회의 거듭된 관행으로 생성된 사회생활규범이 관습법으로 승인되었다고 하더라도 사회 구성원들이 그러한 관행의 법적 구속력에 대하여 확신을 갖지 않게 되었다거나, 사회를 지배하는 기본적 이념이나 사회질서의 변화로 인하여 그러한 관습법을 적용하여야 할 시점에 있어서의 전체 법질서에 부합하지 않게 되었다면 그러한 관습법은 법적 규범으로서의 효력이 부정될 수밖에 없다.」고 하여 이중적인 잣대를 적용하고 있다.

종중재산의 처분과 분배를 제한하여야 한다는 근거는 어디서 찾아야 하는가. 종중재산의 처분을 위한 종회의 의사결정에 있어서 의사정족수를 강화하여 해결할 수 있겠으나, 관습법과 자치규약에 의하여 규율되는 종중의 특성상 그와 같은 정족수 강화 방안을 어떻게 강화할 것이냐가 문제이고, 현실적으로 어려움이 많다. 따라서 종중재산의 처분과 제한을 위한 법리는 다음과 같이 생각할 수도 있다.

종중은 법인격 없는 사단이므로 주무관청의 허가에 관한 규정을 적용할 수

자연발생적인 종족집단으로 그 공동선조와 성과 본을 같이하는 후손은 그 의사와 관계없이 성년이 되면 당연히 그 구성원(종원)이 되는 종중의 성격을 말한다.

102) 대판 1994.1.14, 92다28716 판결; 대판 1992.12.11, 92다18146; 대판 1992.10.13, 92다27034.

없다. 그러나 종중재산의 처분 및 분배에 관하여 그 효력을 다투는 소가 제기된 경우 법원으로서는 주무관청의 허가가능성을 고려하여 판단할 수 있다고 본다. 만일 사단법인이었다고 가정할 경우 당해 처분 및 분배에 대해 주무관청이 허가해줄 수 있을 만한 내용이라고 판단되지 않을 때에는 이를 무효라고 판단할 수 있을 것이다.[103)]

라. 수용보상금의 분배 가능 여부

우리사회는 1970년대 이래 급속한 경제성장에 따른 산업화·도시화의 과정에서 개인주의의 발달, 남녀평등 의식의 확산, 출산율 감소와 더불어 남아선호 내지 가계계승 관념의 쇠퇴에 따라 아들 딸 구별의식이 희석되면서, 여성을 제외한 과거의 엄격한 제사방식의 변화로 여성의 제사 참여도 가능하게 되었다. 그와 더불어 산업사회로의 도시개발과 국토개발로 인하여 전국적으로 많은 토지들이 개발의 대상이 됨에 따라 전국토의 지가가 급상승하였을 뿐만 아니라, 분묘문화의 변화로 말미암아 조상숭배로서의 분묘수호에 대한 의식도 저하됨과 동시에 종중의 종산과 중중재산인 임야나 전답이 도시계획이나 국토개발에 편입되는 바람에 종중의 재산에 대하여 종중자체에서 거액의 보상금의 수령과 분배문제를 둘러싸고 분쟁이 발생하는 현상이 곳곳에서 일어났다.

종산이나 종토 또는 위토가 토지수용 내지 개발로 인하여 처분되는 경우에는 종중재산의 처분 내지 분배의 문제가 생기고 특히 토지수용으로 인한 수용보상금의 분배를 둘러싸고 종중원의 지위와 함께 종중총회의 결의의 효력 등이 문제가 되었다.

종중재산의 수용보상금의 분배가 가능한 것일까. 원칙적으로 종중이 갖는 분묘수호와 봉제사의 성격상 수용보상금의 분배는 허용되지 않고 종중의 목적에 맞게 수용보상금이 사용되어야 할 것이다. 즉 종중재산은 재산영구보전의 원칙 아래 처분은 원칙적으로 금지되며, 종중재산으로부터 얻어지는 수익은 주로 선조의 제사봉행 등에 소요되고 나머지가 있는 경우에 종원의 원조 내지 공익을 도모하는 용도에 충당되어야 할 것이다.

그런데 종중총회의 결의로 수용보상금을 분배하기로 결의한 경우 그 결의는 유효할 것인가. 비법인사단인 종중의 토지에 대한 수용보상금은 종원의 총

---

103) 김제완, 앞의 논문, 123면.

유에 속하고, 그 수용보상금의 분배는 총유물의 처분에 해당하므로, 정관 기타 규약에 달리 정함이 없는 한 종중총회의 분배결의가 없는 한 종중원이 중중에 대하여 직접 분배를 청구할 수 없다.[104] 다만 종중총회의 결의에 의하여 그 수용보상금을 분배할 수 있고, 그 분배 비율, 방법, 내용 역시 결의에 의하여 자율적으로 결정할 수 있다.

만약 종중재산을 배분하여야 한다면 어떠한 기준에 따라야 할 것인가. 대법원은 2005년 대법원 전원합의체 판결 별개의견에서, 종중의 재산을 개인에게 귀속시킴에 있어서는 신탁의 법리를 유추하여 성년여자뿐 만 아니라 미성년자들을 포함한 전체 후손 전원에게 합리적 기준에 따라 배분하여야 하며, 종원에게만 분배하는 것은 허용될 수 없다고 해석하고 있다. 종중회원 자격에 관한 판결일뿐만 아니라 이 사건 재판의 원인이 되었던 종중원의 종중재산 분배에 관한 합리적인 기준을 정하였다는 점에서 중요한 판결이라 할 것이다. 또한 거기에서 종중재산의 처분과 분배의 문제에서 처음으로 사적자치의 원칙이 제한될 수 있다는 점을 지적하였다는데 중요한 의미가 있다.

대법원은 대판 2010.9.30, 2007다74775에서 수용보상금의 분배가능 여부, 분배판단기준 등에 대하여 상당히 상세한 판시를 하고 있다. 먼저 비법인사단인 종중의 토지에 대한 수용보상금을 종중총회의 결의에 의하여 분배할 수 있다고 한다.

그러나 만약 종중재산의 분배에 관한 종중총회의 결의 내용이 현저하게 불공정하거나 선량한 풍속 기타 사회질서에 반하는 경우 또는 종원의 고유하고 기본적인 권리의 본질적인 내용을 침해하는 경우 그 결의는 무효라고 하며, 여기서 종중재산의 분배에 관한 종중총회의 결의 내용이 현저하게 불공정한 것인지 여부는 종중재산의 조성 경위, 종중재산의 유지·관리에 대한 기여도, 종중행사 참여도를 포함한 종중에 대한 기여도, 종중재산의 분배 경위, 전체 종원의 수와 구성, 분배 비율과 그 차등의 정도, 과거의 재산분배 선례 등 제반 사정을 고려하여 판단하여야 한다.

그런데 공동선조와 성과 본을 같이하는 후손은 남녀의 구별 없이 성년이 되면 당연히 그 구성원(종원)이 되는 것이므로,[105] 종중재산을 분배함에 있어

104) 대판 1994.4.26, 93다32446 판결 참조.

105) 대판(전) 2005.7.21, 2002다13850.

단순히 남녀 성별의 구분에 따라 그 분배 비율, 방법, 내용에 차이를 두는 것은 개인의 존엄과 양성의 평등을 기초로 한 가족생활을 보장하고, 가족 내의 실질적인 권리와 의무에 있어서 남녀의 차별을 두지 아니하며, 정치·경제·사회·문화 등 모든 영역에서 여성에 대한 차별을 철폐하고 남녀평등을 실현할 것을 요구하는 우리의 전체 법질서에 부합하지 아니한 것으로 정당성과 합리성이 없어 무효라고 한다. 예컨대, 종중총회결의에서 구체적인 종중재산의 분배기준을 정하도록 위임받은 이사회가, 세대주인 종원과 비세대주인 종원 사이에 분배금에 2배 이상의 차이를 두면서도 세대주에 1인 세대주까지 포함시키는 것으로 결의한 것은 단지 주민등록표상 세대주로 등재되었다는 사정만으로 종원을 차별하는 것으로서 합리적인 근거가 있다고 볼 수 없고, 또한 남자 종원의 경우는 혼인 여부에 관계없이 주민등록표상 세대주이면 1인 세대주라도 비세대주 종원에 비하여 많은 금액을 분배받을 수 있도록 하면서도 여자 종원의 경우에는 세대주 종원이 아닌 비세대주 종원으로서만 분배받을 수 있도록 한 것은 남녀 종원 사이의 성별에 따라 차별을 둔 것에 불과하여 위 이사회결의는 그 내용이 현저하게 불공정하여 무효라고 판단한다.

그러나 종중 토지에 대한 수용보상금의 분배에 관한 종중총회의 결의가 무효인 경우, 종원이 곧바로 종중을 상대로 하여 스스로 공정하다고 주장하는 분배금의 지급을 구할 수 없다고 한다.

따라서 종중 토지에 대한 수용보상금의 분배에 관한 종중총회의 결의가 무효인 경우, 종원은 그 결의의 무효확인 등을 소구하여 승소판결을 받은 후 새로운 종중총회에서 공정한 내용으로 다시 결의하도록 함으로써 그 권리를 구제받을 수 있을 뿐이고 새로운 종중총회의 결의도 거치지 아니한 채 종전 총회결의가 무효라는 사정만으로 곧바로 종중을 상대로 하여 스스로 공정하다고 주장하는 분배금의 지급을 구할 수는 없다는 것이다.

생각건대, 종중의 법적 성격은 법인 아닌 사단이고 종중의 존재 목적은 분묘수호와 봉제사 및 종중원간의 친목도모에 있기 때문에 공익이 아닌 비공익사단이다. 만약 공익사단이라면 사단의 목적인 '공익성' 그 자체만으로 사단의 활동이나 재산의 처분에서 제한이 따른다. 종중은 비공익사단이기 때문에 그 활동에 있어서 공익적 제약은 받지 않으며, 또한 비법인사단으로서 주무관청의 허가나 감독을 받지도 않기 때문에 외부로부터의 간섭을 받지 않고 활동할 수 있다. 다만 현재 대법원은 종중의 성립에 대해서는 '종중의 법리'를, 종중의 활동에 대해서는 자율성이 강조되는 '사단의 법리'를 적용하고 있다. 수용보상금 분배의 문제는 후자에 해당하여 자율성의 원칙에 의거하여 규율되고 있다. 다만 그 재량을 일탈한 경우에 사법심사의 대상이 되는데 그 때 판단기준의 제시가 필요하다. 대법원에서도 판단기준으로 헌법적 가치와 종중이라는 특수한 사단이 가지는 관습 등을 고려하여 구체적 타당성을 확보하고자 노력하고 있으나, 여전히 양자 사이에 괴리가 존재하고 있어서 찬반 양론이 대립하고 있다.

구체적으로 종중의 문제를 가지고 살펴보기로 한다. 종중의 존립의 제1목적이 분묘수호와 봉제사에 있다면, 종중의 재산 중에서 최소한 종중이 과거 오래 전에 종중원으로부터 희사받아 오랫 동안 종중묘역 등 종중활동에 이용하고 있는 부동산에 관하여는 처분이 있는 경우 종중의 존립목적과 배치되기 때문에 총회의 결의가 있는 경우라 하더라도 이를 처분하여 종중 구성원 간에 배분 등의 행위를 하지 못하게 하는 것이 종중의 본질적 면에서나 법정책적면에서 타당하다.

이러한 근거에는 첫째, 종중을 법인격 없는 사단으로 보되, 이를 기본재산으로 보아 사단법인의 기본재산의 처분에 관한 법리를 유추하여 이를 처분하여 배분하지 못하게 하거나 둘째, 대법원 2005년 전원합의체 판결의 별개의견과 같이 종중을 법인격 없는 사단으로 보되, 이를 과거 사단에 증여한 것으로 종중에 일종의 신탁한 것으로 보아 신탁의 법리를 유추하여 신탁 목적에 맞게 사용 및 배분하여야 하는 것으로 하거나, 셋째, 종중을 사안에 따라 사단적 성격과 재단적 성격을 함께 가지는 혼합단체로서의 종중이 있을 수 있다고 보아, 이 경우 주요 기본재산의 처분이라는 쟁점에 관한 한 재단에 관한 법리를 적용하여 종중 구성원이 함부로 배분할 수 없도록 하는 등의 논리적 구성이 가능하다 할 것이다.

Ⅱ. 지연공동체

지연공동체로서는 마을, 어촌계나 산림계, 두레, 향약, 대동계 등이 있다.[106]

106) 종래 마을을 비롯한 촌락, 향촌제도, 향약, 계 등에 관하여서는 많은 연구문헌들이 나와 있으나 대체로 문헌고증적이거나 경제사학적 혹은 사회학적 연구들이며 단체제도에 관한 법제사적 및 법이론적 연구들은 드물다.

이러한 사단은 일정한 지역을 연고로 경제적 활동 등 일정한 목적 하에 조직된 단체이다.

1. 주민공동체로서 마을, 동·리나 자연부락

(1) 마을(자연부락)

마을[107]을 단체로 볼 수 있는가. 마을이 좀 더 자연발생적인 지연공동체라면 동·리는 행정관리 차원에서의 지연공동체적 성격을 지니고 있다. 어떻든 주민공동체로서 동·리는 오래전부터 전국 곳곳에 설립되어 활동하고 있었고[108] 현재에도 활동하고 있는 법인 아닌 사단이다.[109] 주민공동체는 행정구역과 동일한 명의로 활동하기도 하는데 통상 자연부락 또는 마을회라고 부른다.

한국인의 사회의식은 오랜 농경사회의 전통 속에서 공동체의식이 함께 발전되어 왔다. 특히 농촌과 어촌지역에서는 관습적 요소와 공동단체적 요소가 강하게 흐르고 있다. 단체를 지연단체, 혈연단체, 목적단체로 3분한다면 지연단체는 언제나 체제변동으로부터 직접 영향을 받아왔다. 그러나 마을공동체는 정치적 상황의 변화 속에서도 가장 오랫동안 공동생활의 기초를 이루고 협동적 단체성을 유지해 온 것이 사실이다.

특히 근대적 행정체제가 도입되면서 리·동·면·읍·시·군 등의 행정단위로 구분할 때 리·동이 행정상의 말단의 지역단위로 취급되었으나, 리나 동이 바로 자연적으로 형성된 마을, 촌, 부락 등과 일치하는 경우는 거의 없었고, 두 개 내지 네 개의 마을 동네가 합하여 리(里)나 동을 이루어 왔으므로, 그 후에도 마을의 전통적 단체의식이나 협동적 조직은 사실상 리나 동과는 별도로 지속되어 왔었다.[110]

일제하에서 마을은 부, 읍, 면, 리의 행정구역의 구성부분으로 개편되면서

---

107) 흔히 자연부락이라고 부르는 주민공동체로서 오래전부터 전국 곳곳에 설립되어 활동하고 있다.

108) 구 한말 조선대심원판결부터 주민공동체가 당사자로 등장하는데, 이는 일제도 조선민사령을 통해 조선의 관습을 존중하고자 한 태도에서 비롯된 것으로 보인다. 조선대심원 1909.2.5, 융희 3년, 민상 제5호 판결; 동 1909.5.6, 융희 3년 민상 제37호 판결.

109) 대판 2004.1.29, 2001다1775; 대판 2007.7.26, 2006다64573; 대판 2008.1.31, 2005다60871; 대판 2009.1.30, 2008다71469.

110) 정환담, 독일 단체법론의 연구 - Otto v. Gierke의 비영리 협동단체성을 중심으로-, 박사학위논문(원광대), 1987, 80면.

촌락은 관습상의 윤리적 협동단체로서 인정되어 왔고 그 법적 단체성은 부인되여 왔으나, 당시의 판례를 보면 일본판례의 영향을 받아서 부락 내지 리, 동을 관습상의 법인으로 보기도 하고,[111] 법인 아닌 사단으로 보아 총유적 입회권을 인정하기도 하고, 사단으로서 소송상의 당사자능력을 인정하는 등 마을의 법률상의 단체성을 인정하여 왔다.

지연공동체 중에는 정부의 기초 행정조직인 동·리와 지역적 범위를 같이하는 공동체도 있고, 그 행정조직과 지역적 범위를 달리하는 것도 있다. 한 개의 동·리에 몇 개의 공동체가 설립되어 있는 경우와 몇 개의 동·리에 걸쳐 한 개의 공동체가 설립되어 있는 경우도 있다. 이 공동체는 대체로 정부의 행정조직인 동·리와 지역적 범위를 같이하고 있는데, 그럴 경우 흔히 이 공동체의 대표가 동·이장직을 겸하고, 공동체와 행정조직이 같은 명칭을 사용하여 그 명칭만으로는 공동체를 말하는지 행정조직을 말하는지 구분하기 어렵게 된다. 지연공동체는 정부의 행정조직과는 별개의 독자적 조직체이다. 이러한 경우 공동체가 그의 재산을 동·리의 명의로 등기하여 놓은 때에 이를 하부행정기관이 관리하는 국유 또는 지방자치단체의 재산으로 볼 여지가 있어서 실무상 문제가 되었고, 대법원은 60년대에 잠시 동·리가 주민공동체로서 재산을 소유하고 있다가 지방자치법의 시행으로 동·리가 지방자치단체인 면(1949.7.4. 지방자치법)에 편입되면, 동·리는 주체로서의 지위를 잃고 동·리의 재산은 자치단체의 재산으로 귀속된다고 하였다가,[112] 지방자치법 시행 이전에 공동체가 재산을 소유하고 동·리로 편입된 경우에도 권리주체가 그대로 존속하는 경우에는 그 재산을 원칙적으로 주민공동체의 재산으로 인정하고 있다.[113]

이러한 공동체는 마을 주민들로 조직된 지역적 자치단체로서 다른 마을의 주민이 이 마을에 새로 입주하면 이 단체의 구성원으로서 가입되고, 마을주민이 다른 마을로 이주하면 구성원에서 탈퇴하게 된다. 이 공동체는 농촌, 산촌, 어촌, 도시 등에 고루 설립되어 활동하고 있다. 이 중에는 농촌에서 주로 수리를 목적으로 한 수리계, 산림에 자리잡고 있는 산림계, 어촌에 있는 어촌계 등이 대표적이며, 오늘날 집합건물에서 동별 세대수에 비례하여 선출되는 공동주

---

111) 조고판 25.7.7. 민집 12권 246면, 청림각 판례총람, 민법편 1-1 53-1면.

112) 대판 1962.1.31, 4294민상270.

113) 대판 1965.2.9, 64다1768; 대판 1999.1.29, 98다33512.

택의 입주자대표회의[114]는 일종의 현대적 지연공동체라고 할 수 있다.

마을공동체로서 행정구역인 동·리의 이름으로 재산을 소유한 경우에 그 동·리는 법인 아닌 사단으로 인정되며,[115] 자연부락이 그 부락주민을 구성원으로 하여 고유목적을 가지고 의사결정기관과 집행기관인 대표자를 두어 독자적인 활동을 하는 사회조직체인 경우에는 법인 아닌 사단이 될 수 있다.[116] 다만 그 존재사실이 인정되려면 그 자연부락의 구성원의 범위와 자연부락의 고유업무, 자연부락의 의사결정기관인 부락총회와 대표자의 존부 및 그 조직과 운영에 관한 규약이나 관습의 존재, 고유재산을 소유하게 된 경위와 관리형태 등이 인정되어야 한다.[117]

일정한 동·리의 주민을 구성원으로 하여 향제를 지내는 것을 고유목적으로 하는 특수한 단체인 자연부락도 관례에 따라 부락회의를 개최하여 의사결정을 하고 그 목적사업을 수행하는 독자적인 사회조직체이므로, 마을의 제사 등을 목적으로 하여 설정된 재산은 그 마을 주민의 총유에 속하며, 그 주민이 그 지역에 거주하지 않게 되면 그 지위를 잃는다고 보아야 한다.

(2) 마을의 분열 인정 여부

마을공동체 구성원들의 집단적 탈퇴로 법인 아닌 사단이 2개로 분열되고 분열 전 법인 아닌 사단의 재산이 분열된 법인 아닌 사단의 구성원들에게 총유적으로 귀속되는 형태의 분열이 허용되는지 여부에 대하여 판례는 교회의 분열을 인정하지 않는 것과 같이, 사단법인과 동일한 법리에 따라 분열되기 전의

114) 대판 2007.6.15, 2007다6307은 동별대표자는 각 동별 입주자가 선출하는 것이므로, 동별대표자가 적법하게 선출되어 입주자대표회의가 적법하게 구성된 이후에는, 후임 동별대표자를 선출하는 것은 비법인사단으로서의 입주자대표회의가 동일성을 잃지 아니한 채 그대로 존속하면서 단순히 그 구성원을 변경하는 것에 지나지 아니하므로, 새로운 동별대표자의 선출절차가 위법하여 효력이 없다면 그 동별대표자는 입주자대표회의의 구성원으로서의 지위를 취득할 수 없고, 종전의 동별대표자가 여전히 입주자대표회의의 구성원으로서의 지위를 가지게 된다고 한다.

115) 대판 1965.2.9, 64다1768; 대판 1990.12.7, 자90다카25895; 대판 1991.11.26, 91다20999; 대판 1994.2.8, 93다173; 제주지방법원 1998.5.20, 97나1617.

116) 대판 1999.1.29, 98다33512; 그 밖의 마을 내지 자연부락에 관한 판례로는 대판 1980.1.15, 78다2364이 있는데 마을주민이 향제를 거행하고 임야를 고유재산으로 소유하면서 조림사업 등을 영위하며, 성문의 규약은 없으나 관행에 따라 부락회의를 개최하여 대표자를 선출하고 의사결정을 하는 등 일정한 목적하에 조직적인 공동체를 구성하고 있는 경우 법인 아닌 사단의 실질을 갖추고 있는 것으로 인정하였다.

117) 대판 2007.7.26, 2006다64573; 대판 2008.1.31, 2005다60871.

법인 아닌 사단의 재산이 분열된 법인 아닌 사단들의 구성원들에게 각각 총유적으로 귀속하게 되는 분열을 인정하지 않는다. 다만 종전의 법인 아닌 사단에 남아 있는 구성원들이 자신들이 총유의 형태로 소유하고 있는 재산을 새로이 설립된 법인 아닌 사단의 구성원들에게 양도하거나, 법인 아닌 사단이 해산한 후 그 구성원들이 나뉘어 여러 개의 법인 아닌 사단들을 설립하는 경우에 해산되기 전의 법인 아닌 사단의 구성원들이 자신들이 총유의 형태로 소유하고 있던 재산을 새로이 설립된 법인 아닌 사단들의 구성원들에게 양도하는 것은 허용된다고 한다.[118)]

(3) 입주자대표회의[119)]

산업화가 진행되면서 도시로 인구가 집중되었고, 주택문제를 해결하기 위하여 아파트와 같은 공동주택의 건설이 이루어졌고, 일정한 단지 안에 대규모 공동주택이 들어서면서 공동주택을 관리하기 위하여 동대표로 구성되는 입주자대표회의가 아파트 단지의 조직체로서 등장하게 되었다. 입주자대표회의는 현대형 지연공동체에서 발생한 조직인 셈이다.

아파트는 공동주택의 하나로서 집합건물법과 아울러 주택법(2003.5.29. 주택건설촉진법이 전문개정됨)의 규제를 받는다. 아파트 단지의 관리에 관하여는 동법 시행령에 자세히 규정되어 있다(2003.11.29. 개정시까지는 공동주택관리령이 따로 시행되었는데, 위 개정시에 위 관리령이 시행령에 흡수됨). 주택법령 중 대표회의에 관한 규정들은 위 개정 전후에 별로 달라진 것이 없다.

아파트에 관하여는 집합건물법이 기본법이고, 주택법이 특별법이다. 집합건물 중 공동주택의 관리에 관한 특별법인 것이다. 따라서 구분소유자의 기본적 권리에 관한 집합건물법의 규정에 저촉되지 않는 한, 주택법이 아파트에 적용된다. 아파트의 소유자들은 단지내 전체 동의 공용부분(부대시설 및 복리시설을 포함, 주택법시행령 제46조 제1항)의 관리에 이해관계를 같이한다.

건물에 대하여 구분소유관계가 성립되면 구분소유자 전원으로서 건물과 그

118) 대판 2008.1.31, 2005다60871.

119) 입주자 대표회의에 관한 문헌으로는, 송호열, 집합건물법상의 관리단과 주택법상의 입주자대표회의의 법률적 관계의 재정립, 동아법학 46호, 2010.2, 247면 이하; 김교창, 아파트입주자대표회의의 법적 지위 - 대법원 2003.6.24. 선고 2003다1774 판결, 법률신문, 제3442호(2006년).

대지 및 부속시설의 관리에 관한 사업의 시행을 목적으로 관리단이 설립되며(집합건물법 제23조 제1항), 관리단은 특별한 조직행위가 없더라도 구분소유관계가 존재하면 당연히 설립하는 것이 특징이다.[120] 일부 공용부분이 있는 경우 그 일부의 구분소유자는 규약에 의하여 그 공용부분의 관리에 관한 사업의 시행을 목적으로 관리단을 구성할 수 있다(동조 제2항). 이처럼 집합건물법에 의하여 관리단이 당연히 설립하며, 구분소유자가 10인 이상일 때에는 관리단을 대표하고 관리단의 사무를 집행할 관리인을 선임하여야 하고, 규약에 관한 규정을 동법에서 규정하고 있으나, 실제에는 입주자대표회의가 아파트입주자들의 대표기구로서 활동하게 되는데, 이의 법적 성격이 문제되었다.

아파트 입주자 전원으로 입주자사단이 주택법에 의하여 당연히 설립된다고 보는 견해도 있는데,[121] 입주자사단은 위 동별 또는 단지관리단과는 별개의 사단이다. 입주자사단도 주택법에 의하여 당연히 설립되는 사단이므로 위 관리단과 마찬가지로 이를 법인인 사단으로 분류한다. 주택법은 그런 사단이 설립되는 것을 전제로 그 내부기관들로서 대표기관인 대표회의, 집행기관인 회장, 이사 등의 설치에 관하여 규정하고 있다.

입주자 대표회의의 구성원인 대표들은 동별로 세대수에 비례하여 입주자들에 의하여 선출된다. 주택법은 공동주택의 입주자 수가 다수인므로 그들 전원을 구성원으로 하는 총회 대신에 그들의 대표들로 구성되는 대표회의를 설치하도록 규정하고 있는 것이다. 대표를 선출하는 입주자는 '주택의 소유자 또는 그 소유자를 대리하는 배우자 및 직계존·비속'이다(주택법 제2조 제10호). 주택법이 배우자와 직계존·비속을 아파트의 관리에 관하여 소유자의 대리권자로 규정하고 있는 것이다. 그런 정함이 있을 뿐, 결국 대표를 선출하는 입주자는 집합건물법의 구분소유자와 같다.

그렇다면 입주자 대표회의의 법적 성질을 어떻게 볼 것인가.

이에 대해서 대표회의는 단지내 전체 동의 소유자 전원으로 설립된 입주자사단의 내부기관에 불과하며 그 대표기관으로 보는 견해가 있다.[122] 일찍이 대

---

120) 대판 1995.3.10, 94다49687; 대판 2005.11.10, 2003다45496.

121) 김교창, 앞의 글.

122) 이수철, 입주자대표회의의 소송수행권, 부산판례연구회 판례연구 제16집, 575면 이하; 김교창, 위의 판례평석에서 대법원은 대표자회의가 일정한 조직과 대표기관의 구성 등을 이유로 법인 아닌 사단으로 인정하자, 사단법인의 총회, 주식회사의 주주총회에도 대표자로

표회의가 원고로서 제소한 사건에서, 서울고등법원이 대표회의를 입주자사단의 내부기관일 뿐이라고 지적하고, 그의 당사자능력을 부정하면서 소각하 판결을 선고한 바 있었으나,[123] 대법원이 대표회의를 독자적 조직체로 인정한다고 판시하면서 원판결을 파기하였다.[124] 대표회의에 대표자가 선임되어 있고, 자체로서 의사결정을 하고, 그 결의에 따라 관리업무를 수행하고 있다는 것이 그 이유이다. 대법원판결 이후 판례와 학설은 입주자대표회의를 독자적 조직체로 인정하면서 법인 아닌 사단으로 보고 있다.[125]

2. 어촌계[126]

(1) 어촌계의 의의와 법적 성질

어촌계는 관습상 인정된 지역공동체로서 어촌이라는 지역기반을 토대로 일정한 어촌지역에 거주하는 입호제도를 통한 어업인을 구성원으로 하여 마을어업권, 양식어업권 등의 재산권을 총유하는 형식으로 구성되는데,[127] 현재 비법인사단으로 파악하고 있고,[128] 판례 역시 마찬가지이다.[129] 그 이유는 어촌계는 입호제도를 통한 어촌이라는 일정한 행정구역에 거주하는 어업인만이 가입할 수 있는 인적 결합체이고, 영리를 목적으로 하지 않기 때문이다. 어촌계

서의 의장이 선임되어 있고, 자체로서 의사결정을 하고 있지만, 아무도 그 총회들을 독자적 조직체로 인정하지 아니하고, 단지의 관리업무는 대표회의가 아니라 입주자사단의 집행기관인 대표회의 회장과 이사가 수행한다는 점에서, 대법원이 조직체와 그 내부기관을 구분하지 못한 것이라는 비판적 견해를 피력한다.

123) 서울고법, 1990.12.20, 90나25784.

124) 대판 1991.4.23, 91다4478.

125) 대판 1997.11.28, 96다22365; 대판 2001.1.5, 2000두2686; 고준기, 사용자의 개념-입주자대표회의의 사용자성, 노동법학 제140호, 노동법학회, 2002.6; 윤성철, 아파트위탁관리제에 있어서의 입주자대표회의의 사용자 여부, 노동판례평석모음집, 중앙노동위원회, 2005.

126) 어촌계에 대한 논문으로는 임종선, 비법인사단으로서의 어촌계에 대한 소고, 경희법학 제47권 제3호, 2012.9, 295면 이하; 장수호, 어촌계에 관한 연구-사적 배경과 경영형태를 중심으로, 동아대학교 박사학위논문, 1979; 이덕승, 어촌계의 법적 성질에 관한 재고, 재산법연구 제12권 제1호, 한국재산법학회, 1995; 박정석, 어촌 마을의 공유재산과 어촌계, 농촌사회 제11집 2호, 한국농촌사회학회, 2001.

127) 2014년 2월 현재 전국적으로 1,994개의 어촌계가 설립되어 있다. http://www.mof.go.kr/EgovAdvanceView_front.do (해양수산부 홈페이지)

128) 어촌계에 대한 상세는 임종선, "비법인사단으로서의 어촌계에 대한 소고", 경희법학 제47권 제3호, 2012.9, 295면 이하.

129) 대판 1991.10.11, 90누9926; 대판 95다57159; 대판 2003.6.27, 2002다68034.

의 목적에 대해서 수산업협동조합법 시행령에서는 「어촌계원의 어업 생산성을 높이고 생활 향상을 위한 공동사업의 수행과 경제적·사회적 및 문화적 지위의 향상을 도모함을 목적으로 한다」(동법시행령 제2조)고 한다.

종전에는 어촌계의 경우 법인형태와 비법인형태가 공존하고 있었다. 즉 구 수산업협동조합법 제16조의 2에서는 협동어촌계를 조직하려면 규약을 만들어서 관할 도지사의 인가를 받을 것을 요구하였으나, 이 때에도 종전의 어촌계를 부정하려는 취지까지는 나아가지 않고 관습상의 어촌계를 인정하였는데,[130] 2000년 1월 수산업협동조합법의 일부개정에 의해 법인어촌계가 폐지되었다. 현재 '어촌계'는 수산업협동조합법 제15조에서 규정하고 있는데, 지구별수협의 조합원은 행정구역·경제권 등을 중심으로 어촌계를 조직할 수 있도록 규정하고 있다. 어촌계는 수산업협동조합의 최말단 하부조직으로 역할하도록 조직된 어촌주민들의 자치단체로서 여전히 '법인 아닌 사단'으로 정의할 수 있다.[131]

일반적인 비법인단체는 원칙적으로 허가를 요하지 않으나, 어촌계의 경우 인가를 요하는 것은 마을어업권의 취득과 관련이 있다. 어촌계가 보유하고자 하는 어촌의 지선바다에 대해 어업권을 신청하면 우선순위를 부여받게 되므로 법인은 아닐지라도 최소한 단체로서의 요건의 구비를 요하는 것이다.[132]

(2) 어촌계의 설립

어촌계를 설립하기 위해서는 구역에 거주하는 지구별 수산업협동조합(이하 "지구별수협"이라 한다)의 조합원 10명 이상이 발기인이 되어 설립준비위원회를 구성하고, 어촌계 정관을 작성하여 창립총회의 의결을 거쳐 시장(특별자치도의 경우에는 특별자치도지사를 말한다. 이하 같다)·군수·구청장(자치구의 구청장)의 인가를 받아야 한다(동법시행령 제4조 제1항). 어촌계의 정관은 행정부처의 고시로 규정되어 있다.[133]

설립준비위원회의 의사(議事)는 재적 발기인 과반수의 찬성으로 의결하고,

---

130) 대판 1967.1.24, 66다2184.

131) 대판 1998.8.21, 98다21045.

132) 이덕승, 어촌계의 법적 성질에 관한 재고, 재산법연구 제12권 제1호, 한국재산법학회, 1995, 160면.

133) 어촌계는 2005년도에 해양수산부 관할이어서 해양수산부에 의해 전면개정되어 고시되었고, 이후 농림수산식품부 관할이었으나 현재 다시 해양수산부 관할로 되어 있고 농림수산식품부 고시 제2012-80호, 2012.7.30. 어촌계 정관(예)가 주요 골자이다.

창립총회의 의사는 어촌계원의 자격이 있는 사람 중 개의(開議) 전까지 설립준비위원회에 설립동의서를 제출한 사람 과반수의 찬성으로 의결한다(동조 제2항). 명칭은 어촌계로 하여야 한다(동법 제3조).

어촌계 설립준비위원회가 동법 시행령 제4조제1항에 따라 어촌계의 설립인가를 받으려는 경우에는 설립인가신청서에 ① 정관, ② 창립총회 의사록, ③ 사업계획서 및 수지예산서, ④ 임원 및 어촌계원 명부 ⑤ 구역 및 어장 약도 등의 서류를 첨부하여 시장、군수、구청장에게 제출하여야 한다(동조 제3항). 시장、군수、구청장은 어촌계의 설립을 인가한 경우에는 그 사실을 관할 지구별 수협의 장에게 통보하여야 한다(동법 시행규칙 제3조 제2항).

어촌계의 정관에는 ㉠ 목적, ㉡ 명칭, ㉢ 구역, ㉣ 주된 사무소의 소재지, ㉤ 어촌계의 자격 및 권리·의무에 관한 사항, ㉥ 어촌계원의 가입·탈퇴 및 제명에 관한 사항, ㉦ 총회 및 그 밖의 의결기관과 임원의 정수(定數)·선출 및 해임에 관한 사항, ㉧ 사업의 종류와 그 집행에 관한 사항, ㉨ 경비 부과, 수수료 및 사용료에 관한 사항, ㉩ 적립금의 금액 및 적립방법에 관한 사항, ㉪ 잉여금의 처분 및 결손금의 처리방법에 관한 사항, ㉫ 회계연도 및 회계에 관한 사항, ㉬ 해산에 관한 사항이 포함되어야 하며, 만약 정관을 변경하는 경우에는 시장·군수·구청장의 인가를 받아야 한다(동법 시행령 제5조).[134]

(3) 어촌계원·준어촌계원의 지위

지구별수협의 조합원으로서 어촌계의 구역에 거주하는 사람은 어촌계에 가입하여 어촌계원이 될 수 있고(동법시행령 제6조 제1항), 제1항에 따른 어촌계원의 자격이 없는 어업인 중 어촌계가 취득한 마을어업권 또는 어촌계의 구역에 있는 지구별수협이 취득한 마을어업권의 어장(漁場)에서 「수산업법」 제2조 제10호에 따른 입어(入漁)를 하는 사람의 경우에는 총회의 의결을 받아 준어촌계원이 될 수 있다(동조 제6조 제2항).

어촌계의 계원으로 신규가입을 하려면 어촌계의 법인격의 유무와 관계없이

134) 어촌계 정관에 대해서는 어촌계가 임의로 작성하는 것이 아니고 국가에서 미리 고시로 예시해주는 정관(예)에 꼭 따르도록 되어 있으며, 정관(예)와 다를 경우 인가할 수 없으며, 정관(예)을 변경하는 경우에도 정관(예)와 다르게 변경할 수 없도록 규정하고 있다. 최치훈, 통영시 어촌계의 어업권에 관한 연구, 한국도서연구 제19권, 한국도서(섬)학회, 2007, 130-131면.

가입희망자의 신청과 사단 측의 승낙에 의하여 성립한다.[135] 이 때 그 승낙은 사단의 의사결정기관이 하게 된다. 그러나 이런 가입요건을 갖춘 지구별수협의 조합원의 가입신청만으로 바로 그 계원의 지위를 취득한다고 볼 수 없다. 그 이유는 어촌계의 정관에 계장이 신규가입의 신청서를 접수한 때에는 총회에 부의하여 계원으로서의 자격 유무를 심사하고 가입의 가부를 결정한 다음, 승낙한 경우 서면으로 그 결과를 통지하고 계원 명부에 기재하도록 규정하고 있는 바(어촌계정관(예) 제11조 제2항), 가입신청자가 계원이 될 수 있는 실질적인 요건을 갖춘 것만으로는 부족하고 계원 지위부여절차를 거쳐야 한다. 판례도 「어촌계의 정관에 계장이 신규가입의 신청서를 접수한 때에는 총회에 부의하여 계원으로서의 자격 유무를 심사하고 가입의 가부를 결정한 다음 승낙한 경우 서면으로 그 결과를 통지하고 계원 명부에 기재하도록 규정하고 있는 경우, 비록 가입신청자가 계원이 될 수 있는 실질적 요건을 갖추었다고 하더라도, 총회의 동의 및 계장의 승낙통지라는 계원지위부여절차를 거치거나 그러한 절차를 거쳤다고 볼 만한 객관적 사정이 인정되지 아니하는 한, 어촌계의 계원의 지위를 취득하였다고 볼 수 없고 어촌계의 정관에서 가입신청자가 계원 명부에 기재됨으로써 계원의 자격을 취득한다고 규정하였다고 하더라도 계원 명부에의 등재는 단지 내부적인 후속처리절차에 불과할 뿐 계원 자격 취득의 효력발생요건이라고는 볼 수 없다」고 하고 있다.[136]

어촌계는 정당한 사유 없이 계원의 자격을 갖추고 있는 사람의 가입을 거절하거나 다른 계원보다 불리한 가입 조건을 달 수 없다(어촌계 정관(예) 제11조 제3항). 가입을 승낙할 때에는 서면으로 이를 가입신청자에게 통지하고 계원 명부에 기재하여야 한다(정관(예) 제11조 제5항). 사망으로 인하여 탈퇴된 계원의 상속인(공동상속의 경우에는 공동상속인이 선정한 1명의 상속인을 말한다)이 계원 자격이 있는 경우에는 계원이 될 수 있다(정관(예) 제12조).

어촌계원은 그들의 총유에 속하는 재산을 정관 또는 기타의 규약에 좇아 사용·수익할 수 있는 권리가 있는 한편 출자의무나 노무제공의 의무도 부담하여야 한다.[137] 어촌계의 가입은 어촌계원의 어업 생산성을 높이고 생활 향상을

135) 이는 어촌계에 한정되는 것이 아니라 다른 비법인사단에도 동일하게 적용된다.

136) 대판 1998.8.21, 98다21045.

137) 대판 1994.9.1, 94다16250; 대판 1998.8.21, 98다21045.

위한 공동사업의 수행과 경제적·사회적 및 문화적 지위의 향상이라는 목적을 위한 일정 의무의 이행을 위해서, 입호제도를 통하여 배타적인 권리인 마을어업권에 대한 권리의 행사의 가부를 어촌계 총회를 통해 결정하는 것이 어촌계의 자격을 취득하는 실질적 요건이라 볼 수 있는 것이다.[138)]

(4) 어촌계의 기관

관습상 인정된 지역공동체로서 어촌이라는 지역기반을 토대로 한 인적 결합체로서 비법인 사단인 어촌계의 기관에는 어촌계의 최고 의사결정기구로서 계원총회가 있으며 계원총회에는 정기총회와 임시총회가 있다. 계원총회를 통해 결정된 의사에 의한 사업을 집행하는 임원에는 계장 1인이 있고, 계장을 감독하는 감사 1인과 계장의 유고시 직무를 대행하여 수행하는 간사 1인이 있다.

계장은 계원 중에서 계원이 직접 선출하여야 하며, 계원 과반수의 투표에 의한 다득표자가 선출되는데 시장·군수·구청장이 임명한다.[139)] 이러한 계장의 선임으로서 어촌계는 계장에게 사무의 처리를 위임하고 승낙하게 되는 것이다. 이것 또한 정관의 규정에 따를 것이지만 만약 정관에 위임에 관한 구체적인 규정이 없다면 민법에 위임에 관한 규정(민법 제680조-제692조)이 준용된다. 계장의 해임은 총회의 결의에 의하며 계원은 총계원의 3분의 1이상의 찬성에 의해 해임을 요구할 수 있으며 총계원의 3분의 2 이상의 찬성으로 해임된다.

계장은 어촌계를 대표하며 그 사무를 집행하고 총회 및 대의원회의 의장이 된다. 따라서 계장은 소송상의 당사자능력을 가지며, 어촌계 역시 소송당사자가 될 수 있다. 또한 직무를 수행함에 있어서 선관주의의무를 진다(민법 제681조). 간사는 계장을 보좌하고 계장이 궐위·구금되거나 「의료법」에 따른 의료기관에서 30일 이상 계속하여 입원한 경우 등 부득이한 사유로 직무를 수행할 수 없을 때에는 그 직무를 대행한다(정관(예) 제39조 제2항).

(5) 어촌계의 사업과 비영리성 여부

어촌계는 어촌계원의 어업 생산성을 높이고 생활 향상을 위한 공동사업의 수행과 경제적·사회적 및 문화적 지위의 향상을 도모함을 목적으로 하여 정관

---

138) 임종선, 앞의 논문, 299면.

139) 2인 이상의 다득표자가 발생하면 어촌계의 정관에 의해 결정되어지지만 그 중 연장자로 하는 경우도 있으며 어촌계마다 선출방식에 조금씩 차이가 있다; 이덕승, 앞의 논문, 142면.

으로 정하는 바에 따라 다음과 같은 사업을 한다. 즉, ㉠ 교육·지원사업, ㉡ 어업권의 취득 및 어업의 경영, ㉢ 소속 지구별수협이 취득한 어업권의 행사, ㉣ 어업인의 생활필수품과 어선 및 어구의 공동구매, ㉤ 어촌 공동시설의 설치 및 운영, ㉥ 수산물의 간이공동 제조 및 가공, ㉦ 어업자금의 알선 및 배정, ㉧ 어업인의 후생복지사업, ㉨ 구매·보관 및 판매사업, ㉩ 다른 경제단체·사회단체 및 문화단체와의 교류·협력, ㉪ 국가, 지방자치단체 또는 지구별수협의 위탁사업 및 보조에 따른 사업, ㉫ 다른 법령에서 어촌계의 사업으로 정하는 사업, ㉬ 제1호부터 제12호까지의 사업에 부대하는 사업, ㉭ 그 밖에 어촌계의 목적 달성에 필요한 사업(동법 시행령 제7조 제1항)을 할 수 있다.

또한 제1항의 사업 목적을 달성하기 위하여 기금을 조성·운용하거나 중앙회 또는 지구별수협으로부터 자금을 차입(借入)할 수 있다(동법시행령 제7조 제2항).

어촌계의 사업 중 어업권의 취득 및 어업의 경영, 수산물의 간이공동 제조와 가공, 구매·보관 및 판매사업 등은 어촌계의 계원들의 공동이익의 창출을 통한 소득증대로서 어민들의 생활의 질에 대한 균형적 발전을 이루고자 하는 것이다. 어촌계가 비영리사단이려면 발생한 이익에 대하여 구성원들에게 배분이 되지 않아야 하는데 이 점을 검토해 보기로 한다. 현재 어촌계의 공동사업을 통해 얻은 수익은 지역 혹은 계마다 차이가 있지만 수익금의 사용은 우선 마을의 공유재산에 대한 운영비로 사용하고 남는 돈은 기금을 조성하는 것이 일반적이다. 그러나 일부 어촌계에서는 계원에게 수익금을 배당하는 경우도 있다.[140] 따라서 모든 어촌계가 비영리성을 지니고 있다고 말하기는 어렵고, 어촌관광사업, 수산물 및 특산품 판매사업과 위탁판매사업 등 역시 영리성을 지니고 있는 부대사업이라고 볼 수 있다.[141]

(6) 설립인가의 취소 및 해산

시장·군수·구청장은 ① 어촌계의 부채가 그 자산을 초과한 경우, ② 어촌계의 사업량으로 보아 어촌계의 운영이 매우 곤란하다고 인정되는 경우, ③ 「수산업법」 제8조 제1항 제6호에 따른 마을어업권을 행사할 때 분쟁의 조정상 필요하다고 인정되는 경우의 어느 하나에 해당하는 경우에는 설립인가를 취소할

140) 최치훈, 앞의 논문, 144-145면; 박정석, 앞의 논문, 182면.

141) 임종선, 앞의 논문, 328면.

수 있다.

어촌계는 ① 어촌계 정관으로 정한 해산 사유의 발생, ② 총회의 해산의결, ③ 어촌계원의 수가 10명 미만이 되는 경우, ④ 설립인가의 취소에 따른 설립인가의 취소 등 어느 하나에 해당하는 경우에 해산한다(동법 시행령 제8조 제3항). 다만 총회의 해산의결에는 시장·군수·구청장의 인가를 받아야 한다(동조 제2항). 어촌계가 해산하였을 때에는 그 해산 사유가 발생한 날부터 2주일 이내에 소속 지구별수협의 조합장을 거쳐 시장·군수·구청장에게 보고하여야 한다(동조 제3항).

(7) 어업권과 어촌계 재산의 법률관계

어촌계의 주된 사업은 어업권의 취득 및 어업의 경영이다. 어업권이란 어업의 면허에 의해 부여되는 권리로서, 면허어업은 일정한 수면에서 특정한 어업을 배타적으로 영위할 수 있는 권리를 부여하는 행정처분의 바탕 위에서 하는 어업을 말한다. 어업면허를 받은 자와 어업권을 이전받거나 분할받은 자는 어업권원부에 등록을 함으로써 어업권을 취득한다(수산업법 제16조 제1항). 수산업법에서 어업권을 '물권'으로 규정하고 있으며, 민법 규정 중 토지에 관한 규정을 준용한다(수산업법 제16조 제2항).

어업권을 행사할 수 있는 주체로는 어업인, 지구별 수산업협동조합, 어촌계, 영어조합법인, 입어인 등이 있다. 어업권의 종류에는 정치망어업, 해조류양식어업, 패류양식업, 어류 등 양식어업, 복합양식어업, 협동양식어업, 마을어업, 외해양식어업 등이 있다.[142)]

마을어업권의 경우 어촌계와 지구별 수산업협동조합만이 행사할 수 있는데, 마을어업이란 일정한 지역에 거주하는 어업인이 해안에 연접한 일정한 수심 이내의 수면을 구획하여 패류·해조류 또는 정착성 수산동물을 관리·조성하여 포획·채취하는 어업(수산업법 제8조 제1항)을 말한다.

협동양식어업은 어촌계와 지구별수산업협동조합, 영어조합법인만이 행사할 수 있다. 해조류양식어업과 수면의 바닥을 이용하는 어구와 어법 그리고 어류 등의 양식어업은 일정한 요건 하에 당해 수면에 인접한 어촌계와 영어조합법

---

142) 어업권의 종류에 대한 상세한 내용은, 소재선·임종선, 어업권의 특징과 법적 성질에 관한 소고, 토지공법연구 제57집, 한국토지공법학회, 2012, 333-334면.

인 및 지구별수산업협동조합만이 행사할 수 있다. 또한 입어권(관행어업권) 역시 행사할 수 있다.[143]

입어권이란 입어자(관행어업인)가 종래의 관행에 의하여 공동어업권에 속하는 마을어업과 협동양식면허가 있는 어장에서 어업을 할 수 있는 권리이다. 입어자란 마을어업권이 설정되기 전부터 해당 수면에서 계속하여 수산동식물을 포획、채취하여 온 사실이 대다수 사람들에게 인정되는 자 중에서 어업권원부에 등록된 자를 말한다(수산업법 제2조 제11호). 관행이란 어업권에 대한 경제적 의존과 축적된 경험을 내포하고 있는 것이다. 입어자로 인정받기 위해서는 첫째, 특정어업장에서 오랫동안 계속하여 어업행위를 하였을 것 둘째, 그것이 대다수의 사람들에게 일반적으로 시인될 정도에 이를 것 등 2가지를 충족하여야 하지만 정작 그러한 요건을 충족하기 위해서 구체적인 인정 규정이 없으므로 개별적인 사건을 통해 해결하여야 할 것이다.[144] 그러나 신고를 하고 어업권원부에 등록하여야 관행어업인으로 보호받을 수 있으므로 신고는 또 다른 형식적 요건이라 할 수 있다.[145]

어업권이 물권 유사의 배타적인 권리임에도 불구하고 '입어'를 인정하는 이유는 관행과 함께 입어의 성격상 입어자 자신과 가계의 노동력을 이용하여 자기 책임하에 가계의 생계유지를 위해 어장에서 어업행위를 영위하는 가계어업이기 때문이다.[146] 입어는 관행어업을 제도화하는 과정에서 탈락되면서 자유어업의 성격을 지닌 신고어업으로 편입되었다. 이러한 관행에 의해 형성된 입어가 권리인지의 여부와 권리라면 어떠한 권리인가에 대하여 여러 견해가 있다. 먼저 권리인지의 여부에 대하여 반사적 이익설과 권리설이 있고, 권리설에도 제한물권설, 독자적인 물권설, 배타성 없는 준물권설, 특수지역권설 등이 있다.

하급심 판례이기는 하지만 「공동어업의 어업권자는 종래의 관행에 의하여 그 어업장에서 어업하는 자의 입어를 거절할 수 없다고 규정하여 보호하고 있던 관행에 의한 어업권은 어느 지역의 주민 즉, 하나의 마을 주민이든 수개의

143) 소재선·임종선, 앞의 논문, 331-334면.

144) 황갑수, 실무위주의 수산업법 해설, 수협중앙회, 2004, 305면

145) 대판 1997.10.10, 96다3838.

146) 임종선, 앞의 논문, 311면.

마을 주민이든 상관없이 면허 등 어업권이 없이 집합체로서 오래전부터 아무런 방해를 받지 아니하고서 계속하여 그들 주민 이외의 타인인 국가 등에 속하는 일정한 범위의 해면에서 입어 내지 채취 등의 수익행위를 하는 권리인 특수한 지역권을 말한다」고 한다.[147)]

법인 아닌 사단으로서 어촌계의 재산소유형태 역시 총유형태이고(민법 제275조), 총유물의 관리 및 처분은 정관 기타 규약에 의하나 정관 기타 규약이 없으면 사원총회의 결의에 의하며 소유권 이외의 재산권에 준용한다고 하고 있다. 또한 수산업법 제16조 제4항에서 법인이 아닌 어촌계가 취득한 어업권은 그 어촌계의 총유로 한다고 규정하고 있다. 어촌계의 총유물은 어업권 또는 부동산 기타 재산으로 본다.

어촌계의 재산소유형태를 총유로 본다면 어촌계 재산의 관리와 처분에 관하여 사단의 정관 기타 계약에 의하는 외에는 사원총회의 결의에 의한다(민법 제275조 제2항, 제276조). 총유물의 관리는 총유물의 처분이나 변경에 해당하지 아니할 정도의 이용, 개량, 보존을 위한 사실적, 법률적 행위를 말한다. 여기서의 처분은 총유물의 양도와 물권의 설정 등의 법률적 행위와 물리적 변경을 통한 폐기 등의 사실적 행위를 가리킨다.

3. 산림계

산림계는 산촌지역의 주민공동체로서 일정한 지역의 산지에 대한 산림자원의 보존·관리 및 채취 등을 개발함으로써 지역의 발전과 계원의 이익증진을 목적으로 설립된 관습상의 지연공동체이다. 산림계의 기원은 지역주민들이 자율적으로 협동하여 산림의 보호와 공동이용을 목적으로 한 조선시대의 송계(松契)와 식림계(植林契)에서 유래되었다. 일제시대에는 산림조합, 산림계, 조선산림회, 조선임업협회, 조선산림연합회 등의 이름으로 명맥을 유지해오다가 해방후인 1949년 사단법인 중앙산림조합연합회, 각 시·도 산림조합연합회, 시·군 산림조합, 리·동 산림계의 4단계 계통조직이 설립되었다.

종전에는 구 산림법(1962.1.20.시행) 제53조에 의하여 산림조합, 산림조합연합회와 함께 비영리사단법인으로 규정되었고,[148)] 그 후 산림조합법 제3조에 산림

147) 서울민사지법 1993.11.19, 91가합42192.

148) 구 산림법에서 산림계를 설립하고자 할 때에는 그 구역 내에 소재하는 산림소유자와 현지

조합, 산림조합중앙회와 함께 법인격이 있는 것으로 하였지만, 2000년 5월 1일 개정된 산림조합법에서 산림계는 더 이상 근거규정을 두지 않고 다만 부칙에서 산림계는 기존에 설립된 것 이외에는 더 이상 설립을 인정하지 않고 산림조합이 그 기능을 담당하게 되었다. 다만 기존의 시장·군수의 설립인가를 받은 산림계와 법인 아닌 사단으로서 관습상 그 실체가 인정되는 산림계는 여전히 존재하고 있다. 산림계는 산림소유자와 현지주민이 협조하여 산림자원을 보호하고 관리하는데 그 특색이 있다. 판례에서도 법인 아닌 사단으로서 산림계의 실체를 인정하고 있으나,[149] 실제 그 수는 많지 않을 것으로 본다.

제2절 목적적 사단

Ⅰ. 종교적 단체

한국사회는 여러 종교·종파가 공존·공생하고 있는 모습을 특징으로 한다. 그래서 한국인은 매우 종교적인 국민이라고 일컬어진다. 헌법 제20조에는 ① 모든 국민은 종교의 자유를 가진다. ② 국교는 인정되지 아니하며 종교와 정치는 분리된다고 규정하여 제헌헌법 이래 종교의 자유를 인정하고 있다. 이러한 종교의 자유에는 신앙의 자유뿐만아니라 종교적 결사의 자유까지 포함하고 있다.

종교란 사전적 의미로서 신이나 초자연적 절대자 또는 힘에 대한 믿음을 통하여 인간생활의 고뇌를 해결하고 삶의 궁극적인 의미를 추구하는 문화체계라고 한다. 종교단체란 종교라는 단어가 내포하고 있는 의미를 좇아 모인 사람들의 일정한 조직체라고 할 수 있다. 즉 종교단체는 종교교의를 선포하고 의식을 집행하며, 신자의 교화육성을 주요 목적으로 하는 단체를 의미한다.

종교단체는 ① 이념적·이데올로기적 요소(교의), ② 관행적·행위 양식적 요소(의식, 행사), ③ 인적·조직적 요소(종교교사, 신자), ④ 물적·도구적 요소(시설) 등 네 가지 구성요소가 결합된 단체이다.[150] 종교적 목적으로 일정한 교의하에 조

주민인 세대주 30인 이상이 발기인이 되어 정관을 작성하고 시장·군수의 인가를 받도록 하였다.

149) 대판 1986.9.23, 85누573.

직된 단체로 신도회(예컨대 교회나 사찰 등)나 유도회 등이 있다.

판례는 특정 종교의 교리의 진위, 교의의 해석 등 종교상의 교의에 관한 문제는 사법심사의 대상으로 하지 않는다.[151] 이는 국가의 사법권 행사가 종교단체의 교의 등 자치권을 훼손하지 않는 범위에서 허용된다는 의미이다.

Ⅱ. 향교[152]

(1) 사단으로서 유도회

유교는 공자의 사상과 이념을 생활 속에서 실천하고자 하는 것인데, 유교의 종교적 색체가 약한 것은 사실이다. 현재 종교의 교세면에서 유교를 종교로 인식하여 표시하는 인구는 극히 미미하다.[153] 어떻든 한국에서는 유교가 종교로 실체화되었는데, 그것은 유교가 하나의 이론이나 사상에 머물지 아니하고 사회적 조직체로서 활동하고 있다는 사실을 의미한다. 한국에는 하나의 성균관과 지방에 231개의 향교, 2,200여개의 서원과 사당들이 있고, 3,500여명의 구성원을 가진 유도회, 청년유도회, 여성유도회 등 유림, 유자, 유사 등의 실체가 존재한다.[154]

성균관과 지방 향교에 있는 '유도회(儒道會)'는 유교사상에 관한 신앙단체로서의 성격을 가진 사단이다.[155] 사단법인으로 허가를 받고 등기된 유도회도 존재하지만,[156] 대개의 유도회는 중앙에 성균관과 지방 향교로 구성되어 있으며, 성균관과 지방향교는 모두 공자를 비롯한 유교 성현들에 대한 향사의 봉행, 문묘의 유지, 유교이념의 연구 및 교육 등의 활동을 통하여 유교사상을 유지하고

---

150) 판례도 「사찰은 신도들이 사찰의 운영이나 재산의 관리·처분에 관여하는 정도에 의하여 재단 또는 사단인 사찰로 구분되기는 하지만 일반의 재단 또는 사단과는 달리 이념적 요소로서의 불교 교의, 행위적 요소로서의 법요 집행, 조직적 요소로서의 승려와 신도, 물적 요소로서의 토지, 불당 등 시설이 결합되어 성립한다」고 한다. 대판 1997.12.9, 94다41249.

151) 대판 1984.7.10, 83다325.

152) 유도회 관련 문헌으로는 최종고, 한국에서의 유교와 법, 법제연구 제12호, 한국법제연구원, 1997.6, 130-156면.

153) 1997년 사회지표에 따르면 유교 인구를 전국민의 0.5%로 보고 있다.

154) 유교대사전, 박영사, 1990년 통계 및 명단 수록.

155) 종중은 혈연적 단체이지만 유교라는 이념이 깔려있는 사단이라고 할 수 있다.

156) 유도회 분규과정에서 성균관 유도회에서 이탈한 일부가 참여하여 결성한 단체로 '사단법인 유교회'가 있는데 1969년 1월 18일 허가를 받았다.

보급하는 것을 목적으로 하는 신앙단체이다. 그런데 과거의 향교는 국가에 의해 설치된 지방 교육기관으로서의 지위를 가지고 있었지만, 현대의 향교는 지방 유림으로 구성된 비법인사단으로 변형되어 존속하고 있다.

즉 오늘날의 지방 향교는 과거에 형성된 관할 구역을 활동영역으로 하여 자치규범을 만들고 이에 근거하여 대표자를 선출하고 의사결정기관인 총회를 두며 재산을 관리하는 등 독자적인 활동을 하는 비법인사단으로서의 실체를 가지고 있다. 또한 성균관은 과거에 국가에 의해 중앙에 설치된 최고 교육기관으로서의 지위를 가지고 있었지만 일본강점기에 폐지되어 그 지위를 상실하였고, 해방 이후 유림에 의해 과거의 성균관을 모태로 하여 지방 향교를 비롯한 각종 유교단체를 대표하는 최고기관과 유사한 역할을 담당하는 비법인사단으로서 성균관이 조직되어 현재에 이르고 있다.

따라서 성균관과 지방향교의 관계를 보면, 양자 모두 독립적인 종교적 법인 아닌 사단이면서 성균관과 지방향교는 상급단체와 하부단체로서의 성격을 지니고 있다. 이러한 조직형태는 유도회 뿐만 아니라 사단의 형태를 지닌 다른 종교단체나 시민단체에도 존재하고 있는데, 여기에서 몇 가지 분쟁유형이 나타난다. 그러한 경우 대법원은 지방 향교에 관한 분쟁이라도 그 실질이 사단으로서의 특질에 관한 것일 때에는 단체에 관한 민법의 일반 법리를 적용하고 있다.[157] 즉 지방 향교에 관한 분쟁이라도 그 실질이 사단으로서의 특질에 관한 것일 때에는 단체에 관한 민법의 일반 법리가 적용되어야 한다고 하는데, 지방향교나 성균관이 모두 유교를 전파하고 유교문화를 연구하는 일종의 종교단체 및 학문 연구 단체의 성격을 띠고 있고 성균관이 실질적인 상급단체로서 지방향교들과 함께 전국적인 조직을 이루어 유교 활동을 하고 있으며, 지방 향교들 내지는 유림 사이의 제한된 범위 내에서 발생한 분쟁은 성균관과 해당 지역의 유림이 노력하여 자율적으로 해결하는 것이 바람직하다는 것이다.

그러나 지방 향교의 관할 구역 및 구성원의 자격과 같이 비법인사단의 중요한 요소에 관한 사항이 분쟁의 실체를 이루고 있는 경우에는 종교단체로서의 특수성 내지 자율성만을 고려할 것이 아니라, 단체법적인 일반 법리에 따라 절차상의 하자 유무를 가려야 한다고 한다. 그러면서 성균관과 지방향교처럼 법인 또는 비법인사단인 어느 단체가 상급단체에 가입되어 있는 경우, 가입단

157) 대판 2010.05.27, 2006다72109.

체의 조직과 운영에 관하여 상급단체가 제정한 규칙에 따라 규율되는지 여부에 대하여, 상급단체의 지위에서 가입단체에 대하여 업무상 지휘·감독할 수 있는 권한은 인정될 수 있지만 그 권한은 가입단체의 독립성을 침해하지 아니하는 범위 내로 제한되어야 하고, 같은 이치로 가입단체가 상급단체의 규칙이나 정관을 자신의 정관으로 받아들인다고 규정하고 있지 아니한 이상 가입단체의 조직과 운영에 관하여 상급단체가 제정한 규칙에 따라 규율된다고 볼 수 없다.

따라서 지방 향교의 관할 구역 결정 기준 및 성균관이 지방 향교의 관할 구역을 축소하고 그에 따라 구성원 자격을 변경할 수 있는 권한을 가지는지 여부에 대하여, 지방 향교의 관할 구역은 독립된 비법인 사단인 지방 향교의 설립 목적과 사원 자격에 직결되어 있으므로, 비법인사단에 유추적용되는 민법 제34조 규정에 따라 기본적으로 지방 향교의 정관이나 규약 등에 의하여 결정되는 것으로 봄이 상당하다. 또한, 독립된 비법인사단인 지방 향교가 관할 구역 및 구성원의 자격에 관한 성균관의 정관이나 결정을 자신의 것으로 받아들이지 아니한 이상, 비록 성균관이 실질적으로 지방 향교의 상급단체의 지위에 있다 하더라도 이해당사자인 해당 향교의 동의 없이는 임의로 지방 향교의 관할 구역을 축소하고 그에 따라 구성원 자격을 변경할 수 있는 권한이 있다고 볼 수 없다고 한다.[158] 따라서 그러한 상급기관의 행위에 중대한 하자가 있는 경우에는 무효가 된다고 한다.

(2) 향교재산관계

향교재산에 대하여는 향교재산에 대한 기본적인 사항을 정하여 향교재산을 적절하게 관리하고 운용할 수 있도록 할 목적으로, 향교재단법인으로 하여금 향교재산을 관리하게 하는 「향교재산법」이 1962.1.10. 제정되어 있다. 향교재산에 관해서는 향교재산법에 의거하여 시·도 별로 향교재산의 관리를 위한 재

158) 앞의 대법원 판결에서 「갑 지방 향교의 관할 구역 내 특정 지역의 유림 일부가 을 지방 향교를 설립하자, 성균관이 을 지방 향교의 신설을 승인하고 위 특정 지역 거주자들을 갑 지방 향교의 임원으로 임명하는 것을 거부한 사안에서, 을 지방 향교의 신설에도 불구하고 갑 지방 향교의 관할은 변동이 없고, 성균관이 을 지방 향교의 신설을 승인하고 위 특정 지역을 갑 지방 향교의 관할 구역에서 배제하는 입장을 취하더라도 갑 지방 향교의 관할 구역 및 구성원의 자격이 변경되는 효력이 발생한다고 볼 수 없으므로, 명확한 단체법적인 근거 없이 위 특정 지역 거주자들을 갑 지방 향교의 임원으로 임명하는 것을 거부한 것은 그 하자가 중대하여 무효」라고 한다.

단법인의 설립을 인정하고 있다(동법 제3조).

향교재단의 목적은 관할 시·도에 있는 각 문묘의 유지, 교육이나 그 밖의 교화사업의 실시, 유교의 진흥, 문화발전에 대한 기여에 있으며(동법 제5조), 향교재단에서 생기는 수입의 사용은 성균관의 유지, 관할 시·도에 있는 각 문묘의 유지, 교육이나 그 밖의 문화사업의 수행으로 제한되어 있다(동법 제6조).

전통사찰보존법과 마찬가지로 향교재산법은 매매, 양여, 교환, 담보제공 등 처분을 제한하고 있으며(동법 제4조), 만약 향교재산 중 동산이나 부동산을 처분하거나 담보로 제공하려 하거나, 향교의 운영상 그 예산의 범위에서 차입을 하거나 제3자를 위하여 채무를 보증하려는 때, 향교의 건물과 그 대지의 용도를 변경하거나 향교재단의 목적 외의 다른 목적으로 사용하려는 때, 향교의 건물의 개축, 증축, 이축, 이전, 제거, 그 밖에 중요한 변경행위를 하거나 향교의 대지에 중요한 변경행위를 하려는 때, 향교의 건물이나 대지에 대하여 향교재단의 목적을 위한 사용을 폐지하려는 때에는 행정청의 허가를 받아야 하며(동법 제8조 제1항), 앞의 허가신청 대상 행위가 문묘의 보존에 영향을 미치지 아니하는 경우로서 유교의 진흥과 교육, 그 밖에 교화사업의 경영을 위한 것이거나, 주민을 위한 편의제공 등 공공용 목적이거나 전통문화의 보급화 활용을 위한 것일 것을 제외한 경우에는 허가하여서는 아니 된다(동법 제8조 제2항).

또한 향교의 건물 등에 대한 압류금지를 규정하고 있다. 즉 향교재단이 소유하고 있는 건물과 대지로서 등기된 것 중 대통령령으로 정하는 것은 저당권이나 그 밖의 물권의 실행을 위한 경우나 파산의 경우 외에는 그 등기 후에 생긴 사법상의 금전채권으로써 압류할 수 없다(동법 제10조).

향교재산법도 전통사찰보존법과 같은 취지에서 전통 문화재의 보존의 차원에서 위와 같은 재산행사에 제한을 가하고 있다. 이에 대하여 불교재산관리법의 대체법률인 전통사찰보존법을 비롯하여 향교재산법 등은 종교평등권, 종교의 자유, 사유재산권의 보장 등을 규정한 헌법의 정신과 이념에 어긋나는 위헌성을 법이론상으로는 지적할 수 있고, 연혁적으로는 정당성·정통성이 결여되어 있고 사회통념상으로도 부당하므로 폐지되는 것이 타당하다[159]고 한다.

---

159) 연기영, 종교관계 법령의 문제점과 입법정책적 과제, 법과 사회 2호, 창작과비평사, 1990. 175면 이하 참조.

Ⅲ. 교회

1. 교회의 의의

(1) 교회의 정의

교회가 무엇이며 그 본질과 속성이 어떤 것이냐에 관하여는 역사적으로 다양한 견해가 있어 왔으며, 오늘날에도 로마가톨릭교회와 개신교 사이에 견해의 일치를 보지 못하고 있다.[160] 근래 종교적 단체와 관련하여 주로 교회와 관련한 분쟁이 증가하고 있고 이와 관련하여 판례가 축적되고 이에 대한 연구도 많이 행해지고 있다.[161] 모든 교회가 법적 분쟁의 당사자가 되는 것은 아니며, 대개의 하나의 교회가 단일체로서 최소한 '사단성'이 인정될 때 법률관계로 들어오게 된다.

교회의 의의에 대해서는 워낙 다양한 견해와 주장이 있으므로 간단하게 교회의 다양한 의의를 알아본 다음, 교회분쟁 해결의 실마리를 제공하기 위한 선에서 살펴보고자 한다. 구약성경에서 교회를 가리키는 용어로는 히브리어의 '카할'과 '에다'가 있는데, 히브리어로 쓰인 구약성경의 헬라어 역본인 「70인경」(Septuagint)에서 히브리어 '카할'의 번역어로 사용하였다. '카할'은 구약성경에서 회중 또는 이스라엘의 공동체, 특히 종교적인 측면에서 하나님의 백성으로서의 공동체를 뜻한다.[162] 이는 회중(congregation, 즉 종교적으로 '하나님의 백성인' 이스라엘의 공동체) 또는 집회(assembly, 즉 이스라엘 백성들의 실제적인 집회)의 의미로 쓰였다.

신약성경에서 교회를 지칭하고 용어로는 '에클레시아(ecclesia)' 혹은 시나고그(synagogue)가 있는데, 그 중 후자는 '유대인의 종교적 집합이나 혹은 공예배를 위하여 모인 건물(회당)'을 뜻하는 말로서 주로 장소적인 의미가 강한 반면, 전자 즉 '에클레시아'는 신약성경에서 교회의 특성을 잘 나타내주는 대표적인 어휘로 중요한 의미를 담고 있다.

---

160) 박형룡, 교의신학 제6권(교회론), 은성문화사, 1975, 22-36면 참조.

161) 교회에 관한 연구로는 김진현, 교회분열시의 재산귀속문제에 관한 연구, 서울대 박사학위논문, 1988; 민유숙, 교회의 분열적 분쟁에 대한 새로운 연구, 정의로운 사법; 이용훈 대법원장 재임기념, 사법발전재단, 2011; 김민기, '교단변경 결의에 찬성한 교인들이 종전 교회에서 탈퇴한 것인지의 여부의 판단기준', 대법원 판례해설 83호, 2010; 김상용, '교회재산의 관리에 대한 현행 법률과 판례의 검토', 법조 통권 645호, 2010.6; 정해상, 종교단체의 재산귀속관계, 재산법연구 28권 4호, 2012.2.

162) 김진현, 위의 논문, 5-7면 참조.

신약성서의 원전은 헬라어로 쓰였는데 교회로 번역되는 헬라어 원어는 '에클레시아(εκκλησια)'로서 이 말의 어원적 의미는 '밖으로 부르다'[ε κ (out) + κ α λ ε ω (call)] 즉 '불러내다'(to call out)라는 뜻이다. 헬라세계에서는 '에클레시아'는 자유로운 도시국가에서 정규적으로 모이는 전체적인 시민회의를 가리키는 말로 쓰였으며, 신약성경에서 예수 그리스도에 의하여 "자기 주위에 모여 자기를 공적으로 그들의 주(Lord)로 고백하고, 하나님 나라의 원리를 받아들인 군중들"을 가리키는 말로 쓰였다.

신약성경에서 교회는 지교회, 가정교회, 유형적 보편교회, 무형적 보편교회로 구분하여 사용되기도 하는데, 지교회는 가장 흔히 일정한 지역에 있는 기독교인들의 개개의 단체를 가리키며, 가정교회는 어떤 개인의 가정에 모인 교회를, 유형적 보편교회란 외면적으로 그리스도에 향한 신앙을 고백하고 임명된 직원(officer)들의 지도 아래 예배할 목적으로 조직된 지상의 모든 단체를 아우른 개념으로 사용하고, 무형적 보편교회란 가장 포괄적인 의미에서 천상에서나 지상에서나 그리스도와 영적으로 연합된 혹은 장차 연합될 모든 신자들을 구성원으로 하는 하나의 보편교회를 가리킨다.

또한 개신교에서는 교회를 '보이는 교회'와 '보이지 않는 교회'로 구분하기도 하는데,[163] 보이는 교회는 예수 그리스도를 구주로 믿는 신앙을 고백한 사람들의 모임이고, 보이지 않는 교회는 하나님의 택함을 받아 구원이 확실한, 전 세계에 흩어져 있는 모든 사람들로 구성된다고 한다.[164] 교회라는 단어의 어휘는 헬라어 '퀴리아케'(κυριακη)에서 왔는데, 이 어휘는 교회의 인적요소뿐만 아니라 물적요소까지도 가리키는 복합적 의미를 내포하고 있다. 교회의 본질을 기본적으로는 인적요소 즉 교인 내지 그 단체에서 찾으면서도, 때로 예배장소 또는 예배용건물을 교회로 부르는 태도는 여기에서 비롯된 것이라는 견해도 있다.[165]

그러나 로마가톨릭에서는 교회를 개신교와 같이 이원론적으로 보지 않고 일원적으로 보며, 독일의 가톨릭교회법학자인 Morsdorf는 교회를 정의하기를, 하나님나라를 섬기면서 '교계적 질서' 속에서 사는 새로운 하나님의 백성이라

163) 대한예수교장로회총회(통합) 헌법 정치편 제8조.

164) 대한예수교장로회 헌법, 한국장로출판사, 2007, 150면.

165) 김진현, 위의 논문, 6면.

고 하였다. 교회를 이와 같이 교계적 질서로 파악하게 되면, 평신도의 교회정치에의 참여는 교리상 원천적으로 거부되며, 따라서 교회영조물설(Anstaltstheorie)의 기초가 된다.

로마 가톨릭교회나 개신교나 모두 교회가 두 가지 모습을 취하고 있다는 사실을 인정하고 있는데, 바로 보편교회(ecclesia universalis)와 지역교회(ecclesia particularis)가 그것이다. 전자에 대하여 개신교는 과거나 현재나 미래에 있어서 머리되시는 그리스도를 중심으로 모이는 모든 참그리스도인만으로 구성되는 유일의 교회로 보기 때문에, 이 보편교회는 원칙적으로 무형적 내지 보이지 않는 교회라고 본다. 즉 관념상으로만 존재하며 하나님만이 아신다는 것이다. 이에 대하여 로마 가톨릭 교회는 '베드로의 후계자이요 그리스도의 대리자(Vicarius Christi)인 교황'과 사도들의 후계자들인 주교들에 의하여 지도되는 로마 가톨릭 교회 자체가 유일의 보편교회라고 한다.

사회적·법적현상으로서의 이른바 '법적 교회'(Rechtskirche)는 위의 '지역교회'에 가깝다고 할 수 있다. 그러나 어느 범위까지를 법에 의하여 규율되는 법률상의 교회라고 할 것인가는 각국의 사정에 따라 다를 수 있다.

학설에서는 교회를 기독교의 교인들이 교리의 연구·예배, 선교 등의 목적으로 구성한 단체라고 정의한다.[166] 판례는 한 때 「교회라 함은 야소교(예수교)의 신도들이 교리의 탐구, 예배 기타 신교상 공동목적을 달성하기 위하여 각기 자유의사로 구성된 단체...」[167]라고 정의한 적도 있었으나, 그 이후 교회를 위와 같이 적극적으로 정의한 판례는 보이지 않는다. 판례의 대체적인 흐름은 지교회만을 법적 생활단위로서의 교회로 인정하고, 그 지교회를 포괄하는 교단교회(그 중에서도 특히 노회)는 단순한 종교적 내부관계로 보려는 경향이 있다.

(2) 교회의 정체

교회의 분열문제와 재산귀속관계의 법적 쟁점은 교회의 정체에 따라 결정되는 만큼 교회의 정체가 무엇이냐는 교회의 법률관계에서 매우 중요하다. 한국교회도 다양한 형태의 교회의 정체가 존재하고, 교회의 정체에 따라 교회의 분열이 인정되지 않는 경우 법적 분쟁이 발생할 소지가 적게 된다.

166) 곽윤직·김재형, 민법총칙 제8판, 2013, 158면.
167) 대판 1957.12.13, 4289민상182.

교회의 권력은 가르치고 다스리는 권력이다. 가르치는 권력은 교도권을 포함하여 성사권(potestas ordinis)이라고 하고, 다스리는 권력을 치리권(potestas iurisdictionis)이라고 부른다. 전자는 대체로 신·구교를 가릴 것 없이 전문성직자(clericus)가 가지는 것이 보통이다. 그러나 후자는 반드시 동일하지 아니하며, 그의 귀속주체 및 행사방법 여하에 따라 교회의 권력구조가 달라지게 되는데, 이에 따른 분류를 정체(polity)라고 한다. 교회의 정체가 달라짐에 따라 교회재산분쟁에 있어서 법적판단이 달라지게 되므로 어느 교회가 어떠한 정체인가를 파악하는 것은 중요한 문제이다.

역사상 교회가 취한 정치체제는 다양하지만 크게 3가지 형태로 분류하는 것이 보통이다. 감독정체(episcopal polity), 장로정체(presbyterial polity) 그리고 회중정체(congregational polity)이다.

첫째, 감독정체는 교회의 정치가 예수 그리스도로부터 사도(apostoli)들에게 위임되었고, 그 권위는 사도들의 후계자인 감독(episcopus, bishop)[168]들에게 감독직의 계대를 통하여 전승된다는 의미의 '사도적 계승'(apostolica successio)을 기초적 원리로 하는 정체이다. 따라서 평신도들은 절대적으로 교회정치에 참여할 수 없다. 감독정체는 다시 ① 군주제형인 로마가톨릭 ② 귀족제형인 동방정교회 ③ 감독제형인 성공회로 나뉘어진다. 그 외에 프로테스탄트 감독교회, 구세군교회[169] 등이 이에 속한다. 우리나라 로마가톨릭교회인 천주교는 감독정체를 취하고 있다. 그리스도의 대리인, 베드로의 후계자, 주교단의 으뜸인 교황은 보편교회 전반을 통할하는 최고의 재치권을 가지며, 사도의 후계자인 주교들은 지역교회인 자신의 교구내에서 입법·사법·행정의 재치권을 가진다.

개신교의 유력한 교파인 감리교회(Methodist Church)는 흔히 감독정체를 채택한 교회로 분류되지만 감독정체와 후술하는 장로정체의 절충형이라는 편이 정확하다.[170] 감리교회의 조직구조의 근간은 당회·구역회·지방회·연회·총회 등의

---

168) 천주교에서는 '주교'로 번역한다.

169) 대판 1986.7.8, 85다카2648에서 「구세군 군령군율이 구세군의 전자산은 구세군 대장만이 유일한 소유자이고 구세군 대장은 구세군신탁회사라는 명칭을 가진 회사를 설립하여 그 재산을 관리하도록 규정하고 있다면 구세군은 지역 교회 중심인 일반교회와는 달리 강력한 중앙집권적 조직을 갖추어 산하 영문(營門)의 재산에 관하여 일체의 사권행사를 부인하고 있다고 해석하여야 할 것이므로, 구세군영문회당의 대지를 구입하고 건물을 신축함에 있어서 그 비용 가운데 구세군 교인들의 헌금이 일부 들어갔다 하더라도 위 대지 및 건물이 교인들의 총유에 속하는 것으로 볼 수 없다」고 한다.

의회제도와 감독제도에 있다. 교회의 치리권을 의회와 감독이 분점하고 있는 것이 특징이다. 의회의 구성을 보면 당회의 경우 지교회의 전교인으로 구성되며, 구역회는 지교회의 교역자와 전평신도위원으로 구성되고, 지방회의 경우는 그 지방에 속하는 교역자와 주요평신도대표들로 구성되고, 연회와 총회는 각각 동수의 교역자와 평신도대표들로 구성된다. 결국 교역자와 동수의 평신도대표인 장로로 치리회(judicatory)를 구성하는 장로정체와 의회제도의 측면에서는 유사하다고 할 수 있다. 그러나 연회마다 감독(bishop)을 두고, 총회에 감독회장을 두며, 지방회에 감독에 준하는 지방감리사(District Superintendent)를 두어 당해지역 교회를 일반적으로 통할하게 하며, 교역자의 임면 등 인사권을 비롯한 각종 재치권을 행사하게 한다는 면에서 감독정체의 일면을 분명히 가지고 있다. 따라서 장로정체와 감독정체의 절충형이라고 보는 것이다. 우리나라 감리교회의 대표교단인 '기독교 대한감리회'의 경우는 감독의 임기를 종신직이 아닌 2년으로 하고 재선될 수 없도록 함으로써 감독의 지위를 그만큼 약화시키는 등 전반적으로 보다 장로정체에 가깝다.[171)]

둘째, 장로정체는 대의를 특징으로 하는 정체로서, 평신도들이 그들 중에서 대표자인 평신도 치리장로(ruling elder, presbyter)들을 선거로 선출하여 그들로 하여금 교역자(목사, pastor)와 함께 치리회인 당회(judicatory)를 구성하여 치리권을 행사하게 하는 정체이다. 이러한 점에서, 목회자와 평신도의 지위가 평등한 구조를 이루는 정체이다. 지교회의 대의정치기관이며 치리회인 당회(church session)는 목사(설교와 치리를 겸한 장로)와 치리장로들로 구성된다.[172)] 장로교회에서 당회는 지교회의 기초적 치리기관인 치리회로서 상위기관(상회)들이 존재하는데, 여러 교회에 공통한 사건들과 하회에서 해결할 수 없는 사건들을 처리한다. 광대회의로는 당회 위에 노회(presbytery)가 있고, 노회 위에 최고 치리회로서 총회(general assembly)가 있다.[173)] 우리나라 장로교회는 당회, 노회, 총회의 3중적 치리회구조를 보이고 있다.[174)]

---

170) 김진현, 앞의 논문, 23; 75 Harvard Law Review, p.1144 n.14.

171) 다만 한국의 장로교회에서는 장로의 임기는 따로 없고 70세까지 유지된다는 점에서 감리교회와 차이가 있다.

172) 대한예수교장로회 헌법(통합), 정치편 제61조, 제64조 참조.

173) 대한예수교장로회 헌법(통합) 제61조; 대한예수교 장로회 헌법(합동) 제41조; 한국기독교장로회 헌법, 정치편 제40조 내지 제42조 참조.

광대회의들에서 회원인 목사와 장로의 수는 항상 동수이어야 하는데, 이는 장로정체에서는 교역자와 평신도의 지위가 동등임을 나타내는 것이다. 치리권이 감독 1인에게 귀속되는 것이 감독정체이고, 회중일반(congregation)에게 분속되는 것이 회중정체임에 반하여, 그것이 교역자와 회중의 대표인 장로들의 합의체인 치리회에 귀속된다는 점에서 장로정체는 전 2자의 중간형이라고도 할 수 있다.

장로교회의 지교회는 치리회로서 당회 이외에 회의체로서 공동의회와 제직회를 두고 있다. 공동의회는 지교회 세례교인 중 18세 이상인 자로서 구성되며, 당회가 제시한 사항, 예산 및 결산, 직원선거, 상회가 지시한 사항에 대하여 결의할 수 있다. 제직회는 시무목사, 장로, 집사, 권사, 전도사, 서리집사로 구성되며 공동의회에서 결정한 예산집행, 재정에 관한 일반수지 예산 및 결산, 구제비의 수입, 지출 및 특별헌금취급, 당회가 요청한 사항에 대하여 결의할 수 있다.

우리나라의 경우 최대교파인 장로교회의 40여 개 교단과 개신교 3대 교파의 하나인 성결교회가 이 정체를 채택하고 있으며, 개혁교회, 루터교회의 일부 교단과 '하나님의 성회'(순복음교회로 통칭됨) 등 여러 교단들이 이를 따르고 있다.

셋째, 회중정체는 지교회를 각기 독립된 교회로 인정하며 자치권을 완전히 보장하기 때문에, 상회 또는 하급치리회라는 것이 존재하지 아니한다. 지교회의 치리권도 회중일반(congregation)에게 독점적으로 분속되어 그들에 의해 행사되기 때문에. 목사를 포함하여 모든 직원(officer)들은 단순한 지교회의 사역자일 뿐 교회의 회원으로서 가지는 것 이상의 정치권을 가지지 못한다. 회중교회도 연합활동을 위하여 지역적 혹은 전국적인 광대회의를 구성하는 수가 있으나 그 회의는 치리회가 아니라 그 지역 혹은 전국 교회의 협의회에 불과하며, 설사 어떤 결의를 하더라도 그 효력은 구속적인 것이 아니라, 권고적 혹은 선언적인 것에 불과하다.[175]

국내 교파 가운데 이 정체를 채택하고 있는 대표적 교파는 침례교회(Baptist Church)이다. 기독교한국침례회의 경우를 예로 들어 침례교회의 조직상의 특성

174) 미국 장로교회는 노회 위에 대회의 치리회를 두어 4중적 치리회 구조를 가지고 있다.

175) 박형용, 교의신학 제6권(교회론), 은성문화사, 1975, 111-113면; 75 Harvard Law Review, p.1143.

을 살펴본다.[176] 동회의 규약에 의하면 첫째, 통일된 신조가 없다는 것이 특징이다. 대개의 경우 각 교단은 헌법의 모두에 신조, 신앙고백 등의 교리선언을 두어 동교단의 신앙적 색채를 분명히 함으로써 동 신조를 구심점으로 하여 정신적·이념적 통일성 내지 연대성을 추구하고 있음에 반하여, 침례교회의 경우는 성경만을 '유일하고 권위 있는 표준'으로 인정할 뿐 어떠한 공식적 신조 내지 교리도 가지고 있지 아니하다.

둘째, 지교회의 완전독립이다. 복음전도사업을 위하여 협동할 뿐, 상호 완전히 독립한 교회이다. '교회'는 지교회뿐이며, 모든 지교회는 주관적이고, 교회권력은 지교회만이 가진다. 교단은 '교회의 모임'(churches)일 뿐, 또 하나의 교회는 아니다. 따라서 여하한 교회권력도 가질 수 없다.

셋째, 직접민주정치이다. 모든 교인은 직접 지교회의 정치에 참여할 수 있다. 직원으로 목사와 집사가 있으나 이들은 교회를 '섬기는 이'들일 뿐 어떠한 특권도 없다. 개신교 거의 모든 교단이 장로직을 두고 있음에 반하여, 침례교회에는 장로제도를 두고 있지 않다. 장로는 교인의 대표자이므로 대의정치를 하는 정체에서는 필수직이나, 직접민주제를 택하는 침례교회에는 이론상 불필요하기 때문이다.

(3) 교회의 정체와 법적 분쟁관계

위에서 살펴본 정체 중 감독정체는 교회의 치리권이 감독 1인에게 전속되며 하위성직자 및 평신도들에게는 순종의 의무만이 있을 뿐이라는 점에 특징이 있고, 장로정체는 치리회를 구성하는 목사나 장로들은 모두 신분상 평등하나 이들로 구성되는 치리회에는 다중적 치리회로서 위계가 있다는 점에서 각각 위계정체(hierachical polity)라고 명명되며, 지교회자치(autonomy of local congregation)와 교역자·평신도 평등을 중심적 조직원리로 하는 회중정체와 대비된다.

교회재산분쟁이 생겼을 경우 위계정체인가 아니면 회중정체인가에 따라 해결기준이 달라지는 등, 실제상 구별의 실익이 큰 분류방법이다. 미국 판례 중 상당수의 판결들이 교회재산분쟁을 양정체에 따라 각각 다른 기준에 의하여 해결하고 있다.[177]

---

176) 김진현, 위의 논문, 26-27면.

177) 예컨대, 유명한 Watson원칙을 만들어낸, Watson v. Jones, 80 U.S.(13 Wall.) 679, 680 (1971) 참조.

우리나라에서도 원칙적으로 감독정체에서는 교회의 분열문제가 발생하지 않고 주로 장로정체와 회중정체에서 교회분열과 재산귀속문제가 발생하고 있다. 장로교회에서 많은 교단이 난립하고 있는 것은 그 만큼 교회의 분열이 심했다는 방증이며, 비교적 교단으로부터의 탈퇴도 자유롭고, 형식적으로는 장로교회의 명칭을 사용하지만 지교회가 교단으로부터 독립하여 독립교단으로 활동하는 교회도 존재한다. 따라서 사단으로서 교회의 법적 분쟁은 주로 장로교회와 회중교회에서 문제되는 것이다.

그런데 위에서 살펴본 것처럼 교회 중에는 상급치리회를 전제로 일정한 교단에 가입한 지교회의 경우도 있고, 특정 교단에 가입함이 없이 각각의 지교회가 독립적으로 운영하면서 상급치리회의 구속을 받지 않는 경우도 있고, 지교회가 하나의 교회만으로 교단을 결성하는 경우(독립교회)도 있는 등 다의적 의미를 가지고 있기 때문에 모든 교회를 일의적으로 규율할 수 있는 원칙을 확립한다는 것은 쉬운 일이 아니다. 따라서 법적 분쟁에서 교회의 정체성을 구분하고, 그에 따라 개별적, 구체적으로 교회의 법적 평가를 내린 다음 이에 맞춰 법률을 적용해야 하는 한계가 있다고 하지 않을 수 없다.

(4) 우리나라 법상 교회

교회도 일정한 교의를 믿는 신앙공동체인데, 일반 회중교회는 최고의사결정기구로서 세례교인 이상에게 자격을 부여하는 공동의회가 있고, 각 교단별로 헌법을 가지고 있다.[178)]

우리 실정법상 교회 또는 이를 포괄하는 종교단체 내지 종교에 관한 규정은 여기저기 산재해 있다. 우리 헌법 제19조는 종교의 자유와 국교부인·정교분리의 원칙을 선언하고 있으며, 조세혜택을 받고 있으며,[179)] 관세법, 기부금품모집금지법 등에서 교회 내지 종교단체에 대하여 각종의 면제, 규제완화 등의 혜

---

178) 그러나 사원총회에 대응하는 개념으로 최고의사결정기구는 세례교인 이상에게 자격을 부여하는 공동의회가 아니라 전체 교인들의 회의체이다.

179) 국세기본법 제13조 제2항에서 주무관청의 허가 또는 인가를 받아 설립되거나 법령에 따라 주무관청에 등록된 사단, 재단이나 공익을 목적으로 출연된 기본재산이 있는 재단으로서 등기되지 아니한 것 이외의 법인 아닌 단체라 하더라도 ① 단체의 조직과 운영에 관한 규정을 가지고 대표자나 관리인을 선임하고 있을 것, ② 사단, 재단, 그 밖의 단체 자신의 계산과 명의로 수익과 재산을 독립적으로 소유·관리할 것, ③ 사단, 재단, 그 밖의 단체의 수익을 구성원에게 분배하지 아니할 것의 요건을 모두 갖춘 경우에는 그 단체를 법인으로 보아 국세기본법과 세법을 적용하여 세금 혜택을 부과하고 있다.

택을 부여하고 있다.[180]

그러나 교회에 대하여 어떤 적극적인 정의를 하고 있지 않고 사회 일반의 관념에 맡기고 있다. 기독교의 교회가 종교단체 중 대부분을 차지하고 있는 미국에서 '교회'의 관념에 타종교단체 심지어 세계관단체까지 포괄되어 있는 것과는 달리 우리 법에서의 교회는 기독교의 교회만을 가리키는 것으로 보아야 할 것이다. 다른 종교의 단체까지를 포괄할 때는 종교단체라는 통칭을 쓰고 있기 때문이다.

그리고 법령상 '교회'라는 명칭이 나왔을 때는 기독교의 모든 교파 내지 교단의 교회를 말한다고 보아야 하므로, 비정통적인 이른바 이단종파의 교회도 자신을 기독교의 교회로 분류하고 있다면 역시 교회로 보아야 할 것이다. 그리고 우리 법령상 교회 또는 종교단체의 의미가 개개의 지교회로 특별히 한정되어있지는 않은 듯하다. 그러나 법문언상 대체로 교회라는 개념에는 지교회만 포섭되고, 교단은 교회개념보다는 종교단체라는 더 넓은 개념에 포섭되는 것으로 보인다.[181]

2. 교회의 법적 지위

(1) 일반론

교회는 일정한 종교적 목적을 위한 교인들의 집합으로서 일정한 조직하에 운영되고 있으므로, 그 중 세속적·법적인 측면에서 교회조직이 법률상 어떤 단체 내지 조직으로 분류될 수 있을지가 문제된다. 법률상 개인 아닌 조직으로서 독자적 존재성을 인정받고 있는 법적 실체는 사단과 재단인데, 교회의 조직은 성직자, 신도 등 인적 요소와 교회재산 등 물적 요소가 병존하므로 전자에 치중하여 파악하면 사단성을, 후자에 치중하면 재단성을 각각 인정할 수 있을 것

180) 예컨대, 「상속세법」 제8조의2 제1항, 제34조의5; 「법인세법」 제18조 1항, 제59조의3 제1항 17호; 부가가치세법」 제12조 1항 16호, 2항 4호; 「특별소비세법」 제18조 1항 7호, 16호; 주세법」제28조 1항 7호; 「지방세법」 제107조(취득세), 제127조(등록세), 제163조(면허세), 제174조(주민세), 제184조(재산세), 제200조(농지세), 제238조의2(도시계획세), 제242조(공동시설세), 제245조(사업소세); 관세법 제28조의6 제1항 1호; 「기부금품모집금지법」 제2조 2호 참조.

181) 예컨대 특별소비세법 제18조 1항 7호, 건축법시행령 제2조 1항 12호 등에 나오는 교회는 지교회를 가리키는 것이 명백하고, 기부금품모집금지법 제2조 2호의 '교회'는 지교회를 가리키고, 교단은 '기타 공인된 종교단체'에 포함되는 것으로 보인다.

이다.

교회의 법적 지위는 다양한 교회조직이 존재하는 것처럼 일률적으로 말할 수 없다. 교회의 최고 상급기관인 총회(교단)는 주무관청의 허가를 받아 법인격을 보유하고 있지만 개개의 단위교회(지교회, 개교회)는 대부분 법인격을 취득하지 못한 상태이다. 또한 지교회의 재산을 관리하는 차원에서 지교회 당회의 상급기관인 노회에 노회유지재단이라는 재단법인을 두고 있는 것이 특징이다.

그런데 민법은 법인격을 부여하는 실체로서 비영리사단과 비영리재단의 두 가지 유형만을 인정하고 그 중간의 것은 인정하지 아니하며, 법적 규율의 면에서도 사단과 재단을 따로 규율하고 있고, 법인격 없는 조직의 경우에도 사단과 재단에만 그 법들이 각 준용되는 것으로 되어 있을 뿐 중간적인 조직을 그 규율대상으로 하고 있지 아니하다. 따라서 교회분쟁이 생겼을 때 그 해결을 위해 적용되어야 할 법규를 결정하기 위해서뿐만 아니라 분쟁의 사전방지를 위하여서도, 사단과 재단 중 어느 한 쪽으로 교회조직의 성질을 결정할 필요가 있다.[182] 따라서 어떠한 조직이 사단 또는 재단으로 인정되기 위하여 갖추어야 할 요건 내지 표지에 관하여 먼저 살펴보고 각 교회가 그 정체에 따라 과연 법적으로 어떠한 성격의 단체에 가까운지를 살펴보기로 한다.[183]

(2) 교회의 사단성 또는 재단성의 표지

앞에서 살펴 보았듯이 일반적으로 사단의 표지로는, ① 정관(자치규범) ② 구성원의 확정, 더 나아가 구성원의 변동에도 불구하고 단체의 동일성이 유지될 것, ③ 합의체 구성 즉, 사단적 조직으로서 의사결정기관(총회)을 가질 것, ④ 대내적으로 업무집행기관과 대외적으로 단체를 대표할 대표기관을 갖고 있을 것 등을 들 수 있고, 그 외에 지속성 있는 목적을 가질 것이나 독립된 사회적 단위로서 독자적인 사회활동을 하는 존재일 것을 추가하기도 한다.[184] 재단의 표지로는 ① 지속성 있는 목적이 정관에 의하여 확정되어 있을 것, ② 독립된 출연재산이 있을 것, ③ 비사단적으로 조직된 독자적인 관리기구가 있을 것

182) 김진현, 앞의 글 86면.

183) 이에 대한 상세는, 박병칠, 앞의 논문, 17면 이하 참조.

184) 학설은 법인격 없는 사단의 성립요건을 설명하면서 위와 같은 사단의 표지를 들고 있는데, 위 요건들 외에 '법률상 거래에서 고유의 단체명을 가지고 활동할 것, 의사결정에 있어서의 다수결 원칙, 고유재산의 존재' 등을 드는 학설도 있다.

등을 들 수 있다.

전체적으로 사단과 재단을 비교할 때 가장 큰 차이점은 조직의 운명을 결정하는 자치적 의사결정기관의 존부 다시 말하면 자율적 혹은 자기 목적적 존재인지 여부에 있다고 할 것이다.[185) 즉 사단은 구성원이 있고 그 구성원들이 의사결정기관을 조직하여 단체의 방향을 구성원 스스로 결정할 수 있는 반면에, 재단은 구성원 및 독자적 의사결정기관이 없고 조직의 설립자가 따로 있어 그 단체의 운영방향이 설립자의 의사에 의해서 결정되는 것이다. 따라서 어떤 하나의 교회단체가 사단적인 성격이 강할 경우 그만큼 재단적인 성격은 약하게 되는 등 어느 하나의 단체에 있어서 위 각 특성 간에는 서로 반비례하는 관계가 성립된다고 할 수 있을 것이다.

판례는 교회의 법적 지위를 법인 아닌 사단으로 인정하고 재산관계는 총유로 파악한다. 종교적 사단인 교회의 분열시 재산의 귀속과 관련하여, 판례와 학설을 통하여 문제해결을 시도해왔다. 교회의 분열이란 개념은 교인들의 교회의사결정에 관여하는 장로교회 및 회중정체교회(예컨대 침례교회), 회중교회에서만 존재한다. 감독정체교회(예컨대 로마카톨릭교회, 그리스도동방정교회, 한국카톨릭교회)는 각 교구단위로 재단법인을 설립하여 법인의 형태를 취하고 있고, 교인들이 교회의사결정에 관여할 수 없다.

(3) 장로교회의 조직

우리나라에서도 원칙적으로 감독정체에서는 교회의 분열문제가 발생하지 않고 주로 장로정체와 회중정체에서 교회분열과 재산귀속문제가 발생하고 있다. 장로교회에서 많은 교단이 난립하고 있는 것은 그 만큼 교회의 분열이 심했다는 방증이며, 비교적 교단으로부터의 탈퇴도 자유롭고 형식적으로는 장로교회의 명칭을 사용하지만 지교회가 교단으로부터 독립하여 독립교단으로 활동하는 교회도 존재한다. 따라서 사단으로서 교회의 법적 분쟁은 주로 장로교회와 회중교회에서 문제되는 것이다. 이하에서는 장로교회의 조직에 대하여 살펴보기로 한다.[186)]

185) 자기목적적 존재인지 여부를 기준으로 본다면, 교회의 종교적·영적 측면을 강조할 경우 재단성이 더욱 부각될 것이고, 한편 그 세속적 측면을 강조할 경우 사단성이 더욱 부각될 수 있을 것이다.

186) 대한예수교장로회총회헌법(통합) http://www.pck.or.kr/PckInfo/Law01.asp; 대한예수교장

가. 지교회

대한예수교장로회(통합측) 헌법 제2편 정치편 제8조에서는 '교회는 두 가지 구별이 있으니, 보이는 교회와 보이지 않는 교회이다. 보이는 교회는 온 세계에 산재한 교회이고, 보이지 않는 교회는 하나님만 아시는 교회이다.' 라고 하여 공간적으로 존재하는 보이는 교회와 영적 세계에 존재하는 보이지 않는 교회로 나누어 현실과 영적 문제를 모두 포함하는 종교적 의미의 교회로 이해하고 있다.

또한 보이는 교회 중 개별 교회인 지교회[187]에 대하여 제9종서 '예수를 믿는 무리와 그 자녀들이 저희의 원하는 대로 일정한 장소에서 성경의 교훈에 따라 하나님께 예배하고 성결하게 생활하며 그리스도의 나라를 확장하기 위하여 활동한다. 이를 지교회라 한다(동조 제1항)'라고 정의한 후 '당회가 있는 교회를 조직교회라 하고, 당회가 없는 교회를 미조직교회라 한다(동조 제2항)'라고 정의하고 있다. 즉 지교회는 총회에 소속되어 총회를 구성하는 단위교회라고 할 수 있다.

한편 판례는 '교회라 함은 야소교(耶蘇教)의 교도들이 교리의 탐구 예배 기타 신교 상 공동목적을 달성하기 위하여 각기 자유의사로 구성된 단체로서 법률상 법인이 아니므로 그 구성원을 떠나 독자적인 권리 의무의 주체가 될 수 없다'[188]라고 판시하여, 교회(지교회)의 법적 성질을 법인격 없는 단체라고 판시하고 있다. 지교회가 법인격을 취득하지 못한 법인 아닌 사단으로 머무르는 이유는 우리의 법인정책이 허가주의를 취하고 있는 것과 사단의 실질에서 구성원의 확정이 요구되는데, 교회의 특성상 교인의 확정이라는 측면에서 교인에 대하여 그 자격 득실에 관한 규정을 정관사항으로 규정하고 있는 민법 제40조의 취지를 제대로 반영한다는 것이 법기술적으로 어렵기 때문이다.[189]

즉, 사원의 변경 그 자체는 정관기재 사항이 아니라고 하더라도 사원총회 개최에 따른 회의록 작성 및 사원명부 비치 등 후속조치가 결코 용이하지 않아 교회 그 자체를 사단법인으로 등기하는 경우는 거의 없는 것이 현실이다. 또한

로회총회헌법(합동) http://www.gapck.org/sub_06/sub06_01.asp; 한국기독교장로회 헌법 http://www.prok.org;

187) 일반적으로 개교회라고 부른다.

188) 대판 1957.12.13, 4289민상182.

189) 오시영, 비법인사단으로서의 교회의 실체에 대한 고찰, 민사법학 40호, 2008.3, 304면.

교회 역시 사단법인으로 등기할 경우 세속법의 규율을 받게 되는 것을 원하지 않기 때문에 의도적으로 법인등기를 하려고 하지 않는 측면도 강하다.

그런데 판례는 지교회의 법적 성질에 대하여 "원고 교회가 사단의 실질을 구비한 이상 그 조직과 활동을 규율하는 규범이 상부단체인 기독교 대한감리회 제정의 교리와 장정이 있다하여 사단성을 상실하는 것이 아니다."라고 하여, 지교회가 사단으로서의 요건(2인 이상의 사원으로 구성된 단체성, 내부규약 및 업무집행과 대외적 대표자 등)을 갖추고 있는 한 상급 교단에 가입하고 있는지 여부와 상관없이 비법인사단으로서의 단체임을 인정하고 있다.

또한 "교회의 당회장 취임에 노회의 승인을 요하는 것이어서(위 노회에 그와 같은 규약이 있고 원고 교회가 종전에 그 규약에 따라 위 노회의 승인 하에 당회장을 선임하여 왔던 사실을 원판결이 인정하였다) 교회에서 선임한 당회장이 노회로부터 승인받지 못하면 노회에 대하여 당회장으로서의 권리의무를 주장할 수 없다 할지라도 비법인사단의 성질상 위 교회가 소속 교인들의 총의에 의하여 그를 대표할 당회장으로 선임한 목사라면 위 노회 이외의 제3자에 대한 관계에 있어서는 그 교회를 대표할 자격이 있는 것"이라고 하여 설사 교회의 담임목사가 노회로부터 승인을 받지 못하였다고 하더라도 노회 이외의 제3자에 대하여는 여전히 비법인사단의 대표자로서의 지위가 인정된다고 하였다. 더 나아가 판례는 "교회가 다수의 교인들에 의하여 조직되고, 일정한 종교 활동을 하고 있으며, 그 대표자가 정하여져 있다면 민사소송법 제48조(현행 민사소송법 제52조) 소정의 비법인사단으로서 당사자능력이 있다고 보아야 할 것이고, 그 교회가 종전에 있던 같은 명칭의 교회와 같은 단체인 것인지, 종전에 있던 같은 명칭의 교회가 합병으로 소멸된 것인지, 그 교회의 구성원이 다른 교회에서 이탈한 것인지 여부나 그 동기는 그 당사자능력을 좌우할 사유가 된다고 할 수 없다"고 하여 사단성이 인정되면 분할된 교회일지라도 그 자체가 하나의 사단이 되었다는 이유로 민사소송법상의 당사자능력을 인정해야 한다는 입장을 취하고 있다.

나. 지교회의 설립 및 폐지

대한예수교장로회(통합측)의 지교회로 인정되기 위해서는 공동예배로 모이는 전도처 또는 기도처를 가지고 있는 세례교인(입교인) 15인 이상이 노회에 지교회의 설립을 청원하여 허락을 받아야 한다.[190] 즉 위 헌법에 따르면 지교회는 단순히 공동예배로 모이는 전도처 또는 기도처와 구별되며, 적어도 세례교인[191] 또는 입교인[192]이 15인 이상 있어야 하며, 상급단체인 노회에 청원하여 허락을 받아야만 지교회로서의 지위를 갖게 된다.

그렇다면 세례교인 또는 입교인이 15인 이하인 전도처 또는 기도처가 교회라는 명칭을 사용하며 독립된 공동예배를 드리고 교회의 실질적인 기능을 수행할 경우 이를 민법상의 교회(비법인사단)로 인정할 수 있느냐가 문제인데, 이러한 기도처 또는 전도처는 노회에서 인정하는 지교회는 아닐지라도 민법상 인정되는 비법인사단으로서의 실체를 갖추고 있는 한 비법인사단으로서의 교회로 인정되어야 할 것이다.

그런데 대한예수교장로회총회 소속의 지교회는 당회가 있는 경우 조직교회라고 하며, 당회는 지교회에서 시무하는 목사, 부목사, 장로 2인 이상으로 조직되는 지교회의 집행기관을 말하는데, 세례교인 또는 입교인이 30인 이상이 있어야만 그 조직이 가능하며, 최초로 당회를 조직할 경우에는 장로 2인을 동시에 선택할 수 있다. 장로는 세례교인 또는 입교인 30인당 비례로 1인씩 증원할 수 있다(동헌법 제64조 2호). 이러한 당회는 조직된 후에도 시무장로가 1인도 없게 되면 폐당회가 되고, 장로 2인 미달 또는 세례교인(입교인) 수가 30인 미달인 채로 4년 이상 경과하면 당회가 폐지된다(동헌법 제65조).

교회의 설립과 해산에 관한 대법원 판결례가 존재한다. 즉, 교회를 설립하려는 과정에서 대표자, 즉 목사가 장래 설립할 교회를 위하여 취득한 재산의 귀속관계가 문제되었는데, 이에 대해 「교회가 그 실체를 갖추어 법인 아닌 사단으로 성립한 경우에 교회의 대표자가 교회를 위하여 취득한 권리의무는 교회에 귀속되나, 교회가 아직 실체를 갖추지 못하여 법인 아닌 사단으로 성립하기 전에 설립의 주체인 개인이 취득한 권리의무는 그것이 앞으로 성립할 교회를 위한 것이라 하더라도 바로 법인 아닌 사단인 교회에 귀속될 수는 없고, 또한 설립중의 회사의 개념과 법적 성격에 비추어, 법인 아닌 사단인 교회가 성립하기 전의 단계에서 설립중의 회사의 법리를 유추적용할 수는 없다」[193]고

---

190) 대한 예수교 장로회 총회(통합측) 헌법 제2편 정치편 제10조.

191) 원입교인(15세 이상)으로서 세례를 받은 자를 말한다(위 헌법 제14조 3호).

192) 유아세례교인으로서 입교한(15세 이상) 자를 말한다(위 헌법 제14조 2호).

193) 대판 2008.2.28, 2007다37394·37400.

하면서 향후 설립된 교회재산으로 귀속하기 위해서는 별도의 이전행위가 있어야 한다고 판단하였다.

또한 해산 이후의 청산과 관련하여, 「법인의 해산에서와 마찬가지로, 교회 역시 더 이상 종교활동을 하지 않아 해산하게 되었다고 하더라도 청산사무가 완료될 때까지는 청산의 목적범위 내에서 권리의무의 주체가 되고, 이 때 청산인은 교회의 대표자, 즉 담임목사가 되나,[194] 민법 제82조의 유추적용에 따라 총회의 결의에서 별도로 정할 수 있다」[195]고 한다.

다. 지교회의 분립, 합병

지교회가 분립하거나 합병하고자 할 경우 그 지교회는 당회와 공동의회의 결의 후 노회의 허락을 받아야 하며, 노회가 허락하면 위원을 파송하여 분립 또는 합병에 필요한 제반 재산 및 행정 처리를 확고히 하는 절차를 밟도록 되어 있다(동헌법 제11조). 그런데 위 총회 헌법에는 지교회의 분립 및 합병에 관한 의결정족 수에 대하여 특별한 규정이 없다. 지교회의 분립, 합병은 지교회의 분열과 달리 지교회의 필요에 따라 어느 정도 전교인들의 합의가 이루어진 상태에서 정상적인 절차를 밟아 이루어지는 것을 상정하고 있으므로, 해석상 일반적인 의사정족수에 버금가는 재석(출석)교인수의 과반수 득표로 가능하다고 하여도 문제가 되지 않을 것이다.[196]

정상적인 교회의 경우, 교세가 확장되거나 교세의 확장을 목적으로 새로운 개척교회를 설립하는 경우가 종종 있다. 이때는 교인들의 총의에 의하여 일부 교인과 부목사(또는 새로운 목사 초빙) 등이 중심이 되어 종전 교회에서 분립되어

---

194) 대판 2007.11.16, 2006다41297에 의하면, 교회가 해산하였다고 하더라도 교인들이 교회재산의 귀속관계에 대하여 다투고 있는 이상 교회는 청산목적의 범위 내에서 권리·의무의 주체가 되어 당사자능력이 있고, 위 교인들이 교회의 대표자 지위의 부존재 확인을 구하는 소송에는 청산인 지위의 부존재 확인을 구하는 취지가 포함되어 있으며, 재산의 관리처분과 관련한 교회 대표자 지위에 관한 분쟁은 구체적인 권리 또는 법률관계를 둘러싼 분쟁에 해당하여 그 대표자 지위의 부존재 확인을 구하는 것은 소의 이익이 있다고 판시하고 있다.

195) 대판 2003.11.14, 2001다32687에서 비법인사단인 교회의 교인들이 예배를 중단하고 다른 교회로 나가기로 결의한 후 교인 중 한 사람인 갑이 교회의 재산을 보관·관리하여 오다가 교회건물에 대하여 보상금이 책정된 경우 위 교회의 보상금처리를 위한 청산업무를 수행할 자는 해산 당시 교인들에 의하여 묵시적인 방법으로 청산인으로 선임된 갑이라고 한다.

196) 해석상 재석(출석)교인수의 과반수 득표로 가능하게 하는 것은 문제라고 지적하는 견해로는, 오시영, 앞의 논문, 308면.

나가기로 결의하고 기존 지교회가 이를 찬성하여 인적·물적 지원을 아끼지 않고 돕는 것이 일반적이다. 반대로 교세가 약한 교회들끼리 교세를 확장하기 위하여 합병을 합의할 수 있다. 이처럼 교회가 정상적인 합의에 의해 분립 또는 합병할 경우에는 소정의 절차(교인들의 공동의회에서의 결의 등)을 거친 다음 지교회의 상급단체인 노회에 청원하면 노회 역시 이를 허락하고 위원을 파송하여 분립 또는 합병에 필요한 제반 재산 및 행정처리를 도와주고 있다. 이 경우에는 아무런 문제될 것이 없고, 판례 역시 이러한 분립이나 합병은 허용된다는 입장이다.[197)]

라. 노회

당회의 상급기관으로 노회가 있다.[198)] 노회는 여러 지교회가 있으므로 서로 협력하여 교리를 보전하고, 행정과 권징을 위한 당회의 상급기관이다(동 헌법 제72조). 노회는 일정한 구역 안에 있는 시무목사 30인 이상과 당회 30처 이상과 입교인 3,000명 이상이 있어야 조직할 수 있다. 노회는 노회 소속 목사와 당회에서 파송한 총대 장로로 조직한다(동 헌법 제73조). 노회의 직무는 노회 구역 안에 있는 각 지교회와 소속 기관 및 단체를 총찰하고, 각 당회에서 제출한 헌의, 문의, 청원, 진정에 관한 사항을 접수 처리하고, 각 당회에서 제출한 행정쟁송, 소송, 상소 및 위탁재판에 관한 사항을 처리한다. 지교회를 설립, 분립, 합병, 폐지하고 당회를 조직하며 목사 청빙, 전도, 교육, 재정 관리 등 일체 상황을 지도한다. 또한 총회와의 관계에서, 노회에서 총회에 제출하는 청원, 헌의, 문의, 진정, 상소에 관한 사건을 상정하고 노회 상황을 보고하며 총대를 선정 파송하여 총회의 지시를 실행한다(동 헌법 제77조).

노회의 승인을 얻지 않고 지교회에서 그 총의에 따라 당회장(담임목사)을 청빙하여 취임케 한 경우의 관계에 대하여 대법원은, 「갑 교회를 독립된 비법인 사단으로서의 당사자 능력을 갖춘 단체로 인정하는 이상 그 교회와 그 소속 노회와의 관계에 있어서는 교회의 당회장 취임에는 노회의 승인을 요하는 것이어서 교회에서 교인들의 총의에 의하여 선임한 당회장도 그 승인이 없는 한 노

197) 대판(전) 2006.4.20, 2004다37775.

198) 대한예수교 장로회 통합측 노회 숫자는 2008년 12월 말 현재 64개이며, 교회는 7,868개, 교인은 2,699,419명이고, 합동측 노회 숫자는 135개, 교회는 11,156개, 교인 숫자는 2,924,600명이 라고 한다. 문화체육관광부 2009년 종무행정백서, 124면 참조.

회에 대하여는 당회장으로서의 권리·의무를 주장할 수는 없다 할지라도 비법인 사단의 성질상 교회가 소속 교인들의 총의에 의하여 그를 대표할 당회장으로 선임한 자는 노회 이외의 제3자에 대한 관계에 있어서는 그 교회를 대표할 자격이 있는 것이다」[199]고 한다.

다음으로, 노회의 중요한 직무 중의 하나가 지교회의 재산과 관련하여 노회 소속 지교회와 산하 기관의 부동산을 관리하고 재산 문제로 사건이 발생하면 이를 처리하는 것이다. 이를 위하여 노회에는 재산관리차원에서 법인으로서 노회유지재단이 설립되어 있으며, 지교회의 재산은 일단 노회유지재단 명의로 등기, 등록된다. 문제는 대개 지교회에서 조성된 부동산 관련 재산은 노회유지재단에 등록되고 있고, 총회 헌법 제94조에서 '노회의 재산'이란 제목하에, 「노회의 재산은 노회가 조성한 재산과 지교회가 '증여'한 부동산 및 개인이나 단체가 헌납한 재산으로 한다. 단, 신도가 동산이나 부동산을 노회나 그 지교회에 헌납할 때는 헌납 즉시로 노회나 교회의 재산이 되는 동시에 지교회가 노회에 증여한 재산은 그 교회가 노회를 이탈할 때는 재산권이 없어진다」고 규정하고 있다는 점이다.

이는 교단 상위규정이 지교회에 대하여 구속력이 있는지의 여부와 관련된 문제이다. 대개의 개신교 교단들은 위의 헌법과 마찬가지로 교단의 결속과 확장 등 여러 가지 이유에서 교회 헌법 등에 지교회 소유의 부동산을 지교회의 상급 노회(교단 소속 유지재단)의 소유로 한다는 취지의 규정을 두는 경우가 많은데,[200] 이러한 경우의 재산관계에 관하여도, 대법원은 「교회신도들이 교회를 건립하기 위하여 기부금을 모집하여 교회용의 대지를 매수하여, 그 위에 교회를 건립하였다면 특별한 사정이 없는 한 신도들은 그 소속 노회의 헌법규정이 어떻게 되었든 간에 그 토지와 교회건물은 그 소속 신도가 교회원으로서 그 총의에 의하여 교회로 영구히 사용할 권리를 보유할 의사였다고 할 것이다.」[201] 라고 판시하고 있다.[202]

---

199) 대판 1967.12.18, 67다2202.

200) 통상 '재단법인 ○○유지재단'이라는 명칭을 사용하여 교단 혹은 노회 산하에 설립된 재단(법인) 앞으로 소유권을 이전할 것을 규정하고 있는 경우가 일반적 추세이다.

201) 대판 1973.8.21, 73다442, 443.

202) 유지재단에 편입된 재산들의 시가 합산액이 6억 원을 초과하는 경우 종합부동산세 부과대상에 해당되는지 여부가 문제된 사안에서, 대법원 2010.10.14. 선고 2010두10501 판결은,

마. 총회

총회는 당회, 노회의 하급치리회에 대하여 최고 치리회이다(동 헌법 제83조). 총회는 각 노회에서 동수로 파송한 총대목사와 총대장로로 조직된다. 파송비율은 각 노회 당 목사, 장로 각 4인을 기본수로 배정하고 나머지는 무흠 입교인 비율에 따라 목사, 장로 동수로 배정하되 회원 총수는 1,500명 이내로 한다(동 헌법 제84조). 총회의 직무는 소속 각 치리회 및 지교회와 소속 기관 및 산하 단체를 총찰하고, 하급 치리회에서 합법적으로 제출한 문의, 헌의, 청원, 행정쟁송, 상고, 총회특별재심 등의 서류를 접수하여 처리하며, 대한예수교 장로회 헌법을 해석할 전권이 있고(동 헌법 제84조 4호), 교회를 분열케하는 쟁론을 진압한다(동조 제6호).

근래에는 교회문제에 대하여 최고의 치리회이며 헌법을 해석할 전권이 부여된 총회재판국의 판단에 대하여 승복하지 못하고 세속 재판에 소송하는 경우가 많아 교회문제에 대한 사법심사의 한계가 어디까지인지의 선결문제가 등장한다.

그 외에도 총회는 노회를 설립, 분립, 합병, 폐지하며 노회의 구역을 정하고, 노회 재산에 대한 분규가 있을 때 처리한다.

(4) 지교회의 조직

지교회에는 당회, 공동의회, 제직회 등의 헌법적 기관이 있고 자치기관으로서 남선교회와 여전도회가 있다.

지교회는 자치규범(정관)으로서 교회운영규정을 가지고 있다. 운영규정에는 합의체로서 교회에 등록된 무흠 세례교인(입교인) 중 18세 이상인 자로 구성된 '공동의회'와 목사, 장로, 집사, 권사, 전도사, 서리집사로 구성된 '제직회', 담임목사, 부목사, 장로로 구성된 '당회'의 규정을 두고 있으나, 사원총회와 같은 '전교인총회'에 관한 규정은 두고 있지 않은 것이 통례이다.

위와 같은 재산의 편입은 일종의 명의신탁에 해당한다고 보아 종합부동산세의 납부의무자인 '재산을 사실상 소유하고 있는 자'는 재단이 아니라 개별 지교회라고 판단한 원심을 수긍하였다.

가. 공동의회

공동의회는 헌법에서 규정하고 있는 지교회의 합의체기관으로 교회법상으로는 지교회의 최고의결기관이다. 공동의회는 지교회 소속의 무흠 세례교인(입교인) 중 18세 이상인 자로 구성된다. 무흠 세례교인이라 함은 세례를 받은 자 중에서 권징(징계)을 받지 아니한 흠 없는 교인을 말한다. 견징(책벌)의 종류로는 ① 견책, ② 근신, ③ 수찬정지,[203] ④ 시무정지,[204] ⑤ 시무해임,[205] ⑥ 정직, ⑦ 면직,[206] ⑧ 출교[207] 등이 있다. 이러한 책벌 중 교인(직원이 아닌 평신도)에게는 견책, 근신, 수찬정지, 출교 등을 부과할 수 있고, 직원(항존직 및 임시직원)에게는 견책, 근신, 수찬정지, 시무정지, 시무해임, 정직, 면직 등과 출교를 병과할 수 있다.

교인은 원입교인, 유아세례교인, 세례교인(입교인)으로 구별이 되는데, 공동의회의 회원이 되기 위해서는 18세 이상의 무흠 세례교인(입교인)이어야 한다(동헌법 제90조 제1항). 따라서 세례를 받지 아니한 원입교인과 15세 이상 17세 이하인 세례교인 또는 입교인은 공동의회의 회원이 될 수 있는 자격이 없다. 공동의회는 당회의 결의(당회가 소집할 필요가 있다고 결정하거나 제직회의 청원이 있을 때, 무흠 세례교인 또는 입교인 3분의 1 이상의 청원이 있을 때 소집을 결의하게 됨)가 있거나 상회의 지시가 있을 때 당회장이 소집하며, 그 일시, 장소, 안건을 한 주일 전에 교회에 광고하여야 한다.

공동의회의 개회는 회집(출석)된 회원으로 하며 결의 역시 다른 규정에 명시된 사항이 아닌 경우에는 재석(출석) 과반수로 결의하고 인선은 무기명 비밀투표로 하도록 되어 있다(동조 제6항). 민법상의 사단법인은 어떠한 의사를 결정하기 위해서는 특별규정이 없는 한 사원 과반수의 출석과 출석 사원 과반수로 결의하는 것(민법 제75조 제1항)과 달리 의사정족수에 제한을 두지 않고 출석한 교인만으로 언제든지 의사를 진행할 수 있고, 의결 역시 출석교인의 과반수로 결정하고 있는바, 이는 수많은 교인의 출석을 강제할 수 없다는 현실적 필요성 때문이라고 하겠다.

---

203) 6개월 이상 1년 이내의 기간 수찬(성찬예식참석)을 정지하는 것.

204) 3개월 이상 1년 이내의 기간 설교권을 제외한 모든 시무를 정지하는 것.

205) 3개월 이상 1년 이내의 기간 그 직무에 한하여 모든 시무를 정지하는 것.

206) 6개월 이상 2년 이내의 기간 직원(목사, 장로, 권사, 집사 등)의 신분은 보유하나 직무에 종사하지 못하며 정직기간 수찬을 정지하는 것.

207) 교인 명부에서 제명하여 교회 출석을 금지시키는 것.

공동의회는 당회가 제시한 사항, 예산 및 결산, 직원 선거, 상회가 지시한 사항에 한하여 의결할 수 있다(동조 제5항).

나. 제직회

제직회라 함은 교회의 일정한 직분을 맡고 있는 자, 즉 시무목사, 장로, 안수집사, 권사, 전도사, 서리집사 등으로 구성되는 의결기관을 말한다. 제직회의 장은 시무목사가 맡게 되며, 제직회장이 제직회 소집의 필요성을 인정하거나 교회 제직 3분의 1의 요청이 있으면 제직회장인 목사가 일주일 전에 광고하여 소집하며, 개회성수는 출석수로 하고, 결의는 출석수의 과반수로 한다(동 헌법 제91조).

제직회의 구성은 장로, 집사(안수집사), 권사 등 항존직(70세에 은퇴)과 전도사, 서리집사[208] 등의 임시직인 직원으로 구성된다. 위 장로는 다시 구분하여 설교와 치리를 겸한 넓은 의미의 장로인 목사와 치리만 하는 장로인 좁은 의미의 장로로 구분된다. 좁은 의미의 장로는 공동의회에서 총 투표수의 3분의 2 이상의 득표를 한 자로 선출되며 통상 장로라고 할 때는 좁은 의미의 장로를 지칭한다. 집사(안수집사를 말함)는 30세 이상의 무흠 남자 세례교인(입교인)으로 5년을 경과한 자 중에서 공동의회에서 투표수의 과반수 득표자로 선출하며, 권사는 30세 이상된 여자로 무흠 세례교인(입교인)으로 5년을 경과 한 자 중에서 공동의회에서 투표수의 과반수 득표자로 선출한다.[209] 임시직인 전도사는 만 25세 이상, 무흠 세례교인(입교인)으로 5년을 경과한 자로서 신학교 또는 성서학원 졸업자로 노회 전도사 고시에 합격한 자 등의 자격을 갖춘 유급 교역자이고, 서리집사는 25세 이상된 진실한 무흠 세례교인(입교인)으로서 1년을 경과하고 교회에 등록한 후 1년 이상 교인의 의무를 성실하게 이행한 자 중에서 당회가 임명한 자로 그 임기는 1년으로 되어 있다.

제직회는 공동의회에서 결정한 예산의 집행 및 재정에 관한 일반수지 예산 및 결산, 구제비의 수입, 지출 및 특별 헌금 취급, 당회가 요청한 사항 등을 결의할 수 있다(동 헌법 제91조 제5항).

---

208) 1년간 일시적으로 당회가 임명하며 항존직과 구분된다.

209) 감리교단 등에서는 남자를 권사로 선출하기도 하며, 이는 대한예수교장로회의 안수집사에 해당한다.

다. 당회

당회(session)[210]는 장로교회에 있어서 교회의 정치 및 행정, 영적인 일을 담당하는 교회의 최고회의(governing body)기관이다. 여러 교회 정체 중에서 대의정치를 가장 잘 드러내는 것이 장로교회의 당회제도라고 할 수 있다. 회중교회에서는 장로제도가 없기 때문에 당회라는 조직이 없다. 당회가 있는 장로교회에서 당회의 역할과 기능은 매우 중요하며 교회의 행정, 사법, 입법기능, 심지어 재정까지 깊숙이 관여하는 최고회의 기관이다.

교회의 최고회의로서의 당회는 두 가지 기능이 있다. 하나는 정치적인 기능이고 다른 하나는 영적인 기능이다. 정치적 기능으로서 당회는 교회의 법규인 내규를 정하기도 하는 입법의 기능도 있고, 비행 교인의 징계절차를 심의하기도 하는 사법기관의 역할도 하며, 교회의 행정과 예산을 심의, 관장하는 행정기관의 역할을 한다.

당회라 함은 지교회에서 시무하는 목사, 부목사, 장로 2인 이상으로 조직되는 지교회의 일종의 의결 및 집행기관[211]으로 대한예수교장로회총회 소속 지교회의 경우에는 세례교인(입교인)이 30인 이상이 있어야 조직될 수 있고, 이러한 당회가 조직되어 있는 교회를 조직교회라 하고, 조직되어 있지 않은 교회를 미조직교회라 한다.

장로에는 설교와 치리를 겸한 장로(목사)와 치리만을 하는 장로가 있는데, 좁은 의미의 장로(치리장로)는 세례교인(입교인) 30인당 비례로 1인씩 증원할 수 있다. 당회장은 지교회의 시무목사가 당연직으로 맡게 되며, 당회장이 결원되었을 경우에는 노회가 임시당회장을 파견할 수 있고, 당회장의 일시유고 또는 기타 사정이 있을 때 당회장이 위임하거나 당회원과 합의하여 대리당회장을

---

210) 당회는 우리말로 말하면 말 그대로 '예배당에서 모인 것'을 말한다. 당회는 영어로 'Session'으로서 그 말의 의미는 'sitting together' 즉, '함께 앉아있는 것'을 말한다. 헬라어로는 산헤드린(Synedin)이 당회의 뜻을 나타내는 것으로서 syn(함께)과 hedrin(앉다)의 합성어이다. 헬라어의 의미 역시 '함께 앉아 있는 것'으로 풀이 될 수 있다. 요약하면 당회의 정의는 교회에서 대표성을 띤 사람들이 어떤 목적을 갖고 협의점을 끌어내기 위해 함께 모여 앉아 있는 것이다.

211) 사단법인의 이사회에 해당한다고 할 수 있다. 다만 장로는 각자 지교회를 대표하지 않는다. 그러나 대판 1972.11.14, 72다1330에서 「대한예수교 장로회에 소속된 교회는 그 관리 운영에 관한 종헌인 대한 예수교 장로회의 헌법에 따라야 하고 그 헌법에 따라 장로를 면직 판결하였다면 그는 대표자격이 없어진다」고 하여 장로에게 교회의 대표자격을 부여하는 듯한 판시를 하고 있다.

초빙할 수 있으나 이 경우 대리당회장은 당회에 참석하더라도 결의권을 행사할 수 없다(동 헌법 제67조).

당회의 직무는 ① 교인의 신앙과 행위를 통찰하며, 세례, 입교할 자를 문답하며 세례식과 성찬식을 관장하고, ② 교인의 이명, 세례, 입교, 유아세례 증서를 교부하며 접수하고, 이명증명서를 접수한 때에는 즉시 발송한 당회에 접수통지를 하여야 하며, ③ 예배를 주관하고 소속 기관과 단체를 감독하고, ④ 장로, 집사, 권사를 임직하며, ⑤ 각종 헌금을 수집할 방안을 협의하여 실시케 하며 재정을 감독하고, ⑥ 노회에 파송할 총대 장로를 선정하고 교회 상황을 보고하며 청원건을 제출하며, ⑦ 범죄한 자를 소환 심문하고 증인의 증언을 청취하며 범죄한 증거가 명백할 때에는 권징하며, ⑧ 지교회의 토지, 가옥 등 부동산을 관리하는 것 등이라고 할 수 있다(동 헌법 제68조).

당회는 지교회의 사실상의 모든 업무를 총괄하는 최고상위기관이기 때문에 지교회 전반에 걸친 관련서류, 즉 세례교인(입교인) 명부, 유아세례 교인 명부, 책벌 및 해벌 교인 명부, 실종 교인 명부, 이명 교인 명부, 혼인 명부, 별세 명부, 비품대장, 교회의 부동산 대장 등을 비치하여야 한다(동 헌법 제71조).

라. 교인

교인은 교회의 구성원이다. 자연적 발생단체이며, 혈연적 사단인 종중의 구성원인 종중원과 달리 특정의 종교적 교의(목적)를 따라 결성된 인위적 단체인 교회의 구성원이다. 교회의 구성원인 교인이라 함은 원입교인[212], 유아세례 교인,[213] 세례교인[214] 및 입교인[215] 등으로 구별할 수 있다(동 헌법 제14조). 종중원에 대해서는 성년인 자(19세 이상)를 자격기준으로 하지만 교회의 교인으로서 교회의 합의체인 공동의회의 구성원이 되기 위해서는 무흠의 18세 이상의 세례교인(18세 이상)이거나 입교인이어야 한다.

교인에게는 공동예배 출석과 헌금과 교회 치리에 복종할 의무가 있으며(제16조), 학업, 병역, 직업 등의 사유로 인하여 지교회를 떠나 6개월 이상 경과하

212) 지교회의 공동예배에 참석하는 자로 나이에 원칙적으로 제한은 없다.

213) 세례교인 또는 입교인의 자녀로서 만 2세 미만의 유아로서 유아세례를 받은 교인.

214) 15세 이상의 원입 교인으로서 자유로운 결신에 의해 세례를 받은 교인.

215) 유아세례를 받은 유아가 장성하여 만15세 이상이 된 후 자의적으로 입교, 즉 교인이 되기로 결심하여 입교절차를 거친 교인.

게 될 경우에는 소속 당회에 이를 신고(출타신고)할 의무가 있다(제18조). 교인의 권리로 세례교인(입교인)은 성찬 참례권이 있으며, 만18세 이상의 무흠 세례교인(입교인 포함)은 공동의회에 참석하여 의결권을 행사할 수 있는 권리가 있다(제16조). 교인이 특별한 사정으로 인하여 다른 교회로 이명(교회를 옮기는 것)하고자 하는 경우에는 6개월 이내에 소속 당회에 이명 청원을 하여야 하며, 당회는 이명청원서를 접수한 후 합당하다고 인정하는 경우 이명증명서를 발급하게 되고, 책벌하에 있는 교인인 경우에는 이명증명서에 책벌사항을 명기하여야 한다. 그러나 당회는 당사자가 이단으로 규정된 교회로 옮기려는 경우, 정당한 이유 없이 이명을 청원하는 경우, 소송계류(권징과 관련한) 중에 있는 경우 등에는 이명증명서의 발급을 거부할 수 있다. 한편 대한예수교총회가 인정하는 다른 교파에 속한 교인이 본 교단 교회로의 이명을 원하는 경우에는 이명을 허락할 수 있다(제17조).

이처럼 일단 한 지교회의 교인이 된 후 교회를 옮기고자 할 경우에는 이명절차를 밟도록 되어 있고, 이러한 이명절차는 가톨릭 교단에서는 엄격하게 시행되고 있으나, 개신교 교단에서는 지교회 중심의 독립성이 보장되고 있기 때문에 엄격하지 않아, 신앙의 자유원칙에 따라 자유롭게 교회를 옮기고 있는 것이 현실이다.[216] 다만 이명절차를 밟지 않을 경우 종전 교회에서의 교인으로서의 자격을 새로 옮긴 교회에서 인정받을 수 없는 나름대로의 제한은 있다고 하겠다.

실제로 정식 이명절차는 대부분 목사, 장로, 안수집사, 권사 등 항존직과 임시직 중 전도사인 직원들이 밟고 있을 뿐이고, 여러 이유로 이명절차가 생략된 채 확인과정을 거쳐서 종전 교회의 직분을 인정하기도 한다. 문제는 이명절차를 밟았다고 하더라도 종전 교회의 직분이 그대로 이명된 교회의 직분으로 인정되지 않기 때문에 이를 인정받기 위해서는 일정기간 후 별도의 선거나 임명 절차를 거쳐야 한다는 점이다. 물론 지교회의 사정에 따라 약간 다르게 처리하는 예외가 없는 것은 아니나 제대로 요건이 갖추어진 지교회의 경우에는 다른 교회에서 장로인 자가 이명되어 왔다고 하더라도 자기 교회의 장로로서의 직분을 인정하지 않고, 인정하고 싶은 경우에는 별도의 선거절차를 통해 공동의회 의결정족수인 참석 교인 3분의 2 이상의 득표를 요하는 피택절차를 밟

216) 오시영, 앞의 논문, 321면.

아 새로이 임직하여야 한다.[217]

교인은 신고 없이 교회를 떠나 의무를 행치 않고 6개월을 경과하면 회원권이 정지되고 1년을 경과하면 실종교인이 된다(제19조). 이후 다시 교회로 돌아올 경우, 회원권이 정지된 교인은 돌아온 후 6개월이 경과된 후 당회의 결의로 복권시킬 수 있고, 실종교인의 경우에는 돌아온 후 1년이 경과된 후 당회의 결의로 복권시킬 수 있도록 되어 있으나(제20조), 이러한 절차가 엄격하게 시행되지 않는 것이 현실이다.

교인은 교회의 구성원이 될 수 있는 지위에 있을 뿐, 교인 자체는 교회의 기관이 아니라 할 것이고, 직분에 따라 공동의회와 제직회, 당회의 구성원이 될 자격이 있다. 다만 통상의 경우 사단법인은 사원의 의결권을 제한할 수 없으나, 교회는 공동의회의 회원권을 무흠의 만18세 이상의 세례교인(입교인)으로 제한하고 있어 차이가 있다. 이는 만 19세 이상의 자연인에게 행위능력을 인정하고 있는 것과 같은 취지에서 '세례 또는 입교절차를 밟은' 무흠의 만18세 이상의 교인에게 교회 치리권의 한 내용을 형성하게 되는 공동의회의 의결권을 제한하는 것으로 볼 수 있다. 다만 교회의 분쟁시 등록교인이지만 세례교인이 아니거나 입교인이 아닌 경우, 만 18세에 이르지 못한 세례교인인 경우에는 공동의회의 구성원이 될 수 없고 의결권도 없게 된다.

등록교인인 경우에는 교회재산에 대하여 사용·수익권을 갖게 되며, 교회재산은 교인들의 총유에 해당하기 때문에 공동의회가 아닌 교인총회에서 교회재산의 처분과 관리에 대하여 결의를 거쳐야 할 것이다. 교회총회의 참가자격을 종중총회처럼 성년 혹은 18세로 제한할 것인가. 그렇지 않으면 세례를 받을 수 있는 나이인 15세로 할 것인가. 교회헌법에서 공동의회 참가자격 연령으로 정하고 있는 18세로 제한하는 것이 합리적이라고 본다.

(5) 유지재단[218]

한국의 대표적인 개신교 교단인 장로교의 대표적인 교단으로서는 예수교장로회와 기독교장로회를 들고 있다. 예수교장로회에는 수십 개 종파가 있는데 그 중에서 합동(총신대학)과 통합(장신대학), 그리고 고신(고신대학)이 대표적인 교

217) 오시영, 앞의 논문, 322면.

218) 이에 대해서는 윤철홍, 기독교유지재단의 운영현황과 문제점, 민사법학 43-1호, 2008.12, 4면 이하.

단으로 여겨진다. 이 밖에도 대한감리회의 감리교, 기독교성결교회 등이 큰 교단으로 활동하고 있다. 이와 같은 교단들은 지교회나 교단의 재산을 보존·관리하기 위하여 독자적인 유지재단 또는 신탁회사[219]를 설립하여 운영하고 있다. 이러한 유지재단의 설립을 위해서는 주무관청의 허가(민법 제32조)와 등기(민법 제33조)를 요건으로 하고 있기 때문에, 허가와 등기를 경료한 유지재단은 권리능력이 있는 법인들이다. 예수교 장로회(합동)와 기독교장로회(기장), 대한 감리회 등은 하나의 유지재단을 설립하여 통일적으로 운영하고 있는 데 반하여, 예수교 장로회(통합)의 경우는 시찰(노회)별로 수개의 유지재단을 설립·운영하고 있는 것이 특색이다.

가. 교회의 재산

앞에서 살펴보았듯이, 대한예수교장로회총회(통합측)의 경우 재산의 소유 형태가 이원화 되어 있다. 총회 헌법 제2편 제14장에 재산에 대하여 규정하고 있다. 우선 대한예수교장로회 총회의 재산은 총회가 자체적으로 조성하는 재산, 지교회나 노회가 증여하는 재산, 직속 단체의 재산, 그 밖의 개인이나 단체가 기부하는 재산 등으로 구성된다(제93조). 노회의 재산은 노회가 조성한 재산과 지교회가 증여한 부동산 및 개인이나 단체가 헌납한 재산 등으로 구성되는데, 단 신도가 동산이나 부동산을 노회나 그 지교회에 헌납할 때는 헌납 즉시 노회나 교회의 재산이 되는 동시에 지교회가 노회에 증여한 재산은 그 교회가 노회를 이탈할 때는 재산권이 없어진다(제94조)고 헌법에 규정되어 있다.

이 경우 총회 규정에 따르면 헌납 즉시 노회나 지교회의 재산이 된다는 것인데, 민법 제185조와의 관계에서 과연 총회 헌법규정이 지교회에 강제되는가의 여부가 문제된다.

판례는 「교회신도들이 교회를 건립하기 위하여 기부금을 모집하여 교회용의 대지를 매수하여, 그 위에 교회를 건립하였다면 특별한 사정이 없는 한 신도들은 그 소속 노회의 헌법규정이 어떻게 되었든 간에 그 토지(대지)와 교회건물은 그 소속 신도가 교회원으로서 그 총의에 의하여 교회로 영구히 사용할 권리를 보유할 의사였다고 할 것이다」[220]고 하고, 대한예수교장로회의 헌법에 지

219) 구세군 군령군율이 구세군의 전자산은 구세군대장만이 유일한 소유자이고 구세군대장은 '구세군신탁회사'라는 명칭을 가진 회사를 설립하여 그 재산을 관리하도록 규정하고 있다.
220) 대판 1973.8.21, 73다442,443.

교회에 속한 부동산을 노회의 소유로 하고 토지나 가옥에 관하여 분쟁이 생기면 노회가 이를 처분할 권한이 있음을 규정한다 하더라도, 물권인 부동산소유권의 귀속 등 국가의 강행법규를 적용하여야 할 법률적 분쟁에 있어서는 이와 저촉되는 교회헌법의 규정을 적용할 여지가 없다고 한다.[221]

그러나 대법원은 구세군 관련 판결에서 「구세군 군령군율이 구세군의 전자산은 구세군대장만이 유일한 소유자이고 구세군대장은 구세군신탁회사라는 명칭을 가진 회사를 설립하여 그 재산을 관리하도록 규정하고 있다면 구세군은 지역교회중심인 일반교회와는 달리 강력한 중앙집권적 조직을 갖추어 산하 영문의 재산에 관하여 일체의 사권행사를 부인하고 있다고 해석하여야 할 것이므로 구세군 영문회당의 대지를 구입하고 건물을 신축함에 있어서 그 비용 가운데 구세군 교인들의 헌금이 일부 들어갔다 하더라도 위 대지 및 건물이 교인들의 총유에 속하는 것으로 볼 수 없다」[222]고 하여, 구세군 군령군율에 따라 재산관계가 형성됨을 판시하고 있다. 이는 구세군이 일반 교회와는 다른 조직적 특성을 가지고 있는 점에 주목한 것으로 보인다.

나. 유지재단에의 편입

대한예수교장로회총회 및 각 노회, 각 지교회는 교인들의 헌금에 의해 이루어진 재산을 보존하기 위하여 재단법인인 '유지재단'을 설립하여 운영하는 경우가 많다. 법인 아닌 사단인 교회 명의로도 직접 부동산등기를 하는 것이 가능하지만(부동산등기법 제26조), 총회 헌법은 지교회 자신의 명의로 부동산등기를 금하고 유지재단을 통하여 상회의 관리를 받을 것을 규정하고 있다.

즉 대한예수교장로회 총회 역시 총회의 재산은 '재단법인 대한예수교장로회 총회유지재단'에 편입하여 보존하기 위하여 '재단법인 대한예수교장로회총회 유지재단'을 설립하였고, 노회의 재산 및 지교회의 부동산은 '그 노회가 가입한 유지재단'에 편입 보존되도록 하여, 대한예수교장로회 산하에는 각 노회의 재산을 관리하기 위해 일정지역을 단위로 한 '노회유지재단'이 결성되어 있다.

그러나 일부 교회에서는 교회재산을 목사나 장로 등 개인 명의로 등기해 놓거나 명의신탁을 해 놓은 사례가 많았고, 이 때문에 교회의 재산을 둘러싼

---

221) 대판 1991.12.13, 91다29446.

222) 대판 1987.7.8, 85다카2648.

비리로 인하여 분쟁이 발생하게 되고, 그 권리관계에 대한 다툼이 있게 되면 이로 인해 교회 분립까지 이루어지는 등 분쟁이 끊이지 않고 있는 것도 현실이다. 이러한 분쟁을 사전에 차단하고, 교회의 존립을 위해 기본재산인 교회 예배당 건물 및 부지 등에 대한 임의처분을 제한하고 교회재산을 유지·보전하기 위한 목적으로 유지재단을 결성하여 운영하고 있는 것이다.[223)]

한편 일부 지교회는 이러한 총회 산하 유지재단에 가입하지 않고 지교회별로 독립된 유지재단을 만들어 운영하고 있는 경우도 있는 바, 독립된 지교회의 교세가 크고 재산이 많은 경우 노회 소속의 유지재단에 가입한 후에는 동 유지재단으로부터 지교회의 재산을 환수받기가 쉽지 않기 때문에,[224)] 지교회별로 유지재단을 만들어 운영하는 경우도 있다. 더 나아가 지교회가 노회 소속의 유지재단에도 가입하지 않고, 지교회 자체의 유지재단도 설립하지도 않은 채, 지교회 명의로 직접 부동산 등기를 하여 교회 재산을 관리하는 경우도 있고, 아니면 교회의 목사나 장로 명의로 명의신탁하여 관리하는 경우도 있다. 이처럼 위 총회 헌법규정을 따를 경우 지교회의 재산을 노회의 유지재단에 보존시켜야 되는데, 위와 같은 명의신탁이 위 세속법과 충돌하게 되는 문제가 발생하였고, 이러한 실정을 감안하여 2013년에 부동산실권리자 명의 등기에 관한 법률에서 종전에 종중과 배우자에 대해서만 명의신탁의 특례를 인정하였지만, 종교단체에 대해서도 특례를 인정하고 있다. 즉 종교단체의 명의로 그 산하 조직이 보유한 부동산에 관한 물권을 등기한 경우에도 예외적으로 명의신탁을 인정하고 있다(동법 제8조 3호).

다. 신탁법과의 관계

지교회의 재산의 유지재단에의 편입관계를 신탁관계로 볼 수 없을까. 신탁법 제2조는 신탁에 대하여, 「신탁이란 신탁을 설정하는 자(이하 '위탁자'라 한다)와 신탁을 인수하는 자(이하 '수탁자'라 한다) 간의 신임관계에 기하여 위탁자가 수탁자에게 특정의 재산(영업이나 지적재산권의 일부를 포함한다)을 이전하거나 담

---

223) 오시영, 앞의 논문, 333면. 또한 그 이면에는 교단 탈퇴를 어렵게 하려는 의도도 있다고 한다.

224) 지교회가 노회 유지재단에 보존시킨 재산을 찾아오기 위해서는 유지재단 이사회의 결의를 통해야만 하기 때문에 교회 분열이나 교단 탈퇴 등의 경우 지교회와 노회가 대립하게 되면 유지재단이 그 지교회 재산을 순순히 돌려주지 않고 종전 지교회를 지지하는 경향이 있게 되어 또 다른 문제가 발생하는 경우도 많기 때문이다. 오시영, 위의 논문, 334면.

보권의 설정 또는 그 밖의 처분을 하고 수탁자로 하여금 일정한 자(이하 '수익자'라 한다)의 이익 또는 특정의 목적을 위하여 그 재산의 관리, 처분, 운용, 개발, 그 밖에 신탁 목적의 달성을 위하여 필요한 행위를 하게 하는 법률관계를 말한다.」고 규정하고 있고, 동법 제3조 제1항은 신탁의 설정은 위탁자와 수탁자간의 계약(1호), 위탁자의 유언, 신탁의 목적, 신탁재산, 수익자(제106조의 공익신탁의 경우에는 제67조 제1항의 신탁관리인을 말한다) 등을 특정하고 자신을 수탁자로 정한 위탁자의 선언에 의하여 설정하도록 하고 있다.

제4조 제1항은 등기 또는 등록할 수 있는 재산권에 관하여는 신탁의 등기 또는 등록을 함으로써 그 재산이 신탁재산에 속한 것임을 제3자에게 대항할 수 있다고 한다. 그러나 등기·등록할 수 없는 재산권에 관하여는 다른 재산과 분별하여 관리하는 등의 방법으로 신탁재산임을 표시함으로써 그 재산이 신탁재산에 속한 것임을 제3자에게 대항할 수 있게 된다(동조 제2항). 제5조는 목적의 제한을 하고 있는데, 선량한 풍속이나 그 밖의 사회질서에 위반하는 사항을 목적으로 하는 신탁을 무효로 하고(동조 제1항), 목적이 위법하거나 불능인 신탁은 무효이고(동조 제2항), 다만 신탁목적의 일부가 무효인 경우에는 그 신탁은 그 부분에 해당하지 아니한 나머지 목적을 위하여 유효하게 성립하되, 목적의 유효부분과 무효부분을 분리하는 것이 불가능하거나 분리할 수 있더라도 나머지 목적만을 위하여 신탁을 유지하는 것이 위탁자의 의사에 명백히 반하는 경우에는 그 전부를 무효로 한다(동조 제3항). 또한 소송을 목적으로 하는 신탁은 금지되며(제6조), 일정한 재산권을 향유할 수 없는 자는 수익자로서 그 권리를 가지는 것과 동일한 이익을 누릴 수 없다(제7조)고 규정한다.

그런데 교단(노회)이 설립한 유지재단은 신탁업무를 취급하기 위해 설립된 신탁회사 유사의 법인이라고 의제할 수는 없을까.[225] 구세군교회는 구세군신탁회사를 설립하여 구세군교회의 재산을 관리하고 있고, 개신교 교회교단은 유지재단을 설립하여 재산을 관리하고 있는 바, 구세군교회는 신탁의 법리에 따라 처리되지만, 유지재단에 귀속된 지교회의 재산의 관리와 처분은 실제 지교회에서 이루어진다는 점에서 양자가 차이를 보이고 있다.

문제는 유지재단이 지교회로부터 지교회의 재산을 편입받음에 있어 신탁방

---

225) 인정하는 견해로는, 오시영, 지교회와 유지재단의 재산관계에 대한 고찰, 토지법학 24-1호, 2008.6, 248-249면.

법에 의한 편입을 거절하고 있다는 점이다.[226] 따라서 신탁등기의 방법 대신에 교단에 가입하고자 한 지교회나 교단에 가입한 지교회로서는 할 수 없이 증여의 방식에 의해 교단이 요구하는 각서(편입한 재산에 대한 권리를 행사하지 않겠다는 내용)를 작성하여 교단에 제출하고 있는 실정이다. 교단 또는 유지재단이 신탁의 방법을 이용한다면 지교회 탈퇴시 기본재산 감소에 따른 정관변경 및 주무관청의 허가를 받지 못하는 데에서 오는 지교회 재산의 회수불가의 문제도 해결될 수 있을 것이다.[227] 이러한 방법을 사용하는 것은 교단 또는 유지재단이 반환요구를 사전에 차단하기 위하여 신탁의 방법을 거부하고 있는 것으로 보인다.

다행히 위의 문제들은 부동산실명법의 개정으로 명의신탁의 예외규정으로 종중과 부부 이외에 지교회의 재산에 대해서도 특례(부동산실권리자명의등기에 관한 법률 제8조 3호)를 인정함에 따라 명의신탁의 법리에 따라 지교회와 교단의 재산관계 분쟁 해결의 실마리를 열어 놓았다.

교회재산의 경우에는 이제 신탁법에 의해서가 아니라 「공익신탁법」의 입법으로 공익신탁제도를 활용할 수 있는 방법이 있다. 현재까지 신탁의 방법이 거의 사용되지않는 현실을 감안할 때 공익신탁법에 의한 공익신탁의 제도가 그렇게 활성화될 것으로 보이지는 않는다. 다만, 그 동안 논의되어 왔던 공익신탁법이 2014. 3. 18. 제정되었고, 2015. 3. 19.부터 시행된다. 공익신탁 자체는 동법 시행 이전에도 설정이 가능하였으나, 동법으로 인하여 그 근거규정이 좀 더 명확해졌다.

공익신탁법 제1조는 「이 법은 공익을 목적으로 하는 신탁의 설정·운영 및 감독 등에 관하여 신탁법에 대한 특례를 정함으로써 신탁을 이용한 공익사업을 쉽고 편리하게 할 수 있도록 하여 공익의 증진에 이바지하는 것을 목적으로 한다.」라고 규정하고 있는데, 이에 따르면 공익신탁도 기본적으로는 신탁법상의 신탁임을 알 수 있다. 동법 제2조에서는 공익사업을 열거하고 있는데 '자목'에서 사상·양심·종교·표현의 자유 증진 및 옹호를 목적으로 하는 사업을 들

---

226) 유지재단은 지교회로부터 재산을 편입받음에 있어 신탁의 방법으로는 받기를 거절하고 있으며, 증여의 방법이나 매매의 방법으로 편입받는다고 한다. 오시영, 앞의 글, 각주 66) 참조.

227) 오시영, 위의 논문, 249면.

고 있다. 동법 제2조 2호에서는, '공익신탁'이란 공익사업을 목적으로 하는 「신탁법」에 따른 신탁으로서 제3조에 따라 법무부장관의 인가를 받은 신탁을 말한다고 하여, 이 법에서 정하고 있는 특례가 추가적으로 적용되는 것일 뿐, 동법에서 정함이 없으면 그 본질에 반하지 않는 한 신탁법 규정이 적용되게 될 것이다.

(6) 지교회의 재산관리

원칙적으로 지교회 자신의 명의로 취득한 재산에 대하여는 지교회의 소유가 될 것이고 지교회를 법인 아닌 사단으로 보는 경우에는 전교인의 총유관계이니만큼 재산의 처분과 관리는 교인총회의 결의에 의하고 사용·수익은 교인 각자가 할 수 있는 것으로 해석하여야 할 것이다.

그런데 교회헌법에서 교회재산의 관리는 부동산과 동산을 대별하여 관리케 하고 있는 것이 특징이다. 대한예수교장로회(통합)를 비롯하여 몇 몇 교단에서는 지교회의 교회재산을 관리하기 위하여 유지재단을 설립하여 운영하고 있는데, 문제는 노회의 재산 중 지교회의 부동산에 관한 것이다. 노회의 재산 중 지교회 부동산은 그 지교회의 당회로 하여금 관리케 하고, 동산은 그 지교회의 제직회로 하여금 관리케 하되 지교회 운영에 사용케 하면서도 교회의 재산에 대하여 신도에게 지분권을 인정하여 주지 않고 있다(제96조 제2항). 심지어 대한예수교장로회 교리나 법규를 준행하지 않거나 이탈한 자, 기관과 단체는 재산의 지분권 및 사용수익권도 가지지 못한다(동조 제3항).

뿐만 아니라 재단법인에 편입되지 아니한 지교회의 재산에 대하여도 대한예수교장로회 재산관리규정에 준하도록 강제하고 있다(제97조).

실제 지교회가 자신들이 마련한 부동산에 대하여 소유 및 관리하면서 명의만 노회유지재단 명의로 하거나 지교회의 구성원 명의로 등기만 경료한 경우 명의신탁에 해당한다. 우선 판례는, 「이 사건 교회건물은 교인들의 헌금과 미국인 선교사들의 출연금으로 마련된 것으로서 원고 재단법인 기독교대한감리회 유지재단에 명의신탁된 것」이라고 하여 지교회가 '재단법인 기독교대한감리회유지재단'에 교회 건물의 소유권이전등기를 한 것에 대하여 명의신탁관계에 있음을 명백히 하고 있다.[228]

228) 대판 1990.12.21, 90다카22056.

또 침례회 관련 다른 판례에서도 「원고가 교회의 예배당건물과 그 부지인 이 사건 부동산을 피고 명의로 등기하는 것은 그 소유권을 종국적으로 취득하게 하겠다는 데에 있었다고 보기보다는 가입교회의 침례회에 대한 소속감을 강화하고 침례회의 결집성을 확보하기 위한 상징적 의미로서, 또는 침례회의 가입회원으로서의 권리와 의무를 성실히 이행하고 침례회의 설립목적에 어긋나는 행위를 하지 아니하겠다고 다짐하는 취지의 신표로서 한 것으로서 일종의 명의신탁에 해당한다」[229]고 한다.

한편 위 판결에서 대법원은 교단과 지교회의 관계에 대하여 「만일 원고 교회가 침례회(교단)로부터의 탈퇴가 유효한 것이고 침례회가 교리를 같이하는 가입교회를 구성원으로 하는 종교단체이나 가입교회와의 사이에 독립성을 보장하면서 별개의 단체로서 종교활동을 하고 있고, 가입교회는 주로 교회의 예배당건물과 그 부지를 피고에게 이전등기를 하고 있는데 가입교회가 그 재산을 피고에게 이전등기를 하더라도 피고는 이를 재단의 기본재산에 편입하여 둘 뿐 이를 직접 사용·수익하지는 아니하여 가입교회가 그 재산에 대하여 종전과 같이 사용·수익함에는 아무런 제한이 없으며, 원고 교회는 처음에는 침례회에 가입하지 아니하였으나 침례회 산하의 한미교회기금위원회로부터 대출받기 위하여 침례회에 가입하여야 할 필요가 있어 교회부지 중 일부를 예배당으로 사용되고 있던 이 사건 건물과 함께 피고 명의로 등기해주고 침례회에 가입하여 대출받은 후 그 원리금을 모두 변제하였고, 한편 피고는 원고로부터 이 사건 부동산에 관한 등기를 경료받은 뒤 이를 재단의 기본재산으로 편입하기는 하였으나 원고가 이를 사용·수익함에 대하여는 아무런 제한을 가하지 아니하여 원고 교회가 종전대로 이 사건 부동산을 사용하여 온 점 등을 비추어 볼 때 가입교회의 침례회에 대한 소속감을 강화하고 침례회의 결집성을 확보하기 위한 상징적 의미로써, 또는 침례회의 가입회원으로서의 권리와 의무를 성실히 이행하고 침례회의 설립목적에 어긋나는 행위를 하지 아니하겠다고 다짐하는 취지의 신표(信標)로써 한 것으로서 일종의 명의신탁에 해당한다고 보아야 할 것이다. 따라서 침례회에 가입하면서 형식상 증여계약서를 작성하였다고 하여 달리 볼 것은 아니다. 그러나 재단법인의 기본재산에 관한 사항은 정관의 기재사항으로서 기본재산의 변경은 정관의 변경을 초래하기 때문에 주무장관의 허

229) 대판 1991.05.28, 90다8558.

가를 받아야 하고, 따라서 기존의 기본재산을 처분하는 행위는 물론 새로이 기본재산으로 편입하는 행위도 주무장관의 허가가 있어야 유효한 것이므로(대판 1978.7.25, 78다783; 대판 1982.9.28, 82다카499 각 참조) 일단 주무장관의 허가를 얻어 기본재산에 편입하여 정관 기재사항의 일부가 된 경우에는 비록 그것이 명의신탁관계에 있었던 것이라 하더라도 이것을 처분(반환)하는 것은 정관의 변경을 초래하는 점에 있어서는 다를 바 없으므로 주무장관의 허가 없이 이를 이전등기할 수는 없다고 보아야 할 것이다」라고 하여, 교단을 탈퇴할 경우에는 당연히 신탁해지를 이유로 지교회가 신탁한 재산을 환원 받을 수 있지만, 그 신탁재산이 이미 정관상의 기본재산에 편입되어있거나 정관변경을 통하여 기본재산에 편입시킨 경우에는, 이를 환원받기 위해서는 정관을 변경하여 주무관청의 허가를 받아야 한다는 입장을 취하고 있어 지교회는 신탁재산을 되찾는데 어려움을 겪을 수밖에 없다.

그런데 대한예수교장로회총회 헌법 제94조 단서는 「신도가 동산이나 부동산을 노회나 그 지교회에 헌납한 때는 헌납 즉시로 노회나 교회의 재산이 되는 동시에 지교회가 노회에 증여한 재산은 그 교회가 노회를 이탈할 때는 재산권이 없어진다」라고 규정하고 있고, 동 헌법 제96조 제3호는 「대한예수교장로회 교리나 법규를 준행하지 않거나 이탈한 자, 기관과 단체는 재산의 지분권 및 사용수익권도 가지지 못한다」라고 규정하고 있어서, 노회 산하의 유지재단에 지교회가 재산을 증여(헌납)한 후 노회 탈퇴시 지교회의 재산권 행사가 제한받게 된다. 이에 대하여 대법원은 「원래의 위 지교회가 소속한 대한예수교장로회 통합측 헌법 제94조 제3항(개정된 현행 헌법 제96조 제3항과 동일)이 '대한예수교장로회 교리나 법규를 준행하지 않거나 이탈한 자는 재산의 사용권을 가지지 못한다'고 규정하고 있는 것은 위 교회분열의 경우 재산귀속에 관한 규정이므로 피고 교회에게는 이 사건 교회건물에 대한 사용수익권이 없다고 볼 것이 아니라, 교회와 그 소속교단과의 관계는 교회의 기본적 독립성이 인정되는 범위에서 정립되어야 하고 교회의 기본재산은 특별한 사정이 없는 한 그 교회의 교인들이 자기들을 위하여 소유·사용할 의사를 가진 것이라고 보아야 하며 종교자유의 원칙상 교회의 교인들이 그 소속교단을 탈퇴하거나 변경할 수 있으며 교회에서 탈퇴하지 않는 이상 교회구성원의 지위를 상실하는 것은 아닌 점 등에 비추어 보면 위 규정이 종전 교회의 교인들이 그 교회 자체를 탈퇴하여 교회구성원의 지위를 상실하는 경우가 아니라 이 사건에 있어서와 같이 다수교인들이 그 소속교단을 탈퇴하고 새로운 교단에 가입하여 별개의 교회를 결성함으로써 종전 교회가 2개의 교회로 분열된 경우에까지 구속력을 가진다고는 할 수 없다.」[230]고 하여 지교회에게 권리가 있다고 하였다. 그렇다면 위 헌법 제96조 제3항의 취지는 개별적 또는 지교회 구성원의 2/3 이상에 이르지 못한 집단[231]이 집단적으로 지교회를 탈퇴하였다면 그 교인에게는 노회에 보존된 지교회의 신탁재산에 대한 권리가 없다고 하겠다.

그렇다면 위 헌법 제94조의 단서가 규정한 바와 같이 '지교회가 노회에 증여한 재산은 그 교회가 노회를 이탈할 때는 재산권이 없어진다.'는 부분에 대한 해석에 대해서는, 이에 대한 판례는 없지만 앞서의 판례[232]의 취지를 감안하면 지교회가 노회에 순수하게 증여한 경우 위 규정에 따라 증여계약의 해제나 무효 등을 주장할 수 없겠지만, 노회에 명의신탁한 경우에는 부동산실권리자명의등기에 관한 법률에 의하여 예외적으로 명의신탁이 인정되므로, 명의신탁관계에 기하여 명의신탁약정을 해지하고 소유권에 기하여 소유물반환청구권을 주장할 수 있을 것이다.[233]

3. 교회의 분쟁과 사법심사의 한계

(1) 일반론

교회나 사찰 등의 종교단체에서 종교적 교의 문제나 조직의 관리·운영과 관련하여 발생한 분쟁에 대하여 국가 사법권이 어느 정도로 개입할 수 있는가.[234]

---

230) 대판(전) 1993.1.19, 91다1226. 이 전원합의체 판결은 대판 2006.04.20, 2004다37775 전원합의체 판결에 의하여 폐지되었으나, 폐지된 사항은 교회의 분열 인정 여부에 관한 것이고, 위 판시취지는 폐지 대상에 포함되어 있지 않으므로 동일하게 해석하는 것이 타당하다.

231) 대판 2006.04.20, 2004다37775 전원합의체 판결에서 교회의 분열을 인정하지 않은 결과 종전에는 분열된 교회 교인들의 총유로 보았으나 정관변경정족수인 2/3에 이르지 않은 경우 교회의 분열을 인정하지 않은 결과 이렇게 해석해야 할 것이다.

232) 대판 1991.5.28, 90다8558.

233) 그러나 지교회가 노회유지재단에 형식적으로는 증여의 모습을 보이기 때문에 순수하게 증여하였는지 신탁하였는지를 구분하기는 쉽지 않다. 다만 지교회의 기본재산인 교회건물이나 부지 등의 경우에는 형식에 구애받지 않고 명의신탁한 것으로 보아야 할 것이다.

234) 이에 대하여는, 이영진, 사법권과 종교단체의 내부분쟁 -'부분사회론'의 소개와 종교단체 내분에의 사법심사에 관한 각국 판례의 비교 -, 사법논집 33집, 법원도서관, 2001, 229면

국가가 일정한 영토에 거주하는 일정한 국민에 대하여 절대, 최고의 주권을 행사하고, 국가법체계를 가짐으로써 한 인간을 국민으로 파악하여 그 질서유지와 공공복리를 임무로 삼고 자기완결적 조직체를 이루는가 하면, 교회 역시 일정한 지역 또는 전 세계를 하나의 교구로 삼아 그 관할 교인에 대하여 교권을 행사하며 교회법체계를 가짐으로써 한 인간을 교인으로 파악하여 그의 신앙, 성사, 선교, 교육, 자선과 같은 고유한 임무를 수행하는 자기완결적 조직체를 이루고 있는 바,[235] 이와 같은 국가 및 교회가 한 인간에게 양 법역에서 동시에 서로 상충되는 명령을 내릴 때 이를 어떻게 받아들여야 할 것인지가 문제된다.

교회의 분쟁은 일반단체의 분쟁과는 다른 독특한 형태를 띠고 있다. 교의나 신조를 둘러싸고 발생하는 문제에서부터 교회의 대표자인 위임목사와 장로의 자격에 관한 문제, 교회 자체의 권징, 교회분열시 재산의 귀속문제, 소송당사자 자격 등 오늘날 아주 다양한 형태의 분쟁이 발생하고 있고, 교회 내부의 문제라 하여 사법심사의 대상에서 제외하는 경우 사회적으로도 영향을 미치는 경우가 많기 때문에 사법심사의 한계 범위를 밝히는 작업이 필요하다.[236]

법원은 헌법에 특별한 규정이 있는 경우를 제외하고는 일체의 법률상의 쟁송[237]을 심판하도록 되어 있고, 법률적 쟁송은 구체적 사건성을 전제로 하므로, 구체적인 권리·의무 내지 법률관계에 대한 분쟁으로서 법령의 적용에 의하여 종국적인 해결이 가능하다면, 사안의 성질상 사법심사의 대상이 된다 할 것이다. 반면 자주적으로 종교적 사명을 수행하는 것을 목적으로 하는 종교단체

이하 참조; 김성만, 교회의 권징과 사법심사-대판 1984.7.24, 83다카2065, 판례월보 175호, 1985.4, 153-158면.

235) 황우여, 국가의 법과 교회의 재판, 사법논집 제13집, 9-10면.

236) 종교분쟁의 유형을 ① 순수종교분쟁, ② 실질종교분쟁, ③ 실질세속분쟁, ④ 순수세속분쟁으로 나누어, 소송물에 관하여 ①만을 종교사항을 보고 ②, ③, ④는 법률사항에 해당하며, ①은 순수한 종교분쟁의 문제, ②와 ③은 종교분쟁과 세속분쟁이 밀접한 관련이 있거나 종교분쟁과 관련되지만 그로부터 세속분쟁의 분리가 가능한 문제, ④는 순수한 세속분쟁의 문제로 보고, 소의 각하 내지 본안판단에 대하여 ①에 대해서는 소각하, ②에 대해서는 존중설, ③에 대해서는 존중설 또는 중립설, ④에 대해서는 중립설을 주장하는 일본학자의 견해도 있다. 금원공자, "教會內紛への司法介入", アメリカ法 1995-2, 日美法學會(1996), 217면 참조(이영진, 사법권과 종교단체의 내부분쟁 -'부분사회론'의 소개와 종교단체내분에의 사법심사에 관한 각국 판례의 비교-, 사법논집 33집).

237) 법률상의 쟁송이란 법령의 해석·적용에 의하여 종국적으로 해결할 수 있는 당사자 사이의 구체적인 권리·의무 내지 법률관계의 존부에 관한 분쟁을 뜻한다.

의 내부관계에 대하여는 헌법에 규정된 종교의 자유의 원칙에 비추어 당해 종교단체의 자치권 내지 자율권을 존중하여 국가기관인 법원의 개입을 자제하는 것이 헌법이념에 합치한다 할 것이다.

사법심사의 한계문제와 관련하여 우리와 일본의 판례는 대체로 종교적 사항(교의의 해석, 권징처분, 종교단체내의 지위 등)에 관하여는 소극주의적인 입장을, 재산권적 사항(종교법인법상의 대표자의 지위, 교회분열에 따른 재산분쟁 등)에 관하여는 적극주의적인 입장을 취하고 있는 것으로 볼 수 있다. 그러나 상당수의 사건이 순수 종교적 사건이라기보다는 재산권적 요소도 함께 내포하고 있거나, 재산분쟁의 해결하기 위한 전제 내지 선결문제로서 종교적 부분에 대한 판단이 필요한 경우에 해당하는 것이 많다.[238] 이 경우에 일본의 일부 하급심 판례는 개인의 생활기반을 뒤엎을 정도로 중대한 경우에는 시민법적 질서와 관련이 있는지 여부를 사법개입의 여부를 결정하는 하나의 준거로 제시한 바가 있지만, 최고재판소의 견해는 소극적 입장과 적극적 입장으로 분기하고 있는 듯하며, 최근의 경향은 그 전제문제의 해결에 종교의 교의 해석에 대한 심리·판단이 필수 불가결하거나 그와 관련한 당해 처분의 효력 유무가 그 소송의 실질적·본질적 쟁점을 이루는 경우에는 당해 소송 전체에 관하여 사법개입을 자제하려는 입장을 취하고 있는 것으로 보인다.

이러한 태도는 종교단체의 순수한 종교사항에 대하여서는 헌법상 종교의 자유와 정교분리원칙에 의하여 보다 강한 보호를 받아야 할 필요가 있다는 점에서, 그리고 국가법원 자제의 원칙(Zur ckhaltungsprinzip, 법은 제단에 들어가지 못한다)[239]에 따라 교회의 판단을 우선적으로 존중하여야 한다는 점에서 전적으로 타당하다고 할 것이다.[240]

다만, 권징재판의 경우 그 원인이 교리문제에서 비롯된 것이 아니고 교회

238) 이영진, 사법권과 종교단체의 내부분쟁-'부분사회론'의 소개와 종교단체내분에의 사법심사에 관한 각국 판례의 비교-, 사법논집 33집, 법원도서관, 2001, 294-295면.

239) 이와 관련하여 법원의 재판의 사명이 일회적인 분쟁의 형식적인 처리에 있지 않고, 실질적인 분쟁 해결과 나아가 분쟁의 예방에까지 미쳐야 한다는 점을 강조하면서 분쟁이 있어난 경우 신의 존재를 믿는다면 세속 법정으로 문제를 가져올 것이 아니라 기독교회로서 화해의 정신으로 이를 처리하여야 한다는 점을 판결문 속에서 명백히 적시한 하급심 판결로는, 서울지방법원 2000.10.17. 선고 2000가합9388 판결(원고가 피고 대한예수교장로회 총회를 상대로 총회장직 부존재확인청구를 구한 사건) 참조.

240) 이영진, 위의 논문, 295-296면.

나 사찰의 운영이나 인사상의 불이익의 문제에서 비롯된 것으로서 일본의 일부 판례이론처럼 그 징계처분이 피처분자의 생활의 기반을 뒤엎을 정도로 중대한 것이거나, 그 처분에 실체적·절차적 과정에 비추어 중대·명백한 하자가 있는 경우에는 사법심사의 대상으로 할 여지도 있을 것이다.

종교단체의 내부관계에 해당하는 것으로는 교의나 신조에 대한 다툼, 교회의 권징에 의한 징계를 들 수 있다. 그러나 대법원은 교단 변경과 교회 분할 여부는 순수한 종교분쟁으로 보지 않고 민법상 비법인사단의 법률문제로서 사법심사의 대상이 됨을 명백히 하고 있다.[241)]

(2) 교의의 해석

교의의 해석을 둘러싸고 일어나는 분쟁은 재산적 분쟁과 달리 순수한 종교적 분쟁이라고 할 수 있다. 교의의 해석과 관련하여 종교의 진위 여부를 구별하는 것은 용이한 일이 아니다. 교회를 비롯한 모든 종교단체는 정통과 이단시비가 끊이질 않는다. 정통과 이단시비는 결국 교의의 해석에 의하여 가려지는데 원칙적으로 이는 사법심사의 대상이 아니다. 학설과 법원은 원칙적으로 교의해석에 관하여 사법심사에 소극적이다. 즉, 「특정인의 주지 지위의 존부가 종교활동상의 지위를 넘어 법률상 기관의 지위로서 다른 구체적 법률관계를 둘러싼 분쟁에 관한 청구의 당부를 판단하는 전제문제로 되는 경우에 그 판단의 내용이 종교상의 교의해석에 그치는 경우가 아닌 한 사법적 심사의 대상이 된다 할 것인 바」[242)]라고 하여 교의해석의 경우에는 사법심사의 대상이 아님을 밝히고 있다.

가. 창가학회 사건

그러나 종교상 교의해석에 관하여 종종 사법부에 의하여 심사되는 경우도 있는데 그 대표적인 예로서 이른바 창가학회 판결[243)]을 들 수 있다.

창가학회(일연정종)는 원래 1930년 일본인에 의해 동경에서 창시된 종교로서 한국사회에서 물의를 일으키게 되자 문교부의 (구)종교심의회는 1964.1.7. 창가학회를 반국가적·반민족적 단체로서 민족정신을 흐린다는 이유로 내무부

241) 대판(전) 2006.4.20, 2004다37775.
242) 서울민사지법 1988.07.20, 87가합5742.
243) 대판 1966.10.25, 65누23.

장관이 동년 1.31.에 창가학회의 포교를 위한 집회 및 통신연락, 간행물의 반입, 배부, 취득관람에 대하여 단속할 방침을 서신으로 통보하자, 창가학회는 이를 일종의 행정처분으로 보고 그 취소를 구하는 행정소송을 제기하였다. 이에 대하여 대법원은 위 서신은 행정처분에 해당되지 않는다는 절차적 이유로 창가학회의 청구를 각하함으로써 실제적인 본안문제에 대해서는 판단을 회피하였다.

그러나 원심인 서울고등법원[244]은 대법원의 견해와는 달리 위 서신을 행정처분으로 보는 전제하에 "동 처분으로 인하여 원고는 헌법에 규정된 종교의 자유, 통신의 자유, 언론, 집회, 결사의 자유 등의 기본권을 전적으로 무시당하고 있으며, 우리 헌법은 이상의 자유를 법률유보가 붙은 상대적 기본권으로 보고 있으나 신앙의 자유는 정신적 자유의 기본인 만큼 법률로서 제한할 수 없고, 법률로 제한할 수 있다하여도 질서유지 또는 공공의 복리를 위하여 필요한 경우에 한할 것이며, 또 그 제한도 자유권의 본질적인 내용을 침해할 수 없는 것이며, 더욱이 우리나라에는 종교의 자유를 제한하는 실정법도 없으므로 본건 처분은 어느 모로 보나 위법임을 면치 못할 것이고, ……창가학회가 국수주의적이거나 배타적 종교 내지 집단으로서 반국가적 반민족적이라 규정할 하등의 근거가 없으므로 본건 처분은 취소되어야 한다."고 판시하여 특정 종교의 교리의 진위 문제에 관하여 정부 내지 법원이 개입해서는 아니된다는 입장을 보였다.

나. 통일교 사건

특정 종교단체가 다른 종교단체의 교의의 해석에 관여하여 이른바 이단으로 평가되는 종교단체가 기독교 종교단체인지 여부의 확인을 구한 사건[245] 에서, 이러한 분쟁은 권리·의무 등 법률관계와는 아무런 관련이 없는 사실문제로서 소의 이익이 없는 문제로 본다. '세속적'인 것과 전혀 관련이 없는 순수 종교적 분쟁에 '세속법원'(civil court)이 개입하지 않겠다는 입장이라고 보인다. 즉 대법원은 「세계기독교통일신령협회(소위 통일교)가 기독교의 종교단체인 여부에 관하여 사회적으로 논란이 있다 하더라도 위 협회가 종교단체인 여부는 원고의 권리의무 등 법률관계와는 아무런 관련이 없는 사실문제로서 그 확인을 구하는 청구는 즉시 확정의 이익이 있다 할 수 없어 부적법하다」는 이유로 소 각

244) 서울고법 1965.3.3, 64구95.

245) 대판 1980.1.29, 79다1124.

하 판결을 한 원심을 지지하였다.

그러나 이에 대하여, 이 판결의 구조는 민사소송법상의 소익개념에 터 잡아 이루어진 것으로 보이나 위에서 언급한 바와 같이 종교의 자유는 헌법상 보장되는 고도의 정신적 자유로서 다수자에 의하여 지지되는 종파에 의하여 소수파 종파가 그 자유를 양보할 성질의 것이 아니라는 점 등의 종교평등의 원칙 등 헌법적 가치도 판단근거가 될 수 있음을 지적하는 견해도 있다.[246)]

(3) 교회의 징계와 사법심사[247)]

교회 각 종파들은 그들의 최고규범인 헌법 또는 장전을 통하여 교인의 징계에 대한 권징재판에 관한 규정을 가지고 있다. 교회의 질서를 유지하기 위하여 권징을 행사하는 것이며, 권징은 신앙과 도덕에 관한 것이요, 국법에 관한 것이 아니라고 선언하고 있다.[248)] 권징이란 각 치리회가 교회헌법과 교회헌법이 위임한 제규정 등을 위반하여 범죄한 교인과 직원 및 각 치리회를 권고하고 징계하는 것[249)]으로서, 그 목적은 예수 그리스도께서 교회에 주신 권리를 행사하며 그 법도를 시행하는 것으로써 각 치리회가 헌법과 헌법이 위임한 제 규정 등을 위반하여 범죄한 교인과 직원 및 각 치리회를 권고하고 징계하기 위한 것이다.[250)] 징계절차에 대해서는 적법절차의 원리에 따라 권징이 이루어지도록 상세한 규정을 두고 있다.

권징의 징계사유가 되는 죄과에 대하여는, ① 성경상의 계명에 대한 중대한 위반행위, ② 총회헌법 또는 제 규정에 정해진 중대한 의무위반행위, ③ 예배를 방해한 행위, ④ 이단적 행위와 이에 적극적으로 동조한 행위, ⑤ 허위사실을 유포하여 교인 또는 직원의 명예를 훼손시킨 행위, ⑥ 직권을 남용하거나 직무를 유기한 행위, ⑦ 파렴치한 행위로 국가 재판에 의해 금고 이상의 형이 확정된 범죄행위(양심범의 경우는 제외됨), ⑧ 재판국의 판결에 순응하지 아니하는 행위, ⑨ 타인에게 범죄케 한 행위, ⑩ 치리회 석상에서 폭언, 폭행, 기물파괴 행위, ⑪ 사건 담당직원(재판국원, 기소위원)이 사건과 관련하여 금품을 수수한 행

246) 이영진, 앞의 논문, 247면.

247) 이에 대해서는, 김성만, 교회의 권징재판과 사법적 심사 - 대판 1984.7.24, 83다카2065 -, 판례월보 175호, 판례월보사, 1985, 153면 이하.

248) 대한예수교장로회 헌법(통합) 정치편 제6조.

249) 위의 헌법(통합) 권징편 제1조.

250) 위의 헌법 권징편 제2조.

위 등으로 규정하고 있다.[251]

문제는 이러한 교회의 징계와 관련하여 사법심사의 대상이 될 수 있는가의 여부이다.[252]

가. 원칙적 부정

헌법은 종교자유의 보장규정을 통하여 종교적 신앙 및 불신앙의 자유, 종교의 선택과 변경, 예배행위와 포교행위의 보장, 종교 집회와 결사의 허용을 보호하고 있어서 근대민주주의국가에서 자유권적 기본권의 하나로 종교의 자유를 포괄적으로 보장하고 있다. 특히 종교의 자유가 신앙의 자유의 내용을 갖는 경우에는 양심의 자유와 함께 내면적 자유권적 기본권으로서 절대적으로 보장되고 있다. 권리보장 인식이 더욱 발전된 현대민주국가에 있어서 이러한 보장규정은 단순히 역사적, 선언적, 확인적 성격을 넘어 서서 능동적이고 적극적인 보호와 장려를 하여야 한다는 의무기능의 성격도 띠고 있다고 보아야 하고, 이러한 기능은 종교사항에 관한 국가적 입법행위, 종교기관에 대한 행정정책, 종교분쟁에 관한 사법적 판단에 있어서 저마다 수행되어져야 할 중요부분이다.

다만, 이러한 보장조항도 국가안전보장, 질서유지, 공공복리를 위하여 필요한 경우에 법률로써 제한할 수 있는 한계가 있으나 그 본질적인 내용을 침해할 수 없다는 최후의 한계가 있으니 종교자체의 존부를 의심케 하는 입법행위나 행정정책 또는 사법심사는 불가능하다고 하지 아니할 수 없다. 이런 점에서 교회 자체에서 이루어지는 징계에 대하여 학설과 판례는 원칙적으로 사법심사의 한계를 이루는 것으로 본다.

즉 대법원은 종교단체의 징계결의와 관련하여 원칙적으로 「종교단체의 징계결의는 종교단체 내부의 규제로서 헌법이 보장하고 있는 종교자유의 영역에 속하는 것이므로 교인 개인의 특정한 권리의무에 관계되는 법률관계를 규율하는 것이 아니라면 원칙적으로 법원으로서는 그 효력의 유무를 판단할 수 없다」[253]

---

251) 위의 헌법 권징편 제3조.

252) 이에 대한 상세는, 오시영, 민사소송절차와 교회 내부 징계절차 및 행정쟁송절차의 비교 검토, 민사소송 제12권 1호, 한국민사소송법학회, 2008.5, 465면 이하 참조.

253) 대판 1978.12.26, 78다1118에서 「대한예수교장로회 총회 재판국의 목사, 장로 등에 대하여 정직, 면직 등에 처하는 결의(재판)는 종교단체 내부의 규제에 지나지 아니하고 그것이 교인 개인의 특정한 권리·의무에 관계되는 법률관계를 규율하는 것이 아니므로 그 무효

고 하여 구성원에 대한 권징이 순수한 종교단체 내부의 교리 확립 및 단체 및 신앙상의 질서유지를 위한 것으로 종교적인 방법에 의한 제재라면 사법심사의 대상이 되지 않는다는 입장을 취하고 있다. 교회와 관련한 권징에 대하여도 동일하게, 교회의 권징재판은 종교단체가 교리를 확립하고 단체 및 신앙상의 질서를 유지하기 위하여 목사 등 교역자나 교인에게 종교상의 방법에 따라 징계제재하는 종교단체의 내부적인 제재에 지나지 아니한다거나,[254] 권징의 효력과 집행은 교회 내부의 자율에 맡겨져 있는 것이므로 그 권징재판으로 말미암은 목사, 장로의 자격에 관한 시비는 직접적으로 법원의 심판의 대상이 된다고 할 수 없다[255]고 하여 명백히 사법심사의 대상이 아님을 밝히고 있다.

동일선상에서 「종교단체의 권징결의는 교인으로서 비위가 있는 자에게 종교적인 방법으로 징계 제재하는 종교단체 내부의 규제에 지나지 아니하므로, 이는 사법 심사의 대상이 되지 아니하고, 그 효력과 집행은 교회 내부의 자율에 맡겨져야 할 것인 바, 대한예수교장로회(합동측) 총회 재판국의 목사직 정직 등 결의에 불복하고 동 총회로부터의 이탈을 선언하여 독자적인 운영체제를 구축하여 교회의 권위와 질서에서 벗어난 목사에 대한 목사직 상실 및 다른 목사 파송결의를 위 장로회 서울노회에서 하였다면 그 결의의 효력은 긍정되어야 한다」[256]고 하여 동일한 입장을 견지하고 있다.

이에 대해서는 사찰의 주지 해임취소소송에 대하여 대법원이 사법심사의 대상임을 인정하고 있는 것과 달리 목사직이라는 생업을 박탈하는 권징결의를 종교단체의 내부적 규제에 지나지 아니하며 개인의 권리·의무와 관계되는 법률상의 쟁송이 아니라며 소 각하함으로써 사법심사의 결과 여하에 따라서는 부당하다고 평가될 수도 있는 권징결의를 불이익을 받는 자에게 그대로 강요함은 모순된 태도라는 비판이 있다.[257]

확인을 구하는 것은 법률상의 쟁송사항에 관한 것이라 할 수 없다」고 하여, 교회의 목사 및 장로 등에 대한 정직, 면직 등의 징계결의는 법률적 쟁송성을 인정할 수 없다고 한다. 대판 1983.10.11, 83다233; 대판 1992.5.22, 91다41026.

254) 대판 1981.9.22, 81다276.

255) 대결 2007.6.29, 2007마224.

256) 대판 1984.7.24, 83다카2065.

257) 김진현, 교회재산분쟁에 관한 비교법적 고찰 -소의 이익 내지 재판권의 한계문제를 중심으로-, 강원법학 제1권, 1985, 7. 강원대학교비교법학연구소, 141면.

나. 긍정하는 경우

원칙적으로 교회의 권징에 대하여 사법심사는 한계를 가진다. 그러나 항상 사법심사의 대상에서 제외된다고 볼 수는 없다. 목사의 경우에는 다른 직업과 달리 종교단체인 교회 내에서 성경의 교리 등 말씀을 가르치는 교도권(教道權)이 있기 때문에 교의의 해석과 관련하여 중요한 위치에 있다. 이러한 교의나 신조는 한 교회를 다른 교단의 교회와 구별하는 정체성과 직결되는 중요한 문제이다. 따라서 권징의 사유가 교의와 관련되거나 이단적 행위에 관련되는 경우에는 '교의의 해석'의 문제로서 사법심사는 한계를 가진다고 본다. 그러나 권징의 절차에서 중대한 절차위반이나 비례의 원칙을 위반한 권징의 경우에는 법원이 개입할 여지가 있게 된다.

대법원은 징계의 당부를 판단할 수 있는 경우로서, 종교 교리에 관한 것이 아닌 한 구체적인 권리 또는 법률관계에 관한 분쟁이 존재하면 법률적 쟁송성이 인정되어 법원이 심판할 수 있다는 입장이다.[258] 즉, 「그 효력의 유무와 관련하여 구체적인 권리 또는 법률관계를 둘러싼 분쟁이 존재하고 또한 그 청구의 당부를 판단하기에 앞서 위 징계의 당부를 판단할 필요가 있는 경우에는 그 판단의 내용이 종교 교리의 해석에 미치지 아니하는 한 법원으로서는 위 징계의 당부를 판단하여야 할 것이다」[259]라고 한다.

이런 입장에서 대법원은 교회가 교인으로서 비위가 있는 자에게 종교적인 방법으로 제재하는 권징재판의 효력과 집행에 대해서는 교회내부의 자율에 맡겨야 한다는 판결을 거듭해 오면서도, 그와 같은 권징재판에 의하여 징계, 출교 등의 규제를 받은 사람이 이에 불복하여 자신을 추종하는 세력 등을 규합하여 종전의 교회에서 벗어나 다른 교단으로 옮겨가는 것에 대해서는 징계처분을 받은 후 분열로 인하여 그 소속을 벗어난 이상 더 이상 교회 내부의 문제가 아니라는 이유로 사법심사의 대상이 됨을 당연한 전제로 하여 분열을 긍정하

---

258) 대법원이 대판 2005.6.24, 2005다10388 판결에서「사찰의 주지는 종교상의 지위와 아울러 비법인 사단 또는 단체인 당해 사찰의 대표자로서의 지위를 겸유하면서 사찰 재산의 관리처분권 등을 갖게 되는 것이어서, 그 '주지 지위의 확인'이나 '주지 해임 무효 확인' 등을 구하는 것이 구체적인 권리 또는 법률관계와는 무관한 단순한 종교상의 자격에 관한 시비에 불과하다고 볼 수는 없다」고 하는 것도 동일선상에 있는 판결이다.

259) 대판 2005.6.24, 2005다10388; 대판 2010.5.27, 2009다67658; 대판 2012.8.30, 2010다52072.

는 판시를 해 왔다.

교회의 권징절차에 의해서가 아니라 당회의 사전 결의 없이 공동의회에서 시무장로에 의한 불신임결의가 이루어진 경우 공동의회의 불신임결의가 무효인지 여부를 둘러싼 분쟁에서, 교인으로서 비위가 있는 자에게 「종교적인 방법으로 징계·제재하는 종교단체 내부의 규제(권징재판)가 아닌 한 종교단체 내에서 개인이 누리는 지위에 영향을 미치는 단체법상의 행위라 하여 반드시 사법심사의 대상에서 제외하거나 소의 이익을 부정할 것은 아니다」[260]고 하여 사법심사의 범위를 확장하고 있다.

대법원은 그러한 논거로서, ① 교회 내부의 지위를 둘러싼 분쟁이 사법권의 한계 밖에 있다고 보거나 소의 이익을 결여하고 있다고 본다면 교회법상 지위의 존부나 그에 관하여 교회 내부에서 이루어진 각종 의결 및 처분의 효력 유무가 구체적 권리의무에 관한 청구의 전제문제로 다투어지는 사안에서조차도 소를 각하할 수밖에 없게 되는데, 이 경우 구체적 권리의무에 관한 분쟁이 해결되지 않은 채로 남게 되고, 그 결과 국민의 재판청구권이 침해될 위험이 큰 점, ② 현실적으로 종교단체 내에서의 지위를 둘러싼 분쟁의 경우 그와 관련하여 효력이 다투어지는 각종 처분이나 회의체의 소집 및 결의 절차 등에는 정의관념에 비추어 도저히 묵과하기 어려울 만큼 매우 중대한 하자가 있는 수가 적지 아니할 터인데, 그저 종교단체 내부의 지위를 둘러싼 분쟁이라는 이유만으로 본안에 관한 심리조차 거부하는 것이 반드시 타당하다고는 보기 어려운 점, ③ 종교단체 내에서의 지위가 그 종교단체의 정체성과 깊은 관련을 맺고 있는 것은 사실이나 그 지위에 영향을 미치는 처분이나 결의의 이유 자체가 언제나 신앙이나 교리와 직접 연관되어 있는 것은 아닌 점, ④ 특히 교회 내부의 분쟁에 관한 사법적 관여의 자제는 종교단체의 자율적 운영의 보장이라는 헌법적 고려를 바탕에 깔고 있는데, 교회 내부의 반목이 극심한데다가 교단 분열로 인하여 소속 교단부터가 불분명한 경우, 처분이나 결의의 교회법적 정당성을 재단할 적법한 권한을 가진 노회 기타 상급 치리회를 확정할 수 없어 교회 내에서의 자율적 문제 해결이 사실상 불가능한 점 등을 들고 있다.

그러나 그러한 경우에도 교회 안에서 개인이 누리는 지위에 영향을 미칠 각종 결의나 처분이 당연 무효라고 판단하려면, 그저 일반적인 종교단체 아닌

260) 대판 2006.2.10, 2003다63104.

일반단체의 결의나 처분을 무효로 돌릴 정도의 절차상 하자가 있는 것으로는 부족하고, 그러한 '하자가 매우 중대'하여 이를 그대로 둘 경우 '현저히 정의 관념에 반하는 경우'라야 할 것이다[261]고 하여 '절차상의 하자가 매우 중대하고 정의 관념에 반하는 것'이라는 요건을 부가하여 좀 더 신중한 입장을 밝히고 있다.

이처럼 법원이 교단의 탈퇴 등 교인들 간의 갈등으로 말미암은 교회의 분쟁을 고유한 내부 분쟁이라고 치부해 버리지 않고 사법심사대상이 되는 법률적 쟁송이라고 보고 개입하여 온 이상, 법인 아닌 사단에 적용될 법리를 충실하게 적용하여야 하고 그 적용에 있어 다시 개별 교인들의 종교의 자유나 신앙단체의 본질을 들어서 우리법상 아무런 근거가 없는 분열의 개념을 상정하거나 법인 아닌 사단에 적용될 재산관련 법규를 달리 해석하여 집단적으로 탈퇴한 구성원, 나아가 새로 세운 조직의 구성원들에게도 종전 조직에서 인정되던 구성원으로서의 권한을 부여하도록 허용되어서는 안 될 것이라고 하여, 교회 내부의 권징재판은 권징의 결과 교회의 내부를 벗어나 세속법의 적용대상이 되는 분쟁(재산이나 신분상의 법적 불이익이 발생하는 경우)으로 판단될 경우에는 사법심사의 대상이 된다는 이원적 태도를 보이고 있다.

4. 교단의 변경과 교회의 분열

(1) 교단의 변경

교단이란 사전적 의미로 '같은 교의(教義)를 믿는 사람들끼리 모여서 만든 종교 단체'이다. 그러나 기독교라 하더라도 장로정체를 띠고 있는 장로교회의 경우에도 대한예수교장로회와 기독교장로회가 있으며, 대한예수교장로회에도 통합, 합동, 고신 등 50여개의 교단이 존재하고 있고,[262] 교단의 변경과 교회의

---

261) 대판 2005.6.24, 2005다10388에서 「피고 불교 종단 스스로 원고에게 종무직원법의 규정에 따른 징계로서 해임하였다고 통지한 데서 드러나듯이 이 사건 해임처분은 징계처분임이 명백하고 징계절차를 거칠 필요가 없는 단순한 보직의 해임에 불과하다고는 볼 수 없으므로, 종헌과 종법에 징계절차로서 반드시 거치도록 규정한 중앙사정원(현재의 명칭은 중앙호법위원회)의 심의를 거치지 아니한 채 이루어진 원고에 대한 이 사건 징계해임처분은 중대한 절차의 하자가 있어 무효이다라고 한다; 대판 1992.5.22, 91다41026.

262) 우리나라 선교초창기 단일교단이던 장로교회는 그로부터 100년이 채 안된 1984년 현재 51개 교단으로 분열되었다고 한다. 김진현, 교회의 법적 성질, 민법학의 현대적 과제(매석 고창현박사화갑기념), 1987.10, 62면.

분열이 수시로 이루어지는 결과 교회재산과 관련하여 분쟁이 발생하고 있는 실정이다. 각 교단은 최고상위규범으로서 통상 자체 헌법을 가지고 있다. 감독 정체를 취하고 있는 로마가톨릭의 경우에는 교단의 변경이나 교회의 분열문제가 발생할 여지가 없다.

우리 판례는 교단의 변경과 교회의 분열에 관하여는 권징재판과는 달리 많은 사법적 판단을 행하고 있는 것으로 평가되는바, 이는 교회분열 등으로 인하여 재산권에 관한 귀속문제가 필연적으로 야기되기 때문일 것이다.

가. 지교회의 교단탈퇴 내지 변경

먼저 지교회의 교단탈퇴 내지 변경의 문제가 있다. 지교회의 교단탈퇴 내지 변경은 집단적으로 이루어지는 경우와 교인의 일부가 교단탈퇴나 교단변경의 결의를 하는 경우가 있는데 이는 목회자가 이단시비로 말미암아 노회 및 총회로부터 면직 출교처분으로 말미암아 자격이 상실되고 다른 목회자를 임명하였을 때, 종전 목회자를 지지하는 교인들이 집단적으로 교단탈퇴나 교단변경하려는 경우가 전자의 사례이고, 일부 교인들이 교단탈퇴나 교단변경의 결의를 하는 경우가 후자의 사례이다.

지교회와 교단과의 관계에 대하여 판례의 대체적인 흐름은 지교회만을 법적 생활단위로서의 교회로 인정하고, 그 지교회를 포괄하는 교단은 단순한 종교적 내부관계로 보려는 경향이 있는 것으로 평가된다.[263] 지교회는 종교자유의 원칙에 따라 소속 교인들의 총의에 의하여 그가 소속할 교단(총회)도 선택할 수 있는데,[264] 지교회가 종교적, 교리적 또는 기타 운영상의 이유로 소속 교단을 탈퇴하여 다른 교단에 가입할 수 있는가가 문제된다.

대법원은, 「헌법에 의하여 모든 국민은 종교의 자유를 보장받고 있으므로 어떤 지교회의 다수 교인이 다른 교파 내지 지교회로 이속하기로 결의하였다고 하여도 소수교인이 이에 반대 내지 찬동하지 아니하여 종전교파 내지 지교회에 그대로 남아 있는 것도 자유라 할 것이니 구성교인 전원의 총의에 의하지 아니하고 다수 교인이 그 지교회를 소속 교파로부터 탈퇴하여 타 교파에 가입하기로 결의하였다면 그 결의는 그에 찬동한 교인 개개인이 탈퇴 내지 가입으

263) 대판 1973.8.21, 73다442, 443.
264) 대판 1967.12.18, 67다2202.

로서는 효력이 있다 할지라도 이 결의에 가입하지 아니한 교인에까지 효력이 있다 할 수 없고, 이런 결의에도 불구하고 그 지교회는 여전히 교파에 속하고 있다고 할 것이다」[265]라고 하거나, 침례교회 사건에서 「소속 교단의 규약에 가입과 징계에 관한 규정이 있을 뿐 탈퇴에 관한 규정이 없더라도 일반적으로 교회는 교인 전원의 총의에 의하는 경우에는 소속 교단의 변경이 가능하다」[266]고 하여 지교회의 교단탈퇴의 자유를 인정하고 있다.

이러한 교단변경의 자유는 1993년 전원합의체 판결[267]의 다수의견에서 「교회와 소속 교단과의 관계는 교회의 기본적 독립성이 인정되는 범위에서 정립되어야 하고, ……종교자유의 원칙상 교회의 교인들이 소속교단을 탈퇴하거나 변경할 수 있다」고 명시적으로 재차 확인된 바 있다.[268]

그렇다면 대법원 판결에서 판시한 교인 전원의 총의가 무엇인가에 대하여 교단변경에 다수결의 원리가 적용될 수 없기 때문에 교인 전원의 찬성이라는 견해[269]와 민법상 사단법인의 정관변경은 총사원의 2/3의 찬성으로(민법 제42조), 해산결의는 총사원의 3/4 이상으로(민법 제78조) 할 수 있으므로, 비법인사단에도 위 법리가 그대로 적용될 수 있다는 견해[270]가 있었으나, 대법원은 2006.4.20. 선고 2004다37775 전원합의체 판결에서 「특정 교단에 가입한 지교회가 교단이 정한 헌법을 지교회 자신의 자치규범으로 받아들였다고 인정되는 경우에는 소속 교단의 변경은 실질적으로 지교회 자신의 규약에 해당하는 자치규범을 변경하는 결과를 초래하고, 만약 지교회 자신의 규약을 갖춘 경우에는 교단변경으로 인하여 지교회의 명칭이나 목적 등 지교회의 규약에 포함된 사항의 변경까지 수반하기 때문에, 소속교단에서의 탈퇴 내지 소속 교단의 변경은 사단법인 정관변경에 준하여 의결권을 가진 교인 2/3 이상의 찬성에

265) 대판 1978.10.1, 78다716.

266) 대판 1991.5.28, 90다8558.

267) 대판(전) 1993.1.19, 91다1226.

268) 대법원은 교인 45명 중 34명 내지 37명이 참석하여 교파변경결의를 한 경우 그 결의가 교인 전원의 총의에 의하였다고 할 수 없으므로 그 결의는 효력이 없다고 하였는데, 2/3 이상이 참석하여 결의를 한 것만으로는 부족하고 교원 전원의 찬성이 필요하다고 판시한 것으로 보인다. 대판 1980.2.1, 79다1664.

269) 이동명, 민법주해Ⅴ, 박영사, 1997, 653면.

270) 박해성, 종교단체에 관한 법적 규율, 민사판례연구(XIX), 박영사, 1997, 612면; 이영진, 앞의 논문, 253면.

의한 결의를 필요로 한다」고 하여 교인 전원의 찬성까지는 필요 없고 2/3의 찬성만 있으면 교단의 변경이나 탈퇴가 가능하다고 하고 있다.

그렇다면 어느 특정 교단에 소속되어 있지 않은 독립교회의 경우에는 어떠한가.

대법원은 특정한 교단에 소속되지 않은 독립 교회에 있어서도 교인들의 일부가 종전의 독립 교회 상태를 벗어나 특정 교단에 가입하기로 결의한 경우에는, 이로 인하여 그 교회의 명칭이나 목적 등 교회 규약으로 정하여졌거나 정하여져야 할 사항의 변경을 초래하게 되므로 위와 마찬가지로 사단법인 정관변경에 준하여 의결권을 가진 교인 2/3 이상이 찬성한 결의를 필요로 한다고 판시하였다.[271)]

나. 교단변경결의가 탈퇴인지의 판단기준

대법원은 일부 교인들이 소속 교단을 탈퇴하고 다른 교단에 가입하기로 하는 내용의 교단변경 결의를 한 경우, 교단변경에 찬성한 교인들이 종전 교회에서 탈퇴한 것인지 여부의 판단 기준을 제시하고 있다.[272)] 먼저 일부 교인들이 소속 교단을 탈퇴하고 다른 교단에 가입하기로 하는 내용의 교단변경을 결의하는 것은 종전 교회를 집단적으로 탈퇴하는 것과 구별되는 개념이라고 한다.

교단변경에 찬성한 교인들이 종전 교회에서 탈퇴하였다고 평가할 수 있을지의 판단기준으로 ① 법률행위 일반의 해석 법리에 따라, 교회를 탈퇴한다는 취지의 의사표시를 하였는지 여부, ② 종전 교회가 따르던 교리와 예배방법을 버리고 다른 교리와 예배방법을 추종하게 되었는지 여부, ③ 종전 교회와 다른 명칭을 사용하거나 종전 교회의 교리 등을 따르기를 원하는 나머지 교인들을 의도적으로 배제한 채 독립한 조직을 구성하거나 종전 교리를 따르지 않는 새로운 목사를 추대하여 그를 중심으로 예배를 보는 등 종전 교회와 별도의 신앙공동체를 형성하였다고 볼 수 있는지 여부, ④ 스스로 종전 교회와 다른 조직임을 전제로 하는 주장이나 행위 등을 하여 왔는지 여부, ⑤ 교단변경에 이르게 된 경위, 즉 단순히 종전 교회의 소속 교단만을 변경하는데 그치겠다는 의사에서 결의에 나아간 것인지 아니면 만약 교단변경의 결의가 유효하게 이루

---

271) 대결 2006.6.9, 자 2003마1321.

272) 대판 2010.5.27, 2009다67658.

어지지 아니하여 종전 교회의 소속 교단이 그대로 유지된다면 종전 교회에서 탈퇴하겠다는 의사를 갖고서 결의에 나아간 것인지 여부, ⑥ 교단변경 결의가 유효하게 이루어지지 아니하는 경우 교회재산의 사용수익권을 잃는 것을 감수하고서라도 새로운 교회를 설립할 것인지 아니면 사용수익권을 보유하면서 종전 교회에 남을 것인지 사이에서 교인들이 어떠한 선택을 하였다고 볼 것인지 여부 등 여러 사정을 종합적으로 고려하여 판단하여야 한다고 하여 구체적인 판단기준을 제시하고 있다.

생각건대, 지교회의 소속교단 변경은 헌법상의 종교의 자유의 보장의 일환으로 이해되어야 한다. 교단의 변경 내지 탈퇴의 문제는 단순한 조직의 변경문제가 아니라 종교상의 교의나 신조의 문제이기 때문에 원칙적으로 허용하여야 할 것이다. 그러나 우리나라에서의 개신교 교단의 변경과정을 보면 교의나 신조상의 중대한 차이 때문이 아니라 다른 이유로 교단이 분열되는 것이 사실이고, 교회가 분열하여 교단소속을 변경하는 것도 그 연장선상에 있다. 따라서 형식적으로는 교단의 변경이지만 실질적으로는 구성원들의 의견불일치에 따른 분열의 경우가 많고, 사법심사를 요청하는 이유도 대개는 재산귀속관계 때문인 경우가 많다.

교단의 선택·변경의 자유는 절대적 정신적 자유로서 인정되어야 할 것이지만, 일개 교인의 문제가 아니라 지교회의 교단변경의 경우에는 교단변경에 찬성하지 아니한 소수 교인들의 신앙이 다수결 논리에 의하여 매몰되는 것은 신앙의 본질에 반할 뿐만 아니라 신앙 자유의 원칙에도 어긋난다는 점에 비추어 사단 일반의 논리에 의할 것만은 아니라고 할 것이나,[273] 위와 같은 이유에서 대법원 전원합의체 판결에서 제시한 2/3 정족수는 조직변경이라는 차원에서만 한정한다면 일견 타당해 보인다.

(2) 교단변경 결의요건의 흠결과 유효성 여부

교단변경 결의를 하기 위해서는 적법한 절차적 요건과 실체적 요건을 갖추어야 한다.[274]

---

273) 이영진, 앞의 논문, 253면.

274) 이에 대한 상세는, 민유숙, 교회의 분열적 분쟁에 대한 새로운 해결-대법원 2006.4.20. 선고 2004다37775 전원합의체 판결-, 정의로운 사법: 이용훈대법원장재임기념, 사법발전재단, 2011.

가. 절차적 요건

먼저 절차적 요건에 관해서 보면, 교단탈퇴(변경)를 위한 지교회의 총회(공동의회) 결의는 적법한 소집요건을 갖추어야 하는 바, 당해 지교회가 소속된 교단 헌법에 정하여진 총회소집절차가 있다면 이에 따라야 한다. 판례에 따르면, 종전 교회 소속 교단 헌법에서 총회 소집을 위하여 우선 당회를 열어 소집결의를 거치도록 규정되어 있는데, 지교회 목사가 당회 구성원인 시무장로들과의 의견 대립으로 당회의 결의를 얻을 수 없자 자신을 지지하는 교인들만으로 기획위원회를 구성하여 그 기획위원회에서 소집결의를 한 다음 이에 기하여 총회를 소집하였으므로, 이러한 소집절차의 하자로 총회는 절차적 요건을 갖추지 못하였다고 판단하고 있다.

교단으로부터 적법하게 권징재판을 받아 직무자격이 상실 또는 정지된 목사가 공동회의를 소집하는 경우, 일부 교인들에 의하여 소속 교단의 승인 없이 청빙된 목사가 소집하는 경우에는 모두 소집권자가 아닌 자에 의하여 소집된 절차적 흠이 생기며, 또한 일부 교단의 경우 공동회의는 목사와 시무장로로 구성된 당회가 소집하여야 한다고 헌장에 규정되어 있는바, 당회 구성원이 아닌 교인이 공동의회를 소집한 경우에도 소집절차의 흠이 생기게 된다.

다음으로, 대표권 흠결로 부적법한 소가 되는 경우가 있다. 교단 소속 지교회가 그 소유 재산을 제3자에게 이전등기하였는데, 위 지교회의 일부교인들이 탈퇴결의 후, 자신들로 구성된 교회가 종전 교회(또는 종전 교회와 동일성을 유지하는 교회)라고 주장하면서 등기명의인에게 등기 말소를 구하는 소송에서는 원고로서 제소한 교회의 대표자 적격이 문제된다. 대법원 2009.7.23. 선고 2008다44085 판결은, A교회가 내부 문제로 교단 및 교인들 사이에서 갈등을 빚어오다가 신자인 갑 등이 탈퇴결의를 하고 다른 교단에 가입하여 갑을 대표자로 선출한 다음, A교회가 피고에게 교회건물에 관하여 마친 이전등기의 말소를 구하는 소를 제기한 사안에서, 위 교단탈퇴결의가 의결권을 가진 교인 2/3 이상의 찬성에 이르지 못하였기 때문에 그 결의에 찬성한 갑 등은 A교회 교인으로서의 지위와 더불어 A교회 소유재산에 대한 권리를 상실하였기 때문에 A교회의 대표자 또한 될 수 없다고 하여 소를 각하한 원심을 수긍하였다.

이러한 법원의 태도는 대판(전) 2006.4.20, 2004다37775에서 종전 교회와의 동일성 여부에 대하여 정관변경 의결정족수인 2/3라는 숫자를 제시한 후 계속

유지하고 있는 것으로 보인다.

한편, 교인들의 두 차례에 걸친 결의에서 제1결의는 의결정족수를 채우지 못하였으나 제2결의는 의결정족수를 채운 사안[275]에서, 종전 교회의 목사와 그를 지지하는 일부 교인들이 노회 탈퇴를 결의(제1결의)하고 지역의 기독신문에 탈퇴결의를 공고하였으며, 그 후 제1결의와 유사한 내용으로 재결의(제2결의)를 하였는데, 제1결의는 동의자가 2/3에 이르지 못하고 제2결의는 2/3 요건을 충족하였던 경우이다. 탈퇴자 측은 제2결의로서 제1결의를 추인하였으므로 적법하게 교단탈퇴결의가 이루어졌다고 주장하였다. 대법원은 위 제1결의에 참가하였던 목사와 교인들은 노회탈퇴를 결의하고 기독신문에 그 탈퇴결의를 공고함으로써 종전 교회 교인으로서의 지위를 상실하였고, 따라서 제2결의를 소집한 목사는 이미 종전 교회의 공동의회를 소집할 수 있는 지위에 있지 아니하므로, 그 목사가 소집하여 이루어진 제2결의는 신설 교회의 공동의회로서 유효함은 별론으로 하고 종전 교회의 공동의회로서는 그 절차상 중대한 하자가 있어서 효력이 없다고 판시하였다.

탈퇴결의 이후에 이루어진 결의의 효력의 문제가 있다. 탈퇴자측의 결의가 교단변경결의로서의 효력을 갖지 못하는 이상 위 탈퇴결의와 그 실행으로 이에 가담한 교인들은 종전 교회 교인 지위를 상실한다. 그 결과 종전 교회는 위 탈퇴자들을 배제한 채 의사결정을 할 수 있고, 탈퇴자들의 결의는 더 이상 종전 교회의 의사결정이 될 수 없다.[276]

서울고등법원 판결은, 일부 교인들의 결의로(2/3 미달) 종전 교회가 소속되어 있던 노회를 탈퇴하여 독립교회 상태로 있다가 다른 노회에 가입하였으나 교단으로부터 그 노회가입이 무효로 확인되었고 그 과정에서 여러 번 명칭을 바꾸어가면서 종전 교회 건물을 점유하고 자신들이 청빙한 목사를 대표자로 교회활동을 하자, 종전 교회가 위와 같이 새로운 교회를 표방하는 교인들을 배제하고 공동회의를 개최하여 교회 재산처분을 결의한 경우이다. 위 공동의회 결의에서 배제된 교인들이 종전 교회를 상대로 공동회의 결의의 무효 확인을 구하자 법원은, 노회 탈퇴 결의에 참가한 교인들은 종전 교회를 집단적으로 이탈하여 독립된 사단을 구성하고 있다고 할 것이므로 이탈한 교인들은 종전 교회

275) 대판 2008.11.27, 2007다67203.

276) 민유숙, 앞의 논문, 341-342면.

의 공동의회에 참가할 수 있는 지위를 상실하였고, 종전 교회가 그 후 공동회의를 소집하여 결의를 함에 있어 위 탈퇴한 교인들에 대하여 소집절차를 거치지 아니하였더라도 절차상 하자가 없다고 판단하였다.[277]

나. 실체적 요건

교단 변경을 위해서는 절차적 요건 외에 실체적 요건을 갖추어야 한다. 교단의 변경이란 교의나 예배방법의 차이가 나는 다른 상위단체로의 소속변경이라고 할 수 있다. 그렇다면 어떠한 실체적 요건이 필요할까. 절차적으로는 당회와 공동의회 내지 전교인의 결의가 필요한데, 공동의회의 결의는 다른 규정에 명시된 사항이 아닌 것은 재석 과반수로 결의하도록 되어 있다.[278] 그런데 교리개정(사도신경, 신조, 요리문답, 웨스터민스터 신앙고백, 대한예수교 장로회 신앙고백)에 대해서는 총회에서 출석회원 3분의 2 이상의 가결로 개정안을 작성하여 각 노회에 수의하고, 각 노회에서 수의된 개정안은 노회 3분의 2 이상의 가결과 각 노회에서 투표한 투표 총수의 3분의 2 이상의 가표를 얻어야 한다. 이러한 점을 감안한다면 지교회의 교단변경에도 일응 전 교인의 3분의 2 이상의 찬성을 요한다고 할 수 있다.

실체적 요건에 관한 대법원의 판결을 보면, 교단의 변경을 위해서는 교회 교인 중 3분의 2 이상의 동의가 있어야 하는데, 종전 교회의 교인 중 의결권을 가진 2/3 이상의 동의가 있었는지 여부는 이를 주장하는 측에서 입증하여야 한다고 판시하였다.[279] 따라서 교단 탈퇴자 측에서 이를 입증하여야 할 것인바, 앞서 본 각급법원 판결례에 의하면 총회 당시 '의결권을 가진 교인 총수', 즉 세례교인의 수를 확정하여 그 수의 2/3를 가지고 판단하여야 한다고 한다.[280] 의결권을 가진 총수라는 의미는 공동의회에 참여할 수 있는 무흠 세례교인으로서 18세 이상인 자를 의미한다. 세례교인으로 제한하는 타당성은 '일정한 교의'를 기반으로 하는 종교적 사단인 교회이기 때문에 교단의 변경에는 의미가 있으나 재산의 귀속에 있어서도 동일한 논리가 타당한지는 의문이다.

277) 서울고법 2007.5.4, 2006나63763.

278) 앞의 총회 헌법 제90조 제3항 6호.

279) 대법원 2007.6.29. 자 2007마224 결정.

280) 지교회는 세례교인 명부를 비치하도록 하고 있기 때문에 일응 명부에 의하여 수를 확정하여야 할 것이다.

한편, 2/3 동의 요건은 사단법인 정관변경에 준하여 요구되는 것이기 때문에, 소속 교단헌장에 그러한 규정이 있는지 여부를 불문하고 적용된다고 한다. 대법원 2008.11.27. 선고 2007다67203 판결은 「교단탈퇴결의는 사단법인 정관변경에 준하여 의결권을 가진 교인 2/3 이상의 찬성에 의한 결의를 필요로 하고, 소속 교단 헌법이 '담임목사의 청빙에 관한 투표의 경우에만 교인 2/3 찬성이 필요할 뿐 그 외에는 교인 과반수의 찬성으로 족하도록' 규정하고 있다고 하여 달리 볼 것은 아니다」라고 하여 이를 명백히 하였다.

(3) 교단변경과 교회탈퇴의 문제

가. 교단변경과 교회탈퇴의 개념 구별 가능성

원칙적으로 교회 교인들의 교회탈퇴와 교단변경은 개념적으로 구별되어야 한다. 대법원에서도 일부 교인들이 교단변경을 결의하는 것은 종전 교회를 집단적으로 탈퇴하는 것과 구별되는 개념이라고 한다.[281] 그러나 현실적으로는 교단변경결의에는 교회탈퇴 의사가 포함되어 있는 경우가 대부분이다. 교단변경결의에는 새로 가입할 교단의 헌장을 따르고, 새로운 교단에서 파송하거나 탈퇴한 교인들이 청빙한 목사를 대표자로 추종하면서 그 목사가 주재하는 예배에 참석하겠다는 내용이 포함된다. 이러한 의사는 탈퇴하고자 하는 교단에서 파송한 목사를 여전히 대표자로 추종하고 그 목사의 예배에 참석하겠다는 의사와 양립할 수 없다. 또한 소속 교단 입장에서도 이미 교단으로부터 권징재판을 받은 목사가 이끄는 교회를 자신소속으로 받아들일 수 없다. 결국 교회탈퇴를 수반하지 않는 교단변경결의는 실제적으로 인정하기 어려울 것이다.

그리고 위의 판결에서는 「교단변경에 찬성한 교인들이 종전 교회에서 탈퇴하였다고 평가할 수 있을지 여부는 교회 탈퇴 의사표시 유무, 교리·예배방법·교회 명칭의 차이, 별도의 신앙공동체 형성 여부, 결의참가 교인들의 의사 등을 포함한 여러 사정을 종합적으로 고려하여 판단하여야 한다」고 판시하고 있다.

대법원에서 교회탈퇴가 부정된 사례가 있는데, 대법원 2008.9.25. 선고 2008도3198 판결은, 「교단 소속 지교회의 목사가 교단변경결의를 주도하자 이에 반대하는 교인들이 예배를 따로 보기도 하였으나, 교회탈퇴 또는 변경 전 교

281) 대판 2010.5.27, 2009다67658.

단으로의 가입 결의를 하지 않고 자신들만으로 독립된 교회로서의 조직을 구성한 바도 없다면, 반대교인들이 지교회에서 탈퇴한 것으로 볼 수 없다」고 판시하였다.

부산고법 2010.10.12. 선고 2008나7376 판결(대법원 2011.1.27. 자 2010다89340 판결로 심리불속행 기각)은, A교단 소속 지교회 교인들이 목사청빙과 관련하여 소속 교단과 마찰을 빚게 되자, 교단이 지지하는 신앙교리를 따르지만 목사청빙에 관한 교단의 행정상 지휘는 받지 않겠다는 의미로 '행정보류' 결의를 하고(교인 2/3 결의 요건 충족) 그 후 목사 청빙결의, 교회 명칭과 대표자 변경결의(각 교인 2/3 결의 요건 미달)를 차례로 한 다음 그 소속교단에서 자신들이 청빙한 목사를 제명하자 교단을 변경한 사안에서, 위 '행정보류' 결의를 교단변경 결의로 보아 교단변경결의 요건을 갖추었다고 할 것인지 여부가 문제된 경우였다. 부산고등법원은 행정보류가 일률적으로 '교단변경 및 교단탈퇴'의 의미라고 단정하기 어려운 점, 행정보류 결의에 참석한 교인들도 행정보류의 의미를 목사청빙 문제 해결을 위한 결의로 이해하였다고 보여지는 점 등을 고려하여 행정보류 결의는 교단변경 결의가 아니라고 보고 따라서 위 결의만으로는 교회 및 교단 탈퇴의 효력이 발생하지 않는다고 판단하였다.

나. 교회탈퇴 결의 없이 이루어진 교단 변경결의의 법적 효과

다음으로 이러한 교단 변경 결의가 이루어졌더라도 교회탈퇴를 하지 않은 경우 그 법적 효과가 문제된다. 먼저 교단 변경 결의자들로 구성된 신교회와 종전 교회(또는 교단) 사이에서 교회 재산의 권리귀속을 가지고 다툼이 있는 경우를 생각해 보면, 교단 변경결의자들이 새로운 교회를 표방하였더라도 그 결의자들은 여전히 종전 교회의 교인들이기 때문에 '교단변경 결의자들만을 교인으로 한정하여 설립된 별개의 교회'는 허용할 수 없게 되고, 결국 그들이 설립하였다는 신교회가 소송당사자로 소송을 수행하더라도 당사자능력을 부정하여야 하는 결과에 이르게 된다.[282] 그런데 법인 아닌 사단으로서의 교회는 사단으로서의 실체를 갖추어야 당사자능력이 인정된다. 즉, '일정한 목적을 위하여 조직된 다수인의 결합체로서 합의체와 규범과 대외적으로 사단을 대표할 기관

---

282) 실제 위 대법원 2009다67658 판결의 환송 후 원심인 서울고법 2011.1.14. 선고 2010나50320 판결은 교단 변경결의자들로 이루어진 피고 교회는 별개의 실체를 갖춘 독립된 교회가 아니라는 이유로 당사자능력을 부정하고 소각하 판결을 하였다.

에 관한 정함이 있는 때'에 당사자능력이 인정되는 것이다. 신교회가 위 성립요건을 충족하였음에도 교회탈퇴결의가 없다는 이유로 당사자능력을 부정한다면 법인 아닌 사단의 일반원리와 충돌될 우려가 있다.[283)]

다음으로 교단변경결의에 찬성한 교인들과 기존 교인들 사이에서 교회 건물에의 출입·예배 금지가 종종 문제되었는데 이 경우의 경우는 어떠한가.

일응 교단변경결의에 찬성한 교인도 종전 교회 교인의 지위를 유지하므로 교단변경결의에 찬성한 측과 반대한 측이 모두 교회건물에 출입, 예배할 권리를 갖게 되는 결과 교회 건물의 점유를 둘러싼 분쟁이 계속되고, 대상판결 전의 문제적 상황(교회분열 당시 교인들 모두 사용·수익권자이기 때문에 서로 출입금지를 구할 수 없게 되는 것)으로 회귀하게 될 것이다. 따라서 위의 경우에는 대법원 2009다67658 판결은 법인 아닌 사단의 일반원리, 대상판결의 판례변경 취지에 어긋나지 않는 사안에서만 적용되어야 할 것이다.[284)] 따라서 대판(전) 2006.4.20. 2004다37775 판결의 취지를 살린다면 교회탈퇴 없이 교단변경을 하였든, 종전 교단에의 탈퇴 없이 새로운 교회를 표방하든, 그 숫자가 3분의 2에 이르지 못하는 경우에는 종전의 교회가 여전히 교회의 동일성을 유지하면서 종전 교회의 재산에 대한 모든 권리를 갖게 된다고 보아야 하는 것으로 해석해야 할 것이다.

(4) 교회의 분열

교회의 분열과 그에 따른 재산귀속 분쟁이 끊이지 않는 것은 한국교회의 다수가 장로교회 정체를 택하고 있기 때문에 발생한다. 대개의 교회분열은 장로교회에서 발생하며 성결교회와 장로교회 아류의 교회에서 볼 수 있다. 교계정체이면서도 지교회 중심주의로 운영되는 장로교회는 감독정체와 회중정체의 중간적인 성격을 띠고 있어, 지교회 조직이 간접민주제(당회)와 직접민주제(공동의회)의 혼합구조를 갖고 있으며, 치리회도 3중 내지 4중의 구조를 갖고 있는 관계로, 지교회의 당회와 공동의회 사이에, 또는 지교회의 당회와 상회(노회, 총회) 사이에 의견충돌이 있을 경우 감독정체나 회중정체를 가진 교회에 비하여 절대적 의사결정권을 갖는 기관이 없어,[285)] 쉽게 분열쪽으로 귀결되는 것이 아

283) 민유숙, 앞의 논문, 343면.

284) 민유숙, 위의 논문, 344면.

285) 물론 교회헌법과 그에 따른 교회재판이 있기는 하나 현실적으로 분쟁해결기능을 못하는

닌가 하는 생각이 든다. 반면에 회중정체에 있어서는 지교회 교인총회의 다수결에 의한 결의가 절대적이기 때문에 그만큼 분열의 소지가 적다고 보여진다.[286)]

가. 교회의 분열의 개념

지교회에서 교인들이 교리상의 문제나 일부 목사의 비리 및 교회 재산에 대한 문제 등을 이유로 분쟁이 야기되어 자체 내에서 해결되지 않는 경우 문제가 된다. 교리상의 문제인 경우는 교회의 분열에서 더 나아가 교단의 변경으로 이어지겠지만, 그 밖의 사유인 경우에 동일 교단에 머무르면서 교회분쟁으로 교인들이 집단적으로 갈라서는 것이 좁은 의미에서 교회의 분열이다. 위에서 살펴본 교단 탈퇴 결의 없이 이루어진 교단의 변경의 경우에도 교회의 분열의 한 사례에 해당한다. 결국 교단변경 및 교회의 집단적 탈퇴는 교회의 분열과 밀접한 연관이 있다는 의미이다. 2006년 대법원 전원합의체 판결에 의하여 교회의 분열을 인정하지 않고 교회의 집단적 탈퇴로 보고 있다.

교회의 분열 개념은 교회의 분리와 구별되어야 한다. 교회의 분리는 적법한 절차에 따라 상회의 승인을 받아 교회의 조직이 두 개로 나누어지는 것을 말한다.

나. 교회의 분열 인정 여부

교회의 분열 인정여부에 대하여 학설은 교회 분열 부정설, 분열 긍정설, 이원설이 대립하고 있다.[287)] 교회의 분열의 인정여부는 분열된 교인들간의 교회재산의 공동소유와 연계되기 때문에 이를 둘러싸고 첨예한 논란이 있어왔다.[288)]

첫째, 교회의 분열을 인정하는 긍정설이 있으며 다수설[289)]이다.

것으로 보인다.

286) 박병칠, 앞의 논문, 각주 76) 참조.

287) 이에 관하여는 송호영, 교회의 교인들이 종전 교단으로부터 집단적으로 탈퇴하여 별도의 교회를 설립한 경우의 법률관계, 민사법학 35호, 2006, 202-205면 참조; 김교창, 준사단법인인 교회의 분할, 저스티스 통권 98호, 248-271면.

288) 이에 대해서는 박병칠, 앞의 논문 45-46면.

289) 김증한, 교회가 분열한 경우의 교회재산의 귀속, 서울대학교 법학 제1권 제1호, 218면; 이주흥, 민법주해 (I)」중 '법인전론', 531면 이하; 조용연, 교회의 분열과 재산의 귀속, 민사판례연구 8집, 73면; 이학수, 교회의 분열 및 그에 따른 교회재산의 귀속에 관하여 현재의

사회현상으로서의 교회의 분열을 그 자체 독특한 법현상으로 파악하여 분열된 신교회에게 어떤 형태로든 종전교회의 재산에 대한 권리를 인정하여 존립근거를 마련해 주자는 데 있다. 그 근거로서는, ① 사회적 현상으로서 집단탈퇴와는 다른 분열현상이 있다면 이를 법적으로 직시하여 수용하는 것이 타당하다는 점, ② 신앙단체인 교회의 특성상 다수결의 원칙으로 해결할 수 없다는 점을 직시하여 수용함이 형평의 원칙에 부합하다는 점, ③ 두 개의 단체가 하나의 단체로 합하는 합병을 법이 인정하고 있으므로 이와 반대인 분열 역시 논리적으로 가능하다는 점, ④ 이를 인정하지 아니할 경우 소수파가 고의로 교회의 운영을 저해하여 다수파를 탈퇴케 함으로써 그 재산을 독점하는 현상을 막을 수 없다는 점, ⑤ 교회의 본질에 비추어 신앙노선의 차이로 분열된 이상 교회의 분열을 받아들일 수밖에 없으며 또한 소수파의 신앙활동 보장 및 개별 신도들의 교회재산에 대한 권리 확보라는 이유[290] 등을 들고 있으나 그 근저에는 사단자치의 원칙상 사단에게 교회의 분열 여부를 결정케 하는 것이 당연하다는 점이 깔려 있다.

다만 2006년 대법원이 교회의 분열을 부정하기 전까지의 인정 판례에 대하여, 판례가 분열을 인정하는 범위가 너무 무제한적임을 비판하면서 그 범위를 제한할 것을 주장하였다. 또한 분열을 긍정하는 입장에서 볼 때도 교회가 분열되었다고 하기 위하여서는 일반적으로 다음과 같은 요건을 충족하여야 한다고 설명한다.[291] 즉, ① 사회적 현상으로서의 분열이 존재해야 하고, 교인 사이의 대립이 격화되어 기존교회의 운영방침 등에 불복하는 교인들의 수가 과반수는 넘지 않더라도 기존교회의 사무집행을 실력적으로 저지할 수 있을 정도가 됨으로써 교회헌법과 다수결원리에 따른 교회운영이 현저히 곤란하여지고, 또한 불복하는 교인들이 일정한 조직하에 결합되어 통일적으로 활동할 수 있는 또 하나의 교회를 구성함으로써, 이로 말미암아 기존의 교회가 두 개의

대법원 판례가 취하는 태도에 대한 검토, 부산판례연구회편 판례연구Ⅰ, 18면; 이준상, 교회의 분열과 교회재산귀속문제, 수원지방법원 재판실무연구 제1권, 68면 등. 2006년 대법원 전원합의체 판결이 교회의 분열을 부정하자 교회의 분열을 인정하여야 한다는 입장에서 다수의 비판적 견해가 쏟아져 나왔다.

290) 대법원 전원합의체의 대법관 강신욱의 반대의견.

291) 정귀호, 앞의 글 826-827면; 조용연, 위의 글 73-74면; 이동명, 민법주해(Ⅴ) 중 공동소유 후론, 659면

교회로 나누어져 조직되고 운영되어야 한다는 것이다.

② 일부 교인들이 교회의 헌법 및 다수결원리에 따르지 아니한 것에 대하여 비난가능성이 없어야 한다. 즉 분열의 원인에 있어서 법질서로부터 긍정적 평가를 받을 수 있어야 한다는 것이다. 이것은 사회적 현상으로서의 사단의 분열이 가지는 반가치적 성격을 극복하기 위해 필요한 요건이라고 한다.[292] ③ 교회재산의 분열을 인정하는 것이 형평의 원칙에 맞아야 한다. 즉 분열하여 나간 교인들 집단에게 종전교회 소유의 재산에 대한 권리를 인정하여 주는 것이 형평의 원리에서 보아 상당한 경우라야 하고, 위와 같은 형평의 관념에 부합하는 여부를 판단함에 있어서는 교회재산의 형성과정, 분열전 교회와의 교리상 또는 신앙상의 동일성 내지 유사성, 분열의 과정 등 제반 사정을 참작하여 결정하여야 한다는 것이다.

둘째, 교회가 실질적으로 분열되었다고 하더라도 그 분열사유가 내부적인 것인지를 따져서 그에 따라 분열을 인정할 것인지 여부를 결정하여야 한다는 이분적인 입장이다. 즉, 교회의 분열사유 중 지교회가 그 내부의 사정으로 인하여 두 개의 교회로 분열하는 경우와, 지교회가 속한 교단 자체가 두 개로 분열하기 때문에 지교회가 두 개의 교회로 분열하는 경우로 나누어, 전자의 경우에는 교회의 분규에 대하여 교회헌법에 따른 상급치리회의 결정과 이에 불복하는 교인들의 단순한 이탈만을 인정하고 교회의 분열이라는 개념을 인정하여서는 안 될 것이며, 후자의 경우에는 지교회의 분규를 해결하여 줄 상급치리회가 없으므로 교회의 분열을 인정하여야 할 것이라는 견해[293] 이고, 다른 하나는 교회가 기본적으로 신앙단체성을 가지면서 사회단체로서의 조직과 기능을 아울러 갖고 있음을 전제로 하여, 교회내의 분쟁도 신앙단체적 분쟁과 사단적 분쟁으로 구분한 뒤 전자에 대하여는 분열을 인정하고 후자에 대하여는 이를 부정하는 견해[294]인데, 위 견해들도 분열을 인정하는 근거는 긍정설의 그것과

---

292) 예컨대, 기존교회의 목사, 장로 등이 부도덕하거나 범법행위를 저질렀을 경우 또는 교회규정을 준수하지 아니한 채 독선적으로 교회를 운영함으로써 교회에 재산적 손실을 입히거나 명예를 훼손당할 위험이 있는 경우에 교인들이 당해 교회의 당회 또는 상급 노회 등에 그 시정을 호소하는 등 조치를 다하였으나 그것이 받아들여지지 않는 등 기존교회로부터의 이탈이 불가피한 것으로 인정되어져야 한다는 것이다.

293) 정귀호, 앞의 글 828면

294) 대판(전) 1993.1.19, 91다1226 판결 중 이회창 대법관의 견해

유사하다.

셋째, 부정설의 입장이 있다. 부정설은 교회의 분열을 단체법적 관점에서 '일부 교인들의 탈퇴와 신교회의 설립'이라는 두 가지의 법현상으로 파악하고, 따라서 분열되어 나간 신교회는 종전교회에 대하여 어떠한 권리도 가지지 못한다고 한다. 즉 사단의 일종인 교회가 분열하려면 교인총회의 분열결의 등 정식분열절차를 거쳐야 하며, 그러한 절차에 따른 민법 제276조 소정의 재산처분결의가 없는 한 실질적으로 분열되었다고 하더라도 법적인 의미로서의 분열을 인정하지 않고, 따라서 원래 교회와 동일시할 수 있는 측이 재산을 단독소유하게 된다는 것이다.[295] 부정설에서는 긍정설에 대한 비판으로, 첫째로, 분열개념을 인정할 경우 교인들의 집단적 탈퇴와의 구별이 불명확하다는 점, 즉 다수인의 인적 결합체인 사단의 경우 그 규모의 크기와 상관없이 구성원 사이에 분쟁이 있기 마련이며, 어느 정도의 분쟁이 있는 경우에 이를 단순한 탈퇴와 구별되는 사회현상으로서의 분열이라고 할수 있는지가 분명치 않다는 것이다. 둘째로, 사회현상으로서의 교회의 분열은 단체법적 입장에서 볼 때 반가치적 성격을 가진다는 점, 즉 사단에 있어서 다수결은 그 존립의 기반이 되는 법리로서 정관에 다른 규정이 없는 한 어떠한 경우에도 이를 포기할 수 없으며, 그와 같이 보지 아니하면 사단의 목적 내지 근본규칙에 위배하여 단체의 질서를 파괴한 소수파의 행동을 정당한 것으로 긍인하는 결과로 되며, 더 나아가 소수파의 분열을 조장하는 결과로까지 나아가게 될 것이라고 한다. 셋째로, 긍정설의 세번째 근거와 같이 분열을 인정하는 것이 논리적으로 가능하다 하더라도, 논리적으로 가능하다는 것이 이론적인 근거가 될 수는 없는 것이며, 법률적으로도 과연 분열이 가능한 것인지는 별개의 문제라고 한다.

넷째, 긍정설의 네번째 근거를 비판하면서, 소수파가 단체의 운영을 저해한다면 이를 구제할 수 있는 단체법적 구제수단(다수결에 의한 징계결의 등)이 엄연히 있을 것인데, 굳이 이로 인하여 다수파가 탈퇴하게 될 경우만을 생각할 필요는 없다고 한다.

---

295) 변동걸, 교회의 분열과 교회재산의 귀속, 민사재판의 제문제 제7권(김상원·윤일영대법관 화갑기념 논문집), 532면. 520-521면); 최식, 교회가 분파된 경우의 재산귀속, 사법행정 14권 3호, 64면(다만 최식 교수는 교회의 법적 성질을 권리능력 없는 재단으로 보기 때문에 그 전제하는 바가 다르다고 할 것이다); 대판(전) 1993.1.19, 91다1226 판결 중 윤관, 김상원 대법관의 소수 견해.

다섯째, 교회의 재단적 성질 겸유 및 총유의 법률적 성질 등에 비추어 각 교인들에게는 사용·수익, 즉 예배에의 참여를 위한 예배당의 사용 등 이외에는 교회재산에 대한 어떤 지분권을 인정할 여지가 별로 없다는 것 등을 들고 있다.

여섯째, 이분설 중 신앙단체성을 강조하는 견해에 대하여도 비판하기를, 현대에서 종교에 대한 국가질서 우위의 경향과 우리나라의 경우 전통적으로 종교가 국가권력에 복속하여 왔던 사정 등에 비추어 법이 들어가지 못하는 제단의 범위는 축소되어야 하는 점, 신앙단체인 교회가 그들 스스로의 일을 자체 내에서 해결하지 못하고 세속의 법정으로 들고 나오는 한 하나의 사회단체로 평가하여 일반 사회단체와 동일한 단체법적 이론에 의하여 규율함이 타당할 것이며, 이 경우 교회의 정통성에 대한 심사는 '신앙적 정통성'이 아닌 '단체법적 정통성'의 유무에 관한 것이므로 당연히 사법심사의 대상이 될 수 있다[296]고 보아야 한다는 것이다.

다. 종전 분열 인정한 대법원 판례

이와 관련하여 교회분열을 허용했던 종래의 판례는 「교도들이 각기 개인적으로 그 교회를 탈퇴하는 것이 아니고 교도들이 분열로 인하여 교파가 분리되고 수개의 교회로 분립되는 경우에 동 재산의 귀속 여부에 관한 장정 기타 규정이 있으면 이에 따르고 그것이 없으면 종전 교회의 교리를 신봉하는 교파의 단독소유로 귀속할 것이 아니고 종전 교회에 소속되었던 교도의 총의 즉 총회의 의결방법에 의하여 그 귀속을 정하여야 할 것이다」라고 하거나, 「일반적으로 하나의 교회가 두 개의 교회로 분열된 경우 교회의 장정 기타 일반적으로 승인된 규정에서 교회가 분열될 경우를 대비하여 미리 재산의 귀속에 관하여 정해 놓은 바가 없으면 교회의 법률적 성질이 권리능력 없는 사단인 까닭으로 종전 교회의 재산은 분열 당시 교인들의 총유에 속하고, 교인들은 각 교회활동의 목적 범위 내에서 총유권의 대상인 교회재산을 사용·수익할 수 있다.」고 하여 교회의 분열을 원칙적으로 인정하여 왔다.

대법원은 교회의 분열을 인정하면서 교회의 분열 인정기준을 제시하였는

296) 변동걸, "교회의 분열과 교회재산의 귀속", 「법과 정의」(경사 이회창선생 화갑기념 논문집), 1995, 487면.

데,「기독교의 개교회는 대표기관과 구성원의 공동의사결정기구를 갖추고 재산을 관리하는 등 교회의 일상업무를 처리하는 측면에서 보면 법인 아닌 사단의 형태를 갖추고 있지만 이는 본질적으로 같은 신앙을 기초로 한 교인들의 모임인 신앙공동체이므로, 한 교회가 2개의 교회로 분열되었다고 하려면 한 교회에 속한 교인들이 교리와 예배형식 등 신앙노선을 달리하는 2개의 집단으로 나뉘어 그 신앙공동체로서의 기초가 상실되는 정도에 이르렀거나, 다른 사유에 기한 분쟁이라 하더라도 최소한 일부 교인들이 집단을 이루어 소속 교단을 변경하기로 하는 결의를 하고 다른 교단에 가입한 데 반하여 다른 교인들은 종전 교단에 그대로 남아 있기로 하는 정도에 이른 경우라야 한다.」[297]라고 한다.

라. 전원합의체 판결에 의한 분열 불인정으로의 전환

그런데 2005년 대법원은 전원합의체 판결을 통해 종전 교회의 분열을 인정하는 태도를 바꾸어「우리 민법이 사단법인에 있어서 구성원의 탈퇴나 해산은 인정하지만 사단법인의 구성원들 이 2개의 법인으로 나뉘어 각각 독립한 법인으로 존속하면서 종전 사단법인에게 귀속되었던 재산을 소유하는 방식의 사단법인의 분열은 인정하지 아니한다. 그 법리는 법인 아닌 사단에 대하여도 동일하게 적용되며, 법인 아닌 사단의 구성원들의 집단적 탈퇴로써 사단이 2개로 분열되고 분열되기 전 사단의 재산이 분열된 각 사단들의 구성원들에게 각각 총유적으로 귀속되는 결과를 초래하는 형태의 법인 아닌 사단의 분열은 허용되지 않는다. 교회가 법인 아닌 사단으로서 존재하는 이상, 그 법률관계를 둘러싼 분쟁을 소송적인 방법으로 해결함에 있어서는 법인 아닌 사단에 관한 민법의 일반 이론에 따라 교회의 실체를 파악하고 교회의 재산 귀속에 대하여 판단하여야 하고, 이에 따라 법인 아닌 사단의 재산관계와 그 재산에 대한 구성원의 권리 및 구성원 탈퇴, 특히 집단적인 탈퇴의 효과 등에 관한 법리는 교회에 대하여도 동일하게 적용되어야 한다. 따라서 교인들은 교회 재산을 총유의 형태로 소유하면서 사용·수익할 것인데, 일부 교인들이 교회를 탈퇴하여 그 교회 교인으로서의 지위를 상실하게 되면 탈퇴가 개별적인 것이든 집단적인 것이든 이와 더불어 종전 교회의 총유재산의 관리처분에 관한 의결에 참가할 수 있는 지위나 그 재산에 대한 사용·수익권을 상실하고, 종전 교회는 잔존 교

297) 대판 1995.3.24, 94다47193.

인들을 구성원으로 하여 실체의 동일성을 유지하면서 교회의 재산은 그 교회에 소속된 잔존 교인들의 총유로 귀속됨이 원칙이다. 그리고 교단에 소속되어 있던 지교회의 교인들의 일부가 소속 교단을 탈퇴하기로 결의한 다음 종전 교회를 나가 별도의 교회를 설립하여 별도의 대표자를 선정하고 나아가 다른 교단에 가입한 경우, 그 교회는 종전 교회에서 집단적으로 이탈한 교인들에 의하여 새로이 법인 아닌 사단의 요건을 갖추어 설립된 신설 교회라 할 것이어서, 그 교회 소속 교인들은 더 이상 종전 교회의 재산에 대한 권리를 보유할 수 없게 된다.」[298]고 한다.

실제 교회의 분열문제는 분열된 교인들간의 재산관계의 문제와 밀접한 관련을 맺고 있기 때문에 종전 대법원 전원합의체 이전의 판결은 이러한 현실적인 점을 중시하여 분열된 두 집단에게 교회재산에 대한 사용·수익권을 인정한 것으로 보인다. 그러나 이러한 법리는 일반적인 사단법리와 괴리가 크고, 교회분쟁을 해결하기 보다는 계속적인 분쟁을 배태하는 결과를 가져왔다. 이러한 계속적인 분쟁을 종식하고자 2006년의 대법원 전원합의체 판결에서는 교회의 분열을 인정하지 않고 교회의 종교적 특수관계에 주목하지 않고 사단법리에 의하여 해결하고자 한 것으로 보인다.

마. 2006년 전원합의체 판결에 대한 평가

출석교인이 비교적 적은 중소형 규모의 교회에서는 교인총회(공동의회)의 소집이 비교적 용이하여 교인의 총의를 확인하는 것이 가능하겠지만, 출석교인이 많아 주일에 여러 번 예배를 드리는 등 교회규모가 커서 전교인의 공동의회의 소집이 어려운 경우에는 교인들의 3분의 2라는 숫자가 교회의 재산과 밀접한 이해관계 있는 자이거나 열성적인 소수에 의하여 그 총의가 자의적으로 변질될 가능성도 있다. 현재의 대형교회에서 대개의 신도들은 침묵하는 다수로서 교회가 분쟁의 소용돌이에 휘말리게 되면, 교회를 떠나 다른 교회로 옮겨가는 경우가 많기 때문에 '사단의 법리'로 규율하기에는 한계가 있다고 보여진다. 실제 교회의 분쟁에서는 사실인정의 어려움이 있다. 원칙적으로 세례교인에 대해서는 교인명부에 등재하여 관리하여야 하지만, 교회에 따라서는 관리가 잘 되지 않아 출석교인을 확정하는 데에도 어려움이 있을 수 있다.

---

298) 대판(전) 2006.4.20, 2004다37775.

다음으로 2006년 대법원 전원합의체 판결에서는, 교단변경의 요건 내지 종전 교회와 신설 교회 사이의 동일성을 판단하기 위하여, ① 사단법인의 해산에 관한 규정을 유추적용하여 '4분의 3' 이상의 동의를 필요로 하는지, ② 법인의 정체성에 관한 문제로서 정관변경에 준하여 취급함으로써 '3분의 2' 이상의 동의가 필요한지가 쟁점이 되었다. 다수 견해는 「특정 교단에 가입한 지교회가 교단이 정한 헌법을 지교회 자신의 자치규범으로 받아들였다고 인정되는 경우에는 소속 교단의 변경은 실질적으로 지교회 자신의 규약에 해당하는 자치규범을 변경하는 결과를 초래하고, 만약 지교회 자신의 규약을 갖춘 경우에는 교단변경으로 인하여 지교회의 명칭이나 목적 등 지교회의 규약에 포함된 사항의 변경까지 수반하기 때문에, 소속 교단에서의 탈퇴 내지 소속 교단의 변경은 사단법인 정관변경에 준하여 의결권을 가진 교인 2/3 이상의 찬성에 의한 결의를 필요로 하고, 그 결의요건을 갖추어 소속 교단을 탈퇴하거나 다른 교단으로 변경한 경우에 종전 교회의 실체는 이와 같이 교단을 탈퇴한 교회로서 존속하고 종전 교회 재산은 위 탈퇴한 교회 소속 교인들의 총유로 귀속된다」고 판단하였다.

이에 대하여 대법관 손지열, 박재윤, 김용담, 김지형의 별개의견으로는, 「교회가 그 소속 교단을 변경하는 것은, 신앙공동체라는 관점에서 볼 때 단순히 교회가 사단으로서의 활동목적이나 명칭을 변경하는 수준에 그치는 것이 아니라, 교회 존립의 핵심요소인 교리의 내용이나 신앙의 표현인 예배의 양식에 변경을 초래함은 물론 선교와 교회행정에 관한 공동노선과 활동체제에 근본적 변화를 일으키는 것으로서, 이는 신앙공동체인 교회의 정체성과 동일성에 중대한 영향을 미치는 것으로 평가하여야 하고, 법적인 관점에서 보더라도 교회가 소속 교단을 변경한다는 것은 교회가 종전 교단에 소속해 있으면서 단지 사단법인의 정관에 준하는 성질을 가지는 자치규범이나 그 활동목적을 변경하는 정도에 그치는 것이 아니라, 종전 교단에 소속하였던 교회의 교인들이 그 교회를 해체하고 새로운 교단에 소속된 교회를 새롭게 조직하는 데 이르는 것으로 평가하여야 할 것이므로, 교단변경의 성격을 이와 같이 평가한다면, (…) 사단법인의 해산결의에 관한 민법 제78조를 유추적용함이 옳고, 따라서 교회는 교회의 규약 등에 정하여진 적법한 소집절차를 거친 총회에서 의결권을 가진 교인 3/4 이상의 동의를 얻은 경우에 한하여 적법하게 소속 교단을 탈퇴하거나 변경할 수 있다고 보는 것이 옳다」고 주장하였다.

2006년의 전원합의체 판결은 법원이 종전에는 종교의 문제로 보아 교회의 분열에 대하여 사법심사를 자제해 왔던 태도를 버리고 민법의 일반원리 내지 '사단법리'에 따라 적극적으로 판단하여 분쟁을 해결하겠다는 의지를 보여줌과 동시에, 교인의 '3분의 2'라는 교단변경 기준을 명확히 제시해 줌으로써 법률관계의 명확화 및 이를 통한 분쟁예방의 측면에서도 기여하는 바가 크다는 평가도 있다.[299] 다만 위 다수의견에 따르면 공유관계를 전제했던 입장과는 정반대로 결의권을 갖는 교인 2/3를 확보하지 못한 나머지 교인집단에게는 아무런 권리도 확보될 수 없다는 점에서 소수자 권리보호라는 측면에서는 미흡하다고 할 수 있다. 어쩌면 이는 사단법인의 분할을 인정하는 입법에 의하여 해결되어야 할 문제라는 생각도 든다.

결국 교회의 분열의 문제에서도 사법심사의 한계가 어디까지이냐는 선결요건이 있고, 사법심사의 대상이 되는 경우 교회의 분열에 법원이 어디까지 관여할 수 있느냐의 문제가 뒤따른다. 실제 종교 내의 내부분쟁의 경우에는 교회 내의 자체 치리회에 의하여 해결하는 것이 가장 순리이겠지만, 교단의 최상급 치리회인 총회재판국의 결정에 따르지 않음으로 말미암아 근래에 종교문제에 세속법원이 관여하는 사례가 늘어나고 있다. 어떻게 보면 이단시비와 같은 교의 관련 분쟁이 아닌 한 세속 법원이 거의 전 분야에 걸쳐서 교회의 분쟁에 관여하고 있다고 해도 과언이 아닌 실정이다. 뒤에 다루게 되겠지만, 최고의 권위를 가져야 할 교단의 최상위규범인 헌법의 최고규범성과 강제성 및 실효성은 세속법원과 실정법에 의하여 형해화되고 있다고 하면 지나친 표현일까.

종중에서는 대법원이 '종중법리'를 개발하여 적용하는 데 반하여 교회에 대해서는 '교회법리'를 적용하기 보다는 민법상의 '사단법리'를 적용해 나감으로써 어쩌면 교회분쟁을 해결하기보다는 분쟁의 새로운 실마리를 제공하고 있지는 않은지 성찰해 보아야 하고, 세속법원과 교회재판의 위상과 기능에 대한 새로운 정립이 필요한 때라고 보여진다.

5. 교단 상위규정의 지교회에의 구속력

다음으로 교단 감독규정이 지교회에 구속력을 갖는가의 여부가 문제된다.

---

299) 민유숙, 앞의 논문, 132면.

교단의 헌법 중에는 지교회에 관한 규정이 있고, 또한 노회에서도 자체 규정을 두고 산하 지교회들을 감독하고 있는 바, 이러한 규정들이 지교회의 자치규정으로서 구속력이 있는지 문제로 된다. 원칙적으로 교단의 감독규정(헌법)은 최고의 상위규범으로서 지교회에 구속력을 갖는다고 보아야 한다.

교단 총회의 헌법에 대한 법적 성격에 대하여 판례는 「사단법인의 정관은 이를 작성한 사원뿐만 아니라 그 후에 가입한 사원이나 사단법인의 기관 등도 구속하는 점에 비추어 보면 그 법적 성질은 계약이 아니라 자치법규로 보는 것이 타당하므로, 이는 어디까지나 객관적인 기준에 따라 그 규범적인 의미 내용을 확정하는 법규해석의 방법으로 해석되어야 하는 것이지, 작성자의 주관이나 해석 당시의 사원의 다수결에 의한 방법으로 자의적으로 해석될 수는 없다 할 것이어서, 어느 시점의 사단법인 사원들이 정관의 규범적인 의미내용과 다른 해석을 사원총회의 결의라는 방법으로 표명하였다 하더라도 그 결의에 의한 해석은 그 사단법인의 구성원인 사원들이나 법원을 구속하는 효력이 없다」[300] 고 하여 자치법규임을 명백히 하고 있다.

그렇다면 특정 교단에 가입하는 지교회는 교단 총회의 헌법을 따르겠다는 의사가 있었다고 볼 수밖에 없을 것이다. 이와 관련되는 판례를 보면, 지교회의 당회장으로 선임되었으나 아직 '소속 노회의 승인을 받지 않은 목사의 지교회의 대표권'에 대하여 판단하면서 「원고 교회가 독립성 있는 비법인사단인 이상 그가 소속하는 노회와의 내부적 관계에 있어서는 그 노회의 규약에 따라 교회의 운영 기타의 종교 활동을 하여야 하고, 그 승인이 없는 한 노회에 대하여는 당회장으로서의 권리 의무를 주장할 수는 없다 할지라도 그 노회 이외의 대외적 관계에서는 소속 교인들의 총의에 의하여 자율적으로 그의 대표자 기타의 임원을 선임하고 그들을 통한 종교적인 행사를 하며 교인들의 총유에 속하는 교회당을 처리할 수 있는 것은 물론 종교자유의 원칙에 따라 소속교인의 총의에 의하여 그가 소속할 노회도 선택할 수 있는 것이다」[301]라고 판시하였다.

'노회에 의하여 면직판결을 받은 장로의 교회의 대표자격'에 관하여는 「대한예수교장로회 경북노회에 소속된 원고 교회가 설사 한 개의 교회로서 독자적으로 종교 활동을 하고 있는 말단 종교단체라 하여도 그 관리운영에 관한 종

---

300) 대판 1989.10.10, 89다카2902.

301) 대판 1967.12.18, 67다2202.

헌인 대한예수교장로회의 헌법을 무시하고 그 교회를 멋대로 관리 운영할 수는 없다할 것이므로, 대한예수교장로회 경북노회가 위 헌법에 따라 그에 소속된 원고 교회의 장로에 대하여 면직판결을 하고 그 판결이 본인에게 통고되었다면 특별한 사정이 없는 한 그 면직판결은 그 효력을 지속하고 그 종교단체의 구성분자는 누구든지 이를 따라야 할 것이다」[302]라고 판시하여 교단의 헌법규정의 구속력을 인정하였다.

교단 상위규정의 지교회의 구속력과 관련하여 교단 명의로 된 지교회의 재산의 소유권 귀속의 문제가 있다. 개신교 교단들은 교단의 결속과 확장 등 여러 가지 이유에서 교회헌법 등에 지교회 소유의 부동산을 지교회의 상급 노회(교단 소속 유지재단)의 소유로 한다는 취지의 규정을 두는 경우가 많은데,[303] 이러한 경우의 재산관계에 관하여도, 대법원은 「교회신도들이 교회를 건립하기 위하여 기부금을 모집하여 교회용의 대지를 매수하여, 그 위에 교회를 건립하였다면 특별한 사정이 없는 한 신도들은 그 소속 노회의 헌법규정이 어떻게 되었던 간에 그 토지와 교회건물은 그 소속 신도가 교회원으로서 그 총의에 의하여 교회로 영구히 사용할 권리를 보유할 의사였다고 할 것이다」[304]라고 판시하고 있다.[305]

또한 교회재산에 대하여 교회 헌법에 지교회에 속한 부동산은 노회의 소유로 한다는 규정이 있다 할지라도 교회 재산의 소유관계에 있어서는 지교회의 교회 헌법에의 구속력을 인정하지 아니하고 국가의 강행법규를 먼저 적용하여야 함을 분명히 하였다. 즉 대법원은 「대한예수교장로회의 헌법에는 원고(장로교 경북노회) 소속의 지교회에 속한 부동산은 노회의 소유로 하고 토지나 가옥에 관하여 분쟁이 생기면 노회가 이를 처단할 권한이 있음을 규정하고 있으나 물권인 부동산소유권의 귀속 등 국가의 강행법규를 적용하여야 할 법률적 분

302) 대판 1972.11.14, 72다1330.

303) 통상 '재단법인 ○○유지재단'이라는 명칭을 사용하여 교단 혹은 노회 산하에 설립된 재단(법인) 앞으로 소유권을 이전할 것을 규정하고 있는 경우가 일반적 추세이다.

304) 대판 1973.8.21, 73다442, 443.

305) 유지재단에 편입된 재산들의 시가 합산액이 6억 원을 초과하는 경우 종합부동산세 부과대상에 해당되는지 여부가 문제된 사안에서, 대법원 2010.10.14. 선고 2010두10501 판결은, 위와 같은 재산의 편입은 일종의 명의신탁에 해당한다고 보아 종합부동산세의 납부의무자인 '재산을 사실상 소유하고 있는 자'는 재단이 아니라 개별 지교회라고 판단한 원심을 수긍하였다.

쟁에서는 이와 저촉되는 교회헌법이 적용될 여지가 없다」[306] 라고 하며, 마찬가지로 교회 재산에 대한 부정이 있을 시에는 병과(竝課)·추징할 수 있도록 되어 있는 교회헌법[307]이 있다 하더라도 이러한 추징은 일종의 재산권에 대한 처분을 포함하고 있으며, 추징은 형법 또는 개별법이 정한 국가 형벌의 일종이기 때문에 사법심사의 대상이 될 수 있다고 할 것이다.[308]

대법원은 상위기관인 노회나 총회의 상위규범의 지교회에의 기속력에 대하여 재산관계문제와 징계·대표자 선출 등 재산관계 이외의 교회의 운영·관리문제를 구분하여 전자에 대해서는 교회헌법의 관계규정을 강행법위반이라는 이유로 그 기속성을 부정하고, 후자에 대해서는 교단헌법이 지교회를 기속한다고 보고 있다. 이러한 판례 입장에 대하여 일관되지 못한 논리모순이라는 비판을 가하며, 지교회의 일반적 관리운영에 관한 헌법 조항이 구속성 내지 규범성을 가지는 것과 마찬가지로 재산관계에 관한 헌법조항에 관하여서도 마찬가지로 동일한 구속성 내지 규범성을 인정하여야 하고, 자치규범인 교단헌법을 무시하고 교단자치를 무시하는 것은 부당하다는 견해[309] 등이 있다.

생각건대, 교회의 법적 성질을 독립된 별개의 비법인사단으로 인식하는 한 사단 구성원에 의하여 형성된 사단 고유의 재산에 대한 관리와 처분은 전적으로 교회에 속한다고 해석하여야 한다. 다만 비법인사단인 지교회 자체의 재산으로 취득한 것이라는 점과 교단헌법의 '노회 소유규정'의 목적은 진정한 소유에 있는 것이 아니고, 노회의 지교회에 대한 지휘·감독을 강화하는 뜻에서 규정된 것으로서 노회가 지교회의 의사와 관계 없이 교회건물 등을 임의로 처분할 수는 없다고 보는 것이 상당한 점 등을 고려하면, 위와 같은 규정은 지교회로 하여금 위 재단법인 앞으로 그 재산 자체를 증여할 것을 규정한 것이 아니라, 재산의 관리 등의 목적을 위하여 소유명의를 위 재단법인 앞으로 할 것을 규정한 것으로 해석하여 지교회가 위 재단법인에 명의신탁하여 두는 관계로

306) 대판 1991.12.13, 91다29446; 대판 2000.9.26, 97다51186.

307) 예컨대, 기독교성결교회 헌법 중 징계법 제5조 단서.

308) 정귀호, 민법주해 [Ⅰ](총칙(1)), (곽윤직 대표집필, 박영사, 1997) 중 법인후론, 829-830면; 황우여, 국가의 법과 교회의 재판, 사법논집 13집, 23면 참조.

309) 김진현, 앞의 박사학위논문, 138-144면; 박병진, 교회재산분규관계, 대법원 판례의 문제점, 105면 이하 참조; 오시영, 지교회와 유지재단의 재산관계에 대한 고찰, 토지법학 24-1호, 2008.6, 239면.

풀이하는 것이 합리적일 것이다.[310] 부동산 실권리자명의 등기에 관한 법률 제8조에서도 종중, 배우자와 함께 종교단체에 대한 특례를 인정하고 있는 것[311]은 이러한 사정을 감안한 것으로 보인다.

그러나 명의신탁을 인정하는 경우 지교회가 재단에게 명의신탁을 해지하고 재산 반환을 청구할 수 있는지 여부가 문제된다.[312] 통상 교회헌장에서 이를 금지하고 있기 때문이다. 그러나 대법원의 논거에 따른다면 이 경우에도 지교회는 재단에게 명의신탁을 해지하고 재산반환을 청구할 수 있다고 보아야 할 것이고, 따라서 여전히 노회유지재단 명의로 등기가 되어 있더라도 지교회가 형성한 재산은 지교회의 총유재산이라고 보아야 할 것이다.[313]

(1) 교회의 분열과 재산귀속관계

교회의 분열문제는 그 중심에 재산의 귀속문제가 있다. 판례는 그 동안 분열된 교회에 대하여 재산관계를 분열 당시 교인들의 총유관계로 파악하는 등, 그 귀속 관계를 중심으로 논의가 되어 왔고, 학설 또한 교회의 분열을 인정할 것인지 여부 및 그 재산관계를 어떻게 규율할 것인가를 중심으로 논의가 활발했다고 할 수 있다.

가. 교회 분쟁사건 관련 미국의 경우[314]

미국의 판례는 교회재산 분쟁사건에 있어 교회내부의 자치적 결정이 어떠한 효력을 갖는가 하는 문제와 관련하여 헌법상 종교의 자유 및 정교분리원칙과 관련하여 이를 취급하고 있는데, 그와 같은 판례의 추세를 크게 보아 Watson계열과 Blue Hull계열 두 가지로 나눌 수 있다. 위의 판례 원칙들은 국가의 세속법원이 교회분쟁과 관련하여 어디까지 관여할 수 있느냐에 대한 사

---

310) 동지, 이영진, 앞의 논문, 254면. 향후 이러한 상위규범과 재산관계 귀속관계의 불합리한 점을 없애기 위하여 교단이나 노회의 상위규범을 현실에 맞게 개정해 나가는 작업이 필요하다.

311) 부동산실권리자 명의등기에 관한 법률 제8조 3호는 2013.7.12.에 신설된 규정인데, 종교단체 명의로 그 산하 조직이 보유한 부동산에 관한 물권을 등기한 경우에 명의신탁을 인정하고 있다. 산하 조직은 지교회를 일컫는 것으로 보아야 한다.

312) 이에 관한 논의는 윤철홍, 기독교유지재단의 운영현황과 문제점, 민사법학 43-1호, 2008. 12, 3-42면 참조.

313) 변동걸, 교회의 분열과 교회재산의 귀속, 민사실무연구회 편, 민사재판의 제문제 7권, 1993, 534면.

314) 김진현, 앞의 박사학위논문, 234-260면 참조.

법심사의 한계와도 관련되는 것이어서 소개하기로 한다.

첫째, Watson v. Jones 사건에서 정립된 Watson 원칙이다.

미국법상 교회분쟁사건에 관한 가장 유력하고 대표적인 법리는, Watson v. Jones 사건에 관한 연방대법원의 1872년 4월의 판결에 의하여 정립된 Watson 원칙이다. 위 원칙은 한 마디로 '교회와 국가의 분리'를 지향하기 위하여 고안된 것으로서, 교회재산의 귀속을 정함에 있어 교회법 및 교회의 자치적 결정을 존중하는 입장이라고 할 수 있다. 위 Watson 사건 이후의 판결들은 이 원칙을 중심으로 하여, 이에 관한 긍정, 부정 및 수정을 되풀이한 것이라고 할 수 있다.

위 사건은 남북전쟁을 전후하여 교회내에도 존재하던 지역감정과 노예제도를 보는 견해 차이에서 빚어진 교단 및 교회의 분열이 세속법정에서의 쟁송으로까지 번진 대표적 사건인 바, 위 사건의 발생지인 '월넛가 장로교회'는 1861년 미국남북전쟁 당시 켄터키주 루이스빌에 위치하고 있었으며, '루이스빌노회'와 그 노회를 통하여 '켄터키대회'에, 그리고 그 대회를 통하여 미국장로교회총회에 가입하고 있었다. 그런데 남북전쟁 당시 북부를 지지하고 노예제도의 종식을 촉구한 위 총회와, 북부와 남부의 경계선상에 위치하고 있었던 관계로 이를 반대하는 노회와 대회는 정면으로 대립하다가 결국 노회는 해산되고, 대회는 분열되었으며, 그 와중에서 결국 위 '월넛장로교회'에서도 장로 및 교인들의 분열과 그에 따른 재산분쟁이 생기게 되었다.

한편 이 사건에서는 치리회(당회 및 그 상회)의 친남부파 장로들에 대한 사직조치 및 새로운 친북부파 장로들의 선출에 대한 승인조치 등 이른바 교회재판의 효력도 함께 문제가 되었다. 결국 친남부파 장로들이 교회재판에서 패하였음에도, 그들은 전부터 점거하고 있던 교회예배당의 인도를 거부하였고, 이에 친북부파 장로들이 세속법원에 그 장로직 승인과 예배당의 인도를 구하는 소송을 제기하게 되었다.

위 사건은 결국 친북부파가 최고치리회인 총회의 승인을 받았다는 이유로 승소하였다. 연방대법원은 당시 교회재산분쟁과 관련하여 확립된 법리였던 이른바 '묵시적 신탁(implied trust)의 원칙'[315]을 따르지 아니하였는데, 그 이유는

315) 이른바 묵시적 신탁의 법리는 영국에서 확립된 법리인데, 재산에 대한 소유권분쟁이 발생하면 법원은 신탁할 당시 창립자의 교리와 관습에 충실한 파에게 교회재산을 귀속시켜준다는 법리이다. 즉 교회의 설립자는 그 재산을 '설립자가 신봉하는 교리를 따르는 자에게 묵시적으로 신탁하였다'는 원칙으로서, 이 원칙에 의하면 분쟁재산은 설립자의 교리를 신

다음과 같다.

첫째로, 신탁증서로 교리가 특정되지 않는한 설립자의 교리가 무엇이었느냐에 관한 다툼이 필연적으로 생기게 되고, 그러한 경우 법원보다는 교회치리회가 더 많은 지식을 갖고 있을 것인데 이런 치리회의 판결을 법원이 심사하여 설립자의 원교리를 가려낸다는 것은 불합리하다는 것이다.

둘째로, 미국 헌법상의 '교회와 국가의 분리' 원칙을 보장하기 위함인데, 종교의 자유에는 자발적인 종교단체를 조직하고 그 단체 내부문제를 스스로 결정할 자치법원을 창설할 권리도 포함되며, 그러한 단체에 가입하는 자는 그 정체에 묵시적으로 동의하기 때문에 가입한 것으로 보아야 하며, 따라서 그것에 복종할 의무가 있다고 할 것인바, 만일 세속법원이 교회의 결정을 파기하여 저항교인에게 자신의 원동의를 철회할 수 있도록 허용한다면 모든 교인들의 상호동의는 공허하게 될 것이며, 결국 종교단체는 유지될 수 없게 될 것이므로, 결국 참된 교회와 국가의 분리는 오직 교회의 판결을 종국적인 것으로 인정함으로써만 달성될 수 있다는 것이다.

위와 같은 입장에서 모든 교회재산분쟁을 규율하는 이른바 'Watson 원칙'이 제시되었는데, 위 원칙은 우선 교회재산이 특정교리에 명시적으로 신탁된 경우와 그렇지 않은 경우로 나누고, 후자를 다시 교회정체에 따라 두 경우로 나누어 다음과 같은 원칙들을 세웠다. 첫째로 명시적 신탁의 경우에는 그 재산은 특정된 교리의 신봉자에게 귀속되고, 둘째로 회중정체의 경우에는 교회재산의 귀속을 단체의 일반원칙인 다수결원리에 의하여 결정하며, 셋째로 교계정체의 경우 교회재산의 귀속은 해당 교회의 최고치리회의 결정에 따른다는 것이다. 위와 같은 내용들은 국가가 교회문제에 개입하지 않기 위하여 교회재산분쟁의 해결을 교회자치기관의 결정에 맡기되, 다만 무정부상태를 막기 위하여 국가는 그 결정에 법적 효력을 부여하여 그 결정의 실현에 협력한다는 것으로 요약할 수 있을 것이다.[316] 위 세번째 원칙이 적용됨으로써, 위 Watson 사건에서 친북부파가 최고치리회인 총회의 승인을 받았다는 이유로 승소한 것이다.

Watson 원칙은 그 후 후퇴, 확인 및 수정 등을 거듭하던 중 1952년의 Kedoroff v. St. Nicholas Cathedral 판례에 의하여 헌법적 지위로 격상되었는바,

---

봉하는 파에 돌아가게 된다. 원교리로부터의 이탈 여부를 판단기준으로 삼는다.

316) 김진현, 앞의 박사학위논문, 253면.

이후 판례 중 위 원칙을 약간 수정한 것들을 보면, 1972년의 Bouldin v. Alexander 판례는 불개입원칙에서 약간 후퇴하여 치리권자의 결정은 그가 '조직과 교리에서 이탈하지 않을 것'을 조건으로 하여 종국적인 것이라고 하였고, 1929년의 Gonsalez v. Roman Catholic Archbishop of Manila 판례는 "사기, 통모, 전단이 없을 때에만" 교회치리기관의 결정은 종국적인 것(이른바 'Gonsalez원칙')이라고 하였는데, 이들은 교회와 국가의 분리를 철저히 하기 위하여 비록 사안이 재산적 분쟁이더라도 그 해결은 원칙적으로 교회내의 자치기관의 의사결정에 따르되, 그렇게 하는 것이 지극히 불합리한 경우에만 예외적으로 그 기관의 행위를 심사할 수 있다는 입장으로서, Watson계열에서 크게 벗어나는 것은 아니다.

둘째, 중립원칙이다. 1969년의 Blue Hull 판례와 1970년의 Sharpsburg 판례는 Watson의 제1원칙을 폐기하고 이른바 '중립원칙'을 제시하였는데, 이는 교회재산분쟁을 순수 재산적 측면과 종교적 측면이 있음을 상정하고, 후자에 대하여는 국가의 개입(사법적 심사)이 불가능하지만, 전자에 대하여는 보통의 일반재산분쟁과 달리 취급할 필요가 없다는 입장이다. 한마디로 교회분쟁사건의 헌법적 특수성을 사상(捨象)하고 이를 여타의 일반 사적 단체의 분쟁과 동일하게 취급하여 일반적인 법이론에 의하여 해결하는 입장으로서, 최근 들어 점차 그 세력을 더해 가고 있다. 위와 같은 중립적 이론으로는 다음과 같은 것들이 있다.

① 재산적 분쟁설은 분쟁이 재산적 이익과 관련된 것인한 설사 그 해결을 위하여 단체의 내부분쟁의 해결이 전제로 되어 있는 경우에도, 법원은 재산적 이익과 직접 관련된 부분은 물론 그 해결의 전제로서 교회단체의 자주적 결정의 영역에 속하는 내부적 사항에 대하여도 사법적 심사를 할 수 있다는 것이다. ② 신탁설은 사적 단체의 재산은 대부분 신탁재산이라고 보아, 그 신탁재산에 관한 분쟁에는 신탁법 내지 신탁이론을 적용하여야 한다는 입장이다. 이 설에 의하면 사적 단체의 수탁자 내지 기관이 신탁목적에 어긋나게 그 단체의 재산(신탁재산)을 사용했다는 수익자(사원 또는 일반인)의 제소가 있는 경우에는 사법적 개입이 가능하다고 한다. ③ 불법행위설은 사적 단체의 내부적 분쟁에 있어서 전통적인 불법행위의 범주에 해당하는 행위가 발견되면 사법적 심사가 가능하다는 입장이다. 예컨대, 사원을 제명하거나 단체의 결정을 실행하는 과정에서 폭력을 행사하거나 사원의 명예를 훼손하였을 경우에 법원이 개입할

수 있다는 것이다. ④ 계약설은 사적 단체의 정관 기타의 자치규정을 계약조항으로 보아, 사적 단체를 둘러싼 분쟁은 이 계약조항에 따라 해결될 수 있다는 입장이다. 그 내용을 전체적으로 보면, 교회의 헌법 기타 자치규정을 교회관계자 모두의 합의에 의한 계약조항으로 보고, 교회치리기관의 지위는 그 계약에 의한 중재인으로 본다는 것이다. 따라서 첫째로, 어떤 분쟁에 사법적 심사가 가능한가에 관하여는, 종교의 자유에 관한 헌법적 고려 없이, '법원의 판결로 해결이 가능한 성질의 분쟁이라면' 어떤 분쟁이든 사법적 개입이 가능하다고 보아 원칙적으로 모든 분쟁이 소의 이익이 있다고 한다. 둘째로, 심사의 표준이 무엇이냐에 관하여는 중재판정의 취소 여부를 결정하는 데 사용되는 표준 즉 자치법규준수 여부, 판정이 권한 내의 것인지의 여부 등이라고 한다. 계약설에 의하더라도 소의 이익이 없는 경우로, 첫째 당사자가 당해 분쟁을 교회치리기관에 제소하기로 합의한 경우, 둘째 그 치리기관이 자신의 권한내에서 자치법규에 규정된 절차에 충실히 따라 재판한 경우를 들고 있다.

요컨대, 미국에서는 시간이 지나면서 1969년의 Hull 사건과 1979년의 Jones 사건에 의하여 묵시신탁법리는 수정헌법 제1조에 위반된다는 이유로 폐기되기에 이르면서 교단헌법에서 명시적 신탁조항을 두어 재산분쟁에 대비하였고 이에 따라 법원도 명시적 신탁조항에 따라 소유권분쟁을 판단하였다. 결국 미국의 재산소유권분쟁의 핵심은 명시신탁조항이다. 신탁조항의 해석에 따라 재산소유권이 결정되기 때문이다. 미국은 묵시신탁법리에서 Watson 원칙을 거쳐 명시신탁의 법리로 발전하였다고 말할 수 있다. 특히 교회재산의 신탁은 학교, 병원과 더불어 미국에서 공익신탁에 해당한다.

나. 교회의 재산관계

교회는 사람으로 구성된 단체이지만 교회가 신앙유지와 활동을 하기 위해서는 교회재산이 필요하다. 따라서 교회는 일응 교인들의 모임으로서 사단이지만 교회에는 대개 교인들의 헌금이나 헌물에 의하여 형성된 상당한 재산이 존재하기 때문에 재단적 색채도 띠기 마련이다. 다만 교인들의 유무, 자율적인 합의기구의 존재 유무에 따라 사단으로서의 교회인지 단순한 재단인지 구별될 수 있다. 교회재산에 관한 법적인 규율은 교회법과 세속법에서 함께 규율하는 법영역이다. 교회는 예배당이나 부속건물로서 교육관, 수련관과 주차장 등의

부동산과 동산들을 소유하고 교회 명의로 채무를 부담하기도 한다.[317)]

우리 판례는 교회재산의 귀속과 처분에 관한 쟁송은 민사상 법률적인 쟁송으로서 교회의 법규(헌법)에 규정되어 있는지 여부[318)] 또는 교회의 행정사건으로 재판이 있었느냐를 고려하지 않고, 교회 결의의 적법 여부를 비롯하여 교회재산의 귀속을 심판하는 것을 당연시하여 왔다. 즉 교인과 교인 사이에 토지연보계약을 둘러싼 분쟁사건에서, 교인이 교회에 대하여 특정재산을 '연보'하였다거나 신앙의 대상인 '하나님께 바쳤다'고 한 경우 연보의 종교적 성질을 사상하고 이를 민법상의 증여계약으로 보고 있으며,[319)] 또한 담임목사직을 자진 은퇴겠다는 의사를 표명한 데 대하여 교회에서 은퇴위로금으로 특정 부동산을 증여하기로 경우 목사직 은퇴를 단순한 민법상의 조건 성취로 보아 그 법리에 따라 처리하고 있다.[320)]

일찍이 대법원에서는 교회재산의 소유관계를 합유로 보았다. 즉, 「종교단체에 있어 교도들의 연보, 헌금 기타 교회의 수입으로 된 재산은 특별한 사유가 없는 한 당해 교회의 소속교도들의 합유로서 각 교도들이 공동으로 권리를 가지고 의무를 부담함은 본원의 판례[321)]로서 그 권리가 지분권이 아니므로 이를 단독적으로 처분할 수 없다」[322)]라고 하였다가, 현행 민법에서 법인 아닌 사단에 대하여 총유규정을 신설하여 시행한 1960년 이후의 판례는 「교회신도들의 연보 헌금 기타 교회의 수입으로 된 재산은 특별한 사유가 없는 한 그 교회신도들의 총유에 속한다」[323)]고 한 이후, 현재까지 일관하여 총유관계로 보고 있다. 즉 교인들은 교회재산에 대하여 지분권을 갖지 못하며, 교회재산의 처분과 관리에 대한 결의권과 교회재산에 대한 사용·수익권을 갖는 것으로 하고 있다.

따라서 교인들이 교회를 탈퇴한 경우에는 교회 교도들의 현금 연보 기타 교회의 수입으로 이루어진 재산은 특별한 사유가 없는 한 그 교회소속 교도들

---

317) 김상용, 교회재산의 관리에 대한 현행 법률과 판례의 검토, 법조 통권 645호, 2010.6, 31-77면.

318) 지교회의 기본재산을 노회의 기본재산으로 한다든가 지교회의 재산을 노회유지재단에 증여한 것으로 보는 규정에 대하여 판례에서 인정하지 않은 것이 대표적이다.

319) 대판 1975.7.30, 74다1844.

320) 대판 1984.9.25, 84다카967.

321) 대판 1957.12.13, 4289민상182.

322) 대판 1959.8.27, 4289민상323; 대판 1958.8.14, 4289민상569. 이상의 판결들은 현행 민법에서 총유규정을 신설하기 전의 구민법하에서의 판결이다.

323) 대판 1960.7.14, 4291민상547.

의 총유로서 교도로서의 지위를 상실함과 동시에 그 재산에 대한 권리의무도 상실된다고 하여, 교회를 탈퇴하면 그 공동소유(총유)로서의 권리를 상실한다는 입장을 취하고 있다.[324)]

교회가 법인격을 취득하여 사단법인인 경우에는 교회재산은 교회의 단독소유가 되고 비법인사단인 경우에는 교회의 단독소유 내지 교인들의 총유로 볼 수 있는데, 판례에서는 총유로 인정하여 민법 제275조 내지 제277조를 적용하여 처분과 관리 모두 전교인들의 결의를 요구하고 있는 것이다.

교회 재산의 사용·수익권에 관하여 서울고법 2007.11.2, 2006나62999[325)]은, 교단탈퇴 결의자 측 교인들이 종전 교회를 점유하면서, 종전 교회 측 교인들을 상대로 교회건물 출입·예배에 대한 방해 금지 및 상대방들의 예배·출입·직무집행의 금지를 청구한 사안에서, 그 결의가 교단변경결의의 절차적·실체적 요건을 갖추지 못하였기 때문에 탈퇴결의자 측 교인들은 종전 교회 교인으로서의 지위와 더불어 교회 재산의 사용수익권을 상실하므로 교회건물에 출입하거나 예배를 할 권원이 없다고 판단하여 교단탈퇴 결의자 측의 청구를 기각하였다.

다. 교회의 분열과 재산귀속관계[326)]

교단의 변경과 교회의 분열문제는 관련성을 갖기도 하지만 별개의 문제이기도 하다. 교회 전교인이 교단을 변경하는 경우도 있고, 교회가 분열하여 일부 교인은 다른 교단으로 옮겨가고 잔존 교인은 종전 교단을 고수하는 경우, 분열한 교인들이 모두 종전 교단에 남기를 원하는 경우도 있기 때문이다. 교회분열의 문제는 장로교회와 회중교회에서만 발생하는 문제이고 감독정체의 교회인 로마가톨릭 교회와 감리교회, 구세군교회에서는 문제되지 않는다. 교회의 분열형태는 아주 다양하기 때문에 일률적으로 말하기가 어렵다.

교회의 분열과 교회의 탈퇴는 구분되어야 한다. 교인들이 교회를 자발적으

324) 대판 1968.11.19, 67다2125.

325) 대판 2006.6.30, 2005다22787의 환송 후 원심판결이다.

326) 이에 대해서는, 박병칠, 교회분열과 교회재산의 귀속, 재판실무연구, 광주지방법원, 1997, 1면 이하; 김민규, 교회의 분열과 재산귀속에 관한 판례법리의 변천, 한국재산법학회, 2007.2; 김진현, 교회분열시의 재산귀속문제에 관한 연구, 서울대 박사학위논문, 1988; 양형우, 교회분열에 따른 재산귀속, 한국재산법학회, 2007.6; 송호영, 교회의 교인들이 종전 교단으로부터 집단적으로 탈퇴하여 별도의 교회를 설립한 경우의 법률관계, 민사법학 제35호, 한국민사법학회, 2007.3.

로 탈퇴할 경우에는 그 교인들은 교회구성원으로서의 지위를 자동적으로 잃게 되며 이는 교회재산에 대한 사용·수익권의 상실로 이어진다. 그러나 교회의 탈퇴가 아니라 여전히 교회에 머물면서 교인들간에 대립이 있는 경우에 교회의 분열 문제로서 두 집단이 서로 교회재산에 대한 사용·수익권을 주장하는 경우에 재산귀속의 문제가 발생한다. 그래서 종래 대법원은 이러한 결과를 방지하기 위하여 교회의 분열을 긍정하는 입장을 취하고 교회재산은 분열 당시 교인들의 총유재산으로 인정한 것으로 보인다.

교회의 분열과 관련해서는, ① 교회의 분열을 법적 측면에서 인정할 것인가, ② 교회가 사실상 나누어짐에 따라 종전 교회의 재산 귀속문제는 어떻게 판단할 것인가, ③ 종전 교회와 동일성을 갖는다고 여겨지는 교회는 어떠한 기준에 따라 판단할 것인가라는 문제를 담고 있다. 이하에서는 교회의 분열에 따른 재산귀속문제를 중심으로 살펴보기로 한다.

종전 대법원에에서는 교회의 분열을 인정하여 법인 아닌 사단인 교회가 두 개로 분열된 경우, 「단일교회가 2개 이상으로 분열된 경우 그 재산의 처분에 있어서는 교회장정, 회칙 기타 일반적으로 승인된 규정이 있으면 그에 따를 것이지만 그와 같은 규정이 없는 경우에는 그 재산은 분열 당시의 그 교회 교도의 총유에 속하는 것이므로 종전교회의 교도들의 총의에 따른 의결방법에 의하여 그 귀속을 정하여야 한다」[327]고 하여 교인들의 총의로 결정하도록 하되, 「합의가 이루어지지 않을 경우에는 그 교회의 재산은 분열될 당시의 그 교회 신도들의 총유에 속한다」[328]고 하여, 교회의 분열의 인정과 함께 분열된 두 교회 모두 분열전 교회의 재산에 대한 권리를 행사할 수 있음을 판시하였다.

이러한 논리의 배경에는 교회가 가지는 특수성을 감안하여 '사단법리'가 아닌 '교회법리'가 자리 잡고 있다. 즉 비록 교회가 분열되었다 하더라고 분열되어 나간 교인들이 그 동안 교회재산형성에 기여하였기 때문에 그들에게도 교회재산에 대한 권리를 보장해 주는 것이 합리적이라는 것이다. 이러한 분열 당시의 교인들의 총유적 구성에 대하여 ① 종전 교회의 분열을 인정하면서도 교회재산의 총유적 구성을 위해서는 논리적으로 유지되는 것으로 취급해야 하는 모순, ② 새로운 교회에 새로이 입회하는 교인들의 종전 교회 재산에 대한

327) 대판 1971.2.9, 70다2478.

328) 대판 1976.2.24, 75다466.

불분명한 지위, 무엇보다 중요한 점으로는 ③ 분열 당시의 교인들의 소유상태로 봄으로써 법적 분쟁을 해결해 주지 못하고 실력행사를 방치해 버리는 현상의 문제점이 지적되어 왔다.

이렇게 30년 이상 일관되게 교회의 분열을 인정하고, 분열된 교회의 전교인의 총유라고 인정하는 대법원의 입장은 '한 지붕 두 가족'의 교회형태를 인정하는 모습이 되어, 동일한 교회재산을 놓고 분열된 두 집단이 사용·수익하면서 갈등과 대립이 극대화 되어 분쟁해결이 아니라 분쟁을 야기하는 형태가 되어 새로운 해결의 돌파구가 필요하였다.

이렇게 분쟁이 끊이지 않자, 2006년 대법원은 전원합의체 판결을 통해 「법인 아닌 사단의 구성원들의 집단적 탈퇴로서 사단이 2개로 분열되고 분열되기 전의 사단의 재산이 분열된 각 사단들의 구성원에게 각각 총유적으로 귀속되는 결과를 초래하는 법인 아닌 사단의 분열은 허용되지 않는다. 따라서 교인들은 교회 재산을 총유의 형태로 소유하면서 사용·수익할 것인데, 일부 교인들이 교회를 탈퇴하여 그 교회 교인으로서의 지위를 상실하게 되면 탈퇴가 개별적인 것이든 집단적인 것이든 이와 더불어 종전 교회의 총유 재산의 관리처분에 관한 의결에 참가할 수 있는 지위나 그 재산에 대한 사용·수익권을 상실하고, 종전 교회는 잔존 교인들을 구성원으로 하여 실체의 동일성을 유지하면서 존속하며 종전 교회의 재산은 그 교회에 소속된 잔존 교인들의 총유로 귀속됨이 원칙이다. 그리고 교단에 소속되어 있던 지교회의 교인들의 일부가 소속 교단을 탈퇴하기로 결의한 다음 종전 교회를 나가 별도의 교회를 설립하여 별도의 대표자를 선정하고 나아가 다른 교단에 가입한 경우, 그 교회는 종전 교회에서 집단적으로 이탈한 교인들에 의하여 새로이 법인 아닌 사단의 요건을 갖추어 설립된 신설교회라 할 것이어서, 만약 분열되어 나가는 교회가 3분의 2 이상의 결의요건을 갖추지 못하는 경우에는 그 교회 소속 교인들은 더 이상 종전 교회의 재산에 대한 권리를 보유할 수 없다고 하여 교회의 분열을 인정하지 않음과 동시에 종래의 교회에 남아 있는 잔존 교인들만이 총유로서 종전 교회의 재산에 대한 권리를 가진다」[329]고 하였다.

위 대법원 판결은 종교적 사단이 갖는 교회의 특수성을 감안한 '교회법리'에 의하여 교회가 분열된 경우 두 집단에게 교회재산에 대한 권리를 인정하였

329) 대판(전) 2006.4.20, 2004다37775.

던 종전의 논리를 버리고, 교회의 분열을 인정하지 않고 '집단적 탈퇴'로 보면서 '사단의 법리'로 회귀한 판결이다. 이 판결은 교회의 분쟁에 일대 획을 그은 판결로 평가된다. 이 판결은 교회의 재산을 둘러싸고 끊임없이 반복되는 분쟁을 현실적으로는 해소하였기 때문이다.

그러나 이러한 대법원의 견해와 달리 다수의 견해는 '사단자치'의 원칙에 의거하여 교회의 분열을 인정하는 것이 타당하다는 입장이다. 그러나 교회의 분열을 인정할 경우 교회재산의 귀속관계를 어떻게 정리하여야 할 것인가의 문제는 결코 용이한 일이 아니다. 교회재산은 지분이 인정되지 않는 총유관계에 있고, 교회지분을 인정하는 합유관계라 하더라도 교회구성원은 증감변동하고 대개의 재산이 교인들의 헌금으로 형성되기 때문에 조합과 달리 각자의 지분을 확정하기도 쉽지 않다.

어찌 보면 이는 대법원이 상위기관인 노회나 총회의 상위규범의 지교회에의 기속력에 대하여 재산관계문제와 징계·대표자 선출 등 재산관계 이외의 교회의 운영·관리문제를 구분하여 전자에 대해서는 교회헌법의 관계규정을 강행법 위반이라는 이유로 그 기속성을 부정하고, 후자에 대해서는 교단헌법이 지교회를 기속한다고 보는 이원적 입장을 취하여, 교회재산 문제를 사법심사의 대상으로 삼음으로서 발생하는 문제이기도 하다. 교회가 분열시 교회재산의 귀속문제를 사법심사의 대상에 포함시킴으로서 실제 교회의 헌법이 교회 내에서 기속력을 상실하게 되어 교회의 모든 문제를 들고 세속법정으로 가게 되는 현상을 초래하고 말았다.

라. 사견

교회의 분열을 위한 3분의 2라는 숫자를 충족함과 동시에 또한 절차적 요건과 실체적 요건 모두를 충족시키면서 교단을 탈퇴·변경하는 것은 지극히 어려운 일이기 때문에 이를 현실적으로 불가능한 것으로 보면서, 교회의 정통성과 계속성을 유지하는 쪽에 교회재산 전부가 귀속되게끔 대법원이 방향을 정했다는 평가도 있지만,[330] 교회의 정통성과 계속성 여부를 교인들의 숫자로 결정할 수는 없는 문제이며, 3분의 1의 숫자도 대형교회에서는 상당한 숫자에 이르기 때문에 단지 3분의 2에 이르지 못하는 소수의 숫자라 하여 자신들이 교

330) 김상용, 앞의 논문, 70면.

회재산의 형성에 기여했음에도 불구하고 어떠한 권리도 행사하지 못한다고 하는 것은 재산법원리와 민주주주의 원칙에도 반한다고 할 것이다.

그렇다면 소수자의 권익보호를 위하여 법원은 판결에 의지하기보다는 적극적으로 조정제도나 재판상 화해를 통하여 소수자에게도 일정한 재산적 이익을 부여하는 방안을 강구하여야 할 것이고, 소수사원권(1/5)을 인정한 민법 제70조 제2항처럼 1/5에서 1/3에 이르는 소수집단의 교인들에게는, 만약 그들이 새로운 교회의 구성과 조직의 의사가 있고 사단의 실질을 갖춘 경우에는 그들에게도 종교의 자유 내지 종교 활동의 자유를 보장해 주어야 한다. 따라서 새로운 종교단체의 성립을 인정하고 일정한 재산적 이익을 부여해야 할 것이다. 그 방법으로는 종전처럼 전교인의 총유로 해서는 분쟁을 해결하지 못하므로, 또한 종전 교회와 신설 교회의 공유로 파악하는 견해도 있다.[331]

단순히 교회간의 공유로 파악해서는 공유법리에 따라 공유지분의 처분이 자유로우므로 교회재산에 대해서는 이를 인정하기 어렵다. 따라서 '집단적 지분'을 인정하여 그들에게 종교단체로서의 활동을 할 수 있도록 보장해 주어야 할 것이다. 그렇다면 그 법적 근거를 어디에서 구할 것인가가 문제이다. 종중에서는 '종중법리'를 적용하여 종중재산의 형성에 기여하지 않은 종중원들에게 종중부동산이 수용된 경우 수용금의 분배를 인정하는 판례이론에 따른다면 교회재산에 상당히 기여를 한 교회구성원들에게 아무런 재산상의 기여를 인정하지 않고 단순한 '사단법리'에 의하여 분열을 인정하지 않고 교회재산에 대한 권리를 인정하지 않는 것은 '논리모순'이다.

방향을 바꾸어 교회의 분열의 문제로 보지 않고 교회의 분할의 문제로 접근할 수도 있다. 지교회는 합법적으로 교회의 분할이 가능하다. 교회 헌법에서는 지교회의 분립에 대하여 지교회의 당회와 공동의회의 결의로 노회의 허락을 받아서 가능하기 때문이다. 따라서 교회의 합법적 분할(립)은 가능하다. 그러나 교회의 분쟁으로 야기된 교회의 분열문제가 이러한 합법적인 분리(분할)로 해결될 가능성은 낮다. 대법원의 판례에 의하는 경우에 의결권을 가진 교인 2/3 이상의 찬성에 의한 결의를 하는 경우에는 형식적인 면에서는 분할이 가능

331) 공유설에 대해서는, 공유로 구성할 수 있는 법적 근거가 없으며, 공유에 따른 법률관계, 즉 지분비율의 결정, 사용수익권을 둘러싼 분쟁의 지속이라는 문제점이 제기되고 있다. 대법원 전원합의체 판결의 다수의견에 대한 대법관 김영란의 보충의견. 민유숙 앞의 논문, 31면; 송호영, 앞의 논문, 191면.

하나 교회재산문제는 여전히 남는다. 2/3 이상의 교인의 총유에 해당하기 때문에 이제는 나머지 1/3의 교인들에게는 교회재산에 대한 권리가 없어지기 때문이다. 교회 구성원 중 2분의 1 정도씩 두 집단이 분열된 경우, 이러한 교회 상위자치규범과 상관없이 교회 전 구성원 혹은 공동의회의 결의만으로 분할을 결의한 경우의 효력을 인정할 것인가. 교회의 분할을 인정한다 하더라도 교회의 분할문제는 교회의 재산분할 문제와 직접 연관되기 때문에 논리의 정립이 어려운 측면이 있다.

이러한 점을 감안하여 비영리법인의 합병·분할에 관한 규정신설의 요구가 있는데, 이는 실무적으로 비법인사단의 분열에 관한 문제해결의 요구에서 비롯된 측면이 있다. 공익법인법에서도 공익법인의 합병·분할에 관한 규정을 두고 있지 않다. 교회의 분할의 문제는 다른 비영리법인의 분할과는 또 다른 특성을 지니고 있다. 따라서 소수자 보호를 위하여 '집단적 탈퇴'로 볼 것이 아니라 일정한 정족수에 이르는 경우 교회의 분할을 인정하고 그 집단에게 집단적 지분을 인정하여, 교회재산에 대한 일정한 권리를 인정하는 것이 정의관념에 적합할 것이다.

그렇다면 일방의 교회에 공유물분할청구권 유사의 권리를 인정할 것인가. 교회건물은 현물분할보다 가액분할에 의하게 되고 어느 일방이 이를 경락받게 될 것이며, 또 그로 인하여 분쟁도 종식될 수 있을 것이므로 통상의 공유관계와 달리 해석할 이유는 없다고 보인다.[332] 다만 집단적 지분은 처분이 자유롭지 못한다고 보아야 하며, 만약 탈퇴하여 나가는 교인의 숫자가 종전 전교인의 1/4이라면 교회재산을 평가한 다음 평가액의 1/4지분에 대하여 권리를 인정하여 보상해 주는 것이 가장 바람직한 방법 중의 하나라고 본다.

대법원은 위의 전원합의체 판결을 교회 아닌 다른 사단에도 확대 적용하고 있다. 즉 주민공동체로서 법인 아닌 사단인 단체에 대하여 분열을 허용하지 않고 있으며,[333] 교단변경 결의에 3분의 2의 정족수를 요구했던 논리를 불교 등 다른 종교에도 적용하고 있다.[334]

---

332) 변동걸, 교회의 분열과 교회재산의 귀속(하) - 1990.12.21. 선고, 90다카22056판결, 사법행정 33권 11호, 1992.11, 73면.

333) 대판 2008.1.31, 2005다60871.

334) 전주지법 2008.1.23, 2006나7153 판결(대판 2008.5.15. 자 2008다14527로 심리불속행 기각); 부산고법 2009.11.18, 2008나9969(대판 2010.2.25. 자 2009다96762로 심리불속행 기

Ⅳ. 사찰[335)]

1. 사찰의 의의 및 법적 성격

(1) 사찰의 의의

사찰의 사전적 의미는 승려가 불상을 모시고 불도를 닦으며 교법을 펴는 집을 말한다. 사찰은 크게 두 가지 개념으로 사용될 수 있다. 우선 물적 성격을 강조한 것으로 「전통사찰의 보존 및 지원에 관한 법률」제2조 제1호에 의하면, '전통사찰이란 불교 신앙의 대상으로서 형상을 봉안하고 승려가 수행하며 신도를 교화하기 위한 시설 및 공간'으로 정의한다.[336)] 다른 한편 단체적 성격을 강조하는 것으로서 폐지된 구불교재산관리법 제2조는 사찰을 '불교의 전법·포교집행 및 신자의 교화육성을 목적으로 하는 단체'라고 정의하여 단체적 성격을 강조하였다. 이는 사찰을 물적 시설과 인적 요소를 결합한 단체로 보는 것으로, 법률적 의미에서 사찰이라고 할 때에는 후자를 뜻한다.[337)]

또한 사찰은 개인사찰과 단체로서의 실체를 갖춘 사찰로 구분하는데, 개인사찰은 종교목적시설이라는 점 외에는 단체로서의 독자성을 인정할 만한 실체를 갖추지 못한 순수한 개인재산에 불과하므로 그 자체가 독립한 권리의 귀속주체가 될 수 없고, 그 소유자의 재산처분에 관하여는 불교단체의 재산처분에 관한 법리가 적용될 수 없다.

各; 대구고법 2009.5.15, 2008나7360(대판 2009.8.20. 자 2009다42611).

335) 사찰의 법률관계에 관한 문헌으로는 김동윤, 사찰의 법률관계, 민사재판의 제문제 제12권, 2003.12, 민사실무연구회, 301면 이하; 심영수, 사찰의 법률관계에 관한 연구: 소송법적 법률관계를 중심으로, 고려대 석사논문, 2008; 이백규, 사찰의 실체와 종단변경, 민사판례연구 XIX, 민사판례연구회, 박영사, 1997; 박경재, 사찰의 법률관계에 관한 몇 가지 논점, 부산대학교 법학연구 Vol, 48 No. 2, 2007; 최춘근, 사찰과 특정 종단과의 법률관계, 민사재판의 제문제 제6권, 한국사법행정학회, 1991; 홍광식, 사찰과 신도회의 재산귀속, 판례연구 Ⅳ, 부산판례연구회, 1994; 이홍권, 사찰의 재산귀속관계 및 신도회의 종단 탈퇴결의의 효력, 대법원 판례해설 제15호, 법원행정처, 1991; 이기영, 사립학교·전통사찰·공익법인·민법상 재단법인의 기본재산에 대한 강제경매와 주무관청의 허가, 법조 제574호, 2004.7; 김의환, 구 전통사찰보존법 제6조 제1항 소정의 '문화체육부장관의 허가를 요하는 주지의 처분행위'에 공용 수용으로 인한 경내지 등 사찰재산의 소유권이전이 포함되는지 여부, 대법원 판례해설 제35호, 법원도서관, 2000.

336) 2014.7.31.자로 문화체육관광부에 등록된 전통사찰의 수는 941개이며 종단별로는 조계종 751개, 태고종 102개, 법화종 18개, 선학원 27개, 원효종 3개이다.

337) 이백규, 사찰의 실체와 종단 변경, 민사판례연구 XIX, 민사판례연구회, 박영사, 1997, 7면.

판례도 같은 취지로 사찰을 단체로 보고 있는데, 「사찰은 불교의 전법, 포교, 법요의 집행과 신자의 교화육성을 목적으로 하는 불교단체로서 고래로 그 목적의 실현을 위하여 역사적인 유래가 있는 불상, 화상, 석불, 석탑 등 많은 고고의 자료와 그 중 불상, 화상들을 안치하고 예배하는 법당을 위시하여 승려의 지거수양을 위한 건물 및 공작물들과 불교의 법요집행에나 승려의 의식에 소요되는 물자를 마련하기 위한 토지 및 사찰의 존엄 또는 풍치의 유지에 필요한 정원은 물론 그 주변의 일정 구역 내에 있는 임양 등을 소유·관리하여 온 전통이 있는 단체」, 이후의 판례는 「사찰은 신도들이 사찰의 운영이나 재산의 관리·처분에 관여하는 정도에 의하여 재단 또는 사단인 사찰로 구분되기는 하지만 일반의 재단 또는 사단과는 달리 이념적 요소로서의 불교 교의, 행위적 요소로서의 법요 집행, 조직적 요소로서의 승려와 신도, 물적 요소로서의 토지, 불당 등 시설이 결합되어 성립한다」[338]라고 하여 이념적 요소, 조직적 요소, 물적 요소의 결합체로 인식하고 있다.

이후에도 이러한 단체로서의 사찰개념은 불교교의를 선포하고 불교의식을 행하기 위한 시설을 갖춘 승려, 신도의 조직인 단체로서, 독립한 사찰로서의 실체를 가지고 있다고 하기 위하여는 물적 요소인 불당 등의 사찰재산이 있고, 인적 요소인 사찰의 대표자로서의 주지[339]를 비롯한 승려와 상당수의 신도가 존재하며, 단체로서의 규약을 가지고 사찰이 그 자체 생명력을 가지고 사회적 활동을 할 것이 필요하다[340]고 하여 유지되고 있다.

종교단체(특히 단위종교단체)는 예배시설을 갖추어야 하지만 반드시 스스로 시설을 소유하는 것을 의미하지 않고 지상권, 임차권 등의 권리에 기하여 정당하게 사용할 수 있으면 된다고 할 것이다.

(2) 사찰의 법적 성격

일반적으로 단체는 사람들의 결합인 사단과 특정한 목적에 바쳐진 재산인

---

338) 대판 1997.12.9, 선고 94다41249.

339) 구불교재산관리법 제9조에 의하면 주지는 당해 사찰을 대표하며 사찰에 속하는 일체의 재산을 관리하도록 되어 있었고, 전통사찰보존법 제2조 2호에서는 주지는 사찰의 대표자로서 사찰을 운영하고 그 재산을 관리하는 승려라고 하여 대표성을 인정하고 있는데, 이러한 법문과 상관없이 주지는 사찰을 대표한다고 하여야 할 것이다. 이동명, 공동소유 후론,『민법주해Ⅴ』, 1997, 671면.

340) 대판 2001.1.30, 99다42179.

재단으로 분류되고 있고, 민법상 단체의 법리 역시 마찬가지이다. 현행법상 단체로서의 사찰이 존재하는 형식으로는 민법의 규정에 따라 사단법인 또는 재단법인이 되거나, 단체로서의 실체를 지닌 채 그 성질에 따라 비법인사단 또는 비법인재단으로 되는 두 가지 방법이 있다.

그런데 사찰과 관련된 분쟁이나 법률관계는 사찰의 법적 성격이 어떠한가에 따라 달라지는 것이므로 그 성격규정은 매우 중요하다. 현실적으로 민법 제32조, 제33조의 규정에 따라 주무관청의 허가를 얻어 설립등기를 경료함으로써 사단법인이나 재단법인으로 설립된 사찰은 극히 일부에 지나지 않으며,[341] 대부분의 사찰은 교회와 마찬가지로 법인 아닌 사단 또는 법인 아닌 재단의 형태로 존재한다.

교회나 천주교회와 달리 사찰은 승려와 신자 등 인적 요소와 사찰재산이라는 물적 요소를 모두 갖추고 있는 조직이기 때문에 비법인단체로서의 사찰을 사단으로 볼 것인지 또는 재단으로 볼 것인지의 문제를 일률적으로 판단하기가 어렵다. 비법인사단설에 의하면 사찰은 승려를 구성원으로 하는 비법인사단이라고 하거나,[342] 불당이 존재하고 그 불당에 불공 등을 드리러 오는 여러 신도가 있으며 이에 기거하는 주지 등의 승려가 있고, 사찰재산과 규약 등을 갖춘 경우 비법인사단으로서 사찰재산은 사찰의 구성원에게 총유적으로 귀속된다고 한다.[343]

이에 반하여 비법인재단설에 의하면, 사찰의 경우는 물적 요소가 강한 단체로서, 특별히 사단적 성격을 가지고 있는 예외적인 경우 외에는 재단으로 보아야 한다거나, 사찰이 그 종교적 목적을 위한 독립한 재산을 기초로 주지나 은혜를 입은 신도, 종단 등으로부터 분리되어 주지나 신도의 증감변동이 있더라도 독자적으로 존속하는 존재라는 점을 들고 있다.[344]

특수한 단체로 보는 견해도 있는데, 사찰의 불당, 경내지 등 물적 요소는

---

341) 문화체육관광부통계에 따르면 2011년 12월 현재 불교관련 재단법인은 71개, 사단법인은 186개인데, 그 대부분은 종단 또는 종단관련 불교단체들이며, 일반사찰은 극소수에 불과하다. 한국의 종교현황, 문화관광체육부, 2012.3, 54면 이하.

342) 정귀호, 민법주해Ⅰ, 박영사, 1996, 834면.

343) 최춘근, 사찰과 특정 종단과의 법률관계, 민사재판의 제문제 제6권, 한국사법행정학회, 1991, 399면, 405면.

344) 홍광식, 사찰과 신도회의 재산귀속, 판례연구Ⅳ, 부산판례연구회, 1994, 18면.

사단의 재산처럼 단체의 목적 수행을 위한 수단에 그치는 것이 아닌 점에서 사단이라고 할 수 없고, 한편으로 사찰이 불교의 교의를 넓히고 포교, 법요집행 등의 종교활동을 주목적으로 하는 이상 그 활동의 수단으로서의 승려와 그 대상인 신도 등의 인적 요소는 재단의 관리기관으로서의 이사나 단순한 수익자의 지위에 그치는 것이 아닌 점에서 재단이라고 볼 수도 없다는 점을 근거로 한다.[345)]

판례는 「불교의 포교와 법요집행 등 목적으로 불당 및 부속건물을 세워 동명사라 이름을 짓고 신도회를 조직한 후 신도회 창립총회에서 그 재산과 업무처리에 관한 규약을 제정하고, 그 대표자를 선임한 후, 승려를 기거케 하면서 위의 설립목적을 달성하기 위한 활동을 해온 사실이 인정되므로 사찰은 불교단체등록이 되어 있지 않다고 하여도 권리능력 없는 사단에 해당한다」[346)]고 한다.

일률적으로 사찰의 법적 성격을 논할 것이 아니라 개별적, 구체적으로 논해야 한다는 견해도 있다. 즉 사찰의 법적 성격은 당해 사찰의 창립과정, 사찰의 의사결정방법, 사찰의 운영 및 재산관리권의 소재, 주지임면권의 소재와 주지의 선출방법, 재산 소유 형태, 신도회의 조직과 사찰운영에의 참여 정도 등을 종합하여 구체적으로 경우에 따라 개별적으로 결정해야 하며, 사찰을 전통사찰과 일반사찰, 나아가 신도회를 중심으로 하는 사찰로 나누어 각각의 경우에 위와 같은 요소를 종합적으로 살펴 그 법적 성격을 법인격 없는 사단이나 재단으로 보아야 한다는 견해이다.[347)]

사찰의 법적 성격에 대한 판례의 태도는 일관되지 않는다. 법인격 없는 재단이라고 하거나 법인격 없는 사단, 또는 법인격 없는 사단 또는 재단이라고 한 판결도 있다. 먼저 법인격 없는 재단이라고 한 판례를 보면, 「종래부터 존재하여 오던 사찰의 재산을 기초로 구 불교재산관리법[348)]에 따라 불교단체등록을 한 사찰은 권리능력 없는 재단으로서 성격을 가지고 있다고 볼 것이므로, 비록 그 신도들이 그 사찰의 재산을 조성하는데 공헌을 하였다 할지라도 그 사

345) 이백규, 앞의 논문, 25-27면.

346) 대판 1982.2.23, 81누42; 대판 1997.12.9, 94다41249.

347) 이홍권, 사찰의 재산귀속관계 및 신도회의 종단탈퇴결의의 효력, 대법원판례해설 제15호, 법원행정처, 1991, 405면; 이동명, 민법주해Ⅴ, 박영사, 1999, 668-669면.

348) 1987.11.28. 법률 제3974호 전통사찰보존법 시행으로 폐지되었다.

찰의 재산은 신도와 승려의 총유에 속하는 것이 아니라 권리능력 없는 사찰 자체에 속한다」[349]고 한다.

특히 사찰에는 개인사찰이 상당수 존재한다. 개인사찰은 승려나 신도 등 개인에 의하여 창건된 사설사찰(사암)로서 개인이 관리·운영해 온 사찰을 말하는데, 이 개인사찰은 개인 소유의 불교목적 시설에 불과할 뿐 그 자체가 독립된 권리의 귀속주체가 될 수 없다. 개인사찰의 개념은 법인격 없는 단체인 교회나 종중과 비교하여 볼 때 매우 특이한 이론구성이라고 할 것이다. 개인의 희사에 의한 소규모 암자 등 단체성이 희박한 우리나라 사찰의 실상을 고려하면 수긍할 수 있으나, 개인사찰과 독립한 실체를 갖춘 사찰과의 구분이 매우 어렵고, 특히 개인사찰이 독립된 단체로서의 사찰로 발전하는 역동적인 과정에 대한 법률적인 이론구성에 한계가 있다.

(3) 소 결

사찰은 종교단체로서 사찰재산이라는 물적 요소와 승려, 신자 등 인적 요소를 함께 가지고 있는 단체이고 사찰재산의 규모가 비교적 크고 문화재적 가치가 있는 경우가 많지만, 교회와 달리 주지의 영향력이 크고, 사찰에 따라 신도회의 구성의 강약이 있기 때문에 재단인지 사단인지 그 법적 성격이 명확히 하는 것이 어려운 측면이 있다. 사찰은 물적 요소로서 사찰재산과 인적 요소로서 승려, 신자 등을 함께 가지고 있고, 이것이 실체 구성의 특징적 요소라 할 것이므로 구체적, 개별적 사안에 따라 사찰의 법적 성격을 사단 또는 재단이라고 하는 법원의 입장이 수긍되는 측면도 있다. 결국 사찰의 법적 성격은 사안에 따라 개별적·구체적으로 검토되어야 한다. 즉 개인사찰로서 개인소유물에 불과한지, 재산적 색채가 강한지 그렇지 않으면 사단적 색채를 가지고 있는지, 신도들이 사찰의 운영이나 재산의 관리·처분에 관여하는 정도에 의하여 재단 또는 사단인 사찰로 구분되어야 할 것이다.

2. 사찰의 단체적 실체

(1) 실체 형성의 요건

과연 개인사찰이 어느 정도의 실체를 구비하여야 독립한 단체로서의 사찰

---

349) 대판 1994.12.13, 93다43545.

이 되는 것인지 사찰의 특성상 반드시 명백하지는 않다. 이에 관한 학설로는 전통사찰의 경우는 당연히 그 실체가 인정된다고 보아야 하고 나머지 일반사찰의 경우는 종교단체의 실질적 요건인 승려와 신도, 사찰재산을 갖추었는가에 의하여 결정되어야 할 것이라는 견해,[350] 독립된 사찰이냐의 여부는 불교재산관리법상의 등록 여부와는 관계없이 일응 불당이 존재하고 있고 그 불당에 불공 등을 드리러 오는 여러 신도가 있으며, 이에 기거하는 주지 등의 승려가 있으면 독립된 사찰로서 인정하여도 무방하고 다만 사찰의 재산과 업무처리에 관한 규약 등은 최소한으로 갖추어야 한다는 견해[351]가 있는바, 위 두 견해는 결론에 있어서는 큰 차이가 없다고 본다.

사찰이라는 말은 그 개념요소에 따라 달리 사용될 수 있으나 법적인 측면에서 파악할 때 사찰이란 인적 요소 및 물적 요소를 모두 갖추고 있는 종교단체라고 정의할 수 있다. 그러나 단체로서의 실체를 갖춘 사찰이 되기 위해서는 구체적으로 어떠한 구성요소를 갖추어야 할 것인가에 대해 한 마디로 규정하기는 어렵다. 다만 사찰을 포함한 종교단체의 구성요소로서 ① 이념적 이데올로기적 요소(교의), ② 관행적 행위양식적 요소(의식, 행사), ③ 인적 조직적 요소(종교교사, 신도), ④ 물적 도구적 요소(시설) 네 가지를 들고 있다.[352] 판례도 앞에서 살펴본 바와 같이 위의 견해와 대동소이하다.[353]

즉, 어떤 사찰이 독립한 사찰로서의 실체를 가지고 있다고 하려면 불당 등의 사찰재산이 있고, 주지를 비롯한 승려와 상당수의 신도가 존재하며, 단체로서의 규약을 가지고,[354] 그리고 무엇보다 재산이 개인의 소유가 아니라 사찰자체에 귀속되어 사찰이 그 자체 생명력을 가지고 사회적 활동을 할 것이 필요하다 할 것인바, 그 구체적인 인정 여부는 사실판단의 문제로서 앞서 본 대법

---

350) 이동명, 전게서, 666면,

351) 최춘근, 사찰과 특정종단과의 법률관계, 민사재판의 제문제, 제6권, 민사실무연구회, 1991, 399면.

352) 이백규, 사찰의 실체와 종단변경, 민사판례연구, 민사판례연구회 제19집, 박영사, 1997, 15면.

353) 대판 2004.10.28, 2004다32206·32213; 대판 2001.1.30, 99다42179; 대판 1997.12.9, 94다41249.

354) 그러나 대부분의 사찰은 상위 종단에 소속하고 있고, 그 결과 소속 종단의 종헌, 종법이 그대로 당해 사찰에 적용되므로, 각개의 사찰이 종단의 규정 외 그 사찰 고유의 규약을 가지고 있는 경우는 보기 힘들다. 이백규, 앞의 논문, 각주 64) 참조.

원 판례의 취지에 따라 당해 사찰의 등록 여부, 독립한 재산의 소유 여부, 신도회 등 조직의 유무와 사찰 운영권의 소재 등을 고려하여 종합적으로 판단하여야 할 것이다. 그러나 그 인정은 너무 엄격할 필요는 없고 합목적적으로 보아서 사회적 실재체로서 인정할 정도의 요건만 갖추고 있으면 사찰로서의 실체를 인정하는 것이 바람직하다고 할 것이다.

다음으로 사찰의 조직 및 기구에 대해 살펴보기로 한다.

사찰의 기구에 대해 살펴보면,[355] 대한불교조계종의 경우 총무원 산하에 25개의 본사를 두어 각 본사가 25개 교구의 종무를 장리하고, 그 관할 하에 있는 사찰을 지휘 감독하도록 하고(조계종 종헌 제89조), 본사 및 말사의 각 사찰대표자로 주지를 두고, 교구에는 본말사 주지와 본사 부주지 및 각 국장과 직선으로 선출된 10인의 의원으로 구성되어 총무원장 선거인 선출 등의 사항을 심의 의결하는 교구종회(종헌 제85조, 제86조, 종단의 중앙종회에 대응하는 교구의 입법기관에 해당한다), 본사 주지, 부주지, 본사 각 국장으로 구성되어 교구내 종무를 심의 의결하는 종무회의(조계종 종법인 지방종정법 제12조, 제13조, 종단의 총무원에 대응하는 교구의 행정기관에 해당한다)를 각 두고, 교구 본사에는 총무원장에게 추천할 교구 본사 주지 후보자의 선출을 그 주요 관장사항으로 하는 산중총회를 두고(종헌 제91조), 본사를 포함한 각 사찰에는 사찰신도회의 회장, 부회장을 포함하여 주지가 위촉하는 신도와 승려 7인 이상 30인 이내의 위원으로 구성된 운영위원회를 두어 이 사찰운영위원회가 사찰 재산 처분에 관한 사항 등 사찰의 운영에 관한 전반적인 사항을 협의하도록 규정(종헌 제101조, 종법인 사찰운영위원회법 제1조, 제3조, 제6조)하고 있고, 한국불교태고종의 경우 각 사찰에는 주지를 두어 사찰을 대표하고 사찰재산을 관리하며 전법, 포교, 법식을 행하도록 하고(태고종 종헌 제63조), 각 사찰은 의무적으로 신도회 등 신행단체를 조직하도록 규정하고 있다(종헌 제66조).

(2) 사찰의 등록이나 사찰재산의 등기 여부

판례는 사찰의 등록여부와 관계없이 사찰의 실체성을 인정하고 있는 것으로 보인다.[356] 따라서 등록된 사찰에 대하여도 실체를 인정하지 않은 경우가

---

355) 이백규, 위의 논문, 14면 이하 참조.

356) 대판 1992.6.12, 92다12018·12025.

있고,[357] 등록되지 않은 사찰에 대하여 실체를 인정한 경우도 있으며,[358] 관할청에 의하여 등록이 취소된 사찰에 대하여도 실체를 인정한 경우[359]가 있어 판례의 태도는 일관되지 않고 있다.

즉 등록된 사찰이라도 개인사찰을 매수한 후 명목상 위 사찰을 대한불교조계종 소속 사찰로 등록하였을 뿐 사찰의 건물 등 재산을 위 조계종에 귀속시킨 바 없고, 주지임명에 대한 품신권이 설립자에게 유보되어 있으며, 사찰의 기구나 재산의 운영에 관한 규약이나 조직이 없고 신도들도 사찰의 운영에 관여하지 아니하였다면 위 사찰이 불교단체로 등록되어 있다거나 주지 등 승려가 불사를 집행하고 있다는 사정만으로 권리능력 없는 재단이나 사단으로서 당사자능력을 인정하지 않고 있다.[360]

그러나 불교신도나 승려 등 개인이 토지를 매수하여 그 지상에 사찰건물을 건립한 다음 주지를 두고 그 곳에서 불교의식을 행하는 경우 위 사찰의 창건주가 특정종단에 가입하여 그 소속 사찰로 등록을 하고 사찰의 부지와 건물에 관하여 그 사찰 명의로 등기를 마침으로써 사찰재산을 창건주 개인이 아닌 사찰 자체에 귀속시키는 등의 절차를 거쳤다면 이로써 그 사찰은 법인 아닌 재단 또는 사단으로서 독립된 권리주체성을 획득한다.[361]

또한 개인사찰로 관리·운영되어 오던 사찰이 종단 소속 사찰로 등록되어 종단으로부터 주지임명을 받은 후 관할관청에 종단 소속으로 사찰등록 및 주지등록을 하고 사찰부지에 관하여 사찰 명의로 소유권이전등기를 경료한 경우, 명목상으로만 그 사찰을 종단에 소속시키고 구 불교재산관리법에 의하여 관할관청에 종단 소속 사찰로 사찰등록 및 주지등록을 한 것이라는 등의 특별한 사정이 없는 한, 그 사찰은 종단 소속 불교단체 내지는 법인 아닌 사단 또는 재

357) 대판 1994.6.28, 93다56152.

358) 대판 1982.2.23, 81누42. 사안은 불교신자인 갑이 1972년 불당을 세워 동명사라 이름하고 신도를 모아 신도회를 조직한 후 신도회 규약을 제정하여 대표자로 회장을 선임하고 승려를 기거케 하였으나 관할청에 등록은 하지 않은 경우이다.

359) 대판 1979.11.13, 79누194.

360) 대판 1994.6.28, 93다56152.

361) 대판 2005.6.24, 2003다54971. 동판결은 앞에 설시한 요건에 이르지 못한 경우에는 창건주의 개인사찰로서 불교목적시설에 불과하다고 할 것이고, 일시적으로 사찰재산의 일부에 관하여 사찰을 명의인으로 한 등기가 마쳐졌다는 사정만으로 위 사찰이 법인 아닌 재단으로서 단체성을 취득하는 것은 아니다고 한다.

단으로서의 실체를 갖춘 독립한 사찰로 보아야 한다[362]고 하여, 결국 동법에 의한 등록 그 자체가 중요한 것이 아니라 동법에 의한 등록과 관련하여 함께 이루어지는 사찰 자체 명의로의 사찰재산귀속을 통한 독립된 실체형성 절차가 있었느냐의 여부가 독립된 실체인정의 전제가 되는 것으로 해석된다.[363]

그렇다면 '종단에의 등록' 여부가 사찰의 단체적 실체를 인정하는 절대적 요소인가. 일부 견해에 의하면 「사찰이 조계종단에 사찰등록을 하고 조계종이 불교재산관리법에 따라 관할청에 불교단체로 등록하면서 당해 사찰을 조계종 소속의 사찰로 등록하였다고 하더라도 그것이 당해 사찰의 실체 인정의 요건이 되는 것은 아니다」[364]라는 판결을 들어 종단에의 등록 여부는 사찰의 실체 인정에 영향을 미치지 않는다는 것이 판례의 입장이라고 한다.[365]

단순히 종단에의 등록 여부로 구분하기 보다는 「일반적으로 사설 사찰이 아닌 불교 종단에 등록을 마친 사찰은 독자적인 권리능력과 당사자능력을 가진 법인격 없는 사단이나 재단이라 할 것」이라는 판결[366]과, 「사찰이 특정 종단과 법률관계를 맺고 나면 그 때부터는 소속 종단의 사찰이 되어 당해 소속 종단의 종헌이나 종법을 그 사찰에 대한 자치법규로 삼아 이에 따라야 하고, 사찰의 주지임면권 또한 당해 종단에 귀속되는 등 사찰 자체의 지위나 권한에 중대한 변화를 가져오게 되므로 어느 사찰이 특정 종단에 가입하거나 소속 종단을 변경하기 위하여는 적어도 그 사찰 자체의 자율적인 의사결정이 전제가 되지 않으면 안된다」[367]는 판결에 비추어 볼 때, 종단에 등록되었다는 사실은 실체 인정을 위한 유력한 요소가 되지만,[368] 그것만이 유일한 요소는 아니라고 보아야 할 것이다.

이러한 문제가 발생하게 된 이유는, 1962년에 구 불교재산관리법이 제정되어 사찰의 등록을 강제한 탓에 그 무렵 많은 개인사찰들이 동법에 의한 등록을 하였으나 각 불교종단에서는 창건주의 주지선임권을 보장함으로써 자신의 종

---

362) 대판 1999.9.3, 98다13600.
363) 박해성, 종교단체에 대한 법적 규율, 민사판례연구 XIX, 박영사, 1997, 591면.
364) 대판 1994.6.28, 93다56152.
365) 이백규, 앞의 논문, 18면.
366) 대판 2005.11.16, 2003마1419.
367) 대판 1997.6.13, 96다31468.
368) 동지 박경재, 앞의 논문, 789-790면.

단 소속으로 가입할 것을 유도하였고, 따라서 개인사찰이 종단에 소속하게 되었더라도 경우에 따라서는 독립한 권리의 귀속주체가 되지 못하고 여전히 개인사찰로 남아 있는 것도 있기 때문이다. 따라서 위 법에 의한 등록만으로는 사찰의 단체성을 인정하기 어려울 것이다.[369]

(3) 사찰의 대표자

사찰의 대표자에 대하여, 구 사찰령과 구 불교재산관리법 및 현행 전통사찰보존법(제2조 2호)은 모두 주지[370]가 당해 사찰을 대표하고 재산을 관리한다고 규정하고 있으므로, 위 법들이 적용되는 경우 사찰의 대표자가 주지임은 법문상 명백하나, 현재 전통사찰보존법의 적용을 받지 않는 사찰이 절대 다수이므로 이들 사찰의 대표자가 누구인가 하는 것이 문제된다.

이는 결국 단체의 규정을 통해 결정될 문제인데, 우리나라의 사찰들은 대부분 종단에 가입하고 있고 그 종단의 규정은 당해 사찰에 바로 적용되는 바, 대표적인 종단인 대한불교조계종과 한국불교태고종의 종헌을 보면, 사찰에는 주지를 두고 주지는 당해 사찰재산을 관리하고 수도, 전법, 포교 및 법식을 장리하며 그 사찰을 대표한다(조계종 종헌 제98조, 태고종 종헌 제63조)고 규정하고 있고, 이는 다른 종단의 경우도 같을 것으로 보이므로, 종단 소속의 사찰은 위와 같은 종헌의 규정에 의해 주지가 그 대표자가 된다고 할 것이다. 한편 종단에 가입하지 않은 사찰은 그 사찰 자체의 규정에 의해 대표자를 정하여야 할 것인데, 만약 대표자에 관한 규정이 없다면 위 법 규정을 유추적용하여 역시 주지가 당해 사찰을 대표한다고 하여야 할 것이다.

판례도 사찰은 종단과는 별개로 당해 사찰재산에 관한 독립된 권리 주체인 불교단체로서 사찰을 대표하는 주지에게 사찰재산의 관리처분권이 일임되어 있는 바이므로, 종헌에 종단 대표자인 종정이 소속 사찰재산의 관리를 감독할

---

369) 민유숙, 개인사찰 건물의 소유권 귀속 -대판 2005.6.24, 2003다54971-, 대법원 판례해설 2005년 상반기(통권 제54호), 2006.1, 44면.

370) 주지라고 함은 종제, 종규에 근거하여 종단의 대표자에 의해 당해 사찰의 종교업무를 총괄하는 주재자로 임명된 종교교사인 승려로서, 교의의 선포, 의식 법요의 집행, 신자의 교화육성 등 종교상의 업무를 행하면서 동시에 사찰의 세속적인 사무, 즉 사찰의 대표기관으로서 대외적으로 사찰을 위한 법률행위를 하고, 사찰재산을 관리, 처분 하는 등의 업무도 수행하는 단체의 기관의 지위에 있는 자를 말한다. 주지는 이와 같이 사찰의 종교상의 사무인 "법무"뿐만 아니라 법무 이외의 '세속적 사무'도 집행하는 이중적 지위에 있다.

수 있다고 규정하고 있다 하더라도 이는 종단과 소속사찰간의 내부관계를 규율하는 것에 그치고 대외적으로는 종정에게 그 종단 소속 사찰을 대표할 권한이 있다고 볼 수 없다고 하고 있다.[371]

앞에서 본 우리의 사찰 관련 법규나 조계종, 태고종 등의 종헌은 주지가 위와 같은 이중적 지위를 동시에 가지고 있는 것으로 규정하고 있으나, 일본의 종교법인법은 그 전의 종교단체법, 종교법인령과는 달리 사찰의 종교상의 업무를 총괄하는 지위로서의 주지에 관한 규정은 두지 않고 사찰의 세속적인 사무를 담당하는 필요적 기관으로서의 대표역원만을 규정하고 있다. 그러나 운영실제는 동일 인물이 주지라는 지위에서 법무를 행하고 대표역원이라는 지위에서 세속적 사무를 집행하는 이중적 성격을 가지고 있고, 교단은 관장(종교적 의미에 있어서 최고의 지위에 있는 교단 대표자를 말하는 것으로 우리나라의 종정에 해당한다)의 주지 임면권을 통하여 사찰의 법상의 대표자인 대표역원의 선임을 좌우하고 있다고 한다.[372]

세속적인 지위에서의 주지는 당해 사찰의 재산을 관리하고 처분하는 권한을 가지고 있으나, 재산의 처분은 종단(총무원장)의 승인을 받아야 한다(조계종 종헌 제54조 5항, 태고종 종헌 제29조, 총무원법 제7조 8호). 사찰과 그 대표자로서의 주지와의 관계는 법률적으로 위임과 유사한 관계이고 특별한 사정이 없는 한 민법의 위임 규정을 적용하여야 할 것이다.

주지의 임면은 역시 소속 종단의 규정 또는 당해 사찰의 규정에 의하여야 할 것인바, 조계종의 경우 본사 주지는 본사의 산중총회에서 추천하여 총무원장이 임면하고 말사주지는 본사주지의 품신을 거쳐 총무원장이 임면하도록 하고 있고(조계종 종헌 제54조 4항, 제91조 2항, 제93조 1항), 태고종의 경우도 주지는 총무원장이 임면하도록 규정(태고종 종헌 제64조 1항)하고 있는 등 종단 소속 사찰의 경우는 종단의 종헌, 종법 등이 소속 사찰에 적용되게 됨에 따라 소속 사찰의 주지 자율임면권은 상실되고 주지임면권은 당해 종단에 귀속하게 된다.[373][374]

---

371) 대판 1981.12.22, 80다1588.

372) 이백규, 앞의 논문, 32-33면.

373) 대판 1989.10.10, 89다카2902.

374) 일본의 경우 종교법인법은 사찰의 대표자인 대표역원의 자격 및 선임은 당해 종교법인의 규칙으로 정하고(종교법인법 제12조 1항 5호), 규칙으로 정하지 않은 경우는 책임역원의

한편 구 불교재산관리법과 현행 전통사찰보존법은 주지는 관할 관청에 등록(구 불교재산관리법 제9조) 또는 신고(전통사찰보존법 제4조)하도록 규정하고 있는바, 위 관할청에의 등록 또는 신고와 관련하여 여러 가지 문제가 제기되고 있다.

이와 관련한 대법원 판례를 보면, 특별한 사정이 없는 한 등록된 주지만이 사찰의 대표권이 있고,[375] 사찰교도들이 주지를 선임하였다 하더라도 등록된 주지가 있는 이상 동인만이 사찰의 대표권이 있고 교도들이 선임한 주지는 대표권이 없으며,[376] 조계종 소속으로 등록되어 조계종단위로부터 사찰의 주지로 임명받고 관할청에 등록을 마친 이상 실제로 취임을 하지 못하였다 하더라도 사찰의 적법한 대표자이고,[377] 사찰의 종전 대표자가 임명권자에 의하여 적법하게 해임되고 새로운 대표자가 임명된 경우 대외적인 제3자와의 관계에 있어서는 새로운 대표자는 적법한 임명권자에 의한 임명외에 현실적으로 대표자로 취임을 하지 아니하면 대표권을 주장할 수 없고, 새로운 대표자가 취임하기 전에 종전 대표자가 계속 대표자로서의 임무를 현실적으로 수행하고 있었고 불교재산관리법에 의한 등록도 종전 대표자의 등록이 그대로 존속하는 이외에 새로이 임명된 대표자의 등록이 되어 있지 아니한 경우라면 대외적인 제3자와의 관계에 있어서는 종전 대표자가 계속 사찰을 대표한다[378]고하여 관할청에의 등록을 중시하는 경향을 보이고 있다.

한편, 불교재산관리법에 따라 관할청에 주지 등록을 한 사람이 사망한 후에 아직 후임 주지가 취임등록을 하지 않은 상태라면 그 사찰과 소속종단의 규약에 따라 적법하게 주지임명을 받은 주지가 취임등록이 없이도 사찰을 대표할 자격이 있다[379]고 하고 있으며, 기타 불교재산관리법 부칙 제3조 1항에 의하여 불교단체의 재산관리인이 임명되었다면 임명된 재산관리인만이 당해 불교단체를 대표하고 주지의 권한은 정지되며,[380] 주지 개인을 상대로 한 주지임

호선에 의하도록(제18조 2항) 하고 있고, 그 해임은 규칙에 의하되 규칙에 정함이 없는 경우는 위임의 해제에 관한 민법의 규정을 적용할 것이라고 한다.

375) 대판 1976.6.22, 76다832.

376) 대결 1969.7.30, 69마1301.

377) 대판 1983.12.27, 83다434.

378) 대판 1987.3.10, 86다카399.

379) 대판 1993.10.26, 93다33579.

380) 대판 1978.4.11, 78다292.

명 무효확인의 소는 확인의 이익이 없다[381]는 판례도 있다.

(4) 부동산의 소유 여부

사찰 명의로 부동산등기를 한다는 것은 사찰이 부동산등기법 제26조[382]에 의거하여 법인 아닌 사단 또는 재단의 지위에서 독자적으로 등기를 한다는 것이므로, 이것은 바로 독립한 단체로 인정하기 위한 가장 중요한 요건의 하나인 재산의 분리, 독립을 의미하는 것이고, 또 그 사실을 대외적으로 공표하는 것이므로, 특별한 사정이 없는 한 사찰 명의의 소유권 등기가 있으면 당해 사찰은 독립한 단체로서의 실체를 갖추었고, 그 재산은 개인이 사찰 앞으로 명의신탁한 것이 아니라 독립한 단체인 사찰 자체의 소유가 되었다고 해석함이 타당할 것이다.

판례도 개인사찰이 관할청에 등록되고, 사찰재산이 사찰소유로 귀속되었다면 그 때부터 사찰로서의 실체를 갖추었다고 판시[383]하고 있으나, 과거 명의신탁이 광범위하게 인정되던 시절에 명의만 사찰로 되어 있는 경우에는 사찰의 실체를 부정하는 판례도 있다. 요컨대 판례는 사찰 명의로 재산을 소유하고 그 등기를 하고 있는가를 사찰의 실체 인정의 한 요건으로 고려하거 있기는 하나 그것을 반드시 결정적인 것으로는 판단하지 않는 것으로 보인다.[384]

판례는 사찰을 개인사찰과 단체로서의 실체를 갖춘 사찰로 구분하고 있음은 앞에서 살펴보았다. 따라서 개인사찰은 종교목적시설이라는 점 외에는 단체로서의 독자성을 인정할 만한 실체를 갖추지 못한 순수한 개인재산에 불과하므로 그 자체가 독립한 권리의 귀속주체가 될 수 없고, 그 소유자의 재산처분에 관하여는 불교단체의 재산처분에 관한 법리가 적용될 수 없으며,[385] 개인사찰이 사찰 자체 명의의 재산을 소유하고 주지 등 대표자를 정하여 단체로서의 실체를 갖추면 그 때부터 그 사찰은 독립한 권리·의무의 귀속주체가 된다.[386]

---

381) 대판 1992.12.8, 92다23872.

382) 부동산등기법 제26조(법인 아닌 사단의 등기신청) ① 종중, 문중, 그 밖에 대표자나 관리인이 있는 법인 아닌 사단이나 재단에 속하는 부동산의 등기에 관하여는 그 사단이나 재단을 등기권리자 또는 등기의무자로 한다. ② 제1항의 등기는 그 사단이나 재단의 명의로 그 대표자나 관리인이 신청한다.

383) 대판 1999.9.3, 98다13600; 대판 1999.6.11, 98다60903; 대판 1995.9.26, 94다41508.

384) 이백규, 앞의 논문, 20면.

385) 대판 1988.3.22, 85다카1489.

386) 대판 1999.6.11, 98다60903.

독립된 단체로서의 사찰이 되기 위하여 어느 정도의 실체를 갖추어야 하는지에 대하여 판례의 입장이 반드시 명확한 것은 아니나, 결국 ① 물적 요소로서의 사찰재산(시설), ② 인적 요소로서의 주지 및 승려와 신도, ③ 단체로서의 규약, ④ 생명력이 있는 사회적 활동 등의 네 가지 실체요소와 함께 독립된 실체형성절차가 있었는지 여부가 중요한 판단요소로 작용함을 알 수 있다.

그러나 사찰이란 그 구성요소인 기본재산, 신도, 승려 등이 계속하여 변동하는 유기체적 존재라 할 것이므로 개인사찰과 단체로서의 실체를 갖춘 사찰을 구분하기가 쉽지 않고, 따라서 언제부터 독립된 실체를 갖추었느냐 하는 것을 확정할 필요가 있다.[387)]

3. 단체로서의 실체와 당사자능력

사찰도 독립된 단체로서의 실체를 가지는 경우에는 권리능력뿐만 아니라 당사자능력을 가진다고 보아야 한다. 사찰의 단체로서의 인적, 물적 실체를 갖춘 경우에는 전통사찰보존법상의 사찰이나 종단에 등록 여부와 상관없이 법인 아닌 사단 혹은 법인 아닌 재단으로서 당사자능력을 가지고 거래의 주체가 될 수 있으며 소송상 당사자능력을 가지며(민사소송법 제52조), 사찰 명의로 등기를 할 수 있다(부동산등기법 제26조).

교회에 대하여는 법인 아닌 사단으로 인정하는데 별 어려움이 없으나 사찰은 설립과정이 교회와 달라 그 법적 성격을 둘러싸고 여러 논의가 있음은 앞에서 살펴보았다. 개인이 창건하여 여전히 개인사찰로 남아 있는 경우에는 단체로서의 실체를 가지고 있지 않지만, 개인사찰에서 더 나아가 신도들이 구성되고, 사찰에 보시를 함으로써 사찰재산의 증대에 신도가 기여한 경우에는 단체로 진행되기 때문에 어느 시점에서 단체성을 띠게 되느냐가 주요한 쟁점이 된다.

사찰이 단체로서의 실체를 갖추려면 단순한 개인사찰 또는 불교목적시설을 넘어서 물적 요소인 불당 등의 사찰재산이 있고, 인적 요소인 주지를 비롯한 승려와 상당수의 신도가 존재하며, 단체로서의 규약을 가지고 사찰이 그 자체 생명력을 가지고 사회적 활동을 할 것이 필요한 바,[388)] 결국 독립된 단체로서

---

387) 박경재, 사찰의 법률관계에 관한 몇 가지 논점, 법학연구, 부산대학교 법학연구소, Vol. 48 No.2, 2007, 787면.

388) 대판 2001.1.30, 99다42179에서 종전 심곡사가 6·25 사변으로 인하여 사찰 건물이 소실되고 승려와 신도가 사찰을 떠나 종교활동이 중단된 후 20년 이상의 시간이 흐른 다음 동일

인정할 것인가의 여부는 위 네 가지 요소를 실질적으로 갖추고 있는가 여부에 따라 개별적 구체적으로 판단할 수밖에 없을 것이다.

판례도 「사찰이 독립된 단체로서의 실체를 가지는 경우에는 독자적인 권리능력과 당사자능력을 가질 수 있는 것이므로 그러한 사찰의 주지임명에 관하여 당해 사찰과 아무런 관계도 없는 자가 다만 종단의 구성원이라는 막연한 지위에서 그 효력을 다툴 법률상의 이해관계가 있다고 볼 수 없다」[389]고 하여 단체로서의 실체를 가지는 경우에는 독자적인 권리능력과 당사자능력을 가질 수 있다고 하고 있다.

4. 사찰의 인적 구성요소

(1) 승려

사찰의 승려는 구족계와 보살계를 수지하고 수도 또는 교화에 전념하는 비구, 비구니를 말한다(조계종 종헌 제9조, 승려법 제3조). 승려는 어느 종파에 속하든 기본교육과정을 이수하고 수계를 받아 승적을 취득한다(승려법 제17조, 제21조). 승려는 종교상의 지위로서 승려법이 정하는 권리와 의무가 있으며(승려법 제26조 내지 제34조), 징계에 의하지 아니하고서는 승적을 박탈당하지 않는다(승려법 제45조). 승려가 비구계 등 수지 직전에 적을 둔 본사를 재적본사로 하는데, 재적본사는 원칙적으로 이전할 수 없다(승려법 제22조). 조계종의 경우 종단의 중요 지위는 승려에게만 부여되고, 본 말사 주지도 승려만이 참여하는 산중총회, 종무회에서 결정된다.[390]

(2) 신도와 신도회

신도(또는 신자)는 협의로는 성직자인 승려 등을 제외하고 속인인 신도를 가리킨다. 광의로는 속인인 신도 등과 성직자인 승려 등을 포함하여 총칭하는 의미로 사용한다. 일반적으로는 협의로 사용된다.[391]

신도가 사찰의 구성요소인가. 사찰은 불교의 전법, 포교, 법요집행 및 신자

명칭의 피고 사찰이 생긴 것으로 보아 종전의 심곡사와 피고 사이에는 동일성이 인정되지 않는다고 판시하였다.

389) 대판 1992.1.23, 자91마581결정.

390) 심영수, 사찰의 법률관계에 관한 연구, 소송법적 법률관계를 중심으로, 고려대 석사학위논문, 2008, 66면.

391) 심영수, 위의 논문, 74면

의 교화 육성을 목적으로 하는 단체이므로 인적 요소의 측면에서 보면 이를 담당하는 종교교사 즉 승려가 사찰의 중요한 인적 구성요소가 됨은 당연하나, 신도도 사찰의 구성요소가 되는가 하는 점에 대하여 논의가 있다. 부정설의 입장에서는 모든 사찰의 최고의결기구는 산중 승려 전원으로 구성되는 산중총회이고 신도들은 산중총회의 구성원이 아니어서 사찰의 의사결정에 참여할 수 없다는 것을 이유로 신도는 사찰의 구성요소가 아니라고 한다.[392]

긍정설에서는 사찰에 소속하는 신도는 사찰의 종교의식, 법요에 참가하고 주지의 종교상의 교화육성의 대상이 되는 동시에 사찰에 대하여 규칙이나 관행에 따라서 일정한 의식의 집행을 구하고 예배설비를 이용하는 지위에 있고 조계종 종헌, 종법에서의 신도의 지위 등을 고려할 때 신도를 단지 사찰의 포교활동의 대상으로 위치 설정할 수 없고 사찰의 주요한 인적 구성요소의 하나라고 보는 것이 타당하다고 주장한다.[393]

판례는 사찰의 조직적(인적) 요소로서 승려뿐만 아니라 신도를 포함하고 있다. 즉 비법인사단의 신도회는 사단 내에서 사원총회의 기능을 담당하게 되므로, 그 본질적 구성요소가 된다고 한다.[394]

신도의 법적 지위를 어떻게 볼 것인가. 법인이 아닌 재단의 성격을 지닌 사찰의 경우, 그 신도는 사찰의 구성요소이기는 하지만 신도는 사찰의 종교활동의 대상으로서의 지위에 머무르는 수동적인 것에 그치는 것이고, 사단에서의 사원과 같은 지위를 인정할 수는 없다. 즉 이러한 성격을 지닌 사찰의 신자는 당해 사찰의 사찰운영위원회의 운영위원이 될 지위를 잠재적으로 가지고 있지만(조계종 사찰의 경우), 독자적으로는 사찰의 관리·운영에 관여할 권리의무가 존재하지 않고 사찰운영위원회의 운영위원을 통하여 간접적으로 사찰의 관리·운영에 관여하는 것에 불과하다.

사찰의 의사결정기관은 승려로 구성된 교구종회, 종무종회, 산중총회이고, 신도는 주지의 임면에 관여할 수 없으므로 신법도의 지위에서 주지의 임면이나 사찰의 의사결정, 주지의 직무집행정지를 구할 법률상의 이익을 갖는다고 할 수 없다.

---

392) 정귀호, 앞의 책, 834면; 이동명, 민법주해Ⅴ 물권2, 박영사, 1996, 669면.

393) 이백규, 앞의 논문, 15-16면; 홍광식, 앞의 논문, 26면.

394) 대판 1997.12.9, 94다41249.

법인 아닌 사단의 성격을 지닌 사찰의 경우, 그 신도는 사단의 사원과 유사한 지위를 가지므로 그 지위의 확인과 아울러 그 사찰규칙 등에 따라 주지의 임면에 관여하고, 신도회의 구성원으로서 사찰운영에 관여하는 경우에는 신도회의 지위에서 주지의 임면이나 사찰의 의사결정, 주지의 직무집행정지를 구할 수 있으며, 그 종교상의 지위를 박탈당하는 처분(제명처분)은 단순한 종교상의 지위의 박탈에 그치는 것이 아니고, 그 지위의 확인을 구하며 처분에 대하여 다툴 법률상의 이익을 갖게 된다.

신도회의 법적 성격을 어떻게 볼 것인가. 신도회는 불교신도들을 구성원으로 하여 종교활동을 해 오던 불교신도회가 규약을 제정하여 시행함과 아울러 그 규약이 정하는 바에 따라 회장 등 임원을 선출하고 스스로의 의사결정을 하면서 일정한 목적 하에 조직적인 공동체를 구성하여 활동하고 있다면 비록 등록된 불교단체는 아니라고 하더라도 민사소송법 제52조 소정의 비법인사단의 실질을 갖춘 것으로 보아야 한다.[395)]

일부 신도들에 대한 소집통지 없이 사찰 신도총회가 임시총회로 개최되었다면 그 결의의 효력은 무효이다.[396)]

5. 사찰에 관한 규제 법률

(1) 서 언

현재 우리나라에서는 일본과 달리 종교법인법과 같은 종교에 관한 통일적인 기본법이 제정되어 있지 않다. 정교분리의 원칙이나 종교의 자유 원칙에 비추어 국가가 어떠한 형식으로든지 종교단체의 구성, 활동이나 재산의 관리, 처분에 관하여 간섭하거나 통제를 가하는 것은 허용될 수 없다. 다만 유독 불교와 관련하여서만은 전통사찰보존법이라는 이름으로 종교법령이 제정되어 있다.[397)] 동법에도 불교단체의 법인격 취득에 관한 규정은 없어 종교단체가 법인격을 취득하기 위하여서는 민법의 규정에 의하여야 한다. 그러나 우리나라에서 법인격을 취득한 종교단체는 실제 종교단체의 수에 비하여 극히 미미하다.

---

395) 대판 1987.4.28, 86다카1757.

396) 대판 2012.10.11, 2011다86904.

397) 사찰에 관한 규제법률의 상세는, 김동윤, 사찰의 법률관계, 민사재판의 제문제 제12권, 2003.12, 민사실무연구회, 307면 이하 참조.

우리 실정법상 법인격을 취득하지 않은 종교단체에, 민법의 비영리사단법인 및 재단법인에 관한 규정 가운데 법인격을 전제로 하지 않은 규정을 적용할 수 있는지 여부가 문제이다.

일본 민법시행법(1898. 6. 21.공포) 第28조는 '민법 중 법인에 관한 규정은 당분간 신사, 사원, 사우 및 불당에는 이를 적용하지 않는다'고 규정하여 종교단체에 대하여 특수성을 인정하여 공익법인에 관한 민법의 규정을 적용하지 않았다. 그리고 조선민사령(1912.8.18. 제영 제7호)에 의하여 일본 민법과 민법시행법이 의용될 때에는 우리나라의 종교단체에 관하여는 위 일본 민법시행법 제28조에 따라 일본민법의 법인에 관한 규정이 적용이 되지 않았다. 오늘날에도 일본 민법의 공익법인의 관리운영에 관한 규정은 공익에 봉사하는 재산이나 집단의 민주적 운영의 원칙에 입각하여 고래의 종교적 습속을 무시하므로 성급하게 민법의 규정을 적용하면 민법 제정 당시 종교단체를 특별 취급하려고 한 입법자의 의사나 노력을 무시하고 무의미하게 한다는 비판이 있다.[398] 일본의 경우 법인이 아닌 종교단체에 관하여는 그 실체는 종교법인인 종교단체와 동일하므로 가능한 한 종교법인법의 법리를 유추적용하고 부족한 때에 민법의 법인의 법리를 유추적용하여야 한다고 한다.[399]

우리나라에서도 법인이 아닌 종교단체에 관하여는 먼저 그 단체 자체의 규범에 의하여야 할 것이고 그 규범이 없는 경우에는 민법의 법인격 있는 사단, 재단에 관한 법리를 기초로 종교단체의 특수성을 고려한 판례법이 중요한 역할을 하여야 할 것이다.[400]

우리나라에서 근대법제 이후의 불교와 관련된 종교법령을 거슬러 올라가 살펴보면, 일찍이 일제식민시대 때의 사찰령(1911.6.3.제영 제7호)으로부터 시작되었다. 해방 후에도 이 사찰령에 대한 위헌 시비가 끊이지 않다가 1962.1.20. 폐지되었고,[401] 이어 5·16 군사정권이 들어선 후 1962.5.21. 불교재산관리법이 제정되어 시행되었다. 불교재산관리법은 헌법에 보장된 종교의 자유를 침해하

398) 谷口知平, "公益法人と宗教法人", 民法論 제4권 불법행위·종교법の연구, 유비각(1991), 366면.

399) 궁천무부, 法人格のない社團たる宗教團體の合併と民法律構造, 별책 ジュリスト 109호, 종교판례백선, 제2판(1991), 153면.

400) 홍광식, "사찰과 신도회의 재산귀속", 판례연구(Ⅳ), 부산판례연구회(1994), 16면.

401) 대판 1980.7.8, 80다478,479.

는 것이어서 불교계가 이 법률에 반발하자 1987.11.28. 지금의 전통사찰보존법으로 대체 입법되어 현재에 이르고 있다.

그동안 학계와 불교계에서는 불교의 인적·물적 조직에 대해서 통제적 성격을 띠고 있는 이들 법령들에 대해서 많은 관심을 가져왔는데, 특히 불교계가 이들 법령들로 인해 적지 않은 이해관계를 가져왔기 때문이다. 해방 후 혼란기에는 불교 관련 사건들에 과거 사찰령의 규정이 준용되어 불교계는 적지 않은 불이익을 감수해야 했다. 불교재산관리법도 불교계를 통제하는데 따른 근거법이 되었음은 실제로 주지등록 규정과 관련하여 일부 위헌의 논란[402]에서 찾을 수 있다.

(2) 불교재산관리법

5·16 사변 후 군사혁명정부는 1962.5.31. 불교재산관리법을 제정, 공포하였다. 그 내용은 구 사찰령의 골간을 그대로 유지하면서 불교단체에 관한 통제를 더욱 강화하는 것이었다. 당시 군사혁명정부는 오래 지속되어온 불교계의 내분을 종식시키고 불교계에 대한 통제를 더욱 강화하고 용이하게 하려는 방편으로 비구측과 대처승측을 대한불교조계종이라는 종단으로 통합하고, 불교단체에 대한 제도적 통제를 위하여 불교재산관리법을 제정하게 된 것이었다.

불교재산관리법은 제1조에서 '본법은 불교단체의 재산 및 시설의 관리운영에 관하여 필요한 사항을 규정하여 사회문화향상에 기여하게 함을 목적으로 한다'라고 규정하여 국가의 간섭·통제의지를 밝히고 있다.[403] 이어 불교단체에 대하여 정의하고(제2조), 제6조에서 '불교단체는 각 령의 정하는 바에 따라 문교부에 등록하여야 한다'라고 하여 불교단체의 등록을 강제하고, 불교단체의 관할청은 문교부장관으로 하였다(제7조). 제8조에서 '불교단체가 사업을 하고자 할 경우에는 불교목적의 범위 내에서 공익사업 및 부대사업을 할 수 있다'라고 하여 불교단체의 사업에 대하여 제약을 가할 수 있는 근거를 마련하고 있다.

제2장에서는 사찰에 관한 관리사항에 대하여 규정을 하고 있는데, 사찰의

402) 대판 1969.12.23, 69나1053은 불교단체의 등록을 명하고 있는 법 제6조, 불교단체의 관할관청을 문교부장관으로 규정한 제7조, 주지와 대표임원이 위 법 시행일로부터 4월 이내에 등록하지 아니하면 해임한 것으로 간주한다는 부칙 제2조 제3항의 각 규정은 위헌이 아니라고 하였다.

403) 김동윤, 앞의 논문, 310면.

주지가 당해 사찰을 대표하며 사찰에 속하는 일체의 재산을 관리하고, 불교단체의 주지가 취임하였을 경우에는 지체 없이 문교부장관에게 등록하도록 규정하고(제9조 제1, 2항), 사찰재산의 양도 등 일정한 사항에 대하여는 각령의 정하는 바에 따라 관할청의 허가를 받도록 하고 있다(제11조). 나아가 불교단체는 사찰재산을 보존하기 위하여 재산목록을 작성하여 관할청에 제출하여야 하고(제14조), 사찰재산에 중대한 증감 이동이 있을 때에는 7일 이내에 이를 관할청에 신고하도록 규정하고 있다(제15조). 또한 불교단체등록, 주지 취임등록, 사찰목록 제출 규정 등에 위반한 자는 처벌하도록 하였다(제17, 18, 19조).

부칙으로 사찰 또는 불교단체는 본법 시행 후 3월 이내에 본법 시행일 현재의 재산목록을 관할청에 보고하여야 하고(부칙 제1조), 본법 시행 당시의 불교단체의 주지와 대표임원은 본법 시행일로부터 4월 이내에 본법에 의하여 등록되지 아니하면 해임된 것으로 간주하며(제2조 제3항), 문교부장관은 불교단체가 법령에 위반하거나 분규로 인하여 본법의 목적을 달성할 수 없다고 인정할 때에는 당해 불교단체의 재산관리인을 임명할 수 있다(제3조 제1항)고 규정하고 있다. 이와 같이 불교재산관리법은 불교단체의 자주성보다는 국가의 통제를 목적으로 한 입법임을 나타내고 있다.

이에 대하여 대법원은 불교재산관리법의 규정들을 위헌으로 보지 않았다. 즉, 위 제9조 제2항과 부칙 제2조 제3항은 신앙의 자유를 보장한 헌법의 규정에 위반되는 것이라고 할 수 없다고 판시[404]하고, 불교재산관리법 제6조, 제9조 제2항 및 동법 시행령 제4조, 제5조가 신앙의 자유를 제한하는 것이 아니므로 이것들이 헌법 제16조에 저촉된다고는 볼 수 없다고 판시[405]하였다.

(3) 전통사찰보존 및 지원에 관한 법률

가. 동법의 연혁과 성격

전통사찰보존법은 불교재산관리법에 대한 불교계의 폐지 여론을 수용하여 1987.11.28. 법률 제3974호로 제정·공포되었다. 연혁적으로 과거 일제시대의 사찰령과 불교재산관리법에 그 뿌리를 두고 있다. 전통사찰보존법의 일부 조항

404) 대판 1965.3.23, 64다1870(요특1-2, 1043).
405) 대판 1971.4.6, 71다236(요특1-2, 1044). 대법원 1972.3.21. 선고 71다1955 판결(집20-1, 민148)도 같은 취지임.

은 사찰령의 골격을 그대로 유지하고 있다. 연혁적으로 관련이 있는 사찰령은 일제식민지배적 법령이며, 불교재산관리법은 군사혁명정부에서 제정한 것으로 혁명입법적 성격을 가지고 있었다.

이러한 연혁적인 특징 때문에 전통사찰보존법은 권위적이며 비정상적인 성격을 스스로 내포하고 있을 수밖에 없는 것[406]이라는 지적과 개정요구에 따라 2009년에 법명도 「전통사찰보존법에서 전통사찰보존 및 지원에 관한 법률(이하 전통사찰보존법으로 명한다)」로 개명하고, 국가 또는 지방자치단체는 전통사찰의 보존、관리、활용에 필요한 경비를 보조할 수 있도록 하고 있다(제19조). 또한 전통사찰 보존 및 지원을 국가의 책무로 하는 규정(동법 제3조의 2)을 신설하는 등 지원을 강화하는 쪽으로 개정되었다.

나. 동법의 내용

전통사찰보존법은 불교재산관리법과는 달리 모든 불교단체의 재산과 시설의 관리에 관한 사항을 규제하는 것이 아니라 '민족문화의 유산으로서 역사적 의의를 가진 전통사찰과 전통사찰에 속하는 문화유산을 보존·지원함으로써 전통문화의 계승 및 민족문화의 향상에 이바지함을 목적'으로 이 법이 정한 전통사찰에 대하여만 규제하고 있다(제1조). 동법에서 전통사찰이란 불교 신앙의 대상으로서의 형상을 봉안하고 승려가 수행하며 신도를 교화하기 위한 시설 및 공간으로서 제4조에 따라 등록된 것을 말한다(제2조 제1호)고 정의한다.

사찰의 주지는 운영·관리 중인 사찰을 전통사찰로 지정받으려면 사찰이 속한 단체 대표자의 추천서를 첨부(사찰이 속한 단체가 없는 경우에는 제외한다)하여 대통령령으로 정하는 바에 따라 특별시장·광역시장·도지사·특별자치도지사를 거쳐 문화체육관광부장관에게 전통사찰의 지정을 신청할 수 있고(제4조 제1항), 전통사찰로 지정받았음을 통지받은 사찰의 주지는 행정관청에 전통사찰의 등록을 하여야 하고(제4조 제4항), 전통사찰의 조직에 관한 관여로 주지는 선량한 관리자로서 전통사찰을 보존·관리하여야 한다(제8조).

지정·등록된 전통사찰의 주지가 전통사찰보존구역의 지정을 시·도지사에게 요청하면 시·도지사는 전통사찰보존지 중 전통사찰 및 수행 환경의 보호와 풍치 보존에 필요한 지역을 전통사찰보존구역으로 지정하고 그 사실을 고시하여

406) 김동윤, 앞의 논문, 311면.

야 하고(제6조 제1항), 보존구역내의 일정한 행위를 제한하고 있다. 즉 전통사찰보존구역에서는 불교의 포교、수행, 전통사찰의 유지·발전 및 공익을 목적으로 하지 아니한 건조물의 설치 및 변경행위나 영업행위 등을 하여서는 아니된다(제6조 제3항).

전통사찰 지정 해제 신청 및 전통사찰보존구역의 지정과 변경 및 해제 등의 사항을 심의하기 위하여 시、도지사 소속으로 '전통사찰보존위원회'를 두도록 하고 있다(제7조 제1항). 또한 주지의 사찰재산 취득은 금지되며(제15조), 전통사찰보존지의 보호를 위하여 다른 법률에 따른 수용··사용 또는 제한의 처분을 하려는 자는 미리 문화체육관광부장관의 동의를 받아야 하며, 이러한 동의에는 전통사찰이 속한 단체 대표자와 협의하여야 한다(제13조).

한편 전통사찰의 등록 이후에 발생한 사법상의 금전채권으로는 전통사찰의 소유로서 전법용 건물과 토지는 저당권이나 그 밖의 물권의 실행을 위한 경우 또는 파산한 경우 외에는 압류할 수 없는(제14조) 등 일반 사찰의 경우와 대비하여 볼 때 문화재에 관한 사무를 관장하는 관할 행정관청 등이 전통사찰에 대하여 차별적이고도 광범위한 보호 및 규제를 할 수 있도록 규정되어 있다.

다. 사찰재산의 양도와 허가

전통사찰의 주지는 동산이나 부동산을 양도하려면 사찰이 속한 단체 대표자의 승인서를 첨부하여 관계부처 장관의 허가를 받아야 하며, 동산 또는 부동산을 대여하거나 담보로 제공하려면 위의 승인서를 첨부하여 시·도지사의 '허가'를 받아야 한다. 허가받은 사항을 변경하는 경우에도 동일하게 허가를 받아야 하며, 만약 위의 허가를 받지 아니하고 부동산을 양도 또는 대여하거나 담보로 제공한 경우에는 이를 무효로 한다(제9조).

사찰재산의 양도에 행정청의 허가를 얻도록 한 것은 우리 민법상의 대원칙인 계약자유의 원칙에 대한 제한이라고 할 수 있다. 이와 같이 거래에서 허가를 요하는 경우를 「국토의 계획 및 이용에 관한 법률」 제117조에서 규정하고 있다. 동 규정은 투기적인 토지거래가 성행하거나 지가가 급격히 상승하는 지역과 그러한 우려가 있는 지역에 대한 투기억제의 목적으로 규정되었으며, 허가가 없는 토지거래계약은 효력을 발생하지 않는다(동법 제118조 제6항).

사찰재산의 양도 등에도 허가를 요하도록 한 것은 사찰재산이 단순한 개인

재산이나 종교재산이 아니라 민족문화의 유산으로서 역사적 가치를 지니고 있기 때문이다(동법 제1조 참조). 따라서 이 경우에도 토지거래허가가 없는 거래의 경우 '유동적 무효'로 보는 것과 동일한 논리로 사찰재산의 양도 등에 허가를 얻지 않고 이루어진 경우 일단 무효이나, 후에 허가를 얻은 경우 소급하여 유효가 된다고 해석해야 할 것이다.[407)]

그러나 전통사찰보존법에 따라 전통사찰로 등록되어 있는 사찰이 문화체육부장관의 승인 등을 얻지 않은 채 채권자에게 금원지급을 약정하면서 불이행시에는 사찰 내 부동산을 인도하기로 한 경우, 금원지급약정 부분까지 무효로 되는 것은 아니라고 본다.[408)]

(4) 사찰규제 법률의 검토

종전 전통사찰보존법의 규정들에 대하여 보조금지급규정(제19조)을 제외하면 대부분 관리통제적 규정들로 되어있으며,[409)] 규제의 구체적 규정들을 보면, 첫째, 적용대상인 전통사찰을 확정하는데 있어서 그 기준을 민족문화적 유산성과 역사성으로 한정하고, 적용대상의 확정이 전적으로 행정기관의 폭넓은 재량하에서 결정되며, 둘째, 그러한 기준과 해석 및 판단에 의해 선정한 민족문화적 가치 있는 사찰의 동산, 부동산을 전통성과 하등관계가 없는 사찰의 동산, 부동산에까지 연결하여 종교재산의 규제범위를 확대하였고, 셋째, 주지에 관한 조항을 두고 주지의 권한과 책임 및 의무와 함께 권리를 제한하는 규정 등이다. 이러한 관리·통제적 규정으로 인해 전통사찰보존법이 불교계를 행정기관의 예속 하에 조직화하는 도구로서 운용되고 있다고 하지 않을 수 없다[410)]고 하는 비판이 있었다.

이와 병행하여 우선 다른 종교(단체)에 대하여는 규제를 담은 법령이 존재하지 않는데 비하여 유독 불교에 관련하여서만 전통사찰보존법으로 전통사찰에 대하여 규제를 하는 것은 형평상 맞지 않고, 정교분리의 원칙과 관련하여도 문제가 있다는 지적이 있었다. 즉 합리적 근거 없이 불교재산을 다른 종교와

---

407) 대판 2001.2.9, 99다26979.

408) 대판 2008.5.29, 2008다1393.

409) 손성. 전통사찰보존법의 종교법학적 연구-법정책학적 접근-, 동국논총 32집, 동국대학교, 226면; 연기영. 종교관계 법령의 문제점과 입법정책적 과제, 법과 사회 2호. 1990.3, 177-178면.

410) 김동윤, 앞의 논문, 312면 이하.

비교해서 현저히 차별대우하는 것으로서 과잉금지의 원칙에도 반하는 불평등한 입법이라는 것이다.[411] 더 나아가 전통사찰보존법의 재산권의 제도보장에 대한 중대한 제한규정에 대한 위헌성을 들어 위헌규정의 폐지 및 과잉조항의 개정, 심지어 동법에 대한 폐지론까지 주장되었다.

한편 헌법재판소 2003.1.30. 선고 2001헌바64 결정[412]은, 대판 2000.10.13, 99두653이 '공용수용으로 인한 경내지 등의 소유권 변동은 관할 행정관청의 허가대상이 아니다'라고 판시하여 결국 헌법소원심판청구를 한 사안에서 '전통사찰 경내지 등에 관한 소유권변동의 원인이 제3자적 국가기관에 의한 공용수용인지 여부를 기준으로 하여 이를 용인하는 관할 국가기관의 의사표시를 소유권변동의 효력요건으로 할 것인지 여부를 결정하도록 규정하고 있는 법률조항은 평등의 원칙에 어긋나는 위헌적인 법률이다'라고 하며 '구 전통사찰보존법(1997.4.10. 법률 제5320호로 개정되기 전의 것) 제6조 제5항 중 같은 조 제1항 제2호 소정의 "동산 또는 대통령령이 정하는 부동산의 양도"에 관련된 부분은 헌법에 합치하지 아니한다. 위 규정부분은 입법자가 개정할 때까지 계속 적용된다'라고 판시하였다.

위와 같은 우여곡절 끝에 종전의 위헌적인 규정들은 폐지 내지 개정되었고, 정부의 과도한 통제로 지적받은 규정들도 모두 개정되었다. 전통사찰은 단순히 종교시설이라기보다는 유구한 역사를 지닌 문화재적 가치가 있는 민족적 유산이기 때문에 불교단체의 고유한 재산으로 치부하기에는 곤란한 점이 있다. 그러한 점에서 현 '전통사찰보존 및 지원에 관한 법률'은 전통적 문화유산과 종교단체의 시설이라는 조화점에서 균형을 이루고 있는 것으로 보인다.

6. 사찰재산의 법률관계

(1) 사찰재산의 귀속

사찰이 재단법인이나 사단법인을 구성하여 법인 명의로 사찰재산을 등기한

---

411) 손성, 위 논문, 237-241면.

412) 1997.4.10. 법률 제5320호로 전통사찰보존법 제9조 제1항은 '전통사찰의 경내지에 대하여 다른 법률에 의한 수용·사용 또는 제한의 처분을 하고자 하는 자는 사전에 문화체육부장관은 동의를 얻어야 한다'. 제2항은 '문화체육부장관은 제1항의 규정에 의한 동의를 하고자 할 때에는 전통사찰의 소속대표단체의 대표자와 협의하여야 한다'라고 규정된 개정되기 전의 사안임.

경우에는 법인이 단독으로 사찰재산의 귀속주체가 된다. 문제는 법인이 아닌 단체로서 사찰이 존재하는 경우 사찰재산에 대한 귀속이 어떻게 되느냐의 여부이다. 사찰의 법적 성격을 법인 아닌 사단으로 보는 견해에 따르면 일반적으로 구성원들의 총유[413]라고 하고, 법인 아닌 재단인 성격을 띠는 경우에는 사찰의 단독소유[414]가 된다고 한다. 사찰의 법적 성격을 개별적으로 결정해야 한다고 보는 견해에서는 전통사찰보전법상의 전통사찰은 비법인재단으로 보아야 하고, 일반 사찰의 경우는 구체적인 사안에 따라 비법인 사단 또는 비법인재단으로 보아야 하나, 조계종단에 속하는 오래된 사찰은 대부분 비법인 재단으로 보아야 하며, 사찰을 사단으로 보는 경우에도 사찰은 신도회와 구별되는 별개의 사찰 소속 승려로 이루어진 사단으로서 의결기구는 승려만에 의하여 구성된다고 보아 각각 비법인재단인 사찰의 단독소유, 비법인사단 소속 승려들의 총유라고 한다.[415]

사단과 재단의 중간적 성격의 특수한 단체로 보는 입장에서는 사찰 자체의 단독소유에 속한다고 하여 결론에 있어서는 비법인 재단으로 볼 때의 소유형태와 같다고 하는데, 그 이유로서 사찰재산은 승려나 신도의 총유로 볼 수 없고, 사단법인이나 재단법인과 같이 이들의 손을 떠나 사찰이라는 단체 자체에 귀속되어야 하며, 구체적인 관리방법이나 처분 등은 사찰의 규칙에 의해서 정해지기 때문이라고 한다. 더 나아가 사찰을 비법인사단으로 보더라도 그 재산의 관리 처분은 반드시 구성원의 결의에 의해야 하는 것은 아니고 단체의 규약으로 달리 정할 수 있는 것이며, 대부분의 사찰에서 주지를 그 사찰의 대표자로 하여 사찰재산의 관리권을 주지에게 일임하고 있으므로 어느 견해를 취하더라도 차이가 없다고 한다.[416] 또한 종교단체는 일반적인 사단적 조직체와는 달리 종교적 교의를 선포하고 종교의식을 행하며 신자의 교화육성을 목적으로

---

413) 정귀호, 민법주해(Ⅰ), 박영사, 1992, 834·837면; 최춘근, 사찰과 특정종단과의 법률관계, 민사재판의 제문제 제6권, 한국사법행정학회, 1991, 405면.

414) 대판 1994.12.13, 93다43545; 대판 1991.6.14, 91다9336.

415) 이동명, 앞의 책, 674면.

416) 이백규, 앞의 논문, 30면; 이에 대하여 사찰이 정관이나 규약을 정하지 않은 경우도 있고, 정관이나 규약을 제정하였다고 하더라도 재산의 관리처분에 관하여 정함이 없거나 불충분한 경우가 있을 수 있으므로 사찰의 법적 성격에 따라 재산의 소유관계는 달라질 수 있다는 비판이 있다(김동윤, 사찰의 법률관계, 민사재판의 제문제 제12권, 민사실무연구회, 2003, 315면.)

함과 아울러 그러한 활동을 위해 법당, 교회당, 성당, 불상, 화상, 석탑 등의 물적 요소를 필수적 요소로 하고, 사원의 의사결정기능도 종교적 목적달성을 위해 제한되어야 하는 점을 고려하여 종교단체 자체의 소유라고 해야 한다는 것이다.[417)]

판례는 위의 비법인재단으로서 사찰이 사찰재산을 단독소유 한다는 판결 이외에 신도회의 총유라는 판결도 있다. 즉「사찰의 불교신도가 하는 보시는 특별한 사정이 없는 한 당해 사찰에 대하여 하는 것이고 이 돈으로 취득하거나 건축한 토지나 그 지상의 종교시설은 당해 사찰의 소유로 귀속되는 것이 원칙이나, 신도회가 사찰과 별개로 독립하여 활동해 오던 단체이고 그 신도들이 사찰 아닌 신도회에 한 시주금에 의하여 대지를 매수하고 그 지상에 건물을 신축하였다는 등 특별한 사정이 인정된다면 부동산은 사찰의 소유가 아니고 법인 아닌 사단인 신도회의 소유」라고 한다.[418)]

위 판례에서 나타나듯이 법원은 '사찰'과 '신도회'를 구별하고 있다. 이 점은 교회의 경우 교회와 신도회를 구분하지 않은 것과 대비된다. 교인이 교회에 헌금하여 형성된 교회재산에 대하여 법원은 전교인들의 총유라고 보고 있지만 사찰에 대해서는 사찰의 불교신도가 하는 보시는 특별한 사정이 없는 한 당해 사찰에 대하여 하는 것이고 이 돈으로 취득하거나 건축한 토지나 그 지상의 종교시설은 당해 사찰의 소유로 귀속되는 것이 원칙이라는 것이다. 그 근저에는 불교는 사찰이라는 물적 시설을 기반으로 하여 설립되는 데 반하여, 교회는 교인 중심으로 설립되는 데서 오는 차이점에 착안하여 법적 성격과 재산관계를 설명하고 있는 것으로 보여진다. 그러나 불교신도가 하는 시주는 대개 사찰에 대해서 행하여지고 신도회를 따로 구분하여 하지는 않기 때문에, 별도의 의사가 없다면 사찰의 소유로 돌아가게 된다.

따라서 사찰에 대해서는 교회와 달리 개별적 구체적으로 단체로서의 실질을 갖추었는지 여부를 따지고 단체의 성격에 따라 재산관계의 귀속을 결정해야 한다. 또한 논리적으로는 정관이나 규약 등을 갖추었으나 재산의 관리처분에 관하여 규정이 없거나 불충분한 경우에 순수한 사단적 성격의 사찰의 존재를 부정할 필요가 없으므로, 그러한 경우라면 비법인사단의 구성원의 총유로

---

417) 최창렬, 종교단체의 분쟁과 재산귀속관계, 2008년 재산법학회 동계학술대회자료, 28-29면.
418) 대판 1991.10.22, 91다26072.

보아야 할 것이고, 아직 개인사찰에 머물러 사단으로서의 실체를 갖추지 못하였다면 개인사찰 혹은 비법인재단의 성격을 지닌 것으로 하여 사찰의 소유라고 해석해야 할 것이다.

(2) 사찰재산의 처분에 따른 법률관계

사찰재산의 처분이라 함은 사찰재산의 교환가치를 실현하는 것으로서 사찰재산을 양도, 담보제공 등을 하여 이를 불교의 전법, 포교, 법요의 집행 및 신자교화에 더 이상 사용할 수 없게 하는 것을 말한다. 사찰재산을 일반인에게 처분하는 것이 아니고 소속 종단에 그 소유권을 넘기거나,[419] 소속 종단을 달리하는 종파에 그 점유를 인정하는 것에 그침으로써 그 재산이 계속 사찰 목적 수행에 제공되는 경우에는 사찰 기본재산 처분에 해당하지 아니한다고 한다.[420]

판례는 사찰의 주지는 당해 사찰의 종교업무를 총괄할 뿐만 아니라 동시에 사찰의 대표기관으로서 대외적으로 사찰을 위한 법률행위를 할 수 있으므로, 사찰재산의 관리처분권은 그 사찰을 대표하는 주지에게 일임되어 있는 것이고, 주지의 대표권은 법령, 정관 등에 특별한 규정이 없는 한 제한이 없는 것이어서 사찰의 주지가 소속 종단의 결의나 승인 등 내부적인 절차를 거치지 않고 사찰재산을 처분하였다고 하더라도 그 처분행위는 유효하다고 한다.[421]

그런데 주지의 대표권 제한에 관한 규정으로는 전통사찰보존법 제9조에서 전통사찰의 주지는 동산이나 부동산(해당 전통사찰의 전통사찰보존지에 있는 그 사찰 소유 또는 사찰이 속한 단체 소유의 부동산)을 양도하려면 사찰이 속한 단체 '대표자의 승인서'를 첨부(사찰이 속한 단체가 없는 경우에는 제외)하여 문화체육관광부장관의 '허가'를 받도록 하고 있고(제1항), 허가를 받지 아니하고 부동산을 양도 또는 대여하거나 담보로 제공한 경우에는 무효라고 한다.

그러나 위 규정은 양도행위만을 허가 대상으로 규정하고 있으므로 경내지 등 사찰 소유 부동산의 소유권이 변동되는 모든 경우에 주무관청의 허가를 요하는 것은 아니며, 양도행위로 볼 수 없는 경우에는 반대해석에 의하여 주무관청의 허가가 없어도 유효하다. 이와 관련하여 판례는 시효취득이나 공용수용의

419) 대판 1995.7.14, 93다60038.
420) 대판 1992.2.11, 91다11049.
421) 대판 1992.2.11, 91다11049; 93다60038.

경우에는 주무관청의 허가 없이도 그 소유권을 취득할 수 있다고 하면서 위 두 경우와 소유권 취득의 모습이 흡사한 강제경매의 경우만은 주무관청의 허가가 필요하다고 하고 있어 그 이론적 근거와 함께 타당성을 논해 볼 필요가 있다.[422)]

(3) 허가를 요하는 양도행위의 범위

가. 허가와 양도행위의 효력

사찰 소유의 일정한 재산을 양도하는 때에는 행정청의 허가를 받아야 한다는 관련 법규정은 강행법규이므로 소속 대표단체 대표자의 승인서를 첨부하여 주무관청의 허가를 받지 아니하고 한 양도행위는 당연 무효이다. 다만 양도에 필요한 허가는 반드시 그 양도 전에 미리 받아야 하는 것은 아니고, 양도 후에라도 허가를 받으면 그 양도계약은 소급하여 유효한 것으로 된다고 할 것이지만, 양도계약이 처음부터 허가를 배제·잠탈하는 내용의 것이거나 또는 양도계약 후 당사자 쌍방이 허가받지 않기로 하는 의사표시를 명백히 한 때에는 그 양도계약은 그로써 확정적으로 무효로 되어 더 이상 관할청의 허가를 받아 유효한 것으로 될 여지가 없다.[423)]

즉 판례는 토지거래허가와 마찬가지로 사찰재산의 양도에 대한 주무관청의 허가 전까지는 '유동적 무효'상태에 있지만 허가를 받으면 소급하여 효력이 발생하는 것으로 보고 있는 것이다. 사찰재산 처분에 관한 주무관청의 허가는 그 처분행위를 보충하여 유효하게 하는 것이므로, 처분의 상대방을 특정하지 아니한 채 허가하였다 하더라도 위법이라 할 수 없다.[424)]

나. 사찰의 목적 수행 또는 존립자체에 필수적인 재산 처분

사찰의 목적 수행 또는 존립 자체에 필수적인 재산처분인지의 여부는 처분행위의 유·무효를 결정짓는 중요한 요소가 된다.

구 불교재산관리법 및 전통사찰보존법이 일정한 사찰재산의 처분에 관하여 관할청의 허가를 받도록 한 것은 사찰로 하여금 그 본래의 존립목적과 아울러 사회문화 향상에 기여케 할 목적으로 이를 규제하는 것이라 할 것이고, 따라서 당해 재산이 실질적인 사찰 소유로서 이를 처분하는 것이 사찰목적의 수행을

---

422) 박경재 앞의 논문, 803-804면.

423) 대판 2001.2.9, 99다26979.

424) 대판 1971.12.28, 71다2036.

불가능하게 하거나 사찰 자체의 존립을 위태롭게 할 우려가 있는 경우라면 비록 그 재산이 제3자에게 명의신탁 되어있다고 하더라도 명의수탁자인 제3자의 처분행위는 이를 무효라고 하여야 할 것이다.[425)]

따라서 사찰의 목적수행 및 존립 자체를 위하여 필요불가결한 재산의 처분은 관할 관청의 허가여부와 관계 없이 무효이나, 이를 일반인에게 처분한 것이 소속 종단에게 그 소유권을 넘김으로써 그 재산이 계속 사찰의 목적수행에 제공되는 경우에는 사찰 기본재산 처분에 해당하지 아니하여 관할 관청의 허가나 사찰 내부의 적법한 의사결정과정을 거쳤는가의 여부에 관계없이 유효하다.[426)]

또한 사찰 본래의 목적은 아니라고 하더라도 사찰의 목적범위에 속한다고 보여지는 제사·종교·자선·학술 등 공공사업을 위하여 사찰재산을 처분하는 경우이거나 사찰목적의 수행이 불가능하게 되거나 또는 사찰 자체의 존립을 위태롭게 할 우려가 없는 정도의 재산처분행위는 이를 무효라고 할 수 없다.[427)]

다. 시효취득으로 인한 소유권 변동

주무관청의 허가 없이 처분된 사찰재산이 그 거래가 무효임에도 불구하고 시효취득의 대상이 되는가.

판례는 특별한 사정이 없는 한 일반적으로 그 점유의 시초에 소유의 의사로 점유한 것이라 할 것이니 무효인 매매계약의 매수인이라 할지라도 취득시효 완성의 요건이 구비되는 때에는 시효취득할 수 있다[428)]고 하여 사찰재산의 시효취득에는 주무관청의 허가를 요하지 않는다고 한다. 이후 판결에서도 「법령상 주무관청의 허가가 있는 경우에 한하여 처분이 허용되고 허가 없이는 처분이 금지된 부동산을 매수하였다고 할지라도, 법률상 일반적인 처분권이 있다고 인정되는 소유명의자나 그의 적법한 대리인으로부터 부동산을 매수하고 현실적인 인도까지 받은 매수인의 경우에는 매도인의 매각행위가 법률상 유효요건을 구비한 것인가 여부까지를 조사할 의무는 없다고 할 것이므로, 주무관청의 허가 없음을 매수인이 알았거나 알 수 있었다는 등의 특별한 사정이 없는

425) 대판 1991.8.27, 90다19848.
426) 대판 1995.7.14, 93다60038.
427) 대판 1981.12.22, 81다731,732.
428) 대판 1978.7.25, 78다449.

한 점유의 시초에 소유의 의사로 점유한 것이라고 할 것이며, 나중에 매도자에게 처분권이 없다는 등의 사유로 그 매매가 무효인 것이 밝혀졌다 하더라도 점유의 성질이 변하는 것은 아니고, 나중에 매도자에게 처분권이 없다는 등의 사유로 그 매매가 무효인 것이 밝혀졌다 하더라도 위와 같은 점유의 성질이 변하는 것은 아니다」고 하여 점유 당시 시효취득의 요건만 구비되면 주무관청의 허가와는 관계 없이 권리를 취득할 수 있다고 한다.

시효취득은 법률행위에 의한 부동산 물권취득이 아니라 점유라고 하는 사실행위에 의해, 법률의 규정에 의한 원시취득이라는 점에서 이 경우까지 주무관청의 허가를 요한다고 볼 수 없다.

라. 공용수용으로 인한 소유권 변동

공용수용의 경우에도 주무관청의 허가를 요하는 것일까. 공용수용은 사인의 재산권을 강제적으로 취득하는 것이고, 수용권자의 권리취득은 시효취득과 마찬가지로 승계취득이 아니고 원시취득이기 때문에 이는 주지의 처분행위로 볼 수 없고, 따라서 주무관청의 허가를 요하지 않는다고 할 것이다.[429)]

판례도 「공용수용은 국가 또는 지방자치단체 등이 공공사업의 시행을 위하여 관련 법령에 의하여 사인의 재산권을 강제로 취득하고 그에 대하여 손실보상을 하는 것이므로 공용수용으로 인한 경내지 등 사찰재산의 소유권 변동은 전통사찰 주지의 처분행위에 의한 것이 아님이 명백하므로, 구 전통사찰보존법 제6조 제1항에 규정된 문화체육부장관의 허가를 요하는 주지의 처분행위에 공용수용으로 인한 경내지 등 사찰재산의 소유권이전은 포함되지 않는다」고 한다.[430)]

마. 강제경매

강제경매의 경우에도 주무관청의 허가가 필요한가. 강제경매로 인한 소유권이전은 일응 강제경매가 사법상 매매의 성질이 있고, 그에 앞서 주지의 채무부담과 같은 원인행위가 있었으므로 이러한 연속적 행위를 주지의 처분행위로 볼 수 있어 그러한 원인행위가 없는 공용수용과는 달리 허가를 요한다는 견

---

429) 동지, 김의환, 구 전통사찰보존법 제6조 제1항 소정의 '문화체육부장관의 허가를 요하는 주지의 처분행위'에 공용수용으로 인한 경내지 등 사찰재산의 소유권이전이 포함되는지 여부, 대법원판례해설 제35호, 법원도서관, 2000, 585면.

430) 대판 2000.10.13, 99두653.

해[431]와 주무관청의 허가는 사찰이나 법인 스스로의 의사표시에 의한 법률행위에 적용되는 것이므로 제3자에 의해 이루어지는 사실행위인 시효취득이나 법률의 규정에 의한 공용수용, 기타 행정처분 등에는 위 규정이 적용되지 않는 것처럼 강제경매의 경우에도 이와 달리 해석해야 할 이유가 없으므로 집행법원에 의한 강제경매의 요건만 심사대상이 되어야 하고, 강제경매가 허용 되는가 아닌가는 주무관청의 허가 문제로 논할 것이 아니라 압류가 금지된 재산인가 아닌가에 따라 결정되어야 하므로, 압류금지규정의 적용을 받지 않는 사찰재산에 대한 강제경매는 주무관청의 허가 여부에 관계 없이 인정되어야 한다는 반대견해[432]가 있다.

종전 판례는 강제경매에는 주무관청의 허가를 얻어야 하며, 허가 없이 진행된 강제경매절차에 의하여 경락받은 것을 원인으로 하여 경료된 소유권이전등기는 원인무효의 등기라고 한다.[433] 이후에도 동일한 논지로, 「구 전통사찰보존법(1997. 12. 13. 개정되기 전의 것) 제6조 제1항 제2호, 같은 조 제5항 및 같은 법 시행령 제7조 제2항 등에 의하면 전통사찰보존법상의 경내지 등을 대여, 양도, 담보제공 등 처분행위를 함에는 문화체육부장관의 허가를 받게 되어 있고, 이에 위배되는 처분은 무효로 한다고 규정하고 있는바, 그 처분행위가 강제경매절차의 한 경우라 하더라도 달리 볼 것은 아니다」[434]고 하여 허가를 요하고 있다.

바. 사견

강제경매를 둘러싸고 허가를 얻어야 하는지에 대한 다툼은 전통사찰보존법 제9조의 해석을 둘러싸고 발생된 문제이다. 동법 제9조가 동산 또는 부동산의 양도, 대여, 담보제공에 행정청의 허가를 받도록 하고 있기 때문에, 제9조에 규정되어 있지 않은 시효취득이나 공용수용, 강제경매의 경우에도 허가를 요하는가가 문제이다. 긍정설은 강제경매의 경우 법률의 규정에 따른 시효취득이나 공용수용과 달리 사법상 매매의 성격을 지닌 처분행위로 보아 허가를 요한다

431) 김의환, 위의 논문, 586면.

432) 이기영, 사립학교·전통사찰·공익법인·민법상 재단법인의 기본재산에 대한 강제경매와 주무관청의 허가, 법조 제574호, 2004.7, 52-54면.

433) 대판 1981.8.20, 80다2136.

434) 대판 1999.10.22, 97다49817.

는 것이고, 부정설은 제9조는 스스로의 의사표시에 의한 법률행위에 적용되는 것이고, 강제경매처럼 제3자의 행위에 의해 이루어지며, 전법용 건물 등(동법 제14조)과 같이 압류금지규정의 적용을 받지 않는 사찰재산이라면 강제경매에는 주무관청의 허가 여부에 관계없이 인정된다고 하는 것이다.

생각건대, 사찰재산에 대하여 담보제공을 하려면 주무관청의 허가가 있어야 하므로 임의경매의 경우에는 이러한 문제가 발생하지 않는다. 강제경매가 이루어지는 과정을 생각해 보면, 먼저 사찰에 대한 채권의 성립과 사찰측의 채무불이행, 압류금지재산이 아닌 재산에 대한 압류 또는 가압류, 법원에 의한 경매절차 개시의 순으로 진행될 것이다. 이러한 일련의 과정을 생각해 볼 때 만약 강제경매의 경우에 허가를 요한다고 하면 '일반채권자의 불이익'으로 귀착된다.

제9조와 제14조의 관계에서 전통사찰보존지의 건조물과 토지는 저당권이나 그 밖의 물권의 실행을 위한 경우 또는 파산한 경우 외에는 사법상의 금전채권으로 압류가 금지되는 만큼 강제경매의 대상이 되지 않는다. 따라서 문제가 되는 것은 전법용 건조물과 토지 이외의 전법용이 아닌 부동산과 동산이 주로 문제될 것이다. 따라서 이의 해석에서는 동법의 입법취지와 일반채권자의 이익 등도 고려하여 합목적적인 해석을 하여야 할 것이다.

이와 관련하여 헌법재판소는 전통사찰의 전법용 경내지 건조물 등에 대해 압류를 금지하고 있는 전통사찰보존법 제14조에 대한 헌법소원청구에서 동 조항이 「전통사찰과 그에 속하는 전통문화유산이 경매 등을 통하여 전전양도되어 문화재적 가치가 손상되는 것을 방지하기 위해 압류를 금지한 것으로서, 입법목적의 정당성 및 수단의 적절성이 인정되고, 전통사찰 등록 전에 발생한 사법상 채권으로 전통사찰 소유의 전법에 제공되는 경내지의 건조물 등을 압류하는 것이 금지되어 압류금지의 범위가 한정되어 있는 등 침해의 최소성도 인정되며, 민족문화유산인 전통사찰은 한번 훼손되면 그 회복 자체가 곤란한 경우가 많아 그 훼손 가능성을 방지함으로써 얻을 수 있는 공익이 상당하여 법익균형성도 갖추었다고 할 것이므로, 이 사건 법률조항은 청구인의 재산권을 침해하지 않는다」고 하고 나아가 「이는 전통문화유산을 보존함으로써 전통사찰의 일반 채권자'를, '기타의 일반 채권자', '전통사찰의 담보물권부 채권자' 및 '전통사찰의 파산 채권자'와 차별취급하고 있으나, 민족문화의 향상에 이바지하기 위한 것이라는 점, 담보 제공의 경우 관할관청으로부터 허가를 받아 전통사찰의 보호에 지장을 주지 아니한다는 것이 일응 인정된 것으로 볼 수 있는 점, 그리고 파산의 경우 법원이 파산 신청의 원인 유무 등에 대하여 조사한 후 파산 선고 여부를 결정하고 법원의 감독을 받는 파산관재인이 환가절차를 진행한다는 점을 고려하면 차별취급에 합리적인 이유가 있으므로, 이 사건 법률조항은 청구인의 평등권을 침해하지 않는다」[435] 고 한다.

전법용 외의 건물과 부동산에 대하여는, 「전통사찰은 민족문화유산으로서 한번 훼손되면 그 회복 자체가 곤란한 경우가 많아 전통사찰과 그에 속하는 전통문화유산이 경매 등을 통해 전전양도되어 문화재적 가치가 손상되는 것을 방지하기 위한 것으로서 그 입법목적이 정당하고 채권자가 전법용 건조물 등 외의 전통사찰 소유의 부동산이나 압류가 가능한 동산에 대한 강제집행을 통해 채권을 실행하는 것까지 금지되는 것은 아니므로 사법상 채권자의 재산권을 침해하는 것은 아니다」고 판단이유를 밝혔다.

위와 같은 헌법재판소의 결정을 고려하고 일반채권자의 이익을 형량하여 보면, 동법 제14조가 규정하고 있는 압류금지재산의 경우에는 원천적으로 강제경매의 문제가 발생하지 않는다. 따라서 타법률에서 규정한 압류금지재산이 아닌 한, 사찰재산 중 '전법용 외의 부동산'과 '동산'에 대하여는 사찰측의 적극적인 양도나 대여, 담보의 제공이 아닌 강제경매의 경우에는 허가를 요할 필요가 없다고 해석하는 것이 타당하다.

7. 사찰의 분쟁과 사법심사의 한계

(1) 사찰 분쟁의 특수성

사찰 등의 종교단체에서 종교적 문제나 조직의 관리·운영과 관련하여 발생한 분쟁에 대하여 국가 사법권이 어느 정도로 개입할 수 있는가. 종교단체의 분쟁 중에서 사찰의 분열이나 종단변경의 경우에는 사찰재산의 귀속문제와 관련되어 있는 경우가 많다. 이러한 분쟁에 대하여 내부적으로 해결이 되지 않는 경우 법원에 소송으로 제기되는 사례가 많이 있고 법원의 입장에서도 적극적으로 개입하여 판단하고 있는 상황이다.

---

435) 헌재결 2012.6.27, 2011헌바34 전원재판부.

그러나 종교상의 교의에 관한 분쟁이나 종교단체의 관리·운영에 관한 분쟁, 특히 권징재판이나 종교적 지위의 확인 또는 대표자의 지위확인 분쟁 등은 이념적 종교단체의 내부적·자율적 결정이 존중되어야 할 부분이고, 법원도 사안에 따라 적극 개입하거나 또는 개입을 자제하고 있다.[436]

법원은 헌법에 특별한 규정이 있는 경우를 제외하고는 국민의 기본권인 재판청구권을 보장하는 의미에서 일체의 법률상의 쟁송[437]을 심판하도록 되어 있고, 법률적 쟁송은 구체적 사건성을 전제로 하므로, 구체적인 권리의무 내지 법률관계에 대한 분쟁으로서 법령의 적용에 의하여 종국적인 해결이 가능하고 사안의 성질상 사법심사의 대상 밖에 두는 것이 적당하다는 사정이 없는 한 원칙적으로 법률상의 쟁송은 사법심사의 대상이 된다 할 것이다.

반면 종교상의 교의 등 자주적으로 종교적 사명을 수행하는 것을 목적으로 하는 종교단체의 내부관계에 대하여는 헌법상 종교의 자유의 원칙에 비추어 당해 종교단체의 자치권을 존중하여 국가기관인 법원의 개입을 자제하는 것이 헌법이념에 부합한다 할 것이다.[438]

교회사건에서와 마찬가지로 대법원은 단순한 사실관계에 불과하고 구체적인 권리 내지 법률관계의 문제가 아닌 경우에는 사법심사의 대상이 되지 않음을 밝히고 있다.[439]

(2) 사찰분쟁의 다양성

사찰에 관련된 법적 분쟁은 다양한 형태로 나타날 수 있다. 종교상의 교의와 관련된 분쟁, 신분상의 지위확인 등에 관한 분쟁, 사찰재산의 처분 등과 관련하여 사찰과 제3자 사이의 분쟁이 있고, 사찰의 지배권에 관계된 종파간 또는 사찰의 주지, 신도 등 사이의 분쟁이나 종단내부의 징계와 관련된 분쟁도 있다. 전자는 일반 민사상의 분쟁으로 그 법률행위의 효력 여부가 문제되고,

436) 박경재, 앞의 논문, 809면.

437) 법률상의 쟁송이란 법령의 해석·적용에 의하여 종국적으로 해결할 수 있는 당사자 사이의 구체적인 권리·의무 내지 법률관계의 존부에 관한 분쟁을 뜻한다.

438) 박경재, 위의 논문, 809면.

439) 대판 1984.7.10, 83다325에서 「어느 사찰의 종단에의 사찰등록이 말소되었음의 확인을 구하는 소는 원고의 권리관계 확인에 아무런 도움이 되지 아니할 뿐 아니라 단순한 사실관계 확인에 불과하여 부적법하다고 하고, 특정 사찰이 원고 종파(대한불교 조계종)에 속한다는 확인을 구하는 것은 단순한 사실관계의 문제로서 구체적인 권리 내지 법률관계의 문제가 아니라는 이유로 확인의 소의 대상이 되지 않는다」고 판시하고 있다.

후자는 사찰이 독립된 단체로서의 실체를 갖추었는지, 만일 갖추었다면 그 법적 성격이 무엇이냐가 논의의 전제로 된다.[440]

가. 종교상의 교의와 관련된 분쟁

법원은 종교상의 교의와 관련한 분쟁에서 재산의 소유권 등에 관한 존부의 확인, 권리에 관한 구체적인 계약 또는 법률관계의 존부확인 등이 아닌 한, 이는 단순한 사실관계의 문제일 뿐 구체적인 권리 내지 법률관계의 문제가 아니라 할 것이므로 확인의 소의 대상이 되지 아니한다고 하여 특정종교의 교리의 진위, 교의의 해석 등 종교상의 교의에 관한 문제는 사법심사의 대상이 되지 않는다[441]고 판시하고 있다. 또한 징계의 당부를 판단할 필요가 있는 경우에도 그 판단의 내용이 종교 교리의 해석에 미치지 아니하는 한 법원으로서는 위 징계의 당부를 판단하여야 한다고 판시[442]하고 있는 것으로 보아 종교 교리 해석에 관한 한 사법심사의 대상이 아님을 밝히고 있다고 보아야 한다.

대법원은 조계종 사건에서 어느 사찰의 종단에의 사찰등록이 말소되었음의 확인을 구하는 소는 원고의 권리관계 확인에 아무런 도움이 되지 아니할 뿐 아니라 단순한 사실관계 확인에 불과하여 부적법하다고 하고, 특정 사찰이 원고 종파(대한불교 조계종)에 속한다는 확인을 구하는 것은 단순한 사실관계의 문제로서 구체적인 권리 내지 법률관계의 문제가 아니라는 이유로 확인의 소의 대상이 되지 않는다고 한다.[443]

일본 판례도 종교단체와 관련하여 종교단체가 소위 이따망다라로 불리는 본존에 관련된 기부금을 모금한 후 그 본존이 위물(僞物)이라는 것이 밝혀지자 기부자가 착오라는 이유로 기부금의 반환을 구한 사안에서 「본건 소송은 구체적인 권리의무 내지는 법률관계에 관한 분쟁을 취하고 있으나 종교상의 교의에 관한 판단은 청구의 당부를 결정함에 있어서의 전제문제로서 본건 소송의 결과를 좌우하는 불가결한 것으로 당사자의 주장과 입증도 이러한 판단에 관

440) 심영수, 앞의 논문, 87면.

441) 대판 1984.7.10, 83다325; 대판 1980.1.29, 79다1124 판결에서 세계기독교 통일신령협회(통일교)나 그 유지재단이 기독교의 종교단체인 여부는 원고의 권리·의무 등 법률관계와는 아무런 관련이 없는 사실문제이므로 그 확인을 구하는 부분은 즉시 확정의 이익이 없다고 한다.

442) 대판 2005.6.24, 2005다10388.

443) 위의 대판 1984.7.10, 83다325.

한 것이 그 핵심이기 때문에 그 실질에 있어서 법령의 적용에 의한 종국적인 해결이 불가능하므로 재판소법 제3조에서 말하는 법률상의 쟁송에 해당하지 아니한다」[444]라는 이유로 사법심사의 대상이 될 수 없다고 한다.

나. 종교단체 내부의 제재인 권징 등과 관련된 분쟁

종교단체의 구성원이 자신에 대한 내부징계에 대하여 승복하지 못하고 법원에 심사를 청구하는 경우에는 어떠한가. 대법원은 교회의 권징에서 살펴본 것처럼 원칙적으로 이른바 권징재판에 대하여 사법심사의 대상이 아니거나 법률상의 쟁송이 될 수 없다고 한다. 다만 종교단체 소정의 징계절차를 전혀 밟지 아니하였다거나 징계사유가 전혀 존재하지 아니한다는 등 이를 무효라고 할 특별한 사정이 없으면 그 징계는 여전히 효력을 지속한다고 하여 권징재판의 유효 여부가 다른 법률상의 쟁송판단의 전제로 되는 경우에는 법원이 그 징계의 효력에 대하여 판단할 수 있다고 한다.[445]

예컨대, 사설 사찰이 아닌 불교 종단에 등록을 마친 사찰은 독자적인 권리능력과 당사자능력을 가진 법인격 없는 사단이나 재단에 해당되므로 그러한 사찰의 주지는 종교상의 지위와 아울러 비법인사단 또는 단체인 당해 사찰의 대표자로서의 지위를 겸유하면서 사찰 재산의 관리처분권 등을 갖게 되는 것이어서, 그 '주지 지위의 확인'이나 '주지 해임 무효확인' 등을 구하는 것이 구체적인 권리 또는 법률관계와는 무관한 단순한 종교상의 자격에 관한 시비에 불과하다고 볼 수는 없다고 하여 사법심사의 대상이 된다고 하였다.

즉 위 대법원판결 관련 사건에서 「피고 종단에 등록된 사찰인 제1사찰의 주지이던 원고가 직무와 관련하여 종단과 사찰의 명예를 훼손하였다는 사유로 피고(한국불교태고종)로부터 징계 해임당한 것에 대하여 원고가 그 절차의 하자를 이유로 무효 확인을 구하는 것은 실제로 위 제1사찰의 대표자가 누구인지 및 후임 주지에 의한 사찰재산의 처분이 유효한지에 대한 쟁송으로 그 청구의 당부를 판단하기 위해서는 이 사건 원고에 대한 징계해임처분의 유·무효를 판단할 필요가 있는바, 그 판단은 단순한 절차의 하자에 대한 것일뿐 종교상의

444) 일본최고재판소 1981.4.7.

445) 이와 같은 법원의 태도에 대하여는 종교단체의 교단변경의 문제와 비교할 때 일관성이 결여된 것이라면서 비판하는 견해도 있다. 김진현, 교회재산분쟁에 있어서의 소의 이익, 후암 곽윤직 교수 화갑기념논문집, 박영사, 1985, 263면.

교리의 해석에까지 미치는 것이 아니므로, 이 사건 소는 사찰의 대표권과 사찰의 재산에 대한 관리처분권 등 구체적 권리의무관계에 대한 법률상 쟁송에 해당한다. 또한 사찰의 주지 임기가 만료되었다고 하더라도, 해임처분으로 해임된 당사자는 해임처분 후 임기가 만료되었다 하더라도, 후임자의 선임이 없거나, 또는 그 선임이 있었다 하더라도 그 선임이 부존재하거나 선임에 무효사유나 취소사유가 있는 등 특별한 사정이 있는 경우에는, 자신에 대한 해임처분에 대하여 무효 확인을 구할 법률상 확인의 이익이 있다」[446]고 하여 사찰 주지에 대한 해임으로 인한 사찰의 대표권과 사찰의 재산에 대한 관리처분권에 대한 다툼은 구체적 권리의무관계에 대한 법률상 쟁송성을 인정하여 법원의 심사대상이 된다고 하고 있다.

다른 대법원 판결인 대판 2005.6.24. 2005다10388에서는 개인사찰의 주지로 활동하던 주지승이 원래 사찰의 운영과 재산관리 등을 보장받기로 한 채 특정 종단에 가입하였는데 이후 사찰 명예훼손 등을 이유로 종단으로부터 주지직 해임처분을 받게 되었고 그 해임처분이 무효임을 주장하는 소를 제기한 사안에서, 대법원은 일단 "종교단체의 징계결의는 종교단체 내부의 규제로서 헌법이 보장하고 있는 종교자유의 영역에 속하는 것이므로 교인 개인의 특정한 권리의무에 관계되는 법률관계를 규율하는 것이 아니라면 원칙적으로 법원으로서는 그 효력의 유무를 판단할 수 없다고 할 것"이라고 전제하였다. 그러나 위 사안에서는 "(…) 사찰의 주지는 종교상의 지위와 아울러 비법인사단 또는 단체인 당해 사찰의 대표자로서의 지위를 겸유하면서 사찰 재산의 관리처분권 등을 갖게 되는 것이어서, 그 주지 지위의 확인이나 주지해임 무효확인 등을 구하는 것이 구체적인 권리 또는 법률관계와는 무관한 단순한 종교상의 자격에 관한 시비에 불과하다고 볼 수는 없고, 이와 같이 징계효력의 유무와 관련하여 구체적인 권리 또는 법률관계를 둘러싼 분쟁이 존재하고 또한 그 청구의 당부를 판단하기에 앞서 위 징계의 당부를 판단할 필요가 있는 경우에는 그 판단의 내용이 종교 교리의 해석에 미치지 아니하는 한 법원으로서는 위 징계의 당부를 판단하여야 한다고 판시하여 징계의 당부를 판단할 필요가 있다고 보았다.

---

446) 대판 2008.11.27, 2008다17274; 대판 1992.5.22, 91다41026.

8. 종단변경과 사찰분열의 허용 여부

특정 종단에 소속된 사찰이 소속 종단으로부터 탈퇴하고 다른 종단에 가입하는 것이 가능한가. 사찰의 분열은 인정될 수 있는가. 기존의 종단을 변경하는 경우, 그를 지지하지 않는 신도들을 위한 사찰의 분열을 허용할 것인가의 여부는 사찰의 법적 성격에 따라 논리필연적으로 결정될 수 있는 사안은 아니나, 그 법적 성격 여하에 따라 밀접한 관련을 맺을 수 밖에 없는 것은 사실이다.

현재 우리 판례는 외견적으로는 종단의 변경과 사찰의 분영을 인정하는 것처럼 보이지만 실제로는 그 허용에 있어서 조심스러운 편이다. 이 문제는 단순히 사찰의 인사권과 징계권, 사찰재산의 관리·처분 등에 관계될 뿐 아니라 종교의 자유 문제와도 직접 연결되어 있다.[447] 다만 2006년 교회의 분열과 관련된 전원합의체 판결은 교회 뿐만 아니라 다른 법인 아닌 사단에도 적용되는 결과 이제 실무적으로는 사찰에 대해서도 일반 민법의 '사단법리'에 의하여 해결되게 되었다.

(1) 종단의 변경

가. 종단의 의의와 소속관계

종단이란 종교적 이념 내지 교리를 같이 하거나 종교적 이해관계를 같이 하는 사람 또는 단체들로 구성된 상위단체를 말하며,[448] 종단변경이란 종단의 구성원인 사찰이 현재 소속된 종단과의 종단소속관계를 탈퇴하고 다른 종단에 가입하여 그 종단과 새로운 종단소속관계를 맺는 것을 의미한다.

사찰과 종단 사이에 종단소속관계가 성립하면, 사찰은 종단의 구성분자가 되어 종단 내부의 자율적 규범에 따라야 할 의무를 부담하게 되고, 종단은 상위 종교단체로서 종단 내부의 질서유지와 종교목적을 달성하기 위하여 소속사찰을 지휘, 통제하는 일정한 권능을 가지게 된다. 종단소속관계에 따라 양자 사이에 상하관계·통제명령관계가 발생하지만, 종단소속관계의 성립은 사찰과 종단 사이의 계약관계에 따른 것이어서,[449] 사찰과 종단의 관계는 일률적으로

447) 박경재, 앞의 논문, 797면.

448) 이백규, 앞의 논문, 35면.

449) 대판 1982.2.23, 81누42에서 종단과 사찰 사이에 사찰의 재산처분에 관하여 「종단에 종속

말할 수 없고 양자의 관계는 사찰과 종단이 스스로 자유롭게 종단소속관계를 설정하고, 폐지할 수 있다고 보아야 할 것이다.[450)]

나. 학설

종단소속 변경을 인정할지 여부에 대하여, 사찰은 비법인사단이므로 그 사찰의 의사결정방법에 따라 다른 종단으로 전종(轉從)할 수 있고,[451)] 종단의 법적 변경에 관하여서도 교회의 교단변경과 같이 승려와 신도들이 적법한 절차를 거쳐 종단변경을 결의하면 그 효력을 인정하는 것이 타당하고 이는 종교의 자유 원칙에 비추어 보아도 명백하며, 다만 원칙적으로 구성원 전원의 동의가 필요하다[452)]는 긍정설과, 사찰의 법적 성격이 비법인재단인 경우에는, 정관에 해당하는 자치규약이 없거나, 있더라도 통상 그 규약에 종단탈퇴에 관한 규정이 없기 때문에 승려나 신도들의 총의에 의한 종단으로부터의 탈퇴결의가 있더라도 사찰이 종단으로부터 탈퇴할 수 없다고 보는 것이 단체법리에 부합한다는 견해,[453)] 교회와 달리 사찰은 원칙적으로 소속 승려 전원의 총의에 의하여서도 그 사찰의 소속 종단을 변경할 수 없다는 견해[454)] 등이 있다.

다. 판례

그 동안의 판례 입장을 종합해 보면, 개인(사설)사찰이 아닌 한 단체로서의 실질을 가지고 있는 사찰이 특정종단과 법률관계를 맺어 그에 소속하게 되면 소속종단의 종헌이나 종법이 그 사찰에 대한 자치법규로 되는 것이고, 사찰의 주지임면권 또한 소속 종단에 귀속되는 등 사찰 자체의 지위나 권한에 중대한 변화를 가져오게 되므로, 어느 사찰이 특정 종단에 가입하거나 소속 종단을 변경하기 위하여는 적어도 그 사찰 자체의 자율적인 의사결정이 전제가 되어야 하는 것이고, 주지 한 사람만의 의사결정에 의하여 좌우될 수 없다고 한다.[455)]

하는지의 여부에 대하여, 종속 계약상의 지위 및 재산상 청구권의 존부와 그 내용은 보조참가인과 원고 사찰 사이의 사법상의 계약의 존부와 그 내용에 의하여 결정되는 것」이라고 판시하였다.

450) 동지, 박경재, 앞의 논문, 797-798면.

451) 최춘근, 앞의 논문, 399면.

452) 이백규, 위의 논문, 50-52면.

453) 박해성, 앞의 논문, 50-52면.

454) 이동명, 민법주해Ⅴ, 박영사, 1999, 666면.

455) 대판 1989.10.10, 89다카2902; 대판 1992.7.14, 89다카15151; 대판 1997.6.13, 96다31468.

더 나아가 사찰의 주지와 주지를 따르는 신도들이 소속 종단의 종헌에 따르지 아니하고 소속 종단을 탈종하였다 하더라도 이는 그 신도와 승려 개인이 소속 종단에서 탈퇴하게 되는 데에 그치는 것일 뿐, 사찰 자체가 이미 독립한 권리·의무의 귀속 주체로 성립한 이상 사찰 자체의 종단 소속이 변경되는 것은 아니라고 한다.[456]

요컨대, 판례의 주류적인 입장은 사찰이 특정 종단과 법률관계를 맺어 그에 소속하게 되면 그 사단의 구성분자가 되는 것이고, 사찰이 소속 종단의 종헌, 종법에 따르지 아니하는 한, 그 사찰 소속 승려와 신도들의 일방적인 의사에 기하여서는 종단으로부터 탈퇴할 수 없다는 것이다.[457]

(2) 사찰의 분열

'분열'이란 사단의 구성원이 사원 지위에서 단순히 탈퇴하는 것과는 달리 다수의 구성원이 동시에 또는 단기간 내에 종전의 단체에서 탈퇴하여 해산에 준하는 상태에 이르고, 탈퇴한 구성원이 새로운 사단을 구성하는 것을 가리킨다. 단순한 집단탈퇴와 달리 '분열'이라는 개념을 사용하는 것은 탈퇴한 구성원이 종전 소속 단체의 재산에 대하여 일정한 권리를 가질 수 있게 하기 위함이며, 사찰의 분열은 그 외의 종교활동의 자유와 관련되는데, 그 인정여부는 종단변경과 마찬가지로 사찰의 법적 성격에 따라 결정되어야 한다.

가. 학설

종교의 자유라는 측면에서 사찰의 분열을 인정해야 하며, 종전 사찰 재산에 대하여 일정한 권리를 인정하는 것이 형평의 원칙에 부합하는 것이어서 종단 변경에 찬동하지 않는 승려와 신도에게까지 종단변경의 효력을 미치게 할 수는 없고, 그렇다고 하여 종단 변경을 무효라고 하여 종단변경을 주장하는 승려와 신도를 당해 사찰에서 배제하는 것도 형평에 맞지 않으므로 사찰의 경우에도 분열을 인정하자는 견해가 있다.

이와 반대로 사찰에서 승려간의 분규가 발생하더라도 사찰 그 자체 내지 종단 차원에서 규제가 될 뿐만 아니라 사찰재산이 수백 년 전부터 축적·전승되어 온 것으로 현재의 승려들의 출연에 의하여 조성된 것이 아니고, 현재의 신

456) 대판 2000.5.12, 99다69983.
457) 박경재, 앞의 논문, 799면.

도들이 시주한 바 있더라도 이는 법인격 없는 재단에 유사한 사찰에 귀속되는 것으로 생각할 수 있고, 승려들이 사찰재산에 대하여 지분을 주장할 수 있는 입장은 아니므로 사찰재산을 둘러싼 사찰의 분열이라는 사태는 인정할 수 없다고 하거나,[458] 사단은 구성원의 개성을 초월하여 독립하여 존재한다는 데 그 본질이 있으므로 사단의 구성원이 개별적으로, 집단적으로 이탈하더라도 유기체로서 존속하고 있는 한 집단적으로 이탈한 사단의 구성원이 새로운 사단을 이루었는가 여부와 상관없이 의연히 사단으로서의 동일성을 유지하고 있고, 종전의 단체에서 집단적으로 이탈하게 되면 종전 단체재산에 대한 권리는 포기한 것으로 보아야 한다며 사찰의 분열을 인정하는 것은 사단의 본질 자체에 반한다고 한다.[459]

나. 판례

원칙적으로 사찰의 분열을 인정하는데 소극적이다. 즉 「사찰은 신도들이 사찰의 운영이나 재산의 관리·처분에 관여하는 정도에 의하여 재단 또는 사단인 사찰로 구분되기는 하지만 일반의 재단 또는 사단과는 달리 이념적 요소로서의 불교 교의, 행위적 요소로서의 법요 집행, 조직적 요소로서의 승려와 신도, 물적 요소로서의 토지, 불당 등 시설이 결합되어 성립하는 것이므로, 일단 사찰이 성립한 이상 그 분열은 인정되지 아니하는 것이고, 그 요소의 하나인 신도회도 분열될 수 없는 것이며(특히 비법인사단의 신도회는 사단 내에서 사원총회의 기능을 담당하게 되므로, 그 본질적 구성요소가 된다 할 것이다), 일부 승려나 신도들이 사찰이 내세우는 종지 또는 사찰의 운영에 반대하여 탈종한다거나 신도회에서 탈퇴하였다 하더라도 이를 가리켜 사찰 또는 신도회가 분열되었다고 할 수 없다」[460]고 한다.

따라서 사찰이 소속 종단의 종헌에 따르지 아니하고 그 신도와 승려와 결합하여 그 소속종단을 탈종하였다 하더라도 이는 그 신도와 승려 개인이 소속종단에서 탈퇴하게 되는 데에 그치는 것일 뿐 그로써 이미 독립한 권리·의무의 귀속 주체로 성립한 사찰 자체의 종단 소속이 변경되게 되는 것은 아니고, 사찰이 일단 성립한 이상 사찰 그 자체의 분열도 인정되지 않는다.[461]

458) 정귀호, 앞의 책, 840-841면.
459) 홍광식, 앞의 논문, 52-53면
460) 대판 1997.12.9, 94다41249.

그러나 분열이 인정되려면, 「불교회 신도들 사이에 서로 의견이 대립되어 그 대표자가 주축이 된 파가 그 불교회의 정통성을 부정하면서 새로운 명칭아래 상당수의 신도들만의 결의로 새로이 회칙을 개정하는 등으로 새로운 사단을 조직하고 위 불교회로부터 이탈하였다면 위 불교회는 2개로 분열된 것으로 보아야 한다」[462] 고 한다. 동시에 동판결은 사찰의 분열을 인정하면서 재산 귀속에 관하여 특별한 정함이 없으면 그 재산은 분열 당시 그 단체구성원의 총유에 속한다고 한다.

실제로 사찰의 분열을 인정할 것인지의 여부는 교회의 분열과 마찬가지로 종전 사찰의 재산에 대한 소유권 귀속 여부와 밀접한 관련성을 갖는다. 그런데 대법원은 교회의 분열을 인정해 오던 종전 판결[463]을 폐기하고, 교회의 분열을 인정하지 않고 있다. 즉 「우리 민법이 사단법인에 있어서 구성원의 탈퇴나 해산은 인정하지만 사단법인의 구성원들이 2개의 법인으로 나뉘어 각각 독립한 법인으로 존속하면서 종전 사단법인에게 귀속되었던 재산을 소유하는 방식의 사단법인의 분열은 인정하지 아니한다. 따라서 그 법리는 법인 아닌 사단에도 동일하게 적용된다」[464]고 한다. 이러한 법리 아래 분열된 각 사단들의 구성원에게 총유적으로 귀속되는 형태의 비법인사단의 분열은 허용되지 않는다고 한다.

따라서 교인들은 교회 재산을 총유의 형태로 소유하면서 사용·수익하지만, 일부 교인들이 교회 교인의 지위를 상실하게 되면 탈퇴가 개별적인 것이든 집단적인 것이든 종전 교회의 총유 재산의 관리처분에 관한 의결에 참가할 수 있는 지위나 그 재산에 대한 사용·수익권을 상실하는 것이며, 잔존 교인들을 구성원으로 하여 실체의 동일성을 유지하면서 존속하며 종전교회의 재산은 잔존 교인들의 총유로 된다고 한다.

만약 교단변경의 결의하며 집단 탈퇴한 교인의 수가 전체 교인의 3분의 2 이상이 되는 경우에는 정관변경 의결정족수를 충족하게 되어 교회의 모든 재산은 탈퇴한 교인의 총유가 되고 오히려 남은 교인들이 교회재산에 대한 총유권자로서의 권리를 상실하게 된다고 한다. 이러한 교회의 분열과 재산의 귀속

461) 대판 2000.5.12, 99다69983.
462) 대판 1987.10.26, 85다카1320.
463) 대판(전) 1993.1.19, 91다1226.
464) 대판(전) 2006.4.20, 2004다37775.

문제는 사단인 사찰의 분열의 경우에도 동일하게 적용될 수 있는 법리이다.

생각건대 사찰의 경우에는 재산형성과정이 교회와 다른 경우가 많다. 1인(창건주) 또는 소수의 신자들에 의하여 사찰의 주요재산이 형성된 경우에 다른 특별한 규정이 없다는 이유로 정관변경정족수의 기준으로 분열 및 재산의 귀속을 정하는 것이 타당한지는 의문이다. 종교단체의 법리를 일반 사단과 동일한 법리로 규율하는 한계가 여기에 나타난다.

지금까지 사찰은 그 실체를 구성하는 요소에서부터 종교단체로서의 성격, 종단변경과 사찰의 분열, 사찰의 분열시 재산의 귀속관계 등에 이르기까지 관련되는 법률관계가 다양하고 법적 쟁점사항도 다양하지만, 기본적으로 법적 성격에 따라 그 법률관계를 결정하는 것이 논리적임을 전제로 사찰에 관한 법률관계에 대하여 살펴보았다.

민법에 의하여 허가를 얻지 못한 사찰은 법인 아닌 단체로 남아 있고, 종교법인법과 같은 특별법이 존재하지 않는 한 그 법적 성격을 규정하는 것은 학설과 판례에 맡겨져 있다. 그러나 종교단체인 사찰은 물적 요소와 인적 요소를 함께 가지고 있는 복합적 조직체로서 단체를 사단과 재단으로 구성하고 있는 현행 민법 체계 내에서 양자택일적으로 그 법적 성격을 규정하는 접근방법으로는 사찰을 둘러싼 법적 분쟁을 완전히 해결할 수 없기 때문에 앞서 살펴 본 바와 같이 학설과 판례만으로 해결하기에는 한계가 있다.

한편 사찰을 규율하기 위한 법률인 불교재산관리법과 전통사찰보존 및 지원에 관한 법률이 있기는 하지만, 위 법률들은 불교단체 중에서도 일정한 요건을 갖춘 사찰에 대하여서만 적용되는 데다, 법적 규제 완화에 노력을 하여 일부 규정들이 개정되기도 하였지만 그 내용은 여전히 사찰에 대한 규제와 제한에 중점을 두고 있기 때문에 법률관계의 규명이나 분쟁해결에 한계를 보이고 있고 심지어 타 종교단체와의 불평등만 지적되고 있다.

이와 관련하여 다원화사회를 구성하는 특수한 부분사회인 종교단체에 대하여 종교단체의 특수성을 고려하면서 모든 종교단체를 규율하는 통일된 종교단체기본법 내지 종교법인법을 제정할 필요가 있다는 주장이 꾸준히 제기되어 왔다.[465] 이러한 측면에서 종교단체를 일반법인과는 다른 종교법인으로 규율하여 그 성격을 명확히 하고, 종단운영과 의사결정방법, 신도의 지위 등을 구체

465) 박경재, 앞의 논문, 812면.

적으로 규정함으로써 종교단체를 둘러싼 법적 분쟁을 보다 신속하게 해결할 수 있을 것이라는 점에 의한 바, 관련법의 제정이 고려되어야 한다.

Ⅴ. 협동적 비영리단체

협동적 비영리단체로는 민사적 사단(동창회, 친목회, 협동조합, 계)과 채권자로 이루어진 '채권단' 등이 있다. 재건축조합은 종전 판례[466]에 의하면 법인 아닌 사단으로 보았으나, 「도시 및 주거환경정비법」에 의해서 법인으로 규정하고 있다(동법 제18조).

협동적 비영리단체에도 그 목적에 따라 공익비영리단체[467]와 비공익비영리단체[468]로 구분할 수 있다. 동창회나 동호회 등 대부분의 친목단체 등은 비공익비영리단체임에 반하여 NGO, NPO 등을 포함한 소비자단체와 교육단체, 사회복지단체 등은 공익비영리단체이다. 이러한 공익비영리와 관련된 법으로는 소비자기본법, 비영리민간단체지원법,[469] 외국민간원조단체에 관한 법률 등이 있다. 우리 민법은 공익과 비공익을 나누지 않고 비영리단체가 법인격을 취득하려면 모두 허가를 받게 함으로써 헌법상의 결사의 자유에 대한 기본권의 침해라는 비판을 받고 있는 것에 대해서는 앞에서 이미 언급하였다. 이하에서는 채권단, 계, 협동조합 위주로 기술하도록 한다.

1. 채권단

채권단은 특정 채무자에 대한 채권자들을 구성원으로 하여 회장 1명을 두는 위원회를 구성하되 채무자의 재산을 인수, 그 경영 및 관리에 의하여 나오는 이윤으로 일정기간 각 구성원의 채권액을 일정비율에 해당하는 채권의 변제에 분배충당하고 그 충당이 되지 아니할 경우 파산선고를 구하여 채권을 실

466) 대판 2001.5.29, 2000다10246; 대판(전) 2007.4.19, 2004다60072·60089.

467) 공익사단법인으로는 의사회, 약사회, 변호사회, 변리사회 등이 있는데, 이들 단체는 인가주의나 강제주의를 취하고 있다.

468) 공익단체도 아니고 그렇다고 영리단체도 아닌 중간적인 색채를 띠었다고 하여 이러한 비공익비영리단체를 중간단체라고 부르기도 한다.

469) 비영리민간단체지원법은 공익활동을 추구하는 단체를 지원하기 위하여 2000.1.에 제정된 법률이다. 동법률에 의해 지원을 받기 위해서는, ① 상시 구성원수가 100인 이상일 것, ② 최근 1년 이상 공익활동실적이 있을 것, ③ 구성원 상호간에 이익분배를 하지 아니할 것, ④ 사업의 직접 수혜자가 불특정 다수일 것 등을 요건으로 하고 있다(동법 제2조).

행할 목적으로 하는 규약이 존재하고, 구성원들이 공동으로 채권을 실행하려는 목적이 있고 또한 그 공동목적을 위한 사회적 기능이 있는 사단성을 갖추는 경우 '법인 아닌 사단'이 될 수 있다.[470]

2. 계

(1) 계의 의의

계(契)[471]란 옛날부터 내려오는 우리나라의 독특한 협동자치단체의 한가지로 같은 곳에 사는 사람이나 서로 관련 있는 사람들이 일정한 사회적 목적(친목·상호부조·인보부조등) 아래 모이어 일정한 액수의 돈이나 곡식·피륙 같은 것을 추렴하여서 그것을 운영하고 증대시켜 서로 이용하기도 하고 나누기도 하는 단체로서 이러한 계의 기원은 멀리 삼한시대 또는 신라시대에까지 소급하는 것으로 생각되어 있으나, 계라는 이름이 문헌에 나타난 것은 고려시대의 일이며 크게 발전하여 보급된 것은 이조시대의 일이다.[472]

특히 서민금융으로서 계는 계원의 형편에 따라 저축수단이나 대출수단으로 활용되면서 한 때 인기를 끌었고, 한 때 불안한 경제사정을 틈타 계는 이른바 고리계로서 이자의 수탈을 위한 담당자가 되어 사회를 휩쓸었으며, 때로는 그 파탄이 연쇄반응을 일으켜 계파동으로서 커다란 경제적, 사회적 문제를 제기하기도 하였다. 1960년대에 들어서면서 경제가 차차 안정되고 발전하면서 계에 대한 열은 상당히 식어갔으나 이후에도 사회의 각층, 특히 부녀자 층에서는 저축·금융의 목적으로 또는 친목의 목적으로 상당히 성행하였다.

그러나 서민금융수단으로서 금융기관이 그 역할을 하고 소비자신용수단이 등장하면서 서민금융으로서 계의 역할은 상당히 퇴색되었고, 친목 중심의 계 위주로 운영되는 실정이다.

---

470) 대판 1968.7.16, 68다736. 반면 부도난 회사의 채권단의 경우에 판례는 부정하고 있다. 대판 1999.4.23, 99다4504.

471) 계에 관해서는, 임채웅, 계의 본질에 관한 연구－조합설 또는 소비대차설을 취한 판례에 대한 비판적 입장에서－, 사법논집 30집, 1999, 법원도서관, 7면 이하 참조; 이영범, 계의 법적 성질, 사법연구 2집, 법원행정처, 197, 143면 이하.

472) 맹천호, 서민금융수단으로서의 계 －대법원 판례와 광주지방의 실태－, 재판자료 제12집, 1982, 490면.

(2) 계의 종류와 조직

가. 계의 종류

계가 성행하였던 이조말엽에는 그 종류도 일일이 헤아릴 수 없을 정도로 많았으며 그 규모도 수명에서 수백 명에 이르는 극히 다양성을 갖고 있었다 한다. 예컨대 친목을 목적으로 하는 것으로서 문중계·향약계·의신계·회갑계·시계·상포계 등이 있었고, 농촌에서는 각종의 협업을 목적으로 하는 계로서 농계·어망계 등과 같이 생산용구의 공동구입과 공동사용을 위한 것과 보계·언제계·우계·마계 등의 공동노동과 그 분배를 위한 것이 있었으며, 그 밖에도 관혼상제를 위한 장계·위친계·혼인계·부조계 등과 같은 보험적인 것이 있는가 하면 일정한 지역을 기반으로 하여 공공사업적인 동계(洞契)·도로계·교양계·어촌계·산림계·수리계 또는 저축·금융을 목적으로 하는 계도 있었다.

이러한 각종의 계에는 그 조직에 있어서 계장(혹은 계주)이 있고 금곡의 출납과 재산의 관리를 담당하는 자(회계 또는 장재)와 업무집행원(유사) 등의 약간의 임원이 있으며 단체의 운영은 매년 또는 매월 정해진 계일에 계원이 집합하여 계전의 납부·이익금처분·혹은 사업 집행 등을 의논하고 음식을 먹고 산회하였다.[473)]

나. 이른바 낙찰계의 법적 성격

서민들의 저축·금융을 목적으로 하는 계의 법적 성격은 학설상 민법상 조합설, 소비대차설, 무명계약설 등이 있으나 조합의 일종이나 민법상의 조합과는 다른 특수한 조합설, 조합계약 내지 이에 유사한 무명계약이라고 하는 설로 나뉘어 있다. 민법상 조합계약으로 보는 경우에는, 계주를 업무집행조합원으로 본다.

낙찰계의 법적 성격에 대해서 조합계약설, 소비대차설, 무명계약설 등이 있다. 일찍이 판례는 조합계약으로 보아, 「…계는 계원의 집합으로서 계원전체가 일정한 금원을 갹출하여 일정한 시기마다 일정 순번에 따라 계원에게 계금을 교부할 것을 약정하여 조직되고 계원 또는 계장은 계원의 위임에 의하여 계에 관한 업무를 처리하는 계원 상호간의 금융·저축을 목적으로 하는 일종의 조합계약이라고…」[474)]라고 판시하였다.

---

473) 곽윤직, 채권각론(민법강의 Ⅳ), 박영사, 325면.

그 외에 소비대차라는 판례로는, 「…계주가 그 책임 하에 각 계원들로부터 매월 불입금의 수금과 각 계원에 대한 급부금의 지급등 계운영에 관한 일절의 업무를 확정하기로 하고 각 계원 등은 상호간의 신용상태를 모르면서도 계주의 신용과 능력만 믿고 계에 가입함으로서 조직된 계는 계주와 계원간의 일종의 소비대차적 성격을 지는 것이라고…소론이 지적하는 판결은 계원 전원의 합의에 의하여 조직된 순번계에 관한 추상적 법률적 견해였을 뿐 조직실태여하에 불구하고 그것이 순번계라면 널리 적용할 견해라고 볼 수 없다 할 것이므로…」[475]라고 한다.

무명계약이라는 판례도 있다. 즉, 「계주와 계원간의 종적인 관계에서 가입 운영되고 계원 상호간에는 누가 계원인지 조차 알 수 없을 만큼 횡적인 신분이나 신용관계가 전혀 없는 계는 상호신용금고법 제2조 소정의 상호작용계에 유사한 무명계약으로 보아야 할 것으로서……」[476] 라고 하였다.

그러나 그 후 계의 법적 성질을 일률적으로 결정할 수 없고, 금전을 급부물로 하는 것이라도 그것을 조직한 목적과 방법, 급부물의 급여방법과 급부 전후의 계금지급방법, 계주의 유무 및 계주와 계 또는 계원 상호간의 관계 여하와 기타의 점에 관한 태양 여하에 따라 그 법률적 성질을 달리하는 것으로 보아야 한다고 하였다. 즉 「낙찰계는 각 계원이 조합원으로서 상호 출자하여 공동사업을 경영하는 이른바 민법상 조합계약의 성격을 띠고 있는 것이 아니라 계주가 자기의 개인사업으로 계를 조직 운영하는 것이라 할 것이고, 위와 같은 성질의 계에서는 계금 및 계불입금 등의 계산관계는 오직 계주와 각 계원 사이에 개별적으로 존재하는 것이므로, 계가 깨어졌다 하여 그 계가 조합적 성질을 띠고 있음을 전제로 한 해산이나 청산의 문제도 생길 여지가 없다. 또한 법적 성격은 일률적으로 결정되지 않고, 금전을 급부물로 하는 것이라도 그것을 조직한 목적과 방법, 급부물의 급여방법과 급부 전후의 계금지급방법, 계주의 유무 및 계주와 계 또는 계원 상호간의 관계 여하와 기타의 점에 관한 태양 여하에 따라 그 법률적 성질을 달리하는 것으로 보아야 한다」[477] 고 하여 구체적·

474) 대판 1958.2.13, 4290민상502; 대판 1968.11.26, 68다1468,1469; 대판 1976.2.10, 75도1674.

475) 대판 1971.8.31, 71다1615.

476) 대판 1979.12.26, 79다1750.

477) 대판 1994.10.11, 93다55456. 동 판례는 낙찰계는 각 계원이 조합원으로서 상호 출자하여

개별적으로 법적 성질을 결정하고 그에 따라 법적 분쟁을 해결하고자 하였다.

3. 협동조합

(1) 협동조합의 의의 및 유형

오늘날 조합이라는 명칭으로 거래계에서 활동하는 인적 단체는 매우 다양하다. 순수한 민법상의 조합뿐만 아니라 조합이라는 명칭을 가지지만 특별법에 의하여 사단법인으로서 성격이 부여되는 재건축조합(도시 및 주거환경정비법 제18조 제1항)이나 인가를 필요로 하는 법인격을 가진 농업협동조합법(동법 제15조, 제107조, 제112조의 5)[478] 수산업협동조합법(동법 제16조), 중소기업협동조합법(동법 제32조), 신용협동조합법(동법 제7조·제8조),[479] 산림조합법상 협동조합(동법 제14조)과 주택조합(주택조합 제32조 제1항)이 있고, 그 밖에 노동조합(노동조합 및 노동관계조정법 제6조 제1항)과 상법상의 익명조합(상법 제78조), 2012년 12월에 시행된 협동조합기본법상의 협동조합이 있다.

우리 사회에는 앞에서 살펴보았듯이 협동조합이라는 명칭을 사용하고 있는 다수의 조직이 존재한다. 농업협동조합, 수산업협동조합, 중소기업협동조합, 신용협동조합, 또한 협동조합이라는 명칭을 사용하고 있지 않지만 산림조합도 산림소유자와 임업인의 자주적인 협동조직을 통하여 지속 가능한 산림경영을 촉진하고 산림생산력을 증진시키며 그 구성원의 지위를 향상함을 도모하는 목적은 동일하다.

사단법인으로서의 협동조합은 조합과 달리 법인격을 가지며, 당사자능력과 소송능력을 가지나 민법상 조합은 그 자체로서 법인격이 인정되지 아니하며 당사자능력과 소송능력이 없다는 점에서 구별된다.

협동조합은 크게 두 가지 관점에서 이용되고 있다.[480] 협동조합 사상이 발

공동사업을 경영하는 이른바 민법상 조합계약의 성격을 띠고 있는 것이 아니라 계주가 자기의 개인사업으로 계를 조직 운영하는 것이라 할 것이고, 위와 같은 성질의 계에서는 계금 및 계불입금 등의 계산관계는 오직 계주와 각 계원 사이에 개별적으로 존재하는 것이므로, 계가 깨어졌다 하여 그 계가 조합적 성질을 띠고 있음을 전제로 한 해산이나 청산의 문제도 생길 여지가 없다고 한다.

478) 종전의 축산업협동조합법은 농업협동조합법에 흡수되어 함께 규율되고 있다.

479) 신용협동조합법 제2조 1호에서 신용조합을 비영리법인으로 규정하고 있다.

480) 이러한 구분에 대하여는 Munkner, Hans-H, in: Handworterbuch des Genossenschaftswesens, (hrs.) Mandle, Eduard: Winter, Hans-Werner, 1980, S. 1646. 이병준, 설립과정중의 협동조

생한 서양 각국에서의 협동조합은 조합원에 의한, 조합원을 위한 자조조직으로 이해되고 한편으로는 경제적 지주와 다른 한편으로는 고객으로서 조합원 개인의 이중적 참여가 중요한 의미를 갖고 있다(자주모형). 이에 반해 개발도상국가들에서는 협동조합이 흔히 경제적·사회적 발전을 위한 도구로 정부차원에서 이용되고 있다(타주모형).

자주모형에서 협동조합의 설립은 조합, 사단, 회사의 설립에서와 마찬가지로 설립자가 설립과정을 어느 정도 빨리 진행시킬 것인지의 여부를 설립절차와 등기하는 시기를 조정함으로써 결정할 수 있다. 그러나 정부차원에서 협동조합이 지원되는 타주모형인 경우에는 설립중의 협동조합으로 지내는 기간이 오래될 수 있다. 타주모형에서의 협동조합은 사회적·경제적 발전계획의 일환으로 국가의 협동조합 담당부서의 지원 아래 설립되며 당사자의 참여와 자기구제노력이 부족한 영역에서 설립되기 때문에 협동조합의 설립은 ① 조합원을 위한 지원조직을 창설한다는 점, ② 국가 발전계획의 실현을 위한 제도적 장치를 마련한다는 점, 그리고 ③ 조합원에게 협동조합을 통하여 협력을 습득하고 경험할 수 있는 기회의 장을 마련한다는 점에 의미가 있다. 따라서 설립절차는 협동조합이 잘 기능할 수 있는 경제적, 사회적 풍토를 마련하는 것과 정식으로 협동조합 등기를 하기 전에 조합원이 경험해야 하는 교육의 기회라는 데에 그 의미가 있는 것이다. 이 때 국가의 협동조합 담당부서는 새 협동조합의 설립에서 일정 기간 동안 등기되지 않은 협동조합을 사업능력실험과 그 가능성을 증명하는 기회로 삼게 된다(proposed society, pending society). 따라서 설립과정을 통하여 협동조합으로서 기능가능성이 증명된 이후에 담당부서는 인가를 내린다.[481]

우리나라의 협동조합의 설립도 후자형인 정부주도형 하향식 조직으로서,[482] 마을, 어촌계, 산림계와 같은 관습적이며 자조적인 조직이라기보다는 국가의 지원 아래 조직된 경향이 있다. 협동조합은 설립등기를 함으로써 성립하고,[483] '법인'으로서의 법적 지위를 갖게 된다.[484] 우리나라에서의 협동조합은

합, 재산법연구 제24권 3호, 2008.2. 각주 5) 참조.

481) 이병준, 위의 논문, 254-255면.

482) 황적인·염기부 편저, 협동조합법Ⅱ, 1995, 240면.

483) 농업협동조합법 제18조 제1항; 수산업협동조합법 제19조 제1항.

484) 농업협동조합법 제4조 제1항; 수산업협동조합법 제4조 제1항; 산림조합법 제4조, 중소기업협동조합법 제4조 제1항.

민법상의 조합과 구별되는 '사단법인'으로서의 법적 성격을 지니고 있다. 협동조합이 인가와 등기를 마침으로써 비로소 협동조합은 법인격을 취득하고 제한없이 협동조합법의 적용을 받으며, 조합원의 책임은 출자액을 한도로 제한된다.[485] 각 협동조합법은 설립절차에 대하여 규정하고 있다.

협동조합은 경제적으로 약한 지위에 있는 소생산자나 소비자가 서로 협력, 경제적 지위를 향상시켜 상호복리를 도모할 목적으로 공동출자에 의해 형성된 조직인데, 2012년 12월 1일에 시행된 '협동조합기본법'에서는 재화 또는 용역의 구매·생산·판매·제공 등을 협동으로 영위함으로써 조합원의 권익을 향상하고 지역 사회에 공헌하고자 하는 사업조직(동법 제2조 1호)으로 정의하고, '영리법인'으로 하였으며(제4조 제1항), 다만 사회적 협동조합은 '비영리법인'으로 하였다.[486]

(2) 협동조합 설립의 특징

회원 상호간의 협동을 목적으로 하는 비영리적 협동조합에서의 설립에 대하여서는 모두 주무관청의 인가주의에 의하여 규제하고 있다. 즉 농업협동조합법(동법 제15조, 제107조, 제112조의 5)[487] 수산업협동조합법(동법 제16조), 중소기업협동조합법(동법 제32조), 신용협동조합법(동법 제7조·제8조),[488] 산림조합법(동법 제14조)에서 각 조합의 설립은 주무관청의 인가를 요하고 있다.

협동조합의 설립도 각 협동조합법에 따라 구체적인 내용과 요건에서는 차이가 있으나 허가 대신에 인가를 요건으로 한다는 점을 제외하면 민법상 비영리법인의 설립과 유사하다. 기본적으로 일정수의 발기인이 설립준비회를 개최하고 정관을 작성하여 창립총회의 결의를 얻어 주무장관의 인가를 받은 후 등기함으로써 협동조합을 설립하게 된다.[489] 설립인가를 받고 조합장이 사무를 인수하였을 때 조합원은 출자금의 제1회 납입을 하게 하는 규정을 갖는 협동조합법도 있다.[490]

---

485) 농업협동조합법 제24조 제1항; 수산업협동조합법 제25조 제1항.

486) 협동조합은 출자좌수와 상관없이 1조합원 1 의결권과 선거권을 가진다는 점에서 특색이 있다(협동조합기본법 제23조).

487) 종전의 축산업협동조합법은 농업협동조합법에 흡수되어 함께 규율되고 있다.

488) 신용협동조합법 제2조 1호에서 신용조합을 비영리법인으로 규정하고 있다.

489) 신용협동조합법 제7조 제1항, 제4조 제1항 참조.

490) 농업협동조합법 제17조 제2항.

예컨대 농업협동조합법에 의한 지역농협을 설립하려면 그 구역에서 20인 이상의 조합원 자격을 가진 자가 발기인이 되어 정관을 작성하고 창립총회의 의결을 거친 후 농림축산식품부 장관의 인가를 받아야 한다(농업협동조합법 제15조 제1항). 농림축산식품부 장관은 설립인가 구비서류가 미비된 경우와 설립의 절차, 정관 및 사업계획서의 내용이 법령을 위반한 경우 이외에는 신청일부터 60일 이내에 인가를 해 주어야 한다(동조 제4항). 설립인가를 받은 때에는 발기인은 지체 없이 그 사무를 조합장에게 인계하여야 하며(동법 제17조 제1항), 사무를 인수하면 기일을 정하여 조합원이 되고자하는 자에게 출자금을 납입하게 하고(동법 제 17조 제2항) 출자금의 납입이 완료된 날부터 2주 이내에 제반서류를 갖추어서 주된 설립등기를 한다(동법 제18조 제1항, 제90조).

다만 설립중의 협동조합으로서 아직 법인격을 취득하지 못한 경우, 예컨대 발기인조합 단계에서는 민법상의 조합으로 보아야 하며,[491] 각 협동조합법의 규정들이 적용되기 위해서는 단체의 규약과 조직이 존재해야 하나, 이에 해당하는 정관이 확정되어 있지 않은 상태에서는 협동조합법을 적용할 수 없다.[492] 업무의 집행은 업무집행자를 두지 않은 경우 외에는 조합원의 과반수로써 결정한다(민법 제706조 제1항, 제2항). 이 때 조합의 업무를 집행하는 조합원은 그 업무집행의 대리권이 있는 것으로 추정된다(민법 제709조).

만약 정관과 조직 등 협동조합으로서 실체를 갖추었지만 아직 인가와 등기를 갖추지 않았다면, 설립중의 협동조합으로서 협동조합의 준비단계로서 내부관계는 물론 외부관계에 원칙적으로 협동조합법의 적용을 받는다.[493] 그러나 이 규정들 중 명시적으로 등기를 전제로 하는 규정과 설립절차에 관한 규정으로 대체되는 규정들은 적용되지 않는다고 할 수 있다. 또한 사단과 설립중의 사단에 관한 민법규정들이 보충적으로 적용될 수 있다.[494]

491) 홍행남, 농업협동조합법 해설(개정판), 2005, 93면; 이병준, 앞의 논문, 261면.

492) Muller, Rdn. 3 zu § 13 GenG; Hettrich/Pohlmann, Rdn. 2 zu § 13 GenG. 이병준, 위의 논문 각주 25) 참조.

493) Hettrich/Pohlmann, Rdn. 5 zu § 13 GenG; Muller, Rdn. 9 zu § 13 GenG.

494) 현재 다수설은 조합에 관한 규정은 적용될 수 없다고 보고 있으나, 사단과 조합이 혼합된 형태로 있는 경우도 있으므로 단체의 성격에 따라 조합에 관한 민법규정도 적용될 수 있는 견해도 있다, 김진현, 권리능력 없는 사단, 민사법학 제11·12호, 1995, 514면.

Ⅵ. 영리사단

1. 영리사단의 종류

우리 민법은 '영리법인'에 관한 규정을 두고 있다. 즉 제39조 제1항은 영리를 목적으로 하는 사단은 상사회사설립의 조건에 좇아 이를 법인으로 할 수 있다고 규정하고, 제2항은 전항의 사단법인에는 모두 상사회사에 관한 규정을 준용한다고 규정하고 있다.[495] 따라서 비영리법인인 경우에는 민법의 법인편 규정이, 영리법인인인 경우에는 상사회사에 관한 규정이 적용되므로 문제가 되지 않는데, 법인 아닌 영리사단의 경우에는 어떻게 규율되는가.

법인 아닌 사단은 비영리만을 목적으로 해야 한다는 소수설이 있지만 영리를 목적으로 하는 법인 아닌 사단도 가능하다는 것이 통설이다. 영리와 비영리의 구분은 구성원에 대한 이익의 배분 여부를 가지고 결정하는데, 영리사단에서는 사단의 영리활동을 통하여 취득한 이익이 사원에게 분배되고, 각 사원은 사단의 재산에 대한 지분이 인정되는 경우가 대부분일 것이다. 법인 아닌 영리사단에는 설립중인 회사, 영리성을 갖는 협동조합(사업자조합)이 있다. 이러한 법인 아닌 영리사단의 성격은 조합에 가깝다고 보아야 할 것이다. 그러나 일률적으로 말할 수 있는 것이 아니고, 뒤에서 살펴보겠지만 구체적·개별적으로 법적 성질을 판단하여야 한다. 법인 아닌 영리사단의 경우에는 대부분 권리능력, 행위능력, 불법행위능력과 등기능력 및 소송법상 당사자능력이 인정되며, 법인격을 취득하게 되는 경우에는 당연히 상법의 회사법이나 조합법에 의해 규율 받게 된다.

2. 민법개정안의 영리사단 사원의 책임규정

원칙적으로 사단의 채무에 대하여 사원은 책임을 지지 않는 유한책임이다. 그러나 민법개정안에는 제39조의 3의 영리를 목적으로 하는 법인 아닌 사단의 사원의책임에 대하여 규정을 두고 있는데, 사단의 재산으로 사단의 채무를 완제할 수 없는 경우에 사원들의 연대책임을 인정한다. 즉 제1항에서 영리를 목적으로 하는 법인 아닌 사단의 재산으로 사단의 채무를 완제할 수 없는 때에는

---

495) 민법 제39조에 대해서는 영리법인은 현행 상법에 의하여 규율되므로 삭제되어야 한다는 견해가 민법 제정시부터 논의되었다. 민의원, 민법안심의록(상), 33-34면; 강태성, 민법총칙의 개정론, 대명출판사, 2008, 147면.

각 사원은 연대하여 변제할 책임이 있다고 하고, 제2항에서 영리를 목적으로 하는 법인 아닌 사단의 재산에 대한 강제집행이 주효하지 못한 때에도 각 사원은 연대하여 변제할 책임이 있다고 규정한다. 제3항에서는 제2항은 사원이 법인 아닌 사단에 변제의 자력이 있으며 집행이 용이한 것을 증명한 때에는 적용하지 아니한다고 하고 있다.

제3절 설립중인 법인

1. 설립중인 법인의 의의

오늘날에도 '설립중인 법인'에 관한 문제는 수수께끼로 여겨지는 난제 중의 하나이다.[496] 단체가 법률이 요구하는 요건을 갖추어 법인격을 취득하면 각각의 특별법에 의하여 규율되거나 민법상 법인으로서 규율되게 된다. 그런데 단체는 일정한 준비과정을 거쳐서 단체로서의 실질을 갖추고 법인격을 취득하는데 그 일련의 과정 중 어느 단계에서 단체로서의 실질을 갖추었는지가 중요하고 그러한 경우 어떠한 취급을 하여야 하는지가 문제된다.

법인이 생성되는 과정을 크게 나누어 보면 ① 법인설립을 계획하는 사람들이 법인의 설립이라는 공동의 목적을 달성할 것을 약속하는 설립 전 단계, ② 그 약속의 이행으로서 정관의 작성·기관의 구성 기타 법인설립을 위한 여러 요건을 충족시키는 행위를 하는 설립단계, ③ 주무관청으로부터의 인·허가 및 설립등기를 통하여 법인이 성립하는 완성단계로 구분할 수 있다. 첫 번째 단계에 있는 것을 설립자(발기인)조합이라 하고, 설립중의 법인은 그 중에서 단체로서의 실질을 갖춘 두 번째 단계에서 존재하게 되는 상태를 말한다.

이러한 문제는 비영리 사단 혹은 재단의 경우에도 해당될 수 있으나, 법인설립에 있어서 자본의 출자가 요구되는 물적 회사(특히 주식회사)의 경우에 더욱 중요하게 다루어진다. 이러한 이유에서 우리 판례는 「설립중의 회사라 함은 주

496) Flume, Zur Einträtselung der Vorgesellschaft, NJW 1981, S.1753ff.; 정동윤, 설립중의 회사-그 수수께끼의 해결을 위하여-, 법학논집 제22권, 고려대학교 법학연구원, 1984, 31면 이하; 송호영, 앞의 책, 32면 이하.

식회사의 설립과정에서 발기인이 회사의 설립을 위하여 필요한 행위로 인하여 취득하게 된 권리의무가 회사의 설립과 동시에 그 설립된 회사에 귀속되는 관계를 설명하기 위한 강학상의 개념」[497]이라고 정의한 바 있다.

2. 설립중인 법인의 법률관계

설립중의 법인에 관한 문제는 주로 설립중인 법인이 지게 된 채무에 대하여 설립 후의 법인이 그 채무를 그대로 부담하게 되는가 하는 것과 설립중의 재산관계가 설립 후의 법인에 대해 어떻게 되는지가 관건이다. 이하에서는 설립중인 '사단법인'에 관련하여 다투어지는 몇 가지 문제들을 간략하게 살펴보면 다음과 같다.

(1) 설립 전 단계 — 발기인조합[498]

법인설립을 위하여 같은 목적을 가진 자들은 단체의 결성을 위한 준비를 함께 해 나가면서 단체결성을 도모한다는 상호간 약속을 하게 된다. 이들 발기인들사이의 약속은 채권법상의 부담행위이고, 이들이 참여하는 설립모임이 바로 발기인조합이다. 발기인조합의 법적 성격을 어떻게 볼 것인가. 우선 사단과 조합 두 가지를 생각할 수 있다. 사단이라고 하려면 사단의 실질을 갖추어야 하지만 이 단계에서는 사단의 실질을 갖추었다고 보기 어렵다. 또한 조합계약은 계약적 결합, 공동목적, 조합원의 출자의무가 핵심적 요소이다. 단체설립을 위한 발기인들 사이의 부담행위의 법적 성질은 민법상의 조합계약[499](민법 제703조)이라고 보는 것이 일반적이다.

발기인조합이 설립준비행위과정에서 부담하게 된 채무에 대하여 발기인조합 자체가 부담하여야 한다는 견해[500]와 구성원인 발기인들이 직접 무한책임을 진다는 견해[501]가 나뉘어 있으나, 판례에 따르면, 설립 중의 회사로서 실체

---

497) 대판 1994.1.28, 93다50215.

498) 발기인조합에 대해서는 이주홍, 설립중의 회사와 발기인조합, 한국사법행정학회, 사법행정 31(11), 1990.11, 18-26면; 정영진, 주식회사 설립에 관한 법적 고찰: 발기인, 발기인조합과 설립중 회사의 개념을 중심으로, 법학연구 제17권 1호, 인하대학교 법학연구소, 2014.3, 339-370면 참조.

499) 곽윤직·김재형, 앞의 책, 167면; 정동윤, 회사법, 103면 참조.

500) 곽윤직·김재형, 위이 책, 167-168면.

501) 송호영, 앞의 책, 63면.

가 갖추어지기 이전에 발기인이 취득한 권리·의무는 구체적 사정에 따라 발기인 개인 또는 발기인조합에 귀속되는 것으로서 이들에게 귀속된 권리·의무를 설립 후의 회사에 귀속시키기 위해서는 양수나 채무인수 등의 특별한 이전행위가 있어야 한다.[502] 발기인조합을 인정하는 실익은 설립사무를 진행함에 있어서 설립중의 회사 명의로 할 수 없는 것을 발기인조합명의로 할 수 있도록 함으로써 대외적인 책임귀속형태를 분명히 하는데 있다는 견해[503]가 있다.

발기인조합은 법인설립목적을 실현하기 위해서 설립자들의 모임이 정관의 작성을 통하여 설립중인 사단법인으로 나아가게 되면 발전적으로 소멸하게 된다. 이 때 발기인조합과 설립중인 사단법인은 구별되는 개념이다. 발기인조합과 설립중인 사단법인 사이에는 단체의 동일성이 존재하지 않기 때문에 발기인조합의 권리나 의무는 설립중인 사단법인에게 자동적으로 이전되는 것이 아니다. 하지만 법인의 설립작업이 정상적으로 진행된다면 발기인조합의 재산은 위의 판례에서 지적한 것처럼 양수나 채무인수 등의 절차를 통하여 설립중의 사단법인에게 이전하게 될 것이다. 그렇지 않은 경우에는 발기인조합의 재산은 청산절차를 밟게 된다(민법 제721조 이하 참조).

(2) 설립단계 - 설립중인 사단법인

발기인들이 법인정관의 작성을 완료하게 되면 설립중의 사단법인이 성립한다. 법인의 정관을 작성한다는 것은 법인의 목적·명칭·사무소·기관·사원의 구성 및 자격·자산 등 장차 독자적인 권리주체가 될 수 있는 법인의 실질 형성이 마무리되었으며, 단체의 성질도 발기인조합 당시의 조합과는 달리 이제는 사단으로서의 모습으로 변형되었음을 의미한다.

설립중인 사단법인의 법적 성질을 어떻게 볼 것인가는 매우 어려운 문제이다. 특히 이 문제는 회사의 설립에 관하여 다투어지고, 회사법에서 많이 논의되며 또한 그 실익이 있다. 우선 이 경우에도 법적 성질에 대하여 사단과 조합 두 가지를 생각할 수 있다.[504] 우리 판례[505]와 통설[506]은 설립중인 법인을 '법

502) 대판 1994.1.28, 93다50215.

503) 이철송, 회사법강의, 박영사, 2014, 219면; 정찬형, 상법상의, 박영사, 2014, 679면.

504) 독일제국법원(Reichsgericht) 당시 판례와 학설은 설립중의 회사를 민법상의 조합으로 파악하였다. 독일제국법원은 1904년 4월 20일의 판결에서 「상업등기부상의 등기 이전에 아직 유한회사는 존재하지 않고, 회사계약을 체결한 자들간의 민법상의 조합이 존재한다. 이 민법상의 조합은 상업등기부에 등기함으로써 유한회사가 된다」라고 판시하였다. RGZ 58,

인 아닌 사단'으로 보고 있는데 반하여, 소수설[507]은 독일연방재판소의 견해를 좇아 '특수한 성질의 단체'(eine Vereinigung sui generis)로 파악하고 있다.[508]

설립중인 사단법인은 태아가 '인격권적 기대권'을 가지고 출생하기만 하면 권리주체가 되는 것처럼 장차 생성될 법인의 전신(前身) 내지 과도적 단체로서, 완전한 법인격을 취득하지 못한 상태에 머물러 있을 뿐이다.

그렇다면 설립 중의 법인이 허가와 설립등기를 마치면 법인격을 취득하고 설립 중의 법인은 성립 후의 법인과 동일성을 유지하게 되는데(동일성설),[509] 이 의미는 결국 설립중인 회사가 부담하는 채무를 설립 후의 회사가 전적으로 부담하여야 하는 문제와 결부된다. 우리 판례는 설립중의 법인의 행위에 대하여 설립후의 법인이 책임을 지는 것은 그 법인의 설립 자체를 위한 행위에 한하는 것으로 보고 있다. 독일에서도 비교적 최근까지 판례는 설립중인 법인은 추후의 법인설립에 필요한 또는 정관에 부합하는 법률행위만 할 수 있다고 판시하였다. 법인설립에 필요한 행위가 아니라는 이유로 설립 후의 법인에 대하여는 효력이 없는 설립등기 전의 법률행위는 독일민법 제177조 이하의 규정에 따라 추인되었을 경우에 한하여 설립 후의 법인에게 그 효과가 주어지는 것으로 논리구성을 하였다. 이를 제한적 동일성설[510] 또는 부분적 동일성설[511]이라고 한다.

---

55. 이외에도 독일제국법원은 주로 유한회사의 설립에 대한 사건들을 다루었으나, 판결에 있어서 주식회사와 유한회사의 근본적인 차이를 두지 않았다.

505) 대판 1970.8.31, 70다1357.

506) 곽윤직·김재형, 앞의 책, 168면; 장경학, 민법총칙, 309면; 김주수 민법총칙, 207면; 김증한·김학동, 민법총칙, 177면; 김상용, 민법총칙, 229면; 이영준, 민법총칙, 862면; 백태승, 민법총칙, 224면; 최기원, 신회사법론, 143면; 정찬형, 회사법강의, 187면; 이철송 회사법강의, 175면 이하; 서돈각, 상법강의(상) 292면. 일본에서도 통설이다.

507) 정동윤, 회사법 제7판, 법문사, 2001, 141면.

508) 이러한 논의는 우리나라에서는 실익이 없다고 한다. 즉 독일민법에서는 권리능력 없는 사단에 대하여 독일민법 제54조에 의해서 민법상 조합 규정이 적용되기 때문에, 설립중인 사단법인을 권리능력 없는 사단으로 보게 되면 조합규정의 적용으로 불리하게 되므로, 그것을 방지하기 위하여 특수한 단체로 보게 되었다는 것이다. 송호영, 앞의 책, 65-66면.

509) 대판 1994.1.28. 93다50215는 설립중의 회사로서의 실체가 갖추어지기 이전에 발기인이 취득한 권리·의무는 구체적 사정에 따라 발기인 개인 또는 발기인조합에 귀속되는 것으로서 이들에게 귀속된 권리·의무를 설립 후의 회사에 귀속시키기 위해서는 양수나 채무인수 등의 특별한 이전행위가 있어야 한다고 한다. 동지 판례 대판 1990.12.26. 90누2536, 대판 1998.5.12, 97다56020.

510) Hueck, Vorgesellschaft, in: Festschrift 100 Jahre GmbH-Gesetz, Köln, 1992, S.127, 150.

511) Flume, Juristische Person, S.150ff.

제한적 동일성설에 의하면 설립중인 법인은 이른바 사전채무부담금지의 원칙(Prinzip des Vorbelastungsverbots)[512]에 위배되지 않는 범위 내에서 설립후의 법인이 동일한 것으로 이해되므로 이 원칙을 고수하게 되면 설립중의 법인이 관여할 수 있는 법률관계는 현저하게 제한될 수밖에 없다. 따라서 기존의 동일성설은 결국 법인완성전의 단체의 경제적 활동의 필요성과 법률적으로 요구되는 전제조건 사이의 모순관계 속에서 명쾌한 논리를 제공하는데 그 한계가 있다.[513] 이에 새로운 해결책으로 등장한 모델이 독일연방재판소에 의해서 제시된 차액책임론이다.[514]

우리나라에서도 설립중의 회사의 사원의 책임은 그가 인수한 출자액의 범위 내에 한정된다고 하는 것이 타당하다는 주장이 있다.[515] 왜냐하면, 설립중의 회사와 거래하는 상대방은 설립중의 회사가 예정대로 설립절차를 진행하여 회사가 성립되면 성립된 뒤의 회사로부터 변제를 받는다는 것을 알면서 거래하는 것이고 성립 후의 회사의 재산은 사원의 출자에 의하여 형성되기 때문이다. 따라서 설립중의 회사의 사원의 책임을 그가 인수한 출자액의 범위로 한정하더라도 그것은 상대방의 기대를 벗어나는 것이 아니고, 또 설립중의 회사의 사원은 그가 인수한 출자액을 이행하기로 약정한 것이므로, 이렇게 풀이하는 것이 상대방이나 사원 모두에게 공평하다고 할 수 있다고 한다. 차액책임론이 주장되었다.

설립중인 법인과 설립후의 법인에 관해서 제한된 동일성이 아니라 완전한 동일성으로 이해해야 한다는 입장에서 보면 원론적으로는 찬성할 만한 이론이다.[516] 다만, 차액책임을 지우는 근거와 책임의 주체에 관해서 그리고 동이론이이 영리법인 뿐만 아니라 비영리법인에 공히 적용될 수 있는지에 대한 연구가 더 필요하다고 본다.

비영리사단법인이 성립하기 위해서는 2인 이상이 발기인조합의 결성과 정관을 작성하고 주무관청의 허가와 설립등기를 하여야 한다. 정관의 작성 등 단

---

512) 사전채무부담금지의 원칙이란 설립등기로 인해 완성된 새로운 법인은 설립등기 전에 발생한 채무의 부담을 가능한 부담하지 않아야 한다는 것이다. 송호영, 앞의 책, 각주 31)

513) 송호영, 위의 책, 68면.

514) BGHZ 65,378,382;72,45,49f; 80,129,135 u. 182,183f.

515) 정동윤, 앞의 논문, 50면에서,

516) 송호영, 앞의책, 69면.

체의 실질을 완성하였으나 아직 허가와 등기의 절차를 남겨놓고 있는 설립중의 법인은 과도적 단체로서 일응 법인 아닌 사단이다.

Ⅰ. 법인 아닌 단체의 향후 입법과제

지금까지 법인 아닌 단체를 유형별로 관습상의 사단, 목적적 사단, 설립중의 사단을로 대별하여 그 법률관계를 살펴보았다.

위에서 살펴본 것처럼 법인 이외에도 다양한 형태의 '법인 아닌 사단'이 존재함을 알 수 있다. 사단으로서 강한 단체성과 단일성이 드러나는 형태가 있는가 하면, 사단과 조합의 양면성을 가지는 형태, 영리성을 띠는 형태, 공익비영리성 또는 비공익비영리성을 띠는 형태, 자연발생적인 1차적 단체 또는 2차적 단체 등 실로 다양한 유형이 존재한다. 또한 그 구성원의 확정 및 범위, 합의체의 구성, 단체의 규범의 형성과정, 재산형성 및 재산소유형태 등에서 차이가 있음을 발견할 수 있다. 위와 같은 유형별 분석작업은 법인 아닌 사단을 동일한 차원에서 규율이 가능한지 미리 가늠케 하는 준비작업으로서의 의미가 있을 것이다. 따라서 구성원과 별개의 법인 아닌 사단으로서 인정되려면 어떠한 요건이 갖추어야 되는지 사단적 요소를 추출할 필요가 있고, 그 동안 법원에 의하여 구체적 타당성 및 법적 안정성을 고려하여 개별사안에 따라 사단법인 규정을 유추적용하거나 소유형태에서 총유규정을 둔 입법취지를 살린 법리를 발전시켜왔는데, 그에 대한 타당성 검토 작업이 필요하고, 나아가 법인 아닌 사단의 입법론의 방향도 제시할 수 있을 것이다.

단체에 대한 입법규율방법으로서 단체를 유형별로 나누어 유형론적 입법을 할 것인지 모든 비영리법인의 규율을 민법의 법인 규정으로 할 것인지 그렇지 않으면 비영리 일반단체를 규정하는 입법을 할 것인지 고려하여야 한다.[517]

---

517) 일본에서는 민법에서 규정하고 있는 공익법인제도를 발본적으로 개정하여 새로운 비영리법인제도를 두는 세 개의 법률이 2006년 5월 26일에 성립하여 6월 2일에 공포되었고, 2008년 12월 1일부터 시행하고 있다. 세 법률이라 함은 「일반사단법인 및 일반재단법인에 관한 법률」, 「공익사단법인 및 공익재단법인의 인정 등에 관한 법률」, 및 「일반사단법인 및 일반재단법인에 관한 법률 및 공익사단법인 및 공익재단법인의 인정 등에 관한 법률의 시행에 따르는 관계 법률의 정비 등에 관한 법률」이다.

1. 법인 아닌 단체에 대한 민법에의 규정

법인 아닌 단체에 관한 민법상의 입법 흠결에도 불구하고 수많은 법인 아닌 사단이나 재단이 사회에서 실재체로서 존재하는 까닭에 이에 대한 입법 근거가 있어야 한다는 데에는 공감대가 형성되어 민법개정안에 법인 아닌 사단 및 재단에 관한 근거규정을 두기로 하였다. 개정안에는 통설과 판례를 반영하여 '법인 아닌 사단'에 대해서도 사단으로서 실질을 갖추고 있는 한, 반드시 주무관청의 허가나 등기를 전제로 한 규정 이외에는 사단법인에 관한 규정이 유추적용된다는 주장을 담고 있다.

즉, 제39조의 2에 「법인 아닌 사단과 재단」이라는 제목 하에 법인 아닌 사단과 재단에 대하여는 주무관청의 인가 또는 등기를 전제로 한 규정 및 제97조에 다른 벌칙을 제외하고는 이 장의 규정을 준용한다고 규정하고 있다. 다만, 분과위원회 논의과정에서 제39조 2의 단서에 관습법상 예외가 허용된 경우에는 그 관습법에 의한다는 규정을 두는 것도 검토하였으나, 이 경우 관습법의 효력에 관한 큰 논란이 야기될 우려가 있다는 의견이 개진되어 입법까지 이르지는 못하였다.

그러나 앞에서 살펴보았듯이 문중이나 종중과 같은 관습상의 사단에서는 대법원은 종종 '사단의 법리'가 아니라 관습상의 '종중의 법리'를 적용하고 있다. 따라서 제39조의 2의 규정이 입법화된다면 향후 문중, 종중, 마을, 계와 같이 단체에 관하여 관습이 존재하는 경우, 오히려 그 법률관계의 규율에 있어서 혼란과 충돌이 야기될 수 있다. 사단의 실질에서 '정관'이나 '규약'이 중요한 요소이지만, 그러한 단체에서는 성문의 정관이나 규약이 존재하지 않는 경우가 많아 관습법이 중요한 규범적 역할을 할 수밖에 없기 때문이다. 단서조항으로 관습법상 예외가 허용된 경우에는 그 관습법에 의한다는 규정을 두는 것은 고려할만하고 관습법의 효력에 대한 판단은 대법원에 의하여 정립될 수 있다고 본다.

단체에 관한 규율로는 영리법인에 관하여 회사법, 비영리법인에 관하여 민법과 공익법인법이 존재하는데, 공익법인법은 그 한정주의로 말미암아 극히 일부 공익단체에만 적용되고 있다.

시민사회의 형성과 정보통신수단의 발달, 고령화사회로의 변화는 종전보다 훨씬 다양한 단체에의 욕구가 우리 사회에 자리잡고 있으며, 정치, 종교와 학술, 자선 등 일부 공익에 한정되었던 단체의 결성이 문화, 스포츠, 전자게임, 엔터테인먼트 등 사회 전분야에 걸쳐 확산되고 있다.

따라서 향후 법인 아닌 사단이 법인화하는데 걸림돌을 제거하여 법인격을 취득하게 하고 사단이 내부적으로 조직 및 정관을 갖추어 내부분쟁의 소지를 없애고, 외부적으로는 재정의 투명성 확보를 통하여 재정의 건전성을 유지함으로써 거래안전을 도모하는 방향으로 나가야 할 것이다.

2. 단체 유형별 입법의 필요성

현재의 입법으로는 사회에 다양하게 존재하는 비영리단체에 대하여 법인이든 법인 아닌 단체든 민법의 법인편이 적용되는 결과 분쟁해결에 있어서 법적 안정성 내지 구체적 타당성 확보가 어려운 실정이다. 법인 아닌 사단으로 존재하는 경우에는 근거규정의 부존재와 재산관계에서 우리 입법에만 독특하게 존재하는 '총유규정'으로 말미암아 많은 혼란을 야기하고 있다. 단체 유형별로 입법이 이루어지는 경우 비록 법인 아닌 단체일지라도 예컨대 종교단체인 경우에는 종교법인법, 중간단체인 경우에는 중간법인법, 공익단체인 경우에는 공익법인법이 적용됨으로 말미암아 좀 더 구체적 타당성 있는 분쟁해결방안이 모색될 수 있을 것으로 여겨진다. 이하에서는 단체 유형별 가능한 입법을 살펴보고 우리에게 적용가능한지 검토하고자 한다.

가. 종교법인법

우리나라에서 종교법인법 제정의 필요성은 최근에야 본격적으로 제기되었지만, 그 역사는 상당히 오래된다.[518] 1939년 일제에 의해 제정된 종교단체법이 그 효시이다. 이 법은 전시체제라는 상황에서 일제 강점기에 일본 제국주의에 의한 종교단체 통제수단으로 제정되었다. 우리나라는 해방 후 이 법을 폐지시킨 다음 아직까지 대체법률을 제정하지 않은 채 현재 판례에 의존하고 있다. 그러나 종교법인법에 대한 주장은 1960년대 중반 박정희 정권 때 '사회단체등록법'을 제정하면서 종교단체의 등록을 의무화하려는 시도가 있었으며, 1980년 신군부에 의해 설치된 국가보위비상대책위원회에서 '종교법'을 입안했었으나

518) 이에 관한 문헌으로, 윤철홍, 종교단체의 법인화, 비교사법 제15권 4호(통권 43호), 2008. 12, 130면 이하 참조; 연기영, 종교관계법령의 문제점과 입법정책적 과제, 법과 사회 제2호, 1990, 176-177면.

제정에 이르지 못하고 폐기되고 말았다.

그러나 오늘날의 종교법인법 제정의 배경에는 통제의 수단으로서 아니라 민주정부 하에서 종교단체의 공익성과 공공성 등의 특성을 살리고, 종교의 활동 등에서 나타나는 역기능을 막고 건전한 종교문화의 발전을 도모하자는 주장이 깔려 있다.

특히 교회나 사찰의 분열과정에서 재산의 귀속을 둘러싸고 벌어지는 것이나 대형교회에서 재정의 불투명성, 성직자의 납세문제, 부동산의 명의신탁문제, 교회근로자의 노동3권 문제 등 생각보다 많은 문제들이 종교단체 내부에 포진하고 있다.

만약 종교법인법을 제정한다면 어떠한 내용이 되어야 할까. 종교의 자유와 관련하여 종교단체 설립의 자유를 보다 폭 넓게 인정해야 할 것이다. 종교단체는 민법 개정안에 따라 인가주의를 취하는 것도 문제가 있다. 설립에 대한 규제를 대폭 완화하여 준칙주의 내지 자유설립주의를 취하여야 할 것이다. 다음으로 중요한 것이 재정의 투명성확보이다. 교회를 비롯하여 대부분의 법인 아닌 단체의 회계는 음성적이고 비밀스러운 것이어서 문제가 많다는 지적이 있다. 특히 교회나 사찰 등과 같은 종교단체의 경우에는 거의 모든 재정이나 재산들이 성도들의 헌금이나 기부 등으로 조성된 것이기 때문에 비록 공익재산은 아니라 하더라도 공동체나 단체의 것으로서 제대로 된 회계감사제도 등 견제제도가 있어야 할 것이다. 종교법인법에서는 재정이 고유목적에 맞게 사용되는지 혹은 수익사업 등이 명확하게 행해지는지에 대한 규제수단을 마련하여야 한다.

종교단체의 법인화의 어려움 중의 하나가 사원의 확정에 있다. 일단 사단과 달리 종교단체는 수시로 사원의 변경이 있고 종교단체에 등록되어 있다 하더라도 그 자격 유무가 불분명한 경우도 있기 때문이다. 따라서 사원의 변경은 명부의 변경만으로 인정하여야 할 것이다. 사원명부의 충실성을 담보할 수 있는 규정을 마련하여야 할 것이다.

교회나 사찰의 분열에 대하여 현재 판례에 의하여 규율되고 있지만 종교단체의 분열과 재산귀속에 대한 규정을 둘 필요가 있다. 현재 교회의 분열을 인정하지 않고 전 교인의 정관변경 정족수인 3분의 2 이상을 요건으로 하여 재산귀속관계를 정하는 것이 타당하며 합리적인 가에 대한 심도 있는 논의도 필요하다.

종교법인법의 제정요구가 종교단체의 병리현상을 극복하기 위한 목적으로 촉발되었기에 종교법인법을 제정하기 위해서는 국민의 정서상의 설득력을 넘어 제정 후 그 법의 실효성과 타당성이 담보될 수 있는지의 여부에 대해서도 심도 있게 검토되어야 한다.[519)]

나. 중간법인법

현재 비영리법인 일반에 대해서는 민법이 규율하고 있지만 허가주의를 취한 결과 비영리사단들이 각종 허가 요건을 충족시켜야 하는 번거로움과 설립 후 감독에 따른 불편함을 이유로 법인격을 취득하지 않은 법인 아닌 사단으로 남아 있는 경우가 많다. 비영리사단 중에서도 공익사단인 경우에는 '공익법인법'에 의하여 법인 성립의 길이 열려 있으며, 공익법인이 되면 그에 따른 혜택이 있으므로 공익법인화에 대한 유인책이 된다. 그러나 동창회, 동호회클럽과 같은 비공익·비영리 사단들의 경우엔 위와 같은 이유로 '법인 아닌 사단'으로 남아 있어 자산관리, 사원들 사이의 법적 지위, 제3자와의 거래에 따른 분쟁이 증가하는 등 많은 문제점이 있다.

민법개정안에 의하면 법인 설립에 인가주의를 요하므로 이러한 비공익비영리 단체들은 인가를 받아 법인으로 활동할 수 있게 되었다. 그리고 법인 아닌 사단 내지 재단에 대하여 민법개정안 제39조의 2에 법인에 관한 규정을 적용한다는 규정을 두었으므로, 이제 이러한 단체들에 대한 근거규정은 마련되었다고 볼 수 있다.

일본 역시 민법 제33조에 법인 성립의 법정주의와 제34조에 비영리, 공익목적 법인 설립의 허가주의를 채택하고 있었으나 2002.4.1. 허가주의를 준칙주의로 바꾼 '중간법인법'[520)]을 제정 시행하여 한국과 같은 문제점을 입법적으로 해결하기도 하였다.[521)] 즉, 중간법인법은 마을회, 동창회등 비공익·비영리 목적단체를 대상으로 하며, 법인의 채권자에 대하여 사원이 책임을 지지 않는 대신

---

519) 윤철홍, 앞의 논문, 164면.

520) 중간법인이라는 용어는 종래 두 가지 의미로 사용되고 있었다. 첫째로 사단법인과 재단법인으로 구별되지 않는(구별할 필요가 없는) 특별법상의 법인, 둘째로 비영리·비공익의 법인이 그것인데, 중간법인법에서는 후자의 용어법을 채택한 것이다.

521) 권철, 일본의 새로운 비영리법인제도에 관한 소고, - 최근 10년간의 동향과 신법의 소개 -, 비교사법 제14권 4호(통권39호), 2007.12, 117면 이하.

300만엔 이상의 기금을 두어야하는 '유한책임 중간법인'과 대외적으로 사원이 연대하여 책임을 지는 '무한책임 중간법인' 두 종류를 두어 거래 당사자를 보호하였다. 사원은 2명 이상으로 하며 동창회의 경우 일부 졸업생들을 대상으로 설립할 수도 있으나 사원이 1명으로 줄어들면 해산사유가 된다. 기존의 법인은 유한책임중간법인의 사원만이 될 수 있으며, 비영리 단체이기 때문에 회계연도 말에 잉여금이 발생하였다 하더라도 원칙적으로 사원에게 분배할 수 없도록 하였다.

유한책임중간법인 설립 절차는 원시 사원들이 공동하여 정관을 작성하고 서명 또는 기명날인한 다음 공증인의 인증을 받아야 한다. 정관에 이사, 감사를 정하지 않은 때에는 사원총회에서 선임하며, 이사는 기금을 모집하여 설립 절차를 조사하고 주된 사무소 소재지에서 설립등기를 마치면 된다. 정관에는 목적, 명칭, 기금, 공고의 방법, 사원의 성명과 주소, 주사무소, 사원 자격 득실에 관한 사항 등 필요적 기재사항과 임의적 기재사항을 둘 수 있다. 사원자격 취득과 기금 출연은 의무사항이 아니므로 1명이 기금전액을 출연할 수 있으나 기금출연 금액에 비례하여 지위에 차등을 두지 아니하므로 결의권은 사원 1명당 1결의권이 원칙이다. 사원의 입·퇴사는 정관 변경절차 없이 사원명부로 관리 하며, 퇴사할 경우 원칙적으로 기금 반환 청구권은 없지만 예외적으로 잉여금이 있는 경우 정관규정과 사원총회 결의로 반환할 수 있으나 청산시에는 채무를 우선 변제하여야 한다.

무한책임 중간법인 설립절차는 원시 사원이 정관을 작성한 다음 서명 또는 기명날인하여 주사무소 소재지에 설립등기를 마침으로서 성립한다. 정관 기재사항으로는 목적, 명칭, 사원의 성명과 주소, 주사무소 등이며, 법인 성립후 사원의 입·퇴사는 정관변경을 필요로 한다.

중간법인에 대한 법인세는 일반 법인과 같고 등록면허세는 유한회사 또는 합명회사에 준하여 과세하며 그 외에도 각종 대차재조표, 손익계산서, 사업보고서, 잉여금의 처분 또는 손실처리에 관한규정, 회계장부 등을 갖추어야 한다. 중간법인법은 법인의 설립에 대하여 준칙주의(등기주의)라는 손쉬운 법인격취득 방법을 채용하는 반면, 세제면의 취급은 영리법인과 동일하게 하여, 중간법인의 활동에서 발생하는 수익은 원칙적으로 전부 법인세가 과세되어 회비나 기부금 수입도 과세대상으로 하였다. 즉 세제면에서 중간법인제도는 민간비영리활동촉진의 요소를 전혀 갖고 있지 않다고 할 수 있다. 중간법인의 세제상 취급이 이렇게 된 이유는 명확하지는 않지만, 형식적으로는 중간법인이 영리법인과 같은 준칙주의를 채용함과 함께 세제상의 취급이 동일하게 되었고, 중간법인법 입법화의 직접적인 계기가 사업내용이 영리기업과 경합하는 공익법인을 받아들일 공간을 마련하는 것에 있었던 것이 영향을 준 것으로 추측된다.[522)]

일본의 중간법인법은 비영리·비공익 목적의 사단들이 쉽게 법인을 설립할 수 있도록 허가주의를 준칙주의로 바꾸었지만 그 내용에 있어서는 상법상의 유한회사, 합명회사와 유사하여 정관, 회의록의 공증 등을 요구하는데 그렇게 활용되지 않았다.[523)]

그러나 2008년 12월 1일 일반법인법의 시행으로 중간법인은 다음과 같이 규율되게 되었다. 즉 구유한책임중간법인은 일반법인법의 시행 후에는 일반사단법인으로서 존속한다(정비법 제2조 제1항). 구 무한책임중간법인은 특례무한책임중간법인(특수한 일반사단법인)으로서 존속하고(정비법 제24조·25조), 구 중간법인법의 무한책임중간법인에 관한 규율을 전과 같이 받는데, 일반법인법의 시행일로부터 1년의 기간 내에 통상의 일반사단법인으로 이행할 수 있다(정비법 제30조).

그렇다면 우리의 경우 어떠한 방향으로 법을 제정할 것인가. 방안으로는 민법의 관련조항 개정을 통한 방법과 특별법 제정의 방법이 있다. 우리 민법의 규정은 비영리를 대상으로 하고 있으므로 원칙적으로 중간단체의 경우에도 규율하는 데에는 문제가 없으나, 인가주의로의 개정으로는 이러한 단체의 법인화에는 한계가 있다고 보이며, 민법이 일반법으로서 모든 단체를 포섭하기 위해서는 준칙주의로의 전환을 하여야 할 것이다. 그렇지 않으면 유한책임중간법인과 무한책임중간법인으로 구분하여 활용의 폭을 넓혀야 할 것이다. 기금은 사단이 사람들의 모임이라는 특성과 설립 후 기금이 계속 증감하는 현실을 감안하여 일정액 이상 보유 의무를 없애고 사원변경도 명부 변경만으로 가능토록 한다. 정관이나 의사록 공증은 대표자나 임원들의 인감증명을 첨부하여 진정성

---

522) 권철, 앞의 논문, 130면.

523) 2007년 7월 현재 3984여 법인에 머무르고 있고, 게다가 그 중에는 중간법인의 이용방법으로 당초 상정되지 않았던 자산유동화의 도구로 이용되는 것이 상당수 포함되어 있다. NPO(특정비영리활동촉진법)법에 의하여 인증을 받은 NPO법인의 수는 1999년 2월에 처음으로 인증이 행하여진 이후 착실히 증가하여 2004년말 시점에서 2만을 넘어섰고 2007년 8월말 현재 3만을 넘어선 것과 비교된다. 권철, 위의 논문, 126면.

을 확보하는 방법으로 공증에 따르는 비용과 번거로움을 덜어주어야 할 것이다. 일정자산 이하에 대한 세금부담 완화와 함께 비치할 장부 역시 세무전문가의 손을 빌리지 않아도 될 정도로 간이하게 할 필요가 있다. 만일 일본과 같이 등기절차 조세와 비치장부, 임원 임기제와 과태료 규정등 상법상의 법인처럼 취급한다면 법인 설립을 기피할 것이므로 설립과 존속, 해산과 청산의 불편을 최소화 하여야 입법 목적을 달성할 수 있을 것이다.

다. 전통단체법

오늘날 법인 아닌 사단의 분쟁 중 문중과 종중의 분규가 비교적 많은 편이다. 문중재산의 재산적 가치가 국토개발로 말미암아 커지고, 봉제사와 분묘수호에서 나아가 여러 가지 사업을 하게 되면서 재산문제를 둘러싸고 소송에 이르는 경우가 많아지고 있다. 뿐만 아니라 촌락공동체 시절부터 형성되어 온 마을,[524] 계, 향약 등의 전통단체도 존재한다. 문중이나 종중과 같이 혈연적 관습단체나 마을이나 향약과 같은 지연적 관습단체인 경우에는 근대법 이후 계수된 단체법이론으로 규율하기에는 한계가 있다.

종중도 분화하여 오늘날에는 종중 유사단체도 등장하고 있고 종중원의 구성과 자격에 대해서도 시대의 흐름에 따라 변화하고 있다. 종중에서는 그 구성원의 자격이 구성원의 의사에 의해서 결정되는 것이 아니라 자연발생적이고 또한 부계혈족으로 제한되지만 민법상 친족(단체)의 범위에서는 부계와 모계를 구분하지 않는다. 판례는 단체의 실질에서 가장 중요한 정관이나 규약을 종중에서는 성문으로 될 것을 요구하지 않는다. 회의체의 소집의 통지나 회의에서도 종중에 있어서는 사단의 법리와 다른 법리를 적용하고 있다.

일반인들이 이러한 판례이론을 이해할 수도 없을 뿐더러 민법의 '행위규범성'은 이러한 전통단체에 관한 한 철저히 역할을 하지 못하고 있는 실정이다. 민법 제1조가 관습법의 법원성을 인정하고 있더라도 성문법국가로서 이러한 단체의 규율을 판례에만 의존하는 것은 문제가 있다. 이러한 단체에 대한 실태조사도 충분히 이루어지지 않은 상태에서 단지 '사단의 법리'나 '종중의 법리'

524) 마을에 대한 입법론으로는 정환담, 앞의 논문, 106면 이하에서 마을공동체의 조직 운영에 관한 법률(안)을 제시하고 있다. 이 법률안에서는 마을 공동체의 법인격은 주민회의에 의하여 마을규약이 확정된 때에 법인격을 취득하며 해당 자치단체에 이를 신고하도록 함으로써 '자유설립주의'에 입각하고 있다.

라는 이름으로 구성원의 확정, 관습적 규약의 인정, 재산귀속관계를 결정하는 것은 국가기관에 의한 또 다른 자의적 단체에의 간섭이 될 가능성이 있다.

따라서 전통단체에 관한 입법을 한다면 사단의 실질적 요소인 합의체, 규범으로서 정관 내지 규약, 사원의 확정, 대표기관, 사원총회의 통지 및 의결방법 등에 관하여 전통단체의 특징을 감안하여 입법하여야 할 것이다.

제 7 장

단체소송

제1절 단체소송의 의의와 입법 내용

제2절 단체소송제도의 실효성 제고방안

제7장 단체소송

제1절 단체소송의 의의와 입법 내용

Ⅰ. 단체소송의 의의

단체가 법인격을 획득하는 경우에는 당연히 법인 명의로 원고가 되거나 피고가 될 수 있는 당사자능력이 있고(민사소송법 제52조), 소송능력이 있게 된다. 그리고 법인이 아닌 사단이나 재단이라 할지라도 자신의 경제적 이익을 위하여 자신의 이름으로 청구를 할 수 있고, 일정한 행위의 부작위를 구할 수 있음은 당연하다.

그런데 소비자문제나 환경문제의 경우, 소비자가 경제적인 이익을 얻을 수 있는 손해배상과 달리, 다수의 피해자가 발생하거나 피해지역이 광범위하고, 또한 다수소비자에게 공통하는 이익이 존재하고 공익성이 높지만 일반적으로 경제적으로 얻을 수 있는 이익이 그다지 크지 않은 소송에 대해서는 소비자단체나 환경단체 등 공익적인 목적이나 활동을 하고 있는 단체에게 제소권을 인정할 필요가 있다. 단체에 제소권을 인정하는 것은 제소의 경제적 곤란을 완화하는 것뿐만 아니라 개인차원에서는 손해나 손해발생의 염려가 반드시 구체적·현실적인 것이라고 할 수 없고 종래의 기준으로 볼 때, 당사자적격이나 소의 이익을 긍정하기가 쉽지 않은 경우에 단체의 공익성이나 임무에 착안해서 당사자적격을 인정함으로써 구제의 조기화를 실현할 수 있기 때문이다. 개인의 권리보호를 주된 목적으로 삼아왔던 종래의 실체법규, 소송법규 및 이들의 해석이론이 이러한 새로운 유형의 문제를 해결하기에는 불충분하여 다수자를 집단적으로 취급할 필요가 생긴 것이다.[1)]

단체소송이란 일정한 요건을 갖춘 단체가 원고가 되어 개개법률의 보호목적인 공익을 추구하거나 혹은 원고로서 타인의 개개 청구권을 주장하는 것을 말한다. 이는 단체가 개인의 소송수행을 배후 내지 측면에서 지원하거나 원조

---

1) 정규상, 소비자단체소송, 성균관법학 제19권 2호, 2007.8, 288면.

하는 것에 그치는 소송부조와는 구별된다. 즉, 우리나라에서 단체소송은 법률에서 정한 일정한 자격을 갖춘 단체가 소비자 내지 개인정보침해 당한 자를 대신해 권익침해 행위의 금지 혹은 중지를 청구할 수 있도록 하는 소송제도이다. 단체 자신의 경제적 이익이 아니라 어찌 보면 단체와 관련성을 가진 다수의 개인들을 위해 단체가 소송을 수행하는 것이다.

원래 단체소송제도는 독일 등 대륙법계에서 채택한 제도로서 특정한 목적을 가지고 활동하는 단체가 단체의 구성원의 이익만을 위해서가 아니라 단체 자신의 이익 또는 그것을 초월하는 공공의 이익을 실현하기 위해서 소를 제기하는데 특징이 있다. 원래 독일의 단체소송은 부정경쟁을 방지한다는 차원에서 1869년의 부정경쟁방지법(Gesetz gegen den unlauteren Wettbewerb)에서 영업자간의 부정경쟁행위에 대하여 영업이익촉진단체에게 부작위청구의 소를 인정한데서 출발한 것이다. 소비자단체소송이 부정경쟁방지법상 인정된 것은 1965년 동법의 개정에 의하여 가능해졌고, 다시 1976년 보통거래약관규제법에서도 인정되기에 이르렀다. 이들 소비자단체소송은 다수소비자에게 불이익을 초래하는 부정경쟁행위의 중지나 위법한 계약약관의 사용금지·철회를 재판상 구하는 권능을 일정한 요건을 구비한 소비자단체에게 부여하였다. 즉, 추상적 피해단계에서 소비자피해를 구제하려고 하는 예방적 차원의 권리보호수단이었던 것이다. 그러나 이 단계에서 더 나아가 부정경쟁행위에 의하여 소비자가 입은 구체적인 손해에 대하여는 소비자단체에게 직접 그 배상청구권을 인정하지 않았다.

단체소송제도는 우리나라에서는 소비자기본법에서 도입되어 일괄분쟁조정제도와 더불어 소비자기본법의 핵심내용으로 소비자단체소송이 2008년 1월 1일부터 시행되고 있고, 2011년에 제정된 개인정보보호법에서도 도입되어 개인정보단체소송을 규정하고 있다.

특히 소비자단체소송제도는 소송법적 의의 이외에 실체법적 위반행위를 전제로 한 소송수행이라는 측면과 공익의 수행으로서의 측면을 가지고 있는데, 특별히 위반행위에 대한 행위금지청구소송으로서의 의의를 가진다. 소비자단체소송의 한계는 손해배상청구권은 인정되지 않기 때문에 소비자피해구제를 위하여 별도의 수단을 강구할 수밖에 없다는 점이다.

소비자단체소송제도는 소비자 권리보호를 위해 2008년 도입되었지만 복잡하고 비현실적인 소송요건과 소송단체의 소송비용 부담으로 인해 2013년 현재까지 2008년도에 경실련이 하나로텔레콤을 대상으로 한 소비자단체 소송사례가 1건에 불과할 정도로 도입취지를 살리지 못하고 있다.[2] 이하에서는 주로 소비자단체소송[3]을 중심으로 서술하기로 한다.

Ⅱ. 당사자적격

소비자단체소송은 대표당사자소송(집단소송)과 달리, 소비자를 위하여 소송을 제기할 수 있는 자격을 일정한 단체로 한정하고 있다. 소비자기본법 제70조에서는 공정거래위원회에 등록한 소비자단체(1호), 사업자단체(2호), 비영리민간단체(3호)가 일정한 요건을 갖춘 경우에 한하여 단체소송을 제기할 수 있다고 규정하고 있다. 소비자기본법은 소비자단체소송이라는 명칭을 사용하고 있지만 소비자단체뿐만 아니라 사업자단체와 비영리민간단체에도 원고적격을 인정하고 있으므로 소비자단체소송과 사업자단체소송을 결합한 것이라고 할 수 있다.

구체적인 요건을 살펴보면, 소비자를 위하여 소송을 제기할 수 있는 단체로는 공정거래위원회에 등록된 소비자단체 중 단체의 정회원숫자가 1,000명 이상이고, 등록된 후 3년이 경과하였으며, 소비자의 권익증진을 그 단체의 기본목적으로 한 경우로 제한되어 있다(동법 제70조 1호 · 제29조). 소비자단체 이외에도 대한상공회의소, 중소기업협동조합중앙회 및 대통령령에서 정하는 전국단위의 경제단체에게도 사업자대표로 원고적격을 인정하고 있다(제70조 2호). 그 밖에도 중앙행정기관에 등록된 5,000명 이상의 상시구성원이 있는 단체로서 소비자의 권익증진을 위한 활동을 구체적으로 하고, 3년 이상의 소비자보호 활동의 경력 있는 비영리민간단체가 50인 이상의 소비자로부터 단체소송의 제기를 요청받은 경우에는 소송수행권을 가진다(제70조 3호).

개인정보단체소송도 당사자적격을 인정한 자격을 갖춘 단체로 제한하고 있다. 개인정보보호법 제51조는 소비자기본법 제29조에 따라 공정거래위원회에

2) 따라서 소비자단체에게 소송비용을 일부 지원하고, 소송제기 요건을 완화해 소비자의 생명·신체·권익 침해가 진행되고 있는 사안뿐 아니라 그와 같은 침해가 명백히 예상되는 경우까지 확대하는 한편 소비자단체가 소송에서 승소할 경우 이를 일간지 등에 게재하는 개정안이 발의되어 있다. 새누리당 강석훈 의원 대표발의개정안, 머니투데이, 2013.3.13. http://m.mt.co.kr/new/view.html?no.

3) 소비자단체소송에 대해서는 정규상, 성균관법학 제19권 2호, 2007.8, 288면 이하; 송오식, 소비자법, 전남대학교 출판부, 2013, 439면 이하 참조.

등록한 소비자단체로서, 정관에 따라 상시적으로 정보주체의 권익증진을 주된 목적으로 하는 단체일 것(동조 1호 가목), 단체의 정원수가 1천명 이상일 것(동조 1호 나목), 소비자기본법 제29조에 따른 등록 후 3년이 경과하였을 것(동조 1호 다목)으로 제한하고 있다. 또한 동조 제2호에서는 비영리민간단체 지원법 제2조에 따른 비영리민간단체로서 법률상 또는 사실상 동일한 침해를 입은 100명 이상의 정보주체로부터 단체소송의 제기를 요청받을 것(동조 2호 가목), 정관에 개인정보 보호를 단체의 목적으로 명시한 후 최근 3년 이상 이를 위한 활동실적이 있을 것(동조 2호 나목), 단체의 상시 구성원수가 5천명 이상일 것(동조 2호 다목), 중앙행정기관에 등록되어 있을 것(동조 2호 라목)을 요한다.

이처럼 소비자기본법이나 개인정보보호법이 당사자적격을 등록을 갖춘 소비자단체[4] 등으로 제한하는 것에 대하여 소비자 단체소송제도의 효율적인 활용과 남소의 위험배제, 이에 대한 사회적 신뢰도 유지를 위해 소비자 단체소송을 할 수 있는 적격단체를 제한하는 것은 타당하며 그 필요성이 충분히 인정된다고 하는 견해도 있으나, 일정한 등록 소비자단체에 대해서만 당사자적격을 인정하게 되면 등록·인가의 심사기준에 따라서 적격단체가 너무 제한적으로 인정될 수 있어 소비자단체소송제도의 실효성이 확보되지 않을 위험성이 있는데다, 등록·인가 등의 심사과정에서 소비자단체에 대한 행정의 감독이 미칠 우려가 있으므로 등록되지 않은 단체라도 실체적 요건을 충족하고 있는 한, 당사자적격을 배제할 이유가 없다고 보는 것이 타당하다 할 것이다.

우리나라 소비자기본법은 복수의 단체가 소를 제기할 경우에 대해서는 아무런 규정을 두고 있지 않고, 소송허가제도(제73조, 제74조)를 통해 중복소송 문제의 해결을 도모하고 있는 듯하다. 그러나 단체의 중복된 소송 제기를 방지하고자 한다면, 제소단계에서 법원의 통지 등을 통해 각 제소권자에게 소가 제기된 사실을 통보하고, 원하는 단체로 하여금 공동소송참가를 할 수 있는 기회를 부여하는 것이 필요하다. 이러한 소송참여에의 기회는 기판력을 확장할 수 있는 근거가 되며 이로써 원고의 승패와 상관없이 기판력을 확장함으로써 중복된 단체소송의 제기를 차단할 수 있을 것이다. 이를 위해 단체소송이 여러 법

4) 공정거래위원회에 등록된 소비자단체로는, 녹색소비자연대, 대한주부클럽연합회, 전국주부교실중앙회, 한국소비자교육원, 한국YMCA전국연맹, 한국소비자연맹, 한국소비생활연구원, 소비자문제를 연구하는 시민의 모임, 한국부인회, 대한YWCA연합회 등이 있고, 한국소비자단체협의회, 한국여성단체협의회는 소비자단체협의체로서 적격소비자단체에서 제외된다.

원에 제소된 경우에는 먼저 제소된 법원이 전속적으로 관할권을 갖는다는 점, 아울러 뒤에 제기된 소는 관할권 있는 법원에 이송함으로써 병합 심리할 수 있는 법적 근거를 마련해 주어야 할 것이다.

Ⅲ. 단체의 법인격

법인격과 관련하여 소비자기본법이나 개인정보호법에서는 소비자단체 등에 대하여 별도의 법인격을 요구하는 규정을 두고 있지 않다. 일반적으로 오늘날 사단에 대해서는 비영리단체의 실질인 규범으로서 비영리를 목적으로 한 정관, 구성원, 회의체, 대표기관을 갖추고 있으면 법인과 구별하지 않고 법인격이 인정되고 있다. 우리나라 민사소송법 제52조는 비법인사단에 대해서도 당사자능력을 인정하고 있고, 현재 활동하고 있는 소비자단체는 대부분 법인격을 취득하고 있으므로 법인격의 요부는 큰 문제가 되지 않을 것이다.

Ⅳ. 변호사 강제주의

민사소송에 관하여 우리나라에서는 변호사강제주의를 취하고 있지 않다. 그러나 소비자단체소송에서는 소비자의 권익실현을 위하여 단체소송을 제기하는 단체(원고)는 소송수행에 관하여 변호사를 선임하고 소송수행업무를 위임하여야 한다(소비자기본법 제72조)고 하여 변호사 강제주의를 채택하고 있고, 개인정보단체소송도 마찬가지이다(개인정보보호법 제53조) 이는 증권관련 집단소송에서 원·피고 모두에게 변호사대리를 강제하는 것과 대조된다(동법 제5조 제1항). 그러나 증권관련 집단소송에서도 피고에 대한 변호사 강제주의의 적용은 별 의미가 없는데, 이는 피고가 변호사를 선임하지 않아도 이를 강제할 방법이 없기 때문이다.

Ⅴ. 소송물

1. 단체소송의 대상

소비자는 사업자가 소비자기본법 제20조를 위반하여 소비자권익을 침해한 경우 단체소송을 제기할 수 있다(동법 제70조). 즉 동법 제20조에 따라 위해행위의 기준(제8조 제1항), 표시기준(제20조 제2항), 광고기준(제3항), 사업자가 지정 고시한 부당행위(제4항), 개인정보 보호기준(제5항)에 위반한 경우이다. 동 규정에는 위의 다섯 가지 유형으로 한정된 것으로 보이지만 동 규정에 따라 직접적으로 위반한 경우뿐만 아니라, 소비자권익 침해행위에 포함될 수 있는 것은 소비자를 보호하기 위하여 제정된 법률인 소비자기본법, 약관규제법, 할부거래법, 방문판매법, 전자상거래소비자법에 위반되는 소비자의 권익을 침해하는 행위들뿐만 아니라 공정거래법, 표시·광고법, 가맹사업거래의 공정화에 관한 법률 등 사업자의 거래질서에 관한 법률에 위반되는 행위로 간접적으로 소비자의 권익을 침해할 수 있는 행위도 포함된다고 해석해야 할 것이다.[5] 구체적으로는 불공정약관의 사용, 위해물품의 판매, 비서면할부거래, 부적절한 내용의 서면계약서 사용, 청약철회권행사 방해, 방문판매법 등 소비자보호법령상 위반행위 등도 대상이 될 것이다. 즉, 동조에 따르면 개별법상 수많은 소비자 관련 법규를 위반한 경우 모두 소송대상이 됨으로써 약자보호에 충실한 조항이라고 할 수 있다.

2. 단체소송의 요건

소비자권익의 침해행위에 대하여 단체가 소송을 제기하기 위한 요건으로서는, ① 물품 등의 사용으로 인하여 소비자의 생명·신체 또는 재산에 피해가 발생하거나 발생할 우려가 있는 등 다수 소비자의 권익보호 및 피해예방을 위한 공익상의 필요가 있을 것, ② 제73조의 규정에 따른 소송허가신청서의 기재사항에 흠결이 없을 것, ③ 소제기단체가 사업자에게 소비자권익 침해행위를 금지·중지할 것을 서면으로 요청한 후 14일이 경과하였을 것의 요건을 모두 충족하여야 한다.

사업자의 위반행위로 인해 소비자의 생명·신체 또는 재산에 대한 권익이 직접적으로(직접성) 침해되고 있으며(현재성), 그 침해가 계속될 경우(계속성)에 단체가 소송을 제기할 수 있도록 규정하고 있다.

1) 침해의 계속성　단체소송의 요건으로서 침해의 계속성을 요한다. 이를 엄격히 해석하면 제1회의 침해 뿐만 아니라 계속적인 침해가 요구된다. 이렇게 되면 청구를 너무 제한적으로 인정하게 됨으로써 피해의 발생과 확대방지를 위해 소비자단체소송제도를 도입하려는 목적을 충분히 살릴 수 없다. 즉, 침해

---

5) 동지, 김원기 · 박수영, 전게 논문, 134면.

의 계속성을 요구함으로써 만약 제소단계에서는 위반행위로 인한 침해가 계속 진행 중이었다 하더라도 제소 후 위반행위를 기업이 스스로 중단하게 되는 경우에는 소의 이익이 상실되어 당해 소는 각하되어야 한다는 결론에 이르게 된다. 손해배상청구가 인정되지 않고 부작위청구만을 인정하는 단체소송제도에서는 피고의 자의적인 행위에 따라 소의 유지여부가 결정되는 매우 불합리한 결론에 이르게 된다. 이는 금지·중지의 의미를 방해배제청구로만 상정한 것인데, 침해뿐만 아니라 침해의 우려가 있는 경우에도 금지·중지를 청구를 인정하는 것이 단체소송제도의 취지에 부합한다 할 것이다.

2) 침해의 현실성　　단체소송의 허가요건을 규정하고 있는 동법 제74조 제1호는 '법 제20조 규정 위반으로 인한 소비자피해'라고 규정하지 아니하고 "물품 등의 사용으로 인한" 소비자피해에 국한하고 있을 뿐 아니라, '공익상의 필요'를 추가해서 요구하고 있는 반면, '피해발생의 우려'만으로도 소송허가를 받을 수 있어 피해의 현실성을 요구하고 있지 않다. 침해의 현실성을 요구하고 있는 제70조의 규정과 다소 모순된다는 지적이 있으나, 이는 사전심사단계에서는 법률요건을 완화하여 심사하는 것이 타당하므로 적절하다고 보이고, 오히려 '물품 등의 사용으로 인한' 소비자피해에 국한하고 있는 부분이 사전심사단계에서 본안심사단계보다 엄격한 심사를 해야 한다는 것은 이치에 맞지 않으므로 그 개정이 필요하다고 보인다.

3. 침해행위의 금지 · 중지청구

소비자소송제도와 관련한 각국의 입법례 중 독일의 '단체소송'을 모델로 입법한 이유 중 하나는 소송물을 '소비자권익침해행위의 금지 혹은 중지'로 한정하려는 데 있었다.[6] 소비자들이 입은 피해에 대한 손해배상소송을 집단적으

6) 독일에서는 단체소권의 법적 성질에 대해 고유권설, 법정소송담당설, 특수제소권설, 민중소송설 등이 주장되고 있는데, 이는 단체소송이 금지를 구하는 소인 관계로 이를 실체법상의 부작위청구와의 관계에 대해 어떻게 보느냐에 따라 차이를 보이고 있다. 즉 고유권설은 소비자단체에 주어진 고유한 금지청구권으로부터 도출된다고 하고, 법정소송담당설은 소비자단체가 한정된 집단의 집합적 권리를 대표하여 행사하는 것으로 소비자단체는 타인의 권리를 자신의 이름으로 주장한다고 한다. 특수제소권설은 원고의 실체법상의 부작위청구가 아닌 순수한 소송법상의 제소권이라고 하며, 민중소송설은 제소권이 부여되는 기준은 특정단체의 이익이나 소제기의 동기가 아니고 통제의 유효성이며, 법적 통제를 보다 강화하기 위한 것으로 본다. 이에 대해서는 김원기 · 박수영, 전게 논문, 각주 4) 참조.

로 인용하기 보다는 침해행위의 금지 혹은 중지를 요청하는 부작위청구소송의 형태로 소비자소송제도를 운용함으로써 기업의 부담을 덜어주기 위함이다. 따라서 소비자피해에 따른 손해배상청구는 여전히 기존의 개별적인 손해배상소송이나 공동소송의 형태로 이루어질 수밖에 없다.

다만, 한국소비자원의 소비자분쟁조정위원회에서는 일괄분쟁조정제도를 통하여 동일한 사안에서 피해를 입은 소비자들의 배상청구를 일괄하여 조정하는 것이 가능하게 되었다.

Ⅵ. 소비자 단체소송의 수행

1. 냉각기간

소송의 이전단계에서 소비자단체는 해당사업자에게 소비자의 권익을 침해하는 행위의 중단을 서면으로 요청하여야 하며, 이러한 최고절차를 거치고 14일이 지난 후에야 비로소 소송을 제기할 수 있다(동법 제74조 제1항 제3호). 이는 사업자의 자율적 시정을 위한 냉각기간을 두어 단체소송의 남발을 방지하기 위한 것으로 볼 수 있다.

2. 전속관할

단체소송의 관할권은 피고가 되는 기업의 주된 사무소 혹은 영업소가 있는 곳의 지방법원 본원의 합의부의 관할에 전속한다(제71조 제1항). 만약 외국인 사업자의 경우에 대한민국에 그 주된 사무소가 있는 경우에 그 사무소가 있는 곳의 지방법원 합의부가 담당재판부가 될 것이다(동조 제2항). 피고가 외국사업자인 경우 피고의 주된 사무소나 영업소가 국내에 없는 경우, 국내의 거소지 관할법원이 관할권을 갖게 하는 등의 보충적 규정이 필요하다.

소비자기본법 제71조에서는 피고의 주된 사무소나 영업소 소재지 지방법원 본원 합의부를 전속관할 법원으로 규정하고 있는데, 관할법원과의 물리적인 거리는 소의 제기와 소송 수행에 매우 큰 영향을 미친다는 점을 고려한다면, 이는 관할법원과의 물리적 거리로 인한 소송제기와 소송 수행상 피해자들에게 불리하게 작용할 수 있는 불합리한 규정으로 보인다. 소비자가 소송을 통하여 피해를 구제받기 위해서는 재판절차로의 접근과 재판절차 내에서의 활용이 용이하여야 한다. 재판에 소요되는 비용, 시간 등이 지나치게 과다하거나 재판절차 내로 들어가서 절차의 복잡, 시간의 지연, 소비자의 특성이 감안되지 않은 일률적인 법률의 적용 등은 소비자의 재판청구권에 지장을 초래하게 된다. 따라서 소비자거래에 있어서는 일반민사소송법과는 달리 토지관할에 있어 소비자 또는 피해자 주소지에서 제소할 수 있는 법적 규정을 도입하는 방안을 모색할 필요가 있다. 그런데 이와 관련하여 소비자 집단피해의 경우는 피해자가 다수이므로 어떤 원고의 주소지를 근거로 관할을 정할지가 문제될 수 있다. 그러나 소비자 단체소송에 있어서는 소비자단체가 소비자의 법정소송담당자로 볼 수 있다. 따라서 단체가 소비자를 위해 소를 제기하더라도 소비자 보호이념은 유지되어야 한다는 점에서 보더라도 소를 제기하는 단체의 주소지에 관할을 두는 것이 더 타당하리라고 본다.

국제사법 제27조는 헤이그협약초안과 EU의 브뤼셀 규칙을 수용하여 소비자를 위한 보호관할 규정을 설치하고 소비자가 원할 경우 언제나 그의 상거소지에서 사업자를 상대로 소를 제기할 수 있음을 현재 국제적으로 통용되는 준칙으로 하고 있다. 소비자기본법 제71조는 국내사건의 경우 뿐 아니라 섭외사건을 고려한다면 이러한 국제적인 추세에 역행하는 규정이라 할 수 있다.

3. 소송허가신청

동법 제70조에 따른 단체소송을 제기할 수 있는 자격요건을 갖춘 단체라도 소송허가요건을 충족시켜야 단체소송이 가능하다. 즉, 단체가 소송을 제기하는 경우 해당단체는 소장과 함께 단체소송허가신청서를 법원에 제출하여야 하는데, 단체소송허가신청서에는 원고와 소송대리인, 그리고 피고, 금지·중지가 요구되는 사업자의 소비자권익침해행위가 구체적으로 제시되어야 하며(제73조 제1항), 해당단체의 원고적격을 소명할 수 있는 자료와 소제기 14일 이전에 한 사업자에 대한 최고서면 및 사업자의 의견서 등을 첨부하여야 한다(제73조 제2항). 법원이 소송을 허가하면, 비로소 단체소송이 진행되고, 이에는 민사소송법 및 대법원 규칙이 준용된다(제76조 제1항).

4. 보전처분

단체소송에 대한 법원의 판결이 내려지기 이전이라 할지라도 필요한 경우에는 원고는 피고기업에 대하여 가압류, 가처분 등의 민사집행법 제4편에 따른 보전처분을 할 수 있고(제76조 제2항), 이는 소비자의 권익침해에 대한 예방조치가 시급히 필요할 경우에 매우 유용한 수단이 될 수 있을 것이다. 그런데 이러한 보전처분은 '소송허가결정이 있은 후'에야 비로소 가능하기 때문에(제76조 제2항), 원래의 보전처분의 기능을 매우 제한하는 측면이 있다.

5. 민사소송법의 적용

단체소송에 관한 소비자기본법에 특별한 규정이 없는 경우에는 민사소송법을 적용한다(제76조 제1항). 따라서 단체소송의 심리는 원칙적으로 일반 민사소송처럼 당사자주의, 변론주의, 쌍방심리주의가 적용되고, 사실과 증거의 수집제출에 있어 현행 민사소송제도상의 원칙을 고수한다. 특히, 주장책임과 증명책임에 있어서 특별히 원고측에 유리한 조항은 규정하지 않고 있다.

Ⅷ. 기판력

1. 다른 소비자단체에 대한 효과

동법에서는 남소의 우려와 소송의 이용제한의 우려 양자를 모두 고려한 조치로써, 청구기각의 경우에 판결의 효력을 확장하되, 객관적인 연구결과나 명백한 증거자료가 나타나면 판결의 효력이 확장되지 않도록 조치하고 있다(제75조). 즉 원고의 청구를 기각하는 판결이 확정된 경우 이와 동일한 사안에 관하여는 제70조의 규정에 따른 다른 단체는 단체소송을 제기할 수 없다. 다만, ① 판결이 확정된 후 그 사안과 관련하여 국가 또는 지방자치단체가 설립한 기관에 의하여 새로운 연구결과나 증거가 나타난 경우, ② 기각판결이 원고의 고의로 인한 것임이 밝혀진 경우에는 그러하지 아니하다.

소비자기본법 제75조는 원고의 청구를 기각하는 판결이 확정된 경우, 이와 동일한 사안에 관해서는 다른 단체가 단체소송을 제기할 수 없다고 규정하여 증권관련 집단소송제도[7]와 달리 청구기각 판결에 대해서만 기판력의 주관적 범위를 확장하고 있다.

---

7) 증권관련 집단소송법에서는 모든 확정판결에 대해 기판력의 주관적 범위를 확장하고 있다. 증권관련 집단소송법 제38조(기판력의 주관적 범위)는 확정판결은 제외신고를 하지 아니한 구성원에 대해서도 효력이 미친다고 규정하고 있다.

2. 소비자에 대한 효과

독일의 경우 판결의 효력은 소송 당사자들에게만 미쳐 일방의 소송판결 기판력이 다른 소송에 영향을 미치지 않으나, 부당약관의 금지에 대해서는 패소한 약관 사용자가 금지명령을 위반할 때에는 위반으로 영향을 받은 계약당사자는 금지명령의 판결을 원용하여 약관에 포함된 그 조항을 무효로 할 수 있다고 하여, 기판력의 예외로서 판결의 효력을 제3자에게 확장하고 있다. 그러나 우리나라는 민사소송의 원칙대로 소비자단체가 취득한 승소판결의 효력은 소송에 참가하지 아니한 개개의 소비자에게는 미치지 않는다.

Ⅷ. 손해배상청구권의 인정 필요성

소비자기본법 제70조에 따라, 일정한 자격을 갖춘 단체는 소비자권익침해행위의 금지·중지를 구하는 소송을 제기할 수 있으나 금전배상청구는 인정되지 않아, 결국 위법행위를 통한 불법 이득이 행위자에게 그대로 남는 불합리한 결과를 초래하고 있다.[8)]

세계적으로 단체소송의 형태는 영미의 대표당사자소송과 구분하기 어려울 정도로 혼합된 형태로 운영되고 있으며 EU국가 중에서 전통적으로 단체소송의 금전청구를 배제해 온 가장 보수적인 독일마저도 최근 부정경쟁방지법(법 제10조 제1항)의 개정을 통해 불법적으로 얻은 이익을 정부재정에 환수하게 하는 소위 이익환수방식의 구제를 인정하기에 이르렀다. 이러한 국제적인 입법추세에 비추어 볼 때 우리나라 단체소송이 단순히 부작위를 명하는 선에서 제한되어서는 곤란하다.

8) 독일의 단체소송제도는 법위반행위의 금지뿐만 아니라 예외적으로 소비자단체 등이 법위반행위로 인한 이익의 환수를 청구할 수 있도록 하고 있다. 예컨대, 독일의 부정경쟁방지법은 부정경쟁행위를 통하여 소비자의 이익을 침해함으로써 부당한 이익을 얻은 경우에는 소비자단체가 그로 인한 이익의 환수를 청구할 수 있도록 하고 있다. 이는 피해액의 분배에 초점을 맞추는 것보다는 재판상 소구를 통하여 가해자의 위법행위를 억지하고 소비자단체의 기금으로 귀속시킬 수 있는 장점이 있다. 한충수, 전게논문 168-169면.

제2절 단체소송제도의 실효성 제고방안

1. 다양한 집단적 피해구제 시스템 구축

소비자에게 집단적인 피해가 발생한 경우 소비자집단소송이나 소비자단체소송 혹은 집단분쟁조정 등 다양한 제도가 있음을 살펴보았다. 우리나라에서는 집단분쟁조정제도와 소비자단체소송제도를 도입하고 있다. 오늘날 소비자 피해유형은 다양하기 때문에 소비자피해를 유형화할 필요가 있다.[9] 즉, 불특정 다수인에게 소액의 피해가 유발된 경우로서 개별 피해자의 정확한 파악이 어려울 뿐만 아니라 각 피해자의 손해액도 소액인 관계로 소 제기의 유인이 없는 경우와 불특정 다수의 피해자가 발생하였지만 피해자의 파악이 어느 정도 가능하고 개별 피해자 역시 나름대로 고액의 손해배상청구를 기대함으로써 개별적인 소제기의 동기가 있는 경우로 나누어 접근하여야 한다.

다음으로 피해자 집단 혹은 단체의 접근권을 제고하여야 한다. 현재의 소비자단체소송제도는 소비자단체에게 비용부담을 지움으로써 그 실효성이 의문시되고 있다. 단지 소비자단체소송에서 금지·중지만을 구할 것이 아니라 사업자에게 부당이득을 환수하여 소비자단체의 비용에 충당하게 하거나 그렇지 않으면 일정액의 소송비용을 지원하도록 해야 한다.

그 실효성에 의문이 가는 소비자단체소송뿐만 아니라 소비자집단소송을 도입하여 일정한 요건하에 손해배상책임을 인정해야 할 것이다.

2. 증명책임의 경감 내지 전환

소비자기본법 제70조에서는 동법 제20조가 정하는 사업자의 위반행위 이외에 구체적인 침해와 그 계속성을 요구하고 있다. 동법은 입증책임에 관하여 별다른 규정을 두고 있지 않기 때문에 일반적인 입증책임분배 이론에 따라야 한다. 이 경우 소송요건인 사업자의 위반행위, 구체적인 침해와 그 계속성, 사업자의 위반행위와 침해 사이의 인과관계는 원고가 입증책임을 부담한다. 또한 입증의 정도는 법관에게 확신을 줄 정도로 입증하여야 한다. 그러나 다른 소비자소송과 마찬가지로 소비자단체소송의 경우에도 이러한 요건을 소비자단체가

9) 한충수, 전게논문, 167면.

입증하기가 용이하지 않다. 따라서 법원이 민사소송인 제조물책임소송이나 의료과오소송, 환경오염소송에서 요건에 대한 사실상의 추정을 하거나 입증의 정도를 완화하여 개연성설을 취하고 있는데, 소비자단체소송에서도 동일하게 적용될 수 있을 것으로 보인다. 그런데 특별한 규정이 없는 한 이 때 사업자의 위반행위와 침해 상호간에 인과관계가 추정 된다고 볼 수 없다. 따라서 소비자 측에서 상호간의 인과관계를 입증해야 하는데 이는 현실적으로 사실상 불가능하다. 따라서 약자의 입장에 있는 소비자를 위해 증명책임(입증책임)을 전환하는 입법도 고려할만 하다.

3. 법원의 전문성 강화

오늘날 집단 소비자분쟁의 영역은 실로 다양하다. 전통적인 소비자매매형 분쟁뿐만 아니라, 소비자신용형 분쟁 의료서비스계약과 같은 소비자역무제공형 분쟁, 사업자의 환경오염, 제조물책임, 언론에 의한 침해 등 경제의 전영역에서 발생할 수 있다. 따라서 집단소송제도의 도입은 단순히 외국의 제도를 도입하기 보다는 우리의 현실을 감안하여 재단할 필요가 있다.

왜냐하면 집단소송제도가 원래 의도한 기능을 발휘하기 위해서는 독립성이 보장된 사법기관의 존재, 법관의 독립, 전문직역의 변호사 등 전문 인력의 존재, 국민들의 성숙한 법의식과 같은 요소를 두루 갖춰야 하기 때문이다.

소비자피해 관련 소송에서는 과실입증 및 각종 조사과정에서 전문적이고 과학적인 지식의 원조를 필요로 하는 경우가 많다. 또한 환경피해와 같은 유사한 형태의 계속적인 집단피해를 방지하기 위해서는 신속하고 효과적인 피해구제가 이뤄져야 하므로 집단피해를 해결하는 전담부서를 설치하여 원인규명, 피해액산정, 소송절차의 간소화 등 보다 전문적이고 능률적인 소송수행이 이뤄질 수 있도록 하는 것을 고려할 만하다. 법원 내에 독립 부서를 통해 집단피해소송만을 전담하는 방법도 가능하며, 필요에 따라서는 소비자피해에 한하여 한국소비자원에 변호사자격 및 사법적 능력을 갖춘 전문가를 구성하여 별도의 독립적 부서를 구성하는 것도 고려할 만하다.

4. 소송비용의 확보

소비자단체소송이 도입된 이후 단 1건만이 제기되었다는 사실은 소비자단체소송의 한계를 드러내고 있다. 당사자적격을 소비자단체에게만 부여하였고,

금지 내지 중지청구만 인정하고 손해배상청구는 배제함으로써 경제적으로 열악한 지위에있는 소비자단체들이 소송비용을 감당하면서까지 소비자단체소송에 선뜻 나서지 않기 때문이다. 소비자주권에 걸맞는 소비자구제수단을 갖추기 위해서는 소비자단체소송을 활성화할 수 있는 방안을 강구해야 한다. 그 방안의 하나로 소비자단체소송을 통하여 사업자의 부당한 이익을 환수하여 소비자단체에게 일정액을 귀속시키거나 소비자단체소송 비용의 일부를 국가나 지방자치단체에서 보조하는 방법도 생각할 수 있다.

5. 대체적 분쟁해결 수단의 활성화

오늘날 우리 사회는 급격한 후기산업사회에 진입하면서 제품의 대량생산과 대량소비로 말미암아 이제 생산자중심주의에서 소비자중심주의로 변모하고 있다. 과거 소비자 구제방안은 주로 공법적 규제로서 행정청이 소비자정책에 깊숙이 관여하여 후견적 지위에서 소비자보호를 꾀해 왔다. 여러 분야에서 소비자보호의 필요성이 대두될 때마다 특별법의 제정을 통하여 이를 해결해 왔다. 대개 이러한 법률들은 공법적 규제수단과 함께 형사법적 제재수단까지 병과함으로써 당사자의 자율적인 상호교섭에 의한 분쟁해결이나 사업자의 자율적인 분쟁해결의 모색 등에 대하여는 관심이 상대적으로 적었다.

오늘날 소비자들의 피해는 비록 소액일지라도 다수의 광범위한 영역에서 발생하는 특색을 가지고 있어서, 이 점에서 집단소송제도는 매우 효과적인 사법제도이다. 또한 집단소송제도의 도입으로 기업체는 막대한 손해를 배상해야 하는 집단소송을 피하기 위하여 소비자를 위한 각종의 경제제도, 예컨대, 리펀드제도, 리콜제도, 소비자피해배상보험 등을 자율적으로 마련하게 되었고, 그 결과 국민의 소비생활과 삶의 질은 더욱 향상되고 기업경영은 전보다 투명하게 되었다. 그렇지만 집단소송제도는 그 효과는 막강해야 하되, 소비자의 집단적인 피해에 대한 구제방법으로서 최후 수단이어야 할 것이다.

소비자법이라고 하여 전적으로 소비자를 약자로 상정하여 제도와 구제수단의 초점을 소비자에게만 맞출 경우 오히려 국민경제에 역행할 우려가 있기 때문에 적절하고 신속한 소비자피해구제와 사업자의 건전한 기업활동이 균형을 이루도록 조절할 필요가 있다. 특히 소비자의 피해가 집단적으로 발생할 경우에는 더욱 더 그러하다. 따라서 이러한 제도를 이용함에 있어 다른 사법적 구제수단보다 쉽거나 또는 원고인 소비자에게만 유리한 절차이어서는 안된다.

집단소송의 기본적 취지는 소액다수의 소비자피해, 환경오염인 공해 등으로 인한 기본적 삶의 권리를 침해당하는 다수의 시민, 불공정거래행위 등 기업과 영업자들의 무질서한 경제행위로 인한 피해를 구제하기 위한 것이라고 볼 수 있다. 그러나 이 같은 취지의 법이 지나치게 남용되면 사회적 비용을 증가시키고 법원의 업무를 가중시키거나, 집단적 이기주의로 인한 소송남용으로 기본적 취지를 왜곡할 우려가 있다. 즉 집단소송과 관련하여 간과해서는 안 될 중요한 부분은 집단소송을 기존의 다른 제도들을 모두 제치고 가장 손쉽게 의지할 수 있는 수단으로 인식해서는 안 된다는 점이다. 독일의 소비자단체소송의 운영 실태를 살펴보더라도, 소비자피해구제를 위한 단체소송은 다른 형태의 사법적 처리나 조치에 비해 수적으로 극히 제한적으로 활용되어 왔다. 따라서, 단체소송제도와 같은 사법적 구제 이외의 소송외적 구제방안도 활성화시켜 남소를 방지하고 소송경제를 이루는 것도 병행할 필요가 있다.

참고문헌

1. 단행본

[국내문헌]

강태성, 민법총칙의 개정론, 대명출판사, 2008.

고상룡, 민법총칙, 법문사, 2003.

곽윤직·김재형, 민법총칙(제8판), 박영사, 2012.

곽윤직, 물권법(신정수정판), 박영사, 2004.

______, 채권법각론(제6판), 박영사, 2003.

권영성, 헌법학원론, 법문사, 1991.

김상용, 민법총칙(전정증보판), 2003.

______, 물권법, 법문사, 1993.

김용한, 민법총칙론(재전정판), 박영사, 1993.

______, 물권법론(전정판), 박영사, 1985.

김주수·김상용, 민법총칙(제7판), 삼영사, 2013.

김증한, 물권법강의, 박영사, 1984.

김증한·김학동, 민법총칙(제10판), 2013.

김철수, 헌법학신론(제21전정신판), 박영사, 2013.

김치선, 노동법강의, 박영사, 1988.

김형배, 노동법, 박영사, 1988.

박형용, 교의신학 제6권(교회론), 은성문화사, 1975.

백태승, 민법총칙(제2판), 법문사, 2006.

손주찬, 상법(상) (제14전정판), 박영사, 2003.

송오식, 소비자법, 전남대학교출판부, 2013.

______, 계약법(증보판), 전남대학교출판부, 2013.

송호영, 법인론, 신론사, 2013.

윤철홍, 민사특별법연구, 법원사, 2003, 20면.

이영준, 민법총칙(개정증보판), 박영사, 2007.

이은영, 민법총칙, 박영사, 2006.

이태재, 민법총칙, 법문사, 1981.

이철송, 회사법강의, 박영사, 2011.

장경학, 민법총칙, 법문사, 1989.

정동윤, 회사법(제6판), 법문사, 2000.

정종섭, 헌법학원론 제3판, 2008.

정찬형, 상법강의(상) 제17판, 박영사, 2014.

정환담·송오식, 민법총칙, 형설출판사, 2009.

최기원, 상법학신론(상), 2009, 489면.

_____, 신회사법론, 박영사, 2005.

허 영, 한국헌법론, 박영사, 1991.

현승종·조규창, 로마법, 1996.

___________, 게르만법, 증보판, 1989.

황적인, 현대민법론Ⅰ, 박영사, 1985.

_____, 현대민법론Ⅱ (물권), 박영사, 1980.

황적인·염기부 편저, 협동조합법Ⅱ, 1995.

민법주해Ⅴ, 박영사, 1999.

주석 민법총칙, 한국사법행정학회, 1987.

법무자료 제260집, 민법(재산편) 개정자료집, 법무부, 2004.

2013년 법무부 민법개정시안 총칙편.

[외국문헌]

C. G. Bruns/O. Gradenwitz, Fontes Iuris Romani Antiqui Ⅰ, 7.ed. 1909.

Coing, Europäsches Privatrecht, Band Ⅱ, München, 1989.

Erlinghagen, Haftungsfragen bei einer unterkapitalisterten GmbH, GmbHR, 1962.

Flume, Juristische Person, S.150ff.

Flume, Allgemeiner Teil des Bürgerlichen Rechts, 1. Bd.

Gierke, Otto von, Das deutsche Genossenschaftrecht. Bd. Ⅰ : Rechtsgeschichte der deutschen Genossenschaft, 1868.

_____________, Das deutsche Genossenschaftsrecht, Ⅱ : Geschichte des deutschen Kö rperschaftsbegriffs, 1873.

_____________, Das deutsche Genossenschaftsrecht, Bd. Ⅲ : Die Staats-und Korporationslehre des Alterthums und des Mittelalters und ihre Aufnahme in Deutschland, 1881.

_____________, Deutsches Privatrecht, Bd.I, 1895.

_____________, Das deutsche Genossenschaftsrecht, Bd. Ⅳ : Die Staats-und Korporationslehre der Neuzeit, 1913.

Hans Peter Bull, Die Staatsaufgaben nach dem Grundgesetz 2. Aufl., 1977.

Juan Iglesias, Derecho Romano, Historia e Instituciones (Und cima edici n 1994)

Larenz/Wolf, Allgemeiner Teil des Bürgerlichen Recht, 9. Aufl., München, 2004.

Max Weber, Wirtschaft und Gesellschaft : Grundriss der verstehenden Soziologie, 5. revidierte Aufl. 1976.

Müller-Freienfels, Zur Lehre vom sogenannten 'Durchgriff' bei juristischen Personnen im Privatrecht, Acp 156(1957).

Reichert/Dannecker/Kühr, Handbuch des Vereinsrechts und Verbandsrechts, 3 Auflage.

Rittner, Die werdende juristische Person-Untersuchungen zum Gesellschafts-und Unternehmensrecht, Tubingen, 1973.

Savigny, Friedrich Carl von, Geschichte des Römischen Rechtes im Mittelater Bd. Ⅰ, 1815.

______________________, System des heutigen Römische Rechts, Bd. Ⅱ, Berlin, 1840.

Schmidt, Karsten, Einheit der Rechtsordnung-Realitat? Aufgabe? Illusion?, Vielfalt des Rechts - Einheit der Rechtsordnung?, Berlin : Duncker&Humblot, 1994.

Willhelm, Rechtsform und Haftung bei der juristischen Person, Köln u.a. 1981.

Munchener Kommentar zum Burgerlichen Gesetzbuch, Band 1, Allgemeiner Teil (§§1-240), Munchen: C.H.Beck Verlag, 1978.

Soergel Kommentar.

加藤雄信, 民法總則(제2판), 2005.

星野英一, 民法概論Ⅰ(序論・總論), 1971.

我妻榮, 新訂 民法總則, 1965.

石田文次郎, 土地總有權史, 岩波書店, 1927.

前田達明, 不法行爲歸責論, 創文社, 1978.

平井義雄, 損害賠償法の理論, 東京大學出版部, 1971, 91면.

法人制度研究會, 法人制度研究會報告書, 1999, 第56, 57.

2. 논문

[국내문헌]

강선준, 개인이 채무면탈을 위해 새로운 회사설립하는 경우에 법인격 부인론의 적용 - 대상판결 : 대구지방법원 2006.5.3 선고, 2005 가 합13817 판결 -, 상사판례연구 제20집 1권, 한국상사판례학회, 2007.

강신웅, 종중의 법적 성질과 종중재산 등기에 관한 고찰, 사회과학연구(조선대), 1980.

강위두, 법인격부인의 법리의 적용범위와 적용요건, 상사판례연구 제3집, 한국상사판례학회, 1989.

강태성, 법인에 관한 민법개정 방향, 법조 2001.

______, 이른바 총유에 대한 비판적 검토, 민사법연구 제15집 1호, 2007.

______, 법인본질론에 입각한 법인 아닌 사단의 민법상 취급, 재산법연구 제17권 1호, 2000,

______, 민법개정에 있어서의 수거권·총유·가등기에 관한 입법론, 비교사법 제7권 제2호(통권 13호), 한국비교사법학회, 2000.12.

강희갑, 법인격 부인 법리, 사회과학논총 제21집, 명지대학교 사회과학연구소, 2004.

고상현, 공익법인의 설립, 공익법인의 제문제, 2014년 한국민사법학회 동계학술대회 자료집.

고재종, 법인격부인의 법리에 관한 고찰, 외법논집 11집, 2001.12.

고평석, 법인격부인론의 부인, 상사법의 현대적 과제(춘강 손주찬박사화갑기념), 박영사, 1984.

고준기, 사용자의 개념 - 입주자대표회의의 사용자성, 노동법학 제140호, 노동법학회, 2002.6.

권성우, 주택조합에 관한 연구 - 주택조합의 해산에 따른 법률상 문제점, 창원지방법원 재판실무 제1집.

권 철, 민법의 관점에서 바라본 민법 개정안의 법인제도 : 비영리단체·법인 제도의 바람직한 상에 대한 각서/비교사법17권 4호(통권51호), 2010.

______, 일본의 새로운 비영리법인제도에 관한 소고 : 최근 10년간의 동향과 신법의 소개, 비교사법 14권 4호(통권 39호), 2007.12.

구자헌, 고유의미의 종중이 종중 유사의 비법인사단으로 조직변경을 할 수 있는지에 대하여, 민사재판의 제문제 제19권, 2010.12.

김교창, 민법총칙 중 법인에 관한 개정의견, 법조, 2002.

______, 준사단법인인 교회의 분할, 저스티스 통권 98호. 2007.

______, 아파트입주자대표회의의 법적 지위 - 대법원 2003.6.24. 선고 2003다1774 판결, 법률신문, 제3442호(2006년).

______, 법인격부인의 법리, 회사법의 제문제, 육법사, 1982.

______, "권리주체로서의 주민공동체(자연부락)", 판례연구 22집, 서울지방변호사회, 2008.8.

김기진, 공익재단법인의 설립자와 공익재단법인과의 관계, 고려법학 제51호, 고려대학교 법학연구원, 2008.

김대정, 민법개정시안에서의 법인설립에 관한 입법주의의 전환, 법학논문집 제34집 2호, 2010.

김동윤, 사찰의 법률관계, 민사재판의 제문제 제12권, 민사실무연구회, 2003.

김민규, 교회의 분열과 재산귀속에 관한 판례 법리의 변천, 한국재산법학회, 2007.2.
김민기, 교단변경 결의에 찬성한 교인들이 종전 교회에서 탈퇴한 것인지의 여부의 판단기준, 대법원 판례해설 83호, 2010.
김병연, 새로운 기업형태의 도입에 따른 향후 전망과 과제, 비교사법 제17권 2호(통권49호), 2010.6.
김상명, 종중의 실체에 따른 종중재산의 법률관계, 법과 정책 제19집 제1호, 2013,2.
김상용, 교회재산의 관리에 대한 현행 법률과 판례의 검토, 법조 통권 645호, 2010.6.
김선용, 종중재산의 법적 성격 및 그 소유권 귀속을 둘러싼 분쟁에 있어서의 판단기준에 관한 판례의 동향, 실무연구자료 7권, 2006.
김성만, 교회의 권징재판과 사법적 심사 - 대판 1984.7.24., 83다카2065 - , 판례월보 175호, 판례월보사, 1985.
______, 교회의 권징과 사법심사 - 대판 1984.7.24., 83다카2065, 판례월보 175호, 1985.4.
김시승, 종중의 법률적 성격, 부산판례연구회 판례연구 제4집, 1994.
김원기, 법인격부인론의 역적용 - 대판 2008.8.21. 2006다62829 판결을 중심으로 -, 기업법연구 제24권 2호, 한국기업법학회, 2010.
김의환, 구 전통사찰보존법 제6조 제1항 소정의 '문화체육부장관의 허가를 요하는 주지의 처분행위'에 공용 수용으로 인한 경내지 등 사찰재산의 소유권이전이 포함되는지 여부, 대법원판례해설 제35호, 법원도서관, 2000.
김인섭, 총유에 관한 연구, 민법의 망, 경상대학교 법학연구소, 1995.
김인유, 편의치적선의 법적지위, 해사법연구 20권 3호.
김재형, 1인회사의 사단성과 1인주주의 유한책임에 관한 검토, 기업법연구 제13집, 2003.
______, 단체로서의 종중, 대법원 2005.7.21, 2002다1178 전원합의체 판결을 계기로, 한국법과 세계화 : 2005 국제 심포지움, 2006.
______, 법인격, 그 인정과 부정 : 법인격 부인 또는 남용에 관한 판례의 전개를 중심으로 -, 민사법학 44호, 2009, 2009.3.
김제완, 단체 법리의 재조명 : 종중재산의 법적 성격 : 대법원 2005.7.2, 선고 2002다1178 전원합의체 판결 이후의 과제, 민사법학 31호, 2001.12.
김정호, 법인격의 역부인, 경영법률 제16집 2호, 한국경영법률학회, 2006.
김종기, 법인격의 남용, 판례연구 제17집, 부산판례연구회, 2006.2.
김증한, 교회가 분열한 경우의 교회재산의 귀속, 서울대학교 법학 제1권 제1호.
______, 공동소유형태의 유형론, 민법론집, 진일사, 1978.
김진수·김태훈, 공익법인에 대한 공익성 검증제도의 개선방안에 관한 연구, 세무학연구 제28권 제4호, 2011.

김진우, 공익신탁법리와 법정책적 제언, 비교사법 제8권 1호, 2001.
_____, 비영리법인의 설립에 있어 허가주의에 관한 연혁적 고찰, 인권과 정의, 2008.
_____, 일본의 중간법인제도에 관한 고찰, 인권과정의 통권326호, 2003.
김진현, 권리능력 없는 사단, 민사법학 제11·12호, 1995.
_____, 교회재산분쟁에 있어서의 소의 이익, 후암 곽윤직 교수 화갑기념논문집, 박영사, 1985.
_____, 교회분열시의 재산귀속문제에 관한 연구, 서울대 박사학위논문, 1988.
_____, 교회의 법적 성질, 민법학의 현대적 과제(매석 고창현박사화갑기념), 1987.10.
_____, 교회재산분쟁에 관한 비교법적 고찰 - 소의 이익 내지 재판권의 한계문제를 중심으로 -, 강원법학 제1권, 강원대학교비교법학연구소, 1985, 7.
김표진, 회사법인격부인의 법리, 법정 1965.12.
김황식, 물권법의 개정방향, 민사판례연구 제7집, 경문사, 1985.
나 현, 법인격무시의 법리를 재론함 - 실체법과 절차법의 연결적 이해를 중심으로 -, 한국민사소송법학회지 제10권 2호, 한국민사소송법학회, 2006.
남기윤, 사법상 법인개념의 새로운 구성 - 새로운 법인이론의 제안 -, 저스티스 70호, 한국법학원, 2002.12.
남효순, 프랑스법에서의 법인의 역사 - 법인론 및 법인에 관한 판례와 입법의 발달사, 법학 40권 3호, 2000.
류승훈, 민법상 조합에 대한 권리주체성 및 당사자능력의 인정과 관련하여, 민사소송 11권 1호, 2006.5.
맹천호, 서민금융수단으로서의 계 - 대법원 판례와 광주지방의 실태 -, 재판자료 제12집, 1982.
문영화, 종원의 자격을 성년남자로 제한하는 종래 관습법의 효력, 21세기사법의 전개(송민 최종영대법원장재임기념), 박영사, 2005.
문준섭, 사원총회 결의 없는 비법인사단 금전채무 보증행위의 효력-대법원 2007.4.19. 선고 2004나60072,60089 전원합의체 판결 -, 저스티스 99호, 한국법학원, 2007.8.
민유숙, 개인사찰 건물의 소유권 귀속 - 대판 2005.6.24, 2003다54971 -, 대법원 판례해설 2005년 상반기(통권 제54호), 2006.1.
_____, 교회의 분열적 분쟁에 대한 새로운 해결-대법원 2006.4.20. 선고 2004다37775 전원합의체 판결 -, 정의로운 사법 : 이용훈대법원장재임기념, 사법발전재단, 2011.
박경재, 사찰의 법률관계에 관한 몇 가지 논점, 부산대학교 법학연구 Vol, 48 No. 2, 2007.
박병칠, 교회분열과 교회재산의 귀속, 재판실무연구, 광주지방법원, 1997.
박정석, 어촌 마을의 공유재산과 어촌계, 농촌사회 제11집 2호, 한국농촌사회학회, 2001.

박정화, 고유의미의 종중과 종중에 유사한 비법인 사단, 재판과 판례 제6집, 대구판례연구회, 1997.

박찬주, 법인아닌 사단 및 재단에 대한 새로운 이해, 부산대학교 법학 제48권 1호.

박해성, 종교단체에 대한 법적 규율, 민사판례연구XIX, 박영사, 1997.

배병일, 위토의 소유권을 둘러싼 법률관계, 가족법연구 제21권 제1호, 2007.

배성호, 종중의 본질과 종중재산의 법리에 관한 판례분석, 인권과 정의 428호, 2012.9.

변동걸, 교회의 분열과 교회재산의 귀속(하) - 1990.12.21.선고, 90다카22056판결, 사법행정 33권 11호, 1992.11.

______, 교회의 분열과 교회재산의 귀속, 민사재판의 제문제 제7권.

윤철홍, 비영리법인의 설립요건에 관한 입법론적 검토, 민사법학 제50호, 2010.

소재선·임종선, 어업권의 특징과 법적 성질에 관한 소고, 토지공법연구 제57집, 한국토지공법학회, 2012.

송민경, 종중 법리의 딜레마 : 종중의 재산관계 소송을 중심으로, 저스티스 제137호, 2013.8.

손 성, 전통사찰보존법의 종교법학적 연구-법정책학적 접근-, 동국논총 32집, 동국대학교, 1993.

손창일, 미국 회사법상의 법인격부인론 연구, 한국경영법률학회 22권 1호, 2011.

송호열, 집합건물법상의 관리단과 주택법상의 입주자대표회의의 법률적 관계의 재정립, 동아법학 46호, 2010. 2.

______, 민법상 법인편 개정의 주요쟁점에 관한 고찰, 법학논고 제34집, 2010.

______, 교회의 교인들이 종전 교단으로부터 집단적으로 탈퇴하여 별도의 교회를 설립한 경우의 법률관계, 민사법학 제35호, 한국민사법학회, 2007.3.

______, 법인의 불법행위책임에 관한 소고-민법 제35조의 해석론을 중심으로-, 법학논총 제25권 제4호, 한양대 법학연구소, 2008.12.

______, 공익법인의 합병과 분할에 관한 일고, 한국민사법학회 동계학술대회 자료집, 2014.12.

______, 비영리법인의 합병·분할에 관한 입법론적 연구, 민사법학 제47호, 2009.12.

______, 법인론과 관련한 독일 사법학계의 최근동향, 비교사법 제4권 2호, 한국비교사법학회, 1997.

심영수, 사찰의 법률관계에 관한 연구, 소송법적 법률관계를 중심으로, 고려대 석사학위논문, 2008.

안경봉, 합자조합(LP), 유한책임회사(LLC)의 도입과 법적 문제점, 상사법연구 제25권 4호, 2007.

안택식, 1인 주식회사와 법인격부인의 법리, 법조 52권 3호(통권558호), 2003.03.

양창수, 민법 제60조에서 정하는 '제3자'의 범위, 민법연구 제3권.

_____, 법인 이사의 대표권에 관한 약간의 문제, 민법연구 제1권.

양형우, 교회분열에 따른 재산귀속, 한국재산법학회, 2007.6.

연기영, 종교관계 법령의 문제점과 입법정책적 과제, 법과 사회 2호. 1990.3.

오시영, 지교회와 유지재단의 재산관계에 대한 고찰, 토지법학 24-1호, 2008.6.

_____, 민사소송절차와 교회 내부 징계절차 및 행정쟁송절차의 비교 검토, 민사소송 제12권 1호, 한국민사소송법학회, 2008.5.

윤성철, 아파트위탁관리제에 있어서의 입주자대표회의의 사용자 여부, 노동판례평석모음집, 중앙노동위원회, 2005.

윤진수, 사법상의 단체와 헌법, 비교사법 제15권 4호, 2008.

_____, 변화하는 사회와 종중에 관한 관습, 사법 창간호, 2007.9.

윤철홍, 공익법인에 관한 소고, 법학논총 10집, 숭실대학교 법학연구소, 1997.2.

_____, 종교단체의 법인화, 비교사법 제15권 4호(통권 43호), 2008.12.

_____, 기독교유지재단의 운영현황과 문제점, 민사법학 43-1호, 2008. 12.

_____, 공익법인의 설립·운영에 관한 법률의 주요내용과 문제점, 동서연구 제8권, 연세대학교 동서문제연구원, 1996.

이기영, 사립학교·전통사찰·공익법인·민법상 재단법인의 기본재산에 대한 강제경매와 주무관청의 허가, 법조 제574호, 2004.7.

이덕승, 어촌계의 법적 성질에 관한 재고, 재산법연구 제12권 제1호, 한국재산법학회, 1995.

_____, 권리능력 없는 사단에 관한 연구, 성균관대학교, 1995.

이동명, 종중에 관한 법적 규율 : 관습에서 성문의 법률로, 민사판례연구 19권, 1997.2.

이병준, 설립과정중의 협동조합, 재산법연구 제24권 3호, 2008.2.

이백규, 사찰의 실체와 종단변경, 민사판례연구, 민사판례연구회 제19집, 박영사, 1997.

이수철, 입주자대표회의의 소송수행권, 부산판례연구회 판례연구 제16집.

이성웅, 익명조합과 법인격부인의 법리 - 일본의 법인격 형해화론의 비판을 중심으로 -, 법학연구 제22권 제1호, 2014.1.

이승우, 종중재산분배문제와 헌법상의 문제점, 인권과 정의 통권 제334호, 2004.6.

이영범, 계의 법적 성질, 사법연구 2집, 법원행정처, 1975.

이영진, 사법권과 종교단체의 내부분쟁 - '부분사회론'의 소개와 종교단체내분에의 사법심사에 관한 각국 판례의 비교 -, 사법논집 33집, 법원도서관, 2001.

이영호, "일본의 중간법인법", 법제, 2002.1.

이재성, 우리나라 구래의 관습에 의한 종중의 성립시기, 이재성 판례평석집.

이재운, 공익법인의 특성과 범위의 비교법적 고찰, 월간조세, 조세통람사, 1994.

이주흥, 설립중의 회사와 발기인조합, 한국사법행정학회, 사법행정 31(11), 1990.11.

이준상, 교회의 분열과 교회재산귀속문제, 수원지방법원 재판실무연구 제1권.

이준성, 공익신탁에 관한 연구, 동국대학교 논문집 제7권, 동국대학교, 1988.

이중기, 공익단체의 공익성 인정기준 등의 다양성과 통합필요성, 홍익법학 제15권 제2호, 2014.

_____, 영국법상의 '능력외 이론'과 우리법상 목적에 따른 능력제한에 대하여, 법학 제36권 제1호(통권 97호), 서울대학교 법학연구소, 1995.5.

_____, 공익단체 구조조정법제의 개혁, 저스티스 통권 제143호, 2014.8.

_____, 공익신탁과 공익재단의 특징과 규제, 삼우사, 2014.

이진기, 종중재산의 법리에 관한 판례이론의 검토. 가족법연구 15권 제2호, 2001.12.

이창현, 종중의 자율권과 그 한계, 가족법연구 제24권 제1호, 2010.

이학수, 교회의 분열 및 그에 따른 교회재산의 귀속에 관하여 현재의 대법원 판례가 취하는 태도에 대한 검토, 부산판례연구회편 판례연구Ⅰ.

이호정, 우리 민법상의 공동소유제도에 대한 약간의 의문, 서울대학교 24권 2·3호(통권 54·55호), 1983.

이훈종, 법인격의 남용과 역적용에 관한 판례평석. 재산법연구 28권 1호, 2011.05.

이흥권, 사찰의 재산귀속관계 및 신도회의 종단탈퇴결의의 효력, 대법원판례해설 제15호, 법원행정처, 1991.

임상혁, 법인이 아닌 사단의 민사법상 지위에 관한 고찰 -총유 규정을 둘러싼 민법 개정 논의와 관련하여-, 법학 제54권 제3호, 서울대학교, 2013.9.

임종선, "비법인사단으로서의 어촌계에 대한 소고", 경희법학 제47권 제3호, 2012.9.

임채웅, 공익신탁에 관한 연구, 공익법인의 제문제, 2014 한국민사법학회 동계학술대회 자료집.

_____, 계의 본질에 관한 연구-조합설 또는 소비대차설을 취한 판례에 대한 비판적 입장에서 -, 사법논집 30집, 1999.

장덕조, 기업의 사회적 책임 : 회사본질론을 중심으로, 상사법연구, 제29권 2호(통권 67호), 2010.

장수호, 어촌계에 관한 연구-사적 배경과 경영형태를 중심으로, 동아대학교 박사학위논문, 1979.

정규상, 소비자단체소송, 성균관법학 제19권 2호, 2007.8.

정기남, 회사법인격무시의 법리, 현대법학의 제문제(무애 서돈각박사화갑기념), 1981.

정기웅, 종중에 관한 법적 고찰(하), 사법행정, 1994.8.

정동윤, 설립중의 회사 - 그 수수께끼의 해결을 위하여-, 법학논집 제22권, 고려대학교

법학연구원, 1984.

정병호, 법인 아닌 사단의 재산계 규율 개선에 한 연구(2012년 법무부 연구용역 과제보고서).

정영진, 주식회사 설립에 관한 법적 고찰 : 발기인, 발기인조합과 설립중 회사의 개념을 중심으로, 법학연구 제17권 1호, 인하대학교 법학연구소, 2014.3.

정영철, 판례를 통하여 본 법인격부인론, 상사판례연구 제22집 2권, 한국상사판례학회, 2009.

정종섭, 법인의 기본권에 관한 연구 서설, 헌법논총 제2집, 헌법재판소, 1991.

정종휴, 독일과 일본의 총유이론사, 법사학연구, 14.

정찬형, 법인격부인론 - 대판 2001.1.19, 97다21604, 고려법학 제37호, 고려대학교 법학연구원, 2001.

______, 법인격부인론, 현대민상법의 연구(위정 이재철박사화갑기념), 1984.

정해상, 종교단체의 재산귀속관계, 재산법연구 28권 4호, 2012.2.

정환담, 민사법인설립에 관한 비교법적 고찰, 비교사법 제5권 1호, 1998.

______, 마을공동체의 관습법상의 법인성에 관한 연구, 전남대 사회과학논총 9집, 1981.

______, 독일 단체법론의 연구 - Otto v. Gierke의 비영리 협동단체성을 중심으로 -, 박사학위논문(원광대), 1987.

제철웅, 단체와 법인 : 사회적 기능의 유사성과 적용법리의 상이의 합리적 조정을 위한 시론, 민사법학 제36권, 2007.5.

조병갑, 종중·종중재산의 법적성격(1), 사회과학논총, 전남대학교 사회과학연구소, 사회과학논총, 제4집, 1979.

조열래, "권리능력 없는 사단(판례연구)," 법조(1981.7).

조용연, 교회의 분열과 재산의 귀속, 민사판례연구 8집.

최문기, 법인의 불법행위책임에 관한 소고, 경성법학 제12호, 경성대학교 법학연구소, 2003.10.

최병조, 사법상 단체에 관한 일반론 - 단체법론의 역사적 발전과정을 중심으로 -, 민사판례연구 제19집, 민사판례연구회, 1997.

최성경, 일본의 공익법인제도개혁 : 「공익사단법인 및 공익재단법인의 인정 등에 관한 법률」을 중심으로, 민사법학41호, 2008.6.

______, 일본의 법인정비법, 한양법학 제20권 제2집, 2009.5.

최 식, 교회가 분파된 경우의 재산귀속, 사법행정 14권 3호.

______, 총유에 관한 문제, 법조, 1965.2.

최종고, 한국에서의 유교와 법, 법제연구 제12호, 한국법제연구원, 1997.6.

최창렬, 종교단체의 분쟁과 재산귀속관계, 2008년 재산법학회 동계학술대회자료.

_____, 종중의 구성과 본질에 관한 법리 소고, 성균관법학, 21권 3호, 2009.12.

최춘근, 사찰과 특정종단과의 법률관계, 민사재판의 제문제 제6권, 한국사법행정학회, 1991.

최치훈, 통영시 어촌계의 어업권에 관한 연구, 한국도서연구 제19권, 한국도서(섬)학회, 2007.

최현태, 공익법인의 본질 재고를 통한 활성화에 대한 일고찰, 사회과학연구 제15권 제2호, 2009.

한삼인, 종중에 관한 판례분석 종중에 관한 판례분석, 인권과 정의 369호, 2007.5.

함석천 법인격 부인에 관한 판례 연구, 실무연구Ⅱ, 2002.10.

함인선, 공법인의 기본권주체성, 헌법실무연구 제3권, 2002.

_____, 공법인·사법인의 구별에 대한 관견, 헌법논총 제11집, 2000.

허규·노종상·리태훈, 종중·종중재산에 관한 제고찰, 사법논집 제4집, 법원행정처, 1973.

현승종, 권리능력 없는 사단, 법정, 1963년 10월호.

홍광식, 사찰과 신도회의 재산귀속, 판례연구(Ⅳ), 부산판례연구회, 1994.

황기선, 종중이 당사자인 소송에 있어서의 몇 가지 문제점, 재판실무연구, 광주지방법원, 2000.

황우여, 국가의 법과 교회의 재판, 사법논집 13집.

[외국문헌]

Flume, Zur Einträtselung der Vorgesellschaft, NJW 1981.

Flume, Werner, *Zeitschrift für das gesamte Handelsrecht und Wirtschaft(ZHR)*, 148,

Hueck, Vorgesellschaft, in : Festschrift 100 Jahre GmbH-Gesetz, Köln, 1992.

Serik, Rechtsform und Realität juristischer Personen, Ein rechtsvergleichender Beitrag zur Frage des Durchgriffs auf die Personen oder Gegenstände hinter der juristischen Personen, Berlin 1955.

Wormser, I.M., Piercing the Veil of Corporate Entity, 12 Colum. L. Rev. 517(1912).

찾아보기

판 례

사 항

著者 略歷

宋 五 植

전남대학교 법과대학 및 동대학원 졸업(법학박사)
미국 워싱턴대학(St. Louis) 로스쿨 방문교수
광주고등법원 민사 · 가사조정위원
대한상사중재원 중재위원
전라남도 소청심사위원장
사법시험, 행정고시, 입법고시 시험위원
현 전남대학교 법학전문대학원 교수

저서 및 논문
물권법 제3판(전남대학교출판부, 2013)
소비자법(전남대학교출판부, 2013)
계약법 증보판(전남대학교출판부, 2013)
불법행위법(법률정보센터, 2012)
민법총칙(공저, 형설출판사, 2009)
여성과 법(공저, 형설출판사, 2005)
가상공간법(전남대학교출판부, 2005)
인터넷 이용자의 법적 지위(공저, 전남대학교출판부, 2002)
전자상거래와 법(금왕출판사, 2000)
불법행위에 있어서 귀책근거와 예방적 효과론
가상공간에 있어서 민사법적 대응과 전자적 의사표시
환경오염과 사법적 구제
전자거래와 소비자보호
제조물책임법상의 결함
컨설팅계약과 법적 문제
사용자의 안전배려의무
전자소비자계약 등 다수

단체법

인 쇄 2015년 1월 10일
발 행 2015년 1월 26일

저 자 송오식
발행인 지병문
발행처 전남대학교출판부

등 록 1981년 5월 21일 제53호
주 소 500-757 광주광역시 북구 용봉로 77
전 화 062-530-0571~2
마케팅 062-530-0573
팩 스 062-530-0579
홈페이지 http://www.cnup.co.kr

값 32,000 원

ISBN 978-89-6849-182-5 (93360)

이 도서의 국립중앙도서관 출판예정도서목록(CIP)은 서지정보유통지원시스템 홈페이지(http://seoji.nl.go.kr)와 국가자료공동목록시스템(http://www.nl.go.kr/kolisnet)에서 이용하실 수 있습니다. (CIP제어번호: CIP2015008096)